北京市
社会科学理论著作出版基金
资助著作简介

1992—2012

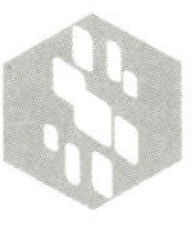

北 京 市 社 会 科 学 界 联 合 会
北京市社会科学理论著作出版基金办公室 编

北京出版集团公司
北 京 出 版 社

图书在版编目(CIP)数据

北京市社会科学理论著作出版基金资助著作简介 ：1992～2012／北京市社会科学界联合会，北京市社会科学理论著作出版基金办公室编．— 北京 ：北京出版社，2014．4

ISBN 978－7－200－10494－3

Ⅰ．①北… Ⅱ．①北… ②北… Ⅲ．①社会科学—理论著作—介绍—中国—1992～2012 Ⅳ．①Z835

中国版本图书馆 CIP 数据核字(2014)第 082086 号

项目统筹　吕克农　王宏英
责任编辑　王宏英
责任印制　宋　超
装帧设计　神州鸿儒书艺坊◇刘金川

北京市社会科学理论著作出版基金资助著作简介
1992—2012
BEIJING SHI SHEHUI KEXUE LILUN ZHUZUO CHUBAN
JIJIN ZIZHU ZHUZUO JIANJIE

北京市社会科学界联合会
北京市社会科学理论著作出版基金办公室　编

*

北京出版集团公司
北京出版社　出版
（北京北三环中路 6 号）
邮政编码：100120

网址：www.bph.com.cn
北京出版集团公司总发行
新华书店经销
北京华联印刷有限责任公司印刷

*

787 毫米×1092 毫米　16 开本　41.375 印张　600 千字
2014 年 4 月第 1 版　2014 年 4 月第 1 次印刷

ISBN 978－7－200－10494－3
定价：660.00 元
质量监督电话：010－58572393

《北京市社会科学理论著作出版基金资助著作简介　1992—2012》

编 委 会

目 录

甘露润学林 硕果满枝头 1

北京市社会科学理论著作出版基金重点资助项目

丛书类........ 3

《跨世纪青年学者文库》........ 4

《中国学术百年》........ 6

《新世纪青年学者文库》........ 7

《20 世纪西方哲学东渐史》........ 8

《国外经济热点前沿》........ 10

《中国经济热点前沿》........ 12

《人学理论与历史》........ 14

《金融学文献通论》........ 15

《中学西渐丛书》........ 16

《北京社科名家文库》........ 18

《中华文明史普及读本》........ 20

《新中国 60 年 · 学界回眸》........ 22

《青少年学习中共党史丛书》........ 24

《马克思主义哲学创新研究》........ 26

《20 世纪马克思主义文艺理论国别研究》........ 27

《北京改革开放 30 年研究》........ 28

《领导干部半日读》........ 29

《马克思主义研究丛书》........ 30

套书类 **31**

《社会主义论库》........ 32

《图说北京史》........ 33

《中国少数民族传统音乐》........ 34

《中华文明史》........ 35

《吴晗全集》........ 36

《北京城市发展史》........ 38

《马克思主义经济学与西方经济学比较研究》........ 39

《饶宗颐二十世纪学术文集》........ 40

《百年回眸　法律史研究在中国》........ 42

《康德著作全集》........ 43

《中国对外开放史》........ 44

单本类 **45**

《北京奥运的人文价值》........ 46

《马克思主义大众化的历史经验》........ 47

北京市社会科学理论著作出版基金常规资助项目 1993—1997年出版书目

一、马克思主义、列宁主义、毛泽东思想、邓小平理论 **52**

《毛泽东科学社会主义思想研究》........ 53

《资本主义南北经济关系新论——马克思主义中心外围论》........ 53

《毛泽东研究史论》........ 54

《现代化的理论基础——马克思现代社会发展理论研究》........ 54

《毛泽东对历史的考察》……55
《马克思的人学思想》……55
《西方“马克思学”研究》……56
《马克思劳动主体性思想研究》……56
《毛泽东　邓小平哲学思想比较研究》……57

二、哲学、宗教……58

《心》……59
《符号逻辑基础》……59
《主体论——新时代新体制呼唤的新人学》……60
《日本伦理思想与日本现代化》……60
《信息科学与认识论》……61
《中国哲学范畴发展史（人道篇）》……61
《数学科学与辩证法》……62
《佛教般若思想发展源流》……62
《接受认识论引论》……63
《自组织的自然观》……63
《建设有中国特色社会主义的几个哲学问题》……64
《总体性与乌托邦——人本主义马克思主义的总体范畴》……64
《论马克思主义意识形态理论的形成与发展》……65
《世界现代化进程中的中国社会主义》……65
《德化的视野　儒家德性思想研究》……66
《中国历代民族宗教政策》……66
《非理性：创造认识论解读》……67
《中国现代作家的宗教文化情结》……67
《历史主客体导论——从宏观向微观的深化》……68

三、社会科学总论……69

《版本学》……70

《浑沌学纵横论》……70

《评价活动论》……71

《毒品犯罪研究》……71

《青年心理学——中日青年心理的比较研究》……72

《未竟的浪潮——现代科学技术革命与社会发展》……72

《性伦理学》……73

《职业指导理论与方法》……73

《模态逻辑导论》……74

《问题逻辑》……74

《领导决策与当代思维》……75

四、政治、法律……76

《魏晋隋唐法律思想研究》……77

《满族八旗制国家初探》……77

《刑事政策论》……78

《国家豁免问题的比较研究——当代国际公法、国际私法和国际经济法的一个共同课题》……78

《民事法律行为——合同、遗嘱和婚姻行为的一般规律》……79

《现代西方政治理论》……79

《立法论》……80

《国际法上的人权》……80

《中外许可证制度的理论与实务》……81

《南极矿物资源与国际法》……81

《国际强行法论》……82

《关系、限度、制度：政治发展过程中的国家与社会》......82
《国家赔偿制度研究》......83
《中国法制古籍目录学》......83
《台湾的经济发展与法律调整》......84
《邓小平与当代中国民主政治建设》......84
《刑罚结构论》......85
五、艺术......86
《中国曲艺艺术论》......87
《元杂剧与元代社会》......87
《中国现代喜剧观念研究》......88
《曹雪芹文艺思想新探》......88
《从古典主义到现代主义——欧洲近代文艺思潮论》......89
六、经济......90
《中国汽车工业经济分析》......91
《国土整治与经济建设》......91
《企业管理组织变革的理论与实践》......92
《中国经济潮——增长与波动》......92
《改革　市场与主体性》......93
《生态化——第三次产业革命的实质与方向》......93
《亚太地区经济发展多元化研究》......94
《北京山区可持续性发展研究》......94
《企业成长论》......95
《论中国经济改革：道路、转轨、接轨——从世界经济看中国》......95
《对外开放与中国的现代化——经济文化政治的开放及其正负效应》......96
《通货膨胀与中国的人寿保险》......96

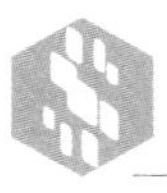

《北京农业经济史》……97

七、文化、科学、教育、体育……98

《明代学校与科举制度研究》……99

《教育原理》……99

《农村职业教育》……100

《西方现代教育流派史论》……100

《中外教育改革的指导思想与对策》……101

《中国古代女子教育》……101

《当代教育心理学》……102

《科技革命影响论》……102

《私立学校比较研究——与国家关系角度的分析》……103

《非洲传统文化与现代化》……103

《当代世界教育思潮与各国教改趋势》……104

《苏联文艺学学派》……104

八、语言、文字……105

《修辞理据探索》……106

《语文现代化概论》……106

《小篆形声字研究》……107

《鲁迅老舍作品语言艺术》……107

九、文学……108

《先秦两汉文学史稿》……109

《少年文学论稿》……109

《中国散文简史》……110

《中国文学理论批评发展史（上）》……110

《〈史记〉的学术成就》……111

《中国现代小说中的抒情倾向》 111

《乌托邦与诗——中国古代士人文化与文学价值观》 112

《纳兰词笺注》 112

《在新世纪的门槛上——中国现代诗人新论》 113

《回顾与反思　古代文论研究七十年》 113

十、历史、地理 114

《〈九章算术〉与汉代社会经济》 115

《北京历代城坊、宫殿、苑囿》 115

《清代三藩研究》 116

《清代文书》 116

《北京历代建置沿革》 117

《人类远古的活迹》 117

《华工的足迹》 118

《中国历史文献目录学》 118

《康雍乾三帝统治思想研究》 119

《唐朝鼎盛时期政区与人口》 119

《明清漕运史》 120

《夏商西周的社会变迁》 120

《北京历史人口地理》 121

《五四民主观念研究》 121

《士大夫政治演生史稿》 122

《蔡元培先生年谱》 122

《朱自清评传》 123

《女娲溯源——女娲信仰起源地的再推测》 123

《半山与马厂彩陶研究》 124

《戊戌维新与清末新政——晚清改革史研究》……124
《北朝婚丧礼俗研究》……125
《中西政教关系史比较研究》……125
《中国古代文人集团与文学风貌》……126
《陈寅恪先生史学述略稿》……126
《中国历朝行政管理》……127
《东方伦理思想简史》……127

1998—2002 年出版书目

一、马克思主义、列宁主义、毛泽东思想、邓小平理论……129
《毛泽东著作版本导论》……130
《探究货币——马克思货币理论研究》……130
《邓小平文艺思想核心论》……131
《唯物史观在中国的历史命运论纲》……131
《社会主义发展阶段理论与实践研究》……132
《超越"后发展"困境——现代化理论图景中的邓小平发展观》……132
《马克思经济学体系研究》……133
《邓小平政治发展思想概论》……133
《"三个代表"与执政党建设——新世纪保持党的先进性问题概述》……134
二、哲学、宗教……135
《社会心理修辞学导论》……136
《鲁迅精神世界凝视》……136
《精神、自由与历史——克罗齐历史哲学研究》……137
《冯友兰哲学思想研究》……137
《印度古典瑜伽哲学思想研究》……138
《重新发现直觉主义——柏格森哲学新探》……138

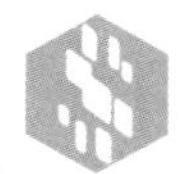

《品德论》 139
《公平·平等·人道——社会治理的道德原则体系》 139
《历史认识的客观性问题研究》 140
《市场经济与党的优良传统》 140
《哲学与社会》 141
《论魏晋自然观——中国艺术自觉的哲学考察》 141
《历史的星空——英国文艺复兴时期诗歌与西方宇宙观》 142
《天台智者研究——兼论宗派佛教的兴起》 142
《匿名的拼接——内丹观念下道教长生技术的开展》 143
《20 世纪西方历史哲学》 143
《加尔文思想研究》 144
《当代西方道义论与功利主义研究》 144
《20 世纪中国实证哲学研究》 145
《中土前期禅学思想史》 145
《中国的天方学——刘智哲学研究》 146
《论海德格尔的现代性批判——另一种后现代主义》 146
《赛博空间的哲学探索》 147
《相对主义：从典范、语言和理性的观点看》 147
《反思本土文化建构》 148
《立言垂教——李珥哲学精神》 148
《新闻价值论》 149
《造物的谱系——进化的衍生、流变及其问题》 149
三、社会科学总论 150
《社会转型时期的价值观念》 151
《行政组织管理》 151

《互联网信息资源的检索利用与服务》 152

《竞争 社会—心理—文化透视》 152

《当代中国农民社会心理研究》 153

《会计师职业道德与责任 理论、规范及案例》 153

《素朴集合论》 154

《现代非营利组织研究》 154

《深层生态学思想研究》 155

《轿车交通批判》 155

《自组织方法论研究》 156

《社会交往论》 156

《两极的轨迹》 157

《社会变迁与环境问题》 157

《社会保障与社会结构转型——二元社会保障体系研究》 158

《社会发展的代价》 158

《理性与秩序——在人学的视野中》 159

《田野民俗志》 159

《伦理学与社会公正》 160

《寻找公共行政的伦理视角》 160

《新地区主义与亚太地区结构变动》 161

《制度化儒家及其解体》 161

四、政治、法律 162

《思想政治教育心理学》 163

《元代法文化研究》 163

《金文简帛中的刑法思想》 164

《东亚联盟论研究》 164

《日本法西斯夺取政权之路——对日本法西斯主义的研究与批判》.... 165
《影响世界格局的国际关系理论》...... 165
《种姓与印度教社会》...... 166
《非诉讼纠纷解决机制研究》...... 166
《人权与法制》...... 167
《大众传媒与政治》...... 167
《当代西欧工人阶级》...... 168
《生物医学的法律和伦理问题》...... 168
《巨额财产来源不明罪研究新动向》...... 169
《东方法律改革比较研究》...... 169
《社会保障法的理念、实践与创新》...... 170
《转型期中国社会犯罪原因探析》...... 170
《国际刑事法院研究》...... 171
《东亚模式中的威权政治：泰国个案研究》...... 171
《中国税制优化的理论分析》...... 172
《商事人格权论——人格权的经济利益内涵及其实现与保护》...... 172

五、艺术......173

《西方音乐的观念——西方音乐历史发展中的二元冲突研究》...... 174
《中西艺术精神的缘起——中国先秦与古希腊艺术之比较研究》...... 174
《中印佛教石窟寺比较研究——以塔庙窟为中心》...... 175
《公共艺术的观念与取向——当代公共艺术文化及价值研究》...... 175
《中国书法理论纲要》...... 176

六、经济......177

《跨国公司定价系统分析——对跨国公司经营过程及其特征的博弈研究》...... 178

《经济数学模型化过程分析》…… 178

《东亚地区的次区域经济合作》…… 179

《中国通货膨胀问题分析——经济计量方法与应用》…… 179

《管理审视——中外经济管理比较研究》…… 180

《论日本的金融行政——日本型金融管制的成败》…… 180

《大国经济论》…… 181

《资本管理论——控股公司资本控制研究》…… 181

《市场营销伦理》…… 182

《绿色投入产出核算——理论与应用》…… 182

《新国际贸易的全方位分析》…… 183

《企业 CIS 战略的策划与实施》…… 183

《我国养老方式研究》…… 184

《首都城市功能研究》…… 184

《经济发展中的政策金融——若干案例研究》…… 185

《论证券监管》…… 185

《面向 21 世纪的中关村经济》…… 186

《税收负担的经济分析》…… 186

《都市金融业的发展——透视 21 世纪初叶的北京金融业》…… 187

《物业管理市场——理论与实务》…… 187

《世界经济大趋势研究——21 世纪中国东亚与世界》…… 188

《失业下岗问题对比研究》…… 188

《经济全球化与有中国特色社会主义》…… 189

《金融风险分析与管理研究——市场和机构的理论、模型与技术》…… 189

《经济转轨中的金融改革问题——对俄罗斯的实证研究》…… 190

《走向市场的中国就业》…… 190

《中国住房抵押贷款证券创新研究》 191
《北京郊区城市化探索》 191
《中国人力资源开发利用与管理研究》 192
《粮食流通的比较分析》 192
《经济全球化与中国粮食问题》 193
《服务贸易——自由化与竞争力》 193
《新世纪住宅与房地产业发展研究》 194
《中国利用外资　理论 / 效益 / 管理》 194
《养老金制度的经济分析与运作分析》 195
《国债的理论分析》 195
《首都经济研究报告》 196
《中国利用外资规模研究》 196
《博弈论应用与经济学发展》 197
《基金管理分析模型与实务》 197
《创新网络——区域经济发展新思维》 198
《泡沫与泡沫经济　非均衡分析》 198
《转轨经济中的上市公司治理》 199
《绿色流通引论——首都绿色流通事业发展对策研究》 199
《中国农业保险与农村社会保障制度研究》 200
《中国经济发展中的总需求研究》 200
《美联储实施货币政策的经验及其借鉴意义》 201
《制度化儒家及其解体》 201
《国际货币区域化与发展中国家的金融安全》 202
《银行制度创新与全能银行发展》 202
《企业组织变革管理——实现卓越绩效的途径》 203

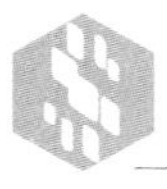

《公司制度论》 203

《都市消费与经济增长》 204

《中国流通产业组织创新研究》 204

《运行与监管——中国社会保障资金问题分析》 205

《期待权基本理论研究》 205

七、文化、科学、教育、体育 206

《中国印度尼西亚文化交流》 207

《苏联教育 70 年成败》 207

《高等教育与人才市场——理论探讨与实证分析》 208

《从文言文教学到白话文教学——我国近现代语文教育的变革历程》 208

《藏书与文化——古代私家藏书文化研究》 209

《从两极到中介——科学主义教育和人本主义教育方法论研究》 209

《老舍新论》 210

《托尔斯泰和中国古典文化思想》 210

《通识教育—— 一种大学教育观》 211

《春秋的回声——左传的文化研究》 211

《跨文化之桥》 212

《中小学生心理行为问题干预》 212

《刘师培与中西学术——以其中西交融之学和学术史研究为核心》 213

《俄罗斯教育 10 年变迁》 213

《职业教育导论》 214

《大众文化批评》 214

《日韩道德课理念比较研究——文化冲突视角》 215

《社会转型期审美文化研究》 215

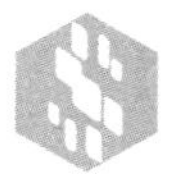

《印度尼西亚文化与社会》 216
《教育立法与中国现代教育制度的建立与发展（1902—1937）》 216
《中国师范教育史》 217
《漂泊的灵魂——陀思妥耶夫斯基与俄罗斯传统文化》 217
《汉字在日本的文化意义研究》 218
《教育学话语现象的文化分析——兼论中国当前教育学话语的转换》 218
八、语言、文字 219
《先秦汉语助动词研究》 220
《〈睡虎地秦墓竹简〉语法研究》 220
《现代日语间接言语行为详解》 221
《〈列子〉真伪考辨》 221
《郭店楚简校读记（增订本）》 222
《现代汉语句模研究》 222
《语言伦理学》 223
《现代北京话研究》 223
《训诂学新论》 224
《现代俄语语义及语用若干问题研究》 224
《20世纪汉语音韵学方法论》 225
《〈左传〉介词研究》 225
九、文学 226
《叙述学与小说文体学研究》 227
《古代文学中人物形象论稿》 227
《吴梅村研究》 228
《三曹与中国诗史》 228

《论宋六家词》……229

《清代诗学研究》……229

《焦菊隐戏剧理论研究》……230

《中国20世纪后20年文学思潮》……230

《魏晋南北朝志怪小说通论》……231

《审美之维与诗性智慧——中国古代审美诗学阐释》……231

《道家思想与汉魏文学》……232

《二十世纪中国的日本翻译文学史》……232

《唐宋之际诗歌演变研究》……233

《〈荆楚岁时记〉研究——兼论传统中国民众生活中的时间观念》……233

《日本俳句史》……234

《文学与翻译》……234

《蒙古民间文学比较研究》……235

《徽宗词坛研究》……235

《旷代才女——顾太清》……236

《文心雕龙研究史》……236

《现代学术视野中的中华古代文论》……237

《鲁迅小说叙述艺术论》……237

《话语转型与价值重构——世纪之交的北京文学》……238

《南宋的诗文选本研究》……238

《二十世纪先秦散文研究反思》……239

《〈论语〉衍释》……239

《清代律赋新论》……240

《〈旧清语〉研究》……240

《传记文学理论》……241

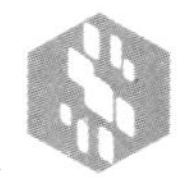

《明清之际章回小说研究》......241
《〈周易〉与中国上古文学》......242

十、历史、地理......243

《唐后期政区与人口》......244
《市场经济思想史纲》......244
《隔膜、冲突与趋同——清代外交礼仪之争透析》......245
《先秦战略地理研究》......245
《郭店楚简〈老子〉校释》......246
《明清时代陕西社会经济史》......246
《郑洛地区新石器时代聚落的演变》......247
《西潮激荡下的晚清地理学》......247
《中国电影史（1937—1945）》......248
《纳兰成德家族墓志通考》......248
《王安石学术思想研究》......249
《北京郊区村落发展史》......249
《中国伦理思想史（上卷、下卷）》......250
《当代外国伦理思想》......250
《早期西方传教士与北京》......251
《康熙〈御制清文鉴〉研究》......251
《先秦社会形态研究》......252
《古代北京城市管理》......252
《中国图书出版印刷史论》......253
《灾荒与晚清政治》......253
《华北农村的社会问题（1928 至 1937）》......254

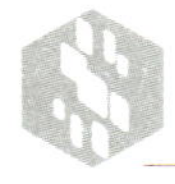

2003—2007 年出版书目

一、马克思主义、列宁主义、毛泽东思想、邓小平理论 256

《资本运行论——〈资本论〉与市场经济研究（第二版）》 257

《劳动创造价值论》 257

《中国外交空间的拓展——邓小平国际战略思想研究》 258

《〈资本论〉历史典据注释》 258

《斯大林社会主义思想研究》 259

二、哲学、宗教 260

《科学哲学问题研究》 261

《现代技术问题研究——技术、现代性与人类未来》 261

《公共行政中的哲学与伦理》 262

《生命科学哲学》 262

《中国礼学在古代朝鲜的播迁》 263

《隐喻的生命》 263

《创造认识论——当代认识论研究的新维度》 264

《技术文化论》 264

《穆斯林诗人哲学家伊克巴尔》 265

《病与证的对峙——反思 18 世纪的医学》 265

《整合与颠覆：大众文化的辩证法——法兰克福学派的大众文化理论》 266

《艺术与归家——尼采·海德格尔·福柯》 266

《当代大学生主导价值观研究》 267

《〈文子〉思想及竹简〈文子〉复原研究》 267

《后现代语境中伦理文化转向——论列维纳斯、德里达和南希》 268

《环境危机与文化重建》 268

《和合学——21世纪文化战略的构想（上卷、下卷）》 269
《量子实在与“薛定谔猫佯谬”》 269
《实践哲学与霸权——当代语境中的葛兰西哲学》 270
《道通于一——北宋哲学思潮研究》 270
《历史学研究的语言学转向——西方后现代历史哲学研究》 271
《对称性与人类心智的冒险》 271
《方法的论争——关于质的研究与量的研究之争的方法论考察》 272
《理解自由意志》 272
《北京美术史》 273
《在心物交流互动中生成的老庄之道》 273
三、社会科学总论 274
《大国卫生之难——中国农村医疗卫生现状与制度改革探讨》 275
《公众参与环境影响评价制度研究》 275
《基于信息理解的信息构建》 276
《健康长寿影响因素分析》 276
《中国人口的死亡和健康——20世纪80年代以来人口死亡水平、类型、原因和发展趋势》 277
《以德治国论》 277
《中国水问题——水资源与水管理的社会学研究》 278
《国家、社会阶层与教育——教育获得的社会学研究》 278
《政策透视——政策分析的理论与实践》 279
《文明的支点：科技发展与世界现代化进程》 279
《机遇管理导论》 280
《社会行动的意义效应——社会转型加速期现代性特征研究》 280
《公司年报中的印象管理行为研究》 281

《基础研究政策的理论与实践》 281

《魂系历史主义——西方档案学支柱理论发展研究》 282

《医院管理创新模式研究——探索广东省第二人民医院“五四一”经营管理模式》 282

《高校后勤改革理论探索》 283

《媒介与社会变迁——战后日本出版物中变化着的价值观念》 283

《中国行政效能监察——理论、模式与方法》 284

《儒学社会通论》 284

《重新审视多元智力——理论与实践的再思考》 285

《书籍传播与社会发展——出版产业的文化社会学研究》 285

《可持续发展的伦理视角》 286

《制度转型与社会分层——基于 2003 年全国综合社会调查》 286

《城市贫困家庭的社会关系网络与社会支持》 287

《转型期大众传播媒介的伦理道德研究》 287

《转型时期的社会政策——问题与选择》 288

《科学知识生产方式及其演变》 288

《中国转型期公共政策过程研究》 289

《博客传播》 289

《走向有限社区——对一个城市居住小区的社会网络分析》 290

《新公共管理改革：不断塑造新的平衡》 290

《老年人日常生活自理能力的多层次研究——多层线性模型的全新应用》 291

《转型期的城市劳动力市场——关于下岗与再就业的实证研究》 291

《政府组织适度规模研究》 292

《媒介形象学导论》 292

《互益性组织：中国行业协会研究》……293
《中国劳动力市场雇用歧视研究》……293
《全球化与地域性：经济全球化进程中国家与社会的关系》……294
《网络环境下的虚实和谐》……294
《看护社会化模式探析》……295
四、政治、法律……296
《新世界政治与德国外交政策——“新德国问题”探索》……297
《国际银行法——合同、银团与法律冲突》……297
《现代行政过程论——法治理念、原则与制度》……298
《我国村民自治研究》……298
《证据法：证明负担原理与法则研究》……299
《当代地方治理——面向21世纪的挑战》……299
《立法决策论》……300
《中国近代证券法》……300
《专家证人研究》……301
《流动产权的界定——水资源保护的社会理论》……301
《清洁生产法论》……302
《当代国际关系新论——发展中国家与国际关系》……302
《论侵害知识产权的民事责任——从知识产权特征出发的研究》……303
《政府信息公开实现条件研究》……303
《民事证据开示制度研究》……304
《意识形态与美国外交政策——以20世纪美国对华政策为个案的研究》……304
《英国政党政治的新起点——第一次世界大战与英国自由党的没落》……305

《社会保障法主体研究——以利益平衡理论为视角》........................ 305
《论知识产权法的体系化》........................ 306
《国家安全立法研究》........................ 306
《公平、效率与当代社会发展》........................ 307
《霸权之间：世界体系与亚欧大陆腹地的发展》........................ 307
《排污权交易——环境容量管理制度创新》........................ 308
《近代中国大学（1898—1937）与社会现代化》........................ 308
《北京城市社区党建问题研究》........................ 309
《近代日本亚太政策的演变》........................ 309
《技术制衡下的网络刑事法研究》........................ 310
《上海道契：法制变迁的另一种表现》........................ 310
《挪用公款罪研究新动向》........................ 311
《动产担保交易制度比较研究》........................ 311
《转型时代俄罗斯与美欧关系研究》........................ 312
《中国银行业创新与发展的法律思考》........................ 312
《公司治理法律制度研究》........................ 313
《渐进式的超越——中俄两国转型模式的调整与深化》........................ 313
《地缘政治学：二分论及其超越——兼论地缘整合中的中国选择》.... 314
《民国初年的进步党与议会政党政治》........................ 314
《腐败成因与防治对策——北京市典型案例分析》........................ 315
《中国民间环保力量的成长》........................ 315
《法制现代化进程中的人民信访》........................ 316
《中国淮河流域水环境保护政策评估》........................ 316
《公法/私法二元区分的反思》........................ 317
《从比附援引到罪刑法定——以规则的分析与案例的论证为中心》.... 317

《行政主体问题研究》 318
《民事公益诉讼制度研究——兼论民事诉讼机能的扩大》 318
《诚信政府研究》 319
《锻造冷战联盟——美国“大西洋联盟政策”研究》 319
《转型中国的治理与发展》 320
《台湾地区金融法律制度变迁研究》 320
《亚太多边合作安全机制研究》 321
《彝族法文化——构建和谐社会的新视角》 321
《执法权研究》 322
《抵御外来物种入侵：法律规制模式的比较与选择——我国外来物种入侵防治立法研究》 322
《排污权：一种基于私法语境下的解读》 323
《破产欺诈法律规制研究》 323
《刑事政策学的重构及展开》 324
《主观违法要素理论——以目的犯为中心的展开》 324
《宪法学专题研究》 325
《行政规制与权利保障》 325
《刑法总论问题思考》 326
《特免权制度研究》 326
《知识产权犯罪中的被害人——控制被害的实证分析》 327
《被害人当事人地位的根据与限度——公诉程序中被害人诉权问题研究》 327
《民营企业权利保障制度研究》 328
《与贸易有关的知识产权成案研究》 328
《瑶族习惯法》 329

《健康、村庄民主和农村发展》 329
《论财政与公共卫生》 330
五、艺术 331
《中国山水画景物构成》 332
《价值论美学论稿》 332
《影像传播论》 333
《小剧场戏·剧·论·稿》 333
《中国电影企业发展战略研究》 334
《大钟寺》 334
《缪天瑞音乐贡献评述》 335
《跨越百年——全球化背景下的中国电影》 335
《视觉审美批判——当代电子媒介影像分析》 336
《中国工艺美术史纲》（插图本） 336
《自觉与四大主义 中国现代美术之路》 337
《北京美术史》 337
《真实的风景 世界纪录电影导演研究》 338
六、经济 339
《A-H股双重报告差异与公司治理》 340
《资本账户开放与金融不稳定——基于发展中国家（地区）相关经验的研究》 340
《再生产的延续——制度转型与城市社会分层结构》 341
《企业家的企业理论》 341
《交换、流通及其制度——流通构造演变理论》 342
《国际收支危机的比较研究》 342
《发展中经济金融制度与银行体系研究》 343

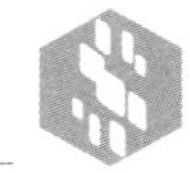

《商业银行信用风险评估—— 一种实证模型的探讨》 343
《中国的人口与经济发展》 344
《金融市场的制度与结构》 344
《集体谈判制度研究》 345
《现代企业员工关系管理体系的制度分析—— 一种全面的战略性人力资源管理视角》 345
《山区的综合发展——理论分析和太行山区经验证据》 346
《网络效应经济理论——ICT 产业的市场结构、企业行为与公共政策》 346
《中国农业国际竞争力——理论、方法与实证研究》 347
《我国中长期失业问题研究——以产业结构变动为主线》 347
《中小企业会计管理问题研究》 348
《行为金融理论与应用》 348
《银行信誉研究》 349
《中国商品住宅产业资本运营研究》 349
《区域水灾风险评估的理论与实践》 350
《会计师民事责任研究：公众利益与职业利益的平衡》 350
《中国社会养老保险　制度变迁与经济效应》 351
《中国：收入分配不平等与经济增长——公共经济与公共管理的制度创新基础》 351
《广义随机占优理论——群体决策、收入分配与风险管理》 352
《中国资本市场若干重大问题研究》 352
《储蓄—投资转化中的资本市场——功能视角的经济分析》 353
《基于泛会计概念下成本计量研究》 353
《休闲经济》 354

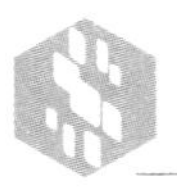

《开放条件下贸易保护政策的经济分析——中国外贸政策的适应性研究》……354
《中国的城市化与二元经济转化》……355
《中国上市公司并购规则》……355
《供应链竞争力》……356
《人民币内外均衡论》……356
《论中国对外贸易的可持续发展》……357
《环保产业运营机制》……357
《现代比较优势理论研究》……358
《当代中国经济关系中的平等问题》……358
《中国海外直接投资理论与实务》……359
《企业并购的有效性研究》……359
《中国开放性会计监管初探》……360
《政府干预的理论与政策选择》……360
《企业的异质性假设——对企业本质和行为的演化经济学解释》……361
《出版产业研究》……361
《企业所得税纳税调整研究》……362
《中国农产品国际竞争力研究》……362
《企业雇员离职意向模型的研究与应用》……363
《企业融资与信用能力》……363
《技术创新与中国流通产业发展》……364
《国际企业制度创新》……364
《制度变迁中的中国保险业　风险与风险管理对策》……365
《公共服务中的市场机制　理论、方式与技术》……365
《欧盟东扩后的经济一体化》……366

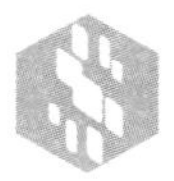

《行为资产定价理论》……366
《房地产业关联特性及带动效应研究》……367
《企业绿色经营——可持续发展必由之路》……367
《北京市中等收入群体消费问题研究》……368
《北京现代服务业发展战略研究》……368
《股东之间利益冲突研究——根源、作用和治理》……369
《高级政治经济学（第二版）》……369
《中国税收负担问题研究》……370
《英国的工业革命与工业化——制度变迁与劳动力转移》……370
《会计制度与经济发展——中国企业会计制度改革的优化路径研究》……371
《中国的经济转型与贸易流动——基于制度和技术因素的理论考察和计量研究》……371
《深化社会保障改革的经济学分析》……372
《中国农村金融市场研究》……372
《城市基础设施资金来源研究》……373
《货币市场结构变迁的效应分析》……373
《国有股减持：渊源、历程与路径选择》……374
《创新理论大师熊彼特经济思想研究》……374
《产业结构演进机理》……375
《优化税制结构研究》……375
《价值链会计研究——基于时空维度的会计管理框架重构》……376
《中国资本积累：路径、效率和制度供给》……376
《资本结构定素：多层次动态研究》……377
《西部大开发新选择——从政策倾斜到战略性产业结构布局》……377

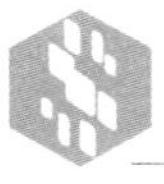

《商业银行市场准入与退出问题研究》 378
《政府债务问题研究》 378
《我国城乡产业结构优化研究》 379
《经济转型中的金融制度演进》 379
《发展的路径　新综合平衡论》 380
《我国政府采购制度研究》 380
《基于委托—代理理论的供应链伙伴关系研究》 381
《卖场营销》 381
《品牌价值论——科学评价与有效管理品牌的方法》 382
《高等教育成本研究》 382
《新企业会计准则——阐释、应用与难点透析》 383
《供应链网络组织与竞争优势》 383
《公共投资项目管理的组织再造》 384
《企业电子商务风险预防》 384
《中小金融机构可持续发展与金融生态》 385
《土地资产管理论》 385
《论中国经济结构的三元现象及协调发展》 386
《城市营销：提升城市竞争力》 386
《经济体制变迁中的财政职能研究》 387
《中国企业双重上市与企业溢价研究》 387
《生产要素演进与创新型国家的经济制度》 388
《WTO 体系的矛盾分析》 388
《北京市城乡接合部管理研究》 389
《并购定价的方法与机制》 389
《价值链与价值评估》 390

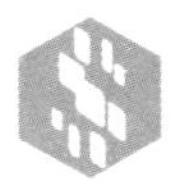

《清代前期关税制度研究》 390
《北京老字商号产权多元化改革研究》 391
《1995—2004北京社会经济发展年度调查数据报告》 391

七、文化、科学、教育、体育 392

《当代中国的文化选择》 393
《清代诸子学研究》 393
《走向自然生命——中国文化精神的再生》 394
《语言、翻译与政治 严复译〈社会通诠〉研究》 394
《“大人”论——中国传统中的理想人格》 395
《20世纪中国美术教育历史研究》 395
《王国维、郭沫若与儒教》 396
《佛心梵影——中国作家与印度文化》 396
《贺麟文化理论研究》 397
《文化环境与教育选择——文化视野中的少数民族教育发展研究》 397
《尚清审美趣味与传统文化》 398
《女性主义教育观及其实践》 398
《新加坡公民道德教育研究》 399
《当代中国文艺思潮与文化热点》 399
《末世与救赎——20世纪俄罗斯文学主题的宗教文化阐释》 400
《清代书院与学术变迁研究》 400
《区域科技论》 401
《新时期高校思想政治教育创新研究》 401
《研究型大学技术转移——模式研究与实证分析》 402
《北京魅力——北京文化与北京精神新论》 402
《中国电视节目主持人文化影响力研究》 403

《非正规学前教育的理论与实践——基于四环游戏小组的探索》........ 403

八、语言、文字 404

《阿拉伯语语义学研究》........ 405

《永乐大钟 梵字铭文考》........ 405

《汉语复合词语义构词法研究》........ 406

《殊方异药 出土文书与西域医学》........ 406

《汉语的词库与词法》........ 407

《国际交流语用学——从实践到理论》........ 407

《出土战国文献语法研究》........ 408

《〈搜神记〉语言研究》........ 408

《商务印书馆与中国近代文化》........ 409

《俄汉对比与俄语学习》........ 409

《俄语的数、数词和数量词研究》........ 410

《语用、认知与日语学习（Ⅰ）》........ 410

《计算机翻译研究》........ 411

《〈萨克森明镜〉研究》........ 411

《汉语语调问题的实验研究》........ 412

九、文学 413

《“新诗集”与中国新诗的发生》........ 414

《唐代非写实小说之类型研究》........ 414

《黄庭坚诗学体系研究》........ 415

《文化转型中的阿拉伯现代文学》........ 415

《东亚比较文学导论》........ 416

《唐诗创作与歌诗传唱关系研究》........ 416

《梁宗岱与中国象征主义诗学》........ 417

《沈从文小说新论》…… 417

《诗国寻美——俄罗斯诗歌艺术研究》…… 418

《〈马氏文通〉研究》…… 418

《灯下西窗——美国文学和美国文化》…… 419

《建安七子研究》…… 419

《中国古代歌诗研究——从〈诗经〉到元曲的艺术生产史》…… 420

《荒原上的丁香——20 世纪 30 年代北平“前线诗人”诗歌研究》…… 420

《翻译文学导论》…… 421

《中国民间文学研究的现代轨辙》…… 421

《诗与意识形态——西周至两汉诗歌功能的演变与中国诗学观念的生成》…… 422

《苏门六君子研究》…… 422

《书斋与书坊之间——清代子弟书研究》…… 423

《日本民族诗歌史》…… 423

《权力，身体与自我——福柯与女性主义文学批评》…… 424

《英美小说叙事理论研究》…… 424

《京味文学第三代》…… 425

《中国现代文学理论知识体系的建构——文学理论教材与教学的历史沿革》…… 425

《象征主义与中国现代诗学》…… 426

《“文”的再认：章太炎文论初探》…… 426

《中国古代文体学论稿》…… 427

《音乐精神——俄国象征主义诗学研究》…… 427

《中国新诗批评观念之建构》…… 428

《京味文化史论》…… 428

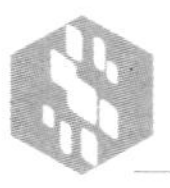

《文学理论本体研究》 429
《文艺复兴时期英国诗歌与园林传统》 429
《从形式回到历史——20 世纪西方文论与学科体制探讨》 430
《文海晚晴——20 世纪末老生代散文研究》 430
《朱彝尊文学思想研究》 431
《清代〈孟子〉学史大纲》 431
《文体学概论》 432
《明末清初女词人研究》 432
《经典的祛魅——鲁迅文学世界及其历史情境新探》 433
《汉赋研究史论》 433
《中国现代解诗学的理论与实践》 434
《不死的纯文学》 434
《原史文化及文献研究》 435
《五四前后湖南的文化氛围与新文学》 435
《日本体验与中国现代文学的发生》 436
《古文源流考》 436
《文艺理论与文艺思潮》 437
《秦汉魏晋南北朝史学史稿》 437
《金代词人群体研究》 438
《清代中晚期北京说唱文学与伎艺研究——以子弟书、岔曲为中心》 438
《铁背心——田纳西·威廉姆斯剧作中困惑的男人们》 439
《齐梁诗歌向盛唐诗歌的嬗变》 439
《鲁迅域外百年传播史（1909—2008）》 440
《汉乐府研究史论》 440

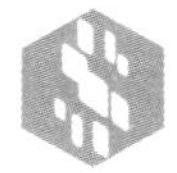

十、历史、地理

十、历史、地理 441

《口述历史分析——中国近代史上的美国传教士》........ 442

《北京漕运和仓场》........ 442

《元明北京建都与粮食供应——略论元明人们的认识和实践》........ 443

《京都香会话春秋》........ 443

《石器研究——旧石器时代考古方法初探》........ 444

《唐代律令制研究》........ 444

《在华俄文新闻传播活动史（1898—1956）》........ 445

《文学之用——从启蒙到革命》........ 445

《英国封建社会研究》........ 446

《中国共产党执政以来防灾救灾的思想与实践》........ 446

《老年社会保障制度——历史与变革》........ 447

《中国网络媒体的第一个十年》........ 447

《宋代家族与文学——以澶州晁氏为中心》........ 448

《明代县政研究》........ 448

《汉晋中原及北方地区钢铁技术研究》........ 449

《中国蔬菜名称考释》........ 449

《北京灾害史（上、下）》........ 450

《政绩考察与信息渠道　以宋代为重心》........ 450

《从华夷到万国的先声——徐光启对外观念研究》........ 451

《韩国思想史纲》........ 451

《分化与突破——14—16 世纪英国农民经济》........ 452

《中国经济史编年记事　1842—1949 年》........ 452

《北京近千年生态环境变迁研究》........ 453

《东南亚考察论郑和》........ 453

《列王纪研究》.. 454
《北京民间水治》.. 454

2008—2012年出版书目

一、马克思主义、列宁主义、毛泽东思想、邓小平理论................456
《马克思主义经济危机和周期理论的结构与变迁》........................ 457
《马克思主义战略思维理论研究》.. 457
《马克思主义发展史》.. 458
《马克思主义基本原理的中国化与中国化的马克思主义基本原理》.... 458
《马克思经济学数学模型研究》.. 459
二、哲学、宗教..460
《复归科学实践—— 一种科学哲学的新反思》........................ 461
《民主、正义与全球化——哈贝马斯政治哲学研究》........................ 461
《现代性语境下的价值与价值观》.. 462
《黑格尔辩证—思辨的真无限概念——在康德与费希特哲学视域中的黑格尔〈逻辑学〉》.. 462
《城邦的正义与灵魂的正义——对柏拉图〈理想国〉的一种批判性分析》.. 463
《上帝死了，神学何为——20世纪基督教神学基本问题》........................ 463
《欧美佛教学术史——西方的佛教形象与学术源流》........................ 464
《二十世纪数学哲学—— 一个自然主义者的评述》........................ 464
《亦术亦俗——汉魏六朝风水信仰研究》.. 465
《东正教圣像史》.. 465
《批判学派与现代和后现代科学哲学》.. 466
《即神即心——真人之诰与陶弘景的信仰世界》........................ 466
《天然与修为——荀子道德哲学的精神》.. 467

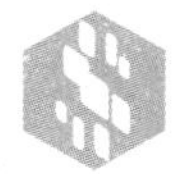

《形而上学的历史演变》…… 467

《救赎下的解放——对“解放神学”的马克思主义研究》…… 468

《生命关怀的理论与实践》…… 468

三、社会科学总论 …… 469

《社会主义和谐社会利益关系研究》…… 470

《文化的表达——人类学的视野》…… 470

《国外公共服务研究》…… 471

《浮生取义——对华北某县自杀现象的文化解读》…… 471

《人口转变与老年贫困》…… 472

《中国城市社区治理结构研究》…… 472

《农民中国——后乡土社会与新农村建设研究》…… 473

《“十一五”期间北京城市管理的观念、体制、机制研究》…… 473

《公共危机管理：理论与实务》…… 474

《知识经济时代档案部门的生存与发展策略》…… 474

《声誉、契约与组织》…… 475

《流动的不平等——中国城市居民地位获得研究（1949—2003）》…… 475

《媒介融合的轨迹》…… 476

《任务型组织研究》…… 476

《文化冲突视野中的现代犯罪问题》…… 477

《世界城市的理论与实践及其对北京的启示》…… 477

《城市国际角色研究》…… 478

《中国农民工养老保险路径选择研究》…… 478

《年龄歧视与老年人虐待问题研究》…… 479

《工商行政管理新论》…… 479

《政府行政服务评价》…… 480

《霍米·巴巴的后殖民理论研究》 480
《区位特性对城市居住空间结构的影响分析》 481
《农民进城就业政策变迁——兼论农民工劳动力市场地位》 481
《漂泊与寻根——流动人口的社会认同研究》 482
《艺术家个性心理和发展》 482
《环境考古学——理论与实践》 483
《死刑民意研究》 483
《中国城市化发展质量研究》 484
《党群和谐论》 484
《传统伦理与现代社会》 485
四、政治、法律 486
《当代中国债权立法问题研究》 487
《刑事证据规则实证研究》 487
《生物安全立法研究》 488
《中国行政应急法律制度研究》 488
《立法过程：制度选择的进路》 489
《中国古代政治文化研究》 489
《财政转移支付制度的法学解析》 490
《重大突发事件应急机制研究》 490
《新时期党的建设的探索》 491
《西方世界的衰落》 491
《市场社会主义劳动产权理论研究》 492
《中国法治政府建设的基本逻辑——跨国比较与制度设计》 492
《网络信息的意识形态功能》 493
《欧洲政治一体化：理论与实践》 493

《服务型政府建设：政府再造七项战略》 494
《发展中国家与国际制度》 494
《中国当代法学家文库　判例刑法学（上卷、下卷）》 495
《霸权的逻辑：地理政治与战后美国大战略》 495
《民事争点效力理论研究》 496
《民事证据规则研究》 496
《建筑物区分所有权人组织制度研究》 497
《论体育无形财产权》 497
《北京市旅游产业的区域经济效应研究》 498
《土地征用过程中农民利益保护问题研究》 498
《刑事诉讼的宪政基础》 499
《转基因生物安全法研究》 499
《〈企业所得税法〉实施问题研究——以北京为基础的实证分析》 500
《韩非子政治思想再研究》 500
《中国共产党建设发展研究》 501
《高校党的建设研究》 501
《科学发展观研究》 502
《合同法总论（上卷、中卷）》 502
《工商行政管理法律体系研究》 503
《新中国刑法学研究 60 年》 503
《比较刑事诉讼法》 504
《犯罪既遂新论》 504
《中央与地方关系的司法调控研究》 505
《刑事司法环境研究》 505
《贸易安全政策与实践研究——补贴与反补贴新论》 506

《后冷战时期民族分离主义研究》 506
《道德难题与程序正义》 507
《中国和平发展与构建和谐世界研究》 507
《环境容量产权解释》 508
《权力的修辞——美国外交话语解析》 508
《领事保护机制改革研究——主要发达国家的视角》 509
《反侦查行为——犯罪侦查的新视角》 509
《中国刑罚改革论（上册、下册）》 510
《革命根据地法制史研究与“史源学”举隅》 510
《法官庭审话语的实证研究》 511
《刑事推定的基本理论——以中国问题为中心的理论阐释》 511
《统一战线与和谐社会建设》 512
《论政党价值观》 512
《信托登记制度研究》 513

五、艺术 514

《唐陵的布局 空间与秩序》 515
《论贝多芬〈庄严弥撒〉》 515
《“镜”城：电影中的北京记忆与想象（1980—2010）》 516
《中国文化精神的审美维度——宗白华美学思想简论》 516
《理想人格的追寻——论批评家李长之》 517
《中国电影中的城市想象与文化表达》 517
《在夹缝中求生存——香港左派电影研究》 518
《山西寺观壁画新证》 518
《克利姆特绘画研究》 519
《逝者的面具——汉唐墓葬艺术研究》 519

《感悟之道——中国传统山水画心物论》…… 520

《感旧》…… 520

《中国动画电影造型意指及其历史演进（1926—2009）》…… 521

六、经济 …… 522

《中国教育经费合理配置研究》…… 523

《中国社会建设：战略思路与基本对策》…… 523

《劳动剩余与工资上涨条件下的工业化》…… 524

《汇率变化与中国产业结构调整研究》…… 524

《西方异端经济学主要流派研究》…… 525

《过渡经济：历史、理论与现实》…… 525

《中国企业创新能力研究》…… 526

《房地产信贷资金配置效率研究》…… 526

《营销理论发展史》…… 527

《北京中低收入阶层住房问题研究》…… 527

《文化管理——对科学管理的超越》…… 528

《掌控创业型企业——转轨期中国组织发育与企业成长解密》…… 528

《汇率冲击下的货币错配——理论模型、实证测度与政策选择》…… 529

《气象服务的经济学分析》…… 529

《中国金融体制改革 30 年的理性思考》…… 530

《WTO 保障措施成案研究（1995—2005 年）》…… 530

《20 世纪五六十年代中国农村包产到户变迁问题研究》…… 531

《中国资源·经济·环境绿色核算（1992—2002）》…… 531

《转型期中国医疗保险体系中的政府与市场——基于城镇经验的分析框架》…… 532

《城市治理的经济学分析》…… 532

《中国农村生殖健康卫生资源优化和转型实证研究——基层的声音》 533
《亚洲的超额外汇储备——成因与风险》 533
《崛起与超越——中国农村改革的过程及机理分析》 534
《流通经济学概论》 534
《国际资本流动对世界经济体系的影响》 535
《澳大利亚均等化转移支付制度研究》 535
《全球竞争政策——WTO 框架下竞争政策议题研究》 536
《财政政策效应：理论研究与经验分析》 536
《产权理论与实践》 537
《开放条件下中国货币政策的选择》 537
《战略性国际外包理论与应用》 538
《电子货币论》 538
《城镇住房保障政策模式及实证研究》 539
《WTO 框架下的贸易壁垒及应对机制研究》 539
《中国转型期就业潜力研究》 540
《中国垄断产业放松规制与机制设计博弈研究》 540
《弗里德曼经济思想研究》 541
《首都经济新增长点研究》 541
《中国农业社会化服务——基于供给和需求的研究》 542
《当代资本主义经济研究》 542
《走向 2020 年的我国城乡协调发展战略》 543
《文化创意产业研究》 543
《企业的研究开发问题研究》 544
《农村劳动力转移：结构分析与政策建议》 544

《北京产业发展研究》…………………………………………………………545

《社会文化环境对中国创意产业区位的影响研究》……………………545

《创意领导力——创意经理人胜任力研究》……………………………546

《控制权转移与利益流动——基于中国上市公司的理论与实证研究》…………………………………………………………………………546

《政府会计建设研究》………………………………………………………547

《基于网络关系的公司治理》………………………………………………547

《无形资产流失研究：基于国企改制的经验证据》……………………548

《中国土地储备开发模式与比较研究》……………………………………548

《北京市财政支出的经济效果评价研究——理论研究与实证分析》……549

《管理者过度自信与企业投资研究》………………………………………549

《信息化与工业化深度融合——方法与实践》……………………………550

《基础设施与经济发展》……………………………………………………550

《北京市产业结构高端化理论方法和应用研究》…………………………551

《基于财政透明导向的我国政府财务报告模式研究》……………………551

《工资形成机制变革下的经济结构调整——契机、路径与政策》………552

《财政货币政策非线性效应与宏观调控有效性研究》……………………552

《后发优势演化论：中国经济可持续追赶研究》…………………………553

《环境经济评价——理论、制度与方法》…………………………………553

《演化经济学与经济学的演进》……………………………………………554

《滥用市场支配地位的规制研究》…………………………………………554

《中国通货膨胀新机制研究》………………………………………………555

《中国流通产业组织化问题研究》…………………………………………555

七、文化、科学、教育、体育…………………………………………556

《数字图书馆的知识组织系统——从理论到实践》………………………557

《郭店竹简与思孟学派》……557
《人文素质论》……558
《梁启超和中国现代文化思潮》……558
《华丽转身——现代性理论与中国现当代文学研究转型》……559
《20世纪80年代以来的美国公共基础教育改革研究——国家、市场与公民社会的视角》……559
《预防青少年网络被害的教育对策研究——以实证分析为基础》……560
《科技政策学研究》……560
《信息技术采纳与电子政务——微观与宏观的综合研究视角》……561
《威廉·詹姆斯与美国传播研究》……561
《孔子成功改革教育之研究》……562
《大众媒介与文化变迁——中国当代媒介文化的散点透视》……562
《数字化城市管理导论》……563
《译与异——林乐知译述与西学传播》……563
《汉宋之间——翁方纲学术思想研究》……564
《北平的大学教育与文学生产：1928—1937》……564
《时代之“声”——新时期中国新闻评论研究》……565
《教育变革中的教师生命发展》……565
《科技专家与科技决策：“863”计划决策中的科技专家影响力》……566
《下一代图书馆系统与服务研究》……566
《现代思想政治教育课程论》……567
《网络舆论蝴蝶效应研究——从“微内容”到舆论风暴》……567
八、语言、文字……568
《对外汉语词汇教学研究——义类与形类》……569
《语用和认知概论》……569

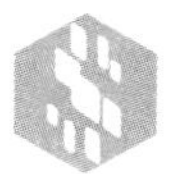

《汉语韵律词研究》 570
《汉语口语常用句式语用研究》 570
《现代汉语离合词离析形式功能研究》 571
《“是”字结构的句法语义研究——汉语语义性特点的一个视角》 571
《缅甸语汉语比较研究》 572
《类型学视野的汉语名量词演变史》 572
《三家子满语语音研究》 573

九、文学 574

《中国民间散文叙事文学的主题学研究》 575
《叙事、文体与潜文本——重读英美经典短篇小说》 575
《萧洛霍夫的传奇人生》 576
《哥特小说——社会转型时期的矛盾文学》 576
《东坡词研究》 577
《中国古典小说回目研究》 577
《中国现代学引论——现代文学的文化维度》 578
《淮南子考论》 578
《“故”事如何“新”编——论中国现代“重写型”小说》 579
《晚年白居易与洛下诗人群研究》 579
《菲尔丁研究》 580
《〈山海经〉学术史考论》 580
《〈说苑〉研究——以战国秦汉之间的文献累积与学术史为中心》 581
《现代诗的再出发——中国四十年代现代主义诗潮新探》 581
《危机与探索——后现代美国小说研究》 582
《20 世纪美国女性小说研究》 582
《20 世纪中国民间故事研究史》 583

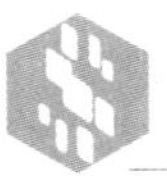

《〈论语集解〉与〈论语集注〉的比较研究》 583
《先秦汉魏六朝诗歌体式研究》 584
《刘勰及其〈文心雕龙〉研究》 584
《范仲淹研究》 585
《“重写”的限度——“重写文学史”的想象和实践》 585
《老舍与京味文学》 586
《屈原及其诗歌研究》 586
《雅克·拉康——阅读你的症状（上、下）》 587
《当代文学理论范畴导论》 587
《溯源与比较——当代海峡两岸的小城小说》 588
《中国古代文体论思辨》 588
《先秦诗经学史》 589

十、历史、地理 590

《北京地名研究》 591
《宋辽金元建制城市研究》 591
《南非史》 592
《敦煌民间结社研究》 592
《中国图书馆学研究史稿（1949 年 10 月至 1979 年 12 月）》 593
《北洋政府时期的新闻业及其现代化（1916—1928）》 593
《法老与学者——埃及学的历史》 594
《北大史学系早期发展史研究（1899—1937）》 594
《中华人民共和国史》 595
《非常传媒——左联期刊研究》 595
《六朝墓葬的考古学研究》 596
《文书·政令·信息沟通——以唐宋时期为主（上册、下册）》 596

《清代考课制度研究》 …… 597

《关麓村》 …… 597

《北京地名发展史》 …… 598

《中国历史农业地理（上、中、下）》 …… 598

《秦汉边疆与民族问题》 …… 599

《清代新疆和卓叛乱研究》 …… 599

《印度近二十年的发展历程——从拉吉夫·甘地执政到曼莫汉·辛格政府的建立》 …… 600

《改良与革命——晚清民初史事新探》 …… 600

《明十三陵研究》 …… 601

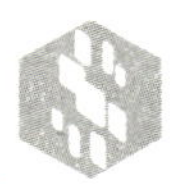

甘露润学林 硕果满枝头

——北京市社会科学理论著作出版基金20载回眸

“最是书香能致远”。当下，全民阅读渐成风气，建设“书香中国”的图景备受瞩目。与此相映成辉，今日中国每年出书已近40万种，其中不乏精品力作，堪称名副其实的出版大国。同样令人欣慰的是，在林林总总的书籍中，社科类学术专著所占比率亦有所提高。或许细心读者还会留意到其中一些著作冠以的“北京市社会科学理论著作出版基金资助”字样。

北京市社会科学理论著作出版基金设立于1992年，翌年早春正式实施首批著作出版资助运作。韶光留影，迄今已走过20载历程。“一分投注，一分希望；一分耕耘，一分收获”。20年来，北京市社科出版基金成绩斐然，截至2012年共资助书稿41批，1000余部（套）著作业已问世，内容涉及40多个学科。其中，获国家及省部级奖励的占四分之一。

一、引领方向，多出精品力作

出版物是保存民族记忆、留住思想智慧、支持理论创新的基础文化载体，也是传之后世的文化典籍，尤其是学术著作，对人类文明进步和社会发展有着重要作用。但长期以来，在我国各类图书出版中，学术著作出版却是一个薄弱的环节，因其专业性强，受众面窄，出书成本高，营销较困难，被视为“一块难啃的骨头”，往往令出版社不得不忍痛割爱，甚至包括一些原本很有社会价值的学术著作。例如，首都经贸大学的一位教授，从“现代企业组织与人类资源管理”课题的研究中深有所得，于是将这项成果视作自己治学多年为国企改革献上的一份礼物，满怀希望地抱着厚厚的书稿先后跑了三家出版社。其中两家倒是答应出版了，但前提是作者必须支付资助款并且包销。不独此例，不少学人都曾有过类似的“碰壁”遭遇。自20世纪80年代后期开始，学术著作“出版难”尤甚。这种现象引起了中共北京市委、市政府的高度重视。为了解决这一困扰社会科学理论界的问题，决定设立北京市社会科学理论著作出版基金，开展学术著作资助工作，由设立在北京市社科联的出版基金办公室负责有关的日常工作。

北京市社会科学理论著作出版基金设立之初就开宗明义，该项基金主要用于资助研究马列主义、毛泽东思想和邓小平理论，研究北京市改革开放和社会主义现代化建设实际，研究哲学社会科学基本理论，对学科建设有一定意义的优秀学术专著的出版。20年来，出版基金工作始终旗帜鲜明地把握这一正确的方向，重点资助出版了一批有深度、有价值，足以反映哲学社会科学领域研究成果的优秀出版物。其中包括占相当数量的马克思主义哲学、经济学、政治学、法学、科学社会主义等学科的理论专著，如《建设有中国特色社会主义的几个哲学问题》《毛泽东研究史讯》《创新网络——区域经济发展新思维》《中国农村金融市场研究》《寻找公共行政的伦理视角》；紧密结合现实，反映改革理论热点的专著，如《中国经济潮——增长与波动》《高技术产业化与企业战略》《养老金制度的经济分析与运作分析》《社会保障法的理念、实践与创新》《大国卫生指南——中国农村医疗现状与制度改革探讨》《中国汽车工业经济分析》《首都城市功能研究》《绿色流体引论——首都绿色流通事业发展对策研究》；还有不少在文学、史学、教育学等领域内具有较高学术价值，对其学科专题研究有所推进的论著，如《文心雕龙研究史》《灾荒与晚清政治》《田野民俗志》《中印佛教石窟寺比较研究——以塔庙窟为中心》《范仲淹研究》；也有一些相

对来说较为冷僻、研究多年的学术力作，如《和合学》《古代诗歌与艺术产生——从〈诗三百〉到元曲》，填补了相关学术领域中的研究空白。

北京市社科出版基金的设立，大大缓解了学术著作“出版难”的问题，使一些老学者经年累月的研究著述得以面世流传，不致湮没无闻，亦使一些未成名的年轻作者富有探索精神和学术创新的作品得以与读者见面。这是对勤谨治学者的回报，同时也是对社科工作者特别是青年学者潜心研究的鼓励，对人才培养与学科建设亦可谓意义深远。

精品纷呈，力作迭出，是文化繁荣发展的重要标志。北京市社会科学理论著作出版基金自始至终认准一条，即坚持精品意识和质量第一，多出精品力作。从新世纪开始，出版基金尤为注重对一些具有战略性前瞻性的研究项目、具有文化传承意义的大型项目，以及对学科建设举足轻重的选题给予重点资助，从而催生出一批达到国内一流水平乃至国际水平的研究成果。仰取俯拾，诸多收获，《中国学术百年》丛书、《中华文明史》（4卷本、12册普及读本）、《人学历史与理论》（3卷本）、《20世纪西方哲学东渐史》（14本）、《甲午战前钓鱼列屿归属考》（日文版）、《马克思主义哲学创新研究》等一批重点图书，集方向性、精品性、传承性和创新性于一体，充分展示了出版基金的资助水准。荟萃北京哲学社会科学著名学者学术研究精华的“北京社科名家文库”出版工程、《科学人生——30位社会科学著名专家》电视专题片及电视访谈节目，均展现了新中国学术发展历程和不凡成就，展现了社科名家的风采，对于弘扬科学精神、倡导科学方法、传播科学思想，也起到了积极的作用。

二、建章立制，确保科学规范

“没有规矩，不成方圆”。建章立制，是规范和加强资助项目管理，提高资助经费使用效益的基本保障。北京市社会科学理论著

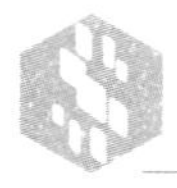

作出版基金设立之初，便成立了出版基金管理小组，从加强管理制度入手，相继出台了出版基金资助办法、重点资助项目审批暂行办法及项目经费管理办法等。经过20年的探索，出版基金办公室逐步建立和完善了申请、初审、审读、审批及出版成本控制和资助金额审核等一整套严格的程序。

按照出版基金资助规定，凡北京市和北京市与中央各部门双管的社会科学研究及教学单位的科研人员均有资格申请资助出版著作。资助工作坚持“自由申报、公平竞争”的原则，以著作质量为第一标准，择优而取，宁缺毋滥，绝不降格以求。

社科出版基金办公室在组织专家审读工作中，保持学术风清气正，坚持研究方向对口、专家与作者单位回避、隐去双方姓名、避开学术之争影响和严格保密等原则，使得专家在审读工作中敢于直抒己见，也排除了拉关系、求人情等庸俗行为的干扰，从而确保了资助出版的学术著作质量上乘。

由于出版基金办公室认真履行管理之责、服务之责，注重基础性工作，多措并举，层层把关，为出版基金的规范化、科学化管理提供了坚实的体制机制保障，也最大程度地发挥了基金资助的社会效益，改善了社科类学术著作的传播条件，使每一分钱都用在了刀刃上。

三、专家把关，力求客观公正

专家评审是发扬学术民主，保证出版基金资助质量和水平的关键环节。20年来，北京市社会科学理论著作出版基金之所以能够遴选出一批精品之作，予以资助出版，获得广大社科理论工作者的欢迎和社会各界的广泛认同，其中一个重要因素就是得益于专家谨守评审制度，坚持原则，一视同仁，不拘泥于作者名气，重在学术水准。

首都北京得天独厚的一大优势在于，高等院校、科研院所荟萃，专家学者云集。出版基金办公室借助这一优势，从首都高校、中国

社会科学院、中央党校聘请了800余位具有正高级专业技术职称的专家承担审读工作。这些专家涵盖各个学术领域，他们学养深厚、学风端正，不乏国际国内有相当学术影响力的知名学者。

专家对书稿审读非常重视，严把学术质量关。在一次著作审读会上，一位已过古稀之年的专家除了中肯地撰写审读意见外，还一笔一画地列出了一份长长的勘误表，对审读中发现的不当和错误之处一一指出，供作者修改时参考，其严谨认真的态度跃然纸上，很是令人感慨。还有一位专家对一部历史学著作的审读意见，大到书稿的框架、观点，小到标点、别字，工工整整写了长达14页，十分具体，且切中肯綮。有的审读专家对书稿不仅写了书面意见，事后还热情地约作者当面详谈，老专家的悉心指教令后学者如沐春风。言及专家们尽职尽责、一丝不苟的工作态度，他们诚恳地表示：这是应分之事，责尽心安，但求客观公允。

专家审读书稿的意见，既对作者修改、充实书稿，深化研究有很大的帮助，也对出版基金管理小组审批资助著作，了解相关学科的研究动态，指导全市理论著作出版工作起到了助力作用。不少审读意见，既客观评论了书稿的质量，还结合当下学术研究前沿的最新成就，提出自己的精辟见解，具有相当的权威性，体现了资助工作的求是与公正，也为保证和提高资助著作的质量奠定了基础，使出版社和作者都感到受益匪浅。如果发现个别书稿中有大段抄袭的不正当行为，专家明察秋毫的眼睛自然不容沙子，他们直截了当地批评反馈到申报单位以正肃学规。学者们一致认为，审读专家的严格把关，有益于倡导良好的学术研究风气，净化出版市场。

如果将社科出版基金取得的喜人成果比喻为一部闳约深美的画卷，那画卷上的每一笔，无不凝聚着专家学者的心血。

四、一举多得，彰显品牌效应

为充分了解北京市社会科学理论著作出版基金工作的资助效果

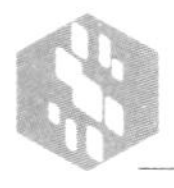

与社会影响，以便总结经验，出版基金办公室曾以走访、座谈、问卷等方式多次开展调查工作，征求、听取有关出版社编辑、部分作者和审读专家的意见、建议。

2011年底的调查结果显示，出版基金作为市委市政府为繁荣哲学社会科学事业所做的实事之一，可谓一举多得：

一是出版基金所资助的作品具有良好的社会影响。从对受资助作者的调查结果来看，有87.27%受访作者的作品得以出版，有53.44%的受资助作者称作品出版后“发行情况很好”，乃至出版后很快就销售一空，并得以重印。受访审读专家普遍认为，受资助的作品水平较高，具有较强的学术价值和创新性，社会效益良好。

二是出版基金对于繁荣哲学社会科学发挥了不可替代的作用。从受资助作者对出版基金工作各方面作用的评价可以看出，分别有97.71%、96.79%、93.06%的受访者认为，出版基金的设置实现了“繁荣北京市哲学社会科学发展”“解决社科类学术著作和冷僻专业著作出版难问题”“展示首都社会科学学术研究精品”的目的，作用明显。

三是出版基金有利于学科建设和学术研究的深入。许多受访者都从科研管理角度对出版基金多年来形成的组织管理制度和严格求质求精的工作作风给予充分肯定，他们认为由此引发的公平竞争与严谨治学之风,无疑会对学科建设和学术研究的深入起到导向作用。中国政法大学、北京联合大学科研处的同志特别强调，资助一部分未成名的青年学者的著作，甚至在政策上有所倾斜，必将扶持和推动一大批青年学者的成长，必将对学科发展、队伍建设、提升教师科研能力产生深远影响。

四是出版基金的扶持对于出版社孵化精品，推动中国学术走向世界有着极其重要的作用。北京市社会科学理论著作出版基金的项目是由出版社申报的，目前可承担这项资助任务的出版社在北京有

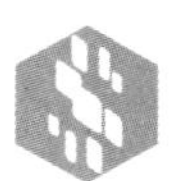

12家。作为文化企业，出版社在考虑社会效益的同时，为生存计，也不能不和其他企业一样考虑其经济效益。有了出版基金的资助，出版社坚持精品战略，探索一条有自身特色的学术出版之路，便能收到明显效果。受访的北京大学出版社、中国人民大学出版社都表示，在北京市社科理论著作出版基金的长期扶持下，两家出版社推出了大批优秀的学术著作，其中不少为高端学术精品的代表之作，在国内外均产生了良好影响。首都师范大学出版社称，相信随着出版基金品牌效应的扩大，吸引的学科带头人和青年学者会越来越多，高校出版社出版的有价值、有深度的学术著作也会越来越多。

甘露润学林，硕果满枝头。回眸北京市社会科学理论著作出版基金20载的历程，人们有理由为之骄傲，因为它开辟了一条发挥党和政府主导作用资助学术研究的成功之路，创立了一个将学术成果推向社会、利今福后的科学程式。诚如一位学者所言："市委市政府设立出版基金的善举令我们感到欣慰，它所产生的社会效益虽然在短期内并不显著，但从长远来看，必将得到数倍、数十倍，甚至数百倍的回报，因而也是聪明之举、有眼光之举。"

北京市社会科学理论著作出版基金

重点资助项目

丛书类

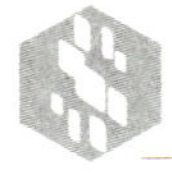

《跨世纪青年学者文库》

出版单位：北京出版社
出版时间：1997—2000 年
作　　者：刘伟　李凤圣等

图书概况：

跨世纪的伟大实践，需要能够发挥跨世纪作用的社会科学理论；跨世纪的社会科学理论，离不开一批能够担当跨世纪重任的社会科学工作者。基于此，中共北京市委宣传部组织实施了“培养跨世纪理论人才百人工程”，而《跨世纪青年学者文库》就是“百人工程”的一项重要内容。

《跨世纪青年学者文库》的作者们以马

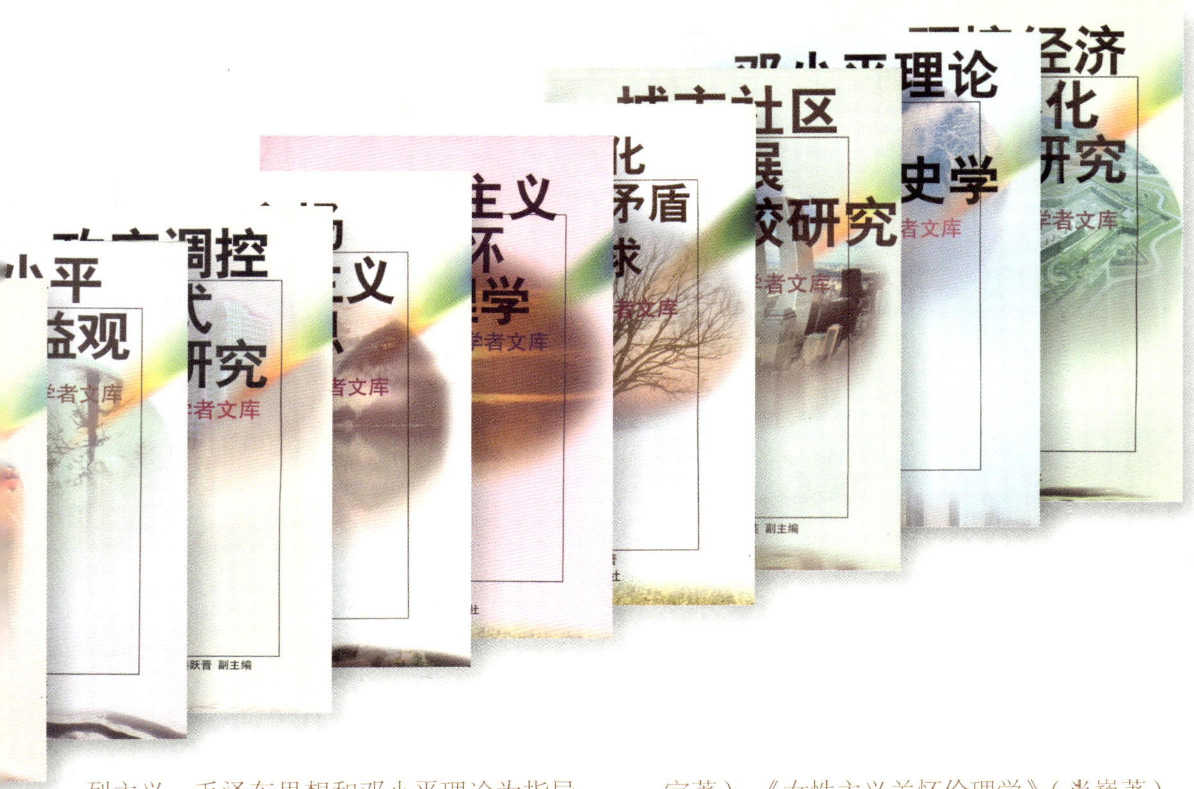

列主义、毛泽东思想和邓小平理论为指导，通过对社会科学领域的重要问题，特别是对改革开放和现代化建设的重大理论和实践问题进行了比较深入的研究，积极探索了有中国特色社会主义经济、政治、文化的发展规律，并产生了一批能够代表世纪之交北京社会科学水准的研究成果，有力地推动了北京市两个文明建设的进一步发展。本丛书包括：《产权通论》（刘伟　李凤圣著）、《国际税收理论与实践》（杨志清著）、《经济系统分析》（顾海兵著）、《地缘政治与中国外交》（叶自成主编）、《重建理性主义信念》（韩震著）、《世纪转折时期的中国影视文化》（尹鸿著）、《邓小平理论与跨世纪中国》（王东著）、《网络伦理》（严耕　陆俊　孙伟平著）、《邓小平的利益观》（张国均著）、《政府调控模式比较研究》（陈秀山主编）、《市场社会主义反思》（张宇著）、《女性主义关怀伦理学》（肖巍著）、《现代化进程的矛盾与探求》（丰子义著）、《城市社区发展国际比较研究》（侯玉兰主编）、《马克思的工业革命理论与现时代》（叶险明著）、《邓小平理论与中共党史学》（王炳林著）、《环境经济一体化政策研究》（邹骥著）。其中《产权通论》于1998年获北京市第五届哲学社会科学优秀成果二等奖，于2001年获第二届蒋一苇企业与发展学术基金优秀著作奖，于2002年获国家教育部普通高等学校第三届人文社会科学研究成果经济学二等奖。《现代化进程的矛盾与探求》获第四届“吴玉章奖”优秀奖。《马克思的工业革命理论与现时代》于2003年获“北京市哲学社会科学优秀成果奖”二等奖。《邓小平理论与中共党史学》于2000年获得“第五届国家图书奖”提名奖。

《中国学术百年》

出版单位：北京出版社

出版时间：1999 年

作　　者：北京市社会科学界联合会组织编写

图书概况：

历史巨人的步伐即将迈向 21 世纪。在过去的 100 年中，中国人民历经沧桑，在奋起斗争中实现了伟大而艰难的历史变革。在这个过程中，中国的学人在人文社会科学领域筚路蓝缕，辛勤耕耘，为祖国的繁荣昌盛和科学的文明发达而殚精竭虑，并做出了不可磨灭的贡献。《中国学术百年》这套丛书，就是试图对这一历史进程留下一截小小的剪影。

这套丛书共分 9 册，即《逻辑学百年》(赵总宽主编)、《哲学百年》(谢龙　胡军　杨河著)、《世界语在中国一百年》(侯志平主编)、《国际共运史学百年》(李景治主编)、《历史学百年》(刘新成主编)、《人口学百年》(查瑞传主编)、《社会学百年》(袁方主编)、《文艺学百年》(陈传才主编)和《学界专家论百年》(北京市社科联组织编写)。其中，前 8 本图书分门别类地对相应学科的百年历程进行了比较详尽的阐述与剖析；第 9 本则是一本社科名家的论文辑录，由国内知名的 16 位专家就自己的专业研究领域加以回顾和展望。

《新世纪青年学者文库》

出版单位：北京出版社
出版时间：2001—2002 年
作　　者：叶险明　顾海良　张雷声
　　　　　肖广岭　赵秀梅著

图书概况：

新世纪的伟大实践，新世纪的社会科学，离不开一批能够担当重任的社会科学工作者。中共北京市委宣传部会同有关部门，在实施“培养跨世纪理论人才百人工程”、重点培养了一批青年社会科学学科骨干的基础上，于 2001 年开始组织实施“培养新世纪社科理论人才百人工程”。《新世纪青年学者文库》，是《跨世纪青年学者文库》的继续。文库的编辑出版是“百人工程”的一项重要内容，目的是鼓励青年学者以马克思列宁主义、毛泽东思想和邓小平理论为指导，对社会科学领域的重要问题，特别是对改革开放和现代化建设的重大理论和实践问题进行深入研究，积极探索有中国特色社会主义经济、政治、文化的发展规律，力求产生一批能够代表新世纪北京市社会科学水准的研究成果，为北京市两个文明建设服务。文库既是“百人工程”青年学者研究成果的展现，又是北京市大力加强社会科学研究工作的成果。

入选“百人工程”的青年学者均为首都高等院校和北京市社会科学研究单位具有副高级以上专业技术职务的教学和科研骨干。

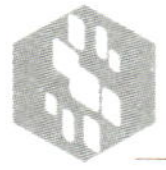

《20 世纪西方哲学东渐史》

出版单位：首都师范大学出版社

出版时间：2001—2002 年

作　　者：汤一介主编

图书概况：

从各国文化发展的历史来看，文化的发展大体上是通过“认同”与“离异”两个不同的阶段来进行的。“认同”表现为与主流文化的一致和阐释，“离异”则表现为对原有主流文化的批判和扬弃。而无论是“认同”抑或“离异”，无不基于一个国家所处的时代背景及其自身所具有的文化特质。

本丛书希望能把这一百年来中国哲学在

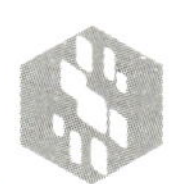

西方哲学的冲击下，如何创立、冲突、发展以及其走向进行一个比较客观（当然也会带有各位作者主观性）而系统的描述、评论和展望，从而为广大读者对于这些哲学流派在中国发展演进的历史脉络有一个比较全面而完整的把握。本丛书共有14卷，首卷为导论部分，对本丛书所涉及的哲学流派进行了简明扼要的阐述；其余13卷，则大体按照其传入中国的时间先后顺序，每卷描述和评论了一种具有代表性的西方哲学派别在中国发展、演进的历史。本丛书包括：《中国本土文化视野下的西方哲学》（胡伟希著）、《基督教哲学在中国》（孙尚扬　刘宗坤著）、《后现代后殖民主义在中国》（王岳川著）、《实用主义在中国》（杨寿堪　王成兵著）、《唯意志论哲学在中国》（成海鹰　成芳著）、《现象学思潮在中国》（张祥龙　杜小真　黄应全著）、《分析哲学在中国》（胡军著）、《实在论在中国》（张耀南　陈鹏著）、《结构主义与后结构主义在中国》（陈晓明　杨鹏著）、《20世纪西方哲学东渐史导论》（黄见德著）、《进化主义在中国》（王中江著）、《西方哲学在当代台湾和香港》（黄见德著）、《康德黑格尔哲学在中国》（杨河　邓安庆著）、《马克思主义哲学在中国》（王守常　张翼星　陈岸瑛　李菱著）。

《国外经济热点前沿》

出版单位：经济科学出版社

出版时间：2004—2013 年

作　　者：黄泰岩　杨万东　张培丽等主编

图书概况：

从顺天的角度来看，中国改革开放的成功，为中国经济学的确立和发展奠定了坚实的基础和提供了肥沃的土壤。中国经济学体系和内容的形成与发展，使作者把中国经济学作为经济学大家庭的一员作出独立的研究。但中国经济学的发展绝不可能脱离世界文明发展的大道。中国经济学对世界文明成果的借鉴，使作者对国外经济学文献的综述

做得有独到的价值。从顺力的角度来看，作者在文献梳理的过程中始终把握的原则就是抛弃自己的一孔之见，努力真实、客观地展现文献的原汁原味，按照文献的逻辑体系和脉络组织文献。这既是过去成功的原因，也是未来努力持续成功必须遵循的一大原则。

《国外经济热点前沿》系列丛书主要通过对国外经济学文献的系统梳理，从而为国内经济学的研究或者理论创新提供一个比较全面和系统的研究成果基础，并为中国经济学的研究或者理论创新提供一种研究规范。该丛书从2004年开始出版第1辑，截至目前已出版10辑。

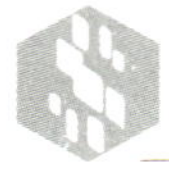

《中国经济热点前沿》

出版单位：经济科学出版社

出版时间：2004—2013 年

作　　者：黄泰岩　杨万东　张培丽等主编

图书概况：

中国改革开放的成功，为中国经济学的确立和发展奠定了坚实的基础，提供了肥沃的土壤。中国经济学体系和内容的形成和发展，使得学者们把中国经济学作为经济学大家庭的一员作出独立的研究。

《中国经济热点前沿》系列丛书就是通过综述与评析的方式，对每一年国内经济重要的经济学文献进行一个比较系统而完整的

梳理，从而达到以下两个基本目的：一是为经济学的研究或者理论创新提供一个比较全面和系统的研究成果基础，使研究者可以节省大量的研究时间和精力。从这个意义上说，本套丛书是经济学研究者的必备工具书，也是经济学教学的必备参考书。二是为经济学的研究或者理论创新提供一个基础的研究平台。通过这一平台，使大家能够在新的起点上推进经济学的进一步创新，从而减少经济学的重复研究。这不仅有助于优化研究资源的合理配置、实现经济学研究的帕累托改进，而且有助于建立一个客观的科研成果社会评价机制，激励经济学研究的不断创新。该丛书从2004年开始出版第1辑，截至目前已出版10辑。

《人学理论与历史》

出版单位：北京出版社

出版时间：2004 年

作　　者：黄楠森（编委会主任）

图书概况：

人类认识史告诉我们，每一门科学的诞生都有一个过程。首先出现的是关于某一科学对象的零散的知识，这些知识往往同其他多门科学的知识混在一起，而且这些知识瑕瑜互见，真伪难分。其次出现的是具有一定系统性的知识体系，即出现了关于某一科学对象的理论，但这些理论还缺乏足够的真实性和完整性。当关于某一科学对象的真实的、完整的理论体系出现时，这门科学就诞生了——人学同样也不能例外。

《人学理论与历史》由《人学原理卷》（陈志尚主编）、《西方人学观念史卷》（赵敦华主编）和《中国人学思想史卷》（李中华主编）三卷构成，黄楠森教授任编委会主任，约 200 万字。本书把人学原理和人学历史作为一个整体来研究，在我国人学发展史上是第一次，使人学学科建设上了一个新台阶。三本书属于人学学科中的三门分支，在学科中各有自己的特色和功能。本丛书包括：《人学原理卷》《西方人学观念史卷》《中国人学思想史卷》。

《金融学文献通论》

出版单位：中国人民大学出版社
出版时间：2005—2006 年
作　　者：陈雨露　汪昌云主笔

图书概况：

《金融学文献通论》是由中国人民大学财政金融学院承担的教育部“211 工程”金融政策与金融管理课题的一项标志性成果，对于我国社会主义市场经济条件下的金融学研究与发展具有非常重要的理论参考价值。

《金融学文献通论》丛书共分三卷，比较全面地介绍了在金融学发展历史上具有重要意义的经典文献。其中，第一卷介绍和评述现代金融和货币经济领域中最权威的原创论文，其中含宏观金融部分论文 22 篇，微观金融部分 21 篇。第二卷综述现代资产定价、公司财务、金融衍生工具和行为金融等微观金融领域各主要理论的起源、发展以及现阶段的热点问题。第三卷纵向综述货币银行以及国际金融等宏观金融研究领域中冬核心理论研究的来龙去脉，发展历程，当今所处阶段，并把脉未来研究发展方向。本丛书包括：《原创论文卷》《微观金融卷》《宏观会融卷》。本丛书 2008 年 10 月，获北京市“第十届哲学社会科学优秀成果奖”二等奖。

《中学西渐丛书》

出版单位：首都师范大学出版社
出版时间：2006—2010 年
作　　者：乐黛云主编

图书概况：

“我们不能像中国人一样，这真是大不幸”，法国启蒙思想代表人物伏尔泰曾这么说。17 世纪前后，中国趣味流行于欧洲。经历了千年流变，中西文化的流向一直是学者们关注的焦点之一。进入 21 世纪以来，由于西方文化在我国得到广泛传播，许多学者大都重点关注“西学东渐”，却忽视从反方向研究中国文化对西方文化的影响，即对

“中学西渐”的研究。事实上，中国文化正是通过伏尔泰、莱布尼兹、荣格、白璧德、庞德、奥尼尔、色加楞、米肖等主流文化的哲学家、思想家、文学家的融会贯通，包括误读和改写，才真正进入西方文化的。

《中学西渐》丛书企图对这个充满着误读、盲点和过度诠释，同时又闪耀着创意、灵性和发展的非常复杂的过程进行饶有兴味的探索，比较全面、系统地清理中国文化进入世界文化主流的历史现象，对在这方面有重大贡献的代表性历史人物进行了比较系统的研究与阐释，从而为我们全面认识中西方之间的文化交流打开了一个全新的视域。本丛书包括:《卡夫卡与中国文化》(曾艳斌著)、《莱布尼茨与中国文化》(孙晓礼著)、《庞德与中国文化》(陶乃侃著)、《史耐德与中国文化》(钟玲著)、《白璧德与中国文化》(段怀清著)、《中国禅与美国文学》(钟玲著)、《伏尔泰与中国文化》(陈宣良著)、《黑塞与中国文化》(马剑著)。

《北京社科名家文库》

出版单位：首都师范大学出版社

出版时间：2008—2011 年

作　　者：邓广铭等

图书概况：

中国改革开放的 30 年。也是哲学社会科学蓬勃发展的 30 年。在这 30 年的辉煌成就

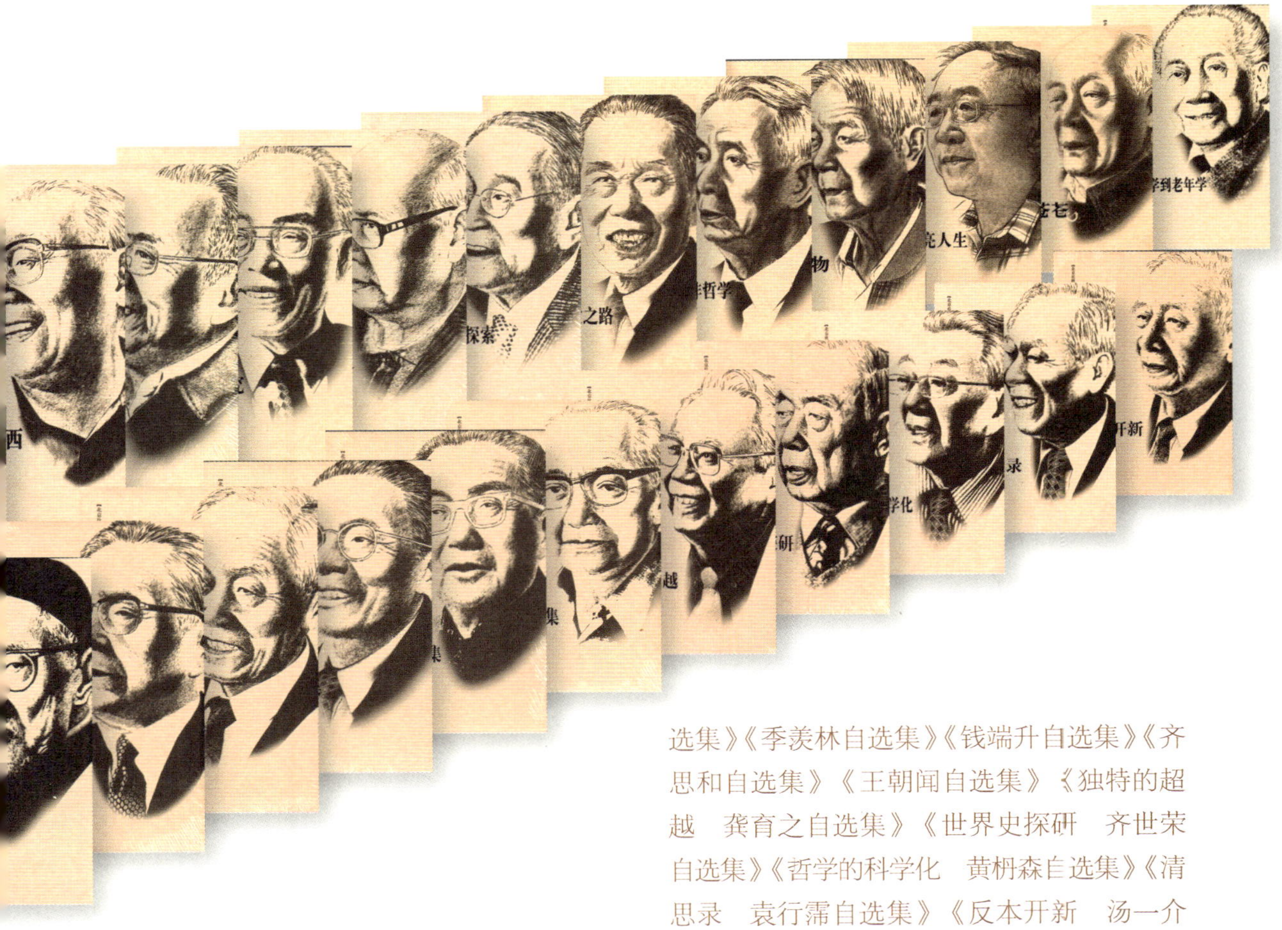

里，浸透着为新中国哲学社会科学奠基的老一辈专家呕心沥血的求索，也镌刻着循着他们足迹的后来者追求真理的步伐。“学之大者，国之重器”。为此，北京市社会科学界联合会和首都师范大学出版社将这一套《北京社科名家文库》奉献给读者。它以自选集的体例形式，每年推出一批，争取达到百种以上。《北京社科名家文库》系统展示北京当代哲学社会科学名家学者30年来的学思精华，展示他们的学术探索历程和风采。

目前已出版的丛书包括：《邓广铭自选集》《冯友兰自选集》《冯至自选集》《张岱年自选集》《周一良自选集》《周祖谟自选集》《钟敬文自选集》《俞平伯自选集》《费孝通自选集》《梁漱溟自选集》《任继愈自选集》《季羡林自选集》《钱端升自选集》《齐思和自选集》《王朝闻自选集》《独特的超越　龚育之自选集》《世界史探研　齐世荣自选集》《哲学的科学化　黄枏森自选集》《清思录　袁行霈自选集》《反本开新　汤一介自选集》《私权的呐喊　江平自选集》《思考教育　顾明远自选集》《羁鸟恋旧林　张世英自选集》《思想与历史　何兆武自选集》《信仰与探索　陈先达自选集》《乐此不疲集　张岂之自选集》《艰辛的开拓　石仲泉自选集》《发现与探索　方汉奇自选集》《仰望崇高　方立天自选集》《美术，穿越中西　邵大箴自选集》《治学清历　傅璇琮自选集》《历史地理研究　侯仁之自选集》《愚庵论史　刘家和自选集》《从人口学到老年学　邬沧萍自选集》《西方经济史探索　厉以宁自选集》《伦理学探索之路　罗国杰自选集》《哲学来自非哲学　赵光武自选集》《三生万物　庞朴自选集》《意象照亮人生　叶朗自选集》《蒹葭苍苍　欧阳中石自选集》。

《中华文明史普及读本》

出版单位：北京大学出版社

出版时间：2009 年

作　　者：王　博等

图书概况：

《中华文明史》是北京大学国学研究院组织撰写的一部多学科融合的学术著作。实现文明史既是人类的创造史，也是人类的演进史，《中华文明史》将物质文明、政治文明和精神文明，分别对应人与自然的关系、人类社会的组织方式以及人的心灵世界，展示其错综复杂的关系，作出总体性的描述，以突出中华民族的创造力以及中华文明生生

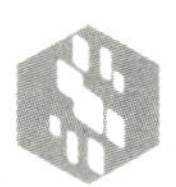

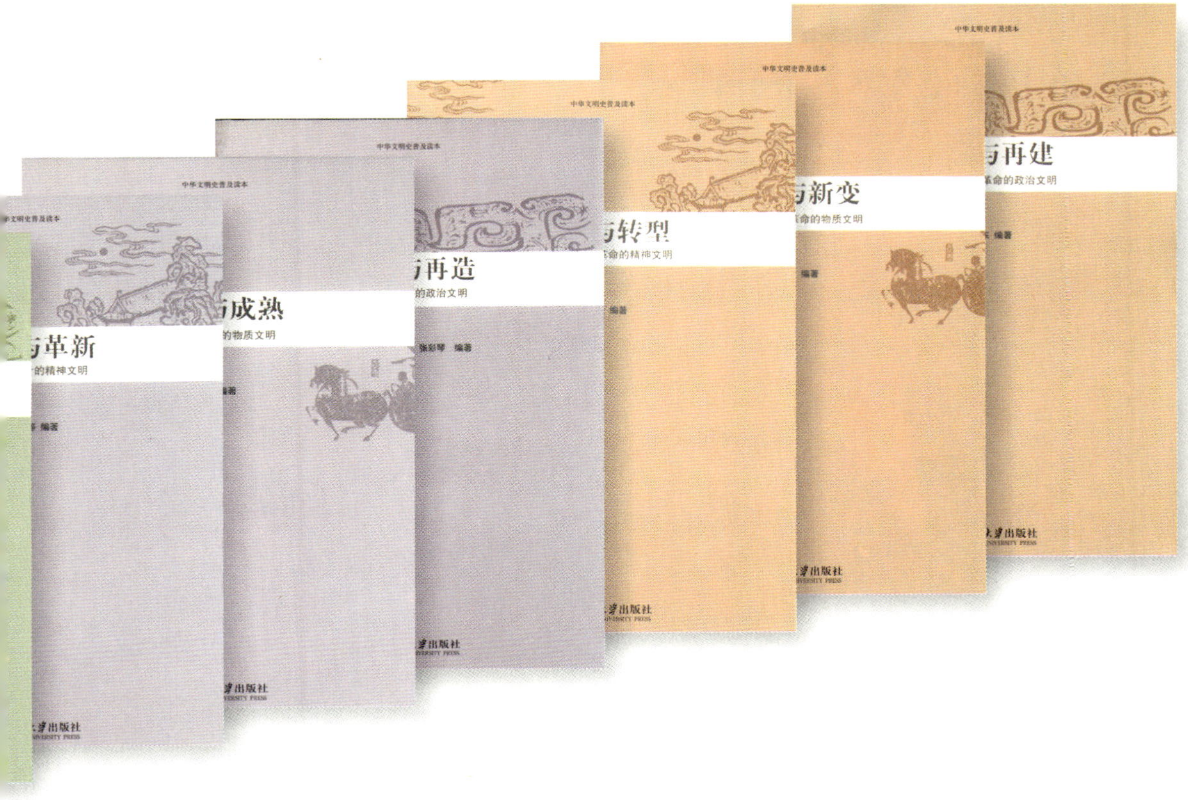

不息的过程。《中华文明史普及读本》系列丛书即《中华文明史》的精简改写本。

《中华文明史普及读本》共12册，分别叙述先秦、秦汉魏晋南北朝、隋唐至明中叶、明中叶至辛亥革命四个历史时期的政治文明、物质文明、精神文明的成就。在原书综合性、学术性的基础上，突出通俗性，以适应大众阅读的需要。全书纵横结合，既有按照时间顺序，对于从古至今中华文明发展历程进行的简要梳理，也有对每一时代突出成就的集中介绍。整套书合而论之，展示了中国古代文明色彩斑斓的全景画面；分开来看，又分别展示出某一时代、某一局部生动而精彩的细节。本丛书包括：《奠基与经典：先秦的精神文明》（王博编著）、《黄土与青铜：先秦的物质文明》（韩巍编著）、《从“协和万邦”到“海内一统”：先秦的政治文明》（张传玺著）、《经世与玄思：秦汉魏晋南北朝的精神文明》（章启群编著）、《恢弘与古朴：秦汉魏晋南北朝的物质文明》（陈苏镇编著）、《波峰与波谷：秦汉魏晋南北朝的政治文明》（阎步克编著）、《鼎盛与革新：隋唐至明中叶的精神文明》（陈少峰等编著）、《辉煌与成熟：隋唐至明中叶的物质文明》（张帆编著）、《创新与再造：隋唐至明中叶的政治文明》（王小甫等编著）、《集成与转型：明中叶至辛亥革命的精神文明》（刘勇强编著）、《传承与新变：明中叶至辛亥革命的物质文明》（刘玉才编著）、《倾覆与再建：明中叶至辛亥革命的政治文明》（郭卫东编著）。

《新中国 60 年·学界回眸》

出版单位：北京出版社

出版时间：2009 年

作　　者：北京市社会科学界联合会　组织编写

图书概况：

正值中华人民共和国成立60周年之际，为了较为系统全面地从不同学科角度回顾总结新中国成立 60 年来各个领域所取得的辉煌成就，以学术成果的形式向国庆 60 周年献礼，北京市社会科学界联合会精心设计了“新中国 60 年·学界回眸” 丛书，并召集多位相关社科专业的知名学者，编撰了这套丛书。

这套丛书共分12卷，分别从法制建设、教育发展、经济发展、伦理学与道德建设、马克思主义中国化、人口发展、社会学与社会建设、文化发展、文学发展、新闻学发展、国际关系学发展等方面，以比较详尽的资料对新中国成立60年来上述社会科学领域的发展进行了回顾与剖析。

丛书通过梳理和总结60年来各学科的重点事件，阐明各学科的重要理论建树，最终展现各学科理论上的重大成果，从而形成各学科理论和社会实践的有机互动。本丛书包括：《法治建设卷》（王振民主编）、《教育发展卷》（李兴洲主编）、《经济发展卷》（文魁　张连成主编）、《伦理学与道德建设卷》（葛晨虹主编）、《马克思主义中国化卷》（秦宣主编）、《人口发展卷》（翟振武主编）、《社会学与社会建设卷》（郑杭生主编）、《文化发展卷》（刘勇　万安伦主编）、《文学发展卷》（张颐武主编）、《新闻学发展卷》（金梦玉主编）、《国际关系学发展卷》（段霞主编）、《政治发展卷》（施雪华主编）。

《青少年学习中共党史丛书》

出版单位：中共党史出版社

出版时间：2011 年

作　　者：龙新民　张静如主编

图书概况：

《青少年学习中共党史丛书》由中央党史研究室、教育部、共青团中央共同策划，组织党史专家与高校教师撰稿。丛书共 20 册，60 余万字，800 余幅图，图文并茂，准确生动展现了中国共产党 90 年的奋斗历程和光辉业绩。

丛书选取中国革命、建设和改革开放中最具代表意义的重大史实，注意故事性和历

史细节，以准确、简明、通俗的叙述，引导青少年较为系统地了解中国共产党不懈奋斗、探索前进并不断取得巨大成就的历史，熟悉党史上革命先辈和英雄模范人物的业绩。本丛书包括：《中国有了共产党》（张树军著）、《井冈山上红旗扬》（张琦著）、《红军不怕远征难》（李颖著）、《抗日烽火遍中华》（高新民著）、《延安精神耀千秋》（李颖著）、《中国命运大决战》（张树军著）、《血沃大地铸忠魂》（王林育著）、《中国人民站起来了》（周良书著）、《新中国扬帆启航》（赵朝峰著）、《建立社会主义新制度》（张海荣著）、《在探索中曲折前进》（张世飞著）、《十年内乱与抗争》（王冠中著）、《大转折前的序曲》（沈传亮著）、《伟大的历史转折》（刘宋斌著）、《神州涌动改革潮》（石建国著）、《面向世界的中国》（冀宽诚著）、《春天的故事》（石建国著）、《走进新时代》（冀宽诚著）、《科学发展谱新篇》（石建国著）、《名垂青史映丹心》（王林育著）。

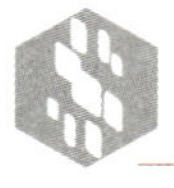

《马克思主义哲学创新研究》

出版单位：人民出版社
出版时间：2011 年
作　　者：黄枬森等

图书概况：

《马克思主义哲学创新研究》共分四部，其中第一部为《马克思主义哲学体系的当代建构》（上下册，黄枬森主编），试图以辩证唯物主义世界观为主线，把历史唯物主义乃至新型价值观，都熔为一炉，构成一个有机整体、新型体系；第二部为《时代精神与马克思主义哲学创新》（王东主编），提出了集中体现时代精神的危机创新时代观与综合创新哲学观；第三部为《现代科学技术与马克思主义哲学创新》（曾国屏主编），深入研究了现代科学技术革命中的哲学问题；第四部为《中西哲学的当代研究与马克思主义哲学创新》（赵敦华　孙熙国主编），深入分析了中西哲学当代研究对形成和发展马克思主义哲学的重要意义。

这套新著注重理论联系实际，直接面对当代世界与中国发展中的各种重大现实问题、难点问题、争论焦点问题，努力作出理论思维高度的哲学回答、理论创新。这是使马克思主义哲学更好体现时代精神的必经之路与必由之道。这里阐发的马克思主义时代观，尤其是危机创新时代观与综合创新哲学观，有助于我们更好地看清时代潮流，在全球问题的思想交锋中，中华民族能独立自主地把握马克思主义话语权，争取思想政治上的领导权。

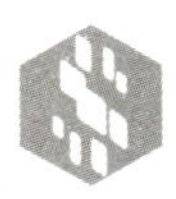

《20 世纪马克思主义文艺理论国别研究》

出版单位：北京大学出版社
出版时间：2012 年
作　　者：童庆炳等

图书概况：

本丛书对 20 世纪马克思主义文艺理论在各国的发展，对 20 世纪马克思主义文艺理论的新形态、新特征、新命题作出了有历史深度和有理论价值的总结，对于马克思主义文艺理论的发展，对于建设具有中国特色的马克思主义文艺理论，有重要的理论意义和现实意义。

《20 世纪马克思主义文艺理论国别研究》丛书，包括中国、俄罗斯、日本、德国、法国、英国、美国七大卷，在时间上涵盖一个世纪，在空间上包括东西方七个国家，较为系统地勾勒了马克思主义文艺理论在上述七个国家的发展历程，为今天的马克思主义文艺理论的发展提供了可资借鉴的经验教训。

本丛书包括：《20 世纪中国马克思主义文艺理论研究》（童庆炳主编）、《20 世纪俄国马克思主义文艺理论研究》（程正民　邱运华　王志耕　张冰著）、《20 世纪美国马克思主义文艺理论研究》（吴琼著）、《20 世纪德国马克思主义文艺理论研究》（曹卫东等著）、《20 世纪法国马克思主义文艺理论研究》（高建为　钱翰等著）、《20 世纪英国马克思主义文艺理论研究》（付德根　王杰著）、《20 世纪日本马克思主义文艺理论研究》（王志松著）。

《北京改革开放 30 年研究》

出版单位：北京出版社
出版时间：2008 年
作　　者：刘牧雨　戚本超主编

图书概况：

为了纪念口国改革开放 30 周年，全方位地展示北京所取得的各项辉煌成就，北京市社会科学院特别设立了“北京改革开放 30 年研究”的重点课题，并组织骨干力量从事研究，课题的最终成果形成了这套《北京改革开放 30 年研究》丛书。

本丛书从经济、民主政治建设、文化、社会民生、城市管理和对外开放等六个方面，总结了改革开放 30 年来的种种发展经验，阐释了有关中国特色社会主义发展理论的基本观点和创新模式，客观地记录了北京在改革开放 30 年来的历史进程和伟大成就。本丛书包括：《城市卷》（黄序主编）、《对外开放卷》（白志刚主编）、《经济卷》（赵弘主编）、《文化卷》（张泉主编）、《社会卷》（冯晓英主编）、《民主政治卷》（李贺林主编）。

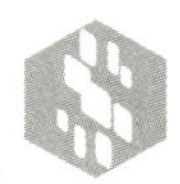

《领导干部半日读》

出版单位：北京出版社
出版时间：2011 年
作　　者：李君如等

图书概况：

为推进学习型党组织建设，更好地满足全市领导干部理论学习需求，北京市委宣传部组织专家编写了《领导干部半日读》系列丛书。名为“半日读”，意在将每本书的字数控制在 5 万字以内，使领导干部在周末利用半天时间即可读完。作为干部理论学习的参考读物，丛书的选题都是与首都当前的发展、领导工作的需要密切相关的，在内容上尽量体现该领域的新理论、新知识、新方法，在表述上力求做到简明扼要、深入浅出，在文风上尽可能生动活泼，有较强的可读性。

这套书选题针对性强，涵盖面广，有阐述党的创新理论的《科学发展纵横谈》（李君如著），有阐述首都发展中面临的热点问题的《世界城市漫谈》（牛文元等著），有提升领导能力的《哲学思维与领导力》（韩震著），有针对领导干部学习需求、增长领导干部现代科技知识的《透过危机看金融》（李杨著）、《看气候 说低碳》（罗勇著），还有发掘弘扬北京传统文化、着眼于提升领导干部文化素养的《北京文化史举要》（阎崇年著），可谓是既做到了立足发展前沿，又回应了实践需求。

《马克思主义研究丛书》

出版单位：中国人民大学出版社
出版时间：2012 年
作　　者：郝立新等

图书概况：

《马克思主义研究丛书》为开放式项目，秉承“宁缺毋滥”的原则，严把学术关，只挑选最具学术价值、最有影响力的名家著作加以出版，并采取编委会专家推荐和作者自荐的形式，由专业学者予以匿名评审，保证所入选著作的学术性、科学性、理论性，丛书总规模将达到 15~20 本。

该套丛书所涉及的面较广，包括马克思主义基本理论、马克思主义发展史、马克思主义中国化历程等方面，对这些问题进行了尽可能全面深入的研究，揭示了许多常常被学界所忽略的细节问题，创造性地提出了一些具有充分文献根据和学术价值的观点，在一定意义上填补了马克思主义研究领域的空白。该套丛书或推进了这些问题的研究进展，或匡正了存有误解的学术见解，因此丰富了马克思主义研究领域的文献基础和史实呈现，对该领域及相关领域的学术建设与研究进展可产生明显的推动作用。目前已出版的丛书包括：《当代中国马克思主义哲学研究走向》（郝立新主编）、《马克思主义基本原理在当代西方》（黄继锋等著）、《中国政治民主研究》（牛旭光著）。

套书类

《社会主义论库》

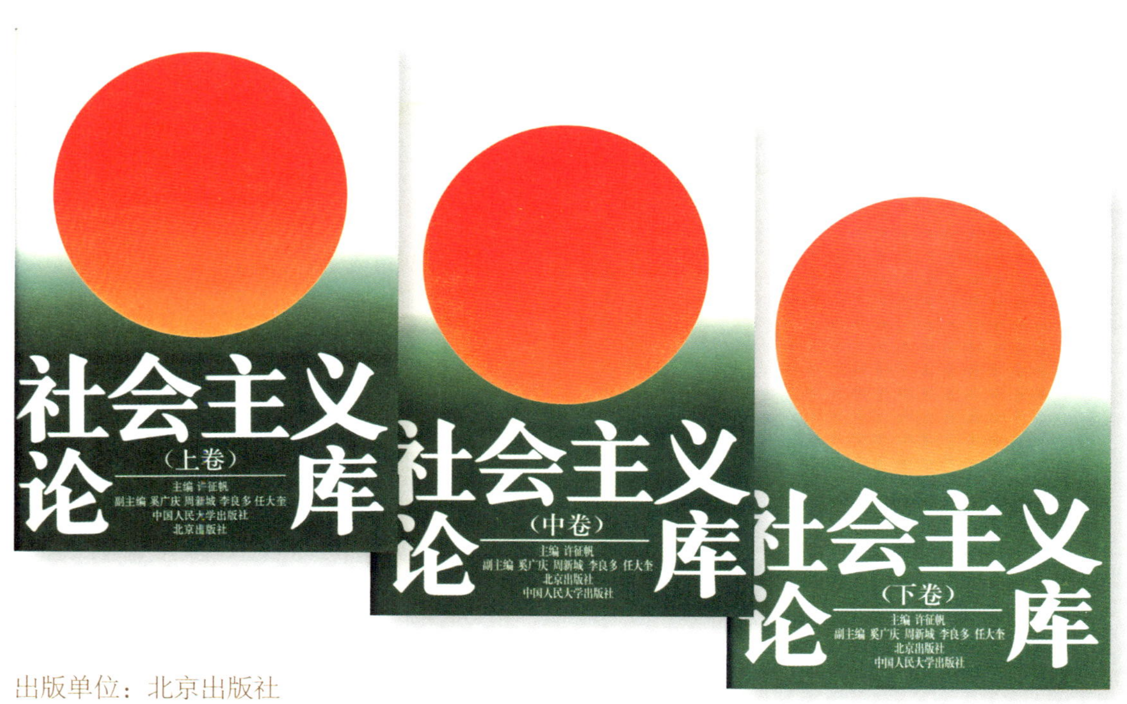

出版单位：北京出版社
中国人民大学出版社
出版时间：1998 年
作　　者：许征帆主编

图书概况：

20 世纪 80 年代末 90 年代初，世界政治文化严重激荡，社会主义因苏联解体和东欧剧变而处于低潮。在“社会主义大失败”和“历史终结”的喧嚣声中，在发达资本主义经济、技术和军事优势的压力下，一些在历史上曾反复争论过并早已为马克思主义者解决了的问题，又在新的历史环境和高度上被重新提了出来。

全书上、中、下三卷，包括“开创·飞跃篇”“本质特征篇”“并存·竞争篇”“建设有中国特色社会主义篇”“思潮流派辨析篇”五个部分。书中全面辑录了社会主义思想史上各个时期代表人物的主要著作与思想观点，重点摘引的是马克思列宁主义经典著作和中国共产党第一、二、三代领导人的言论著述，还摘编了各国共产党领导人及中外古今学者专家们研究社会主义问题的许多有价值的观点和论述，从而雄辩地证明了这样一个真理：由于科学社会主义的暂时低潮而失去对它的信心，是片面的、短视的，当它总结了陷入低潮的经验教训之后，终会进入层次更高的高潮。

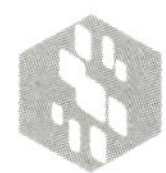

《图说北京史》

出版单位：北京出版社
　　　　　中国人民大学出版社
出版时间：1999 年
作　　者：齐　心

图书概况：

本书既不是单纯的“图录”，也不是简单的“史说”，而是一部以“图”展现历史风貌，以“说”叙述史实变迁，“图”与“说”相互补充、相互配合的图文并茂的北京文明史。

本书分为上下两册，遵循“有物可看，有事可说”的原则，集北京地区几十年考古成果。全书记述的内容异常丰富，上起北京猿人遗址，下至清代北京城，共收录了 1200 余幅出土文物和历史遗迹的照片、拓片、测绘图，并辅以 20 万文字记述，按着历史发展的脉络，以图文并茂的形式，深入浅出地向广大读者介绍了在几十万年的变迁中，北京城在社会、经济、政治、科技等各个方面的发展历程和取得的伟大成就。书中所辑录的每一件实物的图片，无论是墓葬遗址、殿堂宫阙、庙观古塔以及碑志器物，无不具有丰富的历史内涵，都可以诉说悲欢兴废的故事，都反映着中华先人的智慧创造和令人赞叹的辉煌文明。

《中国少数民族传统音乐》

出版单位：中央民族大学出版社

出版时间：2001 年

作　　者：田联韬主编

图书概况：

我国是一个统一的多民族国家，自古以来，各族人民勤劳勇敢，用自己的智慧和才能，共同缔造了中华民族的悠久历史和灿烂文化。而今各族人民，平等互助，团结奋斗，又为中华民族的共同繁荣，创造着崭新的事业。对我国少数民族的音乐加以系统研究和剖析，不仅具有异常重要的文化意义，而且具有重要的社会和政治意义。

本书共分上、下两册，是我国第一部全面介绍和论述中国 55 个少数民族传统音乐（包括民间音乐、宗教音乐、宫廷音乐三大类）的大型专著。在图书的编排上，本书不带丝毫歧见，而是将每个少数民族独立成章，并对该民族的历史文化背景及其传统音乐的源流、类别、形态特征以及音乐与生活的关系等内容进行了深入的论述与剖析。值得一提的是，本书搜集的资料不仅异常丰富，而且很多都是作者经过长时间的实地考察之后搜集到的第一手资料，很多资料都填补了我国少数民族音乐史研究的空白。本套书包括：《中国少数民族传统音乐（上册）》《中国少数民族传统音乐（下册）》。

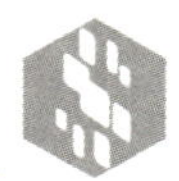

《中华文明史》

出版单位：北京大学出版社
出版时间：2006 年
作　　者：袁行霈等主编

图书概况：

实现文明史既是人类的创造史，也是人类的演进史这一观点，将物质文明、政治文明和精神文明，分别对应人与自然的关系、人类社会的组织方式以及人的心灵世界，展示其错综复杂的关系，作出总体性的描述，以突出中华民族的创造力以及中华文明生生不息的过程。《中华文明史》是北京大学国学研究院组织撰写的一部四卷本、多学科融合的学术著作。

《中华文明史》将中华文明分为四个时期，以中华文明史上重大的转型作为分期的依据，细致地描绘了各个时期文明的特点、亮点，及其承上启下的关系，彰显那些对文明发展做出重大贡献的人物，探讨对文明发展起关键作用的各种因素，从而全面论述了中华文明发展的历程，提示了若干发展规律和历史经验。本套书力图将中华文明放到世界格局中进行考察，写出中华文明在世界文明进程中所处的地位，在论述中充分注意文物考古资料与文献资料的结合，力求史实、议论、才情三者相结合。本套书包括：《中华文明史第一卷》（严文明主编）、《中华文明史第二卷》（张传玺主编）、《中华文明史第三卷》（袁行霈主编）、《中华文明史第四卷》（楼宇烈主编）。

《吴晗全集》

出版单位：中国人民大学出版社
出版时间：2009 年
作　　者：吴　晗著　常君实编

图书概况：

《吴晗全集》共 400 多万字，基本收全了吴晗一生写作的作品。《吴晗全集》分为 10 卷，其中“历史卷”占 6 卷，“杂文卷”占近 3 卷，最后一卷收录了吴晗的诗歌、书信、剧作、工作报告、翻译作品等。

“历史卷”中，吴晗代表作《朱元璋传》的 4 个版本（包括 1943 年完成的《明太祖》，及《朱元璋传》1948 年本、1955 年稿本、

1965年本）悉数收入其中。吴晗的杂文集《投枪集》《灯下集》及《三家村札记》中的吴晗作品、新编历史剧《海瑞罢官》及吴晗担任北京市副市长期间的工作报告等均收入全集，具有很高的史料价值。此外，《吴晗全集》还收录了吴晗的老朋友、老同学、老同事和他的学生如张友渔、薛子正、费孝通、侯外庐、罗尔纲、廖沫沙、千家驹、白寿彝、夏鼐、杜任之、史靖、张习孔、张海瀛等人所写的纪念文章。

《吴晗全集》2009年3月出版后获得吴玉章人文社会科学奖。2012年10月，《吴晗全集》获得第六届吴玉章人文社会科学奖特等奖。

《北京城市发展史》

出版单位：北京燕山出版社
出版时间：2008 年
作　　者：于德源　富丽等

图书概况：

《北京城市发展史》是在《北京通史》的基础上，提出的一项新课题，旨在推进北京史研究，特别是城市发展的研究。2001 年，此课题被列入国家社会科学基金项目。经过六年的艰辛研究，终于完成了五卷本的撰写，分别是《先秦—辽金卷》（于德源　富丽著）、《元代卷》（王岗著）、《明代卷》（李宝臣著）、《清代卷》（吴建雍著）和《近代卷》（袁熹著）。

本书从古都北京由区域性城市发展为国际都城的历程，阐明了中华多民族统一国家形成和发展的历史。各卷的基本内容包括城市形制、空间结构、各类功能建筑、社会结构（人口、家庭、社区、职业、阶层）、社会控制、市政管理、市场、交通、能源、水源及物质供应、自然环境等。在对每一领域考察和论述时，既借鉴相关学科的理论和方法，又坚持史学的视角和学术特色。此外，本书在资料挖掘和利用上都有新的突破，不仅挖掘了许多新的史料，对此前尚未涉及的一些领域进行了研究，而且在城市史理论和撰写方法上，也进行了探索，并提出了很多独到的见解。

《马克思主义经济学与西方经济学比较研究》

出版单位：中国人民大学出版社

出版时间：2009 年

作　　者：吴易风主编

图书概况：

本书由中国人民大学、北京大学、清华大学等 11 个单位的几十位专家共同撰写，是国内马克思主义经济学与西方经济学研究的最新成果。全书分三卷，共 255.6 万字。

从内容上看，本书对两大理论体系的几乎所有重大理论问题都进行了科学的比较分析，包括马克思主义经济学与西方经济学的研究对象和方法、逻辑体系、分工理论、生产理论、分配理论、消费理论、人的行为理论、价值理论、货币理论、价格理论、成本理论、竞争理论、利润理论、利息理论、地租理论、增长理论、失业理论、工资理论、周期理论、国际价值理论、汇率理论、产权理论、制度变迁理论、经济转型理论、社会主义理论等。全书从新的历史视角出发，在与西方经济学的比较中，对马克思主义经济学的理论进行了深入挖掘、系统梳理和全面阐发，对于坚持和发展马克思主义经济学，正确借鉴西方经济理论，推动中国经济学的建设与发展具有重要意义。

2010 年 10 月，《马克思主义经济学与西方经济学比较研究》（三卷本）获得“第三届中华优秀出版物（图书）奖”，属于国家级大奖。

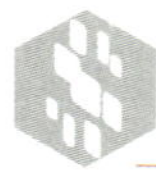

《饶宗颐二十世纪学术文集》

出版单位：中国人民大学出版社

出版时间：2009 年

作　　者：饶宗颐

图书概况：

饶宗颐先生 1917 年生于广东潮安，是中国当代最为杰出的国学大师之一。饶宗颐治学远及印度、法国、美国等，研究领域涉及面之广，而且学艺并茂。事实上，饶宗颐与同时代的学人相比较，其中一个极突出的特点，即门庭轩敞、气势恢宏。从上古史前到明清，每个时代都有成就，长期引领国际汉学研究的潮流。

《饶宗颐二十世纪学术文集》共 14 卷 20 大册，近 1200 万字，涉及儒学、道学、佛学，诗、词、文、史，目录、考古、敦煌学，音律、书法、绘画、甲骨文等，在很多领域都达到了国际汉学界的前沿。该文集由饶宗颐先生亲自校订，集其主要著作之大成，几乎涵盖国学研究的所有领域，堪称我国 20 世纪国学研究的一座丰碑。其标志性成果主要有三方面：一是直接参与并推动当代国际显学——甲骨学、敦煌学、简帛学的创建和深化；二是从世界范围的角度和人类文明的高度审视国内与域外的文化交流与融合；三是用新的数据和方法丰富与改造传统学科，使之获得新的发展。本套书包括：《饶宗颐二十世纪学术文集（卷一） 史溯》《饶宗颐二十世纪学术文集（卷二） 甲骨（上、中、下）》《饶宗颐二十世纪学术文集（卷三） 简帛学》《饶宗颐二十世纪学术文集（卷四） 经术、礼乐》《饶宗颐二十世纪学术文集（卷五） 宗教学》《饶宗颐二十世纪学术文集（卷六） 史学（上、下）》《饶宗颐二十世纪学术文集（卷七） 中外关系史》《饶宗颐二十世纪学术文集（卷八） 敦煌学（上、下）》《饶宗颐二十世纪学术文集（卷九） 潮学（上、下）》《饶宗颐二十世纪学术文集（卷十） 目录学》《饶宗颐二十世纪学术文集（卷十一） 文学》《饶宗颐二十世纪学术文集（卷十二） 诗词学》《饶宗颐二十世纪学术文集（卷十三） 艺术（上、下）》饶宗颐二十世纪学术文集（卷十四） 文录、诗词》。

《饶宗颐二十世纪学术文集》2009 年 9 月出版后获得“中华优秀出版物奖”（提名奖）。

《百年回眸　法律史研究在中国》

出版单位：中国人民大学出版社
出版时间：2009 年
作　　者：曾宪义主编

图书概况：

《百年回眸　法律史研究在中国》是中国人民大学、北京大学、清华大学、中国政法大学、中国社会科学院法学所、吉林大学、南京师范大学、中南财经政法大学、华东政法大学、西南政法大学、西北政法大学、湘潭大学等多家单位几十位教授、研究员、法学博士通力合作的科研成果和集体智慧的结晶，带有战略性、前沿性。

本书旨在将近百年来中国法律史学科产生、演变、发展的历史画卷展现给大家，共分为四卷，分别是清末民国卷、台湾香港卷、当代大陆卷以及目录索引卷四个部分。通过这样一种梳理和总结性的工作，可以让读者们看到一百多年来法律史学都在关注什么问题，不同时期关注的问题有什么不同，不同时期研究的特点和方法，有哪些问题还没有被关注或者尚未被深入考察过；哪些方面前人做得比较成功，值得我们借鉴些什么；这些研究中存在什么问题，值得我们去注意和完善。在此基础上，推动中国法律史学科的进一步发展，进而促进整个法学学科的更好发展。本套书包括：《百年回眸　法律史研究在中国（第一卷）　清末民国卷》《百年回眸　法律史研究在中国（第二卷）　当代大陆卷（上、下）》《百年回眸　法律史研究在中国（第三卷）　当代港台卷》《百年回眸　法律史研究在中国（第四卷）　目录索引卷》。2012 年 10 月，《百年回眸　法律史研究在中国》获得第六届“吴玉章人文社会科学奖”一等奖。

《康德著作全集》

出版单位：中国人民大学出版社
出版时间：2010 年
作　　者：李秋零主编、主译

图书概况：

伊曼努尔·康德（1724—1804），启蒙运动时期最重要的思想家之一，德国古典哲学创始人，同时也是一位杰出的天文学家。其以“三大批判”为主体的著作构建了一个完整而严密的先验唯心论体系，给哲学界带来了一场天翻地覆的“哥白尼革命”（又称“开普勒改革”）。

《康德著作全集》（9 卷本）的翻译出版工作是中国人民大学已故教授苗力田继《亚里士多德全集》出版后倡议启动的，历经 10 年，由李秋零教授倾一己之力集 300 多万字而成书。该全集以普鲁士王家科学院本（通称“科学院版”）为底本，全部直接从德文译出，原文为拉丁文的则直接从拉丁文译出。译者在翻译过程中参考了各种已有的中文版本，同时也对一些术语提出了自己的独到见解。译者以其在西方哲学、宗教学方面的深厚学养，以及十年如一日的苦心孤诣，对康德翻译与研究做出了重大贡献。本套书包括：《康德著作全集第一卷　前批判时期著作 Ⅰ（1747—1756）》《康德著作全集第二卷　前批判时期著作 Ⅱ（1757—1777）》《康德著作全集第三卷　纯粹理性批判（第 2 版）》《康德著作全集第四卷　纯粹理性批判（第 1 版）　未来形而上学导论　道德形而上学的奠基　自然科学的形而上学初始根据》《康德著作全集第五卷　实践理性批判　判断力批判》《康德著作全集第六卷　纯然理性界限内的宗教　道德形而上学》《康德著作全集第七卷　学科之争　实用人类学》《康德著作全集第八卷　1781 年之后的论文》《康德著作全集第九卷　逻辑学　自然地理学　教育学》。

2012 年 10 月，《康德著作全集》荣获第六届“吴玉章人文社会科学奖”优秀奖。

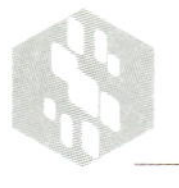

《中国对外开放史》

出版单位：对外经济贸易大学出版社

出版时间：20012 年

作　　者：孙玉琴总主编

图书概况：

中国是一个悠久的文明古国，对外交往的历史源远流长。本书共分三卷，以翔实的资料全景式地展现了中国对外开放交流的历史。

本书第一卷为古代部分，涵盖自两汉到鸦片战争前 2000 余年中国开放与封闭的历史。按照时间顺序共分为七章，主要内容包括：各个时期对外开放或封闭的社会经济基础；两汉——隋唐中国早期对外开放孔道的形成、发展、转移及绩效；宋元对外开放与海上丝绸之路的勃兴；对外开放与东南沿海地区经济发展；明清时期中国对外开放政策的逆转、“闭关锁国”政策形成、演变及其宏观经济效应。第二卷为近代部分，主要讲述了从鸦片战争到新中国成立（1840—1949 年）中国近代史的对外开放进程。第三卷为现代部分，讲述了新中国成立以后特别是改革开放以后的对外开放进程，共计十章，主要内容包括：改革开放前中国对外关系发展的基本轨迹（1949—1978 年）、新中国对外经济体系的建立与发展和改革开放前利用外资与技术引进的发展历程等。

单本类

《北京奥运的人文价值》

出版单位：中国人民大学出版社
出版时间：2010 年
作　　者：冯惠玲等

图书概况：

北京奥运会是新世纪开元十年北京地区和中国社会最为重大的历史事件之一，在体育、文化、经济、政治和国际关系等诸多领域产生了重要而深远的影响。本书立足而又超越对北京奥运会具体事务的回顾和评价，重点聚焦于北京奥运会的人文价值及其在后奥运时代的发扬、转化与应用研究，是我国奥运研究领域的一项标志性成果。

全书共分 14 章，以北京奥运人文价值的开掘、提炼为统摄，论及了中国改革发展进程中的若干重要问题：进一步建设核心价值体系和精神家园，以科学发展观为指导，实现利益世界与意义世界的均衡进步；推动传统文化的复兴及其与时代精神的有机融合，使之成为社会发展的持续动力；立足现实国情，放眼时代大势，稳妥推进公共政策和管理制度创新；强化社会参与和社会共识，在广泛、有效的社会动员中提升执政水平和公民素养；提高国家传播力，塑造良好的国家形象，积极参与国际竞争与合作。

《马克思主义大众化的历史经验》

出版单位：北京人民出版社
出版时间：2012 年
作　　者：陈占安主编

图书概况：

中国共产党领导的革命、建设和改革的历史就是一部马克思主义中国化、大众化的历史。马克思主义中国化是把马克思主义基本原理同中国具体实际相结合，形成中国化马克思主义。马克思主义大众化，既包含马克思主义理论本身的大众化，又包括宣传普及的大众化，即为马克思主义具体化、通俗化和普及化的过程。回顾马克思主义大众化的历史，总结经验，对于我们今天如何更好地坚持和发展马克思主义这一历史重任具有重要的启迪和借鉴作用。

本书比较系统地总结和研究了中国共产党自成立以来，在土地革命时期、抗日战争时期、解放战争时期、新中国成立初期、全面建设社会主义时期以及改革开放时期，在大力推进马克思主义大众化方面的历史经验，为当今继续推进马克思主义中国化、时代化、大众化进程提供了非常有益的借鉴。

北京市社会科学理论著作出版基金

常规资助项目

1993—1997 年

出版书目

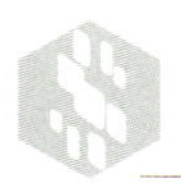

一、马克思主义、列宁主义、毛泽东思想、邓小平理论

《毛泽东科学社会主义思想研究》

作　　者：张大中、郑建邦、刘永平
推荐单位：北京市社科联
出版单位：中国人民大学出版社
批准时间：1993 年
出版时间：1993 年 9 月

毛泽东思想中包含着丰富的科学社会主义内容，他依据马克思主义基本原理，紧密结合中国具体实际，提出了社会主义革命和建设的战略和策略。

本书阐述了毛泽东同志依据科学社会主义的基本原理，深入考察了中国的社会情况，科学地回答了通过什么样的革命道路和斗争形式去争取革命的胜利，胜利后又怎样实现社会主义这个国际共产主义运动发展中所遇到的新问题。分析了在学习和研究毛泽东同志这一思想问题上存在的两种截然不同的态度。主要内容包括：马克思主义基本原理同中国实际相结合、中国革命的第一步、新型的无产阶级政党的建立、人民民主专政理论、正确处理人民内部矛盾、加强执政党建设、三个世界的理论及毛泽东科学社会主义思想的发展等。

《资本主义南北经济关系新论——马克思主义中心外围论》

作　　者：郭寿玉
推荐单位：首都师范大学
出版单位：首都师范大学出版社
批准时间：1993 年
出版时间：1993 年 12 月

本书按照《资本论》及其手稿的内容，对世界资本主义经济的中心区与外围区之间的关系进行了分析：中心区是原生的、一级的资本主义生产关系，而外围区则是“派生的、转移来的”“第二级的和第三级的”“非原生的生产关系”。

作者以上述理论为框架，汲取经济史、贸易史、世界经济等学科的学术研究成果，研究了这一经济制度从萌芽期到现在的国际生产关系，揭示出国际资本主义经济制度的内在规律及其表现形态；探索了这一制度的发展趋势；揭示出中心区怎样将资本关系与掠夺伸向外围区，使外围区从属于中心区，并剥削外围区以肥己，终于成为当代首富之区——说明了纳入资本主义世界经济体系已达 500 年的外围区至今仍然贫困、受控制的根本原因。

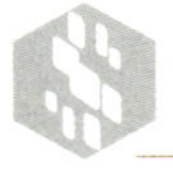

《毛泽东研究史论》

作　　者：侯且岸
推荐单位：市委党校
出版单位：北京出版社
批准时间：1993 年
出版时间：1995 年 12 月

中国的毛泽东研究，是一个相当复杂、充满矛盾的发展过程。本书是一部比较系统地论述毛泽东研究问题的学术著作。在书中，作者通过详细占有材料，条分缕析地评述了不同历史时期毛泽东研究的主要特点和内在联系，发掘出具有重要思想价值的内容；它将美国现代中国学所代表的西方毛泽东研究，融入毛泽东研究史，并展开慎重的比较，鞭辟入里地剖析了一些显示着指导性影响的论断。

在本书中，作者以方法论的突破作为重点，对毛泽东研究领域中的重大问题，提出了一些比较新颖的创见，由此构成本书独特的学术品格。

《现代化的理论基础——马克思现代社会发展理论研究》

作　　者：丰子义
推荐单位：北京大学
出版单位：北京大学出版社
批准时间：1994 年下半年
出版时间：1995 年 9 月

以往对马克思社会发展理论的研究，主要关注的是历史观基本理论的分析，而很少涉及马克思有关现代社会发展的丰富思想、观点。本书恰好强化了这一研究上的薄弱环节。本书首先对马克思现代社会发展理论做了一个总体把握，而后对其哲学基础、研究方法做了深入提示，在此基础上，具体探讨了马克思关于现代社会的原因与条件、传统社会迈向现代社会的必由之路、现代社会发展与社会结构的变革、现代社会发展与社会运行的转轨、现代社会发展与历史传统的调适、现代社会发展与人的发展等问题的重要思想。

本书充分吸收了当代发展理论如发展经济学、发展社会学、发展政治学等学科的有益成果，既有明显的哲学色彩，又有较强的跨学科性质，给人一种视野开阔之感。

《毛泽东对历史的考察》

作　　者：邹兆辰
推荐单位：首都师范大学
出版单位：首都师范大学出版社
批准时间：1994 年下半年
出版时间：1995 年 12 月

本书是一部系统论述毛泽东对中国历史的分析与论断以及他同中国史学的关系的学术专著。在这部书中，作者不仅阐释了毛泽东历史认识思想的一般性原则，而且以更多的篇幅阐述了毛泽东历史认识的方法与特点，如毛泽东历史认识中的历史主义，毛泽东历史认识中的逻辑思想、辩证思想、系统思维，毛泽东历史认识中的比较方法和历史与现实紧密结合的原则等。

在此基础上，本书也以一定的篇幅考察了毛泽东青年时代历史观的转变，他的终生不辍的读史生活以及他与中国马克思主义史学之命运的关系等，这就给予读者一个比较整体性的认识。

《马克思的人学思想》

作　　者：袁贵仁
推荐单位：北京师范大学
出版单位：北京师范大学出版社
批准时间：1994 年下半年
出版时间：1996 年 6 月

本书是一部比较系统地论述马克思的人学思想的学术专著。

新时期我国人学研究从其兴起到蓬勃展开，主要是从相对独立的两个层面进行的。其一是哲学原理的层面，研究人的存在和发展的最一般规律，试图建立人学理论体系；其二是哲学史尤其是马克思主义哲学史的层面，探讨历史上哲学家们的人学思想。本书则力图融合这两个方面，以论带史，由史出论，在史与论的结合上下功夫，以当代人学理论的视角去思考马克思的人学思想；或者从马克思的人学思想研究中形成人学理论的基本观点。

不做孤立和静态的描述，把人放在一个广泛的社会关系中，从经济、政治、文化等角度全方位地考察，这是本书的又大一特色。

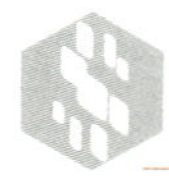

《西方“马克思学”研究》

作　　者：叶卫平
推荐单位：中国人民大学
出版单位：北京出版社
批准时间：1994 年下半年
出版时间：1995 年 9 月

本书是一部比较系统地研究西方“马克思学”的专著。

西方“马克思学”是用资产阶级或小资产阶级的立场、观点、方法研究马克思恩格斯的理论和生平活动的当代西方思潮。本书从自然观、历史观、社会主义观、革命观、国家观诸领域，对西方“马克思学”进行了全方位的研究，澄清了它制造的种种理论混乱，考察了它的形成、演化以及它与其他西方思潮的区别，分析了它的主要观点与基本研究方法。

本书观点新颖，论述深刻，具有一定的学科开拓性。

《马克思劳动主体性思想研究》

作　　者：李凯林
推荐单位：市经管学院
出版单位：北京出版社
批准时间：1995 年上半年
出版时间：1996 年 12 月

本书是一部比较系统地论述马克思的劳动主体性思想及其历史命运的学术著作。

本书认为，劳动主体性思想是贯穿于马克思主义思想史和科学社会主义发展史中的一个十分重要的基本思想。进而言之，它甚至可以说是人类文明社会全部追求中的一个基本点。正是马克思的异化劳动理论对这一基本点予以理论反思，从而以反题的形式阐发了这一思想的基本内容，并进而在其后的理论创造中阐发了科学社会主义思想体系。而后各国的社会主义实践，特别是今日中国建设有中国特色社会主义的伟大实践，则是马克思劳动主体性思想的历史实践之体现与发展。概而言之，中国改革在人的主体性解放上的特点，是以人在劳动中的主体性的解放和发展为本，而人在其他方面的主体性的解放和发展则处于从属地位。

《毛泽东　邓小平哲学思想比较研究》

本书以毛泽东和邓小平的哲学思想为基本线索，运用他们的各种具体理论（包括政治、经济、军事、思想文化等）以及具体实践对其哲学思想加以分析、比较和论证。这样做一是可以避免人们对他们的哲学思想重复论述，二是可以使人们对他们的哲学思想有一个较为清晰的把握。

作者认为，在毛泽东邓小平哲学思想中，实事求是思想、实践观念、矛盾辩证法、矛盾普遍性特殊性原理、社会主义发展动力理论、精神文明建设理论以及历史主体与价值主体相统一的人民观是其基本的和根本的内容。在长期的革命实践中，毛泽东形成了上述完整的哲学思想，而邓小平则在社会主义建设尤其是改革开放的实践中，进一步继承和完善了毛泽东的哲学思想。

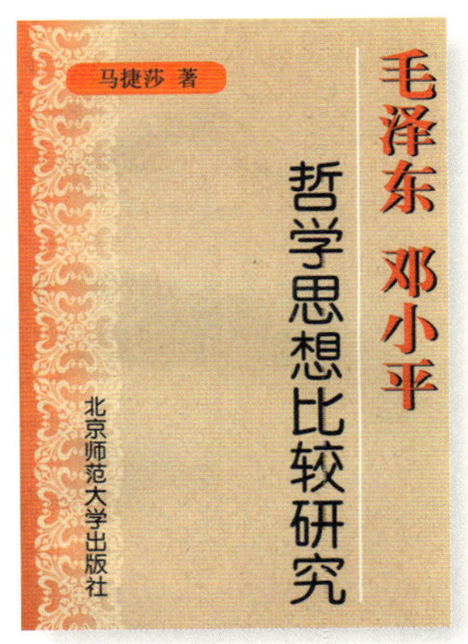

作　　者：马捷莎
推荐单位：北京师范大学
出版单位：北京师范大学出版社
批准时间：1995 年下半年
出版时间：1997 年 4 月

二、哲学、宗教

《心》

作　　者：张立文
推荐单位：中国人民大学
出版单位：中国人民大学出版社
批准时间：1993 年
出版时间：1993 年 11 月

本书是一部对中国传统哲学中的“心”这一最普遍、最基本、最一般的范畴进行深入探讨的哲学著作。

作者认为，“心”贯串中国哲学始终，是中国文化精神、文化生命的荟萃。无论是哪一派哲学家，都继承和运用了心范畴。心范畴的发展，之所以能够形成与理范畴发展不同的模式、框架、格局，是与自作主宰精神分不开的。自作主宰精神是中国文化生命力的所在，是日新日日新和生生不息之活水。全书依据张立文教授提出的纵横互补律、整体贯通律、混沌对应律的方法，对心范畴进行纵横的分析研究，并把心范畴放在中国哲学范畴逻辑结构中，揭示了其整体结构和无序到有序，以及破坏、转型、重建的过程，并“透过心范畴便和盘托出中国哲学范畴的面貌和特质”。

《符号逻辑基础》

作　　者：宋文淦
推荐单位：北京师范大学
出版单位：北京师范大学出版社
批准时间：1993 年
出版时间：1993 年 4 月

本书是一部介绍经典逻辑演算的学术专著。作为绪论的第一章中特地为初学者较详细地讲述符号逻辑的对象、方法和发展概貌。第二章以直观的方式讲述经典命题逻辑，为的是较浅显地介绍一些基本的逻辑概念。第三章介绍经典的命题演算，即命题逻辑的形式系统。第四章在作较简短的直观说明之后介绍经典一阶谓词演算。在讲述逻辑形式系统时，都首先介绍形式公理系统并证明其可靠性和完备性，然后介绍自然推演系统，并证明这两种系统的等价性。

本书着力于讲清基本概念和基本方法、重点和难点，既注重理论阐述又注重技巧介绍，可用作高等学校文科和理科有关课程的教材，也适用于自学和有关人员参考。

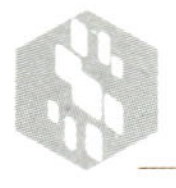

《主体论——新时代新体制呼唤的新人学》

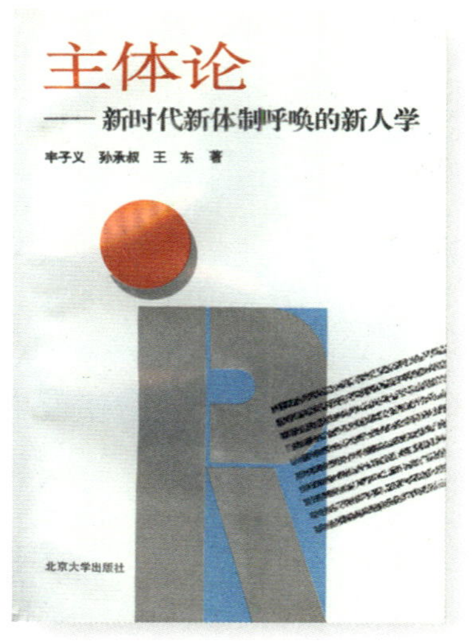

作　　者：丰子义、孙承叔、王东
推荐单位：北京大学
出版单位：北京大学出版社
批准时间：1993 年
出版时间：1994 年 9 月

本书力图建构一门适应社会主义市场经济体制的主体论——新人学，并提出了一种崭新的思路和研究方法：在对人的问题的理论分析上，主要采用了“主体活动——主体中介——为我关系”三位一体的系统综合法，以同传统人学研究中的“以物观人”法和“以心观人”法相区别；在主体论的总体结构上，提出了“一般主体论——现代主体论——中国特色社会主义新型主体论”的三大主体论的逻辑上升法；在人学和主体论的研究方法上，以马克思主义为指导，采用了跨学科跨文化的综合创新法。

在此基础上，作者针对我国社会所处的新时代、新体制，有针对性地提出了一条双线一体改革的新思路，这不仅有一定的理论意义，而且也有一定的现实意义。

《日本伦理思想与日本现代化》

作　　者：吴潜涛
推荐单位：中国人民大学
出版单位：中国人民大学出版社
批准时间：1993 年
出版时间：1994 年 4 月

本书通过详尽地论证后，明确指出：日本在实现现代化中所创造的世界奇迹，无疑与日本民族特有的伦理思想和伦理价值系统有着非常密切的联系。这种建立在日本特有经济基础之上的日本伦理思想，既包含有西方伦理学的科学因素，又闪烁着东方伦理思想的光环，是东西方思想的结晶物，有其独特的思想内容、框架体系和发展规律。在特定历史条件下形成的日本伦理，既适应了传统国民心态，又赋予其新的时代内涵，从而对日本现代化的启动产生了非常重要的支持和推动作用。

本书客观地评价了日本伦理思想的特点及其与日本现代化的相互关系，对于我国的现代化建设具有一定的现实意义。

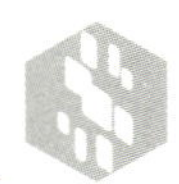

《信息科学与认识论》

本书是一部专门论述现代信息科学与马克思主义认知论之间关系的哲学著作。

在这著作中，作者比较系统地介绍了信息科学的形成过程、基本内容、主要方法、重要特点和发展趋势，并以全新的视角论述了信息科学对马克思主义认识论的理论贡献和对社会主义现代化建设的实践推动力。全书以马克思主义为指导，探讨了在现代科学大背景下发展马克思主义认识论的若干理论问题，同时还评析了“信息时代”“信息社会”等观点，并就此提出了一些比较有创见的新颖观点。

本书可供理论工作者、高校师生学习参考。

作　　者：冯国瑞
推荐单位：北京大学
出版单位：北京大学出版社
批准时间：1993 年
出版时间：1994 年 11 月

《中国哲学范畴发展史（人道篇）》

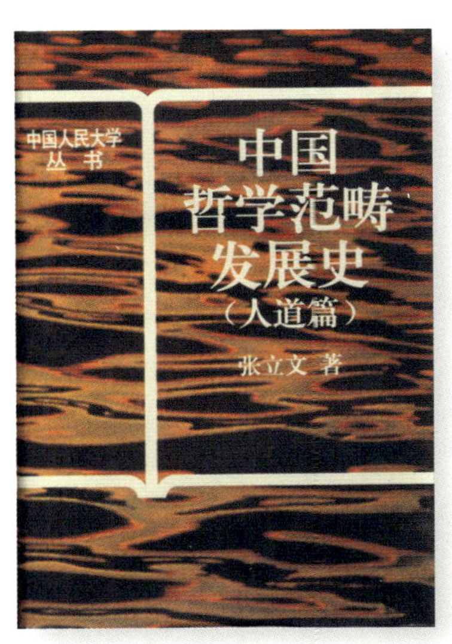

本书是一部比较系统地论述中国传统哲学范畴发展史的学术著作。

天人之道是中国哲学的主旨，这部《人道篇》是接着《天道篇》讲的。本书以开阔的学术视野，在系统探讨中国传统哲学范畴的产生、形成和发展的文化背景、中间环节、发展道路的基础上，深入地揭示了中国传统哲学最重要的范畴之一——人道的性质、特点及互相联系、转化关系，并通过与另一个重要的哲学范畴——天道的比较，进一步论述了中国哲学范畴体系的整体结构以及发展理路。

本书用力深厚，新见迭出，是一部很有深度的哲学专著。

作　　者：张立文
推荐单位：中国人民大学
出版单位：中国人民大学出版社
批准时间：1994 年上半年
出版时间：1995 年 8 月

《数学科学与辩证法》

作　　者：李浙生
推荐单位：北京市社科院
出版单位：首都师范大学出版社
批准时间：1994 年下半年
出版时间：1995 年 11 月

本书是一部从数学的角度反思黑格尔的辩证法理论的学术专著。在这部书中，作者系统地阐释了数学科学与一分为二，质量、度，否定之否定，形式与内容，抽象与具体，无限与有限，原因与结果，偶然性与必然性等黑格尔辩证法的重要规律之间的关系，并剖析了黑格尔辩证法理论中的许多内容已经失去了其真理性，并且已经远远落后于当代数学的发展情况。

在此基础上，作者完成了对黑格尔辩证法理论的哲学性批判，并得出了自己的结论：根据现代科学精神，黑格尔的辩证法理论是很贫乏的，它的许多原则已经过时。然而，许多人至今仍把它看作是辩证法的最高成就，成为人们的信条。因此，为了有效地改变这种局面，我们必须学习和普及现代科学知识，尤其是现代数学知识。

《佛教般若思想发展源流》

作　　者：姚卫群
推荐单位：北京大学
出版单位：北京大学出版社
批准时间：1995 年上半年
出版时间：1996 年 10 月

般若思想是古代印度佛教与婆罗门教相互斗争，以及佛教内部各派思想斗争的产物，是大乘佛学的理论基础。大乘佛教的几个主要派别无一不受到般若学说的影响。因此，研究般若学说，乃是探索和了解印度佛教以至于整个印度文化的重要途径。在这部书中，作者对佛教般若思想的基本内容、历史发展做了全面系统的阐述，分析了般若思想体系内所包含的各主要观点间的内在联系和逻辑发展，揭示了般若学说在其各个主要发展阶段上的基本特征及在思想文化史上的重要意义。

作者对般若思想这一佛教哲学中的重大课题做了全方位、多层次的研究，对一些过去学术界很少有人论及的难点也提出了自己的独立见解，很有新意。

《接受认识论引论》

本书分析了认识论研究重心后移的普遍现象，提出了当代认识论应重点研究接受活动的观点，阐述了人类的认识活动是两个主体和两个客体相互作用的“四要素论”。作者指出，针对近代认识论忽视接受活动的不足，应当建立一种能够反映现代认识论思想、以注重接受主体在认识过程中的能动作用为基本特征、以近代认识论研究领域之外的接受活动问题为研究对象的接受认识论，并对理解、设计、加工、新建等诸种接受活动以及它们之间的关系做了初步探讨。

此外，本书从交往活动、符号活动、科学语言活动等方面探讨了接受者的理解活动，并在此基础上论述了设计、加工、创新等接受活动的形式与种类，对于人们理解和重视接受活动，进一步推进现代认识论的发展具有一定的启迪作用。

作　　者：吴刚
推荐单位：北京市委党校
出版单位：北京大学出版社
批准时间：1995 年上半年
出版时间：1996 年 12 月

《自组织的自然观》

本书是一部专门论述自组织及其世界观问题的学术专著。系统自组织理论包括耗散结构理论、协同学、超循环理论、突变论、混沌理论和分形理论等，是当代科学前沿，也是思想文化热点。作者立足于这些前沿学科所蕴含的哲理，结合对传统文化和科学思想、哲学思想发展的反思，考察了 20 世纪科学思想的变化，提炼出系统自组织演化论，展示了一幅自组织的世界新图景，构成辩证发展的自组织的自然观。

本书学风严谨，文风活泼，深入浅出，富有时代气息，适合于哲学、自然辩证法、其他社会科学及交叉学科人员阅读参考。

作　　者：曾国屏
推荐单位：清华大学
出版单位：北京大学出版社
批准时间：1995 年下半年
出版时间：1996 年 11 月

《建设有中国特色社会主义的几个哲学问题》

作　　者：王锐生、范燕宁
推荐单位：首都师范大学
出版单位：首都师范大学出版社
批准时间：1996 年上半年
出版时间：1996 年 8 月

本书运用马克思主义的立场、观点与方法，从历史的角度阐释了与建设有中国特色社会主义的重大理论意义和现实意义，并对邓小平建设有中国特色社会主义理论进行了一个整体性评述。

在此基础上，作者从哲学的角度探讨了社会主义的本质，即“什么是社会主义”这一关键问题，并针对邓小平的相关论述给出了自己的理解和认识；探讨了研究社会主义价值的必要性，并以邓小平的相关论断为基础，明确了社会主义价值与社会进步的具体标准；探讨了社会主义公平观，并就“效率与公平”的关系进行了相应的解读，反驳了一些不正确的说法。此外，作者还针对社会主义市场经济与人的自由之间的关系进行了述评，并提出了自己的见解。

《总体性与乌托邦——人本主义马克思主义的总体范畴》

作　　者：张康之
推荐单位：中国人民大学
出版单位：中国人民大学出版社
批准时间：1996 年下半年
出版时间：1998 年 4 月

本书是一部专门论述人本主义马克思主义的发展及其结局的学术专著。

本书通过考察人本主义马克思主义的总体范畴，阐述了马克思主义的总体观念，发现了马克思主义研究的一个新领域。作者认为，总体范畴在 20 世纪已经发展成为了一个十分重要的哲学范畴，这是科学与社会发展的一个必然结果。总体观念代表了一种与整个近代科学思维方式完全不同的、崭新的科学思维方式，因此，在总体范畴的基础上将会建立起一个全新的科学研究范式。

与此相适应，关于人类未来社会的一切构想，同样需要从对科学的总体范畴的理解出发。我们之所以说人本主义马克思主义是乌托邦结局，其根源并非在于其将总体范畴当作了自己的理论前提，而是由于其对总体范畴的理解上出现了偏差。

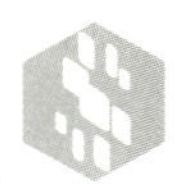

《论马克思主义意识形态理论的形成与发展》

作　　者：杨生平
推荐单位：首都师范大学
出版单位：首都师范大学出版社
批准时间：1996 年下半年
出版时间：1998 年 4 月

本书是一部专门论述马克思主义意识形态理论的形成与发展问题的哲学专著。

作者以马克思主义经典作家的有关论述为理论依据，紧紧抓住学术争论中有关的热点问题，从考察《德意志意识形态》中提出的意识形态概念入手，比较系统地论述了意识形态一词的由来与演化，意识形态概念提出的思想背景，意识形态理论的形成、深化与系统化的三个阶段，深入地探讨了意识形态的本质、作用、内容与特点，对意识形态、意识形态学、科学的意识形态、意识形式等概念进行了辨析。

对国内外一些人对马克思主义意识形态理论的否定、歪曲和误解，本书进行了有理有据地辩驳，分析论证驳论结合，在辨析中展开，在划界中深化，富有深刻性与创新性。

《世界现代化进程中的中国社会主义》

作　　者：马仲良等
推荐单位：北京市社科院
出版单位：同心出版社
批准时间：1997 年上半年
出版时间：1997 年 10 月

本书运用马克思的三大社会形态理论来分析中国社会主义产生和发展的时代背景，并从这一广阔和深刻的背景中揭示有中国特色社会主义的规律。从世界的空间大跨度和历史的时间长过程的分析中，作者揭示出有中国特色社会主义是在世界现代化的历史进程中产生和发展的。因此，应该用世界现代化的眼光来认识有中国特色社会主义的各种特征，认识它的前途和命运，认识中国共产党和中国人民跨世纪的历史任务。

本书分析了当前中国社会主义所遇到的一系列挑战以及我们应该采取的对策。作者从现代化的角度对邓小平理论进行了系统的阐述，并同马克思、列宁、斯大林和毛泽东等人的相关理论进行对照，从中论证了邓小平理论是当代中国马克思主义这一科学论断。

《德化的视野 儒家德性思想研究》

作　　者：葛晨虹
推荐单位：中国人民大学
出版单位：同心出版社
批准时间：1997 年上半年
出版时间：1998 年 1 月

伴随着我国经济体制的转换，我国的价值体系也正在发生着急剧的转换。这种转换的方向是什么？或者说，我们应该构建一种什么样的价值体系？在思考和探索这一问题的时候，我们不能不对我国的传统文化特别是其中的价值观念体系进行再认识。

本书以儒家思想文化作为探索中国文化特质和元点的母体，指出儒家是一种融本体论、认识论和伦理学为一体的观念形态，是一种以善统真的德性视角和把握世界的德性思想体系。这种德性思想体现在自然领域形成了天人合德的天道观、实践理性的思维模式，以及天合于人的价值关系范畴；体现在人自身领域形成了德化人性观、德性人格的理想模式，以使情合于性的价值关系范畴；体现在社会领域形成了德化人伦观、人伦践履的社会实践模式，以及利合于义的价值关系范畴。

《中国历代民族宗教政策》

作　　者：张践、齐经轩
推荐单位：中国人民大学
出版单位：首都师范大学出版社
批准时间：1997 年下半年
出版时间：1999 年 7 月

中国是一个多民族、多宗教的国家，宗教在民族形成和发展的过程中曾发挥过巨大的作用。在漫长的历史进程中，民族问题经常通过宗教问题的形式表现出来，成为影响民族关系的重要因素。本书首次为我们提供了民族宗教管理史的系统知识。

本书上溯到古代民族与宗教的源头，论述了中国主流社会的民族观与宗教观的形成与特点，依次考察了历代政权的民族宗教政策及其在实践中的得失并进行了精辟的理论总结。主要内容包括先秦时期初步萌生的民族宗教政策、秦汉魏晋南北朝逐步成型的民族宗教政策、隋唐盛世宽容开放的民族宗教政策、宋辽夏金灵活实用的民族宗教政策、元王朝强力一统的民族宗教政策、清代恩威并用的民族宗教政策、民国政府新旧杂陈的民族宗教政策等。

《非理性：创造认识论解读》

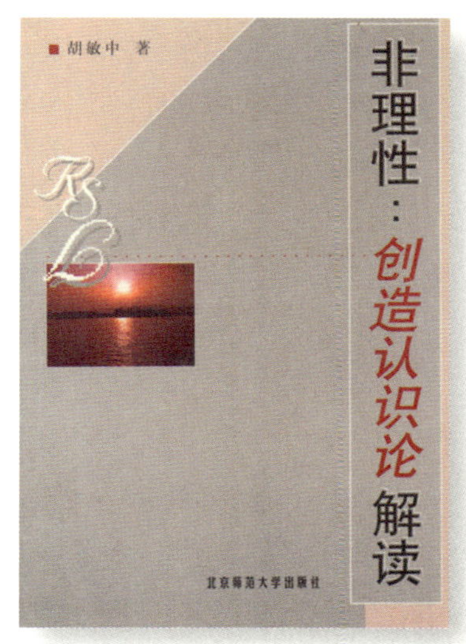

本书是一部专门论述创造认识论的学术专著。

创造认识论是马克思主义认识论的一个重要组成部分。作者以中西方哲学认识论史为背景，探讨了创造认识的一般本质和特殊本质，分析了非理性的涵义、特征和表现形式，进而论述了无意识、直觉和情感等非理性因素在创造认识中的功能、作用和地位，然后又分析了创造认识中的机遇问题以及创造认识系统进化的实践动力、理性动力和非理性动力。在本书的最后，作者揭示了理性和非理性之间的相关和互补关系，并在张力中推动着创造认识的发展，总结出了理性和非理性相关律是创造认识的基本规律之一。

作　　者：胡敏中
推荐单位：北京师范大学
出版单位：北京师范大学出版社
批准时间：1997 年下半年
出版时间：1998 年 12 月

《中国现代作家的宗教文化情结》

本书充分地论述了鲁迅揭示中国人对于宗教文化的基本态度，以及诸种宗教对于中国整个社会和国民性格所产生的复杂影响。作者在自己这些细致的分析和论证中间，发表了不少独创和精辟的见解，给人以不小的启迪。本书在对于许地山和丰子恺的某些作品进行分析时，既论证了佛教文化中的消极因素对它们产生的不利影响，又阐述了佛教文化中的积极因素引发出这些作品的正确思考，很有新意。

至于在论述林语堂、废名和曹禺等诸位著名作家所受宗教影响的这些部分中间，也有很多独特和精彩的见地。另外，在涉及某种宗教文化给予中国现代文学审美作用的影响方面，也多有启人思索的见解，譬如在具体地分析历代佛教经典对于白话文学形成过程中的影响作用，就是一个很好的例证。

作　　者：刘勇
推荐单位：北京师范大学
出版单位：北京师范大学出版社
批准时间：1997 年下半年
出版时间：1998 年 6 月

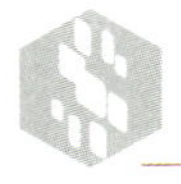

《历史主客体导论——从宏观向微观的深化》

作　　者：魏小萍
推荐单位：中国人民大学
出版单位：北京出版社
批准时间：1997 年下半年
出版时间：1999 年 7 月

本书从理论上追溯了自古希腊至当代西方哲学对历史主客体理论认识的逻辑发展进程，从一个全新的理论视角分析主体的为我性、受动性与双重能动性的形成与作用。

在具体的论述过程中，作者将主客体问题引向历史领域，用历史主客体概念作为把抽象问题具体化、把哲学问题现实化的切入口，既分析了唯物史观发展中的基本理论和基本规律，发掘了马克思主义经典著作中有关历史主体性的精粹论断，又探索了社会主义经济体制改革中主客体相互联系、相互作用的实践效应，初步分析了社会主义改革中的得失利弊和发展前景，在理论上对于唯物史观的许多重大问题、对于唯物史观的创新与发展以及对于历史主客体问题在马克思主义中的地位，作出了自己的回答。

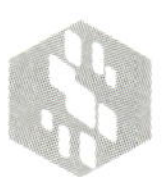

三、社会科学总论

《版本学》

作　　者：姚伯岳
推荐单位：北京大学
出版单位：北京大学出版社
批准时间：1993 年
出版时间：1993 年 12 月

版本学通过广泛搜集不同版本，可以刊误纠谬，为校勘提供基础，避免谬种流传贻误后学，它还可以比较优劣，选择善于本，指导阅读；对于大量伪作，亦可以通过版本研究，使用版本学的手段加以识别，这不仅有利于学术，且有利珍本书作为文物的鉴别。另外，对于不同版本图书的制成情况和发展演变过程的考察和分析，还可以探求当时文化的发展情况。版本学研究对于学术文化的发展，具有不可低估的价值。

本书的研究对象包括碑书、写本、刊本、印本、稿本、抄本、批校本等各种形式的图书。主要内容有：版本学及其功用、学习版本学应具备的知识、文献载体与书籍的演变、古籍的内容结构、古籍的版面格式、雕版印刷与活字印刷的原理及起源、版本分类等。

《浑沌学纵横论》

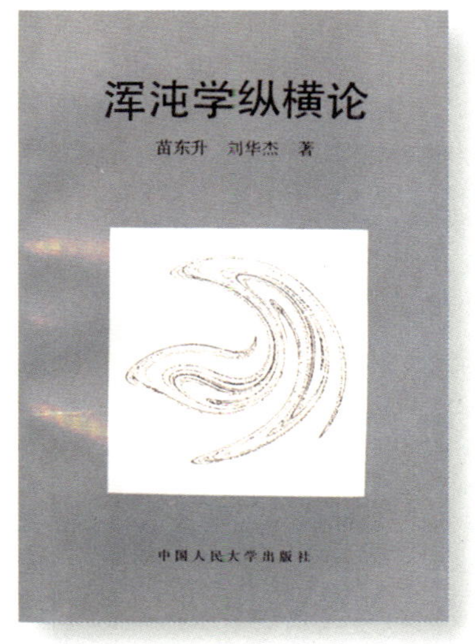

作　　者：苗东升、刘华杰
推荐单位：中国人民大学
出版单位：中国人民大学出版社
批准时间：1993 年
出版时间：1993 年 1 月

什么是浑沌呢？浑沌是决定性动力学系统中出现的一种貌似随机的运动，其本质是系统的长期行为对初始条件的敏感性。浑沌涉及的领域——物理、化学、生物、医学、社会经济，甚至触角伸进了艺术领域。

本书主要有以下特点：第一，介绍浑沌学的主干，浑沌概念的演变，浑沌学的孕育和产生，浑沌学大意；第二，内容由浅入深，包括浑沌研究的方法，浑沌探索对现代科学的影响，浑沌学改变了科学世界图景，浑沌学革新了科学方法论；第三，既非限于论述某一方面的专门研究成果，也非一般浑沌学资料汇编，而是在精选资料的基础上，根据研究重新组合，构建一个比较科学的叙述新学科的结构体系，包括浑沌与哲学，浑沌与统计物理学的奠基等。

《评价活动论》

随着哲学价值论研究的深入和展开，价值论愈益重视在现实中存在的问题。作者认为，自从价值论兴起之后，人们把主要兴趣放在价值的本质、等级、分类等问题上，而较少对评价作出系统的论述。而且在评价问题的研究中，较多是从心理学、语言学和传统认识论等角度对评价问题作出说明。虽然这些研究不乏成效，但同时也难免失之偏颇。

在这部书中，作者以人和世界全面实践关系中的价值关系内容为立论基础，系统地论述了评价在人类实践活动中的地位、评价的本质及其特征，分析了评价活动的结构、评价的过程以及评价活动的不同类型，探讨了影响评价活动的基本因素，提出了确立科学化评价标准体系的方法论原则。

作　　者：马俊峰
推荐单位：中国人民大学
出版单位：中国人民大学出版社
批准时间：1993 年
出版时间：1994 年 5 月

《毒品犯罪研究》

本书根据我国的毒品犯罪立法，紧密联系毒品犯罪情况和有关的司法实践，以对我国毒品犯罪的惩治与防范为侧重点，进行了较为深入和有实用价值的探讨。此外，本书还对我国台湾地区、外国以及国际刑法中的毒品犯罪及其惩治防范问题，进行了概要的研究与分析。

为了便于司法适用和理论研究参阅，本书还在书末以附录形式辑录和编译了较为丰富的中国有关禁毒的法律文件、中国参加的当今世界关于禁毒的三个国际公约以及 30 个国家惩治毒品犯罪的现行法律规定，在中国禁毒法律文件的后面还附上了我国台湾地区有关禁毒的法律法规资料，并收录了联合国国际麻醉品管制局 1990 年关于全球毒品犯罪的分析报告。

作　　者：赵秉志、李希慧
推荐单位：中国人民大学
出版单位：中国人民大学出版社
批准时间：1993 年
出版时间：1993 年 7 月

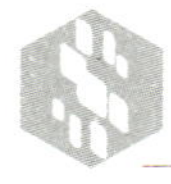

《青年心理学——中日青年心理的比较研究》

作　　者：张日昇
推荐单位：北京师范大学
出版单位：北京师范大学出版社
批准时间：1993 年
出版时间：1993 年 12 月

在这部书中，作者全面地考察了西方近现代青年心理学发展的轨迹、主要代表人物的中心论点，探讨了青年心理学研究的理论建构、具体的研究方法与技术，并论述了青年心理学跨文化研究的必要性以及应当注意的主要问题。在此基础上，作者比较系统地探讨了在不同的社会制度、文化背景条件下，中日两国青年在自我意识、价值观、人际关系、社会认知、宗教意识及其造成的心里不安（焦虑）等诸多方面的跨文化比较研究，并提出了自己的独立见解。

本书不仅为我国的青年心理学研究提供了许多可以借鉴的思路与观点，而且有助于我们加深对我国改革开放时期青年心理的了解，特别是对大、中学生的思想工作和价值引导有一定的指导意义。

《未竟的浪潮——现代科学技术革命与社会发展》

作　　者：齐振海
推荐单位：北京师范大学
出版单位：北京师范大学出版社
批准时间：1995 年上半年
出版时间：1996 年 5 月

本书是一部专门论述现代科技革命与社会发展关系问题的学术专著。

科学技术是推动社会发展的巨大杠杆。本书从理论上概括了现代科学技术革命对社会生活各个方面的影响和作用，不仅探讨了现代科学技术革命发生的社会原因、现代科学技术革命对价值观念变革和生活方式变革的影响等国内学者较少论述的问题，而且对现代科学技术革命对经济发展、社会变革、管理工作、教育改革、自然环境、思维方式等方面的影响和作用，也从新的视角提出了自己的见解。

此外，本书还结合着对梅多斯、西蒙、贝尔、托夫勒、奈斯比特等人有关著作的分析，对西方新技术主义思潮进行了评述。

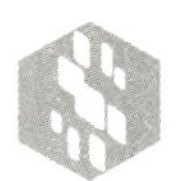

《性伦理学》

性伦理学是伦理学的一个重要分支，建立具有中国特色的马克思主义伦理学是中国伦理学界面临的一项迫切任务。在这部书中，作者运用马克思主义的基本理论及立场、观点、方法对性道德的理论问题、性道德的规范问题、性道德的实践问题进行了较为全面的研究和论述。

本书内容丰富，论述详尽，具体包括：性道德的本质结构、特性、功能，性道德的历史演变及发展规律，性道德的基本原则，性道德的社会调控与自然调控，恋爱关系中的性道德规范，婚姻关系中的性道德规范，婚外性关系及性道德，青少年性道德教育，同居、重婚、纳妾、独身以及性罪错等问题等。本书所论及的相关问题，对于构建马克思主义性伦理学体系具有一定的借鉴意义。

作　　者：安云凤
推荐单位：首都师范大学
出版单位：首都师范大学出版社
批准时间：1995 年上半年
出版时间：1996 年 8 月

《职业指导理论与方法》

本书是一部专门论述职业指导理论及其方法的学术专著。职业指导是涉及政治、经济、教育、劳动人事等诸多领域，关系到社会发展与社会稳定的一项系统工程，是涉及社会学、心理学、政治学、经济学、教育学等诸多学科的边缘交叉学科。要使职业指导在推动我国劳动力市场的建立、促进人才合理流动和实现人力资源的合理配置等方面发挥作用，一方面急需对我国职业指导的理论体系进行研究，另一方面也急需培养大批掌握了这门专业知识及其职业指导方法的人才去实施。

本书比较系统、全面、科学地论述了职业指导理论及其方法的诸方面，既是职业指导的理论著述，又是对作者职业指导实践的概括，对于我国的职业指导工作有一定的推动作用。

作　　者：朱启臻
推荐单位：北京农业大学
出版单位：首都师范大学出版社
批准时间：1995 年下半年
出版时间：1996 年 8 月

《模态逻辑导论》

作　　者：周北海
推荐单位：北京大学
出版单位：北京大学出版社
批准时间：1996年下半年
出版时间：1997年6月

本书是一部专门论述模态逻辑的基础知识的学术专著。

全书共分十章。第一章是模态逻辑的概述，比较详细地论述了尤其是初学者关心的关于模态逻辑的一些基本问题，以使读者对模态逻辑有初步的总体认识。第二章至第八章为模态命题逻辑部分。第二章介绍了几个经典的模态命题逻辑系统。第三章介绍可能世界语义学的基本内容，并给出前章中的几个系统的语义解释。第四章介绍可能世界语义学下的语义图及方法，以及由此证明几个经典模态系统的完全性。这几章是全书的基础部分。

第五、六、七章可视为基础部分的推广，介绍模态逻辑的其他各类系统以及其中一些系统的语义解释。第八章为模态代数。第九、十章为模态谓词逻辑部分，前者介绍的是形式上的演算以及语义解释和完全性证明，后者是与模态谓词逻辑有关的一些理论问题和哲学问题。

《问题逻辑》

作　　者：宋文淦
推荐单位：北京师范大学
出版单位：北京师范大学出版社
批准时间：1996年下半年
出版时间：1998年2月

本书是一部专门论述问题逻辑（即研究问题的逻辑性质和关系）的逻辑学专著。

在这部书中，作者针对问题逻辑研究中存在着的几个基本理论难题进行了阐释：应该如何对问题进行系统而完善的分类、应该采取什么样的统一方法来对各种问题进行逻辑分析，应该建立什么样的形式语言以便最合理地表达各种问题、能否和如何建立一个比较直截、自然而又足够丰富的问题逻辑形式系统。

全书共分四章。第一章是关于问题和现有问题逻辑理论的概述，表述了我们把基本问题分为抑问题和孰问题两大类的主张。第二章讨论抑问题的分类和形式表达。第三章给出并讨论了一个关于抑问题的逻辑形式系统。第四章主要讨论孰问题的分类和形式表达，进一步给出并讨论了其内容既包括抑问题又包括孰问题的逻辑形式系统。

《领导决策与当代思维》

决策是对行为的选择——选择做什么或者不做什么，是人类的高级认知活动之一。决策科学是一个名学科交叉领域。已有百年的历史，涉及心理学、经济学、计算机科学、法律、医学、政治学、哲学等学科，并对会计、金融、市场营销、组织管理等应用领域产生了重要和深远的影响。本书通过传统的经验决策与科学决策的异同关系分析入手，比较系统地阐释了领导决策与当代思维之间的密切勾连以及应当注意的主要问题。

全书共分五部分，依次分析了决策程序与当代思维、决策技术与当代思维、决策类型与当代思维、决策过程与真理过程以及决策者应当具备的科学思维素质，并就此发表了自己的独立见解，富有启发性。

作　　者：孙奎贞
推荐单位：北京市委党校
出版单位：北京出版社
批准时间：1997 年下半年
出版时间：1998 年 8 月

四、政治、法律

《魏晋隋唐法律思想研究》

魏晋隋唐时期，是中国社会由大分裂到重新统一的中央集权的封建国家重建和继续发展的时期。作者论述了魏晋社会与法律思想的发展演变、汉末魏初的名法思潮、魏晋时期的玄学法哲学思想、魏晋时期的儒家思想，魏晋时期的律学理论及其代表人物等，并对隋唐社会与法律思想的发展、演变进行了深入的研究，并深刻地阐明了这样一个观点：魏晋隋唐时期的法律思想，是一个由诸子百家多元发展、儒释道并立的时期到以儒学为主、儒释道逐步合流的有机发展过程。

本书为建立社会主义法律文化提供了一些新颖的思想资源，同时也为法律界人士对魏晋隋唐时期法律思想的研究提供了一个非常有用的参考资料。

作　　者：杨鹤皋
推荐单位：中国政法大学
出版单位：北京大学出版社
批准时间：1993 年
出版时间：1994 年 11 月

《满族八旗制国家初探》

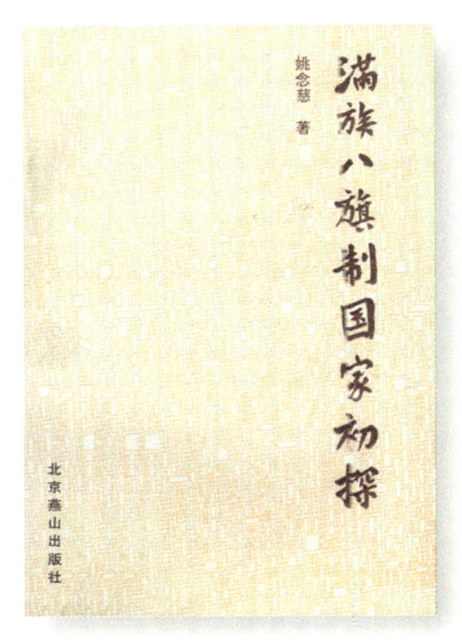

本书由四篇组成。本书的任务是解决八旗制格局之上的国家形态。为此，首先要对八旗制的界定。在作者看来，八旗是满族发展到特定的历史阶段和特殊历史环境的产物。八旗既是社会组织的最高形式，同时又是满族社会和国家的基本格局。建立在八旗制之上的国家主要机构与八旗制本身的矛盾统一运动，构成本书一以贯之的线索。

从时间跨度而言，本书大致涵盖了太祖、太宗两朝，即入关前满族国家政治的主要内容。三篇的主题是探讨入关后满族八旗制对清初国家体制及政局的影响。本书的一些结论是在吸收借鉴清史界诸前辈先进的成果上形成的。书中研究的八旗制度是指满族发展中的一种历史形态，与满族本身应加以严格区别。

作　　者：姚念慈
推荐单位：中央民族学院
出版单位：北京燕山出版社
批准时间：1993 年
出版时间：1995 年 9 月

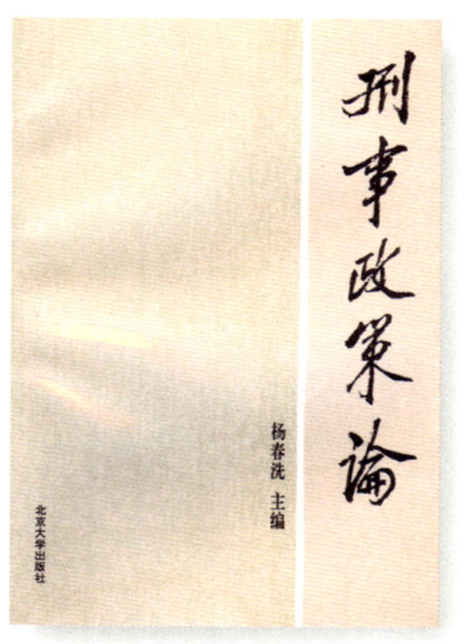

《刑事政策论》

本书是一本比较全面论述刑事政策的法学专著。

全书分为四编：一、刑事政策概论，从总体上研究刑事政策的概念、结构，刑事政策的制定、调整和实施等；二、中国刑事政策史论，集中研究我国历史上丰富的刑事政策思想，研究其正反两方面的历史经验，以资古为今用；三、我国刑事政策论，此编是本书的重点，全面研究我国刑事政策的概念、制定和发展，我国当前犯罪的状况和原因，预防和治理犯罪的方针政策和措施等；四、外国刑事政策论，对外国刑事政策的演变和特点、外国青少年犯罪的矫治等问题做了简要的介绍和分析。

作　　者：杨春洗
推荐单位：北京大学
出版单位：北京大学出版社
批准时间：1993 年
出版时间：1994 年 6 月

《国家豁免问题的比较研究——当代国际公法、国际私法和国际经济法的一个共同课题》

随着时代的发展，国家豁免问题已经成为了当今国际法律关系中一个非常引人注目和争论最多的话题。本书着重从三个角度对国家豁免问题加以论述：第一是从纵的角度，综合考察了各国国家豁免的相关判例、立法以及国际条约实践的历史发展过程；第二是从横的角度，对诸如国家豁免的主体、弃权、管辖范围以及执行豁免等重要的现实问题进行比较研究；第三是从理论的角度，分析了有关国家豁免的各种理论学说，并侧重分析了当前影响越来越大的限制豁免主义理论，并对此提出了相对独立的个人见解。

此外，本书也在不同程度上涉及了国际私法、国际经济法以及比较民事诉讼法等学科内容，并提出了一些比较新颖的观点，具有一定的学术参考价值。

作　　者：龚刃韧
推荐单位：北京大学
出版单位：北京大学出版社
批准时间：1993 年
出版时间：1994 年 6 月

《民事法律行为——合同、遗嘱和婚姻行为的一般规律》

本书联系我国的民法实践，对法律行为制度的历史、法律行为制度的适用范围、意思自治原则的价值法律行为的概念、法律行为制度的基本规则、意思表示原理、法律行为控制中的强行法与推定法等问题，进行了较为全面的研究和探讨。

作者认为，法律行为制度主要是从有关合同行为、遗嘱行为、婚姻行为等设权行为规则中抽象而来的。法律行为制度适用范围的确定应当从法律关系的内容、主体和客体的具体化要求以及法律调整价值四方面去认识。在法律关系的内容、主体和客体不能通过客观法律事实具体化的范围内，必须以法律行为方式确定其要素；在法定主义方式不能充分实现其调整作用的范围内，也有法律行为调整方式存在的必要。

作　　者：董安生
推荐单位：中国人民大学
出版单位：中国人民大学出版社
批准时间：1993 年
出版时间：1994 年 6 月

《现代西方政治理论》

本书是一部比较系统地论述现代西方政治理论的学术专著。

本书一反国内把现代西方政治理论当作学说史来研究的做法，不以人头带观点，而以观点带思潮，从自由观、平等观、民主观、人权观、法治观这些现代西方政治理论的基本观念入手，较为系统地论述了自由主义、保守主义、存在主义、民主社会主义、西方马克思主义、行为主义等现代西方政治思潮，并进而探讨了现代西方政治理论的代表人物、基本方法及其主要功能。

本书资料新颖，角度独特，体系完整，文笔通畅，既是一本学术性专著，又可作为大专院校开设现代西方思潮或现代西方政治理论的教材。

作　　者：房宁、赵会民
推荐单位：首都师范大学
出版单位：北京出版社
批准时间：1993 年
出版时间：1995 年 3 月

《立法论》

作　　者：周旺生
推荐单位：北京大学
出版单位：北京大学出版社
批准时间：1993 年
出版时间：1994 年 8 月

立法离不开本国的特点，离不开本国的实际，离不开本国的经验，作者在创作过程中始终牢牢地把握住了这一点。在理论上，作者肯定了立法是一种“活动法”，坚持立法是一个整体的动态过程，把立法活动不是简单地看成一个结果，而是更强调它的程序性，就是使整个立法程序规范化，使立法活动法制化。作者对立法的研究不限于抽象的原理，而是深入立法过程的每一个环节，包括立法技术的研究，很有新意。

此外，作者对“立法权限划分体制”亦有颇为深入的分析。例如，他并没有机械地按照理论确定立法权的归属，而是根据我国的立法实际情况，明确指出：在我国，立法权并非专门立法机关所独享，政府同样也有立法权等等。

《国际法上的人权》

作　　者：白桂梅、龚刃韧、李鸣等
推荐单位：北京大学
出版单位：北京大学出版社
批准时间：1993 年
出版时间：1996 年 12 月

本书是一部专门论述国际法与人权之间关系的法学专著。在这部书中，作者从人权问题产生、发展以及众说纷纭的人权理论问题入手，结合有关的国际条约，运用国际法的原理对第一、二代人权问题进行了比较系统的分析研究，并在此基础上，提出了第三代人权问题。作者认为，民族自决权、发展权、国际和平与安全权、对自然资源的永久主权、环境权等属于第三代人权，即集体的人权。

作者在论述对人权保护的同时，指出人权并不是绝对的、没有限制的。恰恰相反，任何一个国家为了维护国家的安全、社会的公共秩序或者国家的根本利益，都会对人权进行一定的限制；任何国家不得以此为借口，干涉该国的内政。当然，任何国家对人权的限制同样不是绝对的，二是应当保持在合理、合法的限度之内。

《中外许可证制度的理论与实务》

本书以建立社会主义市场经济的基本理论为指导，系统地分析了有关许可证制度的基本理论问题，阐明了我国许可证制度在现实生活中的运行状况。

全书分三编十七章，第一编主要探讨了许可证的一些主要理论问题，通过对有关许可证制度基本理论问题的探讨，为全面研究中外许可证的各项具体制度提供了理论依据。第二编具体阐述了当代中国的各种许可证制度。第三编着重介绍了在许可证制度方面具有一定特色的美国、英国、德国、俄罗斯、日本、韩国的许可证制度，以及港澳地区的许可证制度，探讨了这些国家和地区与国际经济贸易有关的各项许可证的具体制度。

作　　者：张正钊、韩大元
推荐单位：中国人民大学
出版单位：中国人民大学出版社
批准时间：1993 年
出版时间：1994 年 1 月

《南极矿物资源与国际法》

本书全面地回顾了南极矿产资源问题的由来和发展，并较为系统地探讨了南极矿物资源制度的诸多方面，例如南极矿物资源制度的形成、南极矿物资源制度的一般原则与南极环境的保护、南极矿物资源制度的组织机构、南极矿物资源活动的法律规定、南极矿物资源制度的遵守与执行、南极矿物资源制度中的主权与管辖权、人类共同继承财产与南极矿物资源制度以及南极矿物资源制度的未来等重大问题。

特别是在对南极条约体系的未来展望中，作者明确地提出了自己的见解，如有关南极的一切问题均将在该体系中加以解决、南极条约体系内的基本宗旨和原则将会予以保留、南极的环境保护问题将会日益凸显等。

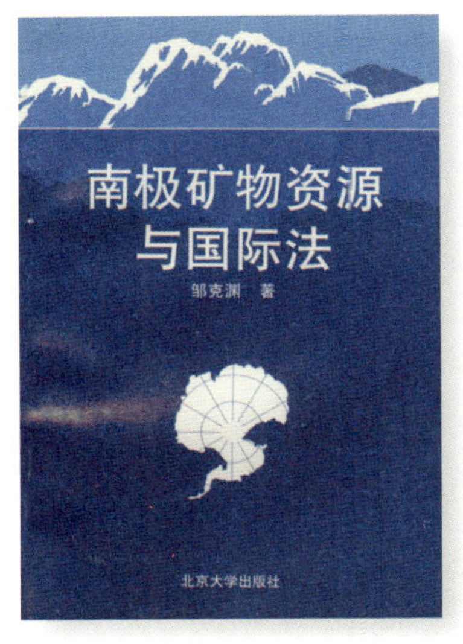

作　　者：邹克渊
推荐单位：北京大学
出版单位：北京大学出版社
批准时间：1994 年下半年
出版时间：1996 年 10 月

作　　者：张潇剑
推荐单位：北京大学
出版单位：北京大学出版社
批准时间：1994 年下半年
出版时间：1995 年 10 月

《国际强行法论》

本书是一部专门论述国际强行法的渊源、效力及其适用范围的法学专著。

自第二次世界大战以来，强行法已逐步成为维护世界秩序的一种法律准则。但强行法的概念最初却来自于国内法，当今各国国内法上的强行法规则仍不胜枚举，而关于国际强行法的理论则存在着不同学说，这些学说中的合理成分后来为强行法理论所吸纳，构成了国际强行法的理论基础。在这部书中，作者比较详尽地勾勒出了国际强行法的定义、识别标准、渊源、性质、作用以及与《联合国宪章》《维也纳条约法公约》等国际性法律文件的内在勾连，并对国际强行法的实际作用，进行了实事求是的分析和判断。

作　　者：时和兴
推荐单位：北京大学
出版单位：北京大学出版社
批准时间：1995 年上半年
出版时间：1996 年 11 月

《关系、限度、制度：政治发展过程中的国家与社会》

在这部书中，作者以国家作为研究的中心，综合运用市民社会理论和回归国家理论，注重点在于分析国家自身的限度——国家权力的增长及其限度、国家行动能力的增长及其限度和国家权威的增长及其限度，并以此为出发点，来寻求政治发展进程中国家与社会关系的发展、限度和制度的变迁。

在此基础上，作者对国家与社会关系的变迁及其发展的三大限度进行了总结，并结合市民社会理论归纳出了国家与社会良性互动的三个方面，即：制度化制衡、发展型互惠和双向式契约。这种互动关系构成了国家与社会关系的发展方向，它需要有制度化的创新作为保障。因此，国家的制度化创新应当与国家的相对自主性、适度有效性和制度合法性结合起来。

《国家赔偿制度研究》

在这部书中，作者系统地论述了国家赔偿制度的基本原理，介绍了我国以及最具代表性的国外赔偿制度的理论与实务，展望了世界各国在国家赔偿制度方面的发展趋势，并对我国的国家赔偿制度的完善提出了一系列具有建设性的意见。本书的一个突出特点就是实用性较强。作者在深入研究理论的同时，特别注意研究这些理论在实践中的运作情况，注意列举案例来予以具体说明，这对法官审理国家赔偿案件、对公民或法人如何打这类官司，都有一定的参考价值。

此外，书中对世界国家赔偿制度发展趋势的展望、对外国国家赔偿制度利弊得失的评价、对完善我国国家赔偿制度提出的建设性意见等等，这些虽为一家之言，但均体现了作者在独立思索后的独到之处。

作　　者：张正钊、李元起、韩大元
推荐单位：中国人民大学
出版单位：中国人民大学出版社
批准时间：1995 年上半年
出版时间：1996 年 7 月

《中国法制古籍目录学》

本书是一部比较完备地论述中国法制古籍的目录学著作。全书共分 9 章，1—2 章阐述一般目录学和法制古籍目录学理论及历史沿革；3—9 章按中国历史断代，将关于历代法制古籍书目分为涉及历代法制的古籍书目和研究先秦、秦汉魏晋六朝、隋唐五代、宋辽西夏金元、明、清法制的古籍书目八个部分，并按照综合、法律思想、典制、法规律令、狱政、谳狱事例等部类，评介从商周到清末有关法制的古籍 1500 多种。

本书将目录学理论与实际应用相结合，为中国法制史的学习和研究提供入门途径。

作　　者：高潮、刘斌
推荐单位：中国政法大学
出版单位：北京古籍出版社
批准时间：1993 年
出版时间：1993 年 11 月

《台湾的经济发展与法律调整》

作　　者：郑定
推荐单位：中国人民大学
出版单位：中国人民大学出版社
批准时间：1995 年下半年
出版时间：1997 年 5 月

本书是一部专门论述我国台湾地区的经济发展以及由此而进行的法律调整的学术专著。在这部书中，作者以 1949 年后台湾地区的经济发展为主要线索，对过去 40 多年中台湾地区经济发展的宏观情况以及台湾经济发展过程中“土地改革”、农业政策、吸引奖励投资、设立特种工业区、产业升级等重大经济政策、措施的制定背景、运行过程、相关立法活动及其成效等问题进行了比较系统的论述。

在此基础上，作者还对台湾地区运用法律手段调节经济、促进经济发展的做法与功效进行了深入的分析。特别是对于台湾经济发展的内外动因、存在的主要问题以及与经济发展密切相关的法律制度的发展变迁等问题，作者也进行了具体的评述，并且提出了一些富有新意的观点。

《邓小平与当代中国民主政治建设》

作　　者：聂月岩
推荐单位：首都师范大学
出版单位：首都师范大学出版社
批准时间：1997 年上半年
出版时间：1998 年 6 月

本书是一部专门论述邓小平与当代中国民主政治建设的学术专著。国际共产主义运动和中国社会主义建设经历了起伏跌宕、曲折前进的发展过程，其中原因固然很多，但在民主政治建设方面的失误，不能不说是主要原因。因此，如何扩大社会主义民主，建设社会主义民主政治，是中国共产党和全国人民普遍关心的问题，也是邓小平建设有中国特色社会主义理论反复阐述的一个重要问题。

本书以当代国际共运为时代背景，以马克思主义民主观为理论依据，以中国民主政治建设为历史线索，探讨邓小平建设有中国特色社会主义民主思想的产生和发展、科学内涵和鲜明特征、理论价值和对当代中国民主政治建设的深远影响。

《刑罚结构论》

作　　者：梁根林
推荐单位：北京大学
出版单位：北京大学出版社
批准时间：1997 年下半年
出版时间：1998 年 10 月

本书运用结构—功能分析方法对刑罚结构进行了专题研究。作者将刑罚结构分为宏观刑罚结构、中观刑罚结构和微观刑罚结构三个层次。在考察和比较各国刑罚结构特征及其功能的基础上，作者重点研究了我国刑罚结构的改革问题，并提出自己的独立见解。

作者主张，我国刑罚结构改革必须确立刑法使命观的现实化、刑法功能观的现代化、犯罪观的科学化和刑罚观的理性化四大观念前提；我国宏观刑罚结构改革的目标应当是刑罚结构严而不厉；我国中观刑罚结构改革的目标应当是刑罚结构协调有序，为此应当设计多样化的刑罚方法，并对各种刑罚方法进行结构性重组；法定刑种的组合，应能使不同刑种实现功能互补和功能替代，形成最佳的综合效应等。

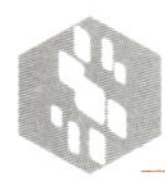

五、艺术

《中国曲艺艺术论》

作　　者：汪景寿
推荐单位：北京大学
出版单位：北京大学出版社
批准时间：1993 年
出版时间：1994 年 9 月

本书是一部专门论述中国曲艺（相声、评书、快书、快板、鼓曲、评弹）艺术的学术专著。

全书共计 11 章。其中，前五章为总体论，比较全面地论述了作者对曲艺艺术的类别、源流、价值、风格以及语言等方面的整体认识；后六章为分体论，分门别类地对六大曲艺艺术——相声、评书、快书、快板、鼓曲、评弹——的艺术源流、代表人物、艺术手段和表演特色等具体特点。值得一提的是，作者所有的论述都与舞台演出的实践紧密地联系起来，从而把脚本创作与艺术表演的二度创作有机地结合在了一起，使得曲艺成为了一种“主体的活的艺术”，而这恰恰是单纯的演员经验总结或者经院式研究所不具备的。

《元杂剧与元代社会》

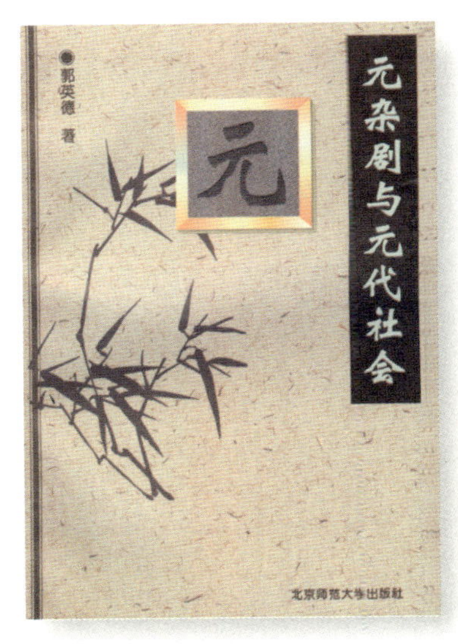

作　　者：郭英德
推荐单位：北京师范大学
出版单位：北京师范大学出版社
批准时间：1994 年上半年
出版时间：1996 年 5 月

本书是一部专门论述元杂剧与元代社会关系的学术专著。

在这部书中，作者首先根据元杂剧的人物形象大多数是类型性形象的特点，深入分析各类形象的构成成分、基本特征、社会功能及其相互关系，以及形象及其相互关系所蕴含的思想感情的各种表现形态与实质内容，从而揭示元杂剧社会的基本性质与基本特征。其次，本书作者把元杂剧社会始终放在元代社会历史中加以考察，看看元杂剧如何反映元代社会，元代社会又如何被元杂剧反映。

通过历史比较研究，本书把元杂剧社会的各个层面和各种因素置于中国历史发展整个链条之中，同其他朝代进行比较，对元杂剧社会进行纵切面的剖析，以揭示元杂剧社会的时代特征。

《中国现代喜剧观念研究》

作　　者：张健
推荐单位：北京师范大学
出版单位：北京师范大学出版社
批准时间：1994 年上半年
出版时间：1994 年 7 月

本书以宽阔的视野，结合以历史的、哲学的、文化的错综观察、辨析与审度，对中国现代喜剧观念的演进，不但做出描述，而且进行了理论的提升与概括，从而揭示出其发展演进的外部与内部规律，即“从喜剧范畴的确立到主、客观论的分流，再到客观论最终占据主导地位，中国现代喜剧观念完成了其由无序到有序方面的三部曲”。它既清理了从古代喜剧观念到现代喜剧观念转变的原因及其不同的历史特征和意义以及前后承传变革的关系，还揭示了外来喜剧观念的影响和中国现代喜剧观念发展的创新性。

此外，本书在史料的发掘、分析方面也下了很深的功夫，尤其是对王国维、林语堂等人喜剧美学思想的分析具有较高的学术水平。

《曹雪芹文艺思想新探》

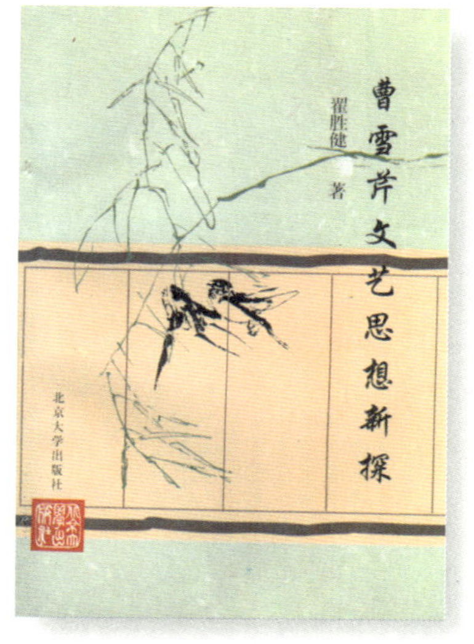

作　　者：翟胜健
推荐单位：北京文理学院
出版单位：北京大学出版社
批准时间：1995 年上半年
出版时间：1997 年 4 月

在红学界，分析《红楼梦》作品或考证曹雪芹生平世家的文章虽多，但论述其文艺思想的著作却很少。本书据《红楼梦》前八十回中有关人物和言论及曹雪芹的创作实践，成功地发掘了曹雪芹的文艺思想。

作者从曹雪芹在《红楼梦》中所反映的“色空观”谈到小说中的“传神”“创新”“继承”“立意”“风格”“韵味”“虚实”“结构”“修辞”，对曹雪芹的文艺思想做了较全面系统的探讨。作者认为，《红楼梦》中的“因空见色，由色生情”一方面源自佛经，另一方面又有曹雪芹的个人特点，即以“情”为核心，并进而指出其文艺、哲学等思想根源。特别是对“因空见色，由色生情，传情入色，自色悟空”十六字的阐释，比较让人信服。

《从古典主义到现代主义——欧洲近代文艺思潮论》

作　　者：李思孝
推荐单位：北京大学
出版单位：首都师范大学出版社
批准时间：1996 年上半年
出版时间：1997 年 7 月

本书采用历史学的方法，首先对欧洲近代文艺思潮的发端时间进行了一番梳理、辨析，明确地将古典主义的诞生作为欧洲近代文艺思潮的发端。基于这种理解，作者认为，文艺复兴和启蒙运动时期的文艺由于包罗万象，并没有特定的理论、宣言、纲领或共同思想，因此和严格意义上的文艺思潮并不完全一致；而巴洛克文艺和洛可可文艺，仅仅只是作为一种风格而流行一时，同样不能作为真正的文艺思潮而独立出来。

在此基础上，本书按照历史顺序，集中对古典主义、浪漫主义、现实主义、自然主义、“世纪末”和现代主义这六大欧洲近代文艺思潮进行了详尽的辨析与述评，并提出了自己的见解。

六、经济

《中国汽车工业经济分析》

随着世界汽车工业的不断发展壮大，汽车工业在世界经济发展中的地位越来越突出，汽车工业逐渐成为各主要汽车生产国的支柱产业，并对世界经济的发展和社会的进步产生巨大的作用和深远的影响。

汽车工业是我国国民经济的支柱产业，同时又是国有企业云集的一个产业。在世界范围内，它又是各国竞争的一个重点产业。由于汽车工业的产业关联度大，在国民经济中占有重要地位，在经济发展中也是举足轻重。本书主要论述了在改革开放和世界汽车工业发展的大背景下，运用工业经济理论、结合中国的实际情况，从七个方面对汽车工业的基本规律进行了分析和说明。

作　　者：李洪
推荐单位：中国人民大学
出版单位：中国人民大学出版社
批准时间：1993 年
出版时间：1993 年 11 月

《国土整治与经济建设》

本书是一部专门论述国土整治与经济建设关系的学术著作。作者运用要素分析和区域综合分析相结合的方法，论述了国土整治的基础知识和基本理论，为国土整治和国土规划提供了比较科学的基础依据，同时对于增强全民国土整治意识和国情教育也将起到一定作用。

在书中，作者认为，国土规划是国家对经济建设进行宏观调控的重要手段之一。它的主要内容和功能就在于根据市场需求，提出资源开发的种类、时序与规模；根据合理布局生产力的原则，提出资源开发利用的地域空间；根据经济发展与生态环境相协调的要求，提出因资源开发利用而带来的需要进行国土整治的内容与措施。

作　　者：毕维铭
推荐单位：首都师范大学
出版单位：首都师范大学出版社
批准时间：1993 年
出版时间：1993 年 9 月

《企业管理组织变革的理论与实践》

作　　者：王凤彬
推荐单位：中国人民大学
出版单位：中国人民大学出版社
批准时间：1993 年
出版时间：1994 年 9 月

本书通过对企业管理组织变革进行专门化的集中性研究，在掌握大量历史和现实资料的基础上，对企业管理组织变革中存在的若干实际问题进行了具体的分析。全书立足于“变革主体”的行为，对我国企业管理组织为什么要变革、应当变革成什么样子、变革哪些内容以及应当怎样变革等问题展开了比较全面的研究，并形成了一个较为系统的理论框架。

作者以提高企业管理组织的效能为中心，以分析变革主体的行为为主线，对我国企业特别是国有大中型工业企业管理组织变革的必要性、方向、目标、变革内容以及变革的方式与过程进行了一番比较详尽的梳理与探讨，对于我国企业特别是大中型国有企业的发展具有一定的理论指导和现实启迪意义。

《中国经济潮——增长与波动》

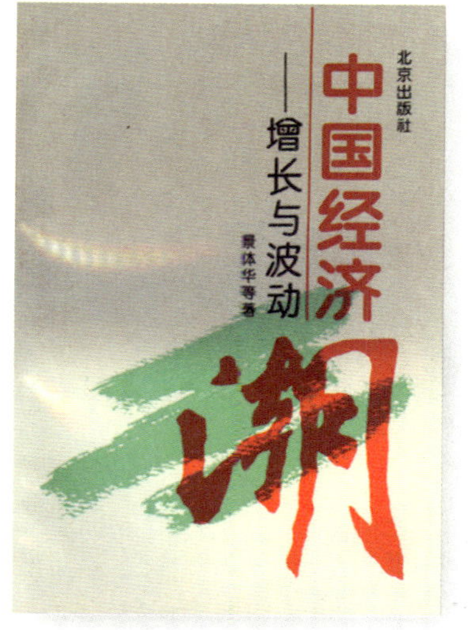

作　　者：景体华等
推荐单位：北京市社科院
出版单位：北京出版社
批准时间：1993 年
出版时间：1994 年 6 月

本书是一部比较深入地论述中国经济增长周期的学术著作。无论是计划经济，还是市场经济，经济中的周期性波动，都强而深地影响着社会生活的一切方面，并因此而成为社会各界关心的焦点。作者以中国经济高增长中潮起潮落为主线，揭示了 1952—1992 年间周期潮形成的机理。

本书着重研究了三个问题：1. 我国的经济运行处于一种总需求大于总供给的均衡环境之中，并分析了这种环境对经济的影响；2. 用实证方法描述了我国在高增长条件下的经济波动，并在非均衡的经济现实中分析了波动形成的原因；3. 证明中国的经济是总量失衡与结构性失衡的交错。

《改革　市场与主体性》

本书是一部从历史、理论和实践三个维度系统探讨主体性理论的哲学专著。

改革开放和社会主义市场经济呼唤着劳动者主体性的改善、提高和发挥。在本书中，作者全面地考察了西方近现代哲学主体性思想形成、发展的环境、历史和趋势，比较完整地阐释了马克思主义哲学主体性理论的丰富内容、基本要点和方法论原则，从而使之与一切盲目夸大主体性的唯心主义思想和刻意否认主体性的机械主义唯物论思想划清了界限。在此基础上，作者着重研究了市场经济与人的主体性的内在联系，从理论和实践的结合上说明了社会主义市场经济中劳动者主体性的意义及其实现途径。

作　　者：袁贵仁、杨适、王锐生
推荐单位：北京师范大学
出版单位：北京师范大学出版社
批准时间：1993 年
出版时间：1995 年 2 月

《生态化——第三次产业革命的实质与方向》

本书是一部比较系统地论述第三次产业革命的学术著作。

本书认为人类正面临着继农业革命、工业革命之后的第三次产业革命，生态化是第三次产业革命的实质与方向。本书指出，从人和自然之间的物质变换方式来看，人类经历了采集狩猎业社会、农业社会、工业社会三个阶段。在第一个阶段，人类与自然的关系是一种纯粹的依赖和掠夺关系；在第二个阶段，人类通过对生物生长过程的一定干预来获取生活资料，人和自然在一定程度上实现了和解；在第三个阶段，人类通过对自然物的加工制造来获取生活资料。

在此基础上，作者通过比较详尽的论述，明确指出：新的产业革命的中心任务，就是要建立一种人和自然关系协调的新的物质变换方式。

作　　者：欧阳志远
推荐单位：中国人民大学
出版单位：中国人民大学出版社
批准时间：1993 年
出版时间：1994 年 6 月

《亚太地区经济发展多元化研究》

作　　者：赵春明
推荐单位：北京师范大学
出版单位：北京师范大学出版社
批准时间：1994 年上半年
出版时间：1995 年 6 月

在这部书中，作者把日本、亚洲“四小龙”和东盟四国综合在一起，从更为广阔的时空界限进行了论述和比较，从结构框架上开辟了亚太地区经济发展研究的新思路，在很大程度上加强了这一地区经济发展研究的全面性和科学性。全书紧扣我国实际，在每一篇后都设有专章阐述对我国的启示或教训，提出我国应始终注意国民经济的平衡发展，防止经济发展进程中国民的两极分化现象。

作者始终坚持马克思主义的立场、观点和方法，揭示出蕴藏在亚太各国（地区）经济发展背后的特点、规律和本质。与此同时，作者也坚持对西方经济学中的一些方法加以合理利用，加强了本书理论分析的深度和创造性，使本书既有理论价值又有现实意义。

《北京山区可持续性发展研究》

作　　者：杨作民
推荐单位：首都师范大学
出版单位：首都师范大学出版社
批准时间：1994 年下半年
出版时间：1996 年 8 月

本书是一部比较系统地论述北京山区可持续发展问题的学术专著。在这部著作中，作者根据地域系统（人地关系地域系统）理论，并按照首都社会经济发展的中长期计划要求，结合北京山区地域系统的基本特征，重点研究了人口、资源、环境与经济协调发展的宏观决策问题。

本书通过对山区环境与资源、经济特征、生产布局及过程与居民点体系、山区人口发展趋势与容量的探讨、产业结构的调整与宏观生产布局、居民点体系布局的优化与调整、生态环境的建设与整治、地域系统类型和生态经济区划以及区域开发的理论基础等方面的社会经济、环境质量评价，为认识北京山区及其可持续发展提供了一个比较科学的依据。

《企业成长论》

作　　者：杨杜
推荐单位：中国人民大学
出版单位：中国人民大学出版社
批准时间：1995 年上兰年
出版时间：1996 年 6 月

企业如何才能发展壮大，是每一个经营者都十分关心的问题。在这部书中，作者通过对中日两国大企业的大量调查分析和比较研究，比较深入地探讨了企业成长的内在动力、经济合理性和制度变革的规律；大胆地指出了传统规模经济和专业化理论的局限性，提出现代企业并非是“铁板一块”，而是存在着“三大经济”：规模经济、成长经济及多样化经济。

本书通过中日企业几十年的发展史，揭示了企业成长的本质，并通过对企业成长“三大规模”的论述，构建了一个相对比较完善的理论体系；同时，在对中日各 100 家最大企业和 6 家著名公司做了大量比较分析的基础上，形成了一系列新假说和新概念。

《论中国经济改革：道路、转轨、接轨——从世界经济看中国》

作　　者：萧琛
推荐单位：北京大学
出版单位：北京大学出版社
批准时间：1995 年下半年
出版时间：1996 年 12 月

本书是一部专门论述中国经济改革路径选择及具体实践的学术专著。作者认为，人类走向市场经济的道路已经有过“欧美式”“东亚式”“苏东式”三条。而第四条应该是有中国特色的道路，它探讨的主体是中国“这场人类历史上最伟大的有组织的制度变迁的经济学逻辑”。作者在分析和展望中国市场机制的未来时，较多地剖析和对比了西方市场的历史和现状，以便借鉴国外的经验教训。

本书对比较发达国家的状况，研究了中国经济转轨的逻辑顺序，与国际经济惯例接轨的可能性及其步骤，分权与地方经济发展的关系，转轨型经济周期的特点，现代企业制度，“法治设计”、中国股市的改进等热点问题，深入探讨了台港澳资本对大陆经济的影响，是一部有关现实经济改革的力作。

《对外开放与中国的现代化——经济文化政治的开放及其正负效应》

作　　者：叶自成
推荐单位：北京大学
出版单位：北京大学出版社
批准时间：1995 年下半年
出版时间：1997 年 7 月

关于对外开放，我国理论界目前的现状是：把它作为一种政策研究的多，作为一种世界发展的客观规律来研究的少；对现状研究的多，对理论历史及比较研究的少；对经济开放研究的多，对文化和政治开放研究的少；对开放取得的成绩谈得多，对开放可能引起的消极后果研究的少。而本书则试图对这些缺陷有所弥补并取得了一定进展。

全书共分十章：一、对外开放的基本概念；二、开放的基本理论；三、从封闭的世界走向开放的世界；四、国际商品、资本、技术的流动及其影响；五、开放经济中的贸易战和贸易制裁及其政治影响；六、国际人口流动及其对经济文化政治的影响；七、文化开放及其相互影响；八、政治开放及其相互影响；九、对外开放与中国现代化的发展战略、基本格局和前景。

《通货膨胀与中国的人寿保险》

作　　者：楚军红
推荐单位：北京大学
出版单位：北京大学出版社
批准时间：1997 年上半年
出版时间：1998 年 6 月

本书旨在分析通货膨胀对中国人寿保险的影响，并从寿险险种开发和寿险资金运用等方面寻求抑制通货膨胀不利影响的对策。在这本书中，作者主要运用供求理论、成本—效益理论和现代投资理论，利用寿险精算、生命表技术和弹性分析方法，从寿险特征和职能出发，从理论上分析了通货膨胀影响寿险的原因，影响寿险需求、寿险供给和寿险供求均衡的机制，不同货币幻觉下对寿险需求的影响方向和影响程度，探讨了寿险的适度通货膨胀率问题，并从寿险险种构成要素方面探讨了寿险可能的反通货膨胀措施和通货膨胀下寿险融资策略。

结合中国寿险的发展状况，本书还分析了通货膨胀对中国寿险的影响机制、影响程度和表现形式。

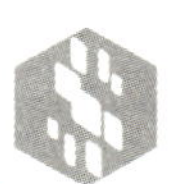

《北京农业经济史》

作　　者：于德源
推荐单位：北京市社科院
出版单位：京华出版社
批准时间：1997 年下半年
出版时间：1998 年 9 月

本书极其重视对农业生产工具的研究，从众多考古资料中搜集了 1949 年以来北京地区与农具有关的考古发现，形成本书的特色。从时间点上看，本书对北京农业经济史的研究向前推至距今 1 万年至 8000 年的新石器时代，探索了北京地区原始农业的起源。本书关于自然灾害对农业生产的影响方面的论述同样比较深入，对各历史时期不同性质的自然灾害对农业生产的影响进行了深入探讨。

此外，本书在研究中世纪时期北京地区农业经济时，创造了利用各时期《地理志》记载的在编人口（绝大部分是农业人口）以推测各时期农业经济发展水平的研究方法，受到同行的好评和认可，从而使得缺少耕地面积确切记载的元、明、清以前的北京地区农业经济也可以进行量化研究。

七、文化、科学、教育、体育

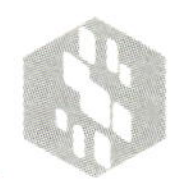

《明代学校与科举制度研究》

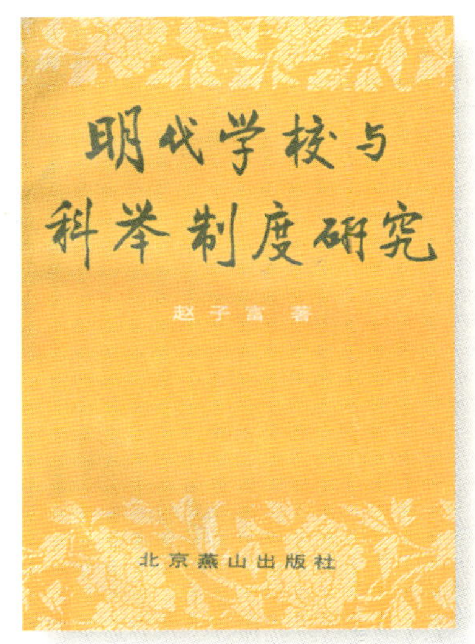

明代统治者对科举高度重视，科举方法之严密超过了以往历代。明代以前，学校只是为科举输送考生的途径之一，到了明代，进学校却成为了科举的必由之路。明代入国子监学习的通称监生。监生可以直接做官，特别是明初，以监生而出任中央和地方大员的多不胜举。

学校与科举制度是明代重要的选士方法，对明代的思想文化领域产生了一定的影响。学校与科举制度是明代重要的政治制度，与明代政治及文化的发展有重要的关系。本书主要内容有：社学与书塾，府州县学的构成、教学与课试，国学的建置、教学与学规，明代书院、武学及其他各类学校，科举制度的特征、科举考试及学校科举制度与明代社会政治、学术文化的关系。

作　　者：赵子富
推荐单位：清华大学
出版单位：北京燕山出版社
批准时间：1993 年
出版时间：1995 年 2 月

《教育原理》

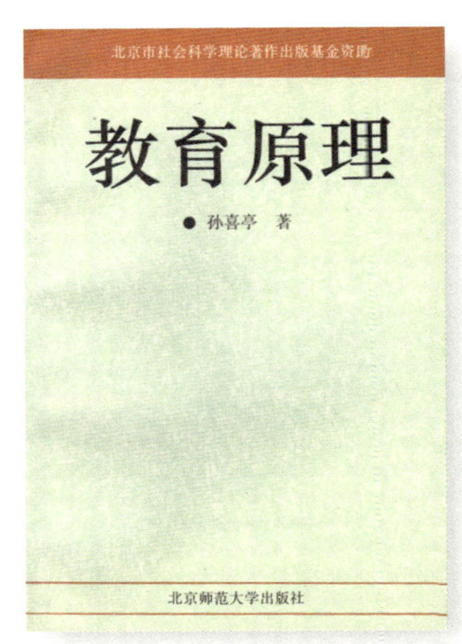

本书是一部专门论述教育的起源与教育的历史、教育的本质、教育与社会生产、教育与儿童发展、教育价值问题、课程、教师等内容的学术专著。

本书以马克思主义原理为指导，对教育原理中的一些重大理论问题，例如教育与社会生产的关系、教育与经济的关系、教育与政治以及其他社会意识形式的关系、教育自身的价值、教育与生产劳动相结合的关系、教育与生活方式的关系等，都进行了比较深入、详尽的研究与探讨。不仅如此，作者还对书中讨论的许多问题提出了自己的独立见解，例如关于教育的历史分期及特征、教育与社会生产的关系、教育与社会意识形式的关系等。

作　　者：孙喜亭
推荐单位：北京师范大学
出版单位：北京师范大学出版社
批准时间：1993 年
出版时间：1993 年 12 月

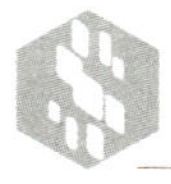

《农村职业教育》

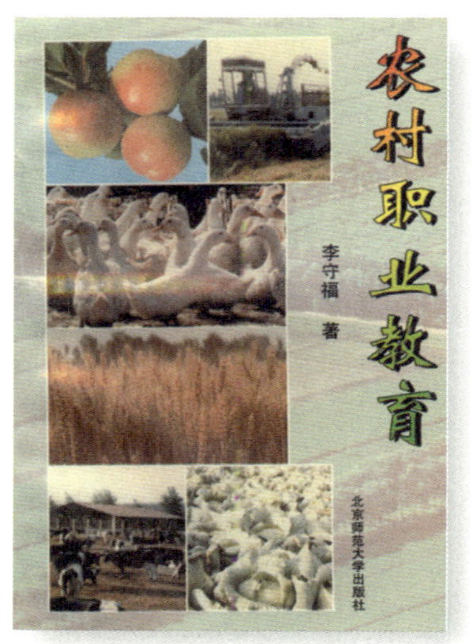

作　　者：李守福
推荐单位：北京师范大学
出版单位：北京师范大学出版社
批准时间：1994 年上半年
出版时间：1996 年 1 月

农业是基础，这是我国基本国策的第一条。当前，我国农业正处在从自然经济向商品经济，从传统农业向现代农业的转换过程中。这是建设社会主义现代化强国的必由之路，也是社会历史发展的必然。无论是发展农村商品经济，还是建设现代化的大农业都离不开农村职业教育。但是目前我国的农村职业教育还远远适应不了现实发展的需要，是我国整个教育中最薄弱的环节。

本书抓住当前我国农村经济正在转型时期的机遇，论述了我国农村职业教育的重要性及实施中的理论问题。同时从比较教育角度，借鉴发达国家发展现代农业和农村职业教育的经验，给读者提供了一个较为广阔的视野。

《西方现代教育流派史论》

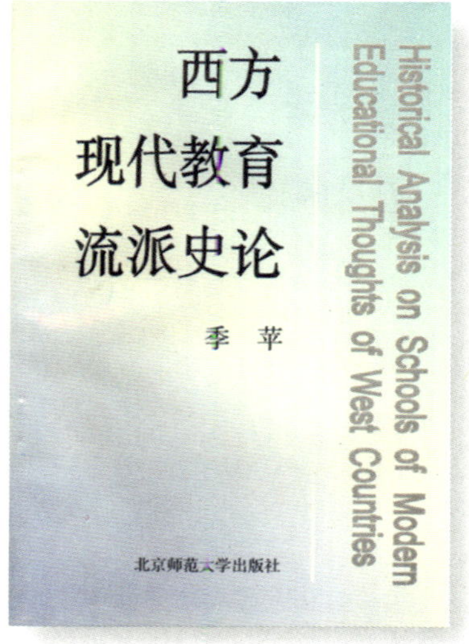

作　　者：季苹
推荐单位：北京教育学院
出版单位：北京师范大学出版社
批准时间：1994 年上半年
出版时间：1995 年 7 月

本书对西方现代教育流派的每一流派、每一问题都进行了必要的历史演进的考察与叙述，而在这一考察与叙述的过程中，又总能给予适当的、有些是恰如其分的评断与论证，做到了“史”与“论”的统一和有机结合，从而突出了本书学术理论的性质。

本书的另一个重要特点，就是作者力求找出西方现代教育流派中的每一个性之间相异点的同时，又尽力归纳、概括、提炼出各种流派之间的共性、它们的相同之处。例如，作者认为，西方现代教育流派的共性为社会化、终身化、民主化、理性化、专业化和联合化。经过这样的概括和提炼，本书对于读者进一步加深对西方现代教育流派实质的了解有很大帮助。

《中外教育改革的指导思想与对策》

在这部书中，作者采取了“以点带面”的方式，以具有较大代表性的美国、英国、日本、德国、苏联等为研究对象，全面地、系统地论述了近代各国历史重大教育改革的背景、指导思想、教育改革的战略方针与对策，以及改革所取得的经验和教训，其中以各国教育改革的指导思想与对策为主线。

本书对各国的教育改革既从教育的内在规律加以分析，又从教育的外部因素加以探讨；既论述了各国历次重大教育改革，又厚今薄古、全面探讨了各国当前教育改革的现状。同时，作者还从我国的国情和实际情况出发，借鉴国外的有益经验，探讨了我国今后教育改革的指导思想及其需要采取的对策等重大问题。

作　　者：迟恩莲、曲恒昌
推荐单位：北京师范大学
出版单位：北京师范大学出版社
批准时间：1995 年上半年
出版时间：1996 年 5 月

《中国古代女子教育》

本书对中国古代女子教育的探考，力求突破传统教育史的研究方法，注意从文化史、社会史等更为广阔的视野进行多方位、多层面的综合考察。研究的范围不但包括宫廷女教、宗族女学、家族女塾、佛道庵观女教等较为规范的女子教育，也涉及家庭教育、社会教化、培养妾婢家妓的特殊训练和劳动妇女民间会社传习技艺以及知识妇女从老师、朋友求学等教育活动。

此外，本书不但研究女子教育的目的、内容、教材、方法、组织实施，揭示其发展演变的特点、原因和规律，还从社会环境、教育、女子的主体意识等不同层面对影响女子成才和塑造传统妇女形象的诸多因素进行综合探讨，并对女子教育的社会效应和历史影响作出分析评价，尽力为读者展现一幅全方位的中国古代女子教育图景。

作　　者：曹大为
推荐单位：北京师范大学
出版单位：北京师范大学出版社
批准时间：1995 年上半年
出版时间：1996 年 12 月

《当代教育心理学》

作　　者：陈琦、刘儒德
推荐单位：北京师范大学
出版单位：北京师范大学出版社
批准时间：1995 年下半年
出版时间：1997 年 4 月

本书是一部专门论述当代教育心理学及其实践的心理学专著。事物的发展是复杂和多元的，教育过程中的心理现象和规律同样如此。因此，当今世界对教育心理学理论的理解已经不能简单地以孰是孰非来加以论定。作者认为，每一派理论的提出及其兴衰都有其自身的特点和长处，也有他的缺点和不足，而人们的任务则是汲取每一派的精华，而摈弃其不足与缺陷。本书尽力从我国教育的实际情况出发，博采众家之长，从而给读者以更大的启发。

在这部书中，作者坚持理论与实践相结合的标准，一方面广泛吸取了国外教育心理学研究中的先进理论和思想，另一方面也结合了我国教学心理学特别是自己的教学实践，从而比较系统地总结了当代教育心理学的最新发展及其实践情况。

《科技革命影响论》

作　　者：黄顺基
推荐单位：中国人民大学
出版单位：中国人民大学出版社
批准时间：1996 年上半年
出版时间：1997 年 4 月

本书坚持马克思主义的立场、观点和方法，比较系统地考察了科学技术发展设计社会变革的诸多重大问题。在哲学领域，重点探讨了现代进化论与现代系统论在世界观与认识论上带来的重大进展，并据此对现代西方科学哲学的主要流派进行了述评；在哲学史领域，重点分析了西方科学主义哲学与人本主义哲学这两大思潮，并就其正反面的效应加以述评；在历史学领域，作者站在唯物史观的立场上，对当代集中关于社会发展阶段的理论，作出了详细的分析。

此外，本书还就科学革命对于经济学尤其是环境经济学的影响、以电子计算机为核心的信息技术革命所提出的知识价值论的问题、我国的经济发展与解决体制变革、邓小平理论中的若干重要主题等都进行了比较深入的分析和述评。

《私立学校比较研究——与国家关系角度的分析》

本书从私立学校与国家之间的关系这一角度入手，从私立学校的概念解析到关系类型的概括，从政策性研究到管理措施的分析，从私立学校的历史文化成因的研究到现实理论基础的探讨，分类和多层面地对世界各国的私立学校进行了简洁清晰的比较研究。

在此基础上，本书还就当前世界各国私立学校面临的许多重大问题，如教育的民主化与平等问题、自主权和政府主管部门的监督管理问题、学校的办学特色问题、课程设置和教育内容问题、学历文凭和考试问题、作为一个特殊群体的学生的教育问题、教学质量的评价及学生就业问题等，都进行了比较深入的研究，并提出了自己的独立见解。

作　　者：吴忠魁
推荐单位：北京师范大学
出版单位：北京师范大学出版社
批准时间：1996 年上半年
出版时间：1999 年 4 月

《非洲传统文化与现代化》

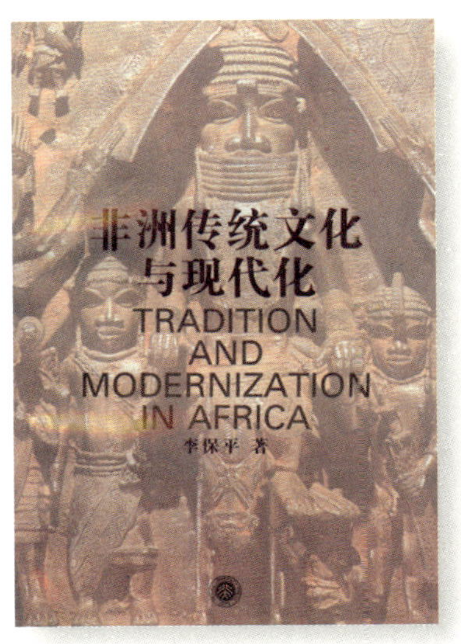

本书是一部专门论述非洲传统文化与现代化的学术专著。

要分析非洲传统文化对当今非洲的影响和应如何对待传统文化，首先应了解传统文化，尤其是传统文化的精髓所在。这样，本书在前两编分析了传统的非洲宗教对社会无所不至的渗入，考察了非洲文化以口传为主的传承形式，并着重分析非洲传统文化的几个重要品类——至上神崇拜、祖先崇拜、成人仪式、口传历史、神话传说、谚语箴言等，阐释这些文化品类的社会功能和精神内涵。在此基础上，将非洲黑人传统文化概括为村社文化、口传文化和大众文化。下编则重点分析了非洲传统文化与现代化的关系，并就一些具体的问题提出了自己的观点。

作　　者：李保平
推荐单位：北京大学
出版单位：北京大学出版社
批准时间：1997 年上半年
出版时间：1997 年 11 月

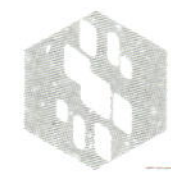

作　　者：王义高
推荐单位：北京师范大学
出版单位：北京师范大学出版社
批准时间：1997年上半年
出版时间：1998年10月

《当代世界教育思潮与各国教改趋势》

本书分为上下两编，上编主要介绍了当代哲学思潮与教育改革、当代宏观教育思潮与各国反应、当代西方德育导向与德育理论、当代美国德育流派及其纷争等四个方面的内容，对于当代世界教育思潮的总体图景进行了系统的勾勒和描述，对于二者的优劣都有详尽论述。

下编主要介绍了当代各国的教育改革趋势，采取从国别教育研究的角度入手，分别介绍了美俄日英法等国的教育改革以及发展的趋势。在对上述国家的教育发展趋势进行介绍的时候，将其放进了一个大的时代环境之下，从各个不同的角度进行比较研究，对教育发展的趋势进行了预测。最后，书中对于我国教育的发展也提出了若干的建议，如对于教育的国家化、教育的市场化、经济化趋势等。

作　　者：彭克巽等
推荐单位：北京大学
出版单位：北京大学出版社
批准时间：1997年下半年
出版时间：1999年6月

《苏联文艺学学派》

本书是对苏联文艺学在其70多年的发展过程中对文学的意识形态特性、创作美学、结构美学、历史诗学、文艺心理学等诸多方面进行了比较严谨、深入的研究，并就一些重大的文艺学理论问题提出了自己的独到见解。

在对苏联文艺学重要艺术流派分析的基础之上，本书重点选择了七位最具有代表性和独到见解的文艺学家进行专题研究和评述，以期对苏联文艺学的状况和发展形态有一个比较具体的认识。其中就包括了20世纪上半期就蜚声世界的波斯别洛夫和日尔蒙斯基、下半期驰名于世界文艺学理论界的巴赫金、罗特曼以及我国文艺理论界比较熟悉的赫拉普钦科等人。

八、语言、文字

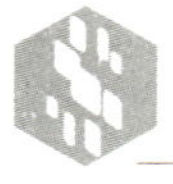

作　　者：张炼强
推荐单位：首都师范学院
出版单位：首都师范大学出版社
批准时间：1993 年
出版时间：1994 年 1 月

《修辞理据探索》

本书是一部以修辞的“有理”和“无理”即是否符合普通逻辑为切入点，专门论析修辞与逻辑的关系的学术专著。

作者以逻辑基础和修辞效果的对应联系为基础，将修辞现象分为“有理而妙”“有理而不算妙”“无理而妙”“无理而不妙”四种情况，主要研究其中第三种。作者认为，修辞既有符合逻辑的一面又有不符合逻辑的一面，即消极修辞总体上讲是合乎逻辑的，而积极修辞往往并不是循着逻辑思路走的，且有的地方是根本无法用逻辑来解释的。“无理而妙”的“无理”不是指毫无道理，是指其辞面不合逻辑；之所以“无理而妙”，乃因为“逻辑思维，心理活动、审美观念等等，都可以作为修辞理据”。

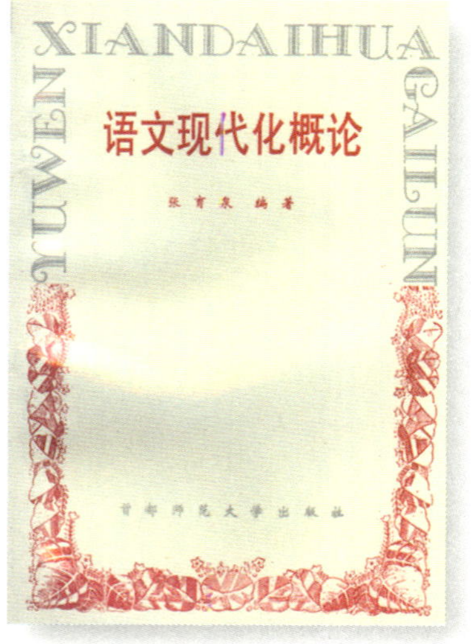

作　　者：张育泉
推荐单位：首都师范大学
出版单位：首都师范大学出版社
批准时间：1994 年下半年
出版时间：1995 年 11 月

《语文现代化概论》

我国的语文现代化，目前主要是指实现语言文字的规范化、标准化，包括推广普通话、推行规范汉字（包括简化字）、推行《汉语拼音方案》和实现中文信息处理电子化等方面的内容。语文现代化为的是给普及教育、提高全民文化教育水平、发展科学技术、实现社会信息化打下良好的基础，创造便利的条件。因此，它对我国改革开放和社会主义现代化建设具有十分重要的意义。

本书主要研讨国家语言文字的规范化问题，探讨语文现代化的历史、现状和汉字改革的有关问题。本书共有九章，重点阐述了语言文字规范化问题，并对我国一百多年来语文现代化的成果进行了比较全面的回顾与反思；在此基础上，作者进一步评估了汉字的功过，并对中国文字的前景进行了瞻望。

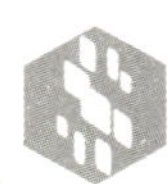

《小篆形声字研究》

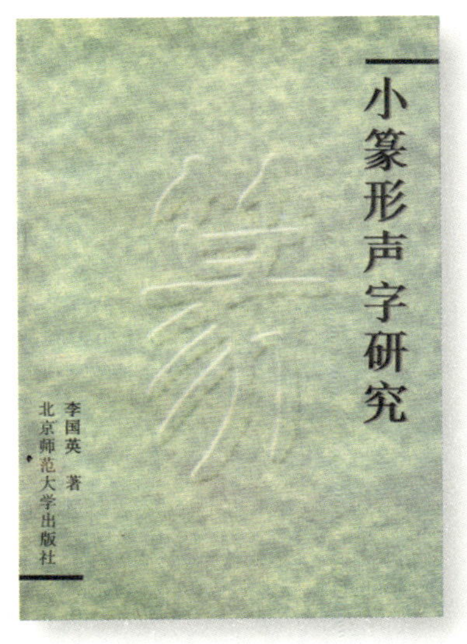

本书采用系统论方法，对小篆字系的形声系统进行了全面的测查和描写，并在此基础上，对形声系统和汉字构形系统的基本理论问题进行了研究，对汉字构形系统的分析方法和现代汉字的发展方向的问题也提出了初步的看法。

作者在全面测查小篆字系形声字的基础上，对研究汉字的方法和现代汉字发展方向的问题提出了一些看法，认为系统论的方法是描写和分析汉字构形系统行之有效的方法，系统论方法，不仅适用于历史上文字系统的描写，也适用于现代汉字构形系统的描写，不仅适用了断代描写，也适用于历史比较，只有在对汉字断代系统描写的基础上进行系统的历史比较，才能认清汉字系统历史演变的真相，揭示汉字系统发展的客观规律，为科学地整理现代汉字提供理论上的依据。

作　　者：李国英
推荐单位：北京师范大学
出版单位：北京师范大学出版社
批准时间：1994 年下半年
出版时间：1995 年 6 月

《鲁迅老舍作品语言艺术》

在这部书中，作者对鲁迅、老舍作品的语言艺术分专题做了较为深入的研究，特别是对鲁迅作品还进行了比较全面的研究。关于鲁迅，比较重要的专题有：《呐喊》《彷徨》的语言艺术、准确地运用语言——学习鲁迅手稿得到的启示、鲁迅手稿对实词换用的分析、鲁迅小说虚词的选用、鲁迅对助词“了”的选用、鲁迅对助词“的”的选用、鲁迅作品中词语的配合呼应作用、鲁迅杂文、《阿Q正传》中谬误逻辑推理的运用、鲁迅杂文是语言形式与思想内容的和谐统一。

作者对老舍的代表作《骆驼祥子》的语言艺术有较为全面、深入的研究，有两个专题：《骆驼祥子》的词语选用和《骆驼祥子》多样化的句式及其表达效果。此外，作者还对老舍描写人物时所使用的比喻特点也有专题论述。

作　　者：史锡尧
推荐单位：北京师范大学
出版单位：北京师范大学出版社
批准时间：1995 年上半年
出版时间：1996 年 3 月

九、文学

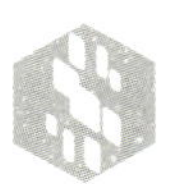

《先秦两汉文学史稿》

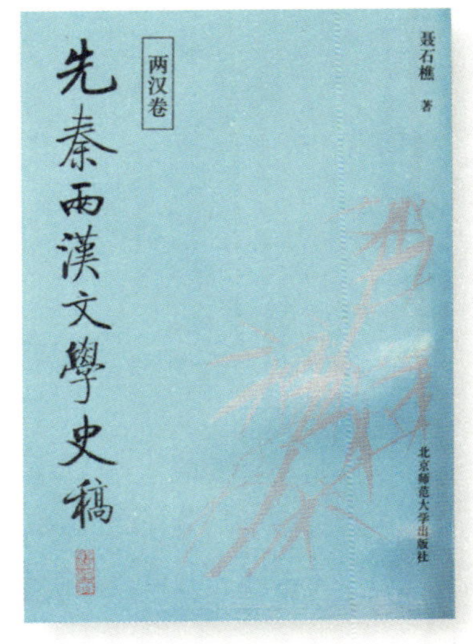

本书是以刘持生教授生前为西北大学中文系学生授课的讲义为基础编写的，对我国先秦两汉文学的研究具有弥足珍贵的借鉴价值。出版此书的着眼点，在于保存文学遗产，特别是保存对研究文学遗产独具真知灼见的遗产。

《史稿》以先秦文学为主体而兼及两汉，又附录魏晋，形成一个似不周备、似不匀称的格局，因为刘持生教授不轻著述，生前无意将《史稿》付梓，而晋宋以下的断简残编又不是弟子们所能代应完卷的，只好一仍旧貌。然而，从另一个角度来看《史稿》，它又轮廓分明，好像是刘持生教授特意为中国先秦两汉文学史雕塑的一尊独具风格的头像：完整而工细的头部造型，不仅兼及颈项，还截取了锁骨以下之一弧，魏晋部分也并非附赘。

作　　者：聂石樵
推荐单位：北京师范大学
出版单位：北京师范大学出版社
批准时间：1993 年
出版时间：1994 年 4 月

《少年文学论稿》

本书是一部专门论述少年文学创作的综合情况和诗歌、散文、童话、影视文学、科学文艺及少年文学作者的素养准备的学术专著。作者建构起了少年文学文体论的规模，系统地从各种文体的创作实践揭示了少年文学与儿童文学的具体差别。他认定，随着现代科学对于“少年”的“新”的发现，“少年文学”的独立已经是一件不可避免的事情。因此，他明确地提出了将现有的“儿童文学”一分为三的主张，并为幼儿文学、儿童文学、少年文学的对象重新界定了年龄阶段。在此基础上，作者进一步比较全面地总结了我国少年文学创作者在写作实践中的诸多新鲜经验。

此外，作者在书稿中所引用的大量原始性资料，对于后继的研究者而言，都是非常有用的一种积累。

作　　者：吴继路
推荐单位：首都师范学院
出版单位：首都师范大学出版社
批准时间：1993 年
出版时间：1994 年 4 月

《中国散文简史》

作　　者：郭预衡
推荐单位：北京师范大学
出版单位：北京师范大学出版社
批准时间：1993 年
出版时间：1994 年 4 月

本书是作者在《中国散文史》《中国散文丛谈》等学术专著的基础上为我国高等学校文科学生创作的一部专门论述中国散文的形成、发展及其演变过程的教材。

本书对散文持一种比较宽泛的概念，除抒情言志、寓言讽刺、山水小品等纯文学性散文外，还囊括了子书之诸子散文、史书之历史散文以及奏疏言事之政论散文等。在对这些散文产生的根源及其思想内容的论述的过程中，作者大多提出了自己的独立见解，而非泛泛袭用前人之成说，因此显得既有新鲜感，又有启发性。例如对先秦诸子及《史记》等的论述，无不如此。此外，本书对各家散文的论述，大多采用具体评论代表作的方式，意见切中肯綮，加之作者熟悉历代评论资料，多能提出令人比较信服的主见。

《中国文学理论批评发展史（上）》

作　　者：张少康、刘三富
推荐单位：北京大学
出版单位：北京大学出版社
批准时间：1994 年下半年
出版时间：1995 年 6 月

本书是一部专门论述中国古代文学理论批评的渊源、发展及其演进历史的学术著作。

从性质上看，本书既为专著，亦为教材。从教材说，认真吸取了现有批评中的某些研究成果；从专著说，则本书所述与已出诸书的体例安排，内容取去、观点为评价等方面，颇不相同，注重于对文学理论批评史上的重点部分提出自己的研究心得与看法，探讨各个不同历史时期的重要文学理论批评家对文学家理论批评史发展所作出的主要贡献，并进而研究一些文学理论批评史上带有规律性的问题。

《〈史记〉的学术成就》

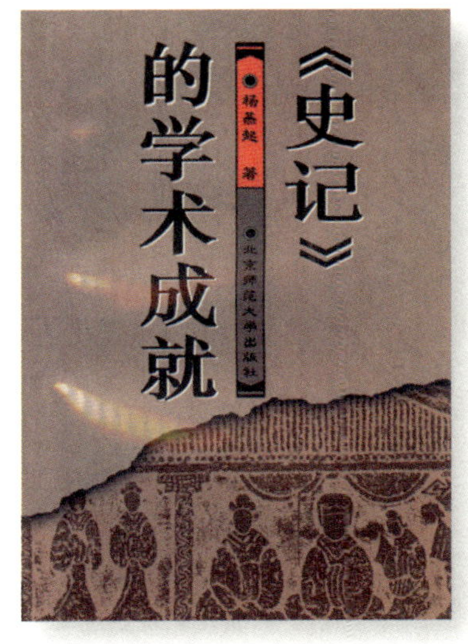

在这部书中，作者比较全面地总结了前人在《史记》研究中的成果，并对一些具体的观点进行了比较深入的探究，提出了自己的独立见解。本书的另一大特色就是从不同方面对《史记》进行整体性的剖析，如对《史记》的体例，作者对本纪、表、书、世家、列传进行了整体系统的分析；再如，对《史记》所包含的进步思想从哲学思想、政治思想、经济思想、财政思想、历史思想的剖析等，这样做不仅能够让读者了解《史记》博大的体系，而且对于新史学的编纂也有一定的借鉴作用。

此外，本书从各方面对《史记》进行整体剖析时，每个方面都有不少具体问题。对于这些问题，作者并没有回避，而是或肯定前人意见并加以发展，或归纳出新观点，这些都给人一种比较新鲜的感觉。

作　　者：杨燕起
推荐单位：北京师范大学
出版单位：北京师范大学出版社
批准时间：1994 年下半年
出版时间：1996 年 7 月

《中国现代小说中的抒情倾向》

本书是一部专门论述中国现代小说中的抒情化倾向的学术专著。在中国现代小说史上，存在着一个十分引人瞩目的现象：一部分小说偏离小说的一般形式规范而趋于“散化”或“非小说化”的抒情化倾向。本书从美学、文体学、文学史以及风格论等层次，全面、系统、深入、细致地对这种文学现象进行了一个总的梳理与论证。

作者认为，这种现代小说的抒情化倾向主要有两个根源：一是中国古典“正统”文学的抒情传统使“诗文情结”在现代作家中延续；二是现代启蒙意识与小说的纯艺术追求，使作家在小说创作中倾向于人格公开化。简而言之，小说的抒情化倾向使中国现代小说脱离了古典小说的俗文化地位，因理想精神与人本主义的灌注而品格“雅化”。

作　　者：杨联芬
推荐单位：北京师范大学
出版单位：北京师范大学出版社
批准时间：1995 年上半年
出版时间：1996 年 9 月

《乌托邦与诗——中国古代士人文化与文学价值观》

作　　者：李春青
推荐单位：北京师范大学
出版单位：北京师范大学出版社
批准时间：1995 年上半年
出版时间：1995 年 10 月

本书试图从主体维度阐释中国古代文学价值观生成、演变的基本线索及基本形态。作者认为，代表这一主体维度的不是个别文学家或思想家，而是整个士人阶层。这是一个“集体主体”，它的社会境遇、心理状态、价值选择升华为中国古代占主流地位的思想文化，然后又升华为审美观念和文学价值观。

与以往人们对中国古代文化包括文学观念的研究路径（一是从具体文化现象中归纳出有普遍性的规律和特征；二是从社会政治经济状况入手寻找文化现象的外在依据）相反，本书试图从文化诗学的角度。从中国古代士人文化心理和文化价值观入手，以此作为中国古代社会结构与文学观念之间的中介，揭示中国古代诗学观念发生和演进的内在规律，从而为古代诗学研究提供了一种有益的视点。

《纳兰词笺注》

作　　者：张秉戍
推荐单位：首都师范大学
出版单位：北京出版社
批准时间：1995 年下半年
出版时间：1996 年 10 月

本书是一部以冯统《饮水词》为基础，全面系统地对纳兰容若的词予以评介、注释的学术专著。作者按照纳兰词的内容题材以及创作地点等，采取分类编排的形式加以评注。但为了读者更好地把握纳兰词内容，作者也采取了灵活处理的方法。在某一类中，作者有时按照词牌编订，如爱情篇、塞上篇、江南篇、咏史篇、杂感篇等；有时则是按内容编排，如友情篇中凡是纳兰容若为某一位朋友填写的词，那么就不再按照词牌分类，而是统一划归到某一人之部分。同样，咏物篇同样如此，凡是诗人所吟咏的是同一类事物，则统一划归到一处。

此外，作者在笺注中在纳兰容若的每一首词后都分别做了一点说明的文字，或多或少，写法也不拘一格，但均为有感而发，以对读者有所启迪。

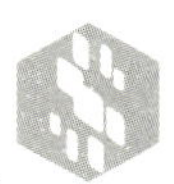

《在新世纪的门槛上——中国现代诗人新论》

作　　者：郭小聪
推荐单位：北京大学
出版单位：北京大学出版社
批准时间：1997 年上半年
出版时间：1997 年 8 月

本书是一部专门论述中国现代中药诗人和诗歌流派的学术专著。全书以诗人个体专门研究为主，以对特定历史时期诗人群的综合性研究为辅，着重从文学史的角度，对所研究的每一个课题，提出了一些不同于前人的论点和见解，并力图以翔实的资料给予论证和辨析。每一章的论点，作者均力求做到新颖而有说服力。

作者在书中各章对每个诗人的研究，并不力求面面俱到，而是能够抓住这个诗人最有个性的创作成就和美学追求，抓住他们在现代诗歌发展中最引人注意的那个侧面，条分缕析，评价论述，并努力从一个个独特的审美的角度，给他们以新诗史上的定位。本书的各个章节虽然分别撰写，相对独立，但如果连起来阅读，却能够给人一种流动的历史发展轮廓。

《回顾与反思　古代文论研究七十年》

作　　者：张海明
推荐单位：北京师范大学
出版单位：北京师范大学出版社
批准时间：1997 年上半年
出版时间：1997 年 5 月

本书是一部系统论述过去 70 年间中国古代文论的学术史专著。本书章节的安排，大体可以划分为两个部分：前五章侧重从学科发展和若干基本问题入手来回顾七十年的古代文论研究，试图将学科的发展与我们对这些基本问题的认识联系起来，从而揭示出中国古代文论研究史的整体走向；后四章则分别论述了古代文论研究中不同方面各自的进展，使之能够较为集中地显示出各个方面的成绩以及存在的各种问题。

对于如何构建有中国特色的现代文艺理论，作者在周密地分析了“延续性和断裂性”“兼容性和互补性”“显在性和潜在性”这三种关系后指出，无论何种选择，在建构具有中国特色的现代文艺理论这一工程中，中国古代文论确实必须占有一个举足轻重的位置。

十、历史、地理

《〈九章算术〉与汉代社会经济》

作　　者：宋杰
推荐单位：首都师范学院
出版单位：首都师范大学出版社
批准时间：1993 年
出版时间：1994 年 1 月

《九章算术》是中国古代数学专著，是几代人共同劳动的结晶，它的出现标志着中国古代数学体系的形成。这部书的内容鲜明地表现了数学和经济的密切联系。据统计，在这部书中的 246 道算题里，大约有 190 道是和经济活动有关的应用题，这些算题保存了当时社会经济方面的许多重要史料，为我们研究汉代经济史提供了丰富的素材。

本书按照《九章算术》的内容类别，分别进行了论述。全书分为程耕、粟米之法、方田、交通、共买、物价、徭役、赋税、均输和爵次十部分，并附有《九章算术》的源流与各算题反映的时代内容等。每部分对《九章算术》一书中汉代社会的生产力水平及经济基础等做了详尽论证和说明。

《北京历代城坊、宫殿、苑囿》

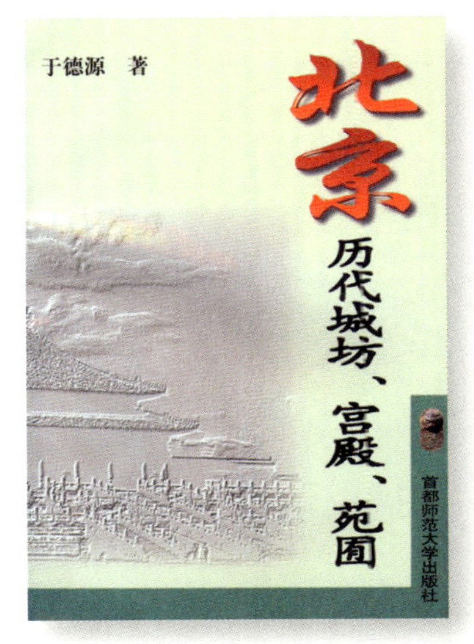

作　　者：于德源
推荐单位：北京市社科院
出版单位：首都师范大学出版社
批准时间：1993 年
出版时间：1997 年 4 月

北京是中国七大古都之一，也是世界闻名的至今仍保存比较完整的古老都市。历明、清两代，北京城得到空前的发展，成为规模宏大、壮丽的都市。雄厚高大的城墙，整齐的街道，气势恢弘的宫殿群，设计绝巧的宫苑，无不凝聚着中华民族的聪明智慧，表现出中国劳动人民的伟大创造力。本书介绍了北京历代城坊、宫殿、苑囿及北京城的变迁。

全书从周初的燕都讲起，详述了东汉以后蓟城的迁移，唐幽州城内子城和建筑，唐幽州城的坊和市，以及辽金时的城郭和城门、皇城、宫室、苑囿、离宫、坊市和街道、佛寺、衙署，金初对辽京城的改造，元朝定都燕京、营建大都城，明清时期北京城城址变迁等。本书内容丰富，分析透彻，具有很强的可读性。

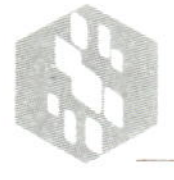

《清代三藩研究》

作　　者：刘凤云
推荐单位：中国人民大学
出版单位：中国人民大学出版社
批准时间：1993 年
出版时间：1994 年 7 月

三藩问题是清史、满族史研究中的重大课题，涉及满族与汉族、中央与地方、中原与边疆关系等诸多方面。

本书通过对清代三藩活动轨迹的研究，探讨了清代封藩设镇的起源、作用、影响及其发展的必然归宿。通过对清初的分封制度与异性封王、吴三桂的降清与酬封平西王等方面的系统研究；对宗室诸王在统一战争中的作用、异姓诸王的崛起、四汉王平定西南与清廷并建三藩、三藩分镇对巩固清朝统一的重要作用进行了阐述。对藩镇产生的渊源、发展阶段性、体制特点、藩王地位比较、藩王交替、旗帜化过程、历史贡献、危害性等进行了较为详细、系统阐述；对于以吴三桂为代表的叛乱原因、发展过程和失败原因等进行了实事求是的科学分析。

《清代文书》

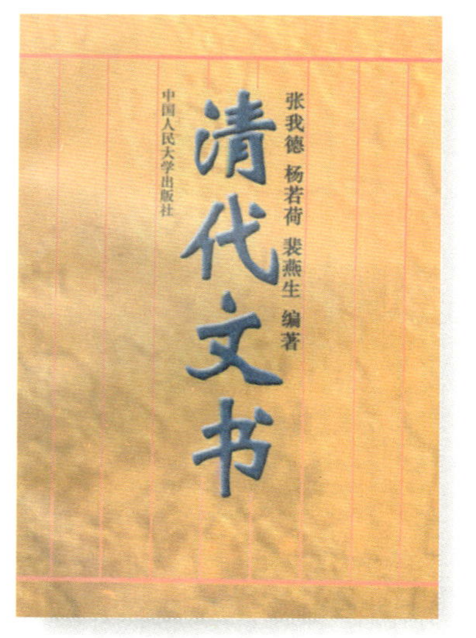

作　　者：张我德、杨若荷、裴燕生
推荐单位：中国人民大学
出版单位：中国人民大学出版社
批准时间：1993 年
出版时间：1996 年 6 月

本书以介绍清代官方日常通用的文种——诏令文书、奏疏和官府往来文书——为主，每个文种都选择了几篇比较有代表性的文件，并详尽地论述了它们的用途、程序、特殊用词等等，间或涉及文件内容中某些通常接触较少的难点，从而帮助广大读者能够基本了解这些官方文件在维护封建专制主义政权统治中所起的重要作用。

在本书的 10 篇通论中，集中地论述了清代的职官与文书制度，并解决了文本学或历史学中的若干疑难之处（如军机处的成立时间问题，作者引用了迄今尚存的军机处最早的文书，并得出了军机处成立于雍正六年的结论），其他如论述幕友的起源、演变及其作用的亦有一定的创见，达到了较高的学术水平。

《北京历代建置沿革》

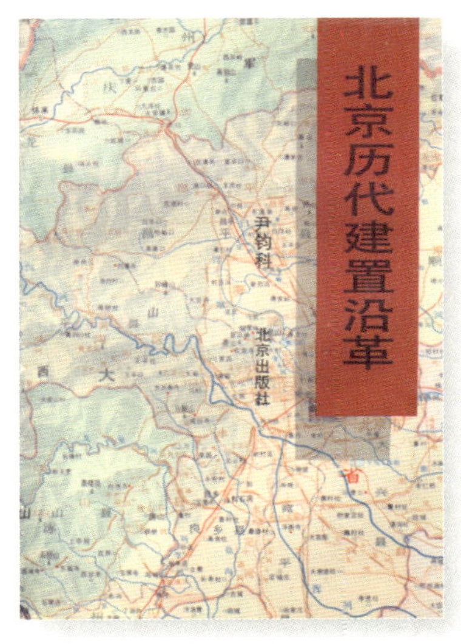

本书是一部全面、系统、深入阐述北京地区历代行政建置区划沿革的学术专著。作者将远古时代传说的幽陵、幽都到中华人民共和国成立后的北京市的行政建置沿革、以历代行政制度及演变为背景，全面系统地加以论述和考证，归纳出了北京历代建置沿革的五大特点，并分析了形成这些特点的具体原因。

用地图的形式反映一个城市的历史沿革，具有一定的局限性。因为地图只是某一历史断面的凝固图画，不能即时反映各朝代的建置变化。本书则以文字形式阐述北京的历史沿革，可以有效弥补《北京历史地图集》的不足，为社会各界提供了一本阅读和使用《北京历史地图集》的辅助性参考读物，同时也为北京市和各区县编修地方志提供了必要的参考资料。

作　　者：尹钧科
推荐单位：北京市社科院
出版单位：北京出版社
批准时间：1993 年
出版时间：1994 年 9 月

《人类远古的活迹》

本书是一部结合中国部分少数民族在进行民主改革前的原有社会经济形态，探讨原始社会史中原始公社末期有关生产、分类以及习俗的学术专著。作者通过对我国部分少数民族在进行民主改革前的原有社会经济形态的探究，比较深入地分析了几个重要的主题：母系原始共产制家庭经济的残余及其非常规的演变过程、从父系原始共产制家庭经济到个体家庭经济的渐次分解、土地制度从原始公有到私有的若干途径、社会成员之间从原始的平等互助到多种剥削关系的交错演化以及特权占有和特权剥削的出现与扩展以及原本的公职人员从社会公仆到社会统治者的多层次蜕变等。

本书丰富了原始社会史的内容，为经典作家的有关论述补充了丰富的例证。

作　　者：官杉
推荐单位：首都医科大学
出版单位：首都师范大学出版社
批准时间：1993 年
出版时间：1996 年 1 月

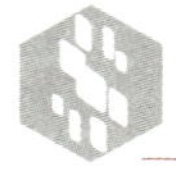

《华工的足迹》

作　　者：王佩琏
推荐单位：首都师范大学
出版单位：首都师范大学出版社
批准时间：1993 年
出版时间：1994 年 12 月

本书重点考察了被强迫拐卖到美洲、欧洲、澳洲、拉丁美洲和东南亚等地的契约华工的历史。尽管华工出国早已有之，但是随着时代的变迁，华工的出国方式、分布地区和劳动制度都随之改变。特别是鸦片战争以后，大批华工被西方殖民者掳掠出国。他们通过自己的辛勤劳作在很大程度上促进和加速了西方资本主义的发展，但也尝尽了世人难以想象的苦难与辛酸。

本书的取材比较全面，对华工在美洲、欧洲、澳洲、拉丁美洲和东南亚等地的生活状态以及对开发殖民地的贡献均做了比较深入地探究。华工不仅开创和推动了当地社会经济发展的进程，而且深刻地揭示了西方资本主义发展的根源及其罪恶本质。

《中国历史文献目录学》

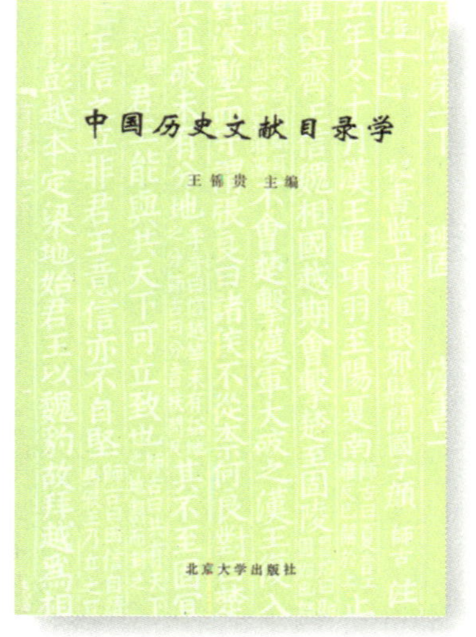

作　　者：王锦贵
推荐单位：北京大学
出版单位：北京大学出版社
批准时间：1993 年
出版时间：1994 年 12 月

本书是一部专门论述中国历史文献的产生、发展及其特点的目录学专著。在这部著作中，作者将全书划分为四个部分。其中，第一编《概要编》主要阐述了我国历史文献及历史文献目录学的有关理论；第二编《旧体编》和第三编《新体编》，则重点介绍了古今各类历史文献，特别是对一些历史文献产生的时代背景以及作者的经历等做了比较系统的评价和介绍，从而使得读者能够对中国历史文献的整体发展概况有一个更为深入的了解；第四编《检索编》属于方法论，重点论述了目录检索常用的方法。

此外，作者也注意到了当前中国历史文献目录学的现状，介绍了这方面的一些具体成果，并做了一些比较。所有这些工作，对于中国历史文献目录学的发展都产生了比较积极的影响。

《康雍乾三帝统治思想研究》

本书是一部比较系统地论述康熙、雍正、乾隆三位清代帝王统治思想的学术著作。

统治思想，指统治者围绕统治权力的分配、行使、巩固与强化而形成的比较系统的政治见解，以及与之相适应的统治策略与手段，主要包括：有关政治体制、权力结构（主要是权力分配）的理论与观念；对政治道德、政治行为规范、政纪法律、现存等级秩序等政治社会问题的原则立场等。本书依据大量第一手材料，尤其是档案史料，对康雍乾三帝统治思想之主要方面进行分析比较，并探索其形成之原因。

在此基础上，作者进一步对与三帝思想、人格紧密相关的重大历史现象进行了专门研究。

作　　者：高翔
推荐单位：中国人民大学
出版单位：中国人民大学出版社
批准时间：1993 年
出版时间：1995 年 10 月

《唐朝鼎盛时期政区与人口》

本书是一部比较系统地论述唐朝鼎盛时期政区与人口的学术著作。

本书主要有以下几个方面的创新：第一，考证了《新唐书·地理志》的户口数字并不可靠；《元和郡县图志》所载“开元户”应为开元二十年左右的户数，而所载“元和户”应为元和六年有土地的编户。第二，考证了近年吐鲁番出土、定名为“乡户口账”的文书，实际是唐代的“乡计账”。第三，考证了唐前期的人口流动与均田制的推行和瓦解有密切关系；唐后期的人口流动与两税法的实行以及由“税资产”到“税土地”密切相关。第四，对唐代人口发展和流动与各地区经济发展的关系做了较为系统而具体的探讨。第五，对唐代人口的职业构成进行探讨。

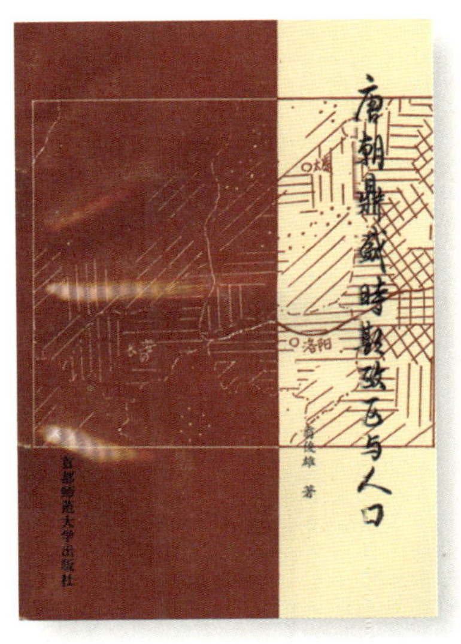

作　　者：翁俊雄
推荐单位：首都师范大学
出版单位：首都师范大学出版社
批准时间：1994 年上半年
出版时间：1995 年 9 月

《明清漕运史》

作　　者：彭云鹤
推荐单位：首都师范大学
出版单位：首都师范大学出版社
批准时间：1994 年上半年
出版时间：1995 年 9 月

本书是一部比较系统地论述明清时期漕运从兴起到衰败的过程的学术著作。

在这部著作中，作者着重论述了以下几个方面的问题：其一，从总体上探讨了明清时期的漕运问题，总结其特质，具体论证了漕运的定义、漕运生存与发展的历史动因、漕运发展的阶段特征；其二，就漕运与古代政治的关系，分别探讨了明清漕运与集权政治的关系以及漕运吏治、漕运改革、漕运秘密组织等问题；其三，就漕运与社会制衡的关系，从籴与粜、赈济灾荒等政策措施，揭示了明清时期漕运在社会调控与制衡方面的功用；其四，就漕运与农业经济的关系，着重探讨了漕运与农业发展、小农经济及商业经济的关系等。

《夏商西周的社会变迁》

作　　者：晁福林
推荐单位：北京师范大学
出版单位：北京师范大学出版社
批准时间：1994 年上半年
出版时间：1996 年 6 月

本书试图从正面进行阐述，以论证夏商西周的社会性质问题，从社会政治历史的演进、社会经济的发展和社会生活的进步、社会性质的演变、社会结构与社会制度的变动、社会文化的发展等方面比较详尽地研究了先秦社会的组织形态与社会文化。

本书主要考察了夏商西周时期的社会性质，并且提出了与以往不同的一些新颖观点。例如，对于夏商西周各个时期的社会性质，作者认为，夏商两代的社会性质应当是氏族封建制社会，而西周则是宗法封建制社会，到了东周时期，宗法封建制逐渐解体，至秦以后则步入了地主封建制社会。此外，本书还对夏商西周时期的社会面貌及先秦史研究中的诸多重要问题进行了一些新的探索和阐述。

《北京历史人口地理》

这是一部探索自辽建陪都至新中国诞生之前北京人口地理的专著。全书在探讨城市和区域建置沿革，尤其历代户籍制度和户口构成的基础上，系统研究了辽金元明清与民国时期北京城市和北京地区的人口规模及其演变特点与机制以及人口迁移与古代北京城市人口控制措施和人口分布等人口地理问题，获得了一系列重要学术进展。同时对历史人口地理研究的相关理论与方法亦做了深入阐述。

本书适合历史、地理、人口、经济、社会及城市规划等科研与教学部门专业人员及大专文化程度读者阅读。

作　　者：韩光辉
推荐单位：北京大学
出版单位：北京大学出版社
批准时间：1994 年下半年
出版时间：1996 年 2 月

《五四民主观念研究》

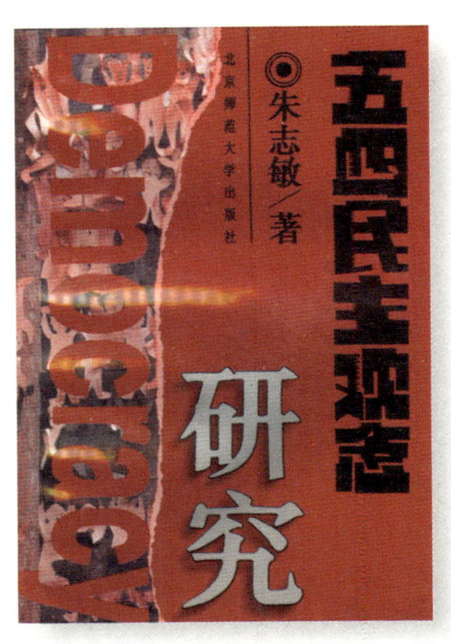

在这部书中，作者深入地探讨了生活在五四时代中西文化交流氛围中的人们对民主的认识、理解、选择、期望以及它们发生、发展、演变的原因、过程、特点和影响，进而揭示由古老文明向现代文明转化过程中的中国社会政治、经济、思想文化发展中的一些矛盾方面。

作者的结论是：中国知识分子的民主观念融进了带有中国传统色彩的理想观、价值观以及他们对人类进步、光明、幸福的理解，而这正是他们追求的美好社会的理想蓝图和鼓舞他们从事社会改造的动力。当然，人们理解的“民主”涵义不同，选择的实现理想的道路也不同。只有那些抓住了中国社会主要矛盾，反映了绝大多数人民的愿望，并掌握了科学的世界观、方法论的人，才在实践方面有所作为。

作　　者：朱志敏
推荐单位：北京师范大学
出版单位：北京师范大学出版社
批准时间：1994 年下半年
出版时间：1996 年 2 月

《士大夫政治演生史稿》

作　　者：阎步克
推荐单位：北京大学
出版单位：北京大学出版社
批准时间：1995 年上半年
出版时间：1996 年 5 月

本书在充分吸收前人成果的基础上，对士大夫的研究又向前推进了一步。这不仅表现为作者在许多具体问题上做了深入细致的考证，从而揭示出一些新的史实，还表现为作者选定了“政治文化”作为切入角度，并采用了“社会分化”即“社会的结构与功能分化”理论作为分析框架，从而对士大夫政治及其演生过程做了横向和纵向的系统说明。

作者在运用现代社会科学概念和方法时，并未生搬硬套，而是进行了崭新的尝试。例如，作者在解析“士大夫政治”时充分发挥了“社会分化”这一术语，由此对儒生与文吏的分合，对“法”“礼”“俗”的三分，以至于对“和而不同”的命题，对“文质”理论等都作出了新的解释。

《蔡元培先生年谱》

作　　者：王世儒
推荐单位：北京大学
出版单位：北京大学出版社
批准时间：1995 年下半年
出版时间：1998 年 5 月

蔡元培先生是一位对中国近代政治思想、文化教育以及国际学术文化交流事业，都发生过重要影响的人物。对于蔡元培先生的研究不仅需要有可供引证的著作文集，同时也需要有《年谱》《传记》一类的参考资料，尤其需要记述全面、客观、翔实的此类参考资料。

为了实现这个目的，本书主要遵循三个原则：一是广泛采集资料，以求系统、全面地记述谱主的一生史事；二是采用“述而不作”的方法，纲文的编写，力求简练，点题而已，一般不加评论性文字；所有目文，直接引用原始文献，而且不论其为褒为贬，均原文照录，以利客观反映历史的本来面目；三是我们对所采集的史料，做了大量辨订真伪的工作，力求真实、可信。

《朱自清评传》

本书力图在描述朱自清生命历程的同时，客观地分析、研究、评价他的思想、创作和著述。朱自清是人们公认的中国现代杰出的散文家，而他也是有多方面成就的学者、有良心的教育家。他的学问博大精深，古典文学、新文学、文学批评、语文教学，诸多领域他都给人们留下了宝贵的遗产。对于这些方面，本书均有涉及，并作出了精彩的评点。

朱自清先生讲良知，重气节，紧要关头敢作敢为，又有所不为，这真是所谓的“狷者”之风，在谦和的外表下更有一股强有力的人格力量。如果要对朱自清先生的一生作一概括，作者认为他正是在求真求知、道德的自我完善和寻求至高的美境中走完了他的生命旅程，并且达到了他所企盼的真善美的顶峰。

作　　者：关坤英
推荐单位：北京青年政治学院
出版单位：北京燕山出版社
批准时间：1995 年下半年
出版时间：1995 年 10 月

《女娲溯源——女娲信仰起源地的再推测》

本书力图从现代汉民族中大量流传的女娲神话入手，并结合古代文献与考古学、民族志资料，对漫长历史演进过程中女娲神话在内容上、形式上、讲述功能上甚至体裁上发生的变化以及变化的形式等进行比较系统的分析，以从中探求神话流变的规律及其长期延续的内在原由；同时，对女娲的基本神格及其底蕴、女娲与伏羲以及兄妹婚神话的关系等问题进行重新审视。

本书认为，鉴于女娲的现实存在是多方面的这一客观事实，对女娲信仰进行考察与研究，是完整地、立体地认识女娲的有效途径。只有在由一系列的信仰观念、礼祀行为、神圣语言、巫术、禁忌等共同构成的信仰背景中，才能更真切、深入地理解女娲神话的实质以及女娲对于广大人民的意义及其巨大影响，而这构成了本书论述的主题之一。

作　　者：杨利慧
推荐单位：北京师范大学
出版单位：北京师范大学出版社
批准时间：1996 年下半年
出版时间：1999 年 9 月

《半山与马厂彩陶研究》

作　　者：李水城
推荐单位：北京大学
出版单位：北京大学出版社
批准时间：1997 年上半年
出版时间：1998 年 12 月

本书全面地梳理了迄今所知的半山、马厂时期彩陶，从器形、花纹这两种文化特质入手，系统地排比、划定了各类典型器及花纹的型、式。通过对一批典型遗址地层及器物组合的分析，从器形与花纹两方面追寻了各自的发展谱系。在这些工作的基础上，深入探讨了半山、马厂彩陶的时空结构及相互关系；半山类型的来龙去脉和马厂类型的流变以及半山、马厂类型彩陶在中国西北地区原始文化中所具有的承上启下的重要作用。

通过对彩陶器形与花纹的形态学研究，再次验证了彩陶花纹的演变速率要明显大于器形的变化。本书以半山、马厂时期人蛙纹形态演变的例证说明，彩陶花纹的变化并不存在一个由“简单—复杂—再简单”的模式，而是循着纵横两个方向变化。

《戊戌维新与清末新政——晚清改革史研究》

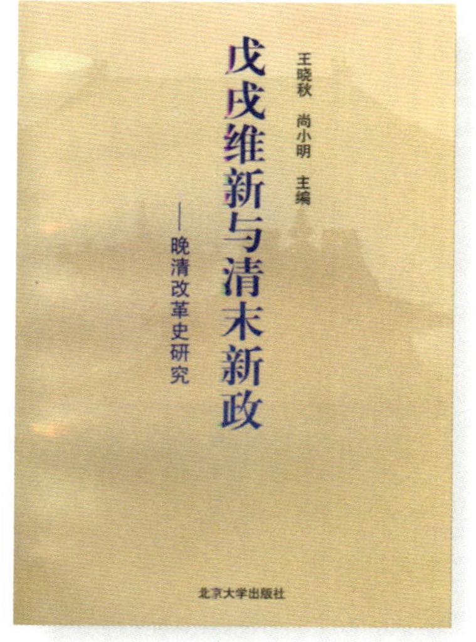

作　　者：王晓秋等
推荐单位：北京大学
出版单位：北京大学出版社
批准时间：1997 年上半年
出版时间：1998 年 4 月

本书是一部专门论述晚清改革史上的两个重要时期——戊戌维新和清末新政的学术专著。全书分为上下两篇，共十一个专题，试图通过大量史料史实的考察，晚清改革史上的两个重要时期——戊戌维新和清末新政的历史，进行多角度、多方面的实证研究，从而为总结改革的历史经验教训、探索社会改革的运作规律和改革中各种因素的互相作用与制约关系，并为当代中国现实的改革事业提供许多有价值的历史借鉴和启示。

上篇戊戌维新研究，着重从改革思想、人物、国际关系和中外改革比较等角度加以研究。下篇清末新政研究，主要针对以往研究中的薄弱环节，分别对清末宪政改革、教育改革、外交改革、军事改革、财政改革与工商业改革等各个侧面，进行深入具体的研究。

《北朝婚丧礼俗研究》

由于魏晋南北朝时期历来被视作是“礼崩乐坏”的黑暗时代，因而此现象尤为突出。民初以来，学者们尽管对这一时期的政治史、经济史乃至思想文化史方面的研究皆有深入发展，而对于礼制之研究，尤其是对婚丧礼俗的研究鲜有涉及。

本书是一部专门论述北朝婚丧礼俗的学术专著。作者在充分占有资料的基础上，对北朝的婚丧礼俗进行了比较细致的考察，并提出了一些让人耳目一新的观点，如，“虽然北朝女子的再嫁是自由的，但守节仍被时论颂为女子的崇高品行，且佛教的兴盛还助长了部分厌世女子的守节之风，故过分强调再嫁的自由，认为北朝女子个性解放，彻底越出了汉班昭《女诫》的品行约束是不符合历史原情旧貌的”等。

作　　者：谢宝富
推荐单位：北京航空航天大学
出版单位：首都师范大学出版社
批准时间：1997 年上半年
出版时间：1998 年 6 月

《中西政教关系史比较研究》

本书通过探求历史上宗教因素在中西方政治运作、经济活动以及社会生活中所处地位及其与世俗政权之间的互动关系等主要差异，造成这种差异的各种因素、这些差异所导致的直接社会后果等问题，从而揭示了中国和西方各国在政治历史、思想文化传统的一个重要侧面。

为了使比较更具典型性，作者在书中主要比较基督教在西欧、佛教和道教在中国的情况，而把西方的和中国的其他宗教暂且撇开。出于同样的目的，作者在谈到中国的情况时，也将重点放在了讨论汉族居住区的情况，而将少数民族居住区的情况暂且予以搁置了。上述两点都是需要引起读者注意的地方。

作　　者：彭琦
推荐单位：北京市社科院
出版单位：首都师范大学出版社
批准时间：1997 年上半年
出版时间：1998 年 8 月

作　　者：郭英德
推荐单位：北京师范大学
出版单位：北京师范大学出版社
批准时间：1997 年上半年
出版时间：1998 年 11 月

《中国古代文人集团与文学风貌》

本书采用社会学、文化学的研究方法，以生动而丰富的例证，精细而明辨的论析，简明扼要地勾勒出中国古代文人集团的基本类型（侍从文人集团、学术派别、政治朋党、文人结社和文学流派）及其构成方式与文化功能，并着重考察了各种类型的文人集团与文学风貌的关系。

在论及文人集团的文化功能时，本书特别提出文人集团与文学风貌的关系这一课题来相加分析。作者认为，从文人的构成方式和文化功能的角度审视中国古代文学，我们将会对中国古代文学的依附性、集团性和规范性等特征，获得一个更加深刻的认识。同样的，从文人集团与文学风貌的关系的角度来审视文人集团，我们也将对文人集团的文化地位与文化意义，获得更加深刻的认识。

作　　者：王永兴
推荐单位：北京大学
出版单位：北京大学出版社
批准时间：1997 年下半年
出版时间：1998 年 2 月

《陈寅恪先生史学述略稿》

本书比较系统地论述了陈寅恪的史学渊源和史学思想与治史方法。作者认为，陈寅恪史学主要渊源于司马光欧阳修为代表的宋贤史学，而义宁陈氏忠义之家则是陈寅恪史学的另一渊源。关于陈寅恪的史学思想，作者将其归纳为两点：一是“求真实，供鉴戒”，二是“独立之精神，自由之思想”，同时论述了他在中国中古史分期、民族与文化、民族迁徙以及社会经济对于历史进程的影响等方面的思想贡献。对于陈寅恪的治史方法，作者将其归纳为四个方面：对宋贤长编考异之法的继承与发展、神游冥想真了解之法、总汇贯通之法和时间、地理、人事之法。

本书论述陈寅恪的三部专著和三篇文章的主旨，则主要着眼于其著书之用心所在及论述的特点，间或涉及书文的内容。

《中国历朝行政管理》

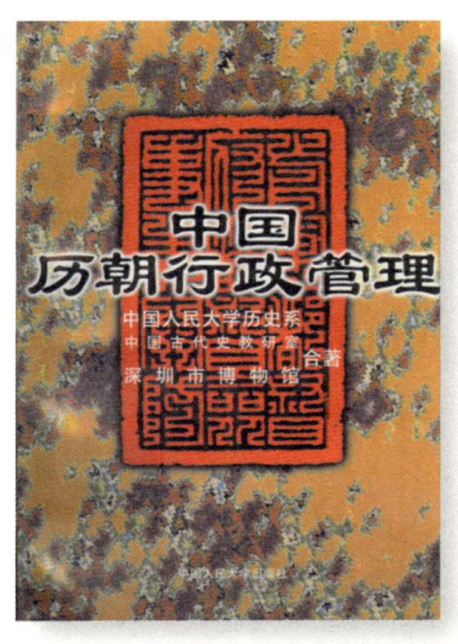

本书是一部专门论述中国历史上各朝代的行政管理制度、机构、行政法规等重要内容的学术专著。在这部著作中，作者全面系统地介绍了中国历史上自原始社会到清朝的行政管理制度机构、行政法规等，从历史的角度描绘了中国行政管理制度的起源、形成、发展、演变的全部过程。

其中，商朝“政权、族权和神权相结合”的行政管理制度，西周“分封与宗法制度下”的行政管理思想，汉朝“政制与人治并重”的行政管理思想，唐朝唐太宗的行政管理思想、武则天的用人思想，宋朝中央三权分立的政体、集权于中央的地方分权管理，明朝颇具权威的行政监察制度，清朝“从贵族共议到皇权专制”等论述，都很有新意，值得一读。

作　　者：中国人民大学历史系
　　　　　中国古代史教研室
　　　　　深圳市博物馆
推荐单位：中国人民大学
出版单位：中国人民大学出版社
批准时间：1997 年下半年
出版时间：1997 年 10 月

《东方伦理思想简史》

本书在对东方伦理文化圈的分类方法上，选择了三分法。而在具体的论述上，全书则根据论述的主题（如中国伦理思想论述已多，不再赘述；犹太—以色列伦理思想相对独立，故单独分列加以论述）分为了四编：印度伦理思想、日本伦理思想、阿拉伯伦理思想和犹太—以色列伦理思想，并按照从古至今的顺序，对各种伦理思想进行了一番比较系统的梳理、评析和展望。

作者认为，与西方伦理思想相比，东方伦理思想显得更加古老，更富有传统的魅力。与西方各国伦理思想在空间上具有较高的一体性相对照，东方伦理思想则呈现出地域性、民族性的差异。因此，只有在充分肯定东方各国之间伦理思想的差异的基础上，才能对全部东方伦理思想有一个科学、严谨而又实事求是的把握。

作　　者：李萍
推荐单位：中国人民大学
出版单位：中国人民大学出版社
批准时间：1997 年下半年
出版时间：1998 年 10 月

1998—2002年

出版书目

一、马克思主义、列宁主义、毛泽东思想、邓小平理论

《毛泽东著作版本导论》

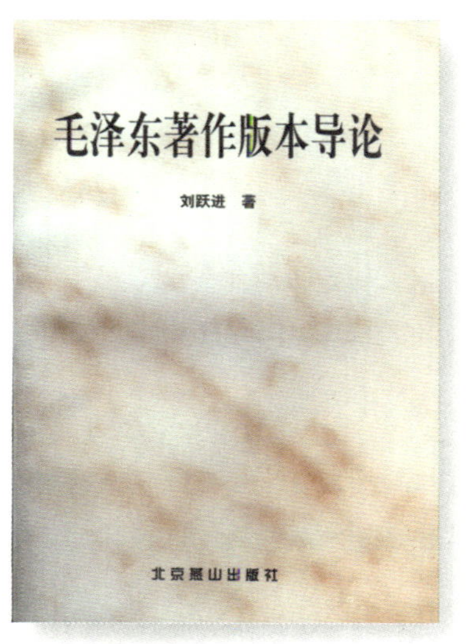

作　　者：刘跃进
推荐单位：北京国际关系学院
出版单位：北京燕山出版社
批准时间：1998 年上半年
出版时间：1999 年 1 月

本书是一部专门论述毛泽东著作版本的学术专著。全书共分为八章。第一章论述毛泽东著作版本研究的意义、现状和问题；第二章论述毛泽东著作的选集版本；第三章论述毛泽东著作的专集版本；第四章论述毛泽东著作的汇编本和单行本；第五章论述毛泽东著作的特殊版本；第六章论述毛泽东著作的国内非汉文版本；第七章论述毛泽东著作的境外版本；第八章论述毛泽东著作的《实践论》《矛盾论》版本。

作者认为，毛泽东著作版本研究，是毛泽东研究的一个新起点。如果创立一门新学科——毛泽东学的话，那么毛泽东著作版本研究在这门学科中的各个方面都有其特殊的意义和地位，而且还足以成为这门学科的一个独特的分支学科。

《探究货币——马克思货币理论研究》

作　　者：赵准
作者单位：清华大学
出版单位：京华出版社
批准时间：1999 年下半年
出版时间：2000 年 9 月

本书在与西方货币理论的对比中研究马克思的货币理论，尝试着通过研究货币的本质规定及其在经济运行过程中的展开及发挥作用的形式，揭示出一个从货币来理解市场经济运行机制及其内在发展趋势的“新的”马克思货币经济理论。

本书涉及货币流通量的确定，货币的生产性、信用条件下的货币流通有什么新的特点，货币资本积累与现实资本积累有什么关系，货币通过什么机制影响投资，就业与产出、货币与经济危机是什么关系以及货币的历史定位等内容。

《邓小平文艺思想核心论》

本书是一部专门论述邓小平文艺思想核心的学术专著。

在这部书中，作者是把邓小平文艺思想置于马克思主义意识形态理论发展坐标系之中来进行观察、研究的，重点论述了邓小平文艺思想作为社会主义历史新时期的中国文化艺术的指导思想的最重要的特色。本书论述邓小平文艺思想对马克思主义文艺理论、毛泽东文艺思想的继承和发展，论述对小平文艺思想自身的新拓展及其对社会主义文艺实践的指导作用。作者认为，“旗帜鲜明地坚持文艺的社会意识形态的属性”是邓小平文艺思想的理要特色之一，并从体系上整体地研究探讨了马克思主义文艺意识形态理论问题。

作　　者：赵晓光
推荐单位：北京广播学院
出版单位：京华出版社
批准时间：1999 年下半年
出版时间：2000 年 6 月

《唯物史观在中国的历史命运论纲》

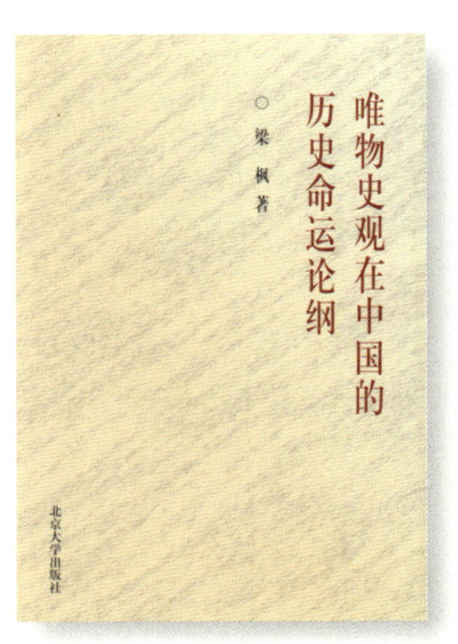

本书遵循逻辑与历史相统一的方法，以历史为基础，着重从逻辑上对与唯物史观在中国的历史命运密切相关的几个重大问题，进行深入的分析和考察。

本书共有四章，分别论述了以下问题：中国为何能够接受唯物史观；中国为什么能够发展唯物史观；唯物史观在当代中国的继承和新发展；“现代新儒学”能否取代唯物史观在中国的指导地位。通过对这些问题的解答，论证唯物史观在中国的过去、现在和未来，从被接受到不断发展、不断辉煌的历史命运，从而也揭示出唯物史观在中国历久弥新的秘密所在。

作　　者：梁枫
推荐单位：北京大学
出版单位：北京大学出版社
批准时间：1999 年下半年
出版时间：2000 年 12 月

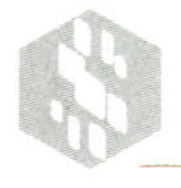

作　　者：徐恕
推荐单位：中国人民大学
出版单位：中国人民大学出版社
批准时间：2001 年上半年
出版时间：2002 年 1 月

《社会主义发展阶段理论与实践研究》

本书共分六章。第一章为对社会主义发展阶段问题的探索，并对几个重要的理论问题进行了简要的回顾与评析；第二章主要论述了社会主义发展阶段问题的逻辑前提、划分标准和定位依据；第三章为苏联对社会主义发展阶段的界定，并对相关问题做了相应的评述；第四章为中国关于社会主义初级阶段的理论，重点分析了中国社会主义初级阶段的含义、特征、主要矛盾、根本任务、基本路线以及基本纲领；第五章为其他社会主义国家对社会主义发展阶段的界定，并对南斯拉夫、东欧六国、朝鲜以及越南的情况进行了述评；第六章为对社会主义发展阶段理论的简评。

本书逻辑严谨，论证充分，并对一些问题提出了自己的见解，很有新意。

作　　者：聂锦芳、刘秀萍
推荐单位：北京大学
出版单位：北京大学出版社
批准时间：2001 年下半年
出版时间：2002 年 5 月

《超越“后发展”困境——现代化理论图景中的邓小平发展观》

本书将当代中国的发展置于世界现代化进程中进行考察，把邓小平的发展观放在社会发展理论的总体图景中予以观照，阐明了邓小平对现代化和发展问题的深刻思考，并通过与其他形式的社会发展理论的对比分析，凸显其对解决世界现代化进程中“后发展”问题的独特的理论价值和实践意义。

主要内容包括：时代主题与理性选择；复杂情势下的艰苦探索。总体观照：核心与特色；立足于当代实践的分析构架；作为现代化新型实现方式的“社会主义”；“后发展”问题的整体思考与设计。传承与拓展：邓小平发展观与马克思主义发展理论的关系分析。扬弃与超越：邓小平发展观与现当代西方发展理论的比较分析；邓小平发展观与当代发展实践。

《马克思经济学体系研究》

作　　者：张旭
推荐单位：中国人民大学
出版单位：中国人民大学出版社
批准时间：2001 年下半年
出版时间：2002 年 5 月

本书以马克思经济学手稿为主要研究对象，从对象、结构、方法和体系上，对马克思经济学体系的历史演化和基本内容做了较为全面的论述。作者将马克思经济学体系结构的运动阶段分为四个时期：第一阶段，奠基时期，这一阶段从马克思开始研究政治经济学到《1844 年经济学哲学手稿》止；第二阶段，初步形成时期，从 1845 年到 1856 年止；第三阶段，进一步展开时期，主要是对《1857—1858 年经济学手稿》和《政治经济学批判》第一分册的研究；第四阶段，基本完成时期。

作者认为，上述四个阶段，就是将马克思在对资本主义经济进行研究和揭露的过程中，不断进行学说结构进行完善的整个线索。因此，马克思经济学体系的形成，实际上就是马克思对资产阶级经济制度的认识不断深化的过程。

《邓小平政治发展思想概论》

作　　者：李贺林
推荐单位：北京市社科院
出版单位：北京出版社
批准时间：2001 年下半年
出版时间：2002 年 3 月

邓小平理论是当代中国的马克思主义，是对于我国改革开放和现代化建设的理论思考的产物，也是马克思主义的关于我国经济发展、政治发展和文化发展的科学理论。通过研究邓小平的政治发展思想，一方面，可以使我们更深刻地理解和把握邓小平理论的丰富内容，另一方面，可以为我们建立中国的发展政治学体系奠定基础。

本书通过将当代西方现代化理论概念“政治发展”引入邓小平理论体系，对邓小平这位划时代的历史伟人的政治思想进行了系统而深入地归纳、梳理与阐释，并就一些重大问题提出了自己的见解：如中国现代化中的政治发展即建设有中国特色的社会主义政治；民主化、法制化是政治发展的价值取向和发展目标等。

《“三个代表”与执政党建设——新世纪保持党的先进性问题概述》

作　　者：姚桓、苗佳瑛
推荐单位：北京市委党校
出版单位：同心出版社
批准时间：2002 年下半年
出版时间：2002 年 12 月

本书以“三个代表”重要思想为指导，着重探讨了加强执政党建设、保持党的先进性的一系列重大问题。

全书共分十章：第一章论述了先进性是工人阶级政党的本质特征，先进性与阶级性、群众性的关系。第二章探讨了党的先进性的时代特征。第三章着重分析了“三个代表”重要思想的科学内涵、精神实质及理论创新。第四章论述了保持先进性的必要和前提条件。第五章论述了增强阶级基础、扩大群众基础对保持党的先进性的特殊重要性；第六章论述了党的最低纲领和最高纲领的统一；第七章论述了健全民主集中制的问题；第八章论述了保持党的先进性必须防止党脱离群众；第九章论述了党员和干部队伍的优化建构；第十章提出保持党的先进性要开创党建工作新领域。

二、哲学、宗教

《社会心理修辞学导论》

作　　者：陈汝东
推荐单位：北京大学
出版单位：北京大学出版社
批准时间：1998 年上半年
出版时间：1999 年 6 月

本书是一部专门论述社会心理修辞学的学术专著。

社会心理修辞学研究话语的信息结构、研究社会信息与交际者言语心理过程的关系、研究话语建构和理解过程中的社会心理因素及其对话语信息的制约，帮助交际者正确组织话语信息，突出信息核心，迅速理解话语信息，捕捉信息核心，从说写和听读双方提高言语交际效果。本书从社会心理角度，广泛深入地考察分析了修辞行为全过程和各个层面的问题，富有成效地阐释了受社会心理制约的各种修辞现象及其规律，成功地构筑出社会心理修辞学的理论框架，为完善我国修辞学研究的科学理论，开拓修辞研究的新领域，作出了积极的贡献。

《鲁迅精神世界凝视》

作　　者：王家平
推荐单位：首都师范大学
出版单位：首都师范大学出版社
批准时间：1998 年上半年
出版时间：1999 年 3 月

本书是一部近距离凝视观照鲁迅及其精神世界的学术专著。

本书共分“悲剧性体认”“心灵的阴影”“存在的关怀”“终极性追思”四章。作者通过反复阅读鲁迅的全部著作，广泛地搜罗汇集与鲁迅精神命题相关的各种回忆、考证文章及所有的有关材料，在此基础上展开具有创造性的研究。作者从材料出发，通过反观自身所处的当下生存状态、道德、文化环境，努力回到鲁迅当年所处的历史情境之中，并由此获得一种真实可信的历史“现场感”。作者认为，在鲁迅精神世界中潜在地包孕着诸如永恒与流逝，流浪与栖居，漂泊与皈依，真话与谎言，犯罪与忏悔，生存与死亡等相互对立、悖反的命题。

《精神、自由与历史——克罗齐历史哲学研究》

本书是一部比较系统地研究克罗齐历史哲学思想的学术专著。

克罗齐是20世纪上半叶意大利著名的哲学家。他的精神哲学把全部实在都归结为历史，从而在新黑格尔学派中独树一帜，对当代西方历史哲学领域产生了巨大的影响。本书在展现克罗齐的思想渊源和他的精神哲学概貌的基础上，着重阐释和评价了他的“历史与哲学同一”“一切历史都是当代史”“历史是自由的故事”等命题，并考察了克罗齐与德国历史主义传统的异同。本书适用于从事哲学、历史学研究和学习的科研人员、社会科学工作者及大专院校的师生等。

作　　者：彭刚
推荐单位：清华大学
出版单位：清华大学出版社
批准时间：1998年下半年
出版时间：1999年6月

《冯友兰哲学思想研究》

本书是一部研究冯友兰哲学思想的学术专著。

冯友兰作为中国20世纪的重要哲学家和哲学史家，研究者众多，“冯学”成为近现代中国的一个重大课题。本书以冯友兰先生的哲学著作为依据，一方面以同情的态度、对心理学的思想、理路、概念、系统等做了认真细致的梳理；另一方面又以冯友兰先生晚年的思想为根据，按照冯先生提出的研究原则，对其学说做了进一步的阐释。全书共分四章：形上学、心性论、境界说、文化哲学，脉络清晰，文字晓畅。通读全书，既能使人对新理学有如实的了解，有能看出冯友兰哲学思想发展的趋向；既能使人了解冯友兰先生之已言，又能使人了解冯友兰先生之欲言。

作　　者：陈战国
推荐单位：北京市社科院
出版单位：北京大学出版社
批准时间：1998年下半年
出版时间：1999年6月

《印度古典瑜伽哲学思想研究》

作　　者：李建欣
推荐单位：北京市旅游学院
出版单位：北京大学出版社
批准时间：1998 年下半年
出版时间：2000 年 6 月

本书在简要梳理了印度古典瑜伽哲学思想发展历史的同时，对古典瑜伽哲学思想的结构进行了系统的述评。作者力图用现代解释学的方法对瑜伽理论与实践做了科学的阐明，从东方神秘主义和直觉主义的迷雾中找出了符合人类思维逻辑、合乎现代科学的内容。

全书共分八章。第一章为简要地梳理了印度瑜伽哲学思想发展的历史，并将印度瑜伽哲学思想粗略地分为原始瑜伽、前古典瑜伽、古典瑜伽、后古典瑜伽和近现代瑜伽。后面六章是本书的主体，对印度古典瑜伽哲学思想进行结构的分析，在详考印度大量古典文献的基础上用解释学的方法，以钵颠阇梨的《瑜伽经》为中心，从本体论、心理学、伦理学和瑜伽实践几个方面对古典瑜伽哲学思想进行重构。

《重新发现直觉主义——柏格森哲学新探》

作　　者：尚新建
推荐单位：北京大学
出版单位：北京大学出版社
批准时间：1999 年上半年
出版时间：2000 年 3 月

本书是一部从新的角度阐述博格森直觉主义哲学的学术专著。

全书共分六章。第一章介绍博格森的生平及其著作，并对博格森哲学进行了简要的述评；第二章介绍博格森哲学中的“时间与绵延”概念，并分析了其对后来者的启发和影响；第三章介绍博格森研究哲学的“利器”——直觉方法，并重点分析了集中最有影响的评价；第四章介绍博格森变的哲学，并重点研究了形象、知觉和记忆、记忆与绵延、身心关系等重要的概念；第五章分析了博格森对于道德与社会关系的观念，并重点分析了封闭社会的道德和开放社会的道德；第六章则在第五章的基础上继续论述道德与宗教，并着重分析了静态宗教与动态宗教的形态、特征及其哲学内涵。

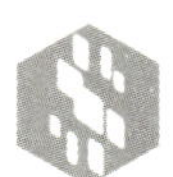

《品德论》

作　　者：鄯爱红
推荐单位：北京市委党校
出版单位：同心出版社
批准时间：1999年上半年
出版时间：1999年12月

本书由品德概念的解析入手，进一步深入到其内在结构中，对构成品德的要素及其相互作用、各自的特殊地位进行梳理；继而对品德的作用、功能、进行伦理的辩证，说明人何以要有品德；接下来是对品德的生成与发展机制进行研究，为培养品德、提高人的道德境界提供科学的依据。

全书共分七章。从第一章到第五章是对品德本身所作的全面阐释，内含着一个由表及里、由浅入深、由具体到抽象的逻辑过程，这与品德自身的发展过程是一致的。第六章和第七章是基于对品德理论的研究基础上，对品德与社会结构变迁的关系，以及现代社会的品德所作的论述，是作者在对社会现实的体验基础上把品德论与社会现实相结合的产物，是品德理论的现实体现。

《公平·平等·人道——社会治理的道德原则体系》

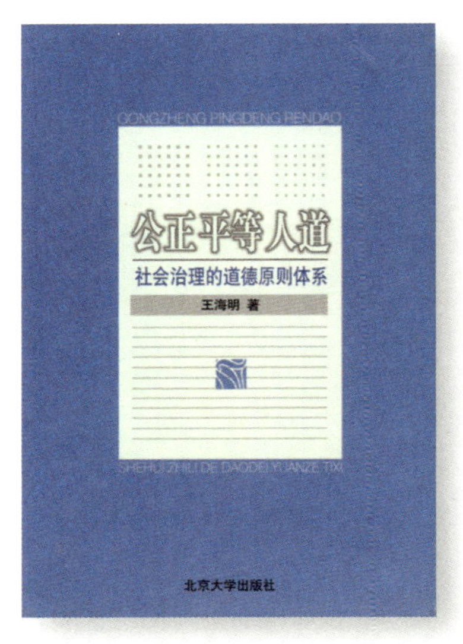

作　　者：王海明
推荐单位：北京大学
出版单位：北京大学出版社
批准时间：1999年下半年
出版时间：2000年6月

20世纪后半叶，人们开始普遍关注统治者的治理行为的善恶问题。罗尔斯的《正义论》的简直不可思议的巨大影响，其实正是这一关注的结果。随着真正的民主观念深入人心，对于统治者治理行为的道德问题的研究也越来越重要。然而，统治者应该如何治理的道德原则既是当今世界性的热点问题，又是一个道德哲学、政治哲学、经济哲学、法哲学的跨学科难题。

本书融会贯通自亚里士多德以来历代思想家对这些问题的探讨，试图破解这些难题，确证“公正、平等、人道”构成了社会治理的十一大道德原则的体系：公正——特别是平等原则——诸原则是社会治理的最重要的道德原则；人道——主要是给人自由和消除异化——诸原则是社会治理的最完美的道德原则。

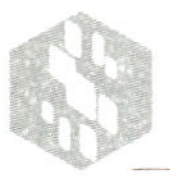

《历史认识的客观性问题研究》

作　　者：袁吉富
推荐单位：北京市委党校
出版单位：北京大学出版社
批准时间：1999 年下半年
出版时间：2000 年 7 月

历史认识论是当代历史哲学研究的前沿领域，历史认识的客观性问题又是该前沿领域的中心问题和最难解决的问题之一。本书作者详细考察了国内外学者在该问题上的各种观点，以马克思主义哲学为指导，构建了一个解决历史认识客观性问题的方案，并对人文社会科学的认识论基础做了独到的探索。

本书共分三编：第一编阐述学术界对历史认识客观性问题的种种看法；第二编梳理解决历史认识客观性问题的思路；第三编探讨历史认识客观性的不可超越性及人文社会科学的认识论根据问题。

《市场经济与党的优良传统》

作　　者：姚桓、张彦玲
推荐单位：北京市委党校
出版单位：同心出版社
批准时间：1999 年下半年
出版时间：2000 年 3 月

我国现阶段处于社会转型期，经济体制由计划经济向市场经济转变，初步建立了社会主义市场经济体制。市场经济在优化资源配置方面具有一定优势，但市场经济的逐利性、自由性，使得当前社会一部分人滋生了拜金主义、享乐主义和极端个人主义倾向。

在本书中，作者明确了这样的观点，党的优良传统与社会主义市场经济，从根本上讲具有内在一致性。社会主义市场经济与时俱进地继承和弘扬党的优良传统，赋予其新的时代内涵，将其发展和转化为具有现代化特色的时代精神。将党的优良传统与社会主义市场经济有机结合，相互促进，对我国建设有中国特色社会主义市场经济具有十分重要的现实意义。

《哲学与社会》

哲学是一门特殊的学问。它与人们的世界观联系在一起。哲学是理论化、系统化的世界观或者说是世界观的理论体系。哲学来源于对科学的概括和总结，上升到理论高度就能够更好地指导人们认识世界、指导实践。例如，将自己的知识总结起来看看这个世界什么样，也就是先得出自己的世界观，再决定自己该怎样生活，我们会更知道自己该怎样生活，会生活得更明白。在现在的科学基础，我们是可以初步得出结论的。

本书比较系统地论述了哲学的本性、哲学的发展、体系与方法、物质与精神、矛盾与认识、实践与效率、人的主体性、互动的社会、文化与观念等重要问题，并就一些问题提出了自己的独立见解，发人深思。

作　　者：郭湛
推荐单位：中国人民大学
出版单位：中国人民大学出版社
批准时间：1999 年下半年
出版时间：2000 年 4 月

《论魏晋自然观——中国艺术自觉的哲学考察》

本书主要是考察魏晋哲学自然观的转变。哲学自然观是人从哲学的角度对于自然的看法和观念。每一种哲学自然观本质上反映出人与自然的一种关系。在先秦哲学中，《老子》《庄子》等，把“自然”的法则作为最高的法则，而把一切人为的事物，例如社会规范、道德秩序等，看作“自然”的对立面。这种观念在魏晋玄学中发生了根本的转变。

全书从中国艺术何以在魏晋时期达到自觉这个问题入手，采取一种超越具体历史的内在把握——哲学的把握，对代表性哲学家进行个案考察，探讨中国哲学自然观在魏晋时期的转变及其本质特征，揭示其对于中国艺术自觉的意义。

作　　者：章启群
推荐单位：北京大学
出版单位：北京大学出版社
批准时间：2000 年上半年
出版时间：2000 年 8 月

作　　者：胡家峦
推荐单位：北京大学
出版单位：北京大学出版社
批准时间：2000 年下半年
出版时间：2001 年 9 月

《历史的星空——英国文艺复兴时期诗歌与西方宇宙观》

本书包括三个部分：一、历史的星空西方传统宇宙论的历史发展和主要内容，描述文艺复兴时期英国诗人心目中的宇宙图景，以及当时英国诗歌中一些广为采用的宇宙意象或象征；二、通过对双数常见的宇宙意象或象征在诗歌中的各种具体运用和表现的研究，探讨文艺复兴时期英国诗人心目中的宇宙观；三、根据文艺复兴时期英国诗人对宇宙的总体概念，阐述英国诗人所普遍遵循的某些重要的诗学原则，如诗人的模仿与创造、宇宙的对应体系、诗人的小宇宙以及寓教于乐的教育功用等。

需要注意的是，本书并不打算全面系统地研讨西方传统宇宙论及其在文艺复兴时期英国诗歌中的运用，只想就这一传统宇宙论的某些主要方面做一点综合研究，以期对理解和研究文艺复兴时期的英国诗歌有所裨益。

作　　者：李四龙
推荐单位：北京大学
出版单位：北京大学出版社
批准时间：2001 年上半年
出版时间：2003 年 8 月

《天台智者研究——兼论宗派佛教的兴起》

本书对智凯所生活的时代——南北朝末年至隋初的佛教现状做了详细的分析，深刻地揭示了智凯在这一中国佛教理论创新最活跃的时期中的心路历程，以及智凯创立天台宗的整个社会文化背景等等，颇多新意。

书中把智凯对佛教思想的创新和特点归纳为三个方面：即圆顿止观、三谛圆融和一念三千。从表面上看，这一归纳与前人所揭示没有什么不同，但当作者从对禅学思想的革新方面来诠释圆顿止观，从实相论的弘扬方面来诠释三谛圆融和从唯心论的融入方面来诠释“一念三千”，这就给人们提供了一个理解和把握智凯思想的新视角，有相当的启发意义。最后，作者还从佛教宗派形成和发展历史中总结了某些带有规律性的问题，并对佛教与中国社会互动等问题进行了探讨，发表了一些独到的见解。

《匿名的拼接——内丹观念下道教长生技术的开展》

作　　者：杨立华
推荐单位：北京大学
出版单位：北京大学出版社
批准时间：2001 年上半年
出版时间：2002 年 4 月

在这部书中，作者首先是搜寻“观念的化石”，通过排比，得出内丹观念演化的一般线索。在此基础上，作者进一步分析了内外丹的兴替过程及其原因。作者认为内丹与外丹相比，一者简便易行，而另一者则“事大费重”，由于社会情势的变迁，修道的观念渐渐普及于下层民众，这样的背景，自然使易简者兴盛，而繁琐者衰亡。另外，外丹总是与具体的形体相连，所谓“药能固形，外丹也”，这就与道教理论的一般发展趋势相背离，外丹学的极盛地位最终被内丹学所取代。由此出发，作者还对传统的中毒说进行了细致的检讨。

本书的重点是探讨两宋较为成熟的内丹思想以及研究性命观念在各内丹流派中的不同特点，并对许多聚讼纷纭的问题，提出了自己的见解。

《20 世纪西方历史哲学》

作　　者：韩震
推荐单位：北京师范大学
出版单位：北京师范大学出版社
批准时间：2001 年上半年
出版时间：2003 年 6 月

20 世纪西方历史哲学的发展向着两个方向展开。其一是思辨的历史哲学，试图以形态学的方式思考世界历史的行程与命运；其主要代表有德国思想家斯宾格勒和英国思想家汤因比。其二则是分析或批判的历史哲学。历史哲学家们要从认识论上追溯历史知识的本质，探究历史认识何以可能的基础。历史哲学在这个方向上的发展最终作为学科的历史学提供了理论的基石，也为人们认识历史、认识自我的生成提供了恰当的思维途径。本书即由此而展开论述。

全书共分 10 章，分别就新康德主义、分析哲学、结构主义、解构主义、现象学、解释学、西方马克思主义、后现代主义的历史哲学等进行了梳理和探究，并就其学术价值与历史影响进行了相应的评价和分析。

《加尔文思想研究》

作　　者：刘林海
推荐单位：北京师范大学
出版单位：中国人民大学出版社
批准时间：2001 年上半年
出版时间：2006 年 10 月

加尔文是位神学家，是公认的基督教宗教改革教义的系统神学领袖。他建立起一整套教义，后人以他的名字来命名。加尔文的第二个位置是立法者与纪律执行者。他是教会新秩序的奠基人，此新秩序使新教教会协调起来、团结起来。本书在研读加尔文原著的基础上，从分析时代和个人思想的矛盾入手，对其思想进行较为系统的研究，涉及神学、人学、社会、政治、教会及改革实践等方面。

通过深入分析，本书纠正了一些传统的对加尔文的误解，并且提出了一些异于前人的看法，如矛盾是其思想的基本特征，“全能的上帝”而非“预定论”是其思想的中心，他并不反对科学，也没有在日内瓦建立神权政治等。

《当代西方道义论与功利主义研究》

作　　者：龚群
推荐单位：中国人民大学
出版单位：中国人民大学出版社
批准时间：2001 年上半年
出版时间：2002 年 3 月

道义论与功利主义是当代西方两个最重要的伦理学流派。道义论伦理学是诸多西方伦理学理论中具有道义论特色理论的统称。所谓道义论，是指责任和义务为行为依据的伦理学理论。而功利主义伦理学虽在古希腊思想那里可以找到它的思想渊源，但其理论体系只是在近代才形成，并从近代以来就与道义论伦理学开成一种双峰对峙的关系。

本书作者充分占有第一手材料，在对这两个流派进行历史研究追踪研究的前提下，全面而综合研究了当代西方道义论与功利主义的最新理论及其主要表现形态。对罗尔斯、诺齐克、哈贝马斯与边沁、密尔、斯马特、布兰等人理论的时代特征、内在逻辑关联结构，做了深入细致的分析研究。

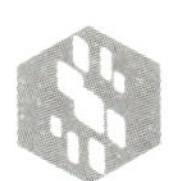

《20世纪中国实证哲学研究》

作　　者：宋志明、孙小金
推荐单位：中国人民大学
出版单位：中国人民大学出版社
批准时间：2001年上半年
出版时间：2002年2月

19世纪末期开始，实证主义哲学思潮逐步进入中国。实证主义哲学在近代中国具有独特的理论形态和发展轨迹，并引发了科学主义和西化思潮，由此带来中国近代的文化和社会变革。因此，实证主义哲学是对近代中国影响深远的哲学思潮，它对于塑造近现代中国文化功不可没。本书对中国实证哲学思潮做了一些初步的探讨。

全书共分八章。第一章论述严复与实证方法；第二章论述王国维与实证原则；第三章论述胡适与实用主义；第四章论述王星拱、丁文江与马赫主义；第五章论述从实证哲学到科学信念的转变过程；第六章论述洪谦与逻辑实证主义；第七章论述实证哲学的扬弃：张东荪的多元认识论；第八章论述实证哲学的突破：金岳霖的哲学体系。

《中土前期禅学思想史》

作　　者：徐文明
推荐单位：北京师范大学
出版单位：北京师范大学出版社
批准时间：2001年下半年
出版时间：2004年1月

禅学长期以来一直是备受学者关注的热门问题，有关禅学研究的著作可谓汗牛充栋、不计其数，单是近年来与之有关的博士论文就有好几部。然而，众人所关注的禅学似乎只限于禅宗之禅，而对于禅宗以前的禅学发展、禅宗以外的禅学宗派以及禅宗与这些禅学派别之间的关系等等，则言者寥寥，或一笔带过，或只字不提。其实，禅宗只是中土禅学发展的高峰而非全部历史，它也只是中土禅学宗派中最有影响的一个派别，而非唯一的禅学宗派。

本书从禅学思想史的角度对中土禅学的开始、发展、兴盛等历史阶段进行分析和评述，涉及其间各个重要的禅学宗派，力求反映禅学发展的全貌并揭示其自身的内在的规律。

《中国的天方学——刘智哲学研究》

作　　者：沙宗平
推荐单位：北京大学
出版单位：北京大学出版社
批准时间：2002年上半年
出版时间：2004年1月

本书系统地阐述清初回族思想家刘智（约1662—约1730）的宗教哲学思想，特别是刘智的“真一说”和刘智的“人论”。通过对刘智的主要哲学著作《天方性理》的有关原始资料的解释、分析和综合，试图梳理出刘智宗教哲学的基本思想体系，如“真一论”、宇宙论以及伊斯兰生命学说、认识论、归真论等。

作者认为，通过明清之际一代回族哲人的持续努力，至于刘智哲学的出现，伊斯兰教在中国终于自觉地完成了漫长的中国化的历史进程。可以说，刘智哲学的完成，是伊斯兰教传入中国后的一个重要的里程碑。首先，它标志着中国伊斯兰哲学大厦的崛起；其次，它标志着中国伊斯兰教义学的独立；再次，它标志着伊斯兰教中国化的历史性完成。

《论海德格尔的现代性批判——另一种后现代主义》

作　　者：李智
推荐单位：外交学院
出版单位：首都师范大学出版社
批准时间：2002年上半年
出版时间：2003年3月

就一般而论，现代与近代并无明确的分界线（英文共用一个词“modern”）。在《世界图像的时代》一文中，海德格尔所提出的近代五种基本现象，即科学、机器技术、近代艺术、文化论、非神化（Entgoetterung），都传到了现代。

海德格尔认为，现代最根本的现象是技术，技术是“现代性”的标志；而现代技术的哲学基础就是近现代主体哲学。因此，他对现代性的批判，首先体现为对现代技术的批判，其次是对近现代主体性形而上学的批判。海德格尔开启了他特有的纯“存在论”本体论作为现代性及其技术批判的哲学基础，从而以一种全新的视域来看待“现代性”与现代技术。

《赛博空间的哲学探索》

作　　者：曾国屏、李正风、段伟文、黄锫坚、孙喜杰
推荐单位：清华大学
出版单位：清华大学出版社
批准时间：2002 年上半年
出版时间：2002 年 10 月

“赛博空间”这个词，是美国科幻作家威廉·吉布森于上世纪 80 年代创造的。它是指在计算机以及计算机网络里的虚拟现实。如今赛博空间已经不再是计算机领域中的一个抽象概念，随着互联网的普及，生活中到处都可以看到它的影子，其中最有代表性的就是网络游戏。

本书对赛博空间的哲学、文化、伦理和生产模式的变革等位于学科前沿的基本问题，进行了大胆的探索。书中从交互主体性视角提出并分析了“虚拟实践”问题，从技术与主体的相互建构角度考察了赛博文化功能并进行了个案分析，从信息权利的新角度剖析了赛博空间中的伦理问题和伦理构架，从需求与生产关系的历史演变的角度分析并提出了未来的自助经济及自助生产模式。

《相对主义：从典范、语言和理性的观点看》

作　　者：王巍
推荐单位：清华大学
出版单位：清华大学出版社
批准时间：2002 年上半年
出版时间：2003 年 4 月

本书通过分析相对主义所涉及的基本概念，如“典范”“语言”“理性”等，尝试从根本上来说明相对主义是不成立的。首先“典范”不是拉卡托斯所理解的“硬核说”式的，而可以是其要素间具有“家族相似性”。所以典范是可供我们学习的范例，而非阻碍。其次，语言之间“不可通约”并不意味着沟通的彻底崩溃。真正的双语人可以实现跨典范的理解，语言内部的创生能力也能够克服“不可翻译”。最后理性未必是层状结构，而可以是网状模型，所以价值观层面的争议也可以理性地讨论。而且理性概念所蕴含的批判性，有助于我们对自己的典范始终进行批判反思，并使之更具开放性。

作为案例研究，本书也讨论了中国科学的传统、语言与理性等问题，并和西方科学传统做了比较研究。

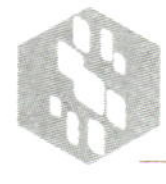

《反思本土文化建构》

本书针对“本土化”进行了深入、系统的研究，并结合了西方社会科学中学者对自身学术实践的反思性洞察，建立了反思本土化文化的构架。

作者认为，本土化让人们知道还有多种不同的生活方式存在。今天也许最需要注意的是处在接触地带的知识分子对本土文化加以包装后的贩卖，他们人为地把文化差异书写成一种文化的对立，进而把这种差异在时空上分出等级。西方的东方学者对东方社会生活的浓描，被强调本土化的本土学者更加地写意和发挥，最终使西方人原本浪漫主义的想象，变成了支配本土人生活和行为的规范，就像给囚徒打上的烙印一样，即使想抹去都无法做到，随着个体的成长，这烙印还会变成本土人身体的一部分，即使想改变都很难。

作　　者：赵旭东
推荐单位：北京大学
出版单位：北京大学出版社
批准时间：2002 年上半年
出版时间：2003 年 4 月

《立言垂教——李珥哲学精神》

朝鲜李朝中后期已经出现了政治、社会的危机，壬辰倭乱则进一步加速了当时社会的衰败。正在社会转折的这一关键时期，李珥指出了当时存在的“穷理与行道脱节”问题，并提出了“理通气局”理气并重的理论体系。可以说这一理论是对朝鲜自然哲学家徐花潭的唯“气”说和性理学者李退溪的唯“理”说的一种综合性的继承发展。在此体系中，李珥明确地指出了理学与实践相结合的重要性。这也使李珥成为了朝鲜性理学思想向朝鲜实学思想过渡的关键性人物。

本书对栗谷李珥哲学思想形成的历史、社会、思想传承等背景做了详细的考察，特别是对当时思想界的三场论辩进行了细致分析，这对了解栗谷思想的形成、发展及其特点等等都有很大的帮助。

作　　者：张敏
推荐单位：北京大学
出版单位：北京大学出版社
批准时间：2002 年下半年
出版时间：2003 年 6 月

《新闻价值论》

本书从新闻价值的本质、构成、主体、客体、中介等方面进行论述，全面阐述了新闻价值的内涵、特征、属性等问题，使读者对新闻价值的认识提高了一个境界。

作者认为，新闻价值不是自然生成的，而是主题新闻价值活动的产物。新闻价值活动过程从根本上说是新闻价值实现的过程，而新闻价值实现必须以新闻价值创造为基础和前提。然而新闻价值创造不是从某一传播环节实现的，而是贯穿整个新闻传播过程中。新闻传播的每一环节的创造性活动，都会或多或少地影响到新闻价值质量。为更好地实现新闻价值，不论是逻辑过程或是中心途径，都应该把握好新闻价值创造。

作　　者：杨保军
推荐单位：中国人民大学
出版单位：中国人民大学出版社
批准时间：2002 年下半年
出版时间：2003 年 6 月

《造物的谱系——进化的衍生、流变及其问题》

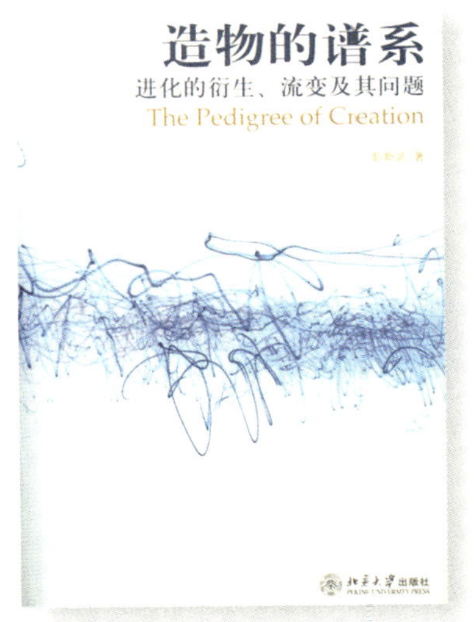

即使是在这个科学已经高度发达的时代，“进化”依然是一个悬而未决的问题。为此，本书将在阐释诸种“创世”故事的基础上，力图全面而清晰地为大家展示出千百年来从诗人到数学家，从比较解剖学教授到哲学家，从生化专家到神职人员等，在这一问题上的洞察与偏见，以及他们的迷惘与分歧。

与此同时，本书作者还着力介绍了一种克服传统达尔文主义缺陷的思路：从根本上实现一个根本性的“范式转换”——从机械的进化范式转向有机的进化范式——从而为人们思考进化及其相关问题提供一个崭新的起点。

作　　者：彭新武
推荐单位：北京师范大学
出版单位：北京大学出版社
批准时间：2002 年下半年
出版时间：2005 年 5 月

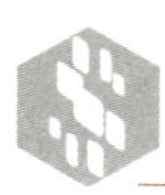

三、社会科学总论

《社会转型时期的价值观念》

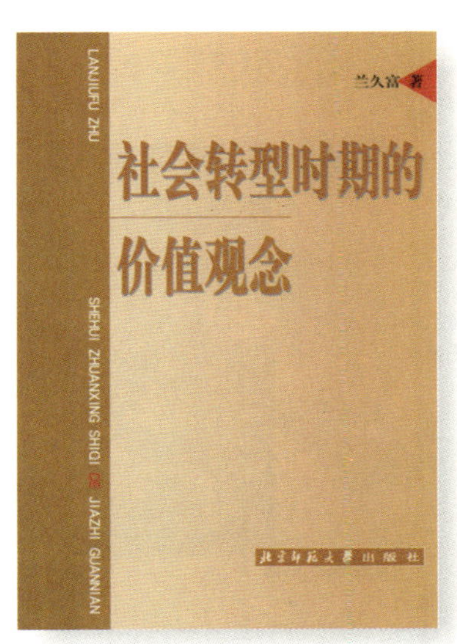

本书着眼于社会转型时期的社会冲突和社会变迁，探讨与此密切相关的价值观念问题。

依据价值观念的特性引入解释学的方法，本书从方向性和解释性说明价值观念的独特之处，揭示出价值观念冲突的四个深层含义，阐述了价值观念发生变迁的必然性和合理性。同时对价值方向、价值标准、价值解释、价值竞争等问题做了深入的分析，对价值选择、价值根源、价值背景、价值合理等问题也做了充分的讨论，此外还涉及终极价值、价值循环、价值危机、信仰危机等比较奇特的价值现象。最后，本书还从价值本位、价值归宿、道德“滑坡”、劳动价值等方面，对中国当前社会价值观念状况作出最新的概括和总结。

作　　者：兰久富
推荐单位：北京师范大学
出版单位：北京师范大学出版社
批准时间：1998 年上半年
出版时间：1999 年 5 月

《行政组织管理》

本书是一部专门论述行政组织管理相关问题的学术专著。

本书作者将行政组织置于人与自然关系不断变动的历史过程中加以研究，力图阐明生产方式的演进导致了行政组织的变革、生产方式的每一次重大变革便会带来一次管理革命的客观规律。作者从历史与逻辑相统一的角度对近代工业革命依赖行政组织管理经验进行了归纳梳理，将行政组织的管理方式概括为规制管理方式、情感管理方式和后规制管理方式。以此为线索，作者比较深入地探讨了构建规制型行政组织、情感型行政组织和后规制型行政组织的理论和方法。

作　　者：吴刚
推荐单位：北京市委党校
出版单位：清华大学出版社
批准时间：1998 年下半年
出版时间：1999 年 12 月

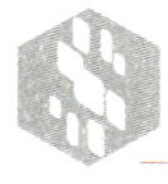

《互联网信息资源的检索利用与服务》

作　　者：董小英、马张华
推荐单位：北京大学
出版单位：北京大学出版社
批准时间：1999 年上半年
出版时间：2003 年 7 月

本书的编写出版是国家社科基金和联合国教科文组织资助项目。全书围绕互联网信息资源的检索、利用与服务三个方面展开叙述、在信息检索方面，本书着重介绍了使用互联网搜索引擎的检索技能、中英文搜索引擎、元搜索引擎、分类搜索引擎、搜索引擎的服务质量评价等内容。在信息利用方面，重点介绍了作者对学术用户使用互联网的情况所做的调查研究。在信息服务方面，重点介绍了虚拟参考咨询服务、数据库服务、面向企业的信息服务等。

全书的特点是注重理论与实践的结合，尽可能地收集与互联网发展有关的新资料和新观点，注意参照国际上的最新研究成果，比较适合信息管理专业的学生和广大互联网用户使用。

《竞争　社会—心理—文化透视》

作　　者：陈会昌
推荐单位：北京师范大学
出版单位：北京师范大学出版社
批准时间：1999 年上半年
出版时间：2000 年 4 月

本书从历史、文化、心理学、社会学等多视角，透视了竞争这一社会现象。作者在回顾了中外思想家竞争观的基础上，提出了自己独特的竞争观，对竞争的概念、类型、性质、对象、方式和功能等作出了界定。权力竞争和国际经济竞争是本书着重讨论的两种竞争，作者引用大量历史事实和经济事实，讨论了中西方权力竞争的历史，并着重介绍了美国的权力竞争模式。

作为一个心理学研究者，作者详细探讨了竞争的心理动力、竞争的心理机制、人际竞争的主要模式以及竞争中的心理调节等。在“竞争方略”一章中，作者根据大量竞争取胜的事实，提出创新制胜是竞争战略的核心。书的最后对一种特殊的竞争——非功利主义的科学竞争进行了讨论。

《当代中国农民社会心理研究》

本书是一部专门论述当代中国农民社会心理研究的学术专著。

在这部书中，作者深入探讨了当代中国农民在社会转型时期的精神世界，分析了中国农民精神世界的状况、特点和变化规律，对当代中国农民的态度倾向、社会转型期中国农民的政治参与、社会转型期中国农民的法律意识与法律行为、社会转型期中国农民的生产经营观念、社会转型期中国农民的职业观念、社会转型期农民消费特点及消费观念、社会转型期中国农民的道德观念与心态、社会转型期中国农民的人生价值取向、社会转型期中国农民婚姻家庭观念及行为以及社会转型期中国农民思维方式的变革等进行了比较深入、系统的研究。

作　　者：程贵铭、朱启臻
推荐单位：中国农业大学
出版单位：首都师范大学出版社
批准时间：1999 年上半年
出版时间：2000 年 7 月

《会计师职业道德与责任　理论、规范及案例》

会计职业道德与责任问题发生在会计职业的每一个分支。本书从三个角度、分别三个领域展开调查与研究：营利或非营利组织的财务会计领域；企业的成本与管理会计领域；独立注册会计师（注册会计师）领域。

在调查和研究基础上，全书内容分为三个部分：前两部分都是首先追溯职业发展的历史，然后阐释职业道德标准，接着给出相当数量的案例，并对案例展开研讨。第三部分探讨会计教育界和会计理论界在会计职业道德体系建设中的作用和任务，在我国实现会计职业道德体系建设的各种问题，涉及会计职业团体的作用、组织体制，以及会计人员职业道德修养，法律与职业道德的关系。

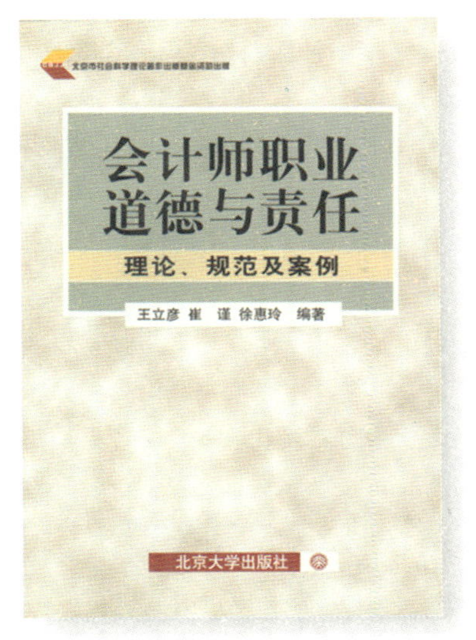

作　　者：王立彦、崔谨、徐惠玲
推荐单位：北京大学
出版单位：北京大学出版社
批准时间：1999 年下半年
出版时间：2001 年 4 月

《素朴集合论》

作　　者：刘壮虎
推荐单位：北京大学
出版单位：北京大学出版社
批准时间：2000 年上半年
出版时间：2001 年 10 月

本书不以公理集合论为框架，不把所有的概念都归结为集合。因为从素朴的观点看，集合论中有些概念和集合概念同样基本，所以在本书中对它们的意义和作用作直观的描述，便于理解这些概念的实质。也不把数（自然数、整数、有理数、实数等）归结为集合，而把数的集合作为集合的主要例子来加深对集合的理解。类似地，也不把数的性质归结为集合的性质。

本书对每个重要概念都做了尽量多的直观解释，并举了一定数量的具有代表性的例子，以帮助读者熟悉这些概念和加深对它们的理解。集合论中有些定理是比较深刻的，它们的证明也较难。对于这些定理，本书都做了详尽的直观解释，对这些定理证明的思路也做了一定的分析。

《现代非营利组织研究》

作　　者：郭国庆
推荐单位：中国人民大学
出版单位：首都师范大学出版社
批准时间：2000 年上半年
出版时间：2001 年 3 月

非营利组织与政府、企业移到共同构成了现代社会，是介于政府与企业之间的第三部门。非营利组织管理是管理科学的一个重要研究领域，是借助定量分析、比较分析和案例分析等研究方法，从经济学、管理学、统计学、社会学、人类学、法学、行为科学、系统科学等多学科领域进行研究的一个综合性研究课题。

本书作为国家社会科学项目（No.99CGJ002）的最终研究成果，系统地研究了美国、英国、法国、德国、意大利、瑞典、日本、泰国非营利组织的产生发展、相关法律制度、非营利组织的发展规模与趋势、非营利组织与政府之间的关系以及非营利组织的筹资模式等，力图揭示出现代市场经济条件下非营利组织发展的一般规律，为我国事业单位管理体制改革以及非营利组织的发展服务。

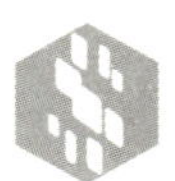

《深层生态学思想研究》

深层生态学是西方环境哲学的一个重要流派。其宗旨是批判和反思现代工业社会在人与自然关系上的种种失误及其背后的深层根源，目的在于寻求人类生活的真正价值，以及现代社会的合理构建。20世纪80年代中期以后，它迅速成为生态环境运动中激进环境主义思想的主导力量。

本书系统地剖析了深层生态学的产生、理论结构、思想渊源、它对生态实践的影响，以及来自各方面的批评，并对深层生态学的合理性和缺陷作出了客观的评价。作为后现代世界观的重要来源和组成部分，深层生态学为当代可持续发展观的完善提供了新的思路。

作　　者：雷毅
推荐单位：清华大学
出版单位：清华大学出版社
批准时间：2000年下半年
出版时间：2001年7月

《轿车交通批判》

本书以可持续发展理论为标尺，以解决中国社会现实问题为出发点，批判性地考察了轿车交通的历史发展及其表现出来的种种特征，系统地分析了由轿车、道路和车辆服务设施等组成的轿车交通所表现出的各种弊端，如道路拥堵、车祸频繁、环境污染以及社会公正问题等，针对性地介绍了当前西方发达国家解决轿车交通问题的具体举措，并对中国汽车产业政策及其引起的争论进行了分析评价，对中国交通发展的方向做了前瞻性的研究和探讨。

本书适合高中以上文化程度的读者阅读。

作　　者：王蒲生
推荐单位：清华大学
出版单位：清华大学出版社
批准时间：2000年下半年
出版时间：2001年7月

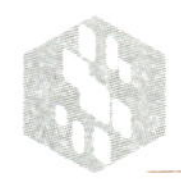

《自组织方法论研究》

作　　者：吴彤
推荐单位：清华大学
出版单位：清华大学出版社
批准时间：2000 年下半年
出版时间：2001 年 6 月

本书是系统论述“自组织科学方法论”的学术著作。通过概括和总结各个自组织科学理论，创造性地提出和阐释了自组织方法论整体框架，探讨了自组织条件方法论、自组织动力学方法论、自组织演化途径方法论、自组织结合途径方法论、自组织分形结构方法论、自组织演化图景方法论以及自组织方法论与哲学的关系等。

本书在自组织方法论思想方面借用学术界研究成果对自组织思想方法进行了系统的探讨，深入研究了自组织思想的种种方法，发掘了中国哲学中自组织思想的现代方法论意义，并且探讨了自组织方法论的应用与意义。

《社会交往论》

作　　者：王武召
推荐单位：北京大学
出版单位：北京大学出版社
批准时间：2001 年上半年
出版时间：2002 年 3 月

本书通过对中西社会交往思想的历史考察，勾画出了中西社会交往思想史的发展线索。作者坚持唯物辩证法，借鉴和运用了系统论、广义信息论、发生学的结构主义、功能主义的方法论中的合理因素，论述了社会交往的本质、系统、功能、历史和现实，力求阐述科学化、系统化、理论化的社会交往观。最后，对哈贝马斯的交往行动理论做了简要的评论。

作者认为，社会交往是人的本质的内在要求。社会交往的历史形态与社会形态的历史是一致的。在社会主义初级阶段，社会交往是与有中国特色社会主义的经济、政治、文化相适应的。从交往行动理论来看，尽管哈贝马斯试图“走向历史唯物主义的重建”，但是实际上却走向了历史唯物主义的反面。

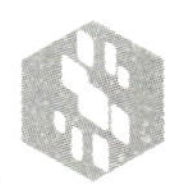

《两极的轨迹》

全书除导言和结束语，共分为十四章。第一章阐述造成两极格局形成的国际环境及东西方形势，并重点论述了雅尔塔体制的形成过程；第二章论述雅尔塔体制变形为美苏两极对抗的过程；第三章论述美苏之间的较量；第四章论述赫鲁晓夫对斯大林体制的改革及其影响；第五章论述西方各国的改革情况；第六章论述第三种力量的日益崛起；第七章论述美苏缓和中的对抗；第八章解读美国霸权的实质；第九、第十章分别论述西欧的联合和日本的经济复苏。后面四章分别论述了全球化与两极格局、多极化趋势、东欧剧变和苏联解体。

在此基础上，本书对冷战后世界政治的两大走向——民主化和多极化进行了分析与展望，并提出了自己的观点。

作　　者：和平
推荐单位：中国青年政治学院
出版单位：首都师范大学出版社
批准时间：2001 年上半年
出版时间：2001 年 10 月

《社会变迁与环境问题》

本书比较全面地研究了西方环境社会学的发展，认为环境社会学的中心议题应是环境问题产生的社会原因及其社会影响。

作者结合中国社会转型的实际，提出并论证了阐释当代中国环境问题的“社会转型范式”，深入分析了当代中国环境问题的社会特征及其原因，解析了环境问题的社会建构过程，评估了现有环境保护的主要对策和可持续发展战略，指出缓解我国日益严峻的环境问题的社会学途径应当是通过相应的组织创新以优化社会结构，通过目标调节以谋求适度发展，从而有效地应对环境问题对我国发展所构成的挑战。

作　　者：洪大用
推荐单位：中国人民大学
出版单位：首都师范大学出版社
批准时间：2001 年上半年
出版时间：2001 年 9 月

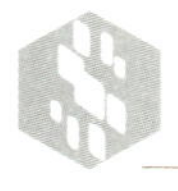

作　　者：李迎生
推荐单位：中国人民大学
出版单位：中国人民大学出版社
批准时间：2001 年上半年
出版时间：2001 年 11 月

《社会保障与社会结构转型——二元社会保障体系研究》

本书从社会保障与社会结构转型的相互关系的新视角出发，比较全面地考察了我国独特的二元社会保障体系的起源、演变、现状以及所面临的问题，以城乡整合为目标提出了改革这一体系的指导思想与具体对策，并对目前改革方案与目标模式（城乡整合模式）衔接的途径进行了比较深入的探讨。

本书对目前阶段我国城乡社会保障体系改革方案的设计，及其走向城乡整合的趋势与途径的探讨，建立在对现代社会保障制度模式演变的基本规律的科学认识与对中国国情的充分把握的基础上，具有合理性与可操作性。此外，作者力戒空谈，注重实证的科学研究方法，也是值得称道的。

作　　者：袁吉富等
推荐单位：市委党校
出版单位：北京大学出版社
批准时间：2001 年下半年
出版时间：2004 年 12 月

《社会发展的代价》

社会发展的代价是在发展成为时代主题的情况下才突出出来的一个迫切需要解决的专门问题。本书从哲学的角度对这个问题进行了系统全面的思考。作者认为，哲学式的思考主要表现为以下四个维度的思考：首先是本体论维度的思考，根本任务是确立社会发展代价在社会进步过程中的地位与作用；其次是认识论维度的思考，目的是为人们正确把握和正确付出代价提供借鉴；再次是价值论维度的思考，主旨是告诉人们应该如何对待和付出代价；最后是方法论维度的思考，要害是为人们善于付出和避免代价提供一些普遍性的实践观念。

在上述探索的基础上，本书还对当代社会发展的一些重要的代价问题进行了研究。

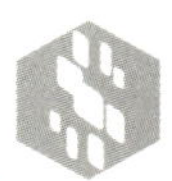

《理性与秩序——在人学的视野中》

研究秩序必探询其理性渊源，这是一个古老的传统。在当前的秩序研究中存在着两个问题：一是对秩序的狭隘理解；二是以追求自由秩序的名义诘难“理性”，甚至否定理性在秩序中的积极作用。造成这些问题的原因，主要在于一种人学视野、人学方法的缺失。从马克思的人学理论出发，本书对“秩序”本身做了全面、全新的考察。

在此基础上，本书依次讨论了个体理性与群体理性、群体理性与类理性、个体理性与类理性的关系与互动机制；对人类所处时代和中国的现实状况作出了一些重要判断；最后，着重落实于中国在目前和未来应有的策略及个体应有的权利、责任和伦理。

作　　者：沈湘平
推荐单位：北京师范大学
出版单位：北京师范大学出版社
批准时间：2001 年下半年
出版时间：2003 年 1 月

《田野民俗志》

全书共分四个部分。第一部分为绪论，重点评析了新民族志时期的民众文化研究思潮、新民族志时期的民俗学、新民族志时期的民间文艺学以及新民族志时期的民俗学田野作业；第二部分为现代田野作业过程模式的理论，对田野作业的过程模式、田野关系、田野叙述以及田野报告的写作与表述策略等问题进行了比较详尽的阐释；第三部分为现代田野作业技术的特殊训练，着重对具体的田野作业技术训练问题进行了比较详尽的说明与阐释。

在全书的最后，也就是第四部分，作者精选了田野作业个案选例——华北四省田野作业报告作为例证，对上述理论及操作技巧进行了现身说法式的说明，并就一些问题进行了特别的说明。

作　　者：董晓萍
推荐单位：北京师范大学
出版单位：北京师范大学出版社
批准时间：2001 年下半年
出版时间：2003 年 3 月

《伦理学与社会公正》

作　　者：程立显
推荐单位：北京大学
出版单位：北京大学出版社
批准时间：2002 年上半年
出版时间：2002 年 8 月

本书应用马克思主义的基本原理，从当代中国社会主义现代化建设的实际出发，较为深入系统地研究了当代中国社会所面临的重大道德难题——社会公正问题，初步构建了以公正为核心范畴的马克思主义伦理学的范畴体系，提出了解决社会主义市场经济条件下的诸多道德难题的伦理学对策。

本书上编概述了伦理学的基本原理、以公正为核心范畴的伦理学范畴体系和社会主义道德的四条基本原则；阐述了社会主义的义利统一论的道德观；继而论述了把道德基本原则和义利统一论转化为社会道德实践的道德建设问题。下编四章概述了中国伦理学史上的几种公正观，较为系统地分析批判了当代国外的社会公正理论诸流派，并重点探讨了马克思的公正思想。

《寻找公共行政的伦理视角》

作　　者：张康之
推荐单位：中国人民大学
出版单位：中国人民大学出版社
批准时间：2002 年上半年
出版时间：2002 年 8 月

这是一本现代行政伦理学的开拓性著作，通过对公共行政一系列经典理论的历史考察，揭示了现代公共行政的“思想模型”中的各种缺陷。书中采用了理论与实践一体性的视角，富有创见地提出了这样一个让人警醒的观点：整个 20 世纪公共行政的理论和实践的根本缺陷，不在其他，而在于放弃了伦理向度。

对于公共行政的这一缺陷的救治问题，作者从公共行政的制度、程序、行政人员的行为等方面提出了伦理化方案，特别是提出了在公共行政领域中拒绝权利这一大胆的设想，非常富有新意。

《新地区主义与亚太地区结构变动》

本书运用国际政治经济学中的结构分析方法，系统地考察和分析了新地区主义在亚太的性质、影响和作用。

作者借鉴苏珊·斯特兰奇提出的“结构分析的国际政治经济学”方法，重点就国际关系中的“地区”和“地区主义”的定义、新地区主义与全球主义和民族主义的关系、亚太新地区主义与旧地区主义的关系、亚太地区四大结构的变动和互动以及新地区主义在亚太的未来发展模式等进行了探讨，提出了一系列独具特色的思想观点。这些对于我国国际关系学领域进一步开展对新地区主义的研究打下了一定的基础，并成为我国国际研究学术界从事新地区主义专题研究的开创性成果之一。

作　　者：耿协峰
推荐单位：北京大学
出版单位：北京大学出版社
批准时间：2002 年下半年
出版时间：2003 年 7 月

《制度化儒家及其解体》

本书以制度化儒家的概念为切入点，探讨儒家的历史功能和近代命运。其理论创新之处在于立足知识社会学，从权力、真理和制度三者之间的互动关系进行考察，为全面审视儒家的历史功能提供了一个新的视角，也为儒家在近代失去了制度的支撑而陷入解体的命运作出了新的诠释。本书取材宏富，在资料的掌握上下了很大的功力，分析透辟，见解独到，是一部既有理论价值又有现实意义的学术著作。

本书试图兼顾思想史与知识社会学的立场，从知识与权力、思想与社会交互作用的复杂关系中，诠释儒家的社会角色及其内在品格，在视野与方法上堪为一种探索，且在一定意义上对于国内学术界更热衷于“观念史”的儒家与新儒学研究，有补偏之益。

作　　者：于春松
推荐单位：中国人民大学
出版单位：中国人民大学出版社
批准时间：2002 年下半年
出版时间：2003 年 3 月

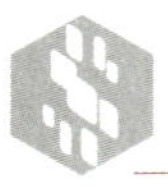

四、政治、法律

《思想政治教育心理学》

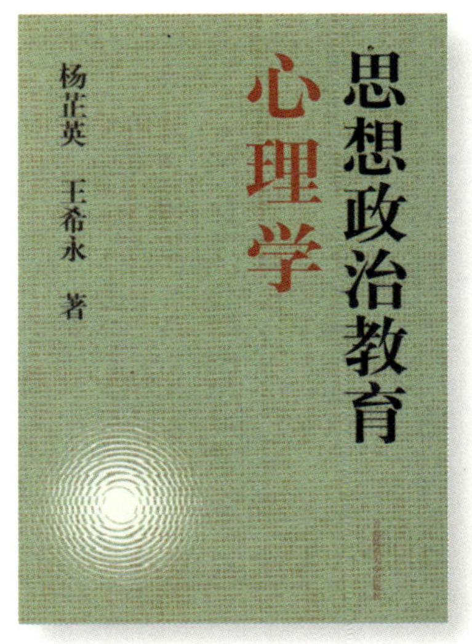

作　　者：杨芷英、王希永
推荐单位：首都师范大学
出版单位：首都师范大学出版社
批准时间：1998 年上半年
出版时间：1999 年 11 月

思想政治教育心理学是一门思想政治教育学和心理学交叉产生的边缘学科。自建立以来，思想政治教育心理学的学科建设有了一定的发展，基础理论不断深化，研究范围也有一定扩展。但是作为一门年轻的边缘学科，对它的研究仍存在许多争议与分歧的问题，还面临一些研究难题。因此，迫切需要对思想政治教育心理学发展现状进行分析，对思想政治教育心理学研究中所存在的主要分歧进行梳理，对思想政治教育心理学研究的难点问题进行整理。对此，本书给出了自己的解答。

本书提出思想政治教育心理学的任务是为思想政治教育提供心理学依据，为思想政治教育提供心理学原则和心理学方法，并比较系统地论述构建思想政治教育心理学的内容体系。

《元代法文化研究》

作　　者：吴海航
推荐单位：北京师范大学
出版单位：北京师范大学出版社
批准时间：1998 年下半年
出版时间：2000 年 5 月

大蒙古国时期的蒙古法作为元代法律文化内容之一，是形成元朝二元性特色法律文化的一个方面。蒙古法律文化以成吉思汗的札撒和传统习惯法为主体，在与中原传统法律文化接触之前，表现为“草原中心主义”特色。随着元朝的建立，蒙古法与中原汉法经过了一个冲突、协调的过程。本书主要追溯了元代法的文化来源，介绍了蒙古成文法的特点、形式和程序，以及蒙古法与中原传统文化的冲突与协调等内容。

作者认为，在元朝统治者很难摆脱“草原中心主义”观念的制约和实践上消极地适用中原“汉法”的矛盾状态下，蒙古法与“汉法”之间形成了一个相互容纳与让步的关系。元朝独具特色的法典及法律汇编即是这一关系的产物，元朝法律文化二元性的主要特征也由此表现出来。

《金文简帛中的刑法思想》

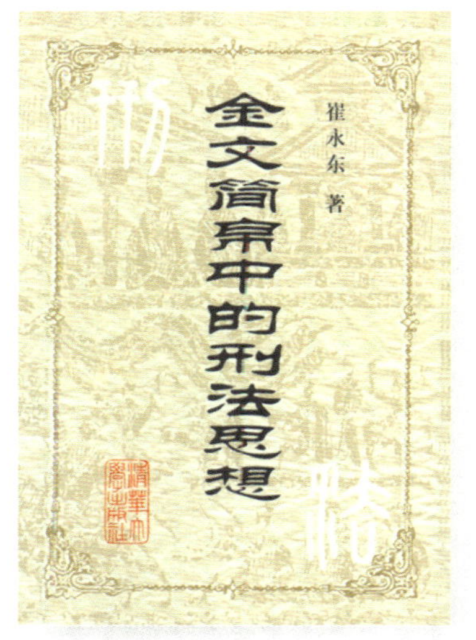

作　　者：崔永东
推荐单位：清华大学
出版单位：清华大学出版社
批准时间：1999 年上半年
出版时间：2000 年 3 月

本书根据周代金文中的法律史料，系统探讨了“明德慎罚”思想的起源与体现这一思想的刑法诸原则。根据云梦秦简对儒法两家的刑法思想在秦律中的影响进行了探索。在论及秦律以法家的重刑主义为指导思想的同时，又特别指出“慎刑”原则对重刑主义的限制，尤其注重考察了儒家的孝道及父子相隐思想与秦律中有关规定的关系。

具体而言，本书根据银雀山汉简考察了战国时期兵家的刑法思想及齐国的刑法制度，根据武威汉简考察了儒家刑法思想对汉代法律的渗透，根据帛书《老子》甲乙本全面考察了老子的刑法思想，根据帛书《黄帝四经》系统考察了道家黄学派的刑法思想。

《东亚联盟论研究》

作　　者：史桂芳
推荐单位：首都师范大学
出版单位：首都师范大学出版社
批准时间：1999 年下半年
出版时间：2001 年 5 月

东亚联盟论作为典型的法西斯主义理论，与日本的侵华政策、步骤和战略有着密切的联系。东亚联盟论继承了日本明治以来的各种侵略理论，反映了近代日本的亚洲观。本书试图以马克思主义为指导，通过研究东亚联盟论产生的社会背景、文化基础，剖析其维护日本天皇制国体、实现“八荒一宇”称霸世界目的的反动本质，同时注意这一理论本身的特点，比较与其他侵略理论的异同，得出符合实际的结论。

二战后，随着国民经济的发展，日本国内的民族优秀论有所抬头，它与东亚联盟论鼓吹的日本是优秀民族的代表极为相似，是一种危险的社会思潮。深入剖析东亚联盟论，对于正视历史，防止军国主义的复活，具有重要的现实意义。

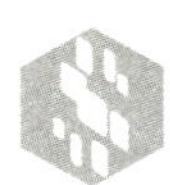

《日本法西斯夺取政权之路——对日本法西斯主义的研究与批判》

作　　者：杨宁一
推荐单位：北京师范大学
出版单位：北京师范大学出版社
批准时间：1999 年下半年
出版时间：2000 年 9 月

在这部书中，作者认为日本法西斯的产生和法西斯专政的建立绝不是偶然的。从明治维新开始的日本的现代化属于后发传导型的现代化，随着工业化的发展，经济结构和社会结构急剧发生巨大变化，从被现代排挤和抛弃的阶层中产生了法西斯主义，兴起了法西斯运动。民间法西斯企图使历史倒退回传统社会，以挽救旧中间阶层的没落。军部法西斯提出总体战思想，阴谋建立军人独裁，发动对外侵略战争。这两部分法西斯势力都以天皇制意识形态作为思想理论基础，都反对资产阶级民主。

本书通过对上述两种法西斯思潮的分析，全面地回顾了日本法西斯夺取政权的过程、结果以及对世界造成的巨大伤害，并简要地分析了当前日本右翼思潮的本质和潜在危害。

《影响世界格局的国际关系理论》

作　　者：邢爱芬等
推荐单位：北京师范大学
出版单位：北京师范大学出版社
批准时间：1999 年下半年
出版时间：2001 年 3 月

在对近代以来的国际关系理论进行了全面考察的基础上，作者从纷繁众多的国际关系理论中选取了十余种对世界格局的形成、演变和发展产生过重大影响的国际关系理论（如马克思主义国际关系理论、格劳秀斯开创的国际法理论、汉斯摩根索的权力政治论、梅特涅和基辛格的均势战略、20 世纪 70 年代基辛格、尼克松的“大国均势”战略、美国的孤立主义和干涉主义理论、凯南的“遏制”理论与布什的“超越遏制”战略、勃列日涅夫主义与苏联的霸权理论、毛泽东的“三个世界”划分理论与铁托的不结盟思想等）进行了比较详尽的论述，并就该理论对当时世界局势的影响进行了比较深入的分析与总结。

此外，作者还针对当前的国际形势，对相关理论的实践情况进行了简要的分析，从而力求对该理论的发展及其对国际关系的影响有一个比较完整的把握。

《种姓与印度教社会》

作　　者：尚会鹏
推荐单位：北京大学
出版单位：北京大学出版社
批准时间：2000 年上半年
出版时间：2001 年 5 月

种姓是印度特有的制度，是理解印度社会和文化的一把钥匙。本书利用社会人类学家的调查报告（包括笔者的实地调查）和大量的文献材料，对种姓制度的起源、概念、构造特点、变化、种姓与印度教、种姓与印度社会的现代化以及有关种姓和印度教社会的理论等做了深入系统的研究。本书认为：种姓，依其本质来说，就是为具有超自然中心文化心理取向的人设置的、依据洁净与污秽标准来测量同神的距离的教阶体制。

作者通过种姓这个主线为我们展开了印度社会精细的图景，让我们可以充分理解印度的过去和现在的内在逻辑。

《非诉讼纠纷解决机制研究》

作　　者：范愉
推荐单位：中国人民大学
出版单位：中国人民大学出版社
批准时间：2000 年上半年
出版时间：2000 年 6 月

非诉讼纠纷方式（包括传统的调解与现代代替性纠纷解决方式，即 ADR）是现代社会纠纷解决机制中的重要组成部分。本书从理论和实务两个方面系统地探讨了现代法治条件下非诉讼纠纷方式的地位、功能、理论框架以及制度建构；同时，对世界各国现行的、从民事诉讼制度到各种 ADR 所构成的多元化纠纷解决机制进行分析比较，在此基础上，对建构我国的多元化纠纷解决机制提出初步的设想和预测。

本书的主导思想是，主张在法治的前提下提倡社会成员的自治性；在注重纠纷解决的公平的同时，兼顾效益与效率；在弘扬依法维权意识的同时，提倡协商与双赢的精神，在健全民事诉讼制度的同时，重视发挥传统和新型的 ADR 的作用，并使二者达到协调和互补，建立适应我国社会现实的多元化纠纷解决机制。

《人权与法制》

第一部分为“人权与法制概说”，试图对人权思想及人权与法制的相互关系作一概括论说。第二部分为“当代中国的人权与法制建设”，试图对当代中国以法制保障人权的理论与实践作一概述，在写作过程中，作者阅读了大量国内相关文献，并对我们认为最为精到的观点加以引述，为了突出重点，我们在阐述当代中国人权与法制建设时，仅以全国人大的基本性立法为主要依据，并以我们认为当代中国最重要的人权保障实践为基本素材。

在第三部分“人权的国际保护”中，作者试图对有关人权的国际立法以及国际法对人权的保障作一概述，同时对 20 世纪末美国奉行的引起全世界激烈反对人“人权外交”政策及其行为作出了相应的评述。

作　　者：罗玉中、万其刚、刘松山
推荐单位：北京大学
出版单位：北京大学出版社
批准时间：2001 年上半年
出版时间：2001 年 7 月

《大众传媒与政治》

本书首先从历史发展角度分析了大众传媒的出现与政治发展之间的密切关联，认为大众传媒的出现既是文化和科技水平发展的产物，也是政治发展到一定阶段后的产物，自出现之日起，就受到源于政治因素的影响与制约。为分析大众传媒对政治的具体影响，本书主要关注了政治领域中如下几个方面的内容和因素：政治变革、政治现代化与民主进程、公共政策的决策、政治监督、国际政治秩序等。

鉴于大众传媒特有的舆论监督作用，作者不仅较为系统地对马列主义的舆论监督思想进行了总结和介绍，还对中国社会主义舆论监督的理论及实践进行了比较详尽的分析，从而论证了进行新闻改革的原则和必要性。

作　　者：刘华蓉
推荐单位：北京大学
出版单位：北京大学出版社
批准时间：2001 年上半年
出版时间：2001 年 11 月

《当代西欧工人阶级》

作　　者：张世鹏
推荐单位：北京大学
出版单位：北京大学出版社
批准时间：2001 年上半年
出版时间：2001 年 12 月

马克思主义经典作家历来十分重视对工人阶级现状的调查研究工作。马克思主义思想体系就是从对第一次工业革命后西欧工人阶级诞生与发展的社会调查和科学研究开始起步的。关于工人阶级的理论是马克思主义的核心内容，也是建立和发展马克思主义的基础。恩格斯在 1844—1845 年撰写《英国工人阶级状况》一书时强调：“工人阶级的状况是当代一切社会运动的真正基础和出发点，因为它是我们目前社会一切灾难的最尖锐最露骨的表现。”

本书是作者承担的八五国家科研项目，它的主旨是要对 20 世纪 70 年代后期兴起的第三次科技产业革命以后西欧发达工业国家工人阶级现状进行系统调查研究。“当代”概念在这里从 20 世纪 70 年代后期起算，重点放在 80—90 年代的最新情况。

《生物医学的法律和伦理问题》

作　　者：郭自力
推荐单位：北京大学
出版单位：北京大学出版社
批准时间：2001 年下半年
出版时间：2002 年 5 月

本书以谨慎和理性的态度，分析了现代医学特别是基因技术的发展对我们日常生活所造成的影响，尤其是在道德和法律领域里给我们提出的一系列难题。

作为一名专业的法律工作者，作者特别强调运用法律手段为生物医学技术提供指导的重要性，内容涉及从死亡的标准到人类对待死亡的态度（安乐死问题），从器官移植、基因治疗到人工生殖技术对未来人类发展的影响，以及人体实验和人工流产的一些相关的法律和伦理问题，并在此基础上提出了自己的见解，很有启发性。

《巨额财产来源不明罪研究新动向》

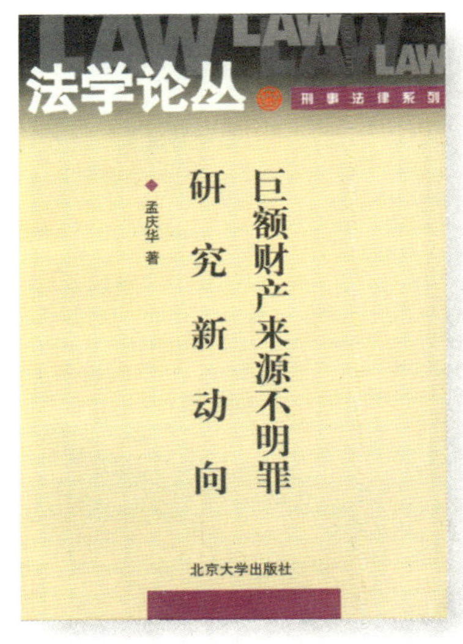

作　　者：孟庆华
推荐单位：北京化工大学
出版单位：北京大学出版社
批准时间：2001 年下半年
出版时间：2002 年 7 月

本文意图理论与实践相结合地深入探究巨额财产来源不明罪的诸多问题及其应用价值。

本书在体系结构上分为五编，包括导言、二十七章与附录。作为一部研究巨额财产来源不明罪的专著，比较深入系统与全面地探究了有关巨额财产来源不明罪客体、客观方面等诸多问题，富有新意性地阐述了巨额财产来源不明罪客观方面由双重行为复合构成，主观方面由双重直接故意构成，并且独创了“数罪群”概念。全书所述内容，对于丰富我国刑法分则理论宝库、指导司法实践的操作运用，均具有十分重要的积极价值。

《东方法律改革比较研究》

作　　者：王云霞
推荐单位：中国人民大学
出版单位：中国人民大学出版社
批准时间：2001 年下半年
出版时间：2002 年 5 月

本书是一部以近现代东方主要国家的法律改革为主题的综合性法制史研究专著。

本书主要围绕三个最具代表性的东方法律文化圈——儒家法律文化圈、印度法律文化圈和伊斯兰法律文化圈在近代化以来法律改革的发展、变迁展开论述。全书由四章组成。前三章分别阐述了三大法律文化圈的传统特色和法律改革的动因、方法、进程及其特征，并对改革后果做了具体的分析。第四章专门论述了当代中国法律改革的进程、成就、不足与前景，并就一些具体的问题提出了自己独到的见解。

《社会保障法的理念、实践与创新》

20世纪80年代以来，中国的经济结构发生了重大的变革，由此带来一系列制度的变迁。社会保障制度在市场经济条件下获得了前所未有的发展。社会保障法是我国法律体系中的重要法律部门，是新兴的社会法的典范之一。

本书从法律学的角度，兼采经济分析和社会分析的方法，对社会保障法的理论问题进行了比较深入的分析，并透过各项社会保障制度，比较详尽地探讨了我国当前社会保障立法中存在的重点和难点问题，对我国社会保障法的立法和研究具有非常重要的参考价值。

作　　者：林嘉
推荐单位：中国人民大学
出版单位：中国人民大学出版社
批准时间：2001年下半年
出版时间：2002年4月

《转型期中国社会犯罪原因探析》

犯罪原因是犯罪学研究中最为根本却又极为复杂的问题。生物、心理、社会等因素的混杂，文化冲突、时空更替、情境变幻、社会转型、阶层差异等等难以穷尽的落差，加之犯罪本身的多样化，使得犯罪原因显得异常复杂。从刑事科学的奠基人贝卡利亚的理性人选择说、凯特勒的犯罪倾向概念、菲利的犯罪饱和论、塔尔德的犯罪模仿论，到犯罪学之父龙勃罗梭的犯罪人论；从迪尔凯姆的犯罪功能论等19世纪的犯罪社会学思想理论，到作为当代犯罪社会学理论核心的美国的社会结构理论、社会化过程理论、社会冲突理论等等，科学巨匠们对之苦苦索求，争论至今未果。

本书共分三编，内容包括犯罪社会原因导论、犯罪社会原因理论、解读中国社会犯罪的化解阻断模式。

作　　者：张小虎
推荐单位：北京师范大学
出版单位：北京师范大学出版社
批准时间：2001年下半年
出版时间：2002年6月

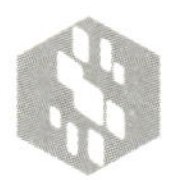

《国际刑事法院研究》

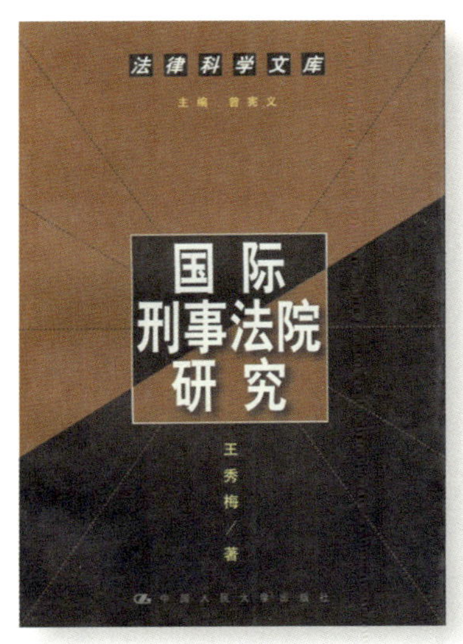

作　　者：王秀梅
推荐单位：中国人民大学
出版单位：中国人民大学出版社
批准时间：2001 年下半年
出版时间：2002 年 1 月

本书甄采了大量的文献及第一手资料，从历史与现实、理论与实践等视角阐释了常设国际刑事法院建立和运作过程中的基本核心问题。

为确保常设国际刑事法院的有效运行，尊重国家主权原则和保障人权原则不可或缺。为体现该原则的精神，国际刑事法院的管辖权与国家管辖权之间的关系必须是并行的，国际刑事法院的管辖权在某种意义上弥补了国家刑事管辖权行使中的缺憾。同时作者还试图打破国际法上个人承担刑事责任的传统观念，比较深入地探讨了团体或组织，甚至国家承担刑事责任的可能性，并进一步强调打击国际犯罪维护人类和平与发展福祉的关键是加强国际刑事司法合作与协助。

《东亚模式中的威权政治：泰国个案研究》

作　　者：任一雄
推荐单位：北京大学
出版单位：北京大学出版社
批准时间：2002 年上半年
出版时间：2002 年 9 月

威权政治是战后东亚国家普遍存在的政治形态，泰国是其中一个典型。本书对泰国威权政治的产生、本质性特征、发展演变、威权政治与经济社会发展的关系以及泰国威权政治的前景进行了全面的考察和分析。

本书认为，威权政治是泰国传统专制制度和传统文化的必然产物，其本质性特征是“威权为体，民主为用”。威权政治提供的主要政治产品是稳定，其政府选择了发展政策并主导了经济与社会的发展，使泰国的经济与社会取得了飞速的进步。同时因其合法性需求导致的短期行为，不可避免地造成了“泡沫经济”。在当代泰国社会中，传统文化仍然有着强大的生命力，其政权的“威权为体，民主为用”的本质性特征仍将延续相当长的时间。

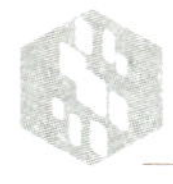

《中国税制优化的理论分析》

作　　者：岳树民
推荐单位：中国人民大学
出版单位：中国人民大学出版社
批准时间：2002 年上半年
出版时间：2003 年 2 月

优化现行税制，建立符合中国国情的理想税制是人们不断探索的重大课题。本书从税制优化内涵的分析出发，通过税收与经济关系的分析，提出了税制优化是在对现实税制的改革中实现的，税制优化是一个动态的过程，强调税制优化的标准是看它是否最大限度地符合当前的环境条件及人们的利益选择，并提出了中国税制优化的目标。

本书运用博弈论和制度经济学的基本原理，在对税制优化问题进行博弈分析的基础上，分析了税制优化的环境条件及二者的相互适应性；在全面分析税制结构优化、税收负担优化和税收征管优化的同时，提出了中国税制优化的思路与政策建议。

《商事人格权论——人格权的经济利益内涵及其实现与保护》

作　　者：程合红
推荐单位：中国人民大学
出版单位：中国人民大学出版社
批准时间：2002 年下半年
出版时间：2002 年 10 月

“商事人格权”是一个未见诸于法律和法学教科书中的新概念。它的提出，是基于在财产与人格领域，存在着一些在现代商业社会中日益重要的个体利益现象，而这种利益又是单纯用传统的人格权或财产权概念与理论所不能完全解释和充分保护的。本书以“商事人格权——人格权的经济利益内涵及其实现与保护”为题，便是试图对这种兼具人格与财产双重属性的个体利益现象的法理解释与法律保护，提供一个新的视角。

本书认为：所谓商事人格权，简单地说就是自然人、法人为维护其人格中具有经济利益内涵和商业价值的特定人格利益而享有的一种民（商）事权利。在此基础上，具体论述了商事人格权的法律内涵及外延，并对一些带有争议性的话题，提出了自己的见解。

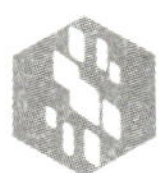

五、艺术

《西方音乐的观念——西方音乐历史发展中的二元冲突研究》

作　　者：姚亚平
推荐单位：中央音乐学院
出版单位：中国人民大学出版社
批准时间：1998 年上半年
出版时间：1999 年 11 月

本书试图从两个层面，即社会人文学科的层面与技术结构的层面的相互融合、相互渗透的视角，来描述和阐释西方音乐的历史发展脉络和过程。作者从宏观的角度，对西方音乐历史发展中所存在的二元冲突问题进行了一次认真的考察，并力图在复调与主调、理智与情感、抽象性与表情性以及西方人观念中的对立冲突中去描述充满内在张力的西方音乐的历史发展轨迹。

全书共分八章。第一章通过音乐形式的分析提出了一个基本框架，以后的表述正是依据于这一章的基本思想。从第二章至第七章是依照历史顺序的论述，它们既是对第一章提出的理论进行历史论证，也是对基本理论的进一步展开和发挥。第八章同第一章一样，是一个概括性的部分，是对本书基本立意的再引申。

《中西艺术精神的缘起——中国先秦与古希腊艺术之比较研究》

作　　者：陈芳
推荐单位：北京服装学院
出版单位：京华出版社
批准时间：1999 年下半年
出版时间：2000 年 6 月

犯罪原因是犯罪学研究中最为根本却又极为复杂的问题。生物、心理、社会等因素的混杂，文化冲突、时空更替、情境变幻、社会转型、阶层差异等等难以穷尽的落差，加之犯罪本身的多样化，使得犯罪原因显得异常复杂。从刑事科学的奠基人贝卡利亚的理性人选择说、凯特勒的犯罪倾向概念、菲利的犯罪饱和论、塔尔德的犯罪模仿论，到犯罪学之父龙勃罗梭的犯罪人论；从迪尔凯姆的犯罪功能论等 19 世纪的犯罪社会学思想理论，到作为当代犯罪社会学理论核心的美国的社会结构理论、社会化过程理论、社会冲突理论等等，科学巨匠们对之苦苦索求，争论至今未果。

本书共分三编，内容包括犯罪社会原因导论、犯罪社会原因理论、解读中国社会犯罪的化解阻断模式。

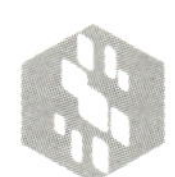

《中印佛教石窟寺比较研究——以塔庙窟为中心》

石窟寺是中国和印度佛教建筑的一种主要形式。由于千百年来自然和人为的破坏，两国地上构造的佛教寺院大多毁坏不存；而石窟寺因其结构坚固，地处僻壤，无论在印度还是在中国，均保存了庞大的数量。本书用考古学方法，从中印佛教文化交流的角度，以塔庙窟为中心对两国佛教石窟寺做了比较深入细致的研究。

本书对深入探讨中印两国和中国境内各民族之间千百年来的友好往还和文化交流具有重要意义；对中印佛教史、东方艺术史、中印建筑史、中印文化交流史和中西交通史等的研究，可提供具体而形象的材料。同时，它对我国的对外关系，尤其是中国与南亚地区和国家关系的研究，亦具有重要的现代价值。

作　　者：李崇峰
推荐单位：北京大学
出版单位：北京大学出版社
批准时间：2002 年上半年
出版时间：2003 年 12 月

《公共艺术的观念与取向——当代公共艺术文化及价值研究》

本书以当代公共艺术的历程及其观念形态为研究对象，以社会学、城市学、艺术哲学及生态学的文化视野，用交叉比较的综合研究方法，对当代公共艺术的文化观念和价值取向以及发展的策略做了广泛、具体而深入的研究和阐释。在较大范围地占有图文原始资料的基础上，本书作者对中国当代社会与公共领域逐渐形成中的公共艺术所面临的机遇和挑战，作出了明晰的思考和回答。针对相应的问题，本书作者也提出了自己的学术见解和行动主张。

本书可供美术理论、艺术批评、环境设计、文化研究及公共管理等方面的认识阅读。

作　　者：翁剑青
推荐单位：北京大学
出版单位：北京大学出版社
批准时间：2002 年上半年
出版时间：2002 年 11 月

《中国书法理论纲要》

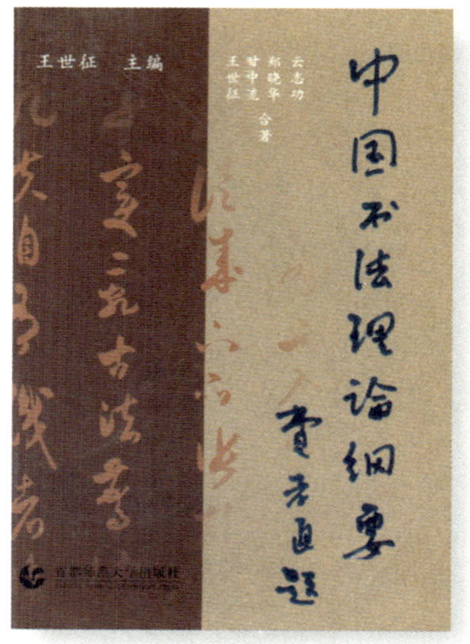

作　　者：王世征、甘中流、郑晓华、云志功
推荐单位：首都师范大学
出版单位：首都师范大学出版社
批准时间：2002 年上半年
出版时间：2003 年

中国书法艺术是华夏民族文化精神的表征，也是华夏民族抒发审美感受的独特工具；中国书法理论则是这门艺术的内核与根基。因而，认真研读古代书法理论，汲取、发扬其中的精华，是新时代书法事业健康发展的需要。同时，由于古代书法理论凝聚着丰厚的民族文化思想的精髓，蕴涵着精粹的民族审美意识与规律，因而，当代书法美学的构建也必须植根于古代书法理论研究的基础之上。

本书从汉代至清末，按不同历史阶段选择其中代表性的书论著述，着重从书法的功用地位、本体特质、创作规律、鉴赏标准以及技法原理等方面，概括其基本书学思想，阐明其主要理论贡献，以期理清中国书学总体的发展进程与思想脉络。

六、经济

《跨国公司定价系统分析——对跨国公司经营过程及其特征的博弈研究》

作　　者：邹朝晞
推荐单位：首都经济贸易大学
出版单位：首都经济贸易大学出版社
批准时间：1998 年下半年
出版时间：1999 年 5 月

本书是一部比较系统地分析跨国公司经营过程及其特征的博弈研究的学术专著。作者采用跨国公司的定价系统来贯通跨国公司的经营特征，并非固守传统经济学的基本观点，并非认为价格制度是人类为达到合作和解决冲突的最有效的手段，而是旨在通过对跨国公司定价系统所连接的跨国公司经营过程的描述，揭示定价系统背后人与人之间的直接关系。

作者认为，与单纯的一国企业相比，跨国公司面临更多的“相互关系”：跨国公司与东道国之间、跨国公司与竞争者之间、跨国公司内部的利益主体之间、跨国公司经营一体化中各单位之间的相互关系。跨国公司定价策略的基础正是对这些“相互关系”的处理与把握。

《经济数学模型化过程分析》

作　　者：杨建、赵国庆、严守权
推荐单位：中国人民大学
出版单位：中国人民大学出版社
批准时间：1998 年下半年
出版时间：2000 年 11 月

本书旨在使读者理解经济模型化思想以及如何运用数学模型化的方法和技巧解决经济问题，共由四个模块构成：

第一模块为经济数学模型化过程的基础理论部分，主要包括数学模型基本理论、数学模型化一般程序以及为实现模型化必须进行的信息收集与评价等内容。第二模块为微观经济数量决策分析模型的讨论与研究，主要内容包括运筹学模型化过程中如何表述目标，确定环境因素，选择标准数学模型，最优性条件的确定及最优解（或满意解）的求出。第三模块内容介绍了系统论的思想与方法和计量经济模型化过程。第四模块作为经济模型化过程的应用实例，主要涉及宏观经济周期变化、投资模型的最优条件、宏观经济增长模型以及经济学中的效用等问题。

《东亚地区的次区域经济合作》

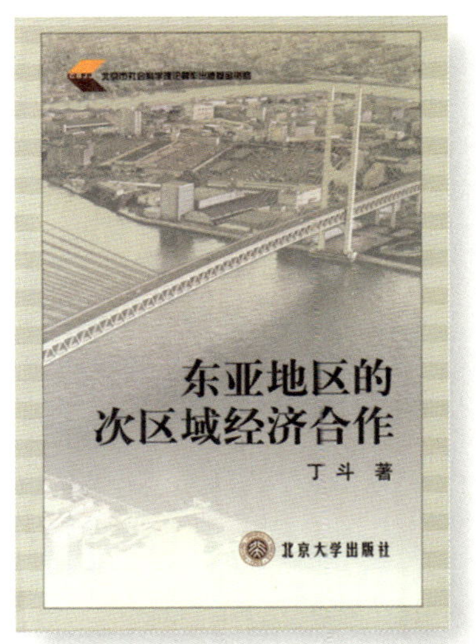

本书是一部专门论述东亚地区的次区域经济合作的学术专著。

东亚地区的次区域经济合作，是20世纪80年代末、90年代初冷战结束后在东亚地区出现的经济新现象，其主要案例有珠—港澳地区、新—柔—廖成长三角、图们江地区和澜沧江—湄公河地区的次区域经济合作。本书在详细论述各主要案例的同时，也对次区域经济合作的经济新现象做了系统性的理论研究和思考。本书适用于研究国际经济和国际关系的学者和大中专生，以及关心东亚地区经济发展的政府官员和专业人士阅读。

作　　者：丁斗
推荐单位：北京大学
出版单位：北京大学出版社
批准时间：1998年下半年
出版时间：2001年10月

《中国通货膨胀问题分析——经济计量方法与应用》

本书是一部利用经济计量方法对中国通货膨胀问题加以分析的学术专著。

全书共分六章，比较系统地介绍了通货膨胀的研究历史，并应用经济计量方法对我国的通货膨胀现象进行了相应的研究与评述。第一章先简单介绍了现代经济学关于通货膨胀的定义及分类，分析了几种度量通货膨胀的价格指数的计算方法，然后对新中国成立以后至今的通货膨胀历史做了简单回顾，并对我国近年来通货膨胀的一些特点进行简要分析。第二章介绍了时间序列的平稳性检验问题。第三章为通货膨胀的因果分析。第四章分析了价格、产业与失业间的关系。第五章分析了控制通货膨胀中的货币问题。第六章分析了通货膨胀、失业与生产效率之间的关系。

作　　者：王明舰
推荐单位：北京大学
出版单位：北京大学出版社
批准时间：1998年下半年
出版时间：2001年12月

《管理审视——中外经济管理比较研究》

作　　者：唐任伍
推荐单位：北京师范大学
出版单位：北京师范大学出版社
批准时间：1998 年下半年
出版时间：1999 年 9 月

本书是一部中外经济管理比较研究的学术专著。全书分成十二个章节：第一章中西管理产生的文化背景差异；第二章中西宏观管理比较；第三章企业管理模式比较；第四章管理中计划工作比较；第五章企业发展战略比较；第六章企业组织结构比较；第七章企业领导艺术比较；第八章企业文化比较；第九章企业家比较；第十章中日管理比较；第十一章美日管理比较；第十二章未来管理发展新趋势。

本书通过比较的方式，既让中国的管理者看到自身的优势，又看到自身的不足，看到在不同的文化背景下产生的管理方式的利弊。其目的并非仅仅为了进行理论上的褒贬，而主要是通过比较双方利弊得失的剖析，使比较的双方都能从中获得裨益。

《论日本的金融行政——日本型金融管制的成败》

作　　者：陶涛
推荐单位：北京大学
出版单位：北京大学出版社
批准时间：1999 年上半年
出版时间：2000 年 10 月

金融管制指政府对金融业的限制、管和监督。监管机关一般是各国的中央银行，有的国家由其他机构中央银行共同负责。实施金融管制的经济依据是金融市场上存在信息不完全等缺陷，需要政府干预。信息不完全表现为存款者对银行资金和收益状况不甚了解，需耗费大量成本收集有关信息，形成金融市场上的信息不对称。本书全面、深入地论述了日本的金融行政——日本型金融管制的建立、发展、构成内容及主要作用，并分析了日本金融行政的弊端及由此引起的严重后果，有作者自己独特的观点和见解。

“他山之石，可以攻玉”，作者横向比较和纵向比较的结果及从日本金融危机中总结出的经验教训，对我国的金融改革和建立中国的金融监管机制具有重要的启示意义。

《大国经济论》

作　　者：李由
推荐单位：北京师范大学
出版单位：北京师范大学出版社
批准时间：1999年上半年
出版时间：2000年6月

本书探讨了国家规模、国家规模与积累、国家规模与资源配置、国家规模与区域经济、大国的中央和地方关系、大国的行政区划以及产业政策等问题。

本书专门从国家规模特别是国家的经济规模的角度，阐释了大、中、小国家的经济发展和政府政策的具体内容，大致可以用“国家经济的规模与规模的经济”或“经济的量与量的经济”来概括本书的分析方法和研究对象。这里所用的“规模”或“量”，包括了总量、范围、层次、力量等方面的含义，而“经济”当然兼指个人、企业、行业、地区、国家、世界的经济了。这样，“经济的规模”首先意味着无论是微观、中观，还是宏观层次的经济，往往在人口、劳动力、收入等经济因素上表现出独特的规模或量的性质。

《资本管理论——控股公司资本控制研究》

作　　者：阎达五、杜胜利
推荐单位：中国人民大学
出版单位：中国人民大学出版社
批准时间：1999年上半年
出版时间：1999年8月

现代企业制度要求出资者所有权与企业法人财产权两权分离，在此背景下，从控股公司资本控制这一角度，就出资所有者资本管理进行系统的研究，无疑具有重要的意义。在这部书中，作者阐述了控股公司资本控制体系中四个具有内在逻辑关系的问题，这四个问题包括1. 目标：资本保全与资本增值；2. 结构：资本配置与流量控制；3. 关系：集权分权与代理成本；4. 评价：资本收益与经营业绩。

可以认为，在现代企业制度下，公司目标定位、资源结构配置、资本关系处理、经营业绩评价四个方面构成了控股公司资本控制的主要内容和理论框架。这个框架的构建对于拓展会计管理的运作空间、丰富资本管理的内容、进行企业管理的创新，具有重要的理论价值。

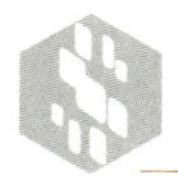

《市场营销伦理》

作　　者：王淑芹
推荐单位：首都师范大学
出版单位：首都师范大学出版社
批准时间：1999 年上半年
出版时间：1999 年 10 月

随着我国社会主义市场经济的深入发展和经济全球化进程的加快，市场营销伦理越来越引起人们广泛的关注。从表面上看，市场营销与伦理道德是两个不同的概念，二者似乎没有什么太大的关联，但从辩证的角度分析，市场营销与伦理道德存在着相互贯通、共变互动的对立统一关系。正确处理市场营销与伦理道理之间的关系，将会极大地促进一个企业乃至一个国家的经济发展。

本书论述了市场营销与伦理道德的相互联系、共变互动关系，提出市场营销孕育着营销新伦理的曙光，呼唤着伦理道德的蓬勃发展。同时，伦理作为市场营销活动的特殊调节方式，是促进市场营销活动健康发展的重要保证。此外，本书还就市场营销中应该遵守的伦理规范提出了自己独立的见解。

《绿色投入产出核算——理论与应用》

作　　者：雷明
推荐单位：北京大学
出版单位：北京大学出版社
批准时间：1999 年下半年
出版时间：2000 年 7 月

绿色投入产出理论是一种基于投入产出方法来研究绿色 GDP 核算以及资源、经济和环境相互关系的理论方法。基于此理论构建的绿色投入产出模型和绿色投入产出表可以对国民经济部门资源环境等相关政策的制定提供一定的参考。

本书将资源与环境因素纳入国民经济核算，构建资源、经济、环境一体化绿色核算体系，通过对传统投入产出模型的扩展，提出了一套绿色投入产出核算方法，构建了相应的实物 / 价值投入产出模型，对完全消耗系数和广义价格理论进行了深入分析，并结合中国实际绿色 GDP 核算，绿色税费等问题进行了研究探讨，具有较高的学术价值。

《新国际贸易的全方位分析》

本书沿着从理论到实践、从微观到宏观的脉络向人们展示了国际贸易所涵盖的主要范畴。

全书共分四篇，第一篇“国际贸易理论”介绍了从古典到现代理论的发展过程，着重介绍了理论产生的历史背景，同时也介绍了理论的最新发展；第二篇“国际贸易实务”顺着贸易的一般程序对国际贸易涉及的各个环节予以单独介绍，还增加了相关的法规介绍；第三篇“国际贸易金融”对与贸易相关的金融部分做了介绍，并从宏观方面介绍了贸易与金融的相互关系；第四篇“国际贸易政策”以介绍各国乃至地区、全球的贸易政策为主，在政策分析的同时也侧重政策对贸易的具体影响。

作　　者：王晓明
推荐单位：中国人民大学
出版单位：中国人民大学出版社
批准时间：1999 年下半年
出版时间：2000 年 1 月

《企业 CIS 战略的策划与实施》

在这部书中，作者详细地分析了什么时间是企业进行 CIS 投入的最佳时机以及掌握企业运作 CIS 所需要了解的系统过程；明确了运作企业 CIS 的整体思路以及策划企业 CIS 的各种具体而颇具实用性的方法，从而使企业的策划成果更符合市场的实际状况和企业的现实要求；不仅系统地介绍了各种有关企业导入CIS的系统性知识，而且还比较完备地分析了 CIS 的操作程序以及运作 CIS 的对策与方法。此外，本书还针对企业 CIS 战略的策划与实施过程中需要的许多问题提出了自己的独立见解，颇有新意。

全书共分十二章，编辑合理，资料翔实，理论密切联系实际，比较适合企业决策者与管理者、策划咨询从业者和 CIS 爱好者与研究者使用。

作　　者：汪秀英
推荐单位：首都经济贸易大学
出版单位：首都经济贸易大学出版社
批准时间：1999 年下半年
出版时间：2000 年 6 月

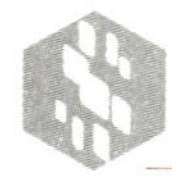

《我国养老方式研究》

作　　者：陈功
推荐单位：北京大学
出版单位：北京大学出版社
批准时间：2000 年上半年
出版时间：2003 年 6 月

本书试图揭示养老方式的发展轨迹和规律，澄清目前理论上存在的一些模糊认识，增进对我国老年人问题和养老方式的现状了解，为更好地制定和完善我国的老年政策提供有用的信息和决策依据。

根据马克思主义关于社会生产力和生产关系的理论以及恩格斯对家庭发展阶段的论断，本书试图考察养老方式的历史发展过程，并在此基础上探讨家庭养老和社会养老的基本关系，提出有关的判断法则。作者指出，目前中国家庭养老的支持力有三大来源，即配偶、子女和其他亲属。而影响这三大养老支持力大小的有四大要素，即有无、意愿、能力和居住方式。因此，我们应当根据这些因素之间的相互关系来探讨养老来源在家庭养老方式中的地位和作用。

《首都城市功能研究》

作　　者：彭兴业
推荐单位：北京市委党校
出版单位：北京大学出版社
批准时间：2000 年上半年
出版时间：2000 年 9 月

首都城市对国家政治生活影响极大，首都城市的建设、发展与管理是一个关系到国家兴衰的大问题。本书旨在从比较政治学角度研究首都城市功能，揭示首都城市的本质与类型、首都城市功能实现条件、首都城市的核心功能、叠加功能、功能承载系统、功能范围与管理体制以及首都城市的未来发展趋势。

本书根据世界经济全球化、逆城市化、信息化和老龄化的发展趋向，分析了首都的未来发展趋向，提出了“世界首都”“数字首都”“绿色首都”“银发首都”等新的概念，并从政治、技术、经济与政策四个方面分析了首都城市发展的推动力，提出了“功能迁都”的论点，并就首都北京的社会发展战略提出了构想与建议。

《经济发展中的政策金融——若干案例研究》

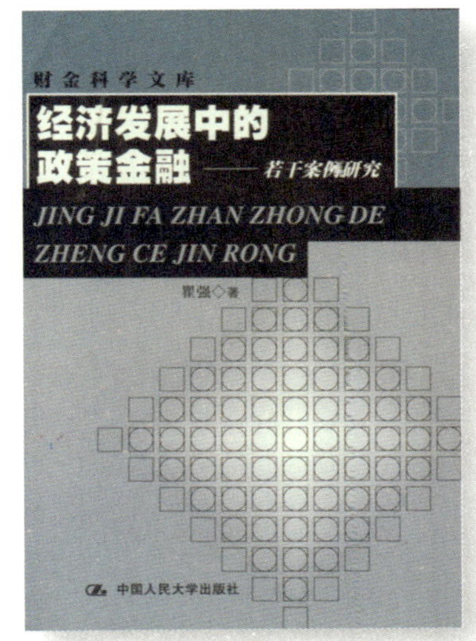

我们要建立和完善社会主义市场经济体系，会碰到不少介于市场与政府之间的问题。政策金融就是其中之一。它的一端是政策；另一端是现实的经济活动。政策是否适当和及时？国民经济活动中市场机制能否按规范运行？这些都是重要条件；其中有些是主观的，有些是客观的，但与政策金融的成败功过都有密切的关系。

本书通过对日本、韩国等后发展国家政策金融的案例分析研究，探讨政策金融与经济发展的关系，并结合国外的经验，探讨我国建立和完善政策金融的现实必要性，以及目前我国政策金融体系存在的问题与改革的一些设想。

作　　者：瞿强
推荐单位：中国人民大学
出版单位：中国人民大学出版社
批准时间：2000 年上半年
出版时间：2000 年 4 月

《论证券监管》

虽然经济学已经形成了一系列的关于监管的理论和学说，但这些理论和学说基本上是针对普通商品市场的研究成果，经济学关于证券市场监管的理论研究几乎属于空白。这一方面为从经济学角度探讨证券监管提供了基础理论；另一方面也为证券监管理论的发展留下了空间。

本书从经济的角度对证券监管进行理论和制度的研究，力图从两个方面有所突破，一是希望通过对证券监管的比较完整和规范的经济学分析，从经济学角度建立起一个关于证券监管的理论分析框架，从而得以弥补证券监管研究在经济学理论基础方面的空白；二是结合证券监管的实际，以期从经济学的角度找到进一步改善我国目前证券监管的思路。

作　　者：赵锡军
推荐单位：中国人民大学
出版单位：中国人民大学出版社
批准时间：2000 年上半年
出版时间：2000 年 4 月

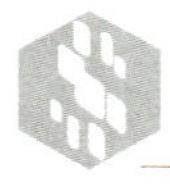

《面向21世纪的中关村经济》

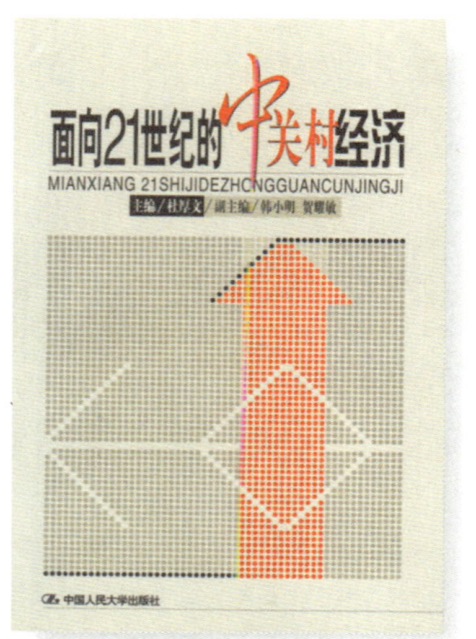

作　　者：杜厚文、韩小明、贺耀敏
推荐单位：中国人民大学
出版单位：中国人民大学出版社
批准时间：2000年上半年
出版时间：2000年6月

本书从中关村经济发展的实际出发，通过对高新技术产业发展要求和不同科技园区成长机制的比较研究，提出了符合现阶段我国国情的发展思路。此外，全书对中关村科技园区的人力资源与创新系统的整合、管理制度与宏观环境的构建，风险投资机制与企业孵化机制的塑造，以及高新技术企业的产权制度、组织形式、运行机制的改善等问题，进行了深入的探讨。

全书包括八个部分：一、中关村经济的目标定位与战略选择；二、中关村智力资源的整合与创新体系；三、中关村科技园区的管理体制；四、完善发展中关村经济的宏观环境；五、中关村经济中的风险投资机制；六、中关村企业的孵化机制；七、中关村企业的产权制度与企业组织；八、中关村企业的运行机制。

《税收负担的经济分析》

作　　者：钱晟
推荐单位：中国人民大学
出版单位：中国人民大学出版社
批准时间：2000年上半年
出版时间：2000年4月

税收负担问题历来是关系到国计民生最尖锐、最敏感的问题之一。因为它不仅构成了一个国家税收政策和税收制度的核心内容，而且还与一个国家的经济增长和社会稳定密切相关。研究我国的宏观税收负担问题，要充分考虑国情，要将我国的非税收入规模、出口退税规模、社会保险基金规模以及税收先征后返等因素考虑在衡量我国宏观税收负担水平的体系当中。

本书从税收负担的基本概念入手，就税收负担的原则、制约因素、税负水平、税负结构、城乡居民的税收负担状况等问题从经济上做了详尽的理论论述与实证分析，并对税收政策提出了独特的建议。

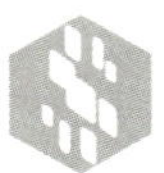

《都市金融业的发展——透视21世纪初叶的北京金融业》

本书以党的十五大、十五届三中全会和十五届四中全会精神为指导思想，紧紧围绕1997年中共中央金融工作会议提出的20世纪末初步建立现代金融体系和中共北京市委、市政府提出的大力发展首都经济这两项中心任务，从宏观和微观两个方面，就建立适应首都经济发展需要的现代金融体系的基本内容、基本任务和基本措施进行了比较深入的探讨和研究。

在这本书中作者认真总结了改革开放以来北京金融业发展的成功经验，对21世纪初叶北京金融业发展的重点提出了若干建议。

作　　者：蒋三庚、林后春、魏业华、盛朝晖
推荐单位：首都经济贸易大学
出版单位：首都经济贸易大学出版社
批准时间：2000年上半年
出版时间：2000年10月

《物业管理市场——理论与实务》

物业管理行业是一个新兴的、充满竞争的朝阳行业。21世纪如何搞好物业管理，如何了解、占领和管理物业管理市场，是每一个业内人士都普遍关心的问题。本书从实际需要入手，全面而系统地研究和论述了物业管理市场的相关理论与运作实践。

本书的主要内容是：物业管理市场化与物业管理市场的内涵；物业管理市场的主体及其运作；物业管理市场客体及其商品化；物业管理市场环境及其建设；物业管理市场供求及其预测；物业管理市场价格及其确定；物业管理市场招投标；物业管理市场合同与实务；物业管理市场的管理与调控，以及21世纪中国物业管理市场变革等等。

作　　者：谭善勇
推荐单位：首都经济贸易大学
出版单位：首都经济贸易大学出版社
批准时间：2000年上半年
出版时间：2001年1月

《世界经济大趋势研究——21世纪中国东亚与世界》

作　　者：唐任伍
推荐单位：北京师范大学
出版单位：北京师范大学出版社
批准时间：2000年上半年
出版时间：2001年7月

本书比较系统地研究了世界经济长波理论与经济重心转移、中国与“儒家文化经济圈”、东亚经济的未来与发展以及世界经济全球化等内容，并明确指出，信息技术革命正迅速改变着传统产业和世界经济面貌，加快了世界产业结构的调整和重组，推动着人类社会从工业社会跳跃到信息社会。

作者对世界经济领域的许多重要问题进行了探讨，并提出了一些独立见解和观点，如世界经济发展重心转移的问题，世界经济全球化的本质问题，全球化与“一体化”的关系问题，“美元化”与“美元区”的问题，人民币成为世界基轴货币和人民币区的建立问题，21世纪到底是谁的世纪问题，21世纪前期到底具有一些什么特点问题等。

《失业下岗问题对比研究》

作　　者：李强、胡俊生、洪大用
推荐单位：清华大学
出版单位：清华大学出版社
批准时间：2000年下半年
出版时间：2001年10月

失业下岗问题是目前国内重要的、亟待解决的社会问题，本书对此问题进行了全面、深入的研究。

全书分为上、下两编，上编以大量翔实的调查数据为依据，对我国城市中失业下岗人员的家庭生活状况、再就业观念、再就业培训、就业服务体系以及城市外来民工的失业与社会保障等问题做了剖析，并提出相应的对策；下编分别考察了美、英、法、德、日、俄、新加坡等七国的不同类型的劳动力市场机制，并与我国的情况进行比较，为建立和健全我国的劳动力市场机制提供了有益的参考。

本书将实证研究与理论分析相结合，具有较强的现实针对性。

《经济全球化与有中国特色社会主义》

经济全球化是90年代以来国际组织、各国政府和众多学者及公众关注的热点话题，它正在并将继续对整个世界的发展产生深远的影响。本书的突出特点是将经济全球化问题的研究扩展到中国特色社会主义、政治学、经济学、行政管理学等多学科的基本理论和基本观点，多视角地审视在经济全球化背景下，中国特色社会主义面临的挑战与机遇及如何应对的战略抉择和对策。

全书资料翔实、逻辑严密、分析透彻、内容充实，具有相当的理论深度和现实意义，既为理论工作者提供了一部值得借鉴的参考读物，又为政府相关决策部门提供了一定的参考性意见。

作　　者：周春明
推荐单位：市委党校
出版单位：中国人民大学出版社
批准时间：2000年下半年
出版时间：2001年6月

《金融风险分析与管理研究——市场和机构的理论、模型与技术》

全书共分七章。第一章为总论，主要论述金融风险和风险管理的性质；第二章论述风险分析和定价的理论与模型；第三章论述风险管理的理论与技术之一：策略、机制与工具；第四章论述风险管理的理论与技术之二：市场风险衡量的现代方法；第五章论述风险管理的理论与技术之三：信用风险管理与衡量；第六章论述现代风险管理理论和技术在中国应用的探索之一：总体环境分析；第七章论述现代风险管理理论和技术在中国应用的探索之二：具体模型和技术分析。

本书对现代金融风险分析与管理的理论、模型和技术主要从两个层面展开：一是自现代金融理论中多蕴含的金融风险定价和管理的思想；二是目前在金融管理实践中流行的一些主要的管理应用模型和技术方法。

作　　者：陈忠阳
推荐单位：中国人民大学
出版单位：中国人民大学出版社
批准时间：2000年下半年
出版时间：2001年4月

《经济转轨中的金融改革问题——对俄罗斯的实证研究》

作　　者：庄毓敏
推荐单位：中国人民大学
出版单位：中国人民大学出版社
批准时间：2000 年下半年
出版时间：2001 年 4 月

本书着眼于俄罗斯金融改革，特别是银行体系的改革，由此出发，研究金融改革对经济发展的影响及效应。在对俄罗斯金融改革进行总结与评价的基础上，提出了中国金融改革未来的选择对策。

全书共分六章。第一章对俄罗斯经济转轨过程中金融运行环境的变迁进行了全面的分析和探讨；第二章介绍了俄罗斯二级银行体系的重建过程；第三章对俄罗斯中央银行的通货膨胀政策及汇率政策实施为金融运行和实体经济运行带来的效应进行了探讨和研究，并得出了相关的结论；第四章分析了俄罗斯商业银行体系的运行特征以及俄罗斯银行业 1998 年的系统性危机；第五章分析了俄罗斯银行业危机后的宏观经济运行特征及银行体系的发展前景；第六章是俄罗斯金融改革的启示及中国的选择。

《走向市场的中国就业》

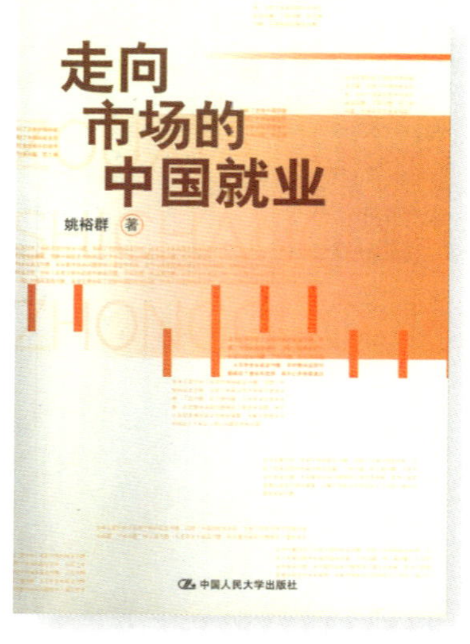

作　　者：姚裕群
推荐单位：中国人民大学
出版单位：中国人民大学出版社
批准时间：2000 年下半年
出版时间：2005 年 4 月

基于对市场经济体制的分析，本书比较系统地阐述了市场就业的基本原理、新中国就业发展的历史以及近年来的下岗、农村劳动力转移进城和大学毕业生就业等主要就业问题，从国家层次对就业战略、就业目标、政府的就业角色等问题进行了具体的阐述，对中国当前的就业形势进行了分析并提出了解决就业问题的五大对策。

本书中运用了企业雇佣动机、个人职业生涯、政府决策模式等就业研究的独特视角，并以此来观照社会主义市场经济条件下的中国就业问题，给人耳目一新的感觉。

《中国住房抵押贷款证券创新研究》

作　　者：姚长辉
推荐单位：北京大学
出版单位：北京大学出版社
批准时间：2001 年上半年
出版时间：2001 年 10 月

MBS 市场在美国等不少国家已经获得巨大成功。中国有无必要创建自己的 MBS 市场，创建条件与障碍在哪里，如何创建等问题，是我国金融理论和实务界所关注的问题。本书从理论和实践两个方面对这些重要问题给予了回答。

本书在对固定收益证券进行分析的基础上，揭示了 MBS 创新的规律，剖析了 MBS 现金流量分割的原则和方法，分析了 MBS 价值特征和价值分析手段，分析了 MBS 各种风险并建立了风险分析指标，分析了我国创新 MBS 市场的理论与实践意义，提出了创立我国 MBS 市场的三个基本条件，阐述了我国创立和深化 MBS 市场的障碍，并在风险回避的原则下设计了中国 MBS 市场创新方法。

《北京郊区城市化探索》

作　　者：赵树枫、陈光庭、张强
推荐单位：北京农经研究中心
出版单位：首都师范大学出版社
批准时间：2001 年上半年
出版时间：2001 年 9 月

北京作为我国的首都和发展中国家的特大城市，在城市化的进程中，也存在着现代化的城区与相对落后的郊区并存、发达的现代工业与传统的农业并存、城市型现代生活方式与农村型传统生活方式并存、收入较高的城市人口与收入较低的农村人口并存在的二元结构，并由此给北京的发展带来影响。

在此基础上，本书重点论述了城市化、城乡一体化的概念和规律性、北京郊区城市化的历史基础、北京郊区城市化与城乡一体化进程、北京城乡一体化与乡村城市化发展趋势等内容，并通过北京郊区城镇化的健康发展实例，对北京郊区城市化的现状、前景和目标等提出了自己的观点。

作　　者：姚裕群、韩淑娟、刘艺书
推荐单位：中国人民大学
出版单位：首都师范大学出版社
批准时间：2001 年上半年
出版时间：2001 年 11 月

《中国人力资源开发利用与管理研究》

本书分为五篇：第一篇为人力资源总论，分析了人力资源中的个体、经济、供给、需求以及社会等因素；第二篇为人力资源开发，阐述人力资源获取、培育及职业生涯发展与规划等；第三篇为人力资源利用，阐述了我国人口与人力资源数量、教育与人力资源生产、人力资源保障等；第四篇为人力资源管理，阐述了人力资源规划、测评、招聘、培训、员工关系、行为管理、考核与绩效管理、薪酬福利等；第五篇为人力资源战略，分析了我国人力资源管理和利用的前景以及应当采取的对策等。

本书可作为各类高等院校人力资源管理专业、劳动与社会保障专业及其他相关经济管理专业的教材，还可作为各单位人力资源管理人员的参考读物。

作　　者：王晓明
推荐单位：中国人民大学
出版单位：中国人民大学出版社
批准时间：2001 年上半年
出版时间：2002 年 4 月

《粮食流通的比较分析》

在这部书中，作者从粮食的重要意义出发，对我国粮食流通现状进行分析。通过对日本、美国、欧共体等国家和地区的粮食流通体制的介绍和比较分析，为中国的粮食流通体制走向科学化、合理化和市场化提供必要的参考。

全书共分十章。第一章至第四章分析了日本粮食流通的全过程，并着重对日本政府的粮食流通管理模式进行了分析与评价；第五章对美国的粮食流通体制进行了介绍，并着重对美国的商品金融公库——将缓冲库存、生产调整、金融支持、价格保护合为一体的政策性系统进行了评述；第七章至第九章详细介绍了中国的粮食流通体系，揭示了中国粮食流通过程的现状、弊病与问题；第十章在上述分析的基础上，作者提出了中国粮食流通的一个目标模式。

《经济全球化与中国粮食问题》

将最稀缺的耕地资源的四分之三配置于最没有比较优势的粮食生产，是1985年以来中国农村经济发展困境的重要根源。中国农业的“粮食经济陷阱”在经济全球化总格局中，会成为真正的深渊。

本书研究中国加入WTO之后的粮食发展战略调整，粮食生产的经济性与我国农村经济困境，全球化总格局下中国粮食面临的新问题，中国粮食竞争力评估，充分利用比较优势原理实现产业结构的升级换代，粮食安全与宏观调控，市场是粮食安全的基础，粮食生产的两种资源与两个市场，粮食生产、市场预测及紧急调整，粮食三放开的条件，对粮食生产的保护与支持等十个方面的内容。

作　　者：严瑞珍、程漱兰
推荐单位：中国人民大学
出版单位：中国人民大学出版社
批准时间：2001年上半年
出版时间：2001年10月

《服务贸易——自由化与竞争力》

本书结合我国对外开放的大趋势，系统地分析和研究了中国服务业与服务贸易的发展对策，特别是结合《服务贸易总协定》（GATS）的具体规定，全面地分析中国服务业的开放对策，具有较强的现实意义。

在具体的论述过程中，作者始终抓住服务贸易自由化这一大趋势，并以竞争力作为分析的主线索，对GATS做了系统的评述。既分析了GATS带给中国的约束，也指出了GATS的漏洞和空子，对GATS的作用进行了恰如其分的评价。在此基础上作者进一步分析了中国面对GATS所带来的自由化应采取的对策。同时，作者还带有前瞻性地分析了中国服务业未来开放的特点，外资进入的特点与方式等等。

作　　者：王粤
推荐单位：中国人民大学
出版单位：中国人民大学出版社
批准时间：2001年上半年
出版时间：2002年3月

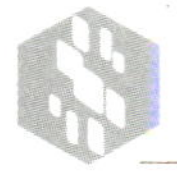

《新世纪住宅与房地产业发展研究》

作　　者：张跃庆
推荐单位：首都经济贸易大学
出版单位：首都经济贸易大学出版社
批准时间：2001 年上半年
出版时间：2003 年 1 月

在这部著作中，作者以建立住宅与房地产市场经济体制为中心，比较系统地研究了住宅与房地产市场经济体制和经济基础的建设；住宅与房地产市场运行的规范化问题；国家对住宅与房地产市场的宏观调控与管理问题等。

本书以我国住宅与房地产业的兴起、形成、发展为线索，全面分析了房地产业对我国国民经济发展、社会发展、城市建设、人们居住水平提高的巨大贡献作用，是一部对我国改革开放 20 余年房地产业研究的全面概述，对住宅与房地产业开发与管理、经营与市场提供了理论上的依据和实践上的指导。

《中国利用外资　理论/效益/管理》

作　　者：王巾英、崔新健
推荐单位：中央财经大学
出版单位：北京大学出版社
批准时间：2001 年下半年
出版时间：2002 年 6 月

本书坚持以马克思关于国际资本流动、国际分工理论和邓小平的改革开放、建设有中国特色的社会主义市场经济理论为指导，并吸纳了国际上有关研究的新成果，探索我国引资的理论。从利用外资效益的角度切入研究中国利用外资对经济增长的拉动、对技术进步的促进、对优化产业结构的推动，对机制转换的影响、分析了外资对我国经济安全的冲击，结论是中国政府对外资的管理必须科学化、法制化。

全书共分导论、利用外资的理论考察、利用外资的供给环境分析等几大部分，比较系统地研究了中国利用外资的总体战略目标、效率指标体系和评价标准问题，并对一些重要问题提出了富有新意的个人见解。

《养老金制度的经济分析与运作分析》

作　　者：朱青
推荐单位：中国人民大学
出版单位：中国人民大学出版社
批准时间：2001 年下半年
出版时间：2002 年 5 月

养老问题是当前国内外经济理论界研究的焦点之一。作为研究这个问题的学术专著，本书侧重于从财政、税收和金融的角度对养老金制度的结构模式、资金来源及筹资模式，发展企业年金制度的意义和方式，以及养老保险基金与资本市场的有机结合问题。

本书力求反映国际上养老金问题研究的最新理论成果，跟踪国外养老金制度改革和发展的现状，同时结合我国的实际情况，对我国养老金制度改革中亟待研究解决的一些问题，诸如养老社会保险制度的筹资模式是否应转向基金式、开征社会保险税的必要性、社保基金能否入股市、如何鼓励企业举办补充养老保险等问题提出了一些个人看法。

《国债的理论分析》

作　　者：类承曜
推荐单位：中国人民大学
出版单位：中国人民大学出版社
批准时间：2001 年下半年
出版时间：2002 年 5 月

近年来，国债规模的大幅度增长引起了理论界和决策部门的高度关注。债务负担率急剧增长是否会给我国国民经济的运行造成重大的负面影响？本书通过规范性理论分析和实证研究，紧密结合中国的实际情况，对这些具有重大现实意义的国债问题进行了比较深入的分析，并得出了一些有价值的、富有新意的结论。

本书的主要结论是：在我国目前的经济形势下，只要满足一些前提条件，发行国债不但不会给经济运行带来负面影响，反而有助于宏观经济健康稳定地发展。

《首都经济研究报告》

作　　者：文魁等
推荐单位：首都经济贸易大学
出版单位：首都经济贸易大学出版社
批准时间：2001 年下半年
出版时间：2002 年 12 月

全书共分四个部分：总论和三篇分论。在总论中，作者介绍了新世纪的首都经济的界定以及研究方法，并明确了首都经济的本质为服务经济；第一篇为首都经济的现代化进程，主要论述了首都经济发展的新思路、知识经济与高新技术产业、首都经济结构的战略性调整、首都经济的流通业及文化产业、首都经济的农业现代化、首都经济的外向型特征以及可持续发展问题；第二篇为市场化进程，着重就完善社会主义市场经济体制、政府职能调整、首都经济中的财政体制、金融业、投资及保障体制进行了阐述；第三篇为首都经济国际化进程，着重从国际性都市发展的视角论述了北京城市国际化进程中需要重点注意的问题。

全书结构完整，论述严谨，是一本比较重要的论述首都经济发展的经济学著作。

《中国利用外资规模研究》

作　　者：邹昭晞
推荐单位：首都经济贸易大学
出版单位：首都经济贸易大学出版社
批准时间：2001 年下半年
出版时间：2002 年 6 月

改革开放以来，中国经历了翻天覆地的变化，中国利用外资的格局也在不断改变。本书即以中国利用外资的情况为研究对象，从多个角度探讨了中国利用外资的整体战略布局中利用外资质量的问题，清晰地揭示了中国改革开放以来利用外资格局发生的深刻变化，总结了中国整体性引资战略所经历的从规模到质量的历史性跨越。

本书主要包括利用外资规模、成本与效益；利用外资规模与中国经济安全；利用外资规模与中国国际收支结构；利用外资规模与中国资本外逃；外商对华投资意愿与中国吸引外商投资趋势展望等内容，可供高等院校经济管理类专业的本科生和研究生使用，也可供科研工作者、政府工作人员、企业家等参考。

《博弈论应用与经济学发展》

作　　者：王文举等
推荐单位：首都经济贸易大学
出版单位：首都经济贸易大学出版社
批准时间：2001 年下半年
出版时间：2003 年 5 月

如何调整和改进政府职能，如何建立现代企业制度，推进国有企业改革，如何完善分配结构和分配方式，如何发挥市场机制的作用，健全宏观调控体系等等，这些问题都需要进行深入的研究。本书就是针对这些问题，结合我国社会主义初级阶段的特点，以邓小平理论和“三个代表”重要思想为指导，用现代经济博弈论进行分析和研究，为上述问题的解决提供理论依据和可供选择的政策组合。

本书将博弈论的最新研究成果与中国经济问题结合起来，从博弈论的角度寻找解决我国经济改革过程中出现的难点和热点问题的途径和方法，并就一些重要的问题提出了自己的见解，富有新意。

《基金管理分析模型与实务》

作　　者：郝梅瑞
推荐单位：首都经济贸易大学
出版单位：首都经济贸易大学出版社
批准时间：2001 年下半年
出版时间：2003 年 4 月

本书以深入、系统研究我国基金实务为主线展开，围绕所要分析的问题，应用不同的理论和模型，并对理论和模型的科学性以及应用环境的适应性都给予了论证。在这部书中，作者利用多种模型，对沪、深两市几十只投资基金的投资组合战略与策略、投资组合绩效、市场时机选择能力、投资风险测量与控制、基金风格的形成等进行了实证分析，科学地评价了不同投资基金的投资理财水平以及存在的问题。

此外，本书在基金投资绩效评价、投资组合、风险的度量与控制等基金运营的不同方面、不同环节创造性地构建了多种模型，将投资基金定性研究和经验判断推向定量化分析，使判断与结论建立在更准确、更科学的基础之上。

《创新网络——区域经济发展新思维》

作　　者：盖文启
推荐单位：北京大学
出版单位：北京大学出版社
批准时间：2002 年上半年
出版时间：2002 年 6 月

本书是从研究区域创新网络的视角来探索新时期区域发展的机制。书中探讨了区域创新网络的基本理论和原理，分析产业的空间集聚与网络的创新活动，并结合当前形势，探讨未来区域及其创新网络的发展趋势。书中对意大利、德国、美国等国外一些成功区域的发展进行对比分析，并对我国高新技术产业区今后的发展提出启示。最后，书中对我国中关村地区的区域创新网络发展进行零实证分析。

本书的研究涉及经济学、地理学，社会学、心理学等学科领域的新知识，并有大量的区域实证分析，理论与实践结合紧密。本书对于研究区域经济的专业学者和政府管理人员均具有重要的参考价值。

《泡沫与泡沫经济　非均衡分析》

作　　者：王子明
推荐单位：北京大学
出版单位：北京大学出版社
批准时间：2002 年上半年
出版时间：2002 年 7 月

泡沫与泡沫经济问题关系到经济运行、金融安全、财富分配与投资决策，涉及每个人的切身利益。本书对与之相关的理论与实践问题进行了全面、系统的研究。全书分八章，主要研究了下列问题：什么是泡沫与泡沫经济？泡沫如何度量？泡沫产生的机理是什么？泡沫有哪些类型？从均衡角度看，泡沫存在吗？泡沫如何影响社会经济？泡沫的成因是什么？如何根据经济数据检验泡沫是否存在？如何预防和治理泡沫经济？最后，针对典型案例进行了实证研究。书中借鉴了大量学术文献，并在某些方面取得了进展，反映了泡沫研究领域的许多最新成果。

本书可作为经济与金融类研究生、经济理论工作者、投资者、政策制定者的参考读物。

《转轨经济中的上市公司治理》

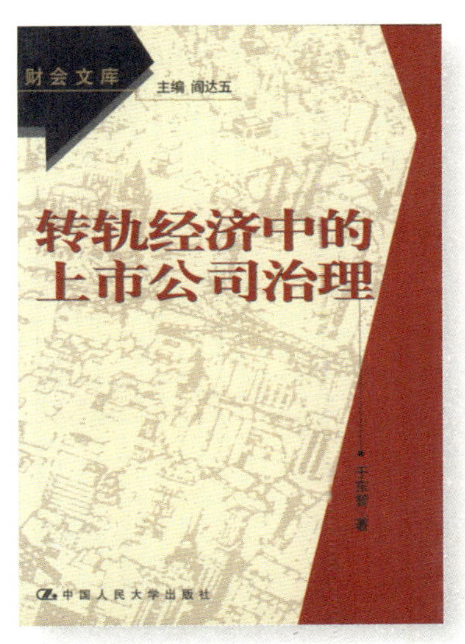

公司治理问题作为一个多学科交叉的研究领域，在10年前还很少有人涉及，如今它已成为一个全球各界人士普遍关注的前沿课题。

本书从独特的视角提出了研究公司治理问题的概念框架；总结了治理要素的绩效相关模型；以融资问题为突破口，采用计量经济学的分析手段，剖析了我国上市公司存在的治理问题；在国内率先研究了董事会行为与公司治理效率之间的关系；以大量事实为依据，针对我国上市公司存在的治理问题，提出了许多有针对性与建设性的政策建议。

作　　者：于东智
推荐单位：中国人民大学
出版单位：中国人民大学出版社
批准时间：2002年上半年
出版时间：2002年12月

《绿色流通引论——首都绿色流通事业发展对策研究》

在经济结构走向轻型化、服务化时，绿色流通日益成为城市可持续发展体系（情节生产—绿色流通—适度消费）的重要组成部分，大有作为。本书以北京市社科规划办项目的研究成果为基础，共十一章，按照绿色商流和绿色物流两条主线，系统提出绿色流通的体系框架和主体内容。应用经济学、管理学原理，对绿色流通的重点内容、关键技术、制度环境和政策要件进行深入、系统分析。

本书主题新颖，进行经济与环保的交叉学科研究，研究内容和研究思路均具有一定的创新性；内容丰富充实，借鉴国外经验与立足国情相结合，定性分析与定量研究相结合，有大量实地的调研数据及分析，具有较强的理论性和实践参考价值。

作　　者：程红、杨荣之、李克宁等
推荐单位：物资学院
出版单位：中国人民大学出版社
批准时间：2002年上半年
出版时间：2005年6月

作　　者：庹国柱、王国军
推荐单位：首都经济贸易大学
出版单位：首都经济贸易大学出版社
批准时间：2002 年上半年
出版时间：2003 年 1 月

《中国农业保险与农村社会保障制度研究》

本书从探讨和研究我国农业保险的发展入手，进而研究我国农村社会保障制度的有关理论，回顾我国农村社会保障制度的几度变迁，最后提出我国农村社会保障制度的改革思路：即城乡社会保障制度的衔接和农村社会保险、政策性保险与商业保险的协调与整合。

在这部书中，作者用大量篇幅介绍了国外农业保险的发展历史和现状、立法及其依据，调查和分析了我国商业保险公司经营农业保险的模式、成败及其原因，指出了农业保险面临风险的特殊性和农产品交易的特殊性，进而给出了农产品属于准公共物品的界定。同时，作者借鉴国外的经验，作出农业保险应当属政策性保险的论断，并相应地提出农业保险经营模式和政府立法等建议。

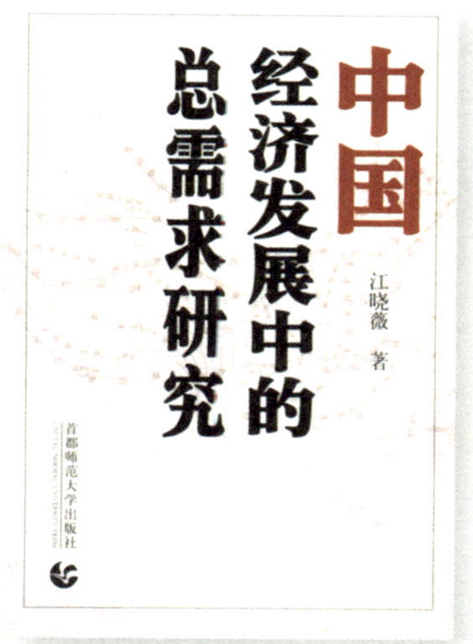

作　　者：江晓薇
推荐单位：北京市社科院
出版单位：首都师范大学出版社
批准时间：2002 年上半年
出版时间：2003 年 12 月

《中国经济发展中的总需求研究》

本书以马克思主义经济理论特别是社会再生产理论为指导，借鉴西方经济学的某些研究成果和方法，以中国经济市场化改革二十年来的经济实践为背景，研究发展中国家的总需求变动规律，尝试构建中国经济发展中的宏观经济理论。

为了准确地捕捉到经济改革和发展中总需求变动的规律，本书把定性分析和定量分析结合起来，设立计量经济模型。按时间段划分为静态模型和动态模型，把二者结合起来对各种需求变化数据进行了分析。此外，本书以我国经济发展为背景，在各种模型中代入我国改革开放二十年（1981—1999 年）的宏观经济数据，经过比较分析和验证，得出诸多符合我国实际的富有启迪性的结论。在此基础上，再对我国今后实施宏观经济政策提出建议，具有较强的实践性。

《美联储实施货币政策的经验及其借鉴意义》

作　　者：易定红
推荐单位：中国人民大学
出版单位：中国人民大学出版社
批准时间：2002 年上半年
出版时间：2004 年 1 月

关于中央银行如何利用间接控制工具调节货币供给量从而调控宏观经济运行的理论与实施技术问题的研究，是当前我国货币金融领域的热点问题。本书通过分析美国联邦储备体系制定和实施货币政策的理论以及具体做法，总结出有关实现间接调控的货币政策的一般制度规则和技术经验，并在比较我国与美国实施货币政策的金融环境和技术环境的基础上，为我国货币政策调控模式的改革提出了一些很有启发性的建议。

本书可作为货币金融领域的研究人员、实际领域的工作者、大专院校的研究生和本科生的参考资料。

《制度化儒家及其解体》

作　　者：干春松
推荐单位：中国人民大学
出版单位：中国人民大学出版社
批准时间：2002 年下半年
出版时间：2003 年 3 月

本书以制度化儒家的概念为切入点，探讨儒家的历史功能和近代命运。其理论创新之处在于立足知识社会学，从权力、真理和制度三者之间的互动关系进行考察，为全面审视儒家的历史功能提供了一个新的视角，也为儒家在近代失去了制度的支撑而陷入解体的命运作出了新的诠释。本书取材宏富，在资料的掌握上下了很大的功力，分析透辟，见解独到，是一部既有理论价值又有现实意义的学术著作。

本书试图兼顾思想史与知识社会学的立场，从知识与权力、思想与社会交互作用的复杂关系中，诠释儒家的社会角色及其内在品格，在视野与方法上堪为一种探索，且在一定意义上对于国内学术界更热衷于“观念史”的儒家与新儒学研究，有补偏之益。

《国际货币区域化与发展中国家的金融安全》

作　　者：于同申
推荐单位：中国人民大学
出版单位：中国人民大学出版社
批准时间：2002 年下半年
出版时间：2005 年 5 月

随着国际货币区域化的到来，20 世纪 80 年代以后在世界经济范围内的货币金融危机频繁发生。本书在经济全球化的背景下，考察了世纪之交国际货币区域化成为一种浪潮的根本原因，国际货币区域化的基本形式和发展趋势，以及国际货币区域化与发展中国家金融安全的关系。

本书通过拉美国家美元化与欧洲货币一体化的实践对比，寻找和确定出了两种不同国际货币区域化的主要特点及其利弊得失，从而找出了发展中国家在经济全球化趋势下防范和化解货币金融危机的可能对策。在此基础上，本书还对东亚国家进行的货币金融合作对亚洲国家新世纪的金融安全和持续经济发展的意义，特别是亚洲货币金融合作的途径和可能前景进行了分析，并给出了东南亚国家相应的政策选择。

《银行制度创新与全能银行发展》

作　　者：李洁
推荐单位：中国人民大学
出版单位：中国人民大学出版社
批准时间：2002 年下半年
出版时间：2003 年 3 月

20 世纪 90 年代以来，以银行跨业、跨国购并为主旋律的第五次全球购并浪潮兴起，推动着全能银行的全球化发展。这些大型跨国全能银行会给逐步开放的中国金融体系和金融市场带来深刻影响，我们只能顺应历史潮流，发展自己的全能银行，别无选择。

本书力图运用制度创新理论，结合银行制度理论，对全能银行这一国内的新生事物做了较为透彻的分析，焦点聚集在全能银行不同于一般商业银行或其他金融机构方面，并以此建立起全能银行制度较为完整的框架。本书阐述了两种典型全能银行产生的基础、业务扩展、组织结构、监管方式和未来发展趋势，为我国银行制度的改革创新和全能银行的发展提供了理论依据和实践示范。

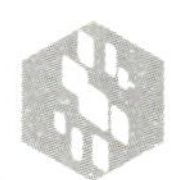

《企业组织变革管理——实现卓越绩效的途径》

作　　者：焦叔斌
推荐单位：中国人民大学
出版单位：中国人民大学出版社
批准时间：2002 年下半年
出版时间：2003 年 8 月

在当今的经营环境下，企业应当如何实施和管理变革过程才有利于实现持久的改进效果，这是本书所讨论的主题。

企业的变革实质上是要从当前的不满状态转变为一种理想的状态。本书首先对于企业变革所追求的理想状态进行了较为详尽的剖析和探讨。在此基础上，集中探讨了要跨越横亘在传统企业与理想模式之间的鸿沟所必须实现的三大转变，即在企业的行为方式上，实现从传统的“生产—销售”模式向聚焦于顾客的“察知—应对”模式的转变；在企业的内部运营上，实现从纵向的“职能碉堡”方式向横向的过程导向的转变；在对人员的管理上，实现从被动的“指挥与控制”向主动的“活性化与自我控制”的转变。这三大转变是从根本上改进组织绩效的必由之路。

《公司制度论》

作　　者：李由
推荐单位：北京师范大学
出版单位：北京师范大学出版社
批准时间：2002 年下半年
出版时间：2003 年 5 月

全书共十二章，涵括了公司的产生和发展；公司和公司法；公司的设立；公司的资本；公司的金融；股东和股权；公司的治理结构和组织机构，包括公司治理的原则和模式，董事会、董事和经理，公司的激励约束；公司的合并、收购和分立；公司的解散、清算和破产等内容。

本书主要有三大特点：第一，从历史的角度，分析几百年来主要国家公司制度的发生、发展过程和发展前景；第二，从国际比较的角度，考察不同国家公司制度的存在背景和法律特征，重点分析当代中国的公司制度；第三，在明辨公司制度的法律规定的基础上，又对具体的公司制度进行必要的理论分析，指出我国公司的制度特性和制度缺陷，并尝试给出改革我国公司制度的可能方向和可行途径。

《都市消费与经济增长》

作　　者：刁永祚
推荐单位：首都师范大学
出版单位：首都师范大学出版社
批准时间：2002 年下半年
出版时间：2003 年 4 月

社会经济的增长主要来自两个方面的推动：一个是生产推动即供给推动，一个是需求拉动即消费拉动。在传统的计划经济体制下，由于短缺经济的卖方市场，经济增长的动力主要依赖于供给的推动。随着卖方市场向买方市场的转变，经济增长的主要动力也从供给推动转变为消费拉动。消费能否有效地增长已经成为拉动经济增长的决定性力量。

本书共分十二章，从都市与都市经济、都市消费与经济增长、都市消费主体与系统运行、都市消费领域与消费行为、都市消费与产业结构等方面比较全面地阐释了“以都市消费为主导的经济增长”模式及其发展前景。

《中国流通产业组织创新研究》

作　　者：金永生
推荐单位：北京工业大学
出版单位：首都经济贸易大学出版社
批准时间：2002 年下半年
出版时间：2004 年 4 月

本书从流通产业组织创新角度出发，运用产业组织理论和创新理论，结合实证分析方法，研究在我国加入世界贸易组织的条件下，世界流通产业的发展趋势和我国流通产业的发展方向以及相应的政策选择和战略选择。

全书共分为九章：第一章探讨了产业组织理论的演变及其框架体系；第二章对流通产业的市场结构与市场类型进行了相关的研究；第三章则对中国流通产业组织进行了系统的分析；第四章及第五章对中国流通组织结构及其演进进行了深入的探讨；第六章的研究重点是流通中介组织；第七章对世界贸易组织框架下流通组织的竞争分析进行了探讨；第八章系统论述了新经济形态下的流通组织变革问题；第九章则对流通产业创新和流通组织创新进行了深入研究。

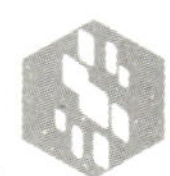

《运行与监管——中国社会保障资金问题分析》

社会保障资金问题已经成为影响世界各国经济发展的重要制约因素，确定适合经济发展的社会保障水平是理论和实践中亟待解决的问题。本书论述了社会保障资金运行与监管的一般理论，提出了确定社会保障水平的理论依据，对我国社会保障资金的收支状况做了平衡匡算；结合中国社会保障资金的运用状况、问题和监管方式，提出了解决问题的办法。

本书适用于社会保障理论研究者，社会保障、保险工作者，政府、企业领导及经理，用于了解国家社会保障政策，也可以作为社会保障专业本科、研究生的参考书。

作　　者：刘钧
推荐单位：中央财经大学
出版单位：清华大学出版社
批准时间：2002 年下半年
出版时间：2003 年 10 月

《期待权基本理论研究》

本书是对期待权基本理论的一次系统研究。

全书分为两部分：上篇是对期待权一般理论的研究。主要研究了期待权概念的提出过程、期待权的构成、期待权的类型、期待权的性质和效力，特别地将期待权与形成权进行了比较研究。这有助于我国民事权利体系的完善。下篇则是分析了所有权保留买卖保留买主期待权的概念、特征、种类，着重研究了保留买主期待权的本质，提出保留买主期待权的本质为一项不完全的所有权，并以保留买主期待权为例对期待权的独立权利机能进行了研究，即期待权的转让、期待权的善意取得、期待权质权、期待权的保护。

作　　者：申卫星
推荐单位：北京大学
出版单位：中国人民大学出版社
批准时间：2002 年下半年
出版时间：2006 年 8 月

七、文化、科学、教育、体育

《中国印度尼西亚文化交流》

作　　者：孔远志
推荐单位：北京大学
出版单位：北京大学出版社
批准时间：1998 年上半年
出版时间：1999 年 3 月

本书是一部专门研究中国印度尼西亚文化交流的学术专著。

中国是世界文明古国之一。在漫长的历史岁月中，中华民族创造了光辉灿烂的文化，她既对其他民族，尤其对包括印度尼西亚在内的邻近诸民族产生积极的影响，同时又吸收了那些民族文明的精华。根据中国与印度尼西亚文化交流的历史史实，本书很大的篇幅是记述中国文化对印度尼西亚的影响。同时也尽可能地反映印度尼西亚文化对中国的作用，例如，印尼群岛是伊斯兰教传入中国东南沿海的渠道之一；早在公元 971 年，苏门答腊的三佛齐就将火油（即煤油）介绍给中国；印度尼西亚的歌曲、舞蹈、文学和食品等在中国也很受欢迎。

《苏联教育 70 年成败》

作　　者：王义高、肖甦
推荐单位：北京师范大学
出版单位：北京师范大学出版社
批准时间：1998 年上半年
出版时间：1999 年 6 月

本书对苏联教育从 1917 年至 1991 年 70 多年发展历程中的成败得失进行了系统、深入的介绍和比较客观的评述。

全书共分五章。第一章论述列宁的教育思想及其对社会主义教育事业的指导意义；第二章论述革命化改造过程中的苏联教育（1917—1929），并对革命化改造的实际效果进行了相应的评论；第三章论述规范化整顿中的苏联教育（1930—1955），并对在此期间出现的代表性教育流派及其思想内核进行了简要的评介；第四章论述反应式改革中的苏联教育（1956—1985），并对这个阶段苏联当局的教育决策以及代表性教育理论流派进行了简要的评价；第五章论述解体前夕的苏联教育（1985—1991），并对这个阶段苏联当局的教育决策以及代表性教育理论流派进行了简要的评价。

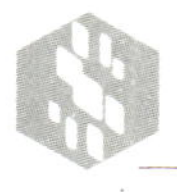

作　　者：蓝劲松
推荐单位：清华大学
出版单位：清华大学出版社
批准时间：1998 年下半年
出版时间：1999 年 8 月

《高等教育与人才市场——理论探讨与实证分析》

本书是一部专门论述高等教育与人才市场问题的学术专著。

多年来，作为高等教育学探讨的基本理论问题之一，高等教育与社会的关系一直为人们所关注。而在市场经济条件下，人才市场是高等教育系统与社会系统联系的主要中介。那么，高等教育与人才市场又有什么关系？如何处理这种关系？这是高等教育学以往忽视的问题。本书以人才市场为切入点，对上述问题进行了较为详细的理论探讨和实证分析。书中对人才市场的本质和核心特征的理论探讨，具有在前人工作基础上的创新性。在研究方法上，本书采用“问题中心取向”，通过研究得出的一些具体结论和建议对实际工作者也有启发和借鉴意义。

作　　者：郑国民
推荐单位：北京师范大学
出版单位：北京师范大学出版社
批准时间：1998 年下半年
出版时间：2000 年 1 月

《从文言文教学到白话文教学——我国近现代语文教育的变革历程》

本书以白话文教学取代文言文教学为主线，考察了中国语文教育走向现代化的变革历程，揭示了变革背景和动因、演进的轨迹，特别着力探讨了语文教科书的变革和语文教学法的变革。

本书认为，从文言文教学到白话文教学，是我国语文教育发展史上一次深刻而彻底的变革，是传统语文教学向现代语文教学转变的历程，从此语文教学开始踏上现代化之路。这次变革的发生，根源于我国近代社会政治经济发展的客观要求以及语文教学自身的内在发展逻辑。语文学科独立之后，语文教学的主要任务是学习语言文字这个最重要的交际工具。面向大众、面向现实和注重学生主体性的现代教育与文言文教学形成了不可调和的矛盾。这些矛盾运动的结果是现代教育抛弃了文言文，而选择了白话文。

《藏书与文化——古代私家藏书文化研究》

作　　者：周少川
推荐单位：北京师范大学
出版单位：北京师范大学出版社
批准时间：1998 年下半年
出版时间：1999 年 4 月

本书从文化视角来研究私家藏书，把它作为一种文化现象，置于社会历史环境之中，研究藏书文化在其特定历史阶段与其生产技术、经济水平、文化风尚、人文地理诸因素的关系。这种研究方法，有利于正确了解私家藏书在长期活动中逐步形成的文化积淀，从中了解、感悟中华民族爱书、读书、治学精神的渊源。

在本书中，作者确定了私家藏书史的分期的三个发展阶段：古代私家藏书的成长期：从春秋末年到东汉结束；古代私家藏书的发展期：从魏晋南北朝至隋唐期间；古代私家藏书的兴盛期：从宋代至清末。此外，作者还探索了私家藏书文化在文化史上的地位。私家藏书文化是通过其收藏过程和被称为藏书习俗的一些形式，来体现他们的精神追求和内心感受的。

《从两极到中介——科学主义教育和人本主义教育方法论研究》

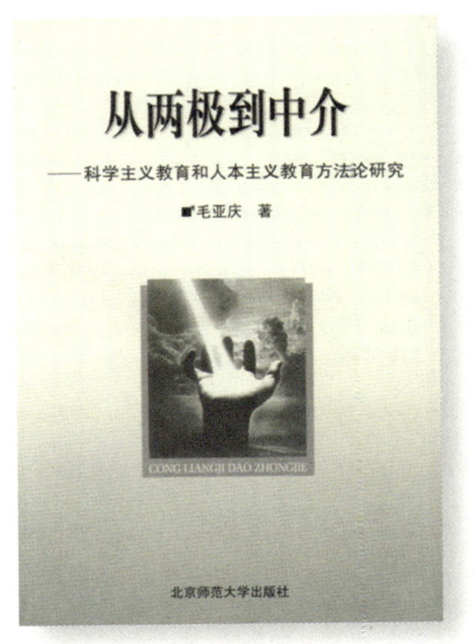

作　　者：毛亚庆
推荐单位：北京师范大学
出版单位：北京师范大学出版社
批准时间：1998 年下半年
出版时间：1999 年 9 月

在西方，作为科学主义和人本主义在教育领域中反映的两大理论：科学主义教育和人本主义教育的争论、对立、冲突早已有之，这种争论以及两大教育理论在当代逐步相互靠拢、吸收乃至谋求融合的新发展，在我国教育理论界也有着程度不同的影响，引起了热烈的讨论。

科学主义教育和人本主义教育一方面以自己特定方式展示了自身的力量与存在的依据，另一方面又都在历史的进程中显露出各自的缺憾与极限。面对两大理论的偏颇之处，本书从方法论上做了新的尝试，指出了其方法论的缺陷——还原论——是其产生教育理论不足的根本原因，并在剖析两大教育理论偏差的基础上，力图建构超越两大教育理论的方法论模式：教育中介论。

《老舍新论》

作　　者：王晓琴
推荐单位：首都师范大学
出版单位：首都师范大学出版社
批准时间：1998年下半年
出版时间：1999年2月

本书比较全面地分析了老舍先生不同的人生侧面：老舍的北京情结、老舍与基督教的关系、老舍的“改造国民性”思想、老舍与中西文化、老舍的忧患意识、老舍与中国共产党、老舍的小说观、老说小说人物体系、老舍笔下的祥子与鲁迅笔下的阿Q对比、老舍的戏剧观、老舍话剧发展轨迹、老舍话剧的北京民俗之美、老舍对歌剧的新探索、老舍幽默小品的审美特征、老舍与现代中国的幽默思潮、老舍的幽默风格、老舍的语言艺术、老舍的“京味儿”等。

在此基础上，作者进一步分析了老舍研究的新动向（如对台湾老舍研究至特点与趋势的分析）、新视野（如评《老舍与北京文化》），对一些具有代表性的著作进行了精当的述评，并提出了自己的独立见解。

《托尔斯泰和中国古典文化思想》

作　　者：吴泽霖
推荐单位：北京师范大学
出版单位：北京师范大学出版社
批准时间：1999年上半年
出版时间：2000年7月

本书以比较文学方法和作家专论，第一次系统地提出了托尔斯泰和中国古典文化思想关系的新论点，并在考察中努力揭示中国古典文化思想在当代世界文明发展中的深远意义。

针对以往对托尔斯泰与中国、与中国古典文化思想关系的研究中存在的一些问题，本书的研究注意就以下方面开拓新的思路：一是否弃了把研究的目光仅仅囿于托尔斯泰晚年对中国诸子著述的直接接触的思路，十分关注托尔斯泰一生精神探索的东方走向的意义。特别注意将托尔斯泰精神求索的进程进行细致的分期，从历时的、动态的分析中揭示托尔斯泰会通中国古典文化思想的精神求索轨迹和历程。同时，本书也对托尔斯泰的一系列重要作品，从和中国古典文化思想相契合的新的视角作出新的解读。

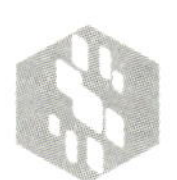

《通识教育——一种大学教育观》

本书运用文献调研等方法对通识教育的内涵、历史、实践、理念及合理性进行了系统研究与严格论证。

本书阐明，通识教育是一种旨在给予学生一个合理的知识结构和能力结构，并进而使之成为一个负责任的“人”和国家的“公民”的教育；它与旨在为学生将来从事某种职业做准备的专业教育是高等教育的两个不可或缺的组成部分，二者不能对立或割裂。本书还指出，专业教育与通识教育相结合的大学本科教育观既符合人的全面发展的需要又符合未来社会发展的潮流和趋势，具有一定的合理性。最后，本书还在以上研究的基础上，对我国大学中“通识教育”的历史、现状和问题进行了讨论。

作　　者：李曼丽
推荐单位：清华大学
出版单位：清华大学出版社
批准时间：1999 年上半年
出版时间：1999 年 12 月

《春秋的回声——左传的文化研究》

《左传》长期以来受到人们的关注，但对其思想的系统的、整体的研究还很不够，从个别现象出发对作者思想作评的现象仍不少见，这些都导致了结论的偏颇，并由此影响了对它作为民族“元”精神的形象载体重要价值的认识。本书正为弥补这一缺憾而作。

本书内容分为两部分：上编侧重研究《左传》的思想，主要涉及《左传》的天命观、历史观、伦理观，以考察轴心时代文化精英阶层的代表史官对天地自然历史人生的理解和认识；下编侧重挖掘《左传》的文化价值，主要涉及《左传》的史诗性、《左传》中的《诗经》文化、《左传》中的《周易》文化，主要考察轴心时代历史著作的文学化，及“六经”中最重要的两种——《诗经》的政治化、《易经》的哲学化等问题。

作　　者：刘丽文
推荐单位：北京广播学院
出版单位：北京燕山出版社
批准时间：1999 年上半年
出版时间：2000 年 1 月

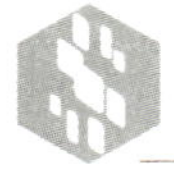

《跨文化之桥》

作　　者：乐黛云
推荐单位：北京大学
出版单位：北京大学出版社
批准时间：2000 年上半年
出版时间：2002 年 3 月

本书通过从全球化与多元化、中西文论的比较和对中国当代文学的重新解读三个方面对其进行分析，可以看到《跨文化之桥》倡导一种跨越中西文化的比较研究，为全球化时代中西比较文化研究提供了一种新视域。

作者认为，在全球化时代，占主导地位的西方文化需要一个完全不同的“他者”作为参照系来重新认识和更新自己；过去处于边缘、备受压抑的非西方文化也需要在与西方文化的平等交流中实现自身文化的现代化并向前发展。因此可以断言，在新的世纪里，西方与非西方之间的跨文化文学研究和文学与其他学科相连的跨学科文学研究势必大大超越前一世纪的比较文学，从而开辟比较文学的新纪元。

《中小学生心理行为问题干预》

作　　者：雷雳
推荐单位：首都师范大学
出版单位：首都师范大学出版社
批准时间：2000 年上半年
出版时间：2002 年 9 月

目前学生心理危机已出现低龄化趋势，日益沉重的压力让广大中小学生心理不堪重负。本书提供了中小学生心理行为干预的基本理论和方法帮助中小学教师分析并解决学生的心理行为问题，并通过案例提醒教师应该避免的心理教育误区。

全书分为上下两篇。上篇为理论篇，概述了心理健康的主要内容、产生心理行为问题的原因以及心理行为问题的研究方法，重点分析了行为治疗法、合理情绪治疗法、精神分析治疗法、当事人中心治疗法、完形治疗法、交互分析治疗法、现实治疗法、森田治疗法的基本理论、基本过程和治疗特点。下篇为实践篇，重点分析了具有典型意义的中小学生的心理行为问题及其具体的治疗、干预措施。

《刘师培与中西学术——以其中西交融之学和学术史研究为核心》

作　　者：李帆
推荐单位：北京师范大学
出版单位：北京师范大学出版社
批准时间：2000 年上半年
出版时间：2003 年 3 月

刘师培是“扬州学派”殿军，国学大师，同时又是促使中国古典学术向现代转型的关键人物，在中国近代思想、学术史上具有重要地位。本书即以刘师培的学术思想与建树为主题展开论述，入手处在刘氏对先贤学术的继承上，重点是刘的中西交融之学和中国学术史研究。

作者认为，刘师培交融中西的目的在于借西学阐释中学，从而有助于中国古典学术从传统走向现代。他的中国学术史研究是清末民初学术史勃兴现象的重要组成，研究范围涉及从先秦迄清代的各朝各代，重点为对先秦学术、两汉学术及汉宋学术流变、清代学术的系统探讨。这些论述极具创见和特色，尤其对清代学术的探讨，更有个人体验所带来的独到性，反映出他的学术史研究已臻于相当高的水准和境界。

《俄罗斯教育 10 年变迁》

作　　者：肖甦、王义高
推荐单位：北京师范大学
出版单位：北京师范大学出版社
批准时间：2000 年下半年
出版时间：2003 年 3 月

全书分上、下两编。上编主要介绍俄罗斯教育制度的 10 年变迁。其中，第一章为制度变迁的教育立法和政策导向，分析了制约变迁的教育立法以及政策导向；第二章为非国立教育与非国立教育机构，分析了非国立学校的现状、特点以及成因；第三章为各级各类教育的改革，分析了普通中等教育和职业教育的改革情况；第四章为师范教育的改革，评析了苏联解体前夕的师范教育基本情况、90 年代的师范教育改革、结构网络与管理体系以及师范教育的问题与前景。

下编主要介绍俄罗斯教育思想的 10 年变迁。其中，第一章主要评析第聂伯罗夫的教改构想；第二章主要评析格尔顺斯基的教育哲学；第三章主要评析谢列夫科描绘的“现代教育工艺学”图影；第四章是对对俄教育思想领域 10 年变迁的评析。

《职业教育导论》

作　　者：李守福
推荐单位：北京师范大学
出版单位：北京师范大学出版社
批准时间：2000 年下半年
出版时间：2002 年 4 月

自 20 世纪初期以来，经过凯兴斯泰纳、杜威、怀特海等教育家的努力，职业教育逐渐形成了一门新的学科，确立了相对完整的理论体系，更加明确地提出了其研究对象和独特的研究方法。这种大的背景环境对于我国职业教育的发展有着积极的促进作用。

在这部书中，作者以辩证唯物史观为基本出发点，比较系统地阐述了职业教育的起源与发展、职业教育的理论基础、职业教育的功能及其制约因素、职业教育的培养目标、职业教育制度、职业资格制度与职业教育、职业伦理、农村职业教育以及现代中国的职业教育等内容，并对这些问题从社会、政治、经济、文化、历史传统等多方位地进行了分析与探讨，力求把握住职业教育发展的主线，阐明其发展的基本轨迹和未来的趋势。

《大众文化批评》

作　　者：许文郁、朱元忠、许苗苗
推荐单位：政法管理干部学院
出版单位：首都师范大学出版社
批准时间：2000 年下半年
出版时间：2002 年 4 月

20 世纪 90 年代，中国社会发生着急剧的变化，在经济体制由计划经济向市场经济过渡的同时，社会文化形态也由传统的农业文化向现代工业文化转型；从价值体系上看，则由以群体为本位的文化模式，向以个体为本位的文化体系转化。对大众日常生活价值形态的肯定，对世俗欲望的肯定取代了过去对理性的崇尚和对理想的追求。在社会文化转型的刺激下，随着科技的进步和大众传播媒介的普及，大众文化应运而生，迅速占领着中国的文化市场，使主流文化的正统地位岌岌可危，而一度傲气十足的精英文化也被挤到了冷寂的角落。本书即由此而展开。

本书共分三编：第一编为大众文化概说，第二编为大众文化批评，第三编为大众文化批评的操作。

《日韩道德课理念比较研究——文化冲突视角》

随着我国市场经济的进一步发展，人们的思想意识和道德观念面临着前所未有的冲突，也给我国的中小学德育课提出了严峻挑战。本书以为，道德冲突主要表现为：传统道德与西方道德的冲突；社会主义道德与西方道德的冲突。现代化背景下的文化传播则是道德冲突的导因。唯有明确道德冲突的根源所在，才能为我国德育课寻求对策，从而走出困境。

他山之石，可以攻玉。日本、韩国在现代化转型时期的德育选择与其截然不同的结果可作为我们的前车之鉴。本书旨在分析出日本和韩国的道德课在第二次世界大战以后所面临的共同冲突及两国迥然相异的发展道路，从而为有志做相关研究的学者同仁提供些许参考。

作　　者：姜英敏
推荐单位：北京师范大学
出版单位：北京师范大学出版社
批准时间：2001 年上半年
出版时间：2003 年 6 月

《社会转型期审美文化研究》

本书主要选取了 20 世纪 90 年代比较有代表性的几种审美文化形式，从社会—文化心理的角度分析其产生与流行的原因；同时也通过对这些作品的分析与解读，进一步了解社会—文化心理的变化，了解当代中国民众的生活方式、价值观念与审美趣味。

概而言之，本书在以下几个方面作出了比较突出的成果：比较细致地分析了 20 世纪 90 年代我国社会转型的大背景及审美文化界的现状，在此基础上提出了存在的问题及可能的发展方向；通过广泛研究世界上实行市场经济的国家（主要是西方发达国家）文化与艺术活动所存在的问题与危机，结合中国的国情作出相应的比较与分析；通过认真研读马列经典作家及现当代西方思想家有关市场经济与文化发展的关系的论述，在此基础上确立了分析框架与评价标准；从理论上论证市场经济条件下审美文化健康发展的重要性、可能性与具体途径。

作　　者：陶东风
推荐单位：首都师范大学
出版单位：北京出版社
批准时间：2001 年上半年
出版时间：2002 年 1 月

《印度尼西亚文化与社会》

作　　者：梁敏和、孔远志
推荐单位：北京大学
出版单位：北京大学出版社
批准时间：2001 年下半年
出版时间：2002 年 8 月

文化的概念有广义与狭义之分。前者指人类在社会历史发展过程中创造的物质和精神财富的总和。后者指精神财富，如文学、艺术、教育、科学和宗教等。本书取后者。印度尼西亚文化是印度尼西亚社会上层建筑的一个重要组成部分，它是印度尼西亚经济形态的产物，反过来它又影响经济的发展。

本书试图用辩证唯物主义和历史唯物主义的立场、观点，探索印度尼西亚文化与印度尼西亚社会的关系，总结印度尼西亚文化发展的特点与规律，同时，批判西方殖民主义御用学者所谓的“印度尼西亚文化虚无论”和“印度尼西亚文化外来论”等谬论。此外，本书还对印度尼西亚各部族之间和印度尼西亚民族与其他民族间的文化交流情况进行了比较深入的分析。

《教育立法与中国现代教育制度的建立与发展（1902—1937）》

作　　者：李罡
推荐单位：市委党校
出版单位：同心出版社
批准时间：2002 年上半年
出版时间：2003 年 2 月

中国近现代是中国教育由古代向现代转变的关键性历史阶段，在这个过程中，教育立法发挥了积极的巩固和保障作用。从 20 世纪初中国第一个现代教育法规的出台，到 30 年代末中国教育法律体系的初步建立，中国教育立法顽强地推动着中国教育的现代化。

本书认为，中国近代教育立法，是教育发展到一定阶段的产物，是近现代中国社会转型在教育领域的反映。近代教育立法活动，不仅促进了中国传统教育体制向现代教育体制的转型，保障了现代教育制度在中国的确立，而且形成了一套比较完整的现代教育法律体系。

《中国师范教育史》

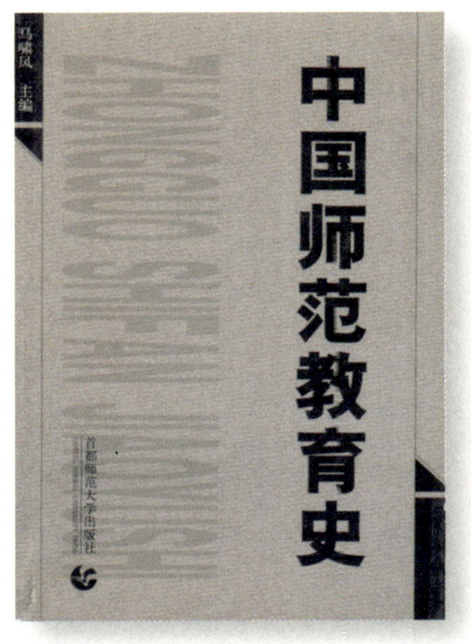

作　　者：马啸风
推荐单位：首都师范大学
出版单位：首都师范大学出版社
批准时间：2002 年上半年
出版时间：2003 年 4 月

自从有了学校，出现了专职的教师，教师就与学校共始终，成为人类社会一个最古老，也是最重要的职业。因此，古往今来，教师的地位、作用和教师的培养等问题，一直是人们关注并在不断认识和加以解决的课题。

本书作者立足于教育，又注意从政治、经济和文化等多维视角研究中国从 1840 年到 1949 年师范教育在中国的产生、演变和发展。在书中，既阐述了我国师范教育、高等师范教育、女子师范教育、幼儿师范教育和乡村师范教育的发展，还对这一时期的重要教育家的师范教育思想和实践、师范教育思潮和著名的师范教育机构，以及人物、思想、思潮、制度、实践等相互关系进行了深入的分析，从而全方位地展示了一幅生动多彩的中国师范教育发展的历史画卷。

《漂泊的灵魂——陀思妥耶夫斯基与俄罗斯传统文化》

作　　者：赵桂莲
推荐单位：北京大学
出版单位：北京大学出版社
批准时间：2002 年下半年
出版时间：2002 年 9 月

在同时代人的回忆中，陀思妥耶夫斯基的形象是飘忽不定的。褒之者推崇他为正人君子，贬之者却将他视作卑劣之徒。至于其创作，评价者的观点更是复杂：有人从中看到了人道主义思想，有人则看到了不必要的残酷；有人称赞他在作品中对黑暗社会的批判激情，有人则谴责他对革命运动的攻击；有人欣赏他小说中表现出来的宗教神秘主义倾向，有人则肯定他对上帝及其所创造的世界的怀疑；有人从中找到了某种强烈的个人意志（如尼采），有人则发现了俄狄浦斯情结（如弗洛伊德）……

本书则选取俄国作家陀思妥耶夫斯基的几部代表作，分析探讨其小说的主题思想和含义，论述了他与俄罗斯传统文化的关系以及他的小说对俄罗斯文化发展所起的作用。

《汉字在日本的文化意义研究》

作　　者：刘元满
推荐单位：北京大学
出版单位：北京大学出版社
批准时间：2002 年下半年
出版时间：2003 年 7 月

长期以来，学术界对东亚文化史的研究，着重于在国别范围内阐述“民族文化”发展的历史过程；在涉及东亚各民族文化的关系的研究中，也主要是执着于诸如思想，哲学，文学，伦理，艺术等的“雅文化”层面，多少忽略了作为构成“东亚文明”的历史性载体的“汉字”所具有的最基本的文化意义的思考、研究和相应的阐述。

本书在前辈学者研究的基础上，在“汉字文化学”领域中，以中国和日本的原典文献为基础，辅之以扎实的学术调查（此即现在文化学研究中所称的“文化田野作业”），精心思考，提升认识，从而事实有据地阐述了“汉字”东传日本列岛透入其本土文化的历史过程，比较系统地研究了“日本汉字”的文化学意义。

《教育学话语现象的文化分析——兼论中国当前教育学话语的转换》

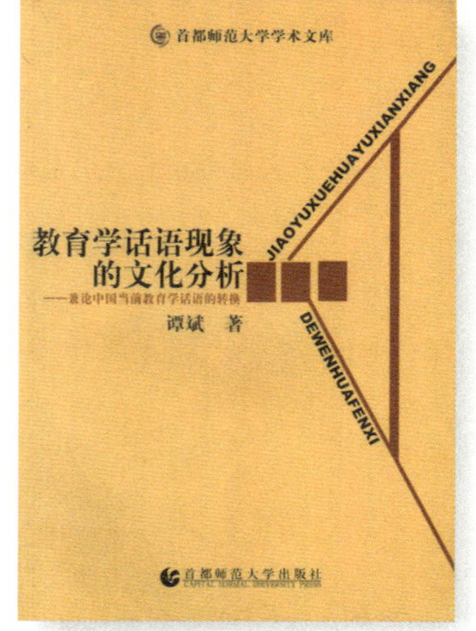

作　　者：谭斌
推荐单位：首都师范大学
出版单位：首都师范大学出版社
批准时间：2002 年下半年
出版时间：2006 年 6 月

本书从教育学词源变化的角度出发，用系谱学的方法描述了教育学科学化（学科化）的进程，并在描述中提出了相应的研究主题。

本书认为，中国当前主要的教育学话语转换现象主要分为两个层面，一是围绕“生活世界”话语的转换，二是运用“质性研究”方法而带来的转换。此种研究运用学校人种志的研究方法来收集资料，运用福柯式的话语分析方法，对资料进行细致入微的呈现，揭示被研究者如何被话语中的意识形态所质询或规训。这种研究方式的转换，带来了书写方式的转换。基于知识社会学的认知旨趣，本书还运用话语分析的方法透视了国内关于素质教育的历时性争论，呈现出其中包含的当代中国教育中话语/知识的产生机制、国家政策与理论界的互动模式以及中国知识分子的思维范式等。

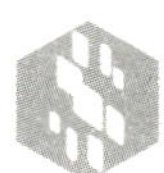

八、语言、文字

《先秦汉语助动词研究》

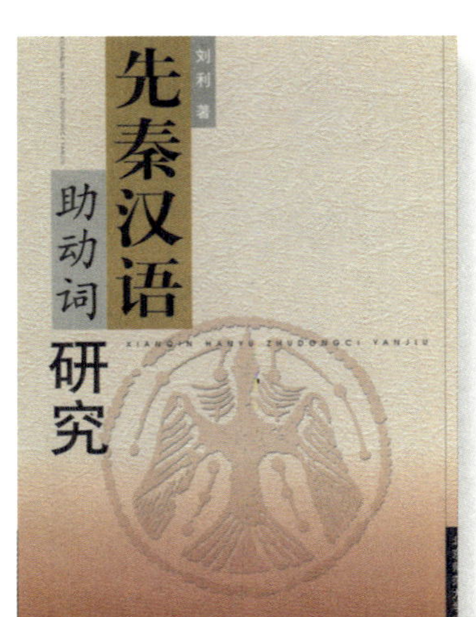

作　　者：刘利
推荐单位：北京师范大学
出版单位：北京师范大学出版社
批准时间：1998 年上半年
出版时间：2000 年 3 月

本书是一部专门论述先秦时代汉语以“可”“能”“敢”“欲”为代表的助动词的学术专著。

本书包括总论、助动词的范围、可能类助动词、意志类助动词四章，对助动词进行细致的考察，吸收现代语言学分析语言的程序和方法，把语义分布、句型比较以及替换、改写等手段运用到对上古语言事实的分析中来，使助动词的语法、语义功能得以清晰地揭示。本书选取先秦这个历史断面，对出现在这个时期的助动词进行了系统的清理和研究，从助动词的范围到它的内部在分类，再到单个助动词的使用状况等一系列问题做了全面的探索。这对于认识汉语早期助动词的存在和使用状况，探索助动词发展变化的历史过程都是很有意义的。

《〈睡虎地秦墓竹简〉语法研究》

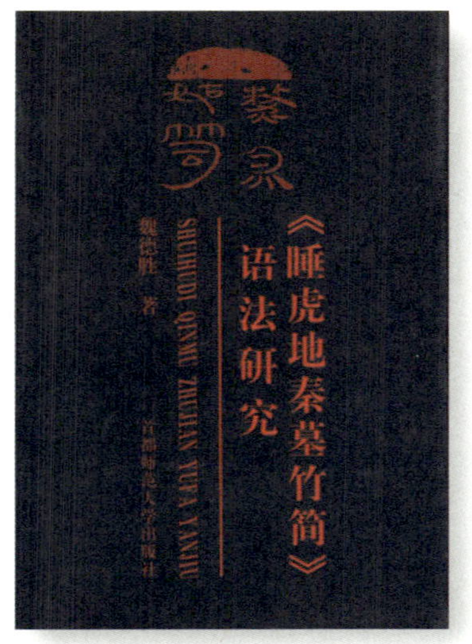

作　　者：魏德胜
推荐单位：北京语言大学
出版单位：首都师范大学出版社
批准时间：1999 年下半年
出版时间：2000 年 6 月

在这部书中，作者对《睡虎地秦墓竹简》的构词、虚词、句法结构、表达特点而方面进行了比较深入的探讨。在构词法方面，作者全面统计了《睡虎地秦墓竹简》中的词，从构词角度将其划分为单音词、双音词和多音词，并重点对复音词进行了分析与探讨。在“数量与代称”一章中，探讨了数词、量词和代词（人称代词、指示代词、疑问代词）。对于虚词，作者在分类的基础上，对每个虚词的每一种用法均统计了其出现的次数，并分析了其用法。在句法结构方面，作者则将其分为“短语结构”和“句子成分”，并分别进行了比较详尽的阐释。

本书为断代语法研究以至汉语语法史研究，提供了可贵的资料和启发。

《现代日语间接言语行为详解》

作　　者：徐昌华、李奇楠
推荐单位：北京大学
出版单位：北京大学出版社
批准时间：1999 年下半年
出版时间：2001 年 9 月

间接言语行为现象是美国语言学家塞尔首先发现并提出来的。他给间接言语行为所下的定义是："间接言语行为是通过实施另一种施事行为的方式来间接地实施某一种施事行为。"本书即在这种理论基础上对现代日本语中的间接语言行为的理论及实际运用进行了比较详尽的阐释。

在这部书中，作者深入浅出地阐述了日语间接言语行为的方方面面，突出了语用学理论的奥妙；以大量文学例句来说明语用学理论的正确性，收到了理论与实际相结合的良好效果；详论了语言、文化与社会的关系，正确地指出言语行为是语用学研究的组成部分，强调了语用学在语言中的地位；叙述清晰、逻辑性强。重点突出，具有高度的理论性与适用性，对各派学者的观点做了深刻的剖析。

《〈列子〉真伪考辨》

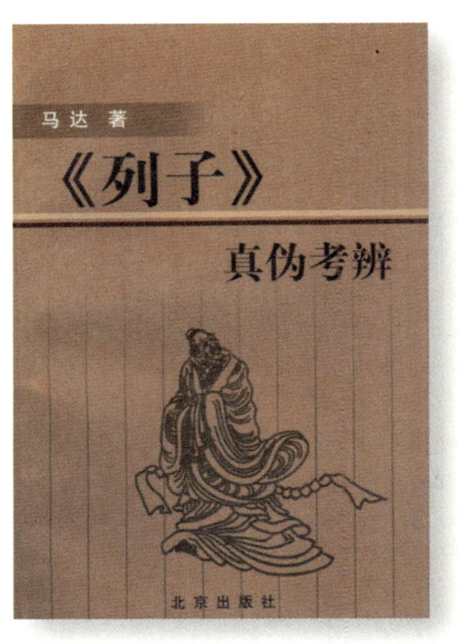

作　　者：马达
推荐单位：北京出版社
出版单位：北京出版社
批准时间：2000 年上半年
出版时间：2000 年 12 月

五四前后，学术界掀起了一股疑古之风，马叙伦的《列子伪书考》举证二十事，认为《列子》是伪书。本书对以马叙伦为代表的诸家"《列子》伪书说"，逐一进行考辨匡正，持之有故，言之成理，很有说服力。作者又穷源推本，从源流关系上考证《列子》真伪，并进而从思想史、文学史、汉语史以及《列子》的成书和流传等多种角度进行了宏观考察和具体分析。在此基础上，作者提出了《列子》真伪考辨问题的结论，并呼吁恢复《列子》在哲学史、思想史、文学史、寓言史、神话史、科技史上的地位。

本书不回避矛盾，观点鲜明，平心静气，以理服人。书中创见迭出，却都以大量的历史文献和事实为根据，实事求是，是作者以乾嘉学派的考证方法研究古籍的力作。

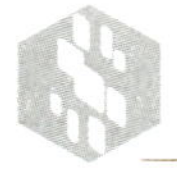

《郭店楚简校读记（增订本）》

作　　者：李零
推荐单位：北京大学
出版单位：北京大学出版社
批准时间：2000 年下半年
出版时间：2002 年 3 月

20 世纪 90 年代，是简帛古书大发现的时代，1993 年于湖北荆门郭店出土的郭店楚简即当时的两大发现之一。《郭店楚简校读记》，是作者阅读《郭店楚墓竹简》一书的读书笔记。作者在对竹简释文重新排比，重新考订，多所订正的基础上，对其在思想史上的意义多所阐发，对道家、儒家研究提出了很多富于创建性的意见。

在这部书中，作者根据自己所掌握的资料和研究心得，提出了一些异于前人的新见解。例如，他明确指出，这批简文并不简单就是子思学派的作品，也不能证明思孟之学独得孔学真传，从而在儒学界提出重新关注孔子门下的“七十子”的问题，对推进“七十子”研究、弥补我国儒学思想史研究中的“漏洞”，具有比较大的价值。

《现代汉语句模研究》

作　　者：朱晓亚
推荐单位：北京大学
出版单位：北京大学出版社
批准时间：2000 年下半年
出版时间：2001 年 4 月

本书以三个平面的语法理论为指导思想，全面讨论语义平面的句子类别即句模。

全书重点讨论了两大问题，一是讨论句模的性质、定模的原则以及现代汉语的句模系统。在建立动词分类系统和动元语义角色系统的基础上，考察了现代汉语的简单句模和复杂句模，并建立了现代汉语的句模系统。二是讨论句模和句型的对应关系。选取了十一种现代汉语常用的、有代表性的句型，分析其语义结构，从另一个角度探索汉语句子的语义结构，沟通句法平面和语义平面，寻找两者之间的对应关系，以便于更清楚、更全面地了解汉语的句子，弄清其构造。

《语言伦理学》

本书深入浅出地探讨了语言伦理学的性质、对象、任务及产生的社会基础和实践价值，剖析了语言、言语行为同社会道德的关系以及言语行为的道德伦理价值。

在概括汉民族古代言语道德思想的基础上，本书综括了说写行为和话语理解行为的道德准则以及各种社会角色的言语行为道德规范，阐述了言语行为的社会道德评价，讨论了各种不道德的言语行为的特点及社会管理问题。最后，作者对言语道德品质及其培养等问题做了详细分析，并且论述了语言文明的性质、特点、构成，探讨了语言文明建设的具体措施。本书所揭示的言语道德规律，对提高公众的言语素养和言语交际效率，对提升社会的整体道德水平和文明程度，对建立和维护文明的言语交际秩序，都具有明显的积极作用。

作　　者：陈汝东
推荐单位：北京大学
出版单位：北京大学出版社
批准时间：2001 年上半年
出版时间：2001 年 10 月

《现代北京话研究》

本书是作者多年来潜心研究北京话的代表性成果，包括构词、语音、词汇、语法、北京话与现代汉语、综述等方面的三十项专题论述。其中既有对北京话概括的宏观考察，也有细致的微观描写；有论证严密的长文，也有深入浅出的短论，内容涉及北京话研究的诸多领域和热点问题。这本书充分展示了北京话的语言结构特点和厚重的历史积淀，是一本极具京味文化特色，学术价值很高而可读性又非常强的语言学研究专著。

作者凭借深厚的语言学修养和作为北京人的语感，通过敏锐的观察和精湛的分析，发掘出大量的能突出体现北京话特色的语言现象，总结出不少前人所未曾发现的内在规律。

作　　者：周一民
推荐单位：北京师范大学
出版单位：北京师范大学出版社
批准时间：2001 年上半年
出版时间：2002 年 8 月

《训诂学新论》

作　　者：宋金兰
推荐单位：首都师范大学
出版单位：首都师范大学出版社
批准时间：2001 年上半年
出版时间：2001 年 6 月

本书和通常的训诂学定义不同，而是将其定位为语义解释学，并联系西方古典解释学的改造与转型、现代如史学、文学、哲学等学科的解数学的兴起与发展，具体阐述以汉语古文献训释为基础的语义解释学的简历和传统训诂学的改造的途径、理论和方法。在此基础上，本书根据语言符号音义关系的原则，对传统训诂学的核心理论“因声求义”进行了现代化改造，指出这一学说的理论基础就是语言符号音义关系的非任意性(理据性)，而我们应当找出音义结合的理据。

此外，本书还将历史比较的研究方法和研究成果运用到了训诂之中，从而使得传统的以文证文、以汉语证汉语的训诂方法得到了一定的改进，这些都是我们值得注意的地方。

《现代俄语语义及语用若干问题研究》

作　　者：隋然
推荐单位：首都师范大学
出版单位：首都师范大学出版社
批准时间：2001 年下半年
出版时间：2002 年 12 月

本书以普通语言学理论为基础，以语义学及语用学理论为视角，其中，关于一些问题的探索具有很强的学科前沿性质，语言共性观明显，对外语教学与研究具有普遍理论指导意义，对中国语言学研究也同样具有理论启发意义。

本书主要论点有：后结构主义时代，语言学不仅要求重新审视和确定对语义学传统研究对象的研究方法，而且要求精确地判断语句所有语义要素相互作用的类型和特点；语用学研究必须走言语活动的逻辑和哲学阐释之路；语言本体系统内的词法、句法和语义范畴与普遍的语用范畴的结合方式和研究方法还需另辟蹊径；语言学研究需要拓宽语法范畴这一传统概念，突破微观语法范畴的界限，进入宏观语法范畴等。

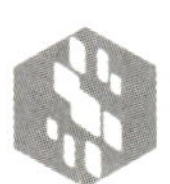

《20 世纪汉语音韵学方法论》

作　　者：耿振生
推荐单位：北京大学
出版单位：北京大学出版社
批准时间：2002 年上半年
出版时间：2004 年 9 月

和以往的著作相比，本书通过对 20 世纪现代意义上音韵学研究方法的总结和检讨，弥补了宏观而缺乏深度，微观而缺乏系统眼光的缺陷；以“实证”为中心，在叙述前人的经验的过程中，结合必要的“论”，即对例证的分析评论，审辨得失，指摘正误，注重从具体的实践例证中阐述和检讨各种方法的优越性和局限性，以期发扬成功的经验。

此外，本书有些章节还谈到了清代学者的研究情况，因为现代音韵学是本土的传统学术与引进的西方学术相结合的产物，它的研究方法，一部分是从传统的音韵学继承下来的，一部分是从西方引进的，少数是近代研究者自己的发明。在必要的地方，书中就要先讲一下清朝学者的研究，而后再谈 20 世纪的研究。

《〈左传〉介词研究》

作　　者：赵大明
推荐单位：首都师范大学
出版单位：首都师范大学出版社
批准时间：2002 年上半年
出版时间：2007 年 12 月

汉语介词研究是汉语语法史研究的重要组成部分。介词的功能是把跟谓词性中心语有关的成分引进句法结构中来，表明句法成分之间的语义语法关系，同时在扩大句法结构的表义容量方面也起了重要的作用。前人对包括介词在内的虚词研究取得了较高的成就，但是由于受到传统训诂研究方法的影响，存在的问题仍然很多，需要用现代语言学的理论和方法去改变这种现状，从而建立科学的介词理论体系。

本书以先秦典籍《左传》为对象，对其中出现的介词进行了全面的考察，描写了《左传》介词系统的面貌以及每个介词的语义语法功能，对其中常用的介词做了重点研究，力求为全面考察汉语史介词系统及其历史演变奠定基础。

九、文学

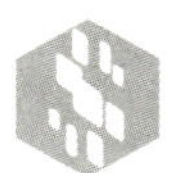

《叙述学与小说文体学研究》

作　　者：申丹
推荐单位：北京大学
出版单位：北京大学出版社
批准时间：1998 年上半年
出版时间：1998 年 7 月

本书是一部将叙述学研究与小说文体学研究相结合的学术专著。作者旨在对叙述学和小说文体学的一些主要理论进行深入系统的评析，以澄清有关概念，并通过大量实例分析来修正、补充有关理论和分析模式。本书特别对这两个学派之间的关系进行了梳理与探讨，以帮助填补这方面学术研究的空白。全书分为上中下三篇，上篇和中篇分别对叙述学的理论和文体学的理论进行了有独到见解和主板，下篇则系统探讨了叙述学的"话语"与文体学的"文体"之间的辩证关系，并从不同角度对两者之间的重合进行了深入研究。

本书有两个主要目的，一为填空补缺，二是旨在澄清一些迄今模糊不清的问题，主要是来自西方理论界的概念上和分类上的混乱。

《古代文学中人物形象论稿》

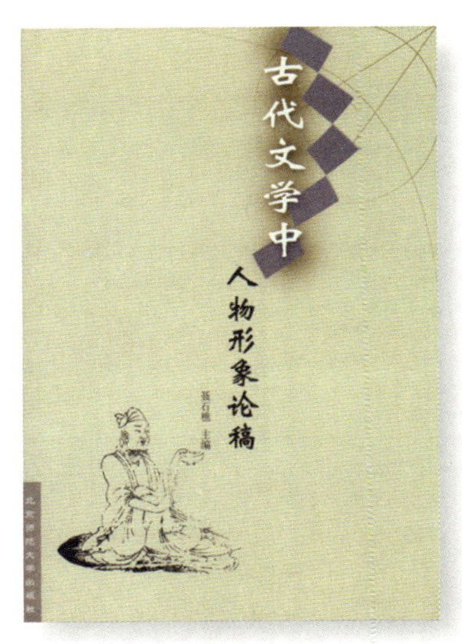

作　　者：聂石樵
推荐单位：北京师范大学
出版单位：北京师范大学出版社
批准时间：1998 年上半年
出版时间：2000 年 3 月

本书是一部从人物形象分析的角度评释古代文学的学术专著。

我国古代文学是丰富多彩、光辉灿烂的，不仅体裁多样、题材多样、风格多样，更重要的是它以众多的不同类型的人物形象辉映于不同历史时代的文坛。文学是社会生活的反映，而能体现社会各种关系的就是人，因此"人"是文学描写的中心。恩格斯所谓"典型环境中的典型性格"的"典型性格"即"人"。形象则是人生的图画，作者借助人物形象反映丰富多样的社会人生，从而评价特定时代的社会生活。基于这种思考，本书选择了从人物形象分析的角度来评释古代文学，意在通过对这一中心问题的论述，说明我国古代文学中所创造的人物形象的卓异及其相应的文化内涵。

《吴梅村研究》

作　　者：徐江
推荐单位：北京语言大学
出版单位：首都师范大学出版社
批准时间：1998 年下半年
出版时间：2001 年 9 月

本书是一部专门论述吴梅村生平及其诗文著作的学术专著。

明清之际是中国历史上一个剧烈动荡的时代，在这个两朝兴亡、世事沧桑的动荡岁月里，文学领域出现了一个繁荣兴盛的局面，在诗、词、文、曲、小说等各个方面，都涌现了许多优秀的作家。吴梅村就是其中最杰出的诗人之一，他在词曲方面也有令人瞩目的建树。由于明末清初是一个悲剧性的时代，以及吴梅村特殊的政治身世，使他的一生充满了悲剧的色彩，这对他的文学创作，具有决定性的影响，本书的上篇即就他的政治生涯和文学创作的发展历程，展开知人论世式的论述。而下篇则分别论述了吴梅村的诗词、戏曲以及文论，并阐释了其在中国文学史上的重要地位。

《三曹与中国诗史》

作　　者：孙明君
推荐单位：清华大学
出版单位：清华大学出版社
批准时间：1998 年下半年
出版时间：1999 年 9 月

本书是一部专门论述曹操父子三人与诗史关系的学术专著。

作者首先从宏观角度探析三曹与中国诗史之深层关系；继而采用散点透视法分别就三曹与中国诗史之若干具体问题进行分析和论证；最后较为细致地阐述了前文涉及而不便展开论述的三个诗歌史与思想史问题。全书旨在从中国诗史的流变中把握建安时代三曹诗歌的艺术精神、创作体制、创作方法的继承性与革新性，进而对三曹及建安诗歌在诗史上的位置进行新的界定。本书认为，中国诗史系统呈现出“三源一流”的嬗变大势，三曹恰恰处于三源合一流之转捩点，他们的诗歌创作开辟了中国诗史的新路向。

《论宋六家词》

本书是一部专门论述宋词发展史上具有代表性的六位人物柳永、周邦彦、苏轼、辛弃疾、姜夔、吴文英之宋词创作实践及成就的学术专著。

在这部书中，作者之所以选择这六个代表人物，希望从对他们的论述中，既能对哲学有代表性的人物分析深透，又能通过他们，连起整个宋词的发展线索。在论述中，为了更清晰地勾勒出宋词的发展轨迹，本书并没有按照年代先后将这六个人简单地排序，而是把他们分成了可供比较的三组，在对每一个人充分论述的基础上，适当地对他们进行一些比较论述。

当然，本书之所以选取这六个人物，仅仅在于他们在宋词发展史上所起到的不可替代的作用，而非评定每个人具体的艺术成就高低。

作　　者：赵仁珪
推荐单位：北京师范大学
出版单位：北京师范大学出版社
批准时间：1998 年下半年
出版时间：2000 年 1 月

《清代诗学研究》

清代诗学是在晚明诗学的基础上发展起来的。以此为出发点，本书首先重点分析了晚明诗学发展的情况，并比较详尽地评述、研究了清代诗学产生的历史背景，然后以高屋建瓴之势，梳理了清代诗学发展的主要脉络，按照历史时期分别评述了各个阶段主要诗学流派的诗歌理论及其主要代表人物的创作情况。在此基础上，作者又进一步地比较了清代不同诗学流派之间在创作思想的异同，并结合具体的诗歌创作实践，对清代诗学做了一个比较深入、全面的分析，并且提出了许多独到的见解。

全书共分十六章，规模宏大，内容丰富，论述细密，新见迭出，引用资料丰富翔实，论述实事求是，是一部颇有深度的清代诗学研究力作。

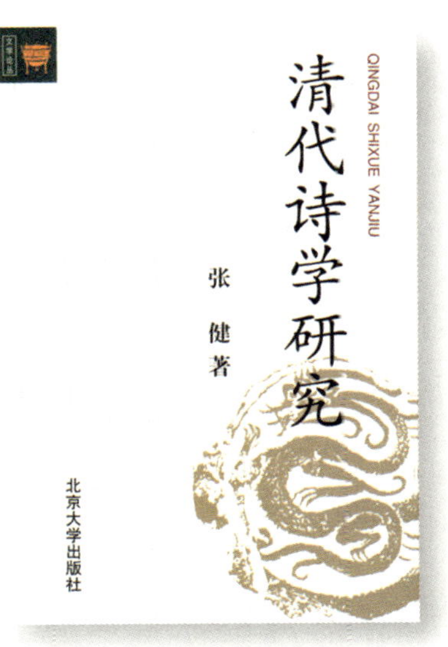

作　　者：张健
推荐单位：北京大学
出版单位：北京大学出版社
批准时间：1999 年上半年
出版时间：1999 年 11 月

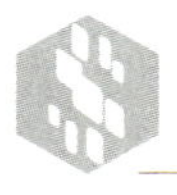

《焦菊隐戏剧理论研究》

作　　者：邹红
推荐单位：北京师范大学
出版单位：北京师范大学出版社
批准时间：1999年上半年
出版时间：1999年5月

作为中国现代最具影响的话剧导演，焦菊隐的戏剧理论已形成完整的体系，并具有鲜明的中国特色。本书试图对焦菊隐的戏剧理论进行系统全面的研究，梳理其流变，寻绎其意蕴，总结其得失，在此基础上作出客观的评价。

全书共五章。第一章主要是从纵向上梳理焦菊隐戏剧思想的发展历程。第二章包括三个方面的内容：1. 焦菊隐“戏剧—诗观念”的形成及其含义；2. 焦菊隐“戏剧—诗观念”在其导演理论与实践中的体现；3. 焦菊隐“戏剧—诗观念”的现代意义。第三章着重考察、分析焦菊隐的“心象说”理论。第四章论述的主要对象是焦菊隐在话剧民族化方面的理论建树。

《中国20世纪后20年文学思潮》

作　　者：陈传才
推荐单位：中国人民大学
出版单位：中国人民大学出版社
批准时间：1999年上半年
出版时间：2001年4月

本书名为“思潮”，实际上是着眼于文学的变革发展，在学理层面上分析20年来文学转型、变革中所凸显的诸如“现实主义与现代主义的冲突与互补”“文学审美性与功利性的融合”“‘雅’‘俗’文学形态与价值取向的多元共生”“文学的自我价值与社会审美价值的内在统一”等深层问题。

更为可贵的是，《中国20世纪后20年文学思潮》在对各种文学思潮、现象进行分析研究的过程中，以辩证思维贯穿始终，注意研究对象的多样性和复杂性，注意各种思潮在20年来文学发展的整体格局中的存在价值与意义，具体分析各种思潮、现象存在的失误与负面价值，同时又不用普泛性的主流文化观念来对各种文学思潮、现象作出强制性要求。

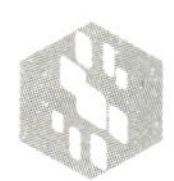

《魏晋南北朝志怪小说通论》

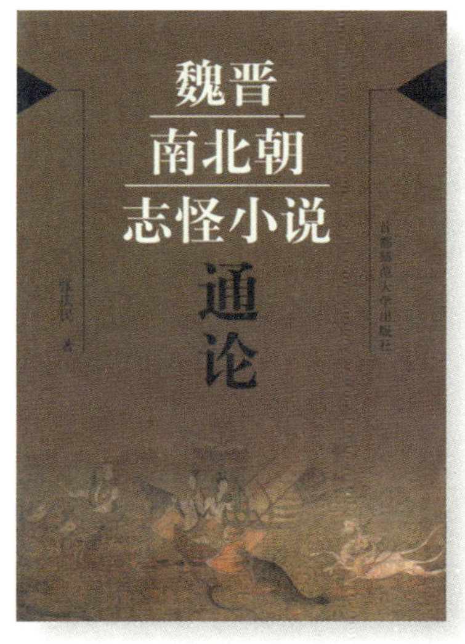

作　　者：张庆民
推荐单位：首都师范大学
出版单位：首都师范大学出版社
批准时间：1999 年下半年
出版时间：2000 年 10 月

本书从宏观研究的角度，对魏晋南北朝志怪小说作了全面考察，综合研究，力图在理论上对魏晋南北朝小说研究有所裨益。

全书共分五章。第一章主要考察魏晋南北朝志怪书的诞生及其小说化历程，从而确定魏晋南北朝小说在中国古典小说史上的地位。第二章在对魏晋南北朝古代宗教志怪研究的基础上，作者将魏晋南北朝古代宗教志怪小说范型分为征验范型、幻化范型、现形范型、复活范型、人鬼精魅相恋范型。第三章通过对魏晋南北朝道教志怪小说的研究，作者认为道教志怪给后世小说留下一系列范型，主要有神仙洞窟范型、度脱范型、仙凡相恋范型、降妖斗法范型。第四章通过对魏晋南北朝佛教志怪小说的研究，作者将佛教志怪小说范型划分为梦幻人生范型、离魂范型、因果报应范型、解体还形范型。

《审美之维与诗性智慧——中国古代审美诗学阐释》

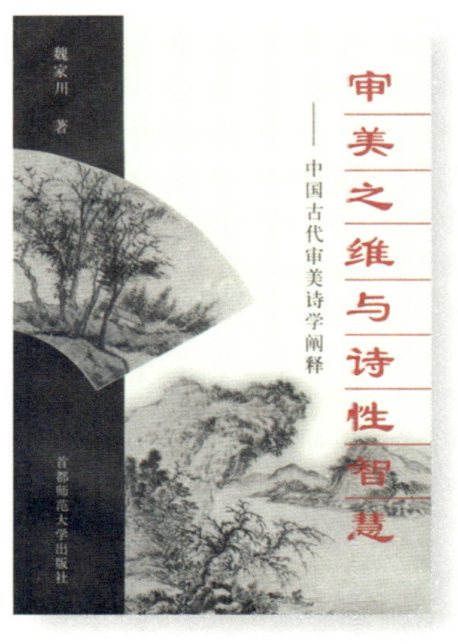

作　　者：魏家川
推荐单位：首都师范大学
出版单位：首都师范大学出版社
批准时间：1999 年下半年
出版时间：2000 年 8 月

本书以中国古代审美诗学这一特定诗学范畴作为研究对象，分别选取钟嵘、司空图、严羽作为其萌芽期、发展期、集成期的代表人物，围绕钟嵘《诗品》、司空图审美诗学思想、严羽《沧浪诗话》对“滋味”说、“直寻”说、“韵味”说、“意境”说、“妙悟”说、“兴趣”说等理论要点展开具体论述，并结合儒、道、释三家美学思想，指出儒家擅长的比类直觉、道家崇尚的意会直觉、佛禅倡言的妙悟直觉，是中国古代审美诗学艺术直觉的三大构成。

作者认为，钟嵘、司空图、严羽审美诗学思想中均渗透着自觉运用比类直觉的意识，所不同的是，司空图在钟嵘比类直觉的基础上，更加突出意会直觉，而严羽，则又在司空图意会直觉的基础上，进一步强调妙悟直觉。

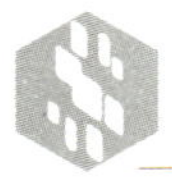

《道家思想与汉魏文学》

作　　者：尚学锋
推荐单位：北京师范大学
出版单位：北京师范大学出版社
批准时间：1999 年下半年
出版时间：2000 年 9 月

本书把研究范围扩大到整个汉魏时期，注重从历史发展的角度揭示时代哲学思潮与文艺思潮的变化，同时又按不同文体分别加以探讨，具体分析了道家思想在不同阶段对各体文学创作的影响。这种研究角度和范围是作者的首创。目前国内还没有同类的著作出现。

与此同时，书中在论及具体问题时亦多有创获，补充和纠正了一些时下流行的观点。例如将道家思想在汉代的流行上溯到两汉之际，并且进一步指出，这一时期道家思想的抬头，是与儒学复古思潮联系在一起的，一些儒家学者不满意当时经学的因循、僵化，在学术上旁搜博览，于是导致了思想和行为的通脱，最终形成了汉末的率情任性、不拘礼法的文学风尚。

《二十世纪中国的日本翻译文学史》

作　　者：王向远
推荐单位：北京师范大学
出版单位：北京师范大学出版社
批准时间：1999 年下半年
出版时间：2001 年 3 月

本书共分五章，把近百年来中国的日本文学翻译划分为五个时期：清末民初的日本翻译文学（1898—1919）、二三十年代的日本翻译文学（1920—1936）、战争时期的日本翻译文学（1937—1948）、新中国成立头三十年的日本翻译文学（1949—1978）和改革开放以后的日本翻译文学（1979—2000）。在此基础上，作者围绕各时期翻译文学的选题背景与动机，翻译家的翻译观、译作风格及其成败得失、译本的读者反应及对中国文学的影响等问题，展开讨论。

值得注意的是，作者非常注重翻译文学和翻译文学史的定位问题，并对一些问题提出了非常有针对性的意见。例如，他认为，翻译文学并非外国文学，而是中国文学的一个有机的组成部分，尽管其有一定的特殊性。

《唐宋之际诗歌演变研究》

在这部书中，作者首先，立足于诗体和诗派的长远影响，对元白的“元和体”、晚唐体的艺术精神和创作新的解释，辨清了这几种创作现象之间的复杂纠葛。其次，对唐末五代诗人群体的分布及其不同的创作进行了比较全面而清晰的梳理。再次，在理清诗歌演变轨迹的同时，本书深入探索了这一演变过程的政治文化背景，从士大夫的出处进退这一直接关系到诗人精神面貌和生活方式的角度切入，找到了促使中晚唐到宋初政治环境变化的主要原因，既文官政治的兴起和门阀政治的衰落。

本书对唐末诗坛的界定与流行的初、盛、中、晚四分法中、晚唐时段的划分提出了自己的见解，认为晚唐诗歌在咸通以后呈现出明显的变化，咸通以后的唐末诗坛及其后的五代诗坛是中唐至北宋诗歌转变的重要环节。

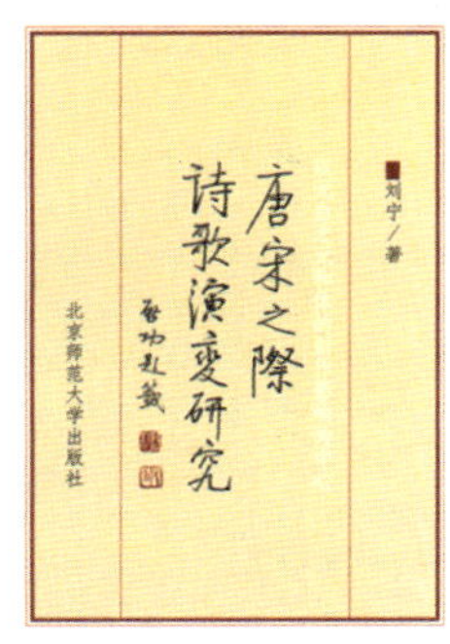

作　　者：刘宁
推荐单位：北京师范大学
出版单位：北京师范大学出版社
批准时间：2000年上半年
出版时间：2002年9月

《〈荆楚岁时记〉研究——兼论传统中国民众生活中的时间观念》

本书以《荆楚岁时记》为文本，研究它在中国民俗学史、中国民俗史上的独特贡献，并它在记录中国民众时间观念演变史上的重要价值。

全书共分五个部分：一、从文献学的角度，对《荆楚岁时记》的作者、注者及版本情况作了系统的考订；二、探讨《荆楚岁时记》出现的时代背景与学术渊源；三、本书将《荆楚岁时记》视作民众时间观念的文本；四、《荆楚岁时记》作为中国第一部岁时民俗志，在中国民俗学发展史上具有发凡起例的开创意义；五、六朝时代是中国历史上的大变动时代，作为地域民众岁时实录的《荆楚岁时记》，为我们描述了当时民众生活的真实图景；因此本书为我们提供了宝贵的文化资料，从中发现民间社会的文化观念与文化交融的具体表现。

作　　者：萧放
推荐单位：北京师范大学
出版单位：北京师范大学出版社
批准时间：2000年上半年
出版时间：2000年12月

《日本俳句史》

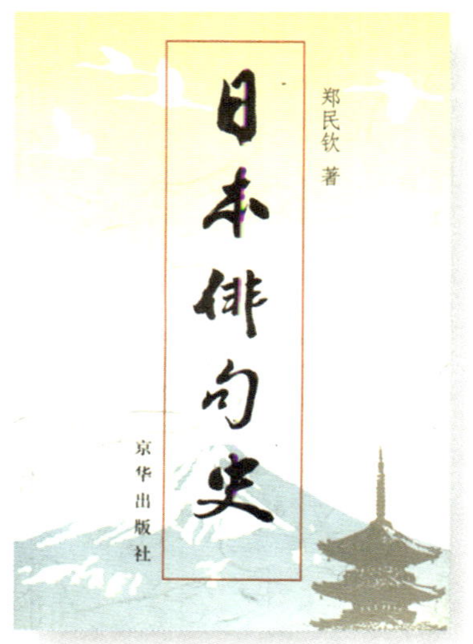

作　　者：郑民钦
推荐单位：北方工业大学
出版单位：京华出版社
批准时间：2000 年上半年
出版时间：2000 年 10 月

俳句是日本的一种诗歌，也是世界文学中最短的格律诗之一。本书是我国解放后出版的一部研究日本俳句史的专著，它简明扼要地介绍了日本俳句的产生和发展过程，对俳句大家松尾芭蕉、正岗子规、小林一茶、谷口芜村、河东碧梧桐、高滨虚子等人的俳句创作和理论以及近代日本俳坛的情况进行了详细的介绍，对许多脍炙人口的俳句做了艺术的赏析。

作者在坚持唯物辩证法的方法论研究历史的同时，也吸取了依他一些研究方法的长处，以自己的眼光对俳句的发展史进行了客观的观察。尤其从社会政治大背景角度的探索把俳句作者及其作品置于世界观的观照下，摆脱单纯艺术性评价的偏颇，从而深入到了思想价值这个较少涉及的一面。其中，作者对所谓的“战争俳句”的考察就是一个很明显的例证。

《文学与翻译》

作　　者：许渊冲
推荐单位：北京大学
出版单位：北京大学出版社
批准时间：2000 年下半年
出版时间：2003 年 12 月

一直以来，翻译被视为沟通人类心灵的重要媒介，而文学翻译也理所当然地被视为文化“两情相悦”的见证。翻译沟通与文化对话互为因果的逻辑使得中西传统翻译理论执迷于在语言的“围城”中追问忠实的可能性。对此问题，作者提出了自己的独立见解。

本书分上、下两编，既谈文学翻译的理论，又把这些理论应用于文学翻译作品。翻译理论应该是双向的，也就是说，既可应用于外译中，又可应用于中译外。因此，本书作者把“美化之艺术，创优似竞赛”的理论，一方面既应用于翻译英国莎士比亚的戏剧，司各特的小说，拜伦、雪莱的诗歌，又应用于翻译法国雨果、司汤达、巴尔扎克、莫泊桑、罗曼·罗兰等作家的作品；另一方面，还应用于中国的《诗经》《楚辞》、唐诗、宋词的英译和法译。

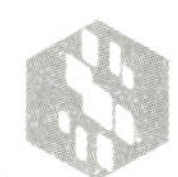

《蒙古民间文学比较研究》

本书是一部运用比较研究的方法系统论述蒙古民间文学的学术专著。

全书共五编：第一编“蒙古神话的比较研究”；第二编“蒙古民间传说的比较研究”；第三编“蒙古民间故事的比较研究”；第四编“蒙古英雄史诗的比较研究”；第五编“蒙古民间歌谣简论”。每一编都选取蒙古民间文学各种体裁中的若干重要类型做了深入的个案比较研究，把蒙古民间文学放在蒙古民族与周围民族之间悠久的历史与文化交流和交融的广阔背景下进行多角度探讨，其内容涉及蒙古民族与阿尔泰—突厥语族民族民间文学的渊源关系、以藏传佛教为载体和媒介的古代印度和藏族文化对蒙古民间文学的影响、农耕文化及其所带来的汉族民间文学影响等比较研究领域。

本书用丰富的蒙古语第一手材料对蒙古民族与他民族的文学交流与影响做了扎实而有说服力的考证与比较。

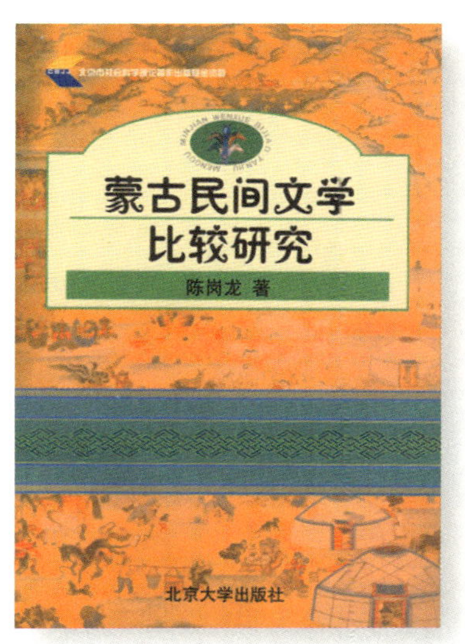

作　　者：陈岗龙
推荐单位：北京大学
出版单位：北京大学出版社
批准时间：2000 年下半年
出版时间：2001 年 9 月

《徽宗词坛研究》

本书对徽宗年间词坛做了深入的分析与动态的描述，勾勒出全景式的、生气勃勃的词坛风貌，填补了词史研究中的一段空白，具有重要的学术价值。这部书对儒家的音乐思想和大晟府的作用、欧阳修俗词的创作、俗词艺术表达成就、苏学的被禁绝及其传播与影响，徽宗词坛抒情模式的改变、贺铸在词的诗化上所作贡献等问题的论述，或具有较强的理论思辨色彩，或以生命体验与感悟见长，有的则是二者的结合。

本书填补了词史研究乃至文学史上的一段空白：这一是考证出周邦彦与大晟乐府的诸般举措并无多大关系；二是勾勒出北宋末年俗词创作繁盛的面貌。这都是以往文学史语焉不详或甚少提及的。

作　　者：诸葛忆兵
推荐单位：中国人民大学
出版单位：北京出版社
批准时间：2000 年下半年
出版时间：2001 年 9 月

《旷代才女——顾太清》

作　　者：张菊玲
推荐单位：民族大学
出版单位：北京出版社
批准时间：2000 年下半年
出版时间：2002 年 1 月

“满洲词人中，男有成容若（纳兰性德），女有太清春而已。”这是对词人顾太清的高度评价。本书是一部详尽地介绍顾太清经历嘉庆、道光、咸丰、同治、光绪五朝生活与创作的学术专著。它据作者亲阅日本珍藏太清诗词全抄本《天游阁集》，解开了太清扑朔迷离的身世之谜，澄清了种种不实之词。全书在重点研究太清词艺术成就的同时，描述了太清、奕绘的伉俪深情及他们倡予和汝的风雅情趣，介绍了太清在京师与满汉才女结集的秋红吟社——她们的创作活动构成了中国女性写作史上一道亮丽的风景。

此外，作者还进一步论证了太清为《红楼梦》续书之一《红楼梦影》的作者，由此确证她为中国小说史上第一位女小说家。

《文心雕龙研究史》

作　　者：张少康、汪春泓、陈允锋、陶礼天
推荐单位：北京大学
出版单位：北京大学出版社
批准时间：2000 年下半年
出版时间：2001 年 9 月

本书的重点不在于对《文心雕龙》作历史性的平面描述，而是通过对经典著作的深入研究，揭示其价值、意义和地位。全书选择了 9 位各具特色的著名“龙学”家进行个案分析，具体而微，深入细致，但将他们合起来又能充分展示 20 世纪《文心雕龙》研究的历史风貌和所取得的重大成绩。

20 世纪《文心雕龙》研究的历史可以分为开创期、发展期和繁盛期三个阶段。开创期为材料积累阶段，研究成果多属于概述评介的性质；发展期为专题讨论阶段，研究成果多带有歧义争鸣的特色；繁盛期为总结阶段，研究成果趋向于多层面多角度的综合。此外，本书所提出的很多观点和结论，如“范注”是《文心雕龙》研究史上的一座里程碑，都得到了“龙学”界的比较广泛的认可。

《现代学术视野中的中华古代文论》

中华古代文论带有中华民族传统文化的特点，也蕴含着人类文学活动的某些普遍规律，随着时代的发展和研究的不断深入，它的现代意义也日益明显地显现了出来。

本书将中华古代文论放置于现代学术研究的视野中进行观照，并在坚持历史优先原则、坚持中西方文论“互为主体”的对话原则、坚持逻辑自洽原则的前提下，着重阐述了研究中华古代文论的现代意义与世界意义，力图在对话与沟通中改变西方现代文论独霸中国文学论坛的局面，进而为建设中国现代形态的文学理论作出应有的学术贡献。

作　　者：童庆炳、谢世涯、郭淑云
推荐单位：北京师范大学
出版单位：北京出版社
批准时间：2001 年上半年
出版时间：2002 年 5 月

《鲁迅小说叙述艺术论》

本书运用叙事学和文学修辞学，对鲁迅小说的叙述艺术进行深入细致的剖析和富有创见的解读，探寻进入作家艺术世界、破译作家风格奥秘的有效途径，获得对鲁迅小说艺术感悟透彻的审美认识。

本书从叙述结构入手，梳理出鲁迅小说丰富多样的叙事形态：象征模式、情境设置、心灵写真和历史传说题材中的神异模式、喜剧模式和情节模式等，展示其富于创新、精深圆熟的叙述结构艺术。在此基础上，本书进一步从叙述修辞入手，探寻了鲁迅小说独有的象、形、声、色感知系统，变幻神奇的重复技巧，多彩多姿的叙述语体和简劲奇崛的语言风格，领略其沉郁深邃、凝练诡异的艺术风采。

作　　者：赵卓
推荐单位：北方工业大学
出版单位：首都师范大学出版社
批准时间：2001 年上半年
出版时间：2002 年 6 月

《话语转型与价值重构——世纪之交的北京文学》

作　　者：吕智敏
推荐单位：北京市社科院
出版单位：北京出版社
批准时间：2001 年上半年
出版时间：2002 年 1 月

世纪之交，在中国社会政治、经济、文化的历史性转折中，文学的文化语境呈现出前所未有的复杂与多维。穿行于这一语境中的北京文学在创作理念、文化选择、艺术模式等方面开始形成一个多元的话语世界。文学话语的转型与审美价值的重构无疑成为世纪之交北京文学最引人注目的特征。

本书将语境研究与文本研究相结合，将思潮研究与作家个案研究相结合，对北京文学在多维文化语境中发展衍化的轨迹进行了历史性追溯与总体把握，同时对小说、诗歌、散文、戏剧文学等创作领域中颇具代表性的作家群体进行了共性研究与个性剖析。

《南宋的诗文选本研究》

作　　者：张智华
推荐单位：北京师范大学
出版单位：北京师范大学出版社
批准时间：2001 年下半年
出版时间：2002 年 6 月

南宋人所编的二百多种诗文选本具有很高的文献价值和重要的理论意义，在中国学术史上应该占一席地位。本书主要从文献与理论两个方面进行研究。文献方面，考察南宋诗文选本的种类及存佚情况，并对部分重要诗文选本的版本源流进行梳理。理论方面，探讨南宋诗文选本的编选原则及其与古文理论、诗歌理论、学术风会的关系。

南宋的诗歌选本与当时的诗坛风气及诗学观点有密切的关系，本书着重探讨了三个方面：一、孙绍远《声画集》与南宋时期唐宋并重的诗学思潮之演变；二、周弼《唐三体诗法》与南宋后期宗唐诗学思潮的演变；三、桑世昌《回文类聚》与游戏、娱乐及宋代诗坛精细工巧的审美倾向之关系。

《二十世纪先秦散文研究反思》

本书以传统与现代文学观念的冲突为背景，深入探讨了20世纪先秦散文研究理念艰难确立的过程；对20世纪先秦散文研究具有普遍意义的范式，诸如地理时势决定论、存在决定意识的理念、元素分析法、文化人类学研究法，以及作为考释方法的边缘化、核心化、系统化等，进行了认真的提炼和深入的反思；细致剖析了20世纪80年代以来，部分学者将文化人类学高标为国学研究第三重证据以及第三重论证法所蕴含的研究理念的深刻变异，以探讨学界在这一方面进行科学定位的原则和方法。

此外，本书还深入揭示了20世纪先秦散文研究的根本缺陷，诸如背离历史性原则、无视"预期中的读者"对创作过程及风格的深远影响等，以谋求在某些根本方面引导今后的研究走上正确的路。

作　　者：常森
推荐单位：北京大学
出版单位：北京大学出版社
批准时间：2001年下半年
出版时间：2002年8月

《〈论语〉衍释》

孔子是中国历史上影响最大的哲学家，而记载其言行的著作——《论语》则是对中国古代影响最大的文化典籍。但由于《论语》的文句比较简约，因而在历代都颇多歧解。如，关于"仁"的含义，关于"仁"与"礼"的关系，以及何为"中庸"等，自古以来都是聚讼纷纭，莫衷一是。本书是在汉宋诸儒《论语》注解的基础上，又参考了清代大儒焦循、黄式三等人以及近代学者的著作，以马克思主义的唯物史观为指导，对《论语》进行阐释的一部著作。

在本书中，作者对《论语》研究中的一些疑难问题进行了比较深入地探讨，并提出了自己的见解。如，对于"仁""命"等观念的含义、"仁"与"礼"的关系以及"中庸"的本义，以至"子罕言利与命与仁""民可使由之不可使知之"等语句，都进行了新的考察。

作　　者：于承武
推荐单位：北京出版社
出版单位：北京出版社
批准时间：2002年上半年
出版时间：2005年7月

《清代律赋新论》

作　　者：詹杭伦
推荐单位：中国人民大学
出版单位：北京燕山出版社
批准时间：2002 年上半年
出版时间：2002 年 12 月

在中国古代文学之中，诗、词、曲、赋是具有并称地位的四种主要韵文体裁。但是，四种文体中以赋的研究最为薄弱。在赋的四种主要体式——骚赋、文赋、俳赋、律赋之中，又以律赋的研究最为薄弱。然而，律赋在唐代、宋代和清代，都曾作为科举考试文体，在历史上曾经发挥过重要的作用。尤其在清代，不少文学家为律赋的创作和评论花费了毕生的精力，为我们留下一大笔丰厚的文学遗产。

本书共计十六章，分别从清代律赋与科举考试、清代律赋的审题和层次分析、清代律赋用韵述论、清代律赋平仄论、清代律赋的审美品格、清代律赋注释、清代“八股文赋”论争等诸多方面对此展开了讨论，并就一些重要的理论问题，提出了自己的独立见解。

《〈旧清语〉研究》

作　　者：赵志强
推荐单位：北京市社科院
出版单位：北京燕山出版社
批准时间：2002 年上半年
出版时间：2002 年 12 月

所谓“旧清语”是从雍正、乾隆朝校订的清太祖、清太宗、清世祖三朝《实录》中摘出的满族人早期曾经普遍使用，而随着时间的推移，到乾隆朝中期，长期生活在城市里的满族人已经难以理解的满语口语。而本书所指的《旧清语》，则是一部以乾隆时期的满语书面语解释早期满语口语的工具书。

本书的特点主要表现在两个方面：一方面，理清了《旧清语》的来龙去脉。作者在本书的绪论部分，详细论述了《旧清语》的性质及其编纂原则、前三期《实录》与《旧清语》前 12 卷的关系、《加圈点字档》与《旧清语》后 2 卷的关系等历史事实。另一方面，逐条核实，考证了《旧清语》前 12 卷所录词语，对本书解释语句的真伪实虚也做了相应的批评。

《传记文学理论》

本书除了对古今中外的传记文学进行纵横比较、梳理，同时还对传记的精髓、传记事实进行深刻的思辨。作者指出，虚构是一种极为复杂的现象。它在不同类型的叙事作品中表现形式是不一样的，而传记文学中的虚构则涉及传记文学的本体论问题。为此，他专辟一章就“传记文学的虚构现象”进行了条理性的分析，对传记文学虚构的本质、成因、形态等敏感问题进行了大胆的论证与辨析。

全书主要论述了传记文学的事实理论、虚构现象、结构原理、阐释策略、经典诉求等五个部分。作者强调，艺术是传记的不二法门。“传记必须写得有趣、漂亮，它必须是一场精心构思，巧妙编导，完整无缺的演出。”这些观点，独创新奇，不论是对传记读者，还是对传记作家都有点拨之功效。

作　　者：赵白生
推荐单位：北京大学
出版单位：北京大学出版社
批准时间：2002 年下半年
出版时间：2003 年 8 月

《明清之际章回小说研究》

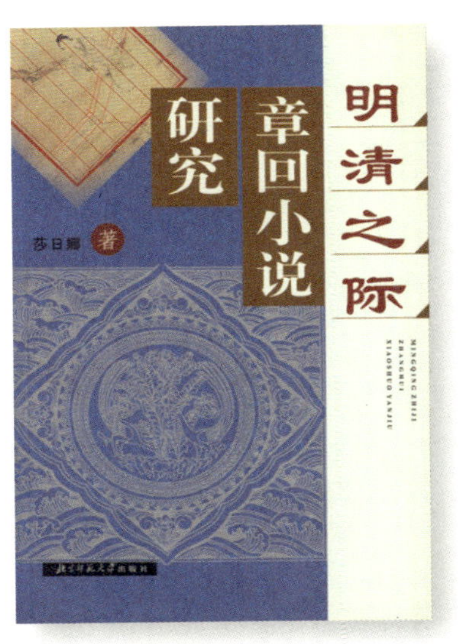

本书主要以明清之际产生的章回小说作为研究对象，全书分为上下两编，共六章。

绪论部分明确明清之际的历史界限，并对章回小说作简要的介绍。第一章宏观介绍此期小说创作的历史文化背景。第二章主要探讨小说作家的心路历程，及其对小说创作的影响。第三章着重分析此期小说创作中共同的时代主题。第四章从作家主体意识的加强、章回小说的文人化趋向及小说创作中感伤情绪的加深等方面，论述这一时期章回小说创作的特殊美学风貌。第五章分别从创作视点的走近生活、小说结构的多样化及创作技巧的提高三个方面，论述此期小说创作的艺术演进。第六章就时空处理模式、小说类型的多元化及形象模式的变化，论述此期小说创作模式的变化。

作　　者：莎日娜
推荐单位：北京师范大学
出版单位：北京师范大学出版社
批准时间：2002 年下半年
出版时间：2004 年 4 月

《〈周易〉与中国上古文学》

作　　者：于雪棠
推荐单位：北京师范大学
出版单位：北京师范大学出版社
批准时间：2002年下半年
出版时间：2005年8月

《周易》是一部巫术著作，但它与文学存在多种关联。本书从文学研究角度揭示了《周易》在中国文化史上的奠基意义。作者认为，《周易》的价值取向对上古文学主题的生成起到制约作用，并剖析了安土重迁、狩猎、用舍行藏和变革等主题的文学表现。《周易》的编排体例对秦汉诗、散文的结构和体裁具有重要的启示作用，如，《周易》的占问功能及操作方式对占筮型问对文体的内容及表现方式有影响；《周易》经传合编、序在书末及对卦式结构等特殊编排体例，是秦汉散文几种结构方式的先导。

此外，《周易》意象蕴含的象征意义、命运走向及习俗礼制对上古文学作品的情感内涵、表现方式及美学特征产生了深刻的影响。

十、历史、地理

《唐后期政区与人口》

作　　者：翁俊雄
推荐单位：首都师范大学
出版单位：首都师范大学出版社
批准时间：1998 年上半年
出版时间：1999 年 12 月

本书是一部专门论述唐代后期的行政设置与人口变动情况的学术专著。全书共分六部分：第一部分为李吉甫与《元和郡县图志》；第二部分为唐后期的政区；第三部分为唐后期的人口；第四部分为《元和郡县图志》复原；第五部分为《元和郡县图志》所载方镇、州县、户数统计；第六部分为元和三年至唐末州县变动考订。

在本书中，作者对于《元和志》记载的唐代各州的户数问题这一重大问题给出了自己的解释。此外，作者还依据自己所掌握的资料，对《元和郡县图志》中缺漏的户数做了少量的补正工作并对唐代元和以后（长庆至开成年间）的人口问题做了相关论述。

《市场经济思想史纲》

作　　者：刘长龙、赵莉
推荐单位：北京市委党校
出版单位：首都师范大学出版社
批准时间：1998 年上半年
出版时间：1999 年 7 月

本书是一部专门论述市场经济理论的发展及其实践历程的学术专著。

全书共分六编。第一、二编回顾了西方市场经济的实践与发展，着重介绍了西方市场最具代表性的经济理论的演化过程，并对其做了简明扼要的述评。第三编主要论述西方市场社会主义理论的发展，详细评介了关于这一理论的代表人物、具体实践以及由此而引发的诸多争论。第四编讲述马克思主义经典著作对市场经济的论述。第五编讲述苏联和东欧社会主义国家市场社会主义理论的发展，并着重评析了苏东市场社会主义的夭折及其影响。第六编讲述我国社会主义市场经济理论的形成过程，并高度评价了邓小平对社会主义市场经济的重大贡献。

《隔膜、冲突与趋同——清代外交礼仪之争透析》

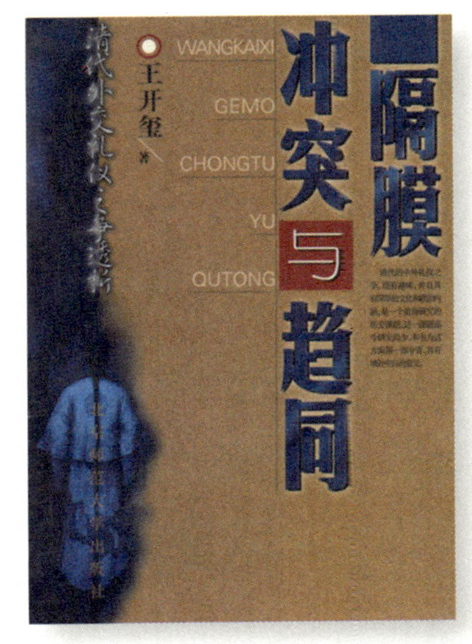

作　　者：王开玺
推荐单位：北京师范大学
出版单位：北京师范大学出版社
批准时间：1998 年上半年
出版时间：1999 年 5 月

清二百余年来，中西方国家之间围绕礼仪问题曾经发生了一系列的纷争纠葛。这一问题从表面上看，似乎仅仅只是一种中西方之间有关对于礼仪因为理解不同而产生的无谓争议，但在实际上却不简单，而是隐藏着深厚的文化和政治内涵，是一个非常值得研究的历史课题。这一课题迄今研究尚少。

作者在任教之余，披览了大量清官方档案，并参阅近百种中外文献资料，通过多年潜心研究，透过有清一代中外礼仪之争这一扑朔迷离、错综复杂的历史现象，将清王朝以天朝大国的闭关自守状态，直至走向世界，走上外交和外交礼仪的近代化道路，即以隔膜、冲突走向趋同这一历史轨迹，进行了翔实、客观、全面的考察、分析和论述。

《先秦战略地理研究》

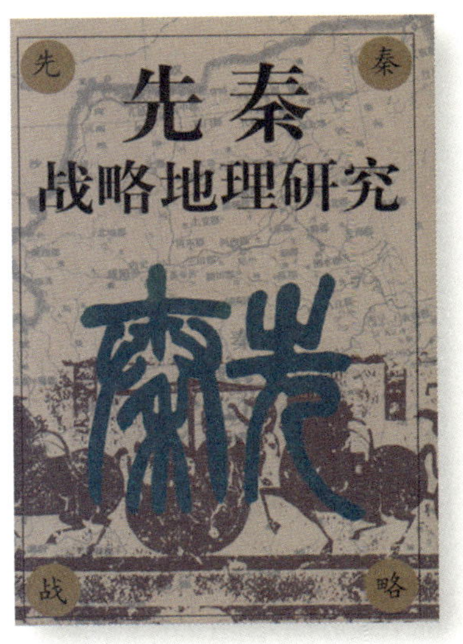

作　　者：宋杰
推荐单位：首都师范大学
出版单位：首都师范大学出版社
批准时间：1998 年下半年
出版时间：1999 年 7 月

本书是一部专门论述三代、春秋和战国时代战略地理的学术专著。

在这部书中，作者采用区域地理和战略地理的研究方法，对先秦各历史阶段经济区域、人口、民族和政治力量的分布，以及各区域的地形、水文、风俗文化状况与相互往来的交通路线进行考察，并着重探讨了这些因素对作战战略的形成、演变所起的作用，即地狱差异与空间变化和军事活动之间的密切关系。作者认为，在三代、春秋和战国时期，由于经济的增长发展，政治力量的分布态势和相互关系有所不同，敌对势力所在的区域以及来往的交通路线也有差别，因此，各代王朝的统治者也必须依据现实的形势来制定不同内容的战略方针，舍此，则无以保持更谈不上扩展自己的势力。

《郭店楚简〈老子〉校释》

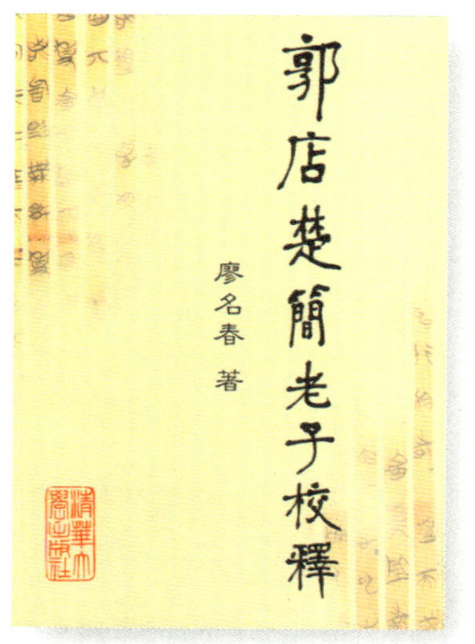

作　　者：廖明春
推荐单位：清华大学
出版单位：清华大学出版社
批准时间：1998 年下半年
出版时间：2003 年 6 月

本书是一部比较系统地研究专门论述郭店楚简《老子》的学术专著。

在广泛采纳前贤时人之说的基础上，本书作者对郭店楚简《老子》进行了系统、深入的探讨，释出或厘定了一些难字，对一些简文提出了新的解释，对简序也做了一些调整，并由此探讨了《老子》故书的原貌，分析了各种异文形成的原因，评述了前贤时人的工作。对研究《老子》、老学和道家思想，具有重要的意义。本书适用于史学、中国哲学研究者和文史爱好者阅读。本研究得到清华大学“985”项目的支持，并列入北京市“百人工程”项目。

《明清时代陕西社会经济史》

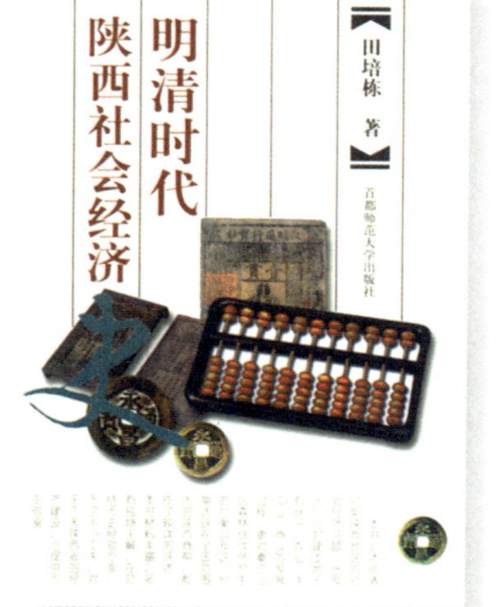

作　　者：田培栋
推荐单位：首都师范大学
出版单位：首都师范大学出版社
批准时间：1999 年上半年
出版时间：2000 年 8 月

陕西省地处我国中部偏北，跨黄河中游和长江支流的汉江、嘉陵江上游。在这片富饶的土地上孕育着中华民族灿烂的历史文化，从半坡人历经周、秦、汉、唐等 13 个王朝在这里建都，标志着古代中华民族的起源、发展到鼎盛的历程。自北宋开始，虽然经济重心转移，国都东迁，但此地仍为西北政治、经济、文化重地。本书具体探讨了此地在明清时代的社会经济发展状况。

本书共分五章。第一章为明清时期陕北社会经济的破坏；第二章为明清时期关中地区社会经济的缓慢发展；第三章为明清时期陕南社会经济的发展；第四章为清代秦巴山区“老林”的乱砍滥伐及其严重后果；第五章为明清时期活跃在全国各地的陕西商帮。

《郑洛地区新石器时代聚落的演变》

本书运用聚落考古的方法，从聚落分布、单个聚落的形态和聚落内部遗迹三个方面的相关分析入手，首次对郑洛地区新石器时代聚落的发展演变做了较为全面的梳理和考察。

本书按照裴李岗文化、仰韶文化前期、仰韶文化后期、龙山时期四个发展阶段，描述了该地区原始聚落的形成——聚落规模的扩大，内部结构的分化——主从聚落分布格局的形成，城堡的大量出现；以及原始的平等、民主的社会组织受到冲击，直至瓦解的过程，对于新石器时代文明的发展脉络有所揭示。

作　　者：赵春青
推荐单位：北京大学
出版单位：北京大学出版社
批准时间：1999 年下半年
出版时间：2001 年 6 月

《西潮激荡下的晚清地理学》

全书共分六章，主要从文化史的角度对晚清西方地理学在中国的传播，中国传统地理学在当时的发展、变化及其产生的影响作一比较系统的考察。作者认为，晚清中国地理学的发展主要经过了四个阶段：嘉道之际（18、19 世纪之交）、道咸年间（19 世纪 20 年代至 60 年代）、同光年间（19 世纪 60 年代至 90 年代中期）和光宣年间（19 世纪末到 20 世纪初），并详尽地分析了西方地理学在中国逐步产生并成长的过程。

此外，作者还进一步指出，晚清许多学者在其地理著述中还不同程度地介绍了西方近代民主思想和科学知识，这不仅激荡了当时的民主、科学思潮，对熔铸中国近代以民主科学为主体的新文化，也是一个很大的促进。

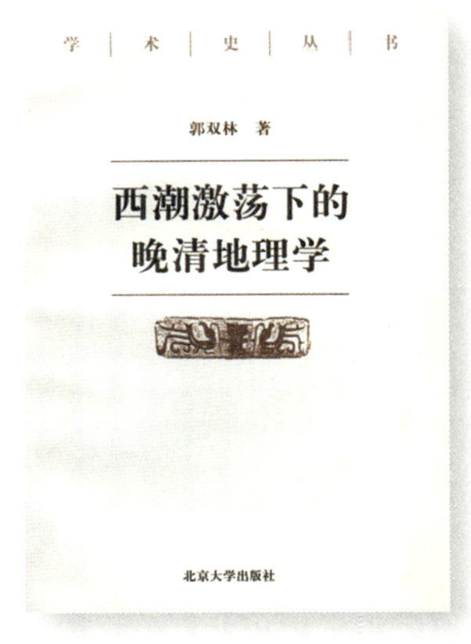

作　　者：郭双林
推荐单位：中国人民大学
出版单位：北京大学出版社
批准时间：1999 年下半年
出版时间：2000 年 5 月

《中国电影史（1937—1945）》

作　　者：李道新
推荐单位：首都师范大学
出版单位：首都师范大学出版社
批准时间：1999 年下半年
出版时间：2000 年 8 月

本书从战争与历史进程、与文化命运、与艺术发展，尤其与电影生存状态等关系的角度，展示了抗日战争时期（1937—1945）中国电影发展的全貌；并试图把握作为一种文化、商品和艺术复合体的战时中国电影的特征及其发展规律。

在具体的论述过程中，作者首先依地域和电影内在性质的差异，将抗战时期的中国电影划分为了四大格局，即大后方抗战电影、根据地人民电影、租界区商业电影与沦陷区敌伪电影并对其具体特点、代表人物、创作成就、社会影响以及后续的发展状况做了比较详尽的分析。作者认为，抗日战争在很大程度上改变了中国电影的发展轨迹，而这一时期的中国电影则在中国电影发展史上写下了极为独特的一个篇章。

《纳兰成德家族墓志通考》

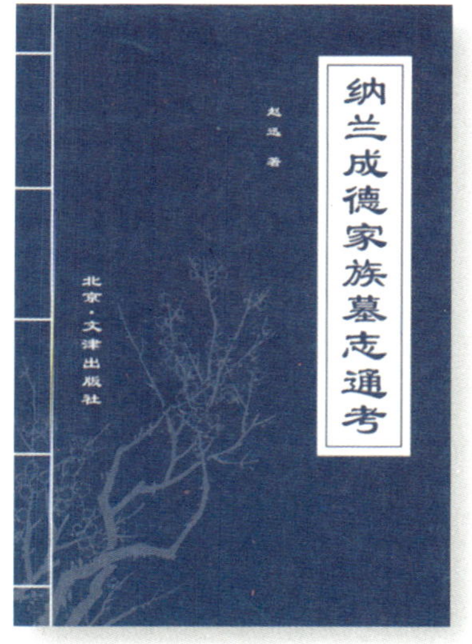

作　　者：赵迅
推荐单位：北京市文物所
出版单位：北京·文津出版社
批准时间：1999 年下半年
出版时间：2000 年 12 月

清初著名词人纳兰成德留传后世的文化遗产异常丰富，仅词作即近 400 阕，其他有关文学经史等著述尚多。三百年来人们常常追忆他，研究他的为人、他的作品，但限于资料，系统、全面地研究他的专著却寥寥无多。位于北京海淀区上庄村的纳兰家族祖茔，历尽沧桑，今已荡然无存，幸好留下了墓志，成为补史之阙、证史之误、极为珍贵的实物资料。本书以墓志为第一手资料，结合文献进行了深入研究，其论点颇具新意。在考释墓志铭文的基础上，对纳兰家庭的兴衰荣辱，剖析透彻；对词人的精神志趣、作品风格的特色分析细腻入微、恰如其分。

作者既有丰富的历史知识，又具较强的文学鉴赏能力，他撰写的专著几易其稿，其论点明确，考证翔实，语言凝练，是集文学、史学及考古学于一体的研究专著。

《王安石学术思想研究》

本书以王安石的学术思想为研究对象。王安石是北宋时期著名的政治家、思想家、文学家，他所创立的“荆公新学”在北宋后期占据思想界的统治地位，在后世也有很大影响。本书的研究角度着眼于学术传承与思想演进、学派斗争与问题论述之间的相互依存状态，以王安石本人的内在思路为框架，以现代的理论去具体分析他的学术论述中所蕴涵的思想内容。

本书通过分析王安石关于各派学术思想的评价、注疏、论述，揭示了王安石的观点及其在该学派思想发展中的地位，再进一步，通过王安石对于各派学术思想的阐释，考察其学术思想的主导精神，确定了其在宋代思想史以至中国古代思想史上的地位。

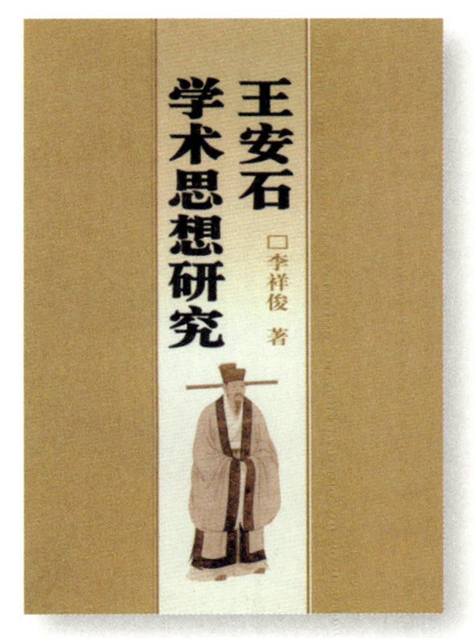

作　　者：李祥俊
推荐单位：北京师范大学
出版单位：北京师范大学出版社
批准时间：1999 年下半年
出版时间：2000 年 11 月

《北京郊区村落发展史》

在这部书中，作者详尽地论述了北京郊区村落发展的地理基础和历史背景，先秦至民国时期北京郊区村落的起源、兴衰、复杂化、蓬勃发展，并介绍了新中国成立后北京郊区村落的巨变以及村落名称、形态和分布。

研究北京郊区村落发展史，不仅对于在一定程度上揭示北京郊区自然环境的变迁和地域差异有重要意义，而且对于研究历史上北京的城市生活与郊区村落间的种种关系以及北京城的历史发展有重要意义。同时，研究北京郊区村落发展史，可以为研究北京地区的民族关系史和人口变迁史乃至探讨人类发展史提供相应的历史资料，同时还可以对当代北京的城市规划建设和郊区村落的规划建设提供必要的历史参考。

作　　者：尹钧科
推荐单位：北京市社科院
出版单位：北京大学出版社
批准时间：2000 年上半年
出版时间：2001 年 3 月

《中国伦理思想史（上卷、下卷）》

作　　者：罗国杰
推荐单位：中国人民大学
出版单位：中国人民大学出版社
批准时间：2000 年上半年
出版时间：2008 年 1 月

本书以历史发展为经，在时限上上溯自先秦，下迄新中国成立前期。内容涵盖中国伦理思想的发端，封建伦理思想的奠基与形成、系统化及其统治地位的确立，封建伦理思想的演变、深化和成熟，封建伦理思想的衰落以及早期启蒙主义伦理思想的兴起，资产阶级伦理思想的形成和发展，以至马克思主义伦理思想在中国的传播与发展。

本书以重要著作、重要思想家和重要的理论观点为纬，全面呈现中国伦理思想史的风貌。力求用马克思主义的立场、观点和方法来分析中国伦理思想的发生、发展和历史影响，把思想家的伦理思想置于政治、经济、社会发展的背景下加以把握。

《当代外国伦理思想》

作　　者：宋希仁
推荐单位：中国人民大学
出版单位：中国人民大学出版社
批准时间：2000 年上半年
出版时间：2000 年 12 月

本书对日本、印度、韩国、朝鲜、新加坡、英国、法国、美国、德国、苏联及独联体的伦理思想都做了比较系统的研究和论述，使读者能够比较系统、全面地了解这些国家和地区的当代伦理思想。

在本书介绍的伦理思想中，有些国家进行伦理学教育的方法值得我们借鉴，比如，独联体的道德、伦理学教育是从幼儿园开始，幼儿园和小学低年级主要是道德习惯养成，学习道德格言和道德礼仪。从五年级开始开设伦理学课程，内容上循序渐进。许多国家的伦理学理论所探讨的是我们尚未关注到的问题，如英国的功利主义、法国的宗教伦理学、美国的元伦理学、德国的价值伦理学、存在主义伦理学等。介绍、分析、研究这些国家的伦理思想是取人之长、补己之短的必要条件。

《早期西方传教士与北京》

本书以北京西方传教士墓地为线索，通过对一些墓主生平故事的叙述，论述了从明万历到清乾隆二百年间在北京发生的中西文化交流的事实和耶稣会士所起的作用和贡献，以及传教士墓地——这一历史文化遗址在近代政治斗争中经历的风风雨雨，发人深思。

本书鲜明地体现出了中国学者本土研究的特点，利玛窦等人的墓碑就在作者的办公室旁，对其碑文的研究，作者有得地利之先。另外，作者沿着利玛窦的进京路线进行了实地考察，逐一核对相关的文本资料，其治学精神至严谨，让人叹服。简而言之，作者将历史文献的梳理与实际的田野考察融为一体，为我们勾画出了一幅波澜壮阔的中西文化交流的历史画卷。

作　　者：余三乐
推荐单位：北京市委党校
出版单位：北京出版社
批准时间：2000 年上半年
出版时间：2001 年 9 月

《康熙〈御制清文鉴〉研究》

本书以康熙《御制清文鉴》为研究对象，这是一部由康熙皇帝亲自主持编纂的大型分类、单语、百科性的满文词典。它的编纂正值十七世纪和十八世纪之交，内容体现了东、西方多民族、多地域的文化，它所显示出的时代性、丰富性和权威性，特别是语言体系上的原始性，为我们今天全面而准确地认识历史提供了重要依据。

本书通过对分类体系、选词原则、释义方法等方面较为具体、全面、深入的探讨，挖掘《御制清文鉴》中的社会、语言与文化内涵，继而延伸至“清文鉴系列”，并结合历史背景，对语言、辞书与历史的相互关系进行了粗浅的勾画，试图通过这部珍奇罕见的满文文献，展现出 18 世纪人类文化的一个重要舞台，为今天探索多元文化对社会组织结构的影响提供坚实可靠的宝贵信息。

作　　者：江桥
推荐单位：北京市社科院
出版单位：北京燕山出版社
批准时间：2000 年下半午
出版时间：2001 年 7 月

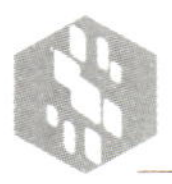

《先秦社会形态研究》

作　　者：晁福林
推荐单位：北京师范大学
出版单位：北京师范大学出版社
批准时间：2001 年上半年
出版时间：2003 年 3 月

先秦是中国文明史的开端，是中国文明从逐步萌生走向繁荣昌盛的重要时代，其内涵十分丰富，具有重要的研究价值，有待深入开掘的地方也比较多。其中对先秦社会形态的研究是近年来学界关注的一个重要课题，也可以说是一个学术热点。先秦社会形态的研究作为一个综合性的大学术工程，其主要内容大体包括早期的国家形态、社会结构、社会经济基础、社会政治、社会文化和社会思想等方面。

本书选取了若干作者认为重要的问题，如先秦时代社会性质、先秦时代社会权力结构特色、夏商时期社会结构与社会制度的若干问题、西周时期的社会结构与社会观念、春秋战国时期的社会形态及其变迁等，并进行了比较深入的探讨。

《古代北京城市管理》

作　　者：尹钧科、罗保平、韩光辉、毛希圣、富丽
推荐单位：北京市社科院
出版单位：同心出版社
批准时间：2001 年上半年
出版时间：2002 年 4 月

北京作为辽、金、元、明、清五朝帝都，长达近千年。那么，辽南京、金中都和明清北京城的城市管理是怎样的呢？了解那时候的京城管理体制、制度、措施及其经验教训，无疑对于加深认识和进一步搞好现在的北京城市管理，是会有帮助的。正是基于上述认识，作者按照辽南京、金中都、元大都、明北京、清北京的先后顺序，从城市规划、市政、户籍、人口和民政、工商税务、社会治安、教育文化等几方面，较全面系统地论述了古代北京城市管理的体制、制度、法规、措施、效果及其经验教训等。

全书共 54 万字，分六章。结构完整，层次分明，资料翔实，论述清楚，语言通畅，注释规范，适于北京市各级领导干部以及热心于北京历史和北京城市研究的学者阅读和参考。

《中国图书出版印刷史论》

作　　者：肖东发
推荐单位：北京大学
出版单位：北京大学出版社
批准时间：2001 年上半年
出版时间：2001 年 4 月

印刷术的起源是一个十分值得深入研讨的课题，因为它对人类社会的发展和历史的进步产生了巨大的影响。正如李约瑟博士所说："我以为在整个人类文明史中，没有比纸和印刷的发展更重要的了。"它使知识信息的传播在质和量上都产生一个巨大的飞跃，从而成为推动人类社会发展、宗教繁荣、科学普及、技术进步、文化交流的强大动力。

本书在广泛吸收学术界最新研究成果的基础上，对中国图书印刷文化做了系统概括和总结，厘清了中国印刷术发明的基本脉络，进一步论证了是中国人发明了印刷术。

《灾荒与晚清政治》

作　　者：康沛竹
推荐单位：北京大学
出版单位：北京大学出版社
批准时间：2002 年上半年
出版时间：2002 年 9 月

中国自古多灾，而从灾荒发生的频率、灾区范围以及灾荒造成的破坏程度来看，晚清时期都是比较突出的。本书从政治与灾荒的关系入手来透视晚清时期的灾荒问题。

第一部分主要论述晚清灾荒频发的政治原因，并重点从腐败与战乱两个方面进行了阐释；第二部分论述晚清时期政府防灾、救灾机制——荒政，并从报灾与核查、蠲缓钱粮、赈济灾民、仓储等几个方面进行了阐释；第三部分为灾荒对晚清政局的影响，着重从太平天国运动、义和团运动、辛亥革命以及外国入侵的角度进行了论证；第四部分重点介绍晚清社会的灾荒观，并对晚清时期各政治派别包括地主阶级改革派、洋务派、资产阶级维新派、革命派等的灾荒观进行了深入的分析与比较。

《华北农村的社会问题（1928至1937）》

作　　者：朱汉国、王印焕
推荐单位：北京师范大学
出版单位：北京师范大学出版社
批准时间：2002 年上半年
出版时间：2004 年 9 月

所谓社会问题，是指在社会运行过程中，足以影响大多数社会成员生活的，或能影响社会运行趋向的社会现象。它至少应有三方面的条件：1. 这种社会现象影响了大多数人的社会生活；2. 这种社会现象引起了大多数人的关注；3. 这种社会现象必须要运用全社会的力量方能解决。在 20 世纪二三十年代的华北农村，出现了一系列严重影响民众生活和社会秩序正常运行的社会问题。

本书择取了七个最主要的问题，即土地占有的不平衡问题、赋税与农家负担问题、教育滞后问题、灾荒与社会救济问题、烟毒问题、盗匪问题和农民离村问题，对其成因、流变及其人们治理这些社会问题的具体状况进行了较为系统的论述。

2003—2007年

出版书目

一、马克思主义、列宁主义、毛泽东思想、邓小平理论

《资本运行论——〈资本论〉与市场经济研究（第二版）》

作　　者：弓孟谦
推荐单位：北京大学
出版单位：北京大学出版社
批准时间：2003年下半年
出版时间：2004年7月

以往的《资本论》研究，一般是侧重于资本的本质及其矛盾运动方面，但资本主义生产方式作为现代市场经济的典型形式，还有其如何实现、如何运行的一面。我国在建立和发展社会主义市场经济的实践中提出的问题，为我们开拓了新视野，促使我们对资本运行问题进行深入研究。我们发现，《资本论》同时也是资本和市场经济的运行论。

本书就是着重研究资本和市场经济运行的一部著作，它的显著特点，就是突出资本的运行原理，将其与我国社会主义市场经济建设的实际紧密结合起来，使《资本论》的诸多原理和范畴获得了新的诠释和发挥，具有鲜明的时代感。

《劳动创造价值论》

作　　者：白暴力
推荐单位：北京师范大学
出版单位：中国人民大学出版社
批准时间：2004年上半年
出版时间：2004年5月

本书构建了经济学的新的基础平台——“人本位世界”。在此基础上，作者比较深入地研究了财富、劳动与价值等一系列经济学的基础问题，建立了一个新的财富和劳动价值理论体系，这个体系包含价值范畴上的财富论和价值范畴上的价格论，它们共同构成了现代经济学的基础。

本书内容大体分为四个部分：第一部分建立方法论基础和整体思路，第二部分构成价值范畴上的财富论，第二部分构成价值范畴上的价格论，第四部分论证了西方经济学者对劳动价值理论的否定是不能成立的。

《中国外交空间的拓展——邓小平国际战略思想研究》

作　　者：段霞
推荐单位：首都经贸大学
出版单位：首都经济贸易大学出版社
批准时间：2004 年上半年
出版时间：2004 年 7 月

本书遵循邓小平同志观察和思考国际问题与中国外交问题的基本思路，系统地梳理了邓小平国际战略思想及其现代意义。

全书共分五篇十八章。第一篇阐述了邓小平关于时代主题、当今世界格局、国际秩序、国际社会发展动力等方面的著名论断和丰富内涵；第二篇阐述了邓小平关于如何科学认识中国国情、如何客观评价综合国力、中国如何富强以及中国如何成为世界多极格局的一极等方面的主要思想；第三篇阐述了邓小平提出的解决国际争端的新思路和制定外交政策的指导方针，以及邓小平关于主权和人权的思想；第四篇阐述了邓小平提出的制定国际战略的原则和方法。续篇阐述了邓小平之后的中央领导集体在国际战略方面提出的新思想、新论断和新观点。

《〈资本论〉历史典据注释》

作　　者：孟小灯、孟氧
推荐单位：中国人民大学
出版单位：中国人民大学出版社
批准时间：2004 年下半年
出版时间：2005 年 1 月

近年来，媒体不断报道："金融危机的爆发使《资本论》再度受到关注"，但鲜见真正从学术层面上把《资本论》研究推向新的高度、把历史与现实切实关联起来进行深邃思考的力作。

本书的价值在于，作者将自己研读《资本论》过程中遇到的"拦路虎"一一予以索解，并借助德、英、日、俄等版本，校订了中译本中的一些误译或歧解，下的是聪明人不肯下的"笨功夫"。它不仅注释了《资本论》中引用的历史、文学、神话和圣经等典故（计有 395 条），而且介绍了这些专业术语、人名、历史与文学典故的历史背景，分析了马克思写作《资本论》的深刻用意。此外，书中还有许多言简意赅、充满睿智的独到见解。

《斯大林社会主义思想研究》

鉴于社会主义发展阶段理论在科学社会主义理论体系中的基础地位，系统地研究斯大林社会主义发展阶段思想发生发展的过程、主要内容、原因及客观影响，并给予理论分析和评价，对中国特色社会主义建设具有借鉴和警示意义。

本书以斯大林社会主义建设的理论与实践为主题，通过对有关斯大林资料的研究，对“斯大林社会主义模式”的形成、发展、基本特征及其历史地位作出了实事求是的分析；对构成这一模式主体的经济体制、政治体制和文化建设等作出全面的、综合的探讨；对这一模式在战后社会主义国家实践与理论发展中的影响等作出评析。本书还对斯大林社会主义思想的理论基础及其与马克思列宁主义的关系作出科学的论述。

作　　者：顾海良
推荐单位：中国人民大学
出版单位：中国人民大学出版社
批准时间：2007 年下半年
出版时间：2008 年 5 月

二、哲学、宗教

《科学哲学问题研究》

作　　者：王巍
推荐单位：清华大学
出版单位：清华大学出版社
批准时间：2003年上半年
出版时间：2005年7月

怎样认识、理解和分析当代科学哲学的现状，是我们把握当代科学哲学面临的主要矛盾和问题、推进它在可能发展趋势上获得进步的重大课题，有必要将其澄清。本书就是这样一部对当代科学哲学的前沿问题进行深入系统的研究的哲学专著。

本书由11个专题组成，全面而细致地研究了西方科学哲学的八个主要问题：认知意义的判断标准、归纳与验证、科学说明模型及其问题、科学的发展模式、科学划界、科学实在论、科学与价值、社会科学哲学，其内容涉及数学哲学、物理学哲学、生命科学哲学、复杂系统科学哲学、认知科学哲学、心理学哲学、科学隐喻、自然主义科学哲学、社会建构论、女性主义科学哲学、科学技术的元伦理等当代科学哲学研究的所有重要领域，并对一些哲学界长期争论不休的问题提出了自己的观点。

《现代技术问题研究——技术、现代性与人类未来》

作　　者：张成岗
推荐单位：清华大学
出版单位：清华大学出版社
批准时间：2003年上半年
出版时间：2005年1月

现代技术既给人类带来了进步与繁荣，又给文明世界带来许多令人担忧的问题。中国在发展市场经济、转向工业文明的过程中，如何尽力减轻或避免发达国家在现代性运动中所导致的技术问题，是中国未来发展必须认真对待的重要课题。

本书对现代技术进行了病理学考问，内容主要包括三部分：追思技术问题、技术与现代性、技术与人类未来。第一部分借用社会病理学的学术资源对技术问题进行了科学划界，从历史的纵向维度详细梳理了技术问题从边缘到中心的凸现历程，全方位透视了技术问题在当代的症候表型。第二部分从技术自身的内在逻辑发展、技术中隐藏的内在逻辑冲突与技术的外部文化境遇等方面，对技术问题何以生成进行了解释性研究。第三部分对技术问题之解决提出了初步构架，深度解读了马克思技术手稿，展望了人类的美好未来。

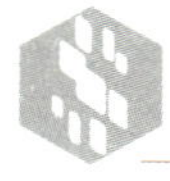

《公共行政中的哲学与伦理》

作　　者：张康之
推荐单位：中国人民大学
出版单位：中国人民大学出版社
批准时间：2003 年下半年
出版时间：2004 年 10 月

本书是一部对公共行政进行哲学分析和伦理研究的著作，通过一系列哲学分析框架的确立，对公共行政体系的各个方面进行了客观性考察，通过哲学分析，提示了行政体系的三重结构；确定的公共领域的非交换性；指出了公共权力的二元构成；探讨了权力制约的伦理化途径；分辨了行政改革中的一些理论误解和行政改革的方向，倡导建立一种引导型的政府职能模式。

在对公共行政的伦理思考中，本书作者研究了公共行政的公正、民主和科学问题、指出行政人员是一个特殊的职业群体，行政行为应当从属于道德判断，进而分析了行政人格生成的途径。

《生命科学哲学》

作　　者：李建会
推荐单位：北京师范大学
出版单位：北京师范大学出版社
批准时间：2003 年下半年
出版时间：2006 年 4 月

生命科学哲学是当代科学技术哲学的重要组成部分，它致力于促进生命科学实现新的理论大综合，并在对生命真谛的认识中寻求科学理性与人文精神的统一。

本书共分九章。第一章论述了生命科学哲学兴起的背景及面临的主要问题；第二章分析了生命科学的自主性问题；第三章从不同方面较详细地论述了正反两方面论证的依据，并对各种观点进行了比较；第四章讨论了还原概念和突现概念的历史发展及其局限性，并指出了超越它们的途径；第五章着重讨论了进化论的统计特性与进化过程的决定论和非决定论问题；第六章讨论了生命难以定义的各种原因，论述了定义生命的两种主要方法；第七章指出了人工生命提出的主要的哲学问题，揭示了人工生命所蕴含计算主义世界观；第八章分析了人类基因组研究的价值及其所可能引起的伦理和法律问题；第九章总结了 8 年来关于人类克隆的主要争论和观点，并揭示了这些争论给我们的启示。

《中国礼学在古代朝鲜的播迁》

尽管中国与古代朝鲜在地缘上接壤，山水相依，但彼此在文化上的差异原本却是非常之巨大。从语言学的角度而言，中国属于汉藏语系，朝鲜属于阿尔泰语系，相互的沟通存在着很大障碍；从风俗的角度而言，两地更是大相径庭。但就儒家化的程度而言，古代朝鲜是中国本土之外最为彻底的地区。究竟是什么力量使古代朝鲜走上了儒家化的道路？朝鲜的儒家化经由了怎样的途径？这是东亚儒家文化圈研究的一个重要课题，也是本书探究的主题。

本书共分十二章，比较系统地阐释了中国古礼在三国时代的初步传播、高丽时代的礼制、论《朱子家礼》在朝鲜时代的播迁、朱熹礼学与朝鲜时代乡风民俗的儒家化等重要问题，从而为中国礼学在古代朝鲜的播迁勾勒出了一个初步的轮廓。

作　　者：彭林
推荐单位：清华大学
出版单位：北京大学出版社
批准时间：2003 年下半年
出版时间：2005 年 5 月

《隐喻的生命》

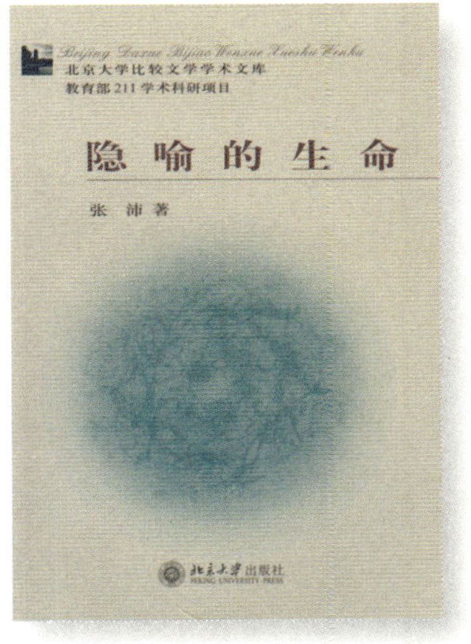

本书试图为当代隐喻研究开辟新的视角、思路与研究领域。

首先，本书尽可能全面地提供了具有代表性的中西隐喻研究资料，并在此基础上发掘本土的传统资源；其次，本书界定了隐喻研究的历史分期、领域以及类型；再次，本书以“美”与“真”的冲突也和解为中轴，遵循历史与精神同步发展的规律，汇通中西方隐喻研究成果，分别从修辞学、诗学、语言哲学以及认识论、存在论哲学四维入手，初步建立了一个互动的隐喻理论体系；最后，对隐喻的转换生成特性进行了全方位的考察，从而证明隐喻是不断转换生成的有机存在，而人类的语言、文学、认知乃至生命本身都具有转换生成的隐喻特性。

作　　者：张沛
推荐单位：北京大学
出版单位：北京大学出版社
批准时间：2004 年上半年
出版时间：2004 年 7 月

《创造认识论——当代认识论研究的新维度》

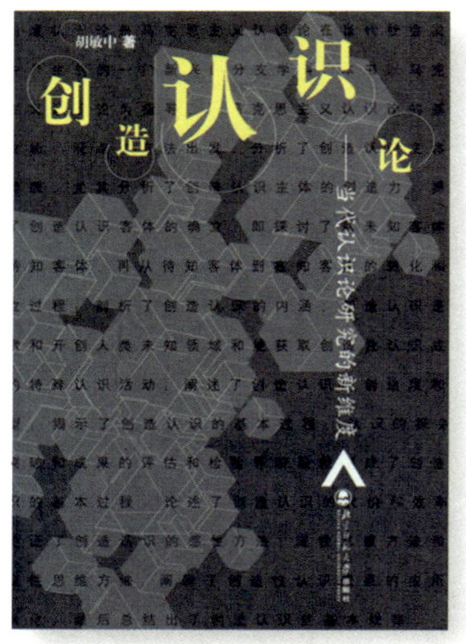

作　　者：胡敏中
推荐单位：北京师范大学
出版单位：北京师范大学出版社
批准时间：2004 年上半年
出版时间：2006 年 4 月

本书以马克思主义认识论为指导，从马克思主义认识论的基本立场、观点和方法出发，分析了创造认识主体的特质，尤其分析了创造认识主体的创造力；探讨了创造认识客体的确立，即探讨了从未知客体到待知客体、再从待知客体到在知客体的转化和确立过程；剖析了创造认识的内涵，创造认识是探索和开创人类未知领域和能获取创造性认识成果的特殊认识活动；阐述了创造认识的创造度和类型；揭示了创造认识的基本过程，认识的探索、突破及成果的评估和检验等阶段就组成了创造认识的基本过程；论述了创造认识的代价和效率；论证了创造认识的感性方法、理性思维方法和非理性思维方法；阐释了创造性认识成果的应用和转化；最后总结出了创造认识的基本规律。

《技术文化论》

作　　者：张明国
推荐单位：北京化工大学
出版单位：同心出版社
批准时间：2004 年上半年
出版时间：2004 年

作者运用系统科学和比较研究的理论和方法，从文化学角度对技术与文化的关系、技术的发明创新与转移和网络技术、西部开发等问题进行了深入研究并提出自己的见解。

全书共分十一章：第一章对提出了“技术—文化”这一新概念，建构了“技术—文化”系统；第二章着重论述了“技术—文化”系统的普遍性和特殊性的基本原理；第三、五、七章分别论述了技术发明、创新和转移与文化之间的关系；第四、六、八章对比了中日两国在技术发明、创新和转移与其文化之间的关系；第九章阐述了西部开发中的技术转移与摩擦问题；第十章着重论述了对网络技术所导致的文化摩擦以及利用网络技术推动文化创新等问题；第十一章论述了正确认识和处理技术与文化关系的实践途径。

《穆斯林诗人哲学家伊克巴尔》

伊克巴尔是20世纪南亚穆斯林最伟大的诗人，同时也是南亚穆斯林最伟大的哲学家和思想家。作为诗人，伊克巴尔始终关注穆斯林的命运。除了诗人的浪漫，他兼具哲学家的思辨和思想家的睿智。他在其不朽的诗作《自我的秘密》和《无我的奥秘》中提出了“自我”和“完人”的学说，从而建立了自己独特的哲学思想体系。继而他在1930年全印穆斯林阿拉哈巴德年会上提出了在印度西北部建立穆斯林独立国家的思想，这一思想成为巴基斯坦的立国之本。

本书系统地研究了作为诗人及哲学家的伊克巴尔，重点分析了他的诗歌创作活动及诗歌创作特色。

作　　者：刘曙雄
推荐单位：北京大学
出版单位：北京大学出版社
批准时间：2005年上半年
出版时间：2006年10月

《病与证的对峙——反思18世纪的医学》

本书是一部中西比较医学史专著。

作者在大量占有材料的基础上，运用史学的比较方法和内外史相结合的科学史研究方法，以18世纪的医学为切入点，以病与证的对峙为线索，对中西医学做了系统的介绍和全面的比较研究，为正确认识传统中医学，客观评价西医学，正确对待中西医结合医学提供一个可资借鉴的角度。

相信读者读了这本书以后，会对什么是中医，什么是西医，中医西医各自的长处和不足有一个理性的认识。

作　　者：甄橙
推荐单位：北京大学
出版单位：北京大学出版社
批准时间：2005年上半年
出版时间：2007年2月

《整合与颠覆：大众文化的辩证法——法兰克福学派的大众文化理论》

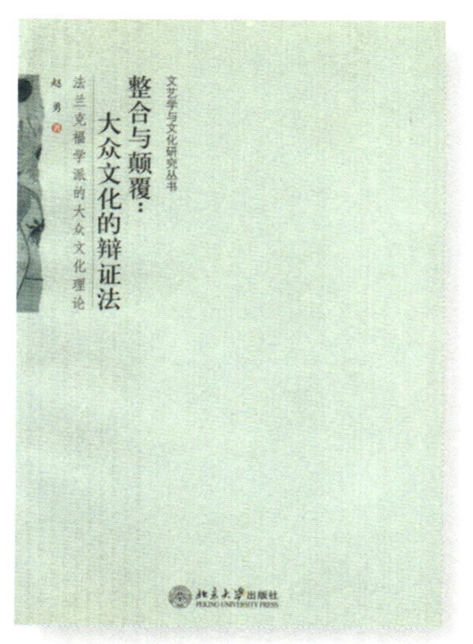

作　　者：赵勇
推荐单位：北京师范大学
出版单位：北京大学出版社
批准时间：2005 年上半年
出版时间：2005 年 6 月

在书中，作者通过对法兰克福学派第一代理论家阿多诺、本雅明、洛文塔尔、马尔库塞的个案分析，并通过对生成法兰克福学派大众文化理论历史语境的深入考察，认为法兰克福学派的大众文化理论存在着两种模式和两套话语：阿多诺的文化工业批判理论构想了一种“整合”模式，本雅明的大众文化理论建立了一套“颠覆”模式。与此相对应，法兰克福学派大众文化理论也就形成了否定性与肯定性两套话语。两套话语都具有重大的理论价值，也都有其理论盲点，因此，二者扬弃其片面性进而沟通对话很有必要。

中国的大众文化方兴未艾，大众文化理论却乏善可陈，本书对于思考、分析和研究中国的大众文化有重要的参考价值。

《艺术与归家——尼采·海德格尔·福柯》

作　　者：余虹
推荐单位：中国人民大学
出版单位：中国人民大学出版社
批准时间：2005 年上半年
出版时间：2005 年

本书比较研究在 20 世纪影响深远的三位思想家的后形而上学思想。作者以“归家”的隐喻概括尼采、海德格尔和福柯“逃离”现代世界、“回归”本真世界的基本思路与旨趣，考究三位思想家借助古代希腊的想象和艺术的启示而在“现代性批判”“思想史反思”以及“本真家园之构想”上的异同。

作者提出以权力关系和自由关系为核心的“生存关系论”，并以此为坐标辨析三位思想家之思想的意义、价值与疑难，强调关注“生存关系之正当性”的问题对克服现代性危机的重要性。本书的论域和方法突破了哲学、美学和艺术学的学科界限，其思其说别有新意。

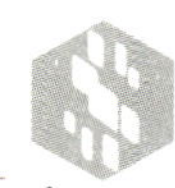

《当代大学生主导价值观研究》

当前，在我国社会经济的重大变革时期，当代大学生的思想与行为、价值观念的状况已成为社会深刻变化的最逼真的反射。作为这场社会变革的“晴雨表”，大学生这一群体的价值观已呈现出前所未有的变迁之势。不少大学生的精神境界正处在危险期，他们失去了某种最重要的东西——即社会所确立并倡导的主导价值观，对此我们绝不可小视。

本书对当代大学生主导价值观问题进行了研究，理论部分是对价值观的理性探讨，阐释其观念体系，对现有状况进行理性剖析；实践部分则探讨如何有效地把主导价值观变为大学生行为的实践性规律，以及具体的实施办法。

作　　者：刘小新等
推荐单位：北京联合大学
出版单位：首都师范大学出版社
批准时间：2005 年上半年
出版时间：2005 年 8 月

《〈文子〉思想及竹简〈文子〉复原研究》

传世本《文子》是道家重要文献，宋代以后一直被认为是伪书，1973 年河北定县 40 号汉墓竹简《文子》出土，其史料价值被重新认识，也使得对“文子”的研究面临着重新评价的问题。本书在前人研究基础上，利用文本研究与对比研究法，从学术史、思想史、哲学史角度对传世本和竹简《文子》进行了深入细致的研究，并重点考察了文子的“无为道”论及其在自然、社会、生活各方面的运用，探讨天道、人道、王道、用兵、仁义礼为政与治国之主旨以及重生思想与养生之道等重要内容。

在此基础上，本书按照定简文本内容的内在逻辑关系，重新复原了定简《文子》的篇章结构。

作　　者：赵雅丽
推荐单位：北京市社科院
出版单位：北京燕山出版社
批准时间：2005 年上半年
出版时间：2005 年 11 月

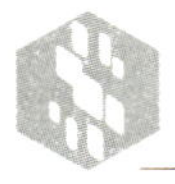

《后现代语境中伦理文化转向——论列维纳斯、德里达和南希》

作　　者：胡继华
推荐单位：北京第二外国语学院
出版单位：京华出版社
批准时间：2005 年上半年
出版时间：2005 年 11 月

本书使用了“文化伦理转向”来概括发生在 20 世纪 80 年代以来后现代思想运动的趋势，选择具有明显的学理承继关系并具有相同致思取向的三位法国后现代思想家为个案来分析这种文化伦理转向。列维纳斯开了后现代文化伦理转向的先河，德里达推进了后现代文化伦理转向，南希则致力于将文化伦理转向提升到价值形而上学的高度。

在这三位后现代思想家的文化伦理构想之中都体现了泛悲剧精神、灵知精神以及道德完美主义精神。他们所理解的自由，是一种依托于他人并且不可确定的谦卑自由。这样的自由是一份非常脆弱的礼物。而对他人的尊重，以及担当对他人的绝对责任，使他们的文化伦理构想闪射着亲切而又空灵的神韵。

《环境危机与文化重建》

作　　者：魏波
推荐单位：北京大学
出版单位：北京大学出版社
批准时间：2005 年下半年
出版时间：2007 年 3 月

本书主要概述了全球环境危机：人类共同体危机的折射、工业文化——环境范式批判：发展中意义的危机、危机呼唤变革：走向可持续的文化——环境范式等内容。

在这部书中，作者旨在借助于对环境与文化的分析，考察当代环境危机背后的文化根由，进而提出意义世界的危机与重建的命题，试图对危机做出一种积极的响应。从人的生存出发，立足于对人的生存的形而上关注，透视当下人类环境危机中的人，从人生存的根本意义上追问环境问题。通过反思探索环境背后的人的生存意义问题，考察人在环境意义的生成与充实。通过探讨环境危机之于人的影响考察在这一境遇中人的生存意义所发生的扭曲与失落。要寻找新的意义，必须转换生存范式，为人找寻意义的归宿。

《和合学——21世纪文化战略的构想（上卷、下卷）》

人类进入21世纪，由于面临着人与自然的冲突而造成生态危机，人与社会的冲突而产生人文危机，人与人的冲突而构成道德危机，人的心灵的冲突而产生精神危机，文明之间的冲突而造成价值危机。和合学提出和生、和处、和立、和达、和爱五大原理，以化解此五大冲突和危机。

本书通过对和合、和合五义以及它们之间的相互关系的阐释，并根据和合学原理的“八维”和合，构想并提出了和合学八类新科学分类系统，确定了和合学的研究对象、范围、方法、规范，将和合学作为一门单独学科来研究。

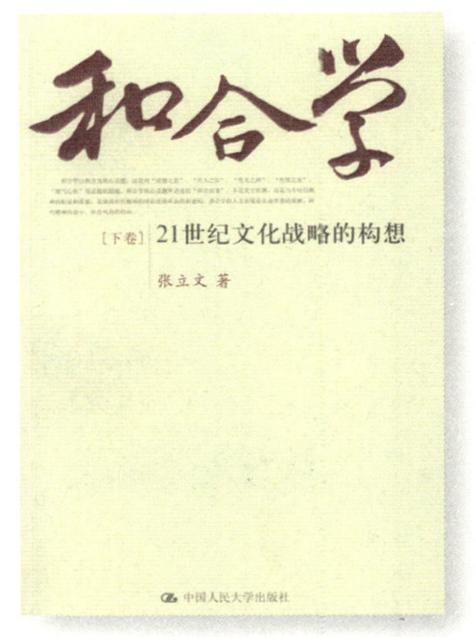

作　　者：张立文
推荐单位：中国人民大学
出版单位：中国人民大学出版社
批准时间：2005年下半年
出版时间：2006年10月

《量子实在与“薛定谔猫佯谬”》

本书的研究对象不是过去所研究的一些简单的微观粒子，而是一个复杂的宏观态，即死活叠加的宏观猫态。这是一个纠缠态，而且不是两个微观粒子之间简单的纠缠态，而是微观与宏观的纠缠态，因而问题更为复杂。

作者根据近年来量子测量关于“薛定谔猫”研究的实验的和理论的新进展，对量子测量中“薛定谔猫”纠缠态的退相干过程，给予了内容翔实、思路清晰的科学阐述和哲学分析，从而更为明确地回答了量子测量中的“波包塌缩”是否必须有“主观介入”，量子力学是否是一个客观的、描述物理实在的理论的哲学纷争。这对于唯物主义哲学及其方法论的发展无疑具有重要的理论意义和现实意义。

作　　者：李宏芳
推荐单位：清华大学
出版单位：清华大学出版社
批准时间：2005年下半年
出版时间：2006年12月

《实践哲学与霸权——当代语境中的葛兰西哲学》

作　　者：仰海峰
推荐单位：北京大学
出版单位：北京大学出版社
批准时间：2006 年上半年
出版时间：2009 年 2 月

本书从当代语境出发，较为深入地研究了葛兰西《狱中札记》《狱中书信》中的实践哲学思想。针对第二国际中出现的将哲学与政治活动分割开来的倾向，葛强调哲学、政治、经济的总体关联，指出马克思主义哲学的根本特征在于理论与实践的统一、哲学与政治的统一。

作者指出：在葛的思想语境中，实践哲学构成了他的理论前提，国家与市民社会理论构成了实践哲学政治化的理论中介，霸权理论是葛面对福特制资本主义时代的革命策略。葛的思想直接影响到西方马克思主义的发展，从葛的霸权理论出发的新葛兰西主义，成为当代西方基金思潮的重要组成部分。

《道通于一——北宋哲学思潮研究》

作　　者：李祥俊
推荐单位：北京师范大学
出版单位：北京师范大学出版社
批准时间：2006 年上半年
出版时间：2006 年 12 月

北宋时期，中国传统哲学正处于由三教鼎立到理学独尊之间的过渡阶段，儒、佛、道三教之间的会通与冲突达到了新的阶段、各派新儒学蜂起并就儒家学派内部的道统、经学、义理展开论争，呈现出媲美先秦诸子百家争鸣的学术格局。

本书通过考察北宋时期三教哲学的论争，尤其是儒、佛之辨，揭示出儒家哲学的根本特征在于本体层面对道德意识与差异关系的肯定；细致梳理了北宋诸儒关于孔子、孟子等大儒的评价，发掘出儒家道统重构中的价值观取向；通过考察北宋诸儒关于五经、四书的解说，清晰地勾勒出了新儒学思潮借鉴传统儒学思想资源转换哲学话语系统、问题意识的途径；在阐述北宋时期儒家学派的义理之学时，通过考察北宋诸儒的天人关系论、仁论、礼论等，突出其回应佛、道二教挑战所作出的理论创新，而通过考察北宋诸儒的人性论、本体论、为学之道、价值观等，概括出北宋后期新儒学思潮的基本哲学体系。

《历史学研究的语言学转向——西方后现代历史哲学研究》

本书是我国历史哲学界和史学理论界的一部前沿之作，是中国学者对后现代历史哲学的挑战作出郑重而系统回应的有分量的作品，具有重要的学术价值和理论意义。

本书以历史学研究中的语言学转向为视角，就西方后现代历史哲学的研究现状做了梳理。本书内容包括历史哲学中的后现代主义趋势、分析的历史哲学的兴衰、从结构主义到解构主义的历史哲学、欧美后现代历史哲学的发展与现状、历史哲学的语言学转向、后现代历史叙事理论、历史叙事的诠释性、后现代历史隐喻理论、后现代语境中的历史客观性问题、作为本体认识和语言的历史，同时，作者以附录的形式就国内外后现代历史哲学的研究作了一个综述，并附了一个访谈。后现代主义作为一种哲学思潮，其影响巨大，面对后现代主义的冲击，历史学、哲学都要作出回应，本书可以看作是历史哲学对后现代主义的一些建构原则的回应，作者以一种客观的态度作出说明，并最终引出自己的观点。

作　　者：韩震、董立河
推荐单位：北京师范大学
出版单位：北京师范大学出版社
批准时间：2006 年下半年
出版时间：2008 年 1 月

《对称性与人类心智的冒险》

对称性是人们在观察和认识自然的过程中产生的一种观念。对称性可以理解为一个运动，这个运动保持一个图案或一个物体的形状在外表上不发生变化。在物理学中存在着两类不同性质的对称性：一类是某个系统或某件具体事物的对称性，另一类是物理规律的对称性。而日常生活中常说的对称性，是指物体或一个系统各部分之间的适当比例、平衡、协调一致，从而产生一种简单性和美感。本书即是一部以对称性的哲学问题为核心内容的研究著作。

本书在全面分析日常生活和自然科学中已有关于对称性研究成果的基础上，结合当代科学的最新发展，力图深入阐发对称性的本体论、认识论和方法论意义，旨在澄清长期以来在对称性的本质及其对称破缺方面存在的一些模糊认识，从而促进与对称性相关的人类认识活动不断走向深入。

作　　者：董春雨
推荐单位：北京师范大学
出版单位：北京师范大学出版社
批准时间：2006 年下半年
出版时间：2007 年 12 月

作　　者：嘎日达
推荐单位：北京市委党校
出版单位：北京出版社出版集团
　　　　　文津出版社
批准时间：2006年下半年
出版时间：2008年4月

《方法的论争——关于质的研究与量的研究之争的方法论考察》

19世纪中叶，随着以孔德为代表的实证主义的兴起，学术界开始对量的研究方法产生兴趣，认为量化具有自然科学的"客观性"和"科学性"，应该引入社会科学研究领域。20世纪60年代，质的研究在社会科学研究领域重新获得认可。从而引发了质的研究还是量的研究的论争。其论争隐含的是对"科学性"（人们对于科学的理解不尽相同）目标的追求，说明科学性最重要的一个标准就是研究者的方法论以及为解决研究问题所使用的方法是否科学。

本书对这一长期争论的问题，即质的研究（定性研究）与量的研究（定量研究）及其关系问题，做了系统的梳理，指出这两种研究各有优缺点，并结合科学发展的特点，进一步指出了这两种研究走向结合的必然趋势。

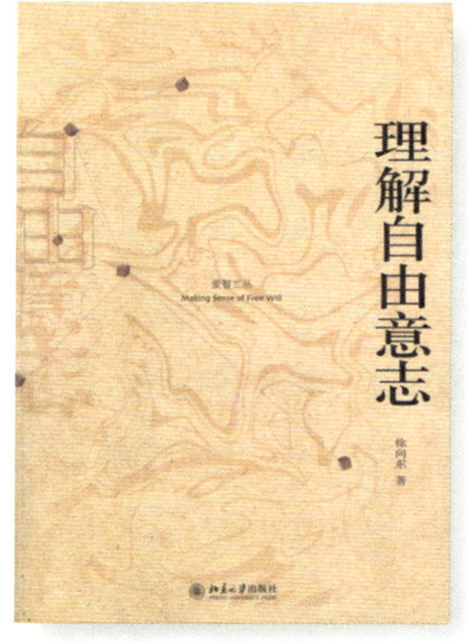

作　　者：徐向东
推荐单位：北京大学
出版单位：北京大学出版社
批准时间：2007年下半年
出版时间：2008年8月

《理解自由意志》

我们的意志是上帝创世的宏大计划中预定的细节，还是大脑内物质世界的自然作用？我们的意志是自由的，还是被决定的？如果没有自由意志，我们的善行值得赞颂吗？我们的恶行还应该受罚吗？如果拥有自由意志，那是对上帝的威胁吗？是对自然规律的反叛吗？这些问题贯穿整个西方哲学发展史，对它的探究与思考已成为人类认识自我并理解自我最重要的一种方式。

本书从自由意志在人类生活中的重要性入手，详细阐发了由自由意志问题引发的各种流派、观点及其论证，重点探讨了相容论与不相容论对自由意志问题提出的种种解决方案。作者的目的并不仅仅是描述自由意志问题本身的发展脉络，更在于揭示通过自由意志问题而达到的自我理解对于我们人类的意义。

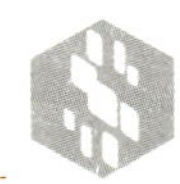

《北京美术史》

本书以探索北京美术的地域特征为学术责任。全书的编写以历史为线索分为五编：“幽燕遗韵”“大都气象”“华堂溢彩”“帝京余晖”“走向现代”，以年代为序，叙述史前至辽金时期、元代、明代、清代、民国等五个阶段北京美术的发展历程，内容涵盖了绘画、书法、建筑、雕塑、工艺美术五大门类。作者旨在调查传世的美术遗迹，揭开文献记录中尘封的美术家、美术作品和美术事迹，从而在历史的长河中掬出一个北京美术的身影。

历史脉络的梳理和地域风貌的探讨，揭开了北京美术时代差异的同时，也为地域间的“比较”提供了资料。探索北京美术的地域特征也伴随着南北地域比较、中央与地方的比较、宫廷与民间的比较乃至东方与西方的比较。作为全国版图中的一个地域，北京的美术史的普遍性和独特性是国家美术史写作中的一个重要的参考坐标。

作　　者：李福顺
推荐单位：首都师范大学
出版单位：首都师范大学出版社
批准时间：2007 年下半年
出版时间：2008 年 5 月

《在心物交流互动中生成的老庄之道》

本书是一部专门论述老庄思想的学术专著。在我们通常的认识中，语言是心灵体验的表达，人和万物都被看做能被语言表达、被概念规定的现成东西。语言成为被人使用的工具，人变成了使用语言、驾驭语言的人。本书认为，语言不是表达，而是心物、天人相互呼应的境遇。

庄子在谭林无形无名、不可言说的道时，更多的不是强调道作为万物逻辑根据的那种飘渺性质，也不是论述阴阳二气的元气所具有的神秘性质，而是指在把握人在世界中的素朴存在时日常语言的无奈。当人们经验了损聪明、弃智虑、忘年忘义，当分析、辨别、争辩、表达的语言停止了运作，而别具一格的无心之言、天籁之音仍然在静静地言说着。

作　　者：那薇
推荐单位：北京市社科院
出版单位：北京燕山出版社
批准时间：2007 年下半年
出版时间：2008 年 3 月

三、社会科学总论

《大国卫生之难——中国农村医疗卫生现状与制度改革探讨》

本书的定位是翔实调研、取得大量数据后的一本真实的、客观的农村卫生报告书，能够使各级领导、学者和关心国计民生的中国人深刻了解农村卫生现状和社会现状，以及农村农民卫生状况对于城市和国家已经形成或潜在形成的巨大政策、公政管理的视角展开，利用了新制度经济学、善治理论等现代政治、经济理论进行多层次、多角度的分析。

在这部书中，作者针对我国农村医疗卫生现状，提出了可操作性的制度设计与制度安排建议，并且还配发了大量图片。此外，面对21世纪新形式的需要，本书还就农村医疗卫生的体系、内容方面也进行一些有益的探索，提出了一些新的理论问题，阐述了一些新的学术观点。

作　　者：王红漫
推荐单位：北京大学
出版单位：北京大学出版社
批准时间：2003年下半年
出版时间：2004年3月

《公众参与环境影响评价制度研究》

20世纪50年代以来，各国在环境保护和治理方面所形成的共识之一便是对开发和利用环境行为所产生的环境质量下降或者环境破坏等应当事前采取预防、分析和防范措施，以避免、消除由此可能带来的环境损害。同时民主法治理念在法制发展中的进一步渗透，使得公众参与原则在继预防原则之后成为保障环境权利保护的又一利器。

本书试图对环境权和公众参与环境影响评价制度进行整合性的研究，相信一方面有助于对环境权的性质和内容作出合理定位，给环境权的发展寻找出路；另一方面也为公众参与环境影响评价制度提供权利根据。

作　　者：李艳芳
推荐单位：中国人民大学
出版单位：中国人民大学出版社
批准时间：2003年下半年
出版时间：2004年4月

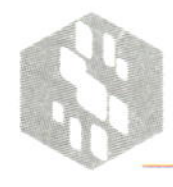

《基于信息理解的信息构建》

作　　者：周晓英
推荐单位：中国人民大学
出版单位：中国人民大学出版社
批准时间：2003 年下半年
出版时间：2005 年 5 月

信息构建（IA）是目前全世界都在密切关注的新热点。本书以信息理解问题为切入点，对信息构建进行了系统的分析，在诸如信息理解与信息构建的关系，信息构建的基本对象、信息构建过程中信息状态变化的特点、信息构建的内容和方法、信息构建的基本原理和原则等方面都有独到的论述。

本书还研究了信息构建与情报学之间的关系，论述了基于信息理解的信息构建理论和实践对情报学的影响以及对情报学提出的新要求；论述了 web 站点信息构建的目标和方法以及在政府网站中的实现，并通过实例来具体分析了政府网站的信息构建问题，以及政府网站信息构建的目标和方法。

《健康长寿影响因素分析》

作　　者：曾毅、柳玉芝、张纯元、萧振禹
推荐单位：北京大学
出版单位：北京大学出版社
批准时间：2004 年上半年
出版时间：2004 年 5 月

本书力图从理论与实证研究方面深入分析高龄老人健康长寿的影响因素，比较系统地探讨了国内外先进的分析方法，从横向、纵向，个人、家庭、社区等不同角度对中国高龄老人研究的应用，以填补我国高龄老人研究方面的空白。

本书主要包括以下几个方面的内容：中国老年健康长寿影响因素调查样本设计与数据质量评估；高龄老人的基本状况及其影响因素；高龄老人受教育程度、经济、医疗保障等社会经济状况，饮食、烟酒、生活方式与健康长寿的关系；高龄老人家庭、婚姻、生育与健康长寿；高龄老人死亡率及其影响因素；以及高龄老人的生活质量。

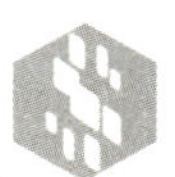

《中国人口的死亡和健康——20世纪80年代以来人口死亡水平、类型、原因和发展趋势》

作　　者：游允中、郑晓瑛
推荐单位：北京大学
出版单位：北京大学出版社
批准时间：2004年上半年
出版时间：2005年3月

本书分析和描述了80年代以来中国人口死亡的变动趋势、人口死亡水平和模式的地区差异，不同年龄组死亡率变化对预期寿命变化的影响及人口死因结构的变化和趋势。分析和探讨了人口死亡水平地区差异的主要社会经济影响因素。探讨人口死亡水平和模式变动对经济的影响，总结我国80年代以来人口死亡水平和模式变化的特点及未来趋势。

研究人口死亡的目的是想从对死亡的了解去促进减少人口的死亡，也就是促进人口的健康。本书提出把死亡的水平、模式、发展趋势、原因和人口健康联系在一起的设想是很积极的设想。在死亡水平下降以后的社会不仅应该是死亡率很低的社会，还应该是一个健康的社会。

《以德治国论》

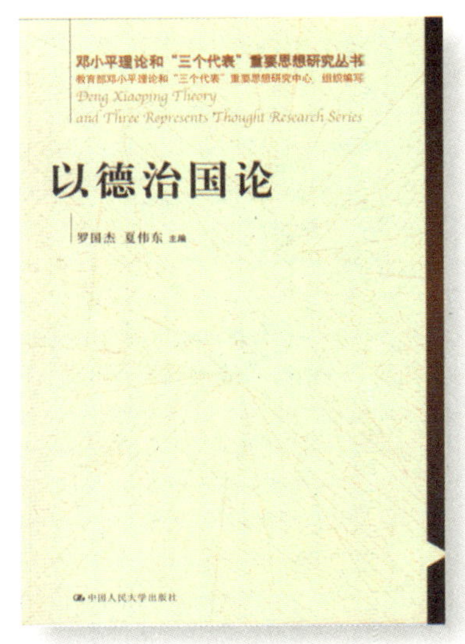

作　　者：罗国杰、复伟东
推荐单位：中国人民大学
出版单位：中国人民大学出版社
批准时间：2004年上半年
出版时间：2004年7月

本书是系统研究和阐述以德治国这一与依法治国相辅相成、缺一不可的治国方略的理论专著。

在具体的论述过程中，作者努力将以德治国的历史、理论和实践有机地结合起来，既总结历史规律，又回答现实问题，从历史中获得启示，从现实中解读历史；从历史、理论和实践的综合高度，为科学解读以德治国思想，为澄清对以德治国思想的一些模糊看法，为深化对以德治国方略重大意义的认识，为把以德治国方略真正落到实处，寻求比较有说服力和比较有效的决策与治理方案。

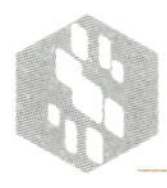

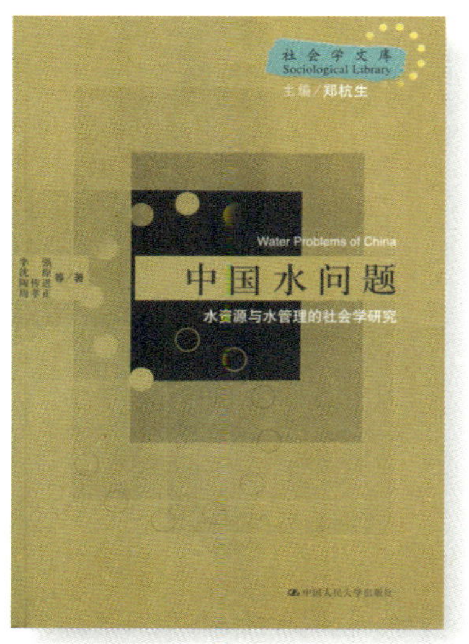

作　　者：李强、沈原、陶传进、周孝正
推荐单位：清华大学
出版单位：中国人民大学出版社
批准时间：2004 年上半年
出版时间：2005 年 10 月

《中国水问题——水资源与水管理的社会学研究》

本书基于水利部的研究课题而成，在社会调研的事实和数据的基础上，尝试从社会科学尤其是社会学的研究方法和角度来探讨中国北方的水资源管理问题，并试图找到解决问题的出路。

本书关注的重点在于制度创新，作者首先分析了目前我国城乡水管理的现状和水问题的严重程度，提出"水资源统一管理"的建议，并以"流域统一管理"例证之，然后对市场和民间力量的引入进行了比较深入的分析，同时考虑到实施中的实际问题——强调要关照弱势群体。书末附了三个典型调研报告和最初的调查问卷。

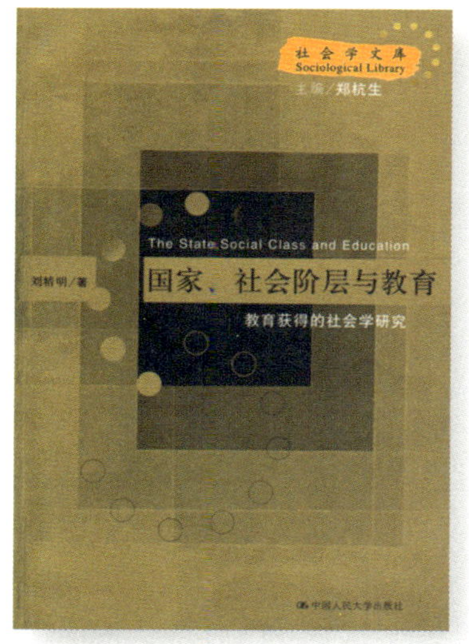

作　　者：刘精明
推荐单位：中国人民大学
出版单位：中国人民大学出版社
批准时间：2004 年上半年
出版时间：2005 年 4 月

《国家、社会阶层与教育——教育获得的社会学研究》

秩序的维护是任何社会都必须面对的基本统治任务，而从社会分层角度来讲，统治秩序的维护依赖于社会资源和机会的分配机制。本书的基本观点认为，社会排斥和社会团结是任何社会都存在的两种主要分配机制，它意味着国家、社会阶层和个人围绕资源和机会的分配权而在一个复杂的社会关系模式中展开各种争斗与合作。

教育是其中的一个核心领域，作者从教育的生存取向和地位取向这一质性差异出发，集中探讨了国家和社会阶层对教育平等、教育选择的影响方式，并结合实证研究资料进行了进一步的分析和阐释。

《政策透视——政策分析的理论与实践》

作　　者：谢明
推荐单位：中国人民大学
出版单位：中国人民大学出版社
批准时间：2004 年上半年
出版时间：2004 年 11 月

什么是公共政策？它有哪些表现形式？在社会生活中公共政策扮演什么角色？为什么要研究它？研究的途径有哪些？政策分析是干什么用的？政策分析与对策研究是一回事吗？政策分析是一项技术还是一种艺术？怎样进行分析？目标是什么？分析的局限和障碍何在？政策是怎样制定的？为什么会在执行中走样？政策评估起什么作用？政策终结的对象是什么？如果读者关心上述这些问题。本书为我们提供了一个比较全面而系统地回答。

本书认为，政策分析是一种对政策的调研、制定、分析、筛选、实施和评价的全过程进行研究的方法；政策分析的核心问题是对备选政策的效果、本质及其产生原因进行分析。在此基础上，本书进一步对政策分析的具体实践进行了比较详尽的剖析与阐释。

《文明的支点：科技发展与世界现代化进程》

作　　者：嵇立群
推荐单位：首都师范大学
出版单位：首都师范大学出版社
批准时间：2004 年上半年
出版时间：2005 年 1 月

世界现代化进程是一个多元互动的复杂过程，科学、技术、经济、社会之间存在着密切的关联。本书正是以近代以来科技发展与现代化的关系为研究对象，宏观地研究了科技革命的发展是如何在世界范围内推动现代化进程的。这是一部成功地突破自然科学与社会科学的两界壁垒，以文理两大领域交融渗透的研究方法，对近代以来由科技发展与经济进步交互推动的宏观历史进行探索的著作。

作者认为，人类历史是一部科技、经济、社会、精神几条线索交叉作用、多元互动的历史。其中，科学技术有着特殊的作用。它所具有的变革社会的能力，不仅表现在物质制度的层面上，还表现在推动社会传统观念的变革上，它还必然地积极地推动人类素质的提高，从而推动社会全面向前发展。

《机遇管理导论》

作　　者：黄津孚
推荐单位：首都师范大学
出版单位：首都经济贸易大学出版社
批准时间：2004 年上半年
出版时间：2005 年 6 月

机遇虽稀缺宝贵，但只有处于管理状态下，才能够充分体现其价值，又因为机遇的形成机制太复杂，管理太困难。在理论上，它涉及哲学、物理学、数学、心理学、经济学、管理学等多学科知识；在实践中，它涉及战略和战术、决策与行动、经验与人格，而且与非线性、非均衡、不确定性联系在一起，真可谓博大而精深。本书的研究思路是从阐明机遇的定义开始，以机遇的形成机制为依据，以此分析机遇的辨识、价值评估、利用和营造原理。

本书通过向读者揭示机遇的本质，从理论上解释机遇的产生机制和现实价值，阐明机遇和风险的关系，探讨分析评估机遇的方法，把握、营造和利用机遇的原则，尽可能从理论和实例结合的角度，帮助读者了解和掌握机遇管理的知识。

《社会行动的意义效应——社会转型加速期现代性特征研究》

作　　者：杨敏
推荐单位：中央财经大学
出版单位：中国人民大学出版社
批准时间：2004 年下半年
出版时间：2005 年 4 月

作者对社会行动与社会秩序和社会结构的关系这一艰深的社会学理论问题进行了深入思考，对我国社会转型加速期社会主体的社会行动、社会结构、社会秩序之间的同构互生关系进行了描述、分析和解释。

本书文献回顾全面透彻、理论创新启迪心智、现实关注情理相宜，显示了作者在社会学理论方面丰富的知识积累和深厚的理论功底，是目前国内理论社会学研究领域中很有特色的一部著作。

《公司年报中的印象管理行为研究》

印象管理来自于社会心理学的范畴，它源自对社会人心理及行为的预期，进而在会计研究领域被引入企业管理者心理和行为的研究。所谓印象管理，是指人们用来控制其他人对自己所形成的形象的过程。对应于报表数据操纵，公司报告语言陈述部分的内容构成和形式设计也有可能被管理方所利用，目的在于促使报告读者对公司经营状况形成最佳印象，诱导投资决策。

全书以公司报告语言陈述为研究对象，从“可读性调整”和“归因倾向”两个角度，通过报告语言特征统计和案例分析等方式，求证和诠释了我国上市公司对外报告中客观存在的“印象管理”现象。

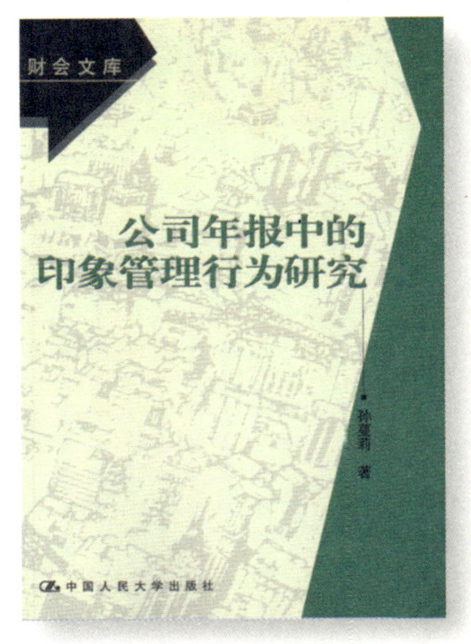

作　　者：孙蔓莉
推荐单位：中国人民大学
出版单位：中国人民大学出版社
批准时间：2004 年下半年
出版时间：2005 年 3 月

《基础研究政策的理论与实践》

本书在国际上关于政府资助基础研究公共政策的理论研究和实证研究的基础上，针对我国本土自然科学基础研究的实践（历史和现实的）进行政策研究，总结出基础研究发展的中国模式，并提出加强我国基础研究的政策建议。

全书分为上、中、下三编。其中，上编从经济学的角度论证政府资助基础研究的必要性，通过案例研究考察基础研究对技术创新的贡献，评介国际上关于基础研究对技术创新、对发明专利的贡献率以及关于基础研究的效益的实证研究；中编考察美国、德国、英国、日本等创新型国家以及中东欧转型国家基础研究的体制、投入、产出与绩效；下编考察我国基础研究的体制、政策的历史演进和现状，考察我国基础研究的投入、产出与绩效；对我国创新性科研团队进行案例研究，对我国科研环境存在的问题进行概括；最后总结出基础研究发展的中国模式，并提出了加强我国基础研究的政策建议。

作　　者：刘立
推荐单位：清华大学
出版单位：清华大学出版社
批准时间：2004 年下半年
出版时间：2007 年 10 月

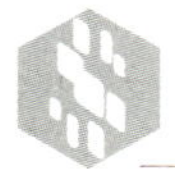

作　　者：黄霄羽
推荐单位：中国人民大学
出版单位：中国人民大学出版社
批准时间：2005 年上半年
出版时间：2006 年 11 月

《魂系历史主义——西方档案学支柱理论发展研究》

本书论述了西方档案学的两大支柱理论——来源原则与文件生命周期理论的发展轨迹和规律。通过梳理来源原则从形成、遭受冲击到被“重新发现”；文件生命周期理论从产生、盛行到“笑对挑战”的发展过程，深入挖掘了两大理论的宏观区别与深层联系，系统总结了两大理论的发展规律及其对档案专业的深刻启示，合理预测了档案学支柱理论的发展趋势。

这本专著的选题较为宏观，具有一定的开创性。它借助西方档案学的宏观背景，系统地论述了档案理论中两大支柱——来源原则与文件生命周期理论的发展进程，深入挖掘了两大理论的发展规律并总结了这一规律对档案事业乃至档案专业建设的启示意义。本书立论新颖、内容丰富、资料翔实、论证严谨、逻辑性强、文字流畅。

作　　者：潘习龙、吉琳、欧景才
推荐单位：北京大学
出版单位：中国人民大学出版社
批准时间：2005 年上半年
出版时间：2007 年 7 月

《医院管理创新模式研究——探索广东省第二人民医院“五四一”经营管理模式》

我国公立医院是在计划经济条件下培育和发展的。长期以来，沿用的是计划经济的运行模式，这种僵化和落后的管理模式在目前成了束缚公立医院发展的根源，主要表现在缺乏经营管理、成本控制、财务风险、竞争和危机意识，缺乏科学有效的人事制度、分配制度和奖惩制度。

为了适应医院管理与创新发展的迫切需要，以现代管理科学理论和方法以及国外医院管理研究的最新进展与成果为基础，密切结合我国医院改革和发展的实际，本书以广东省第二人民医院作为典型案例，提出了医院管理创新的新模式——“五四一”经营管理模式，并具体阐述了“五四一”医院经营管理模式的研究基础、方向和核心目标。

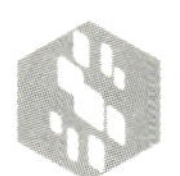

《高校后勤改革理论探索》

高校后勤改革是我国高等教育和高等学校改革的重要内容，也是政府、高校师生以及社会各方面都十分关注的问题。但是，高校后勤改革过程遇到了很多困难，不仅未能像预计的那样顺利完成，甚至在有些方面陷入越来越复杂的局面。

本书试图做一次理论上的尝试，从效率机制和合法性机制的两个不同的角度，通过与西方发达国家高校后勤管理的比较，对我国高校后勤改革的基本方向、具体途径、现行政策等进行了分析。针对一些比较突出的问题，作者还进行了富有新意的理论探索，并给出了自己的见解。

作　　者：王守军
推荐单位：清华大学
出版单位：清华大学出版社
批准时间：2005 年上半年
出版时间：2005 年 12 月

《媒介与社会变迁——战后日本出版物中变化着的价值观念》

本书试图从战后日本出版物中表现出来的价值取向的视点，就战后日本出版业的形成和发展轨迹、社会转型时期的读者阅读取向与社会意识的变化以及出版业与社会的互动关系进行了具体的分析，以此来勾勒出战后日本出版物中表现出来的价值取向的变化过程。

同时，本书还运用传播学和社会学等方法，对作为大众媒介的出版的传播倾向、议程设置、培养分析等功能进行了比较系统的考察。

作　　者：诸葛蔚东
推荐单位：北京大学
出版单位：北京大学出版社
批准时间：2005 年下半年
出版时间：2006 年 12 月

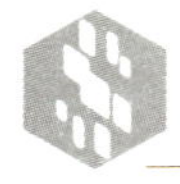

《中国行政效能监察——理论、模式与方法》

作　　者：毛昭晖
推荐单位：中国人民大学
出版单位：中国人民大学出版社
批准时间：2005 年下半年
出版时间：2007 年 4 月

在反腐败与廉政建设中，廉政监察与效能监察是监察机关的基本职能，论述廉政监察的著作不胜枚举，而论述行政效能监察的著作却寥寥可数。

本书就行政效能监察的多元组织模式、立项式效能监察和体系式效能监察的实施方法，以及行政效能监察的考评与奖惩进行了深入论述，为监察机关有效开展行政效能监察，提供了强大的理论指导和具体的实施指南。本书贯穿一个重要主题：随着国家惩治与预防腐败体系的逐步完善，监察机关将成为政府领衔效能管理的中枢性部门，这也是提升监察机关的核心竞争力和深化行政监察制度创新的关键所在。

《儒学社会通论》

作　　者：陈劲松
推荐单位：中国人民大学
出版单位：中国人民大学出版社
批准时间：2005 年下半年
出版时间：2007 年 5 月

本书提出了一个分析传统中国社会的核心概念即“儒学社会”的概念，并将中国传统社会的历史进程划分为前儒学社会、儒学社会以及后儒学社会三个阶段。本书的分析对我们进一步认识中国传统社会的特征及未来中国社会的建构等问题有所裨益。

全书分为导论、上编、下编和结束语等几个部分。导论所要确定的是“儒学社会”的一般概念。上编着重论述了前儒学社会中的智力进步和创造性破坏。下编则从不同的侧面如秩序、精神、行动、限制等角度比较详细地论述了儒学社会，涉及儒学社会的兴起、运行、变迁、危机、革命等。结束语主要处理的对象是儒学社会的遗产，论及了在全球社会中儒学精神的创造性转换、儒学文明的表演的可能性等等。

《重新审视多元智力——理论与实践的再思考》

作　　者：霍力岩、莎莉等
推荐单位：北京师范大学
出版单位：北京师范大学出版社
批准时间：2005 年下半年
出版时间：2007 年 7 月

本书在梳理、剖析加德纳教授本人及西方学者自1983 年多元智力理论提出至今二十余年间对该理论进行的再思考的基础上，试图从理论和实践两个层面、从内部和外部两个视角对多元智力理论进行整体性再思考，并由此提出对我国基础教育改革的启示，旨在为多元智力理论的研究者、学习者与实践者提供一些有益的启发和反思，并希望对我国基础教育事业的进一步发展有所裨益。

全书共分三章。第一章是对多元智力理论本身的再思考；第二章是在教育实践视野下对多元智力理论的再思考；在前两章再思考的基础上，第三章集中思考了多元智力理论对我国基础教育改革的几点启示。

《书籍传播与社会发展——出版产业的文化社会学研究》

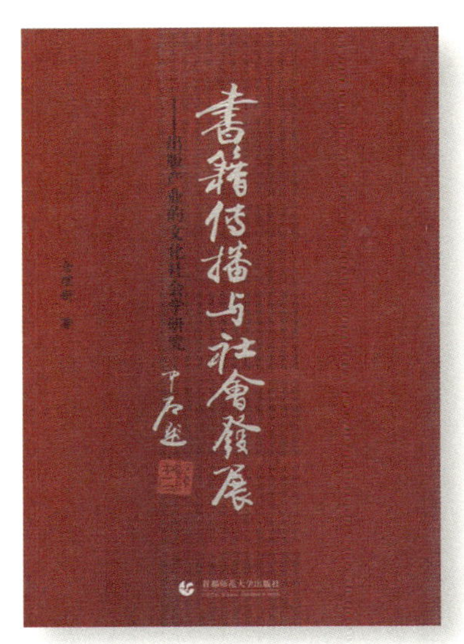

作　　者：仓理新
推荐单位：首都师范大学
出版单位：首都师范大学出版社
批准时间：2005 年下半年
出版时间：2007 年 4 月

本书以出版产业为切入点，用社会学理论和方法为指导，将书籍传播作为一种社会文化现象进行多视角分析，探讨出版运行机制与社会运行机制的相互关系，从而阐述书籍传播对文化的沉淀积累作用，以及文化对社会发展的正反面作用，特别考察先进文化对社会主义现代化发展的促进作用。

全书主要分为四个部分，分别从对书籍的认识，书籍的生产与传播过程，书籍、文化对社会的影响，将社会学的理论和方法引入出版业几方面探讨了书籍传播对社会发展的影响和作用。作者运用实证研究方法，提出了具有独到之处的新概念、命题和见解，并用以指导自己的工作实践，成功地运作了一些行之有效、可供业内人士操作的出版案例。

《可持续发展的伦理视角》

作　　者：鄯爱红
推荐单位：北京市委党校
出版单位：文津出版社
批准时间：2005 年下半年
出版时间：2008 年 7 月

实施可持续发展战略，既需要运用技术、经济和法律等手段，也需要建立相应的伦理机制。只有以伦理信念为基础，以伦理机制为保障，可持续发展战略才能逐步深入人心，切实得到贯彻落实。

本书分析了道德支持可持续发展的重要性、可能性，在与市场和政府作用的比较中论述了道德支持可持续发展的地位和作用在系统梳理中国传统文化和西方文化中的环境伦理思想的基础上，建构了可持续发展伦理学的基本理论体系。本书把可持续发展问题同世界秩序、社会进步、伦理变革联系起来思考，对应用伦理学特别是环境伦理学对可持续发展的支持作用进行了论述，分析了可持续发展伦理的研究对象和特征，提出了可持续发展伦理的基本原则和相应的道德规范。在此基础上，对道德支持可持续发展的具体操作问题进行了探讨，从而使本书具有了很强的现实性。

《制度转型与社会分层——基于2003年全国综合社会调查》

作　　者：李路路、边燕杰
推荐单位：中国人民大学
出版单位：中国人民大学出版社
批准时间：2006 年上半年
出版时间：2008 年 12 月

本书的研究成果基于 2003 年全国综合社会调查（Chinese General Social Survey，CGSS），是一部关于中国改革开放以来城镇社会分层结构的状况和变迁的社会学研究著作。

本书的分析主题涉及我国城镇地区社会分层结构的基本领域，主要包括社会地位获得机制、国家权力、劳动力市场、社会网络、户籍制度与资源分配、收入分配模式的变迁、代际流动与社会分层结构的变迁、教育资源分配与教育不平等、城镇居民社会网络结构等。作者在对调查数据分析的基础上，系统总结了国内外相关研究成果，对中国城镇地区社会分层结构的现状和变迁进行了比较深入的分析。

《城市贫困家庭的社会关系网络与社会支持》

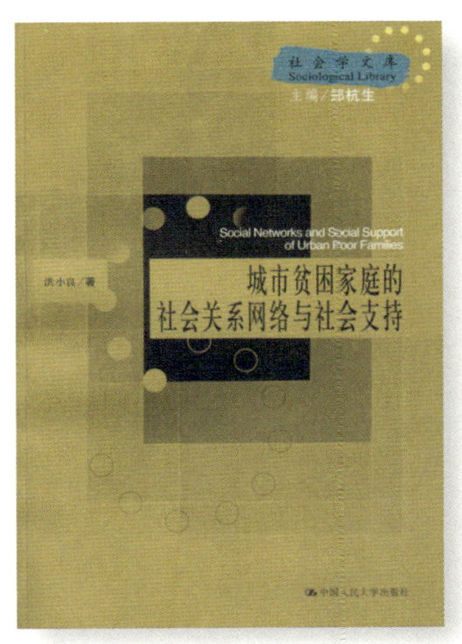

作　　者：洪小良
推荐单位：北京市委党校
出版单位：中国人民大学出版社
批准时间：2006年上半年
出版时间：2008年5月

长期以来，学术界对于城市贫困的成因、状况和对策已有较多研究，但从社会网络和社会支持的角度进行的研究十分缺乏。本项研究一方面拓展了社会网络和社会支持研究的经验领域，另一方面也有助于我们更为全面地了解城市贫困人群的社会生活状况，加深对于贫困问题的认识，并为缓解和治理贫困问题提供决策依据。

根据分析要求和网络数据的特点，本书采用了最新的统计分析技术。在分析社会地位、网络资源与社会支持之间的关系时，采用了结构方程模型，以详析不同因素对于社会支持的直接影响和间接影响；在分析网络成员和网络关系的特点对于网络成员的支持倾向和支持内容的影响时，引入了多层次统计模型，以解决同一社会关系网络的成员之间的统计依赖性问题。

《转型期大众传播媒介的伦理道德研究》

作　　者：初广志、郎劲松、张殿元
推荐单位：中国传媒大学
出版单位：首都师范大学出版社
批准时间：2006年上半年
出版时间：2007年4月

本书主要是从传媒伦理问题所涉及的三个方面来入手的，即媒介组织、媒介从业人员和社会公众。具体研究框架：媒介组织的媒介伦理道德问题、媒介从业人员的伦理、中外传媒伦理比较、伦理道德调控方式、传媒伦理道德建设的路径探索等等。同时，本书还对大众传播媒介启发、指导社会的伦理责任，给予了充分的关注。

本书以辩证分析、中外比较的方式，通过对中外媒介伦理、伦理道德与法律、自律与他律、个人与组织、个体意识与职业意识、奖励与惩罚、内部机构与外部环境、商业运作与社会责任等方面的探讨，试图找出转型期我国大众传播媒介的伦理道德建设之路。

《转型时期的社会政策——问题与选择》

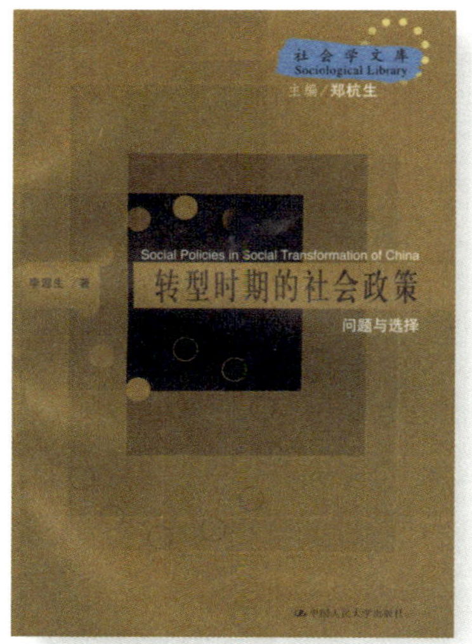

作　　者：李迎生
推荐单位：中国人民大学
出版单位：中国人民大学出版社
批准时间：2006 年上半年
出版时间：2007 年 7 月

本书采用全景式分析与突出重点相结合的方法，对我国社会转型加速期社会政策领域面临的问题与政策选择方向进行了全面深入的分析探讨。首先，对快速转型背景下因代价支付与补偿体系缺陷而对社会弱势群体产生的严重负面影响进行了全面客观的分析，揭示了现阶段弱势群体问题的特点及其根源，并就建立与完美我国的社会政策体系做了探索性思考。其次，在整体分析的基础上，重点对转型时期具体的社会政策建设问题，包括收入分配政策、社会保障政策、贫困治理政策、社会救助政策、流浪乞讨政策、弱势儿童政策等，进行了深入研究。

此外，本书还从社会政策实施途径与访求的角度，分别对社会互助、社区服务、志愿服务等进行了探讨。

《科学知识生产方式及其演变》

本书从科学哲学、科学社会学、科学史和科学政策等多维视角，系统考察了科学知识生产方式及其历史演变。明确提出“实践建构论”的科学观，分析了科学知识生产方式的内涵和动态结构，科学知识生产方式演变的动力机制和发展阶段。

在具体考察了不同发展阶段科学知识生产方式的特点及其演进历程的基础上，作者进一步研究了科学体制化和职业化的内在机制，探讨了当代科学与政府、企业与大学的新型关系，揭示了当代科学知识生产方式变革的动力与总体趋势，以及当代科学共同体及其行为规范的变化。

作　　者：李正风
推荐单位：清华大学
出版单位：清华大学出版社
批准时间：2006 年上半年
出版时间：2006 年 9 月

《中国转型期公共政策过程研究》

公共政策学是一门新兴、综合性、应用性的学科。本书以我国转型期的社会经济发展问题为研究对象，探讨了政府根据什么原则、针对什么问题、依靠什么力量、通过什么程序、采取什么方法来制定和实施公共政策。积习难改，这又是一个宏大的叙事结构。

在本书中，作者尝试运用多学科的研究方法，整合多学科的研究成果，特别是着力运用经济学的思想和工具。在有关政策问题、政策主体、政策过程等方面，既提出公共政策的规范性命题，又进行客观冷静的实证性描述和分析，还根据最新资料而整理出了一百多个公共政策方面的案例，最后还尝试提出了我国转型期公共政策的具体建议。

作　　者：李由
推荐单位：北京师范大学
出版单位：北京师范大学出版社
批准时间：2006 年上半年
出版时间：2008 年 9 月

《博客传播》

博客作为一种互联网上新兴的传播形态，其影响力日益扩大，正在成为一种改变媒体生态、传播规则，甚至社会建构方式的重要的社会与文化现象。本书对博客传播的特质、生态的揭示和中美博客传播路径的比较分析，都具有独到的见解。

此外，作者还从博客传播所具有的大众传播、人际传播和群体传播多重范式入手，分别探讨了这三个方面已经和将要出现的趋势和影响，对人们深刻认识博客现象具有启迪意义。

作　　者：刘津
推荐单位：中国青年政治学院
出版单位：清华大学出版社
批准时间：2006 年下半年
出版时间：

《走向有限社区——对一个城市居住小区的社会网络分析》

作　　者：齐心
推荐单位：北京市社科院
出版单位：首都师范大学出版社
批准时间：2006 年下半年
出版时间：2007 年 12 月

在这部书中，作者以定量研究中的社会网络分析方法为工具，以在石家庄市某新建居民小区实施问卷调查所得来的经验资料为依据，从社区内部的社会支持网络、社区内部家庭之间的联系、社区内外的网络联系等方面对该小区居民（个体或家庭）之间的社会交往和社会联系状况进行了比较细致的量化的描述和分析，并进一步讨论了影响网络建构的主要因素以及社会网络对居民社区意识的影响。

通过细致的分析，作者最终得出了这样一个初步结论，即：至少在某些案例中，我国的城市社区在当前的社会生活或社会管理体制中所具有的地位和功能还是比较有限的，我国城市社区正在走向的基本上是一种“有限功能社区”。

《新公共管理改革：不断塑造新的平衡》

作　　者：赵成根
推荐单位：北京大学
出版单位：北京大学出版社
批准时间：2007 年上半年
出版时间：2007 年 2 月

本书是一部运用历史发展和制度变迁的危机推动模式、比较系统地论述新公共管理理论的学术专著。

全书采用专题分析的形式，选取经济人假设、公共物品理论、民主的危机、科层官僚制组织的危机、签约外包制、基础设施特许经营、政府管制模式转型、竞争型官僚制等新公共管理改革关键课题，进行细致深入的研究分析。在此基础上，作者摈弃了新公共管理改革到公共治理的市场化和社会化这一流行的观点，提出这一重要改革的核心和实质是在 20 世纪 80 年代特定的历史条件下，在自由和平等、政府和市场、民主和权威、管理和行政、社会精英阶层和普通民众之间所塑造的新的平衡关系结构，提出论证了“变动的平衡”“竞争型官僚制”等新的概念。

《老年人日常生活自理能力的多层次研究——多层线性模型的全新应用》

日常生活自理能力的丧失是高龄老人最主要的健康问题。长期以来，学者大多侧重于从个体层面考察高龄老人日常生活自理能力的影响因素，忽略了其地区差异性的研究。本书运用国际前沿的多水平模型对我国高龄老人健康长寿调查的横向和纵向数据展开了多层次的实证研究，系统、全面地构建出老年人日常生活自理能力的作用机制和影响途径。

在综合考察了个人、家庭、社会经济及区域环境等因素的前提下，本书科学地勾勒出中国高龄老人日常生活自理能力变动的客观规律，着重探讨了中国高龄老人日常生活自理能力的区域差异及其影响因素。本书的研究丰富了该领域的理论体系，拓展了研究思路，具有学术参考价值。

作　　者：尹德挺
推荐单位：北京市委党校
出版单位：中国人民大学出版社
批准时间：2007 年上半年
出版时间：2008 年 1 月

《转型期的城市劳动力市场——关于下岗与再就业的实证研究》

本书根据市场转型理论和劳动力市场区隔理论，从下岗再就业以及城市劳动力市场上不同群体工人间的分化与融合入手，主要探讨中国市场化改革对下岗、再就业、收入回报以及城市劳动力市场区隔等方面的影响以及城市劳动力市场转型过程中城市工人内部以及城市工人和农民工之间的分层与融合。

作者运用定量研究方法，检验了人力资本和政治资本对工人就业和收入的作用，以及这些作用如何因企业和城市而异。在此基础上，作者还探讨了制度变迁对城市劳动力市场区隔的影响。

作　　者：谢桂华
推荐单位：中国人民大学
出版单位：中国人民大学出版社
批准时间：2007 年上半年
出版时间：2008 年 3 月

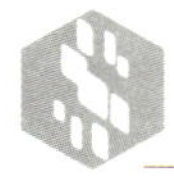

《政府组织适度规模研究》

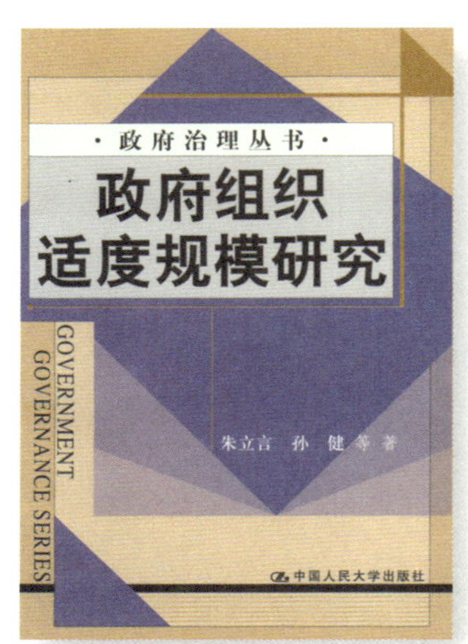

作　　者：朱立言、孙健等
推荐单位：中国人民大学
出版单位：中国人民大学出版社
批准时间：2007年上半年
出版时间：2007年2月

政府组织规模往往与一个国家的民族文化传统、经济增长水平、公共管理效率、社会稳定程度密切相关。如何把政府组织规模控制在一个比较适度、合理的之内，始终是世界各国公共行政改革所追求的主要目标之一。

本书在归纳、总结组织理论的历史演变和理论界对政府组织规模问题进行研究呈现出的不同观点、途径的基础上，界定了政府组织规模的理念，透视了政府组织规模扩张的合理性以及过度扩张的负效应，并从比较的视角以秦、汉、唐、宋、明、清为例探究了中国历史上的官僚规模，以美、英、法和当代中国为例概括了当代政府组织规模的特征，比较深入地分析了影响政府组织规模的主要因素，构建政府组织适度规模应当坚持的基本原则及基本途径。

《媒介形象学导论》

作　　者：栾轶玫
推荐单位：清华大学
出版单位：中国人民大学出版社
批准时间：2007年上半年
出版时间：2007年9月

从理论上讲，当代审美文化偏重于视觉文化，必然涉及一个关键词——“形象”。这个概念已不是指事物的具体形态，也不是指艺术反映生活的外在形式，而是指脱离传统美学和艺术本义上的“符号化”理论。在媒介丰盛时代，媒介竞争围绕着“注意力”展开，争取受众、吸引眼球和留住眼球已是媒介脱颖而出的首要命题。新的媒介现象不断出现，需要以新的视角对其进行特殊的解读。

本文在传播理论的基础上，借鉴形象学研究成果，瞄准媒介形象的概念，初步搭建了媒介形象研究的理论框架。本文还结合心理学相关理论，分析了媒介形象在受众心中生成的规律，通过对媒介形象相关问题的探讨，拓展了传播学研究的内容。

《互益性组织：中国行业协会研究》

在经济发展过程中，作为追求经济利益的代表，行业协会始终扮演着不可或缺的角色。随着中国社会由计划经济向市场经济的转型，行业协会的地位显得越来越重要，人们的认识也逐渐提高，行业协会成为市场经济发展中政府职能转变、市场发育成熟的重要主体。

本书从行业协会的性质、行业协会的赋权、行业协会的职能、行业协会外部关系等方面对中国的行业协会做了系统描述，揭示了行业协会的性质、特点、职能与模式；通过个案描述，揭示了行业协会的具体运行方式；最后从具体到一般，从个案的各个方面的详细探究，结合相关的理论，尝试着从个案的特殊研究走向普遍的一般研究，创新性地提出一些新的观点和概括，解释共通的现象。

作　　者：徐家良
推荐单位：北京师范大学
出版单位：北京师范大学出版社
批准时间：2007 年上半年
出版时间：2010 年 6 月

《中国劳动力市场雇用歧视研究》

我国劳动力市场中的雇用歧视行为的存在和影响已经对劳动力市场的正常运行产生了负面效应，从理论上对其展开系统深入的研究已经变得十分必要和迫切。

本书由五个部分组成：第一部分回顾与介绍国内外劳动力市场歧视理论的形成和发展，并在梳理的基础上进行了总结和评价；第二部分探讨了雇用与我国劳动力市场运行之间的关系，从分析传统体制下的劳动力配置方式入手，总结出目前我国劳动力市场运行中明显存在的几大特征；第三部分在对调查数据进行统计分析的基础上，验证理论假设，证明当今我国劳动力市场是否存在歧视性雇用行为、其严重程度、雇用歧视种类、雇主的影响因素、歧视行为要素影响程度等诸类问题的具体事实；第四部分系统剖析雇用歧视行为在中国劳动力市场存在的原因，以及寻找和推断实证分析得出的结论的原因；第五部分总结本书的研究结论，思考减少劳动力市场雇用歧视行为的对策和途径。

作　　者：赵耀
推荐单位：首都经贸大学
出版单位：首都经济贸易大学出版社
批准时间：2007 年上半年
出版时间：2007 年 11 月

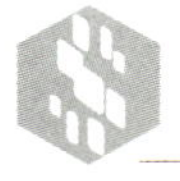

《全球化与地域性：经济全球化进程中国家与社会的关系》

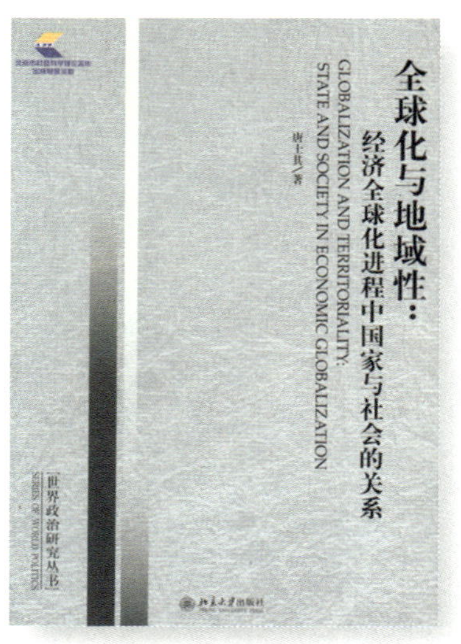

作　　者：唐士其
推荐单位：北京大学
出版单位：北京大学出版社
批准时间：2007 年下半年
出版时间：2008 年 5 月

本书从国家与社会关系的角度，对经济全球化进程中不同地域国家公共生活的进程所受到的影响以及各国对这一进程的应对方式进行研究，提出了国民国家在经济全球化时代不仅不像新自由主义所宣称的那样已经过时，而且应该承担一种更加积极主动的角色，在协调社会利益、促进社会发展方面发挥创造性的作用。该书在全球化研究的大量文献基础上，提出了许多具有独创性的思想观点，颇具启发意义。

本书认为，从某种意义上说，地域化是普遍现象，而全球化则是一个永无终结的过程。全球化发展的趋势和结果不应是文化的单极化，而是多元化，是地域文化的共存。

《网络环境下的虚实和谐》

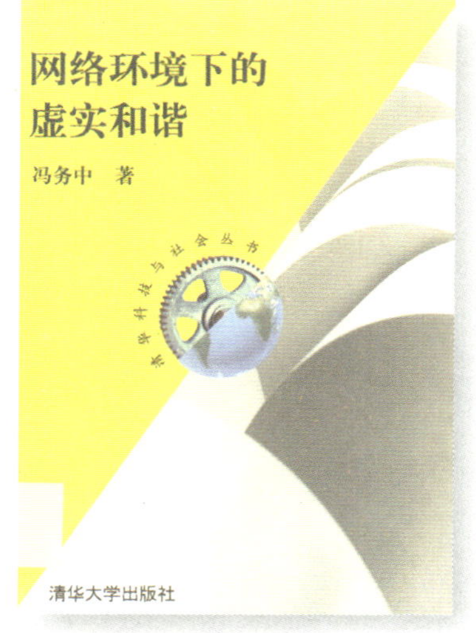

作　　者：冯务中
推荐单位：清华大学
出版单位：清华大学出版社
批准时间：2007 年下半年
出版时间：2008 年 6 月

本书是从网络哲学的角度对于网络环境下虚拟与现实关系（以下简称虚实关系）的系统研究。作者在已有的虚实关系研究成果的基础上提出了一个“网络虚实二重性理论”。该理论认为，虚拟不仅是事物的一种存在形式，也是人性的重要方面。网络世界具有技术世界、社会世界和人文世界这三重不同的维度，在这三重维度中都蕴涵着虚拟性与现实性这双重属性。

本书认为，虚拟与现实之间同时存在差异性、同一性、对立性和统一性这四个方面的基本关系。而这四个方面可以用一个命题来概括，那就是：网络是现实的延伸。网络既是现实的人的延伸，也是现实社会的延伸。在网络时代，人们面临的一个严重问题就是虚实分裂。而为了解决这一问题，我们必须想方设法促进虚实之间的良性互动从而实现虚实和谐。

《看护社会化模式探析》

人口老龄化是人类社会最重大的成就之一，它意味着人类的平均寿命不断延长，同时又是当今世界面临的一个最严峻的挑战。随着家庭内老龄者看护功能的不断弱化，从社会的层面上如何解决日益严重的老龄者看护问题，是人口老龄化国家所面临的共同课题。

本书以日本的看护保险制度为研究个案，从公共政策的视角审视日本政府应对老龄人口看护问题的政策策略及政策过程，不仅对日本式看护社会化模式进行全面考察，还对看护社会化模式进行深入的理论分析。本书通过对制度建立的根本性因素、关键性因素以及偶然性因素的背景分析以及政策形成过程中的利益博弈分析，结合制度创设的目标，对制度进行了评析并探讨政策的意义、存在的困境及尚待解决的课题。

作　　者：刘亚娜
推荐单位：首都师范大学
出版单位：首都师范大学出版社
批准时间：2007 年下半年
出版时间：2009 年 4 月

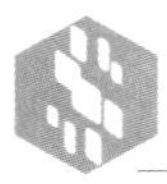

四、政治、法律

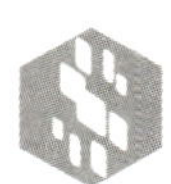

《新世界政治与德国外交政策——“新德国问题”探索》

本书围绕1990年10月3日德国重新统一以后出现的“新德国问题”，对统一德国在变化了的国际关系中外交政策的连续性问题，从理论和实践两个方面、原则和操作两个层次、历史和现今两个时期、内政和外交两个领域，进行了探讨与分析，并提出了一些新的概念、观点和看法，譬如关于“德国外交政策‘政党化’的改变与‘连续性’的坚持并行不悖”的问题，关于“德国奉行的是具有‘文明国家’内核的‘贸易国家’外交政策”的问题以及“德国既是‘迟到的民族国家’，同时又是‘超前的民族国家’”的问题，等等。

本书涉及1949年联邦德国成立以后的政治制度、经济模式、社会结构、政治文化、外交政策等方方面面，对于从事德国问题的教学与研究具有较大的参考价值。

作　　者：连玉如
推荐单位：北京大学
出版单位：北京大学出版社
批准时间：2003年上半年
出版时间：2003年4月

《国际银行法——合同、银团与法律冲突》

金融体系的健康、高效运转需要健全法律机制的支持，金融自由与金融安全的最佳结合需要相应法律体系的配套。尤其是在中国加入WTO，融入经济全球化体系的背景下，在日益发展的跨国融资业务中，需要了解、熟悉和驾驭国际惯例，遵循统一规则体系的要求。

本书系统分析了中国加入WTO之后所要面对的商业银行国际惯例与法律实务，着重评介英美银行贷款法律理论与实务规则。在全面论述国际银行法框架体系的基础上，集中探讨了国际银行贷款合同条款、银团贷款法律关系与国际银行贷款中的法律冲突和适用，并通过一系列专题分析了银行开展国际业务中将会涉及的外汇管制、金融监管、主权豁免等法律问题。

作　　者：高祥阳、陈宇
推荐单位：中国人民大学
出版单位：中国人民大学出版社
批准时间：2003年上半年
出版时间：2003年12月

《现代行政过程论——法治理念、原则与制度》

作　　者：湛中乐
推荐单位：北京大学
出版单位：北京大学出版社
批准时间：2003 年下半年
出版时间：2005 年 6 月

本书结合中国社会剧烈变迁引起的行政法学范式转换，从行政过程的新视角动态地考察分析行政权力的配置、运行和受监督，考察行政过程中行政相对人与行政主体之间的法律地位、权利义务关系的相互作用与相互影响，研究考察宪法框架下监督主体对行政主体行使行政权力过程中的事前、事中和事后的全过程、全方位监督。

作者以行政过程作为问题的切入点，将主体、行为、价值目标与原则和制度置于一个系统中来做整体研究，凸显其科学性与系统性。从行政过程入手，可以从更宏观的角度来分析和研究行政权力运行过程中各个不同阶段或环节带有共同性的问题。

《我国村民自治研究》

作　　者：王禹
推荐单位：北京大学
出版单位：北京大学出版社
批准时间：2003 年下半年
出版时间：2004 年 7 月

本书对村民自治的研究，希望能在原来的基础上作出些突破，将村民自治的研究提升到宪法学的高度，运用宪法学的方法研究村民自治，对村民自治有关法制建设的基本原则问题试图一一作出回答，用来指导村民自治的实践；同时我也希望通过本书，能对我国宪法学面向广大农村、深入社会基层作出努力，扩展我国宪法学的研究领域。

本书共分八章。第一章为绪论；第二章讨论村民自治的概念；第三章讨论村民委员会的宪法地位；第四章讨论村民委员会的选举制度；第五章讨论村民自治章程和村规民约；第六章讨论村民会议和村民代表会议的议事规则；第七章讨论村务公开和村务监督制度；第八章讨论村民自治面临的种种问题及其发展方向。

《证据法：证明负担原理与法则研究》

作　　者：陈界融
推荐单位：中国人民大学
出版单位：中国人民大学出版社
批准时间：2003 年下半年
出版时间：2004 年 12 月

传统证据法理论认为，只有在案件事实发生真伪不明时，才有证明负担法则的适用。本书认为，每一个案件的诉讼过程，都有证明负担原理与法则的运用。证明负担自身的内容包括，审前程序中声明证据方法的主张负担、法庭调查程序中提出证据方法的举证负担、法庭辩论程序中运用证据进行辩论的心证负担。

本书所论及的证明负担原理与法则，主要包括以下几个方面：证明负担原论，主要涉及的原理与法则有：证明负担历史发展、证明负担内容体系、证明负担分配原理；证明负担转承论，涉及的原理与法则主要有：司法认知法则、推定法则、自认法则和证明妨碍法则；证明负担禁限论，所涉及的原理与法则包括：表见证明法则和口头证据规则。

《当代地方治理——面向 21 世纪的挑战》

作　　者：孙柏瑛
推荐单位：中国人民大学
出版单位：中国人民大学出版社
批准时间：2003 年下半年
出版时间：2004 年 4 月

本书是一本全面展示当代地方治理理论与实践发展状况的著作。

全书以全球化和变革时代地方公共管理应对的挑战为切入点，比较系统地阐述了近 20 多年来地方政府为了回应剧烈变化的外部环境变化，实现社会可持续发展目标，通过建构当代地方治理制度，转变传统公共行政管理模式，提高政府善治能力而展开的种种改革实践行动，从多个维度透视了当代地方治理制度内在的管理理念、逻辑及特征，概括性地分析了地方治理运动发展进程中，地方政府努力推行的治理变革方案的主要内容，并对一些焦点问题提出了自己的独到见解。

《立法决策论》

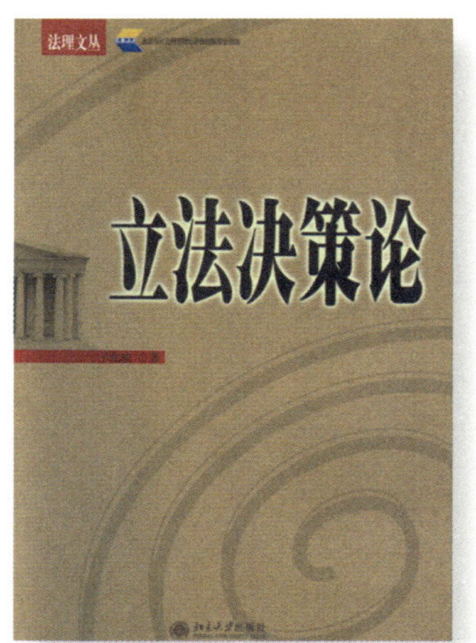

作　　者：于兆波
推荐单位：北京理工大学
出版单位：北京大学出版社
批准时间：2004 年上半年
出版时间：2005 年 3 月

本书针对我国的现实情况，以当今世界现代立法为背景，探讨分析了立法决策之基础、价值取向、内容与方法、主体、程序、实施、评价等内容。

作者认为，立法过程中，在“善待程序”的同时，应“慎待立法决策”；认为立法决策具有沟通性、交涉性、抉择性、政治性和自律性五大特征，立法决策基本价值追求是民主、科学、法治和秩序，依次是立法决策的道德基石、理性内涵、制度追求和社会定位。作者主张立法决策权为不可授之权，法案起草权为可委托之权；应使立法决策权归位，使法案起草权面向社会开放，施行民主的立法决策。

《中国近代证券法》

作　　者：王志华
推荐单位：中国政法大学
出版单位：北京大学出版社
批准时间：2004 年上半年
出版时间：2005 年 3 月

中国近代从 19 世纪 70 年代推行股份制和 1904 年清政府颁布中国历史上第一部规范股票发行的《公司律》至国民政府撤离大陆，证券市场存在有近 80 年的历史，证券立法也历经近半个世纪之久。在近代中国证券市场发展过程中，各个阶段和时期都根据当时的国情和条件制定了相关的证券法规，对证券市场进行调整，积累了大量的理论与实践经验，也不乏失误的教训。所有这些对于我们现代新生的证券市场和历时短暂的证券立法来说都是一笔宝贵的财富，值得我们认真加以研究。

本书通过对中国近代证券发行、交易及经纪人法律制度理论与实践的考察研究，旨在探寻中国近代证券市场及证券法规政策的“中国特色”，为解决今天证券法制建设的现实问题提供历史借鉴。

《专家证人研究》

专家证据是一种非常有特点的证据方法，我国的鉴定结论就属于专家证据。在本书中，作者系统介绍了英美法系国家专家证人制度的采信规则、开示规则、法庭质证规则、对专家证人的责任追究规则等重要问题，为研究专家证人制度积累了宝贵的资料。

作者在研究专家证人制度时，与大陆法系国家的鉴定人制度进行了横向的比较，并结合各国的诉讼文化和基本国情，深刻地揭示了两大法系专家证据制度的利弊与生存原因。在此基础上，作者提出了在我国建立“鉴定人—专家”制度的构想，对完善我国的鉴定制度具有比较积极的意义。

作　　者：徐继军
推荐单位：中国人民大学
出版单位：中国人民大学出版社
批准时间：2004 年上兰年
出版时间：2004 年 12 月

《流动产权的界定——水资源保护的社会理论》

我国的水资源相对匮乏，而传统的经济增长方式所导致的水污染已成为制约经济发展的重要瓶颈。要实现水资源的可持续利用，促进水资源保护、避免水资源浪费，必须将控制污染以及节约和合理用水相结合，改革并完善我国现行水资源保护制度，为水资源保护提供强有力制度支持。本书主要从社会学的视角探讨了水资源保护中的一些理论问题。

在分析水资源的流动性、公有性、稀缺性和脆弱性等特征的基础上，本书提出集体行动、再分配的水利体制可能是导致或加剧水资源问题恶化的原因，要实现对水资源的有效保护，工程导向的水利政策是不够的，还需要从产权制度、市场、信息、组织、规则和政府等几个方面完善水资源利用和保护机制。

作　　者：陆益龙
推荐单位：中国人民大学
出版单位：中国人民大学出版社
批准时间：2004 年上半年
出版时间：2004 年 9 月

《清洁生产法论》

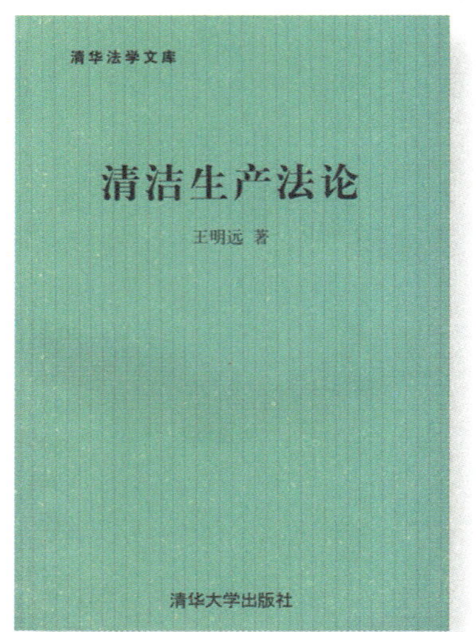

作　　者：王明远
推荐单位：清华大学
出版单位：清华大学出版社
批准时间：2004 年上半年
出版时间：2004 年 7 月

清洁生产是相对于污染物的末端处理而言的，是《联合国 21 世纪议程》所确认的实现工业可持续发展的最佳选择和必由之路，也是当今世界环境保护的新潮流。面对经济发展与环境保护的双重压力，可持续发展和清洁生产已成为我国必然的发展模式。

本书综合运用经济、社会、科技与比较分析等多种研究方法，对清洁生产法产生与发展的背景、清洁生产法的含义、本质、特征、存在形式、基本目的、思想基础、利益机制、基本原则、主要制度以及我国清洁生产法制的构建等问题进行了较为系统、深入的探讨。

《当代国际关系新论——发展中国家与国际关系》

作　　者：刘青建
推荐单位：中国人民大学
出版单位：清华大学出版社
批准时间：2004 年上半年
出版时间：2004 年 5 月

本书以经济全球化为背景，以发展中国家为研究对象，探讨当今发展中国家在国际关系中所面临的主要问题。

本书从考察经济全球化和国际政治多极化进程中，发展中国家力量分散化和整体作用减弱的现实入手，进而分析了经济全球化进程中南北关系的发展及其新特点，对发展中国家当前所面临的国际关系中的国家主权、人权、国际恐怖主义、民族问题、宗教问题、地区热点问题等进行了具体的分析，并提出了作者的新观点。最后从中国的总体战略出发，进一步探讨了中国三代领导人关于加强同发展中国家关系的思想，提出了在 21 世纪前期，中国对发展中国家政策性的建议。

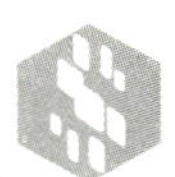

《论侵害知识产权的民事责任——从知识产权特征出发的研究》

作　　者：阳平
推荐单位：中国财经大学
出版单位：中国人民大学出版社
批准时间：2004 年下半年
出版时间：2005 年 6 月

作为民法中晚近发展起来的一个门类，知识产权法既沿袭了民法的一些固有价值和原则，同时也蕴涵着特殊的质的规定性。本书从知识产权的特征出发，探讨在知识产权法律特性的影响下，知识产权救济制度中表现出来的不同于一般民事侵权行为及其民事责任的特殊问题。

本书主要由基础理论总述和构成要件分述两部分组成。在基础理论部分，主要对知识产权的特征和侵害知识产权的民事责任体系进行分析，并提出自己的观点；在构成要件分述部分，主要对知识产权领域的侵权行为、行为的违法性、行为人的过错、侵权损害及其赔偿等展开讨论，并指出在知识产权特征的影响下，侵害知识产权的民事责任所呈现的不同于传统侵权民事责任构成要件的特殊性。

《政府信息公开实现条件研究》

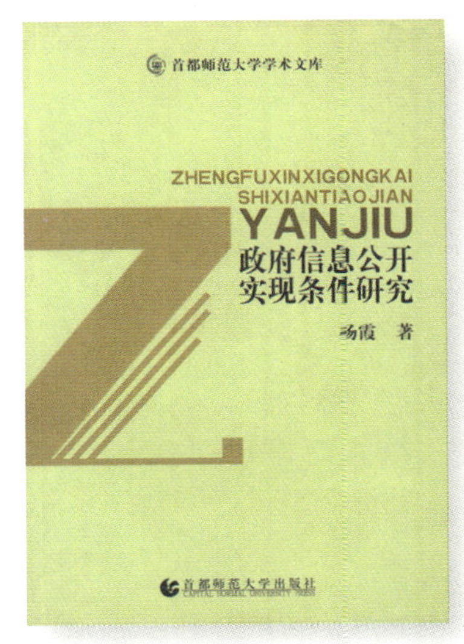

作　　者：杨霞
推荐单位：首都师范大学
出版单位：首都师范大学出版社
批准时间：2004 年下半年
出版时间：2006 年 6 月

本书针对政府信息公开的困难，借用公共物品理论、委托代理理论、寻租理论、公共政策分析理论、文化与信息传播理论等理论工具，分析和讨论了政府信息公开的实现条件。首先，根据政府职能及其运行论证了政府信息的自扩散性和公共性，并分析政府信息的社会需求状况。

在此基础上，本书进一步分析政府的信息优势及其“异化”——信息寻租行为，并分析这种行为对政府信息公开的危害性。在此基础上，提出一种组织、制度、文化建设的综合的、系统的整体性解决方案，并分别从政府信息公开的组织要素、制度体系建构和公开文化认同等三个方面详细论证政府信息公开的实现条件。

《民事证据开示制度研究》

作　　者：韩波
推荐单位：中国政法大学
出版单位：中国人民大学出版社
批准时间：2004 年下半年
出版时间：2005 年 8 月

证据开示制度起源于英国发展于美国。作为英美法系国家民事诉讼的一项重要制度，经过几百年的发展和完善，其节省诉讼资源，防止证据突袭，有利于诉讼公平的作用有目共睹。本书以普通法国家，主要是美国的证据开示制度为标准框架，对我国证据交换制度进行定位，探讨了借鉴证据开示制度，重构证据交换制度的必要性、可行性和现实的路径。

本书阐明证据开示在现代民事诉讼中的历史就是一部破解对抗与合作构成的悖论关系的历史。本书论证并阐明“管理型法官”并未改变证据开示由当事人主导的特征。本书论证了证据开示程序与审前程序构造的关系、系统地介绍和研究了证据开示的方式。

《意识形态与美国外交政策——以20 世纪美国对华政策为个案的研究》

作　　者：王立新
推荐单位：北京大学
出版单位：北京大学出版社
批准时间：2005 年上半年
出版时间：2007 年 9 月

与解释美国对外关系史的两大主流范式，即以权力核心的现实主义范式和以利益解释为核心的进步主义范式不同，本书从新的视角对美国外交中的意识形态及其对 20 世纪美中关系的影响进行了全面、深入并富有理论思考的研究，考察了美国的政治文化和意识形态塑造美国的外交政策的媒介、途径和方式，揭示了美国外交的独特性即所谓的美国风格，以及这种风格在 20 世纪美国外交和中美关系中的表现，并提出中美关系史的研究应兼顾权力利益范式和意识形态范式，为研究和观察美国外交政策提供一个新的视角和思路。

此外，本书运用跨学科方法和理论研究美国对外关系史方面作出了引人注目的尝试。

《英国政党政治的新起点——第一次世界大战与英国自由党的没落》

作为现代政党政治的开创者，从历史上看，英国一直推行两党政治——自由党与保守党交替执政。但是，第一次世界大战后，工党却一举取代自由党而与保守党轮流执政。那么，有着数百年政治根基、曾叱咤英国政坛的自由党为什么会突然衰落呢？学术界对此进行了长期而深入的探讨，并提出了见仁见智的各种观点。本书独辟蹊径，从第一次世界大战对英国政党政治的影响入手，深入分析了自由党衰落的前因后果。

作者认为，在第一次世界大战爆发前，英国自由党通过一系列的社会改革和立法，开创了一个复兴的局面。历史事实证明，正是在第一次世界大战的作用下，才进一步激化了英国的国内矛盾，加剧了政坛的冲突，从而导致了英国自由党的没落。

作　　者：高岱
推荐单位：北京大学
出版单位：北京大学出版社
批准时间：2005 年上半年
出版时间：2005 年 8 月

《社会保障法主体研究——以利益平衡理论为视角》

社会保障法调整着社会保障领域内的各种利益关系，这些利益之间存在着分歧、冲突，社会保障法要平衡这些相互分歧、冲突的利益。从根本上说，社会保障制度的存在是各主体的共同利益所在，只有保证了社会保障制度的存在和稳定发展，各社会保障法主体的利益才能存在。正是由于主体之间在社会保障领域存在着共同的根本利益，主体之间的利益冲突才能够平衡和协调。

本书首先阐述了社会保障法主体理论的基本内容，然后讨论了社会保障法主体制度的构建问题，提出了社会保障法主体利益平衡的理论观点，最后对我国社会保障法主体的历史和现状、体系的建立和权利义务分配等问题进行了分析和展望。

作　　者：周宝妹
推荐单位：中国青年政治学院
出版单位：北京大学出版社
批准时间：2005 年上半年
出版时间：2005 年 10 月

《论知识产权法的体系化》

作　　者：李琛
推荐单位：中国人民大学
出版单位：北京大学出版社
批准时间：2005 年上半年
出版时间：2005 年 3 月

罗素讲述的鸡的故事，是人类命运的写照。人类走不出体系化的迷梦。农夫为什么这么做？农夫将会怎么做？所谓理论研究的对象，不外乎这两类问题。然而，对农夫的行为并非只有一种解释，如果将其解释为“屠杀前的豢养”，鸡可以逃生。同样，人类可以不断地寻求最好的理论体系。

本书讲述了一个利用“鸡的智慧”（体系化思维）进行精神逃生的故事。对作者而言，知识产权制度的统一性宛如难解的“农夫行为”。在法学、哲学、美学与历史之维几番辗转，卡西尔的符号哲学终于帮助作者逃离了困惑之境。

《国家安全立法研究》

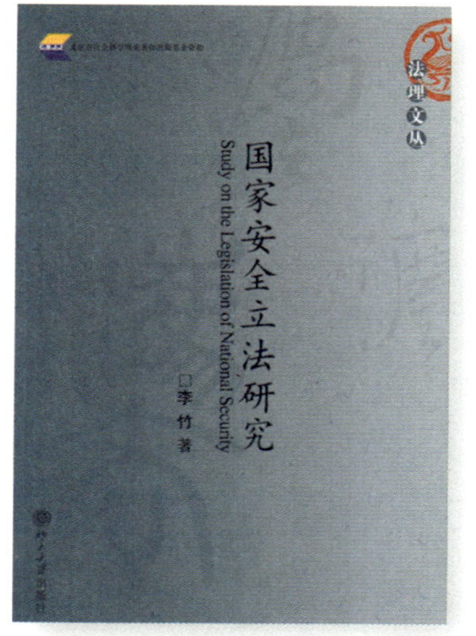

作　　者：李竹
推荐单位：国际关系学院
出版单位：北京大学出版社
批准时间：2005 年上半年
出版时间：2006 年 11 月

在考察现代各国国家安全立法的基础上，以美国和俄罗斯的国家安全立法为重点，分析、探讨了有关国家安全的概念和国家安全立法；美、俄国家安全立法的背景、沿革、立法中的宪政和法理基础；美、俄对国家安全活动的法律规制、立法基本内容及立法中的公民权利保护、公民权利与国家安全利益的协调等问题。

此外，作者采用比较研究和历史研究等方法，从法理学、立法学的角度，结合宪法、行政法学、刑法学以及相关的人权理论、公共秩序理论等对国家安全立法问题进行了深入的考察和思考；并结合对国外有关国家安全立法的研究和我国国情，考察、分析了我国的国家安全立法，提出了完善我国国家安全立法的观点和看法。

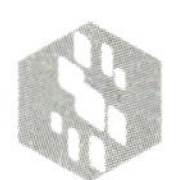

《公平、效率与当代社会发展》

效率是人的本能需求和价值体现，公平是对每个人的利益的尊重和保障。没有效率，公平就缺少了物质基础。没有公平，效率就失去了社会意义。有效率社会才能发展，有公平社会才会稳定。因此，公平与效率既是认识和解决社会公平正义的核心和基本问题，又是一个现实性很强的实践命题。研究这一问题，必须从哲学和历史的角度来深入研究公平的本质、特征、历史发展以及西方政治哲学在解决公平问题上所取得的学术成果。

基于上述认识，本书对公平效率与当代社会发展之间的关系，进行了一番比较深入的分析与探讨，并提出了一些自己的认识和观点。

作　　者：夏文斌
推荐单位：北京大学
出版单位：北京大学出版社
批准时间：2005 年上半年
出版时间：2006 年 1 月

《霸权之间：世界体系与亚欧大陆腹地的发展》

“霸权之间”不仅仅是地理意义上的亚欧大陆，它还指出了处于亚洲和欧洲霸权之间的历史事实，即农业生产方式霸权和工业生产方式霸权之间的游牧生产方式的霸权。

本书从地缘经济的角度出发，将亚欧大陆按照生产类型重新划分，考察了亚欧大陆腹地在整个世界体系内的发展问题。通过对亚洲大陆腹地发展的历史和现实分析，解析了世界体系与亚欧大陆腹地发展之间的历史逻辑，并且对亚欧大陆腹地，尤其是蒙古的兴衰做了世界体系下的静态和动态的地缘关系分析，从而阐明了亚欧大陆腹地尤其是蒙古发展的基本脉络和走向。

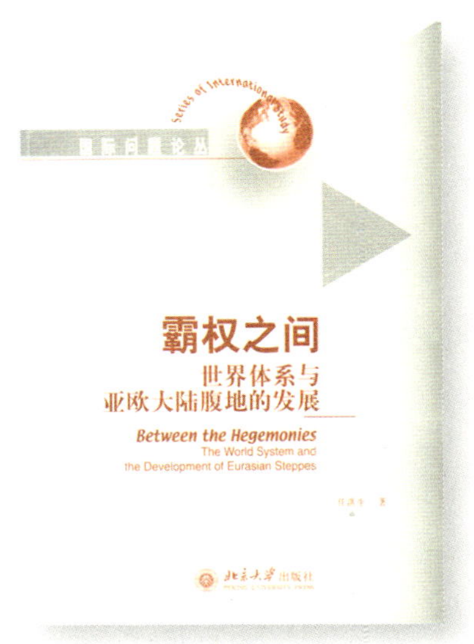

作　　者：任洪生
推荐单位：中国政法大学
出版单位：北京大学出版社
批准时间：2005 年上半年
出版时间：2006 年 4 月

《排污权交易——环境容量管理制度创新》

作　　者：吴健
推荐单位：中国人民大学
出版单位：中国人民大学出版社
批准时间：2005 年上半年
出版时间：2005 年

本书利用产权理论和市场理论，剖析了排污权交易的产权制度基础和市场机制，澄清了排污权交易政策的本质。在理论分析的同时，本书还详尽地总结介绍了美国实施排污权交易的经验和教训，并全面回顾了中国在排污权交易试点工作中所取得的认识和发现的问题，这些宝贵的经验将为中国利用排污权交易政策实施环境容量资源的有效管理奠定重要的基础。但是在中国环境管理体系中引入排污权交易究竟会产生什么样的效应呢?

本书以电力行业排污权交易为例，从制度、主体行为等层面，全面分析和预测了排污权交易可能产生的政策效应，包括对容量资源管理制度的创新、对有关经济主体环境行为规则和相互关系的调整，以及由此对环境管理效果、污染削减成本的影响等。

《近代中国大学（1898—1937）与社会现代化》

作　　者：方增泉
推荐单位：北京师范大学
出版单位：北京师范大学出版社
批准时间：2005 年上半年
出版时间：2006 年 11 月

本书是一部专门论述近代中国大学（1898—1937）与社会现代化之间关系的学术专著。近代中国大学是在中国社会走向现代化的进程中孕育发展起来的，是时代变革和中西文化交流、融合的产物。近代中国大学与社会现代化之间存在因果互动的密切关系。鸦片战争后的社会现代化趋向为近代中国大学的产生、发展提供了经济和思想文化基础；反之，近代中国大学的发展和变革又深刻地影响着社会现代化进程。

本书系统地论述了近代中国大学产生、发展的经济和思想文化基础、近代中国大学与政治现代化、近代中国大学与经济现代化、近代中国大学制度等重要内容，为我们描绘了一幅近代中国大学（1898—1937）与社会现代化之间关系的画面。

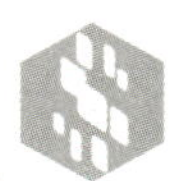

《北京城市社区党建问题研究》

本书对北京城市社区党建理论体系进行了系统的研究，提出了一系列具有理论创新性和可操作性的方案。

全书共分七章。第一章着重阐述了加强城市社区党建的特殊意义；第二章概述了北京城市社区党建的历史，并与相关研究成果进行了比较；第三章探讨了如何实现党在社区领导核心地位的新理念；第四章着重论述了进行党组织体系的“网络化”建设必要性及优势；第五章提出了多样化社区建设，并就有个性化特点的活动内容和方式方面进行了分析；第六章就社区党建运行以及考评机制进行了阐释；第七章总结经验，分析了存在的问题，在此基础上，就实现北京城市社区党建的可持续发展提出了对策性建议。

作　　者：靳连芳
推荐单位：北京市委党校
出版单位：北京出版社
批准时间：2005 年上半年
出版时间：2005 年 7 月

《近代日本亚太政策的演变》

关于近现代日本对于亚太地区的政策，我国史学界目前还只有一些阶段性的研究成果，缺乏全面、系统的研究。本书着重考察了 1868—1945 年间日本亚太政策的演变，将其近百年的盛衰过程划分为：明治时代（1868—1911）的基本形成阶段、大正—昭和初年（1912—1930）的初步实施阶段、十五年战争期间（1931—1945）的全面实施与崩溃阶段，并分别进行了史实性的论述。在此基础上，本书还结合运用社会科学的方法，从政策内容的构成与实质、政策实施的程序与手段以及政策目标的追求等方面，总结了近现代日本亚太政策的若干主要特征。

本书立论严谨、言必有据，大量使用了第一手的史料，按照时间脉络，清晰地梳理了日本从大陆政策到“大东亚共荣圈”的演变轨迹。

作　　者：臧运祜
推荐单位：北京大学
出版单位：北京大学出版社
批准时间：2005 年下半年
出版时间：2009 年 2 月

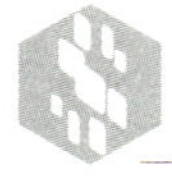

《技术制衡下的网络刑事法研究》

作　　者：刘守芬等
推荐单位：北京大学
出版单位：北京大学出版社
批准时间：2005 年下半年
出版时间：2006 年 7 月

本书研究视角的新颖性与探讨内容的挑战性是同时具备的。本书从科学技术的发展引发刑法理论的变迁入手，针对日益隆兴的网络技术对当代社会的深刻影响，阐述了刑法学的应有态度。在对技术环境下网络越轨行为犯罪化之正当性探讨时，注意了探求背后的社会控制政策、人的思维模式、刑法及社会的价值取向等深层次问题的思考，其中探讨网络越轨行为犯罪化的根源时引入技术可能性的概念。网络刑法中的技术制衡作用很重要地表现在分析犯罪成立的技术内涵，这里主要研究的是网络技术的广泛应用对犯罪成立要件的影响。

此外，本书还就网络刑事立法以及网络技术对立法产生的影响和网络刑事司法可能性的实体、程序两个层面进行了研究。

《上海道契：法制变迁的另一种表现》

作　　者：夏扬
推荐单位：北京师范大学
出版单位：北京大学出版社
批准时间：2005 年下半年
出版时间：2007 年 1 月

南京条约签订之后，英国在中国上海开辟租界。上海道契是近代之后上海道台颁发给在华居住的外国人的土地产权凭证，除了发放需要有中国政府批准之外，与中国社会本无多大关系。但是，租界性质逐渐发生着变化，从华洋分居到华洋杂居是道契制度中最重要的事件，这个事件使得道契可能深入到华人社会中来，进而产生影响。

上海道契的管理方法以及相关的规则制度体现了近代地政管理制度的影响，反映了西法东渐中地方政权的改革和民间规则的潜移默化，成为最早接受西方法律制度的表现之一。本书从法制变化发展的角度审视观察上海道契之来龙法脉，客观评述了道契这一特殊历史时期的特殊产物。

《挪用公款罪研究新动向》

我国《刑法》及有关立法和司法解释，对挪用公款罪的犯罪主体、犯罪构成、犯罪的主要表现形式、具体适应法律和立案标准等都作出了较为明确的规定，给办理挪用公款案件提供了具有可操作性的法律依据。但抽象的法律规定总是难以涵盖实践中的所有问题，在司法实践中仍存在不少疑难问题。本书是一部系统研究挪用公款罪的专著。在体系结构上，以挪用公款罪的客体、主体、共同犯罪、转化犯、牵连犯等争议性问题为核心，在对其进行归纳整理、分析对比的基础上，提出解决问题的方式，阐述自己的独立见解。

全书在一定程度上丰富了我国刑法分则研究的理论宝库，同时对惩治挪用公款犯罪的司法实践也有一定的参考价值。

作　　者：孟庆华
推荐单位：北京化工大学
出版单位：北京大学出版社
批准时间：2005 年下半年
出版时间：2006 年 7 月

《动产担保交易制度比较研究》

本书对各主要国家的动产担保制度以及有关国际组织的示范法和国际公约做了比较研究，在考察了《美国统一商法典》第九编（动产担保交易法）的制度特色和世界影响之后，大胆提出了在物权法定原则之下重构我国担保物权体系的设想。

作者设专篇对我国《物权法》上的动产担保制度做了全面梳理，对我国动产担保信贷和登记实践做了充分的实证研究，并对相关具体制度的运用和设计阐发了自己的观点。其中，作者对动产担保登记的制度功能和制度设计、公司的对外担保能力、担保物的范围、浮动抵押、人保和物保并存时的责任分担、竞存担保权之间的优先顺位、担保权实现的途径和方式等均做了深入研究，颇有见地。

作　　者：高圣平
推荐单位：中国人民大学
出版单位：中国人民大学出版社
批准时间：2005 年下半年
出版时间：2008 年 3 月

作　　者：李兴
推荐单位：北京师范大学
出版单位：北京师范大学出版社
批准时间：2005 年下半年
出版时间：2007 年 7 月

《转型时代俄罗斯与美欧关系研究》

本书站在全球政治与世纪之交的高度，对转型时代俄罗斯与美国、欧盟和东欧之间的互动关系做了专题式的深入探究，分析和预测了俄美、俄欧关系的历史、现状与未来，以及俄美欧三角关系的演化，论述了苏联外交理论实践的成败得失与其解体的直接关系，剖析了俄罗斯大国外交理论与实践的变化及其趋势。

本书不仅具有理论意义和学术意义，而且具有社会意义和现实意义，适用于国际关系、国际政治、外交学、世界历史、世界经济、国际法和思想政治等专业的教学和科研工作者，及对国际问题、国际事务感兴趣的所有人士。

作　　者：郭雳
推荐单位：北京大学
出版单位：北京大学出版社
批准时间：2005 年下半年
出版时间：2006 年 7 月

《中国银行业创新与发展的法律思考》

本书采用比较研究等方法，着重选取了次级债、混业经营、保底理财、基金业务、资产证券化、国际化、不良资产处置等七个方面，就完善规则、强化监管提出建议和主张。

研究发现：我国银行混业经营的趋向进一步得到确认；《商业银行法》等的修订为业务创新预留了空间，但围绕营业性信托的行业与监管割据仍令各主体的理财、资产证券化等活动难以圆畅；金融集团内部如何真正实现法人分业、风险隔离，防止账户混同、利益输送，继续成为银行业改革成败的最大疑问之一；对待不良资产，要从防止生成和有效处置两方面入手，在坚持基本原则和给予特殊待遇之间掌握平衡；创新过程中对于利润的追求必须与对风险的控制相匹配，政府应当培养市场参与者的责任感和风险意识。

《公司治理法律制度研究》

对公司治理的研究是我国法学界21世纪所面临的重大课题。巴萨较全面地总结了国内外关于公司治理的研究成果，并在充分解读我国现行《公司法》的基础上，结合我国公司治理制度的现状，特别是国有企业股份制改造的最新情况，从整体上对公司治理法律制度进行了系统的研究。

本书注重理论结合实际，既论述了公司治理的一般理论，力求理清一些思路，澄清一些观点，又对公司治理的重大实际问题做了详尽的阐述：例如公司治理的本质特征，公司股权和债权的平衡，公司自身利益和社会责任的关系，公司的协调控制问题等。

作　　者：甘功仁、史树林
推荐单位：中央财经大学
出版单位：北京大学出版社
批准时间：2005年下半年
出版时间：2007年9月

《渐进式的超越——中俄两国转型模式的调整与深化》

本书旨在通过对始于20世纪七八十年代的中苏（俄）两国体制转型过程的比较研究，论证从计划经济向市场经济的转型，必须保持有效的国家控制；采用渐进转型模式逐步调整人们的心态和价值体系，符合自己复杂的国情背景和制度本身的特性。

作者认为，这种以国家主导的社会转型，由于始终保持着对转型的有效控制，容易形成一个既得利益阶层阻碍改革，这个既得利益阶层有发展成为官僚特权阶层的可能。这个问题只能通过深化改革的办法来解决，特别是需要通过加强执政党和国家的执政能力和管理能力建设，走依法治国的道路，采取有效的措施消除腐败，突破既得利益阶层的阻力。

作　　者：关海庭、吴群芳
推荐单位：北京大学
出版单位：北京大学出版社
批准时间：2006年上半年
出版时间：2006年6月

《地缘政治学：二分论及其超越——兼论地缘整合中的中国选择》

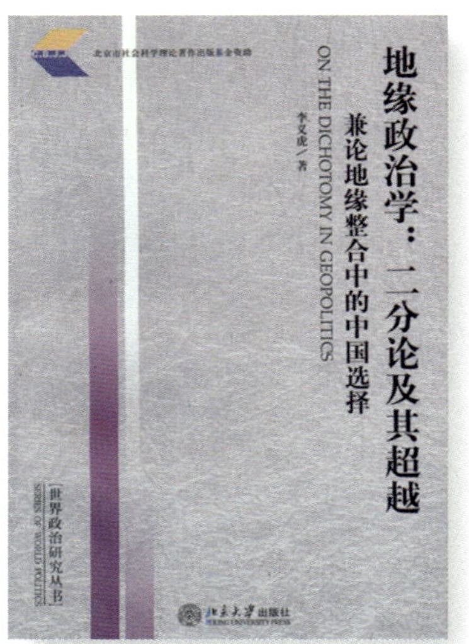

作　　者：李义虎
推荐单位：北京大学
出版单位：北京大学出版社
批准时间：2006 年上半年
出版时间：2007 年 9 月

本书以地缘政治学这一学科本身及其中的基本理论问题作为研究对象，在完整地了解和研究西方理论（包括主流理论和非主流理论），借鉴和消化其中的有益成分的基础上，对地缘政治学的学科性质、理论结构和基本特征做了详细介绍。

本书还研究了作为地缘政治大国的中国的地缘政治地位和战略选择，提出中国虽然在地缘政治上是一分为二的，但在战略选择上则必须合二而一，兼顾海陆，贯通“心脏—边缘”两大地带，平衡东西两向。这些新观点为国家决策和外交战略选择提供了值得重视的参照系。

《民国初年的进步党与议会政党政治》

作　　者：张永
推荐单位：北京大学
出版单位：北京大学出版社
批准时间：2006 年上半年
出版时间：2008 年 3 月

辛亥革命派、立宪派、各地新军、会党势力和北洋派五种力量共同推翻了清王朝，在各派力量的脆弱平衡之上，民国初年中国开始了全面建立议会民主制的最初尝试，举办了规模巨大的国会选举，出现了众多的党派，民主思潮在公共舆论中也盛极一时。

本书以立宪派主导的进步党为主线，全面研究民国初年议会正党政治中的重大历史事变和各派之间错综复杂的政治斗争，并且力图揭示议会民主制很快失败并回归于袁世凯独裁统治的深层原因，研究范围大从 1912 年 5 月临时参议院北迁到 1913 年底正式国会的瓦解。笔者认为，深入研究民初议会民主制失败的原因；并进一步探讨建设民主政治的条件，对于中国未来的民主政治建设仍有借鉴意义。

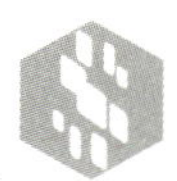

《腐败成因与防治对策——北京市典型案例分析》

本书不是泛泛研究全国腐败现象，而是从北京市发生的典型腐败案件出发，不回避现实问题，紧密结合实际，比较深入地研究了腐败现象产生的原因并提出了相应的防治对策。

作者深刻指出，现行领导体制有其产生的历史必然性并发挥过重要的历史作用，但是在发展社会主义市场经济的今天，实行权力过于集中的领导体制的诸多弊端。在这种权力过于集中的领导体制下，不仅监督机制，而且执政党和政府的各项工作，都要受"一把手"素质的制约。因此，政治体制改革刻不容缓，必须进一步进行卓有成效的改革。在此基础上，作者就反腐败的对策方面提出了"十个创新"和"一个借鉴"，对于研究现阶段腐败现象产生的原因及防治对策具有一定的现实意义和重要价值。

作　　者：罗忠敏
推荐单位：北京市委党校
出版单位：北京大学出版社
批准时间：2006 年上半年
出版时间：2008 年 1 月

《中国民间环保力量的成长》

本书对于民间环保力量的研究试图采取一种整合的视角。作者认为，民间环保力量在本质上是一种社会层次上的力量，其深层基础是公众的环境意识与环保行为，其凝聚机制是民间环保组织、社区和大众传媒，其作用形式则体现为敦促和协助政府推动环境保护工作。另外，作为民间组织之重要组成部分的企业，也可以通过其技术、产品和财富等来推动环境保护，这种力量也应视为民间环保力量之重要组成部分。特别是环保企业，更是可以直接看作民间环保力量之一。

本书采用个案研究、抽样调查、文献分析等多种方法，对以上内容的民间环保力量进行了初步研究。

作　　者：洪大用等
推荐单位：中国人民大学
出版单位：中国人民大学出版社
批准时间：2006 年上半年
出版时间：2007 年 5 月

《法制现代化进程中的人民信访》

作　　者：李宏勃
推荐单位：外交学院
出版单位：清华大学出版社
批准时间：2006年上半年
出版时间：2007年3月

法制现代化是伴随着社会和经济的现代化而出现的。谈到法制现代化，人们往往和现代的司法制度相联系，正规化的法院，受过职业法律教育的法官和律师，当事人不熟悉的诉讼程序，只有通过律师才可能用法言法语表达自己诉求的制度，以及必不可少有时甚至相当昂贵的诉讼费和律师费。在新的历史条件下，面对法制现代化，信访的存废已经成为摆在国家制度设计者和亿万老百姓面前的一个重要问题。

本书从法学的角度，综合运用社会学、历史学等方法，对信访制度进行了深入的探讨，就此热点社会问题贡献了法学的智慧。

《中国淮河流域水环境保护政策评估》

作　　者：宋国君、谭炳卿等
推荐单位：中国人民大学
出版单位：中国人民大学出版社
批准时间：2006年上半年
出版时间：2007年5月

本书应用规范的环境政策评估方法，评估中国水环境保护政策和管理的效果，分析影响政策效果的因素，以期为环境政策和环境管理的完善提出具有可操作性的建议。

本书所采用的评估思路是以水环境保护的最终目标为评估的起点，根据污染物产生、排放、扩散到最终影响水质保护目标的逻辑主线向上反推，通过水质评估、排放评估、污染控制行动评估分析环境政策和环境管理中存在的具体问题。这种思路和方法可以为各级政府环保部门、水利部门等开展水环境保护政策评估提供借鉴和参考。

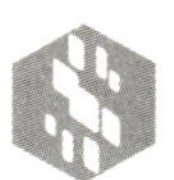

《公法/私法二元区分的反思》

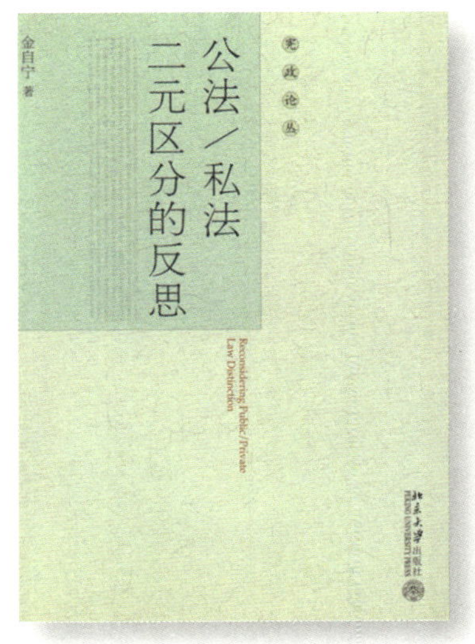

作　　者：金自宁
推荐单位：北京大学
出版单位：北京大学出版社
批准时间：2006 年下半年
出版时间：2007 年 7 月

本书在国家—社会这一解释框架内对公法/私法二元区分理论进行了反思，在直面否定公法/私法区分的理由的基础上，尝试理解当代公法与私法互动加强的现象，并探讨当代中国公法的定位问题。

本书认为，就中国的现实处境和具体问题而言，公法/私法的区分并非一个将要到来的预测或者早已得到正式确认的普遍共识，而是一个已经发生、有待澄清的问题。现代以来私法公法化与公法私法化潮流有其社会原因，即进入现代以来国家与社会的相互渗透，相互作用趋势造成的公法/私法之间的互动加强。但是，当代公法与私法的互动现象在理论上并不能推翻公法/私法的二元区分。在此基础上，本书进一步论述了作为理想类型的公法与私法、作为参照背景的国外情况、转型时期国家—社会结构变迁与公法/私法同时兴起、公法作为国家—社会之间的沟通工具、"以私代公"可能的危害及救治政治冷漠症与公共领域等方面的内容。

《从比附援引到罪刑法定——以规则的分析与案例的论证为中心》

作　　者：陈新宇
推荐单位：清华大学
出版单位：北京大学出版社
批准时间：2006 年下半年
出版时间：2007 年 5 月

本书以清季《大清新刑律》制定期间的比附援引与罪刑法定之争为切入点，探讨从传统到近代法律转型中的深层问题。借助相关资料，作者认为，传统法中的比附援引，尽管具有类推的性质，但在客观具体主义立法和绝对确定法定刑的旧法时代，它更是一种发现、论证罚则的手段，是传统的法律方法论，解决的多是量刑的问题。

作者进而将比附区分为"作为方法的比附"与"作为制度的比附"。并以此解释沈家本何以在《刑案汇览三编》编辑前后对比附态度迥异。由于近代《大清新刑律》采用概括主义立法和相对确定法定刑，在旧法时代发挥着重要作用的比附，其功能在很大程度上被司法者以自由裁量权的形式取代。

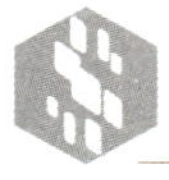

《行政主体问题研究》

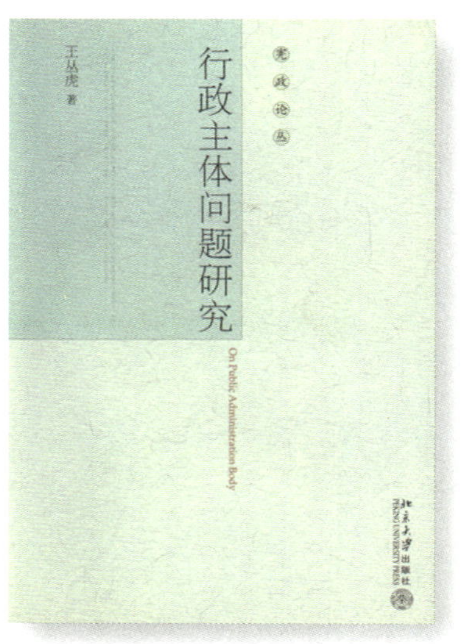

作　　者：王丛虎
作者单位：中国人民大学
出版单位：北京大学出版社
批准时间：2006年下半年
出版时间：2007年11月

在这部书中，作者就行政主体最基本的问题展开研究，指出了我国行政法学界对行政主体概念界定的不足之处，并对行政主体概念进行了重新界定，进而又对行政主体的表现形式、权利能力、法律地位、发展趋势等问题提出了一些新的看法，架构了行政主体问题研究的框架。全书共分7个章节，具体内容包括行政主体的概念及其考察、行政主体的权利能力及其确认研究、行政主体法律地位研究、行政主体在政府采购中的实证分析等。

本书可供各大专院校作为教材使用，也可供从事相关工作的人员作为参考用书使用。

《民事公益诉讼制度研究——兼论民事诉讼机能的扩大》

作　　者：张艳蕊
推荐单位：中央民族大学
出版单位：北京大学出版社
批准时间：2006年下半年
出版时间：2007年3月

理论界对民事公益诉讼的关注和研究相对滞后，无法满足司法实践发展的需要，难以回应现实提出的各种问题，更无法发挥理论对实践的指导作用。本书是一部对民事公益诉讼进行专门研究的著作。作者认为，民事诉讼机能与民事公益诉讼的关系问题，是民事公益诉讼制度中最核心也是最关键性的问题。司法的作用及民事诉讼的整体运作机制，决定了构建民事公益诉讼的可能性及该制度的运作状况。

全书以此作为观察和研究的基点，在对民事公益诉讼的基本概念、本质等基本理论进行深入探讨的基础上，对民事公益诉讼制度所涉及的原告资格、范围、基本原则及相关基本问题进行了详细研究，并对我国民事公益诉讼制度的构建提出了基本构想。

《诚信政府研究》

从公法角度研究政府诚信，是一个崭新的课题。诚实信用作为民法的王冠原则，适用于对私人的要求，是被普遍认可的；诚实信用可否引入公法领域？在公法领域有无价值？以及政府诚信的要求、政府诚信举足轻重的作用等，却还没有引起广泛关注，学界对此研究和探讨得很不够。

诚信政府是指基于公民意愿产生的政府，其对人民赋予的权力正确行使，并能恰当地履行其职责。而诚信政府建设是加快建设和谐社会的重要内容之一，也是建立服务型政府的必然要求。本书比较系统地研究了有关政府诚信的方方面面，对诚信的概念、诚信原则在民法上的确立，诚信原则引入公法的必要性和价值，诚信原则对政府提出的要求，诚信原则在公法领域的具体运用等，均进行了比较系统的阐述。

作　　者：刘莘
推荐单位：中国政法大学
出版单位：北京大学出版社
批准时间：2006 年下半年
出版时间：2007 年 5 月

《锻造冷战联盟——美国“大西洋联盟政策”研究》

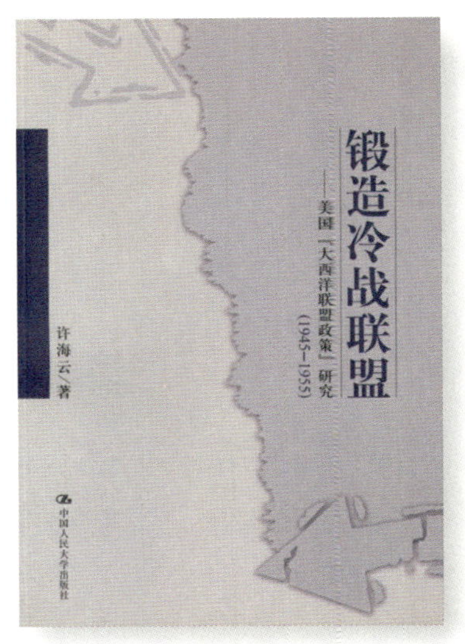

本书是一部比较系统地论述美国通过“大西洋联盟政策”打造冷战集团的学术著作。

作者认为，“大西洋联盟政策”作为美国冷战政策的一部分，集中反映了美国自第二次世界大战后期起一直处心积虑，积极谋求在欧洲实施政治、经济与军事扩张的政策实质。就“大西洋联盟政策”的酝酿及其实践而言，美国既是始作俑者，又是政策主导者；西欧国家不仅主动参与其中，而且也发挥了拾遗补缺的重要作用。双方相辅相成，互相影响。“大西洋联盟政策”所形成的这一政治格局，在相当长一段时间内确定了战后美国与欧洲关系的基本走势，进而影响到美苏冷战的全局，这种影响甚至一直延伸到后冷战时代。

作　　者：许海云
推荐单位：中国人民大学
出版单位：中国人民大学出版社
批准时间：2006 年下半年
出版时间：2007 年 4 月

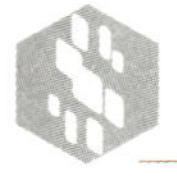

《转型中国的治理与发展》

作　　者：张昕
推荐单位：中国人民大学
出版单位：中国人民大学出版社
批准时间：2006 年下半年
出版时间：2007 年 3 月

治理与发展是全球化背景下的前沿课题，受到了世界银行、联合国开发计划署、经济合作与发展组织、亚洲开发银行以及第三世界国家的特别关注。本书正是这种语境下的产物。

本书认为，没有良好而有效的治理，就没有公平而持续的发展。其次，通过制宪民主的价值反思，提出了一种多中心治理的制度框架，其中，政治国家、市场经济和市民社会之间呈现出分工与协作的结构关联性。再次，针对政府再造运动的述评，进一步指出，上述多中心治理的新混合经济体制，既有助于把握物品和服务供求关系的基本模式，又有助于阐明国民经济发展的基本格局。最后，在统计数据分析的基础上，通过实证研究表明，多中心治理的制度安排有助于兼顾公平与效率的经济发展。

《台湾地区金融法律制度变迁研究》

作　　者：柴荣
推荐单位：北京师范大学
出版单位：北京师范大学出版社
批准时间：2006 年下半年
出版时间：2008 年 1 月

全本书从历史发展的脉络，以台湾“政府”在经济金融宏观调控方面的金融法律制度作为研究对象，对台湾金融法律制度的历史与现状进行梳理分析。

全书除绪论外，主体内容分四部分外加余论：第一部分主要是关于国民党迁台之初到 80 年代前，台湾金融管制立法与实践的研究。第二部分梳理了台湾金融机构、利率、汇率解除管制的法律发展脉络，分析了台湾金融自由化过程中“中央银行”法律定位的改变；并对自由化过程中的法律效果进行了理论分析。第三部分主要是关于台湾因应金融危机法律对策的研究。第四部分是关于台湾金融法律制度变迁发展的总体评价。余论主要在回顾台湾当局关于两岸金融往来法律调整的历史进程的基础上对两岸金融合作的法律制度做了简要设计。

《亚太多边合作安全机制研究》

作　　者：邢爱芬
推荐单位：北京师范大学
出版单位：北京出版社出版集团
　　　　　文津出版社
批准时间：2006 年下半年
出版时间：2007 年 6 月

合作安全是一种新安全观，其核心是互信、互利、平等、协作。新安全观建立在共同利益基础之上，反映了人类社会进步趋向，符合亚太地区的特点和冷战结束后新形势的要求。冷战结束后，亚太地区在多层次、多领域内开展了多方面的合作安全。从亚太全区域的角度看，迄今该地区最成功的多边合作安全实践是 ARF（东盟地区论坛）。本书通过系统、全面和较为深入地研究 ARF 机制，提出了以 ARF 机制为基础，循序渐进地发展有效的亚太多边合作安全机制的可能性，并进一步探讨了实现这一设想的途径、手段和方法。

在上述研究的基础上，本书进一步分析了完善和深化 ARF 机制，发展有效的亚太多边合作安全机制将给中国带来的机遇和挑战，提出从长远来看，这一进程符合中国和平崛起的战略要求。

《彝族法文化——构建和谐社会的新视角》

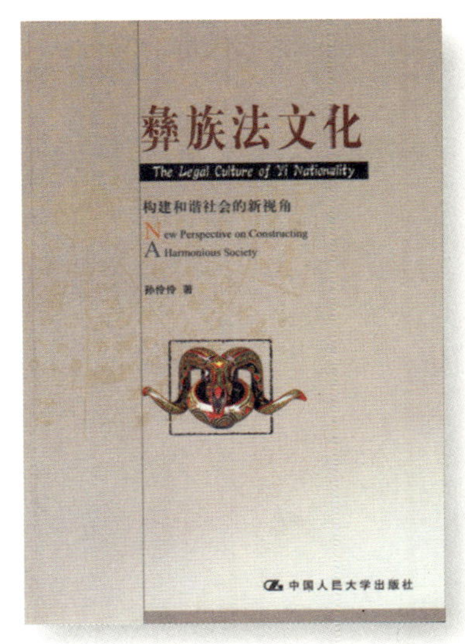

作　　者：孙玲玲
推荐单位：中央民族大学
出版单位：中国人民大学出版社
批准时间：2006 年下半年
出版时间：2007 年 10 月

实现社会和谐，是法治社会的最终目标。追求和谐正是彝族法文化的核心价值。本书介绍了彝族法文化的源、基、流、体、用、为构建和谐社会提供了新视角。

本书是对一个崭新领域的开拓性的探索，力图从法学的视角对彝族法文化进行完整的描述、深刻的剖析、理性的扬弃、合理的使用，通过对其历史、现状及未来进行挖掘和阐释，为世人描绘出彝族法文化的全貌，探寻彝族法文化生命力的根源，对其产生、发展及内容赋予新的内涵和活力，为彝族法文化的发展走向及彝族地区的法制的立法、司法实践提供新的视角和思路，填补彝族法文化研究之空白，丰富中华法文化研究的现状。

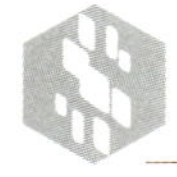

《执法权研究》

作　　者：鄂振辉
推荐单位：北京市委党校
出版单位：北京出版社出版集团、文津出版社
批准时间：2006 年下半年
出版时间：2008 年 5 月

我国现行的执法权体制存在着一定的缺陷，即由于政府职能转变和行政管理体制改革尚未完全到位，导致有时执法权的行使背离执法权设置的最终目的，制约了执法权效率的正常发挥。虽然我国也进行了几次改革，取得了一些成效，但是由于缺乏法律制度层面全面合理的科学设计，几次改革所付出的成本与目的设计呈现鲜明的反差对比。

本书认为，要想健全与完善我国现行执法权体制，除了已经被广泛认识到的诸如紧缩编制、建立文明、高效、公正、廉洁的执法队伍等方面外，从法学角度讲，尤其应注意如下几个方面：第一，加强政府组织立法，实行刚性组织法与柔性行为法相结合；第二，控制执法机关的进口与出口，建立并实行权级协调、权能适应与动态的执法权体制。

《抵御外来物种入侵：法律规制模式的比较与选择——我国外来物种入侵防治立法研究》

作　　者：汪劲、王社坤、严厚福
推荐单位：北京大学
出版单位：北京大学出版社
批准时间：2007 年上半年
出版时间：2009 年 7 月

随着经济的快速发展以及国际交流的不断加强，外来物种入侵的现象日益严重，给我国的经济、文化、生态以及人类的健康造成了重大的危害。而且我国关于防治外来物种入侵的法律法规起步也比较晚。到目前为止，我国还没有一部专门针对防治外来物种入侵的法律法规，相关的法律法规也存在很多的问题，且管理体制也比较混乱。

本书旨在从立法的角度对外国和国际社会有关外来物种入侵立法及其管理体制进行系统的比较研究，对我国有关外来物种入侵立法的现状与问题进行综合分析和评述，并在全面比较分析的基础上提出我国外来物种入侵防治法草案建议稿。

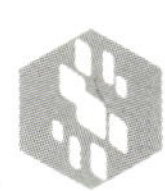

《排污权：一种基于私法语境下的解读》

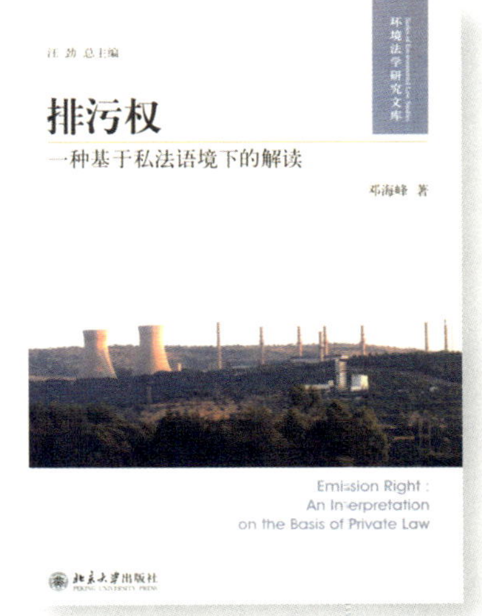

作　　者：邓海峰
推荐单位：清华大学
出版单位：北京大学出版社
批准时间：2007 年上半年
出版时间：2008 年 8 月

排污权及其交易制度是西方国家在探索环境问题市场化解决机制的过程中确立一项法律制度。该项制度设计的核心思想表现为允许排污许可证具有有限的流通性，以实现环境要素供给与环境排放需求之间的动态平衡。由于我国目前的环境要素主要以行政法律关系为基础进行配置，在大陆法系现有的行政法律框架下，私法主体间的行政许可证交易又被严格禁止，这使得在美国、欧洲等地盛行已久的这项环保利器在我国无法施行。

为弥补这一缺陷，本书提出应适时转换排污权制度的国内法依据逻辑思维，通过半环境要素物权化的制度设计与传统民法的移转规则相连接，实现环境要素的法化配置，以置换原有行政法在资源配置问题上的僵化规范，消除采行排污权交易的法律障碍。

《破产欺诈法律规制研究》

作　　者：张艳丽
推荐单位：北京理工大学
出版单位：北京大学出版社
批准时间：2007 年上半年
出版时间：2008 年 1 月

本书基于我国破产法理论、立法和司法的现状，参照联合国《破产法立法指南草案》，借鉴其他国家或地区的破产法和相关法律的规定，试图建立起系统化的反破产欺诈法律机制。

本书重点研究了两个论题：一是破产欺诈行为理论和立法体系；二是设置科学、系统、完善的反破产欺诈法律制度。书中对破产欺诈行为的特定含义和构成要件、破产欺诈行为的类型进行了深入的分析和研究，并在综合借鉴大陆法系和英美法系国家不同立法例的基础上，提出我国对破产欺诈行为应当建立概括性条款加类型化的立法模式；从对破产欺诈行为的预防、限制和法律责任的角度，科学和系统地设置了反破产欺诈法律机制；对构建和完善我国的反破产欺诈法律机制提出了相应的建议。

《刑事政策学的重构及展开》

作　　者：李卫红
推荐单位：中国青年政治学院
出版单位：北京大学出版社
批准时间：2007 年上半年
出版时间：2008 年 1 月

本书构建了刑事政策学的理论框架，阐明了宏观刑事政策与微观刑事政策的区分及内容，对刑事政策的概念、功能、属性以及刑事政策体系的构建提出诸多创新性的见解，有助于我国科学合理的刑事政策体系的建立。

在这本书中，作者重新界定了刑事政策的概念，并由此推导出刑事政策的功能、目的，人道性、法律性、科学性等价值定位及由刑事政策学的研究对象所决定的刑事政策学的独立学科属性。其中，有关犯罪的基本理念犯罪观、犯罪概念、犯罪原因是本书的理论基石，宏观刑事政策与微观刑事政策是在此基础上展开。

《主观违法要素理论——以目的犯为中心的展开》

作　　者：付立庆
推荐单位：中国人民大学
出版单位：中国人民大学出版社
批准时间：2007 年上半年
出版时间：2008 年 10 月

在大陆法系刑法理论中，存在“违法是客观的，责任是主观的”这样一句格言。而正是主观违法要素的发现，破除了“违法是客观的”观念。因此，描述主观违法要素理论的演变过程，也就是回顾犯罪论体系发展的历史。从这个意义上来说，主观违法要素虽然只是一个小问题，但它在犯罪论体系中却具有标志性意义。如何正确地处理主观违法要素，就成为各种犯罪论体系需要解决的一个问题。

本书梳理了主观违法要素理论的诞生与发展，具体探讨了主观违法要素的范围和在三阶层犯罪论体系中的地位，并主要借助法定目的犯与非法定目的犯的分类平台，就我国刑法中的目的犯进行了全面研究，最后以主观要素的证明难为问题意识，探讨了主观违法要素的确定与证明问题。

《宪法学专题研究》

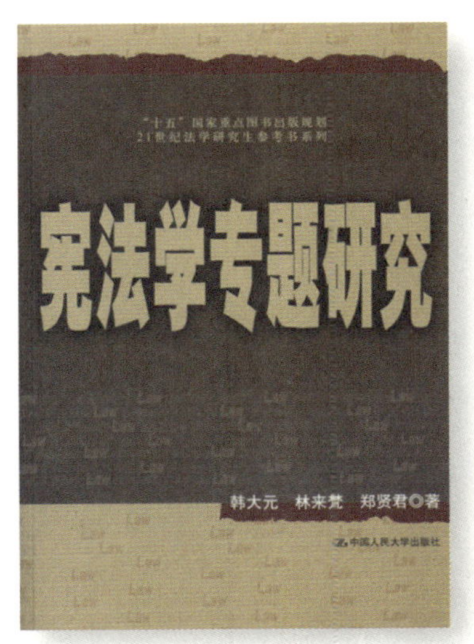

本书以现代宪法学基本理论范畴为基础，力求将宪法文本、宪法原理与宪法判例结合起来，以期获得对宪法现象的完整认识，并在动态的过程中提炼宪法学的基本价值。

全书分为三编：第一编宪法学基本原理部分系统地分析了宪法学的性质与功能，提出宪法存在的社会与道德基础、宪法规范与社会生活冲突等基本理论；第二编基本人权部分从我国宪法现实的问题意识出发，结合宪法判例，系统地阐述了基本人权的价值与现实；第三编对各种国家权力的组织、体系与功能等进行了分析，在一定程度上改变了传统宪法学只关注政治宪法的学术局限性，其研究具有较强的前沿价值。

作　　者：韩大元、林来梵、郑贤君
推荐单位：中国人民大学
出版单位：中国人民大学出版社
批准时间：2007 年上半年
出版时间：2008 年 11 月

《行政规制与权利保障》

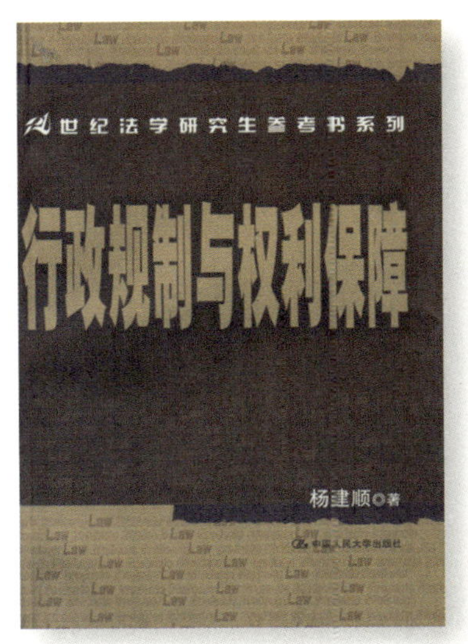

本书以现代国家中行政规制与权利保障的探讨为主要内容，以裁量与羁束的核心概念为线索，从社会秩序、国家权力、公共利益等多个视角对权利保障与政府职能，尤其是行政规制之间的辩证关系做了分析，并阐述了政府在法制建构方面的科学定位。

本书首次按照作者长期以来所主张的行政行为论，参与型行政论和科学的行政法学体系论进行体例安排，将行政权力的诸种形态分别置于相应的价值思维之中展开探讨，在尽量阐述各部分的行政法学原理内容的同时，尤其重视相关问题意识、研究视角和研究方法的讨论。

作　　者：杨建顺
推荐单位：中国人民大学
出版单位：中国人民大学出版社
批准时间：2007 年上半年
出版时间：2007 年 8 月

《刑法总论问题思考》

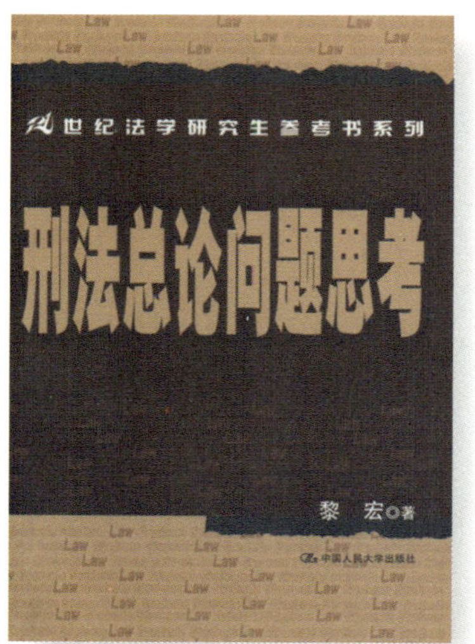

作　　者：黎宏
推荐单位：清华大学
出版单位：中国人民大学出版社
批准时间：2007 年上半年
出版时间：2007 年 5 月

刑法总论乃至整个刑法学上的一切争论，无不起源于刑法所具有的保护法益机能和人权保障机能之间所与生俱来的紧张与冲突，刑法学特别是刑法解释学的任务，就是在这两者之间进行折中与平衡。

本书从协调与平衡刑事司法实践当中经常处于紧张状态的保护法益机能和保障人权机能之间的关系的视角出发，对传统刑法理论当中所存在的定罪主观化、分析过程模糊不清的倾向进行深刻的反思和批判，提出在犯罪社会危害性的认定上，仅考虑行为所引起的法益侵害结果等客观要素，而将行为时行为人的主观心理状态统统纳入行为人主观责任范畴，并基于这种立场，选取社会危害性、犯罪构成、正当防卫、紧急避险等刑法总论当中向来存在争议的二十个重要问题进行了深入的讨论。

《特免权制度研究》

作　　者：吴丹红
推荐单位：北京大学
出版单位：北京大学出版社
批准时间：2007 年下半年
出版时间：2008 年 11 月

作为特免权发源地的英美国家，在数百年的特免权制度历史中，为我们积累了丰富的经验和教训，并就特免权问题得出了很多值得学习的理论总结。本书通过分析特免权制度的起源、发展以及产生的事件、判例和制定法，探究其赖以存在的理论基础和现实基础，全面阐述了不自证其罪特免权、亲属特免权、职业特免权和公共利益特免权等重要制度，分析了其在保护社会重大价值和实现司法正义之间的艰难权衡。

针对特免权制度在中国的历史性经验和存在的问题，本书直面中国司法实践中证人作证制度的困境，提出我国证人特免权制度设立的可能性和障碍，回应了当前证据立法中就此问题存在的争论，拓展了我国证据制度研究的深度。

《知识产权犯罪中的被害人——控制被害的实证分析》

本书是一部专门论述知识产权犯罪中的被害人的学术专著。如何有效预防和减少我国现阶段知识产权犯罪被害？本书从控制被害的角度、以实证分析的方法对此给出了开创性的回答。作者深谙被害人学的相关理论背景，娴熟运用SPSS软件对原始调查数据进行了统计分析，尤其注意收集大量新型案例，在此基础上对侵犯著作权、商标权、专利权、商业秘密等犯罪被害的样态、特征、责任等进行了分类探讨；最后详细阐述了应该如何全面完善被害人保护和救济制度。

作为一项应用性研究成果，本书值得知识产权与犯罪学研究者、知识产权实务工作者共同关注。

作　　者：赵国玲、王海涛
推荐单位：北京大学
出版单位：北京大学出版社
批准时间：2007 年下半年
出版时间：2008 年 5 月

《被害人当事人地位的根据与限度——公诉程序中被害人诉权问题研究》

本书将诉权理论引入被害人诉讼地位问题的研究之中，全面论证了被害人诉权相对于公诉权的独立性问题，同时通过将被害人与民事原告、刑事被告人的诉权进行系统比较，论证了被害人诉权的特殊性。

本书认为，由于刑事诉讼结构的先天性失衡，法律赋予被告人一系列特殊保障以达到“平等武装”，被害人诉权的行使方式及法律效果不得不受到一定限制；因此，被害人作为诉讼当事人，有着不同于民事原告或刑事被告的特殊性。被害人诉权的提出，丰富和发展了对刑事诉讼构造的研究——传统的“控、辩、裁”三角结构是以诉讼职能为基础的，而由裁判权、公诉权、被害人诉权、被告人诉权组合而成的则是以诉讼主体为基础的“四极构造”；由于被害人诉讼利益的不确定性，“四极构造”的理论模型不是一个规则的四方形，而是一个由控辩裁三角结构演化而成的扇形。

作　　者：韩流
推荐单位：北京大学
出版单位：北京大学出版社
批准时间：2007 年下半年
出版时间：2010 年 6 月

《民营企业权利保障制度研究》

作　　者：刘飞宇、吴勋
推荐单位：中国人民大学
出版单位：中国人民大学出版社
批准时间：2007 年下半年
出版时间：2008 年 3 月

在短短不到三十年的时间，民营经济便成为中国经济的重要组成部分。但与此不相称的是，民营企业主的财产权利却没有得到足够的法律保障。

本书围绕民营企业的权利体系，从行政法的角度系统研究我国民营企业权利保障问题，以行政法的视角解读民营企业的权利保障，遵循理论到实践、抽象到具体的研究思路，通过以案例分析的形式，来解析民营企业权利实现过程中的具体问题，并针对问题提出法律建议。以权利为主线，以行政运作程序为逻辑，以行政法之价值为视角，以案例为问题切入点，在实践中发现问题，在理论中寻找答案，为现行制度把脉，为未来立法完善提供指引和参考。

《与贸易有关的知识产权成案研究》

作　　者：张桂红
推荐单位：北京师范大学
出版单位：中国人民大学出版社
批准时间：2007 年下半年
出版时间：2010 年 4 月

知识产权保护问题是中国加入世界贸易组织（WTO）前、谈判中和加入后备受关注的重要问题。自 2003 年以来，美国多次宣称要就中国知识产权保护不力问题启动 WTO 争端解决机制；2007 年 4 月 10 日，美国正式向 WTO 投诉中国的知识产权保护和实施措施。因此，对 WTO 与贸易有关的知识产权争端成案进行系统研究，既具理论意义，更具实践价值。时至 2009 年，美国 301 特别条款报告的重点观察名单上仍然将中国列在其中。从理论上说，不能排除美国和其他 WTO 成员方针对中国知识产权保护状况，再次动用 WTO 争端解决机制。

本书主要阐述了世界贸易组织知识产权争端解决机制的理论，对世界贸易组织成立以来解决的 25 个知识产权成案进行了系统研究，在对 25 个成案的程序问题、实体问题和其他相关问题进行深入分析的基础上得出了对中国的启示。特别说明的是，对中美知识产权争端案，本书依据最新进展情况及有关资料作了分析。

《瑶族习惯法》

以 20 世纪 50 年代的瑶族社会历史调查和作者的实地调查为基础，探讨了瑶族习惯法的产生、发展，解释了瑶族习惯法的议定、修改，全面总结了瑶族社会组织和头领习惯法、婚姻习惯法、家庭及继承习惯法等具体内容。分析了瑶族习惯法的实施，对瑶族习惯法的功能，瑶族习惯法的特点，瑶人的习惯法官年，瑶族习惯法中的宗教因素进行了专门讨论，并对瑶族习惯法的当代传承，现代化进程中的瑶族习惯法，瑶族习惯法与国家制定法的关系提出了自己的认识和思考。

全书视角独特，资料翔实，内容全面，分析中肯，堪称我国习惯法研究的一部力作。

作　　者：高其才
推荐单位：清华大学
出版单位：清华大学出版社
批准时间：2007 年下半年
出版时间：2008 年 7 月

《健康、村庄民主和农村发展》

中国的市场化进程已经经历了近三十年的发展，很多观念和价值伴随着改革开放的进程也发生了深刻的变化。从改革初期单纯地改善生活的质朴愿望，到现阶段“以人为本”的理念深入人心，人们逐渐意识到，发展的根本目的不是别的，而是人自身的发展。后者包括两方面的含义：第一是脱离贫困以及过上健康和快乐的生活；第二是“赋权”，即赋予个人表达自己意愿和独立自主的权利。本书的研究正是围绕着以上两个主题展开的。

收录在本书中的 12 篇文章，利用一个大型的面板数据集，研究了疾病对农村居民健康和经济状况的影响，并探讨了村庄民主对加强，村庄治理和缓解疾病等自然风险对村民负面影响方面的作用。

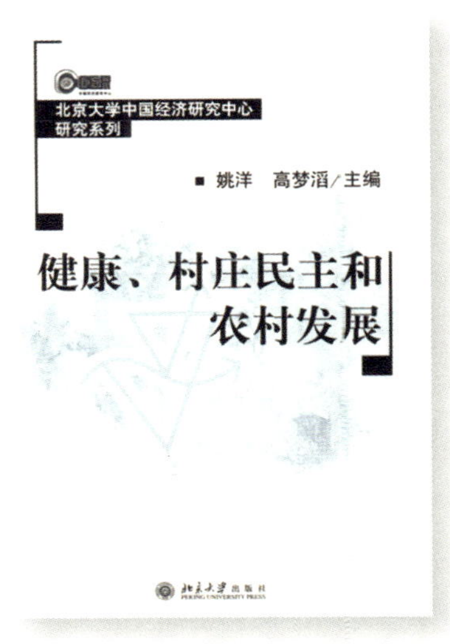

作　　者：姚洋、高梦滔
推荐单位：北京大学
出版单位：北京大学出版社
批准时间：2007 年上半年
出版时间：2007 年 8 月

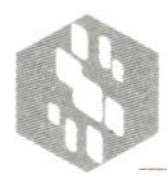

《论财政与公共卫生》

作　　者：陈共、王俊
推荐单位：中国人民大学
出版单位：中国人民大学出版社
批准时间：2007 年上半年
出版时间：2007 年 9 月

近年来，中国卫生医疗体系中的矛盾不断显露，特别是在公共卫生事业发展中出现了一些影响社会发展的不和谐因素，引起了党中央、国务院以及各级政府部门的高度重视。改革现行公共卫生体制、保障全体公民的健康权利，成为中国政府在构建社会主义和谐社会背景下需要完成的重要任务。

本书的重点是寻求完善当前公共卫生服务的对策和途径。作者本着理论联系实际的原则，采取规范分析与实证分析相结合的方法构建计量模型，从中国实际出发，借鉴了国外的有益经验，广泛搜集和阅览了国内外大量的文献和资料。此外，作者还通过基层实地调查、案例分析和专家书面问答等形式取得了第一手资料，对中国公共卫生进行了全面的分析。

五、艺术

《中国山水画景物构成》

作　　者：王贵胜
推荐单位：北京师范大学
出版单位：北京师范大学出版社
批准时间：2003 年上半年
出版时间：2004 年 2 月

本书尝试以现代知识结构阐释山水画景物构成的形式语言和思维方法。作者借鉴图像学的研究方法，把图像分析和古代画论的阐释相结合，归纳出山水画史中出现的人间仙境、可居可游之境、玄远超逸之境三种主要的理想景观构成模式；对山水画景物的选择取舍、位置经营、空间结构、构成规律和与此相应的观念和理论做了深入探讨，并对理想景观构成模式的文化原型——原始聚落意象、神话仙山意象和风水意象做了探讨，认为“围合—隔离—隐居”的景观意象是山水画景物构成的历史源头。

此外，本书还对景物构成与风水理论和园林艺术做了分析和比较，并解读了景物构成的美学意蕴，提出了建设当代生态艺术(包括山水画)的美学标准和精神指向。

《价值论美学论稿》

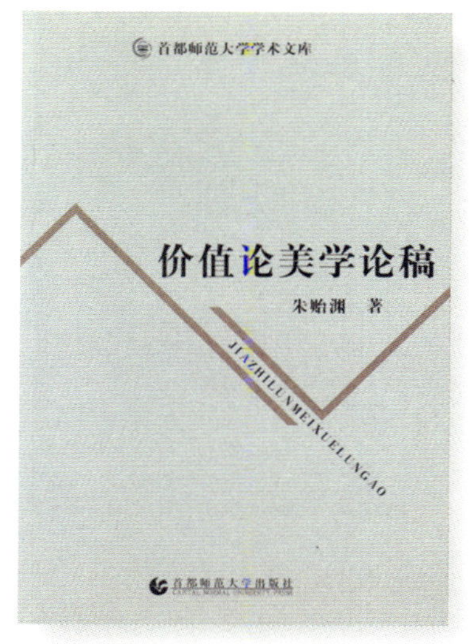

作　　者：朱贻渊
推荐单位：首都师范大学
出版单位：首都师范大学出版社
批准时间：2003 年上半年
出版时间：2005 年 1 月

在这部书中，作者在现代中国，美的泛化已经是一种普遍的社会现象，不再是思想界和知识界的武器。造成这种情况的原因，是由于大部分坚持“反映论”的美学，普遍地取消了审美意识形态和精神活动的自身形式。

在论述了美学的认识论模式、主体价值模式、形式论模式和接受论模式之后，作者从审美意识的内在的形式出发，指出审美现象应当以人的基本存在和状态为观察层面，以人的存在环境为自己的范围，而不能把审美当作一般的认识活动、反映活动来对待，这就是价值论美学。它关注的是人们生存活动中更为深刻的价值经验——人的生存价值获得的经验，即人的心灵对存在境遇的经历中感悟到的、使人生进入辉煌的意义普照的价值物。

《影像传播论》

人们都常常听到、读到、用到影像这个概念，但对影像却从未做过认真的界定。影像究竟是什么？应当如何界定其内涵？影像的本质是什么？影像传播的规律有哪些？等等，关于影像本体的研究少之又少；有关影像传播的理论研究也不多见。在国外，对于视觉传播的研究有一些著述，但是具体到影像，尤其是将摄影、电影、电视等融为一体的影像传播著述也不多见。

本书以大众传播理论、视觉心理学、视觉传播理论等为依据，以影像本体研究、现代社会中影像传播的特点、过程、效果、功能、对社会的影响以及影像传播者和受众研究等为主要研究对象，揭示影像传播的基本原理和规律，并以批判的眼光来分析影像传播带来的社会问题，提出改进、提高影像传播质量、加强影像传播学研究和学科建设的建议。

作　　者：盛希贵
推荐单位：中国人民大学
出版单位：中国人民大学出版社
批准时间：2004 年上半年
出版时间：2005 年 3 月

《小剧场戏·剧·论·稿》

中国真正意义上的原创性小剧场戏剧兴起于 20 世纪 80 年代，伴随着戏剧危机和戏剧改革而来。但是，一种新兴的艺术形式和新的戏剧现象，我国小剧场戏剧还没有引起戏剧理论界的足够重视，也鲜有相关的理论成果问世。本书是一部比较全面地介绍、评价、研究中国小剧场戏剧的专著。

作者花了很大的气力作调查研究，亲临现场观摩了绝大部分小剧场戏剧的演出，积累了很多第一手材料。结合世界小剧场戏剧和中国戏剧的现状，描画勾勒中国小剧场戏剧来龙去脉和发展阶段，重点剖析了高行健、林兆华、牟森、孟京辉、张广天、李六乙等人的戏剧观念及代表剧目，从与大剧场戏剧的比较和戏剧艺术的各个环节和要素入手，多侧面地探讨了小剧场戏剧的美学品格和美学定位。

作　　者：周传家、薛晓金、杜剑锋
推荐单位：北京联合大学
出版单位：北京燕山出版社
批准时间：2005 年上半年
出版时间：2006 年二月

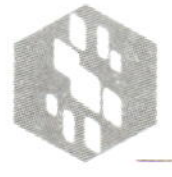

《中国电影企业发展战略研究》

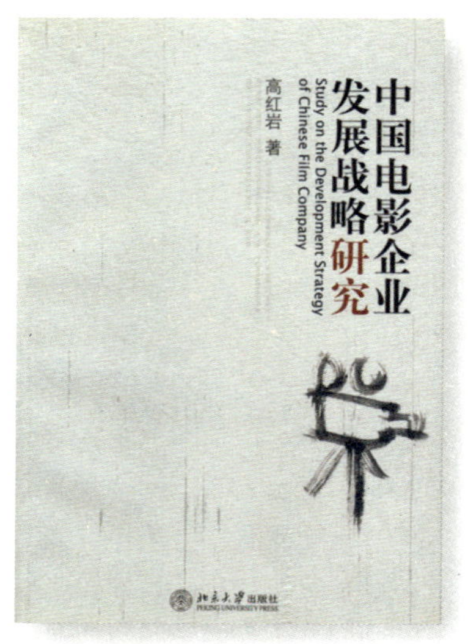

作　　者：高红岩
推荐单位：北京交通大学
出版单位：北京大学出版社
批准时间：2005 年下半年
出版时间：2007 年 2 月

本书以中国电影企业的产业特征、产品特征和项目特性分析入手，结合全球其他电影强国的产业实践，同时引入大量的经济学、管理学理论，探讨了中国电影企业如何通过产品发展战略、市场发展战略以及结构发展战略的选择，实现其可持续的竞争优势。

作者整合了有关中国电影企业研究的大量分散性成果，确立了研究中国电影产业发展的新维度，并提出了中国电影产业发展新战略；整合了与电影产业有关的大量经济学和管理学理论，为中国电影产业的研究提供了恰当的理论框架和分析方法；书中所涉及的大量资料亦具有重要的学术价值和实践意义。

《大钟寺》

作　　者：于弢
推荐单位：北京市文物局
出版单位：北京燕山出版社
批准时间：2005 年下半年
出版时间：2006 年 1 月

在这部书中，作者搜集至的文献和史料，还远不足以构成作者想象当中的一部志书材料，但作者珍惜这些年来的探索和研究，将这些前人所没有涉及的、新发现的文献和史料，用大钟寺这根黄丝带，将它们串了起来。

全书共分七个部分。第一部分为大钟寺的历史沿革，其间涉及了与大钟寺有关的清皇室、祈雨与祀典等重要的历史知识；第二部分着重介绍了大钟寺的建筑格局，对每一建筑的来历、沿革、建筑风格等都进行了比较详尽的阐释；第三部分重点介绍了大钟寺的镇寺之宝——华严钟；第四部分介绍了大钟寺的宗派及住持；第五部分与大钟寺及大钟有关的历史名人；第六部分为大钟寺其他散见遗物；第七部分为大钟寺古钟传说。

《缪天瑞音乐贡献评述》

缪天瑞的音乐教育活动开始于1926年，持续了50余年的时间，其间所作出的贡献，对我国音乐创作、音乐教育、音乐研究均产生了较大的影响。他曾经参与主编的音乐刊物和音乐辞书，无论其内容和形式始终处于学术前沿的位置；他所翻译的音乐理论译著和文论，在中外音乐文化交流中，起到了学习、了解、沟通和促进的历史作用；他的《律学》专著集律学原理和应用于一身，行文通俗易懂，对中国律学研究和发展产生了较大的影响。

本文就缪天瑞所涉猎的音乐教育、音乐编辑、音乐译著、音乐著述等方面，做了一个较为全面的分析研究，并根据他在中国20世纪就已开始的新音乐发展道路中的贡献，给予了一个较为准确的历史定位。

作　　者：国华
推荐单位：首都师范大学
出版单位：首都师范大学出版社
批准时间：2006年上半年
出版时间：2007年7月

《跨越百年——全球化背景下的中国电影》

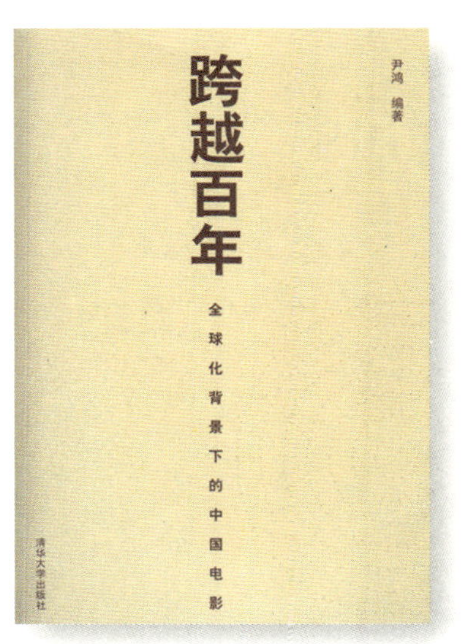

本书记录了中国电影近10年来的艰苦转型，探讨了中国电影转型中所遭遇的困惑和所获得的经验，同时也思考了中国电影在全球化、数字化、产业化大背景下的发展路径。本书的大部分内容都曾经先后在《电影艺术》《当代电影》《中国电影报》等专业报刊以及连续几年的“中国文化产业发展报告蓝皮书”“中国传媒产业发展报告蓝皮书”等出版物中公开发表，并得到了政府相关部门、行业界和学术界的关注。

本书有助于人们更深入地分析和思考中国电影的发展规律和前景，更完整地理解中国电影转型的复杂性和挑战性，更积极地看待中国电影所面临的挑战和机遇。

作　　者：尹鸿
推荐单位：清华大学
出版单位：清华大学出版社
批准时间：2006年下半年
出版时间：2007年10月

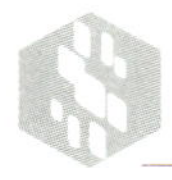

《视觉审美批判——当代电子媒介影像分析》

作　　者：梁虹
推荐单位：北京第二外国语学院
出版单位：文津出版社
批准时间：2006 年下半年
出版时间：2009 年 1 月

视觉优先原则在文化的历史构成中一直扮演着重要的角色，而电视的出现则将它推向了发展的顶点。就审美意义而言，在不讲求深度和意义的后现代语境下，媒介影像文化试图更多地关注现象和表面形式的表达。其中，“视觉狂欢”是媒介现象与表面形式的重要表现之一。然而，对观者而言，“视觉狂欢”并不意味着完全意义上的自由与解放；相反，在一定意义上，媒介影像体现出了对观者的权力与监控。

本书从传播学和文化批评的有关研究方法，从大众传媒自身的特点、大众传媒所促成的以大众为主流的文化形态、电子媒介的影像实质和审美特性，以及电子媒介影像的诸种特性对受众审美体验产生的影响等几个方面展开了比较深入的分析。

《中国工艺美术史纲》（插图本）

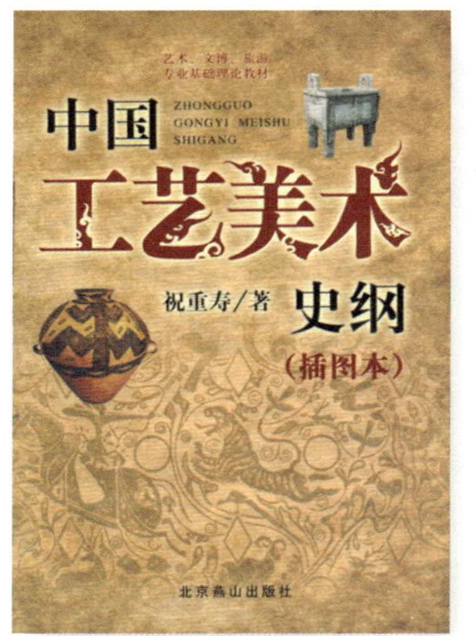

作　　者：祝重寿
推荐单位：清华大学
出版单位：北京燕山出版社
批准时间：2006 年下半年
出版时间：2007 年 5 月

本书比较详尽地论述了历代工艺美术的艺术特征和发展规律，还以大量历史资料，从东西方的经济、文化、科学等方面加以比较，对汉代铅釉、唐代三彩、元代青花、明代珐琅等工艺品种，以及诸如联珠纹、葡萄纹等，做了新的论述，提出了独到的见解，有的则是填补了学术空白。

古代东西方工艺文化的桥梁，即后来所称的丝绸之路和陶瓷之路，远在先秦以前即已出现，如两汉与西域、盛唐与波斯、元代与阿拉伯、明代与南洋、清代与西欧之间的交往，则详见于诸文献记载。东西方的不断交往，使工艺文化得到交相推引，交流融合，大大促进了工艺文化的发展。这是工艺美术史和外国美术史中一个重要的研究课题，往往为人们所忽视，本书则填补了这一空白。

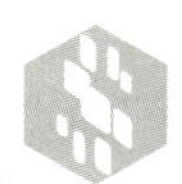

《自觉与四大主义 中国现代美术之路》

作为中国现代文化的重要组成部分，美术领域的经验具有典型意义，从理论探索到创作实践，从思潮、主义到运动、宣传，都与民族命运、社会心理和历史使命紧密联系在一起，成为中国社会文化转型中极为重要和突出的部分。

本书将“定位”和“正名”，视作20世纪中国美术研究最基本的问题。定位，即在合适的框架中明确20世纪中国美术的位置与性质；正名，即要对其作用和意义给予恰当和公允的评价。定位和正名的问题如果得不到解决，20世纪中国美术研究就只能游离于全球性话语之外。在全面反思现代性研究的基础上，本书以“人类巨变”的“未来视野”为潜在维度，关注“现代事件”本身的“连锁突变”，独创性地将“自觉”作为后发达国家区分传统与现代的标志，提出以“四大主义”——“传统主义”“融合主义”“西方主义”和“大众主义”，作为中国“现代主义”美术基本形态的理论构想。

作　　者：潘公凯
推荐单位：中央美术学院
出版单位：北京大学出版社
批准时间：2007年下半年
出版时间：2012年10月

《北京美术史》

本书以探索北京美术的地域特征为学术责任。全书的编写以历史为线索分为五编：“幽燕遗韵”“大都气象”“华堂溢彩”“帝京余晖”和“走向现代”，以年代为序，叙述史前至辽金时期、元代、明代、清代、民国等五个阶段北京美术的发展历程，内容涵盖了绘画、书法、建筑、雕塑、工艺美术五大门类。作者旨在调查传世的美术遗迹，揭开文献记录中尘封的美术家、美术作品和美术事迹，从而在历史的长河中掬出一个北京美术的身影。

历史脉络的梳理和地域风貌的探讨，揭开了北京美术时代差异的同时，也为地域间的“比较”提供了资料。探索北京美术的地域特征也伴随着南北地域比较、中央与地方的比较、宫廷与民间的比较乃至东方与西方的比较。作为全国版图中的一个地域，北京的美术史的普遍性和独特性是国家美术史写作中的一个重要的参考坐标。

作　　者：李福顺
推荐单位：首都师范大学
出版单位：首都师范大学出版社
批准时间：2007年下半年
出版时间：2008年5月

《真实的风景　世界纪录电影导演研究》

作　　者：张同道
推荐单位：北京师范大学
出版单位：同心出版社
批准时间：2007 年下半年
出版时间：2009 年 5 月

纪录电影大师正是每个时代的见证者。从弗拉哈迪、维尔托夫、伊文思、格里尔逊到孙明经、迈克尔摩尔，这些纪录电影导演以其杰出的艺术创造和社会记录留下了时代的剪影。遗憾的是，因为种种原因，中国电影学术界对于纪录电影的研究比较薄弱，许多享誉世界的电影大师在中国成为电影“陌生人”。

收录在本书里的 18 位纪录电影大师，既有被誉为纪录电影之父的弗拉哈迪（美国）、维尔托夫（苏联）、伊文思（荷兰）和格里尔逊（英国），也有开创不同纪录电影美学风格的罗伦兹（美国）、詹宁斯（英国）、里芬斯塔尔（德国）、卡普拉（美国）、鲁什（法国）、罗姆（苏联）、梅索斯（美国）、小川绅介（日本）等，还有代表当前艺术潮流的迈克尔摩尔（美国），还特别收入中国早期纪录电影导演孙明经，较为全面地反映了世界百年纪录电影的主要成就、艺术流派和经典作品。

六、经济

《A-H股双重报告差异与公司治理》

作　　者：王立彦、刘军霞
推荐单位：北京大学
出版单位：北京大学出版社
批准时间：2003 年上半年
出版时间：2004 年 12 月

作者运用实证分析方法，以公司治理与会计信息质量之间的关系为主题，具体研究同时发行 A 股和 H 股的公司，在大陆和香港公布的财务报告中净利润差异、原因以及与公司治理特征之间的关系。本书丰富了国内会计界对会计信息双重报告的研究，为我国在监管市场、整顿中介组织、完善公司治理、抑制会计信息失真等方面的政策制定提供了经验证据。

本书对于文献资料的掌握较为全面，所用资料、检验结果和计算数据可靠，运用多种数量方法验证同一主题，得出了较为有意义的结论。其研究结果支持董事会的独立性、审计师的独立性等最佳治理特征对减小 A-H 股会计信息双重报告差异有着积极作用，也对境内上市公司建立独立董事制度具有一定的政策参考意义。

《资本账户开放与金融不稳定——基于发展中国家（地区）相关经验的研究》

作　　者：张礼卿
推荐单位：中央财经大学
出版单位：北京大学出版社
批准时间：2003 年上半年
出版时间：2004 年 4 月

资本账户开放是当前国际金融领域的热点问题，也是加入 WTO 后我国对外开放的重要内容。作者运用“非金融性生产要素”理论，创造性地提出了一个关于适度外资流入量的分析框架，阐述了资本账户开放过程中的资本过度流入倾向及其产生原因。

本书结合 20 世纪 70 年代以来发展中国家的有关经验，实证地研究了资本账户开放与金融不稳定之间的相关性，阐明了资本过度流入对宏观经济和金融部门稳定性的不利影响；在对资本账户开放的各种战略做出比较分析后，详细探讨了“渐进模式”下的开放前提、顺序和相关政策安排；全面考察了我国的资本管制现状，并对我国资本账户开放的模式和近期策略进行了深入研究。

《再生产的延续——制度转型与城市社会分层结构》

社会分层结构及其变迁，一直是社会学理论研究中的核心主题。从社会学的观点来看，社会变迁最重要的内容之一，即社会结构特别是社会分层结构的变迁。因此，在中国向市场经济体制转型的过程中，当一种新的经济机制——市场机制被引入之后，中国城市社会的社会分层结构发生了什么样的变化?

本书的基本结论是：市场机制的引入和发展，在很大程度上改变了社会分层结构的结构化机制，改变了阶级阶层地位获得的机制。但是，社会分层的秩序、社会分层的相对位置和相对关系在这一制度转型过程中被持续地再生产出来，原有社会分层秩序和社会分层的相对位置的再生产构成了变化的主导特征。

作　　者：李路路
推荐单位：中国人民大学
出版单位：中国人民大学出版社
批准时间：2003 年上半年
出版时间：2003 年 12 月

《企业家的企业理论》

与主流企业理论的认识不同，本书认为企业并不是天然物，而是企业家为了对自己特殊的人力资本进行间接定价而创造的一种特殊组织，因此企业家及其创业活动才是企业及其各种契约关系发生发展的天然起点。

鉴于此，作者尝试着从企业家的角度来认识企业的本质，并力图逻辑一贯地揭示企业的各种契约和组织关系形成与演变的一些规律。在不完全契约理论的框架中，作者构建了一个企业家的融资契约模型并证明权益类资本而不是银行借款才应该是企业家首先所需要的。在此基础上，本书还进一步证明了规范的治理制度的建设和职业经理化不但有利于企业家获得外部融资，而且还有利于保证创业成功之后企业家自己的长远利益。

作　　者：杨其静
推荐单位：中国人民大学
出版单位：中国人民大学出版社
批准时间：2003 年上半年
出版时间：2005 年 5 月

作　　者：晏维龙
推荐单位：中国人民大学
出版单位：中国人民大学出版社
批准时间：2003 年上半年
出版时间：2003 年 3 月

《交换、流通及其制度——流通构造演变理论》

较之流通经济领域的其他著作，本书是一部研究流通基础理论的著作。通过对流通形成和发展基本逻辑的研究，提供研究流通的分析框架。

全书由上下两篇构成。上篇——流通构造演变的一般理论，研究流通发生论、流通构造论、流通演变论、流通环境论。下篇——流通构造演变与社会经济制度，研究流通构造演变与社会经济制度发展变化之间的关系，包括研究交换与产权、市场、货币、商业、企业、城市、国家、贸易制度的形成以及上述制度的形成对商品流通的影响。主要创新点有：三维供求曲线、流通费用理论、生产商——中间商——消费者三者动态均衡理论、密度经济与密度经济效果曲线、企业的三维形成理论、公平与效率关系曲线等。

作　　者：方文
推荐单位：中国人民大学
出版单位：中国人民大学出版社
批准时间：2003 年上半年
出版时间：2003 年 7 月

《国际收支危机的比较研究》

20 世纪 90 年代以来，国际收支危机愈演愈烈，但对危机的研究还远不能满足现实经济发展的需要。本书选择比较的角度，以 20 世纪 90 年代三次危机为研究对象，对国际收支危机产生的原因，传染渠道、宏观经济影响、危机管理政策和危机先导指标等进行了多层次的广泛和深入的比较，既分析一般性，又分析特殊性，得出了若干既有理论价值又有实践价值的结论。

在充分总结危机国家经验教训的基础上，结合中国的实际情况，作者尝试提出了建立中国国际收支预警系统的框架，对中国防范未来的国际收支危机有一定的参考价值。

《发展中经济金融制度与银行体系研究》

本书在总结和回顾发展中国家金融制度的理论研究和改革实践的基础上，构筑了新的发展中经济金融制度的分析框架，并以该分析框架为基点，重新定位了商业银行、政策性银行和外资银行在发展中国家经济发展中的功能和作用，在理论分析和实证分析的基础上，提出发展和监管商业银行、政策性银行和外资银行的目标模式。

在上述基础上，本书结合我国金融体制改革的进展情况和金融全球化的外部环境，研究适应我国国民经济高速稳定增长和产业结构高级化的金融制度的理想架构，并围绕这一目标的实现就如何深化我国金融制度改革提出了若干政策建议。

作　　者：龚明华
推荐单位：中国人民大学
出版单位：中国人民大学出版社
批准时间：2003 年上半年
出版时间：2004 年 1 月

《商业银行信用风险评估—— 一种实证模型的探讨》

商业银行信用风险评估是商业银行信用风险管理工作的依据和基础，其前提是要为信用风险评估建立科学合理的评估指标体系。本书提出以信用风险度作为商业银行信用风险的一种新衡量标准（模型的输出），并分别应用因子分析法和逐步判别模型构建了两套较为科学的评估指标体系。

在此基础上，本书分别应用补偿模糊神经网络和基于 Bayes 判别的违约概率测度模型、基于 Levenberg-Marquardt 算法的前馈神经网络构建了两套信用风险评估预测模型，并应用最优加权组合预测模型，将两套体系和评估结果有机结合，进一步提高了预测精度，从多角度、多层面对信用风险进行了剖析。

作　　者：于立勇
推荐单位：北京大学
出版单位：北京大学出版社
批准时间：2003 年下半年
出版时间：2007 年 6 月

《中国的人口与经济发展》

作　　者：李仲生
推荐单位：首都经贸大学
出版单位：北京大学出版社
批准时间：2003 年下半年
出版时间：2004 年 7 月

本书以中国的人口与经济发展为题进行了一系列论说及实证分析。为了接近这个基本课题，首先从总论的视野论述新中国成立以来中国人口变动的模式、经济发展和人口增长的波动过程，并就人口过快增长对经济发展速度的影响进行了理论分析；从人口经济学的角度考察了多重经济结构与就业结构、经济开放与人口流动、经济体制改革与人口控制政策，以及将来的经济发展的趋势与人口因素等人口经济问题。就方法论而言，本书在分析中国的人口经济问题采用了从微观到宏观、从短期到长期、从静态到动态、从统计的实证分析到计量的经济分析。

本书内容丰富，涉及面广，力求创新，在一定程度上弥补了我国人口经济领域的某些空白，促进了人口经济方面的研究。

《金融市场的制度与结构》

作　　者：周业安
推荐单位：中国人民大学
出版单位：中国人民大学出版社
批准时间：2003 年下半年
出版时间：2005 年 5 月

按照新制度经济学和奥地利学派的基本理论，市场被作为一种制度安排，是一个过程。市场作为一种制度安排具有这些确定的功能，但不同的市场实现这些功能的机制是不同的。本书证明，由于功能上类同，异质市场之间具有某种替代性；由于参与市场交易的当事人采取某种战略行动，客观上产生了溢出效应，从而导致异质市场之间具有战略上的互补性；异质市场之间的替代和互补关系会影响到金融发展对经济增长的作用机制，并迫使我们重新审视政府在金融发展中的作用。

本书还利用中国的经验数据和资料分析了改革以来金融市场化的过程及其对经济增长的影响，并提出了一些具有可行性的建议。

《集体谈判制度研究》

集体谈判是市场经济条件下调整劳动关系的主要手段和国际惯例，通过集体谈判规范劳动关系事务，构成了市场经济国家劳动关系制度的核心。本书研究分析了现代西方主要市场经济国家集体谈判制度的理论、学说，价值判断及其谈判的结构、层次、特点和模式；概述了西方国家集体谈判制度的立法和经验。

在总结市场经济国家集体谈判经验和制度的基础之上，本书立足我国劳动关系发展的现实需要，比较详尽地分析了我国集体谈判制度在立法和实践中所遇到的主要问题，对谈判主体的角色定位、不当劳动行为的确定和救济、诚信谈判责任，以及集体协议和集体争议处理制度等问题进行了理论探索。

作　　者：程延园
推荐单位：中国人民大学
出版单位：中国人民大学出版社
批准时间：2003 年下兰年
出版时间：2004 年 4 月

《现代企业员工关系管理体系的制度分析——一种全面的战略性人力资源管理视角》

本书首先从古典经济学和新制度经济学的理论出发，推导出两种不同类型的员工关系管理体系，然后对这两种员工关系管理体系的构成进行了讨论。接下来，本书系统地研究了美国和日本企业员工关系管理体系的历史发展以及最新变化。最后，作者对中国企业的员工关系管理实践的发展和演变进行了阐述，并就经济全球化以及知识经济时代的中国企业员工关系管理体系建设问题，提出了自己的一些具体建议。

本书为大家理解和思考企业的大员工关系管理问题提供了深刻的理论依据和广阔的国际视野。无论是对于从事劳动经济和人力资源管理研究的人来说，还是对于人力资源管理的实践者来说，本书都有着重要的借鉴意义。

作　　者：刘昕
推荐单位：中国人民大学
出版单位：中国人民大学出版社
批准时间：2003 年下半年
出版时间：2004 年 5 月

《山区的综合发展——理论分析和太行山区经验证据》

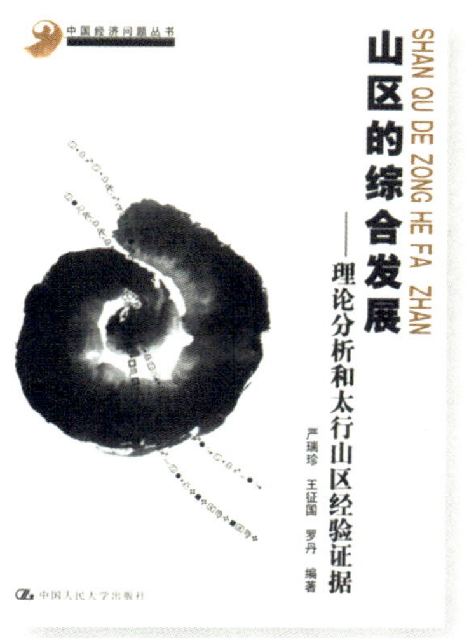

作　　者：严瑞珍、王征国、罗丹
推荐单位：中国人民大学
出版单位：中国人民大学出版社
批准时间：2003 年下半年
出版时间：2004 年 6 月

本书以河北省太行山区二十余年来经济社会发展为脉络，对“太行山道路”的经验进行了系统的总结。

作者在分析太行山区开发的基本模式——建设生态经济沟的基础上，对太行山区的制度创新和山地产权界定问题进行了比较深入的研究；对山区开发过程中的融资问题和技术进步问题进行了探讨；对山地、劳动力、矿产、气候等资源的利用与支柱产业的选择、产业支持系统和“山口镇”的建设问题进行了分析，对山区社会保障体系建设、人力资源开发、各类经济主体积极性的调节、干群关系和贫困与非贫困人口关系的处理、农村基层组织作用的发挥以及精神文明建设等问题也进行了分析。

《网络效应经济理论——ICT 产业的市场结构、企业行为与公共政策》

作　　者：朱彤
推荐单位：中国人民大学
出版单位：中国人民大学出版社
批准时间：2003 年下半年
出版时间：2004 年 10 月

ICT 产业的传统经济学研究关注的是产业生产方面的经济特征及其市场后果。与此不同，本书从 ICT 产业的需求特征，即网络效应特征出发，研究其对该产业的市场结构、企业行为与公共政策的影响，试图为认识网络时代的 ICT 产业提供一个理论分析框架。

作者以经过深入分析和重新界定的网络效应概念为基础，系统考察了 ICT 产业的市场均衡特征、技术创新特征、竞争行为特点、标准与兼容性的产业影响，以及由此引发的公共政策挑战。本书不仅对网络效应经济理论的基本问题进行了深入而系统的研究，并且对近年来 ICT 产业出现的一些新经济现象，比如“赢家通吃”“技术锁定”等提出了自己的独到见解。

《中国农业国际竞争力——理论、方法与实证研究》

作　　者：陈卫平
推荐单位：中国人民大学
出版单位：中国人民大学出版社
批准时间：2003 年下兰年
出版时间：2005 年 5 月

随着经济全球化、一体化的发展，农业生产的国际联系越来越紧密，如何提高农产品的国际竞争力成为生产者和销售者共同关注的重大问题。

本书通过对西方近 200 年的贸易理论发展史的系统考察，梳理了产业国际竞争力的研究脉络，比较深入地分析了农业国际竞争力的影响因素及其内在机制，提出了包含竞争业绩、竞争实力和竞争潜力三层次的农业国际竞争力理论分析范式与评价方法体系，并对中国农业国际竞争力展开了相应的实证分析。在此基础上，本书试图探寻一条以提升竞争力为中心的中国农业发展之路，以实现中国经济的可持续发展。

《我国中长期失业问题研究——以产业结构变动为主线》

作　　者：蒋选
推荐单位：中央财经大学
出版单位：中国人民大学出版社
批准时间：2003 年下半年
出版时间：2004 年 4 月

本书以产业结构变动为主线，从一系列相关矛盾中研究我国失业的原因及其缓解的根本途径。全书以我国总供求关系逆转、经济增长方式转变、全面开放、深化体制改革为基本背景，在对有关我国失业形成的各种原因的各种观点进行梳理的基础上，侧重于从产业结构变动角度研究我国中长期失业问题，即以产业结构变动为主线，分析产业结构变动中与就业相关的几个重大问题（矛盾），包括技术进步、发展劳动密集型产业的战略选择和现实条件、衰退产业的劳动力转移、农业剩余劳动力的转移等。

在此基础上，本书还比较深入地探索了以健全劳动力市场机制和提高劳动力素质为主，缓解我国中长期失业压力的治理对策，包括劳动力自由流动机制和有限弹性的价格机制、失业保险机制、各级各类教育培训体系等。

《中小企业会计管理问题研究》

作　　者：杨松令
推荐单位：北京工业大学
出版单位：中国人民大学出版社
批准时间：2003 年下半年
出版时间：2004 年 6 月

中小企业的重要性是随着我国改革开放政策的推行，尤其是私营经济的出现和发展而逐渐凸显出来的。从目前的发展趋势看，中小企业在国民经济中将占据越来越重要的位置。因此，加强对中小企业理论问题的研究显得十分迫切。就会计研究而言，中小企业的资金管理和会计核算到底有什么特点，中小企业在会计管理实践中会遇到什么问题，等等，这些都是亟待解决的理论与实际问题，需要会计研究工作者进行深入的研究。

本书以中小企业财务与会计问题为研究对象，按照会计管理的理论框架，对中小企业的筹资、投资、营运资金、利润分配、会计核算以及业绩评价等问题进行了较为深入的探索，提出了中小企业会计管理目标多元化、中小企业筹资符合“融资顺序假设”等一些新观点。此外，在调查中小企业现状的基础上，本书对中小企业存在的问题进行了比较深入地分析，并提出了一些具体的对策和建议。

《行为金融理论与应用》

作　　者：周战强
推荐单位：中央财经大学
出版单位：清华大学出版社
批准时间：2003 年下半年
出版时间：2004 年 7 月

行为金融是近十几年在国外迅速崛起的研究领域。行为金融有效地解释了许多现代金融理论难以解释的现象，对现代金融理论提出了有力挑战。本书在系统分析不确定条件下的实际判断与决策行为的基础上，从个人投资者、机构投资者、公司理财及整个市场四个层面，深入探讨了行为金融的基本理论、应用及前沿发展，构建了一个行为金融的基本分析框架。书中的观点和方法，对规范与完善金融市场、正确对待公司理财和机构投资者行为、纠正投资者错误，以及选择有效的投资组合与策略等都有重要的参考价值。

本书面向的对象是经济管理类专业的教研人员和学生、金融从业人士、公司管理者、政策研究人员，以及其他希望受益于行为金融的读者。

《银行信誉研究》

作　　者：梁媛
推荐单位：北京理工大学
出版单位：清华大学出版社
批准时间：2003 年下半年
出版时间：2004 年 6 月

本书是一部对银行的信誉进行系统的理论探讨的学术著作。在书中，作者开本见山地提出：在中国国有银行呆坏账率远远超过巴塞尔银行协议规定标准的状况下，中国民众还坚定不移地向其存款，这靠的是支撑国有银行的国家信誉。与此相对应的则是，东南亚金融危机的潜在原因也正是民众和投资者对于其银行系统信任的丧失。

作者首先从提供信誉的角度阐释了银行的本质，在此基础上逐步深入地分析了银行建立信誉的方式，以及现代金融体系中通行的监管制度，存款保险制度对银行信誉的影响，最后专门以中国国有商业银行为例探讨了国有商业银行的信誉问题。全书论述深入，理论上有创新，对于中国银行业有非常重要的现实意义。

《中国商品住宅产业资本运营研究》

作　　者：孙翠兰
推荐单位：首都经济贸易大学
出版单位：首都经济贸易大学出版社
批准时间：2003 年下半年
出版时间：2004 年 5 月

本书以商品住宅产业的资本运营为主线，以马克思的资本循环理论、地租理论为主要理论依据，同时涉及房地产投资、房地产开发、房地产营销、建筑工程概预算、房地产金融、货币银行学、商品学、西方经济学等学科的一些相关理论，以实证分析和规范分析及一些数量分析为方法展开论述。

全书分为上、下两篇，共包括十章内容。上篇在对商品住宅产业中存在的问题如何导致其资本循环三个阶段出现变化分别进行分析的基础上，在探究问题的成因中把落脚点放在融资上；在下篇，依据融资运行的内在机理探讨投资中的问题在融资中的原因，并从融资机理出发，提出构建促使商品住宅产业资本正常运转的融资模式。

《区域水灾风险评估的理论与实践》

作　　者：刘新立
推荐单位：北京大学
出版单位：北京大学出版社
批准时间：2004 年上半年
出版时间：2005 年 9 月

本书对国内外区域水灾风险评估的研究现状进行综述的基础上，对区域水灾风险评估进行了理论和实践两方面的探讨。

在理论上，本书完整地构建了水灾风险评估的科学体系和模型体系，包括基于随机不确定性和模糊不确定性的水灾风险定义、水灾风险形成过程的概念模型、水灾风险因数分析的定量方法以及应用于完备数据以及不完备数据条件下的水灾风险估算数学模型。在实践部分，本书则选取了长江流域与湖南省这两个典型区域，并应用前一部分构建的理论、模型及指标体系对其进行了水灾风险的评估。

《会计师民事责任研究：公众利益与职业利益的平衡》

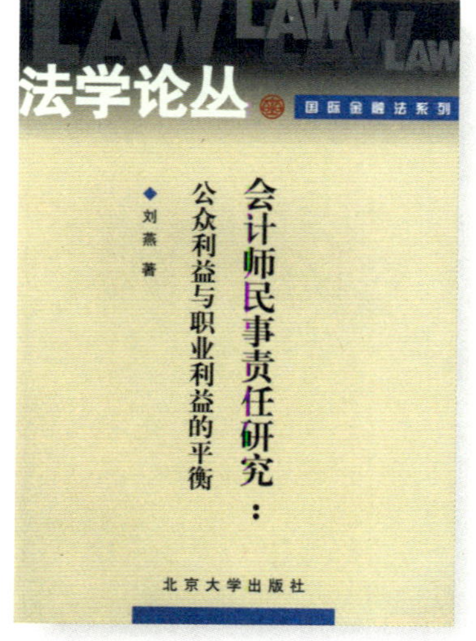

作　　者：刘燕
推荐单位：北京大学
出版单位：北京大学出版社
批准时间：2004 年上半年
出版时间：2004 年 4 月

注册会计师的民事责任问题，是近年来的一个热点问题。法学界以及公众往往基于一种朴素的认识而简单地对待这一问题，强调不断扩大会计师应承担的社会责任和法律责任。但会计职业界却难以接受这一观点。分歧的根源在于社会公众与会计专业人士对会计职业的基本活动方式——审计功能的不同认识，公众期望会计职业扮演的角色与会计职业自己的认知以及专业能力之间存在着明显的差距。

本书从法律责任的角度展开，深入阐述了会计师面对法律规范与职业标准之间冲突时如何把握社会责任与法律责任的平衡，讨论了由此产生的一系列问题，并对如何解决这些问题提出了创造性的建议。

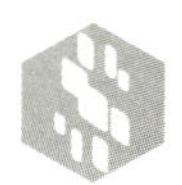

《中国社会养老保险　制度变迁与经济效应》

作　　者：郑伟
推荐单位：北京大学
出版单位：北京大学出版社
批准时间：2004 年上半年
出版时间：2005 年 7 月

本书针对中国目前正在进行的社会养老保险制度变迁，在一般均衡经济框架下构建了一个动态生命周期模拟模型，然后从宏观经济、微观经济（生产者）、微观经济（消费者）、经济公平和转轨代价五个方面对制度变迁的经济效应进行模拟量化分析，就经济效应对若干参数估值的敏感性进行讨论，并对从现收现付制向部分积累制过渡的转轨路径进行具体考察。

本书所建养老保险制度变迁模型和经济效应评价框架的适用性很广。虽然它针对的是中国养老保险制度变迁，但它本质上适用于所有从现收现付制向部分积累制转轨的养老保险制度变迁情形以及制度变迁经济效应的评价分析。

《中国：收入分配不平等与经济增长——公共经济与公共管理的制度创新基础》

作　　者：周文兴
推荐单位：北京大学
出版单位：北京大学出版社
批准时间：2004 年上半年
出版时间：2005 年 3 月

本书立足于大家的重大现实问题，充分借鉴现代经济学分析工具，得出了一系列有重大应用价值的研究结论。观点鲜明，数据充分，原创性强。在表达方式上，力图严谨而又不拘泥于呆板，以动态观点刻画问题，为不同领域的各种层次的读者展示收入分配和经济增长领域的全新思想。

作者比较深入地探讨了收入分配和经济增长这两个中国现代化进程中的重要问题。立足现实，借鉴现代经济学分析工具，得出一系列有重大应用价值的研究结论，观点鲜明、数据充分、原创性强，为不同领域的读者展示了收入分配和经济增长领域的全新思想。

《广义随机占优理论——群体决策、收入分配与风险管理》

作　　者：唐爱国
推荐单位：北京大学
出版单位：北京大学出版社
批准时间：2004 年上半年
出版时间：2005 年 7 月

人类在不确定性条件下的决策是国内外学者极其关注的经济学基础理论问题。本书在系统地梳理、继承和发展现有随机占优理论的基础上，创立了一种不确定性条件下的群体决策理论——广义随机占优理论。该理论在经济理论研究和管理实践中具有广泛的应用前景。

应用这一理论，本书建立了社会福利评价广义随机占优理论框架，将现有多种经济福利指标有机地统一起来，并提出了一种优于著名的基尼系数和阿蒂金森指数的新指标——广义阿蒂金森指数；本书还提出了广义随机占优单调一致风险测度概念和一种优于现行国际标准风险管理工具 VaR 和内在一致风险测度 ES 的风险度量工具——高阶期望损失风险测度。

《中国资本市场若干重大问题研究》

作　　者：贺强、杜惠芬、李磊宁
推荐单位：中央财经大学
出版单位：中国人民大学出版社
批准时间：2004 年上半年
出版时间：2004 年 11 月

本书从研究股权分置入手，以保护投资者权益为中心或路径，理论研究和实证分析相结合，法学理论和经济学理论相渗透，并广泛参阅国内外最新理论研究成果和经典案例，提出制度创新、立法建议。

作者认为，解决中国资本市场发展中的问题需要重大的制度变迁和创新，特别是证券机构发展的创新、固有资产运作模式的创新和市场监管制度的创三个方面。在资本市场中，证券机构是资本市场运行的主体，只有证券机构不断发展创新，资本市场才能得到长足发展。国有资产运营和国有股流通问题关系到我国资本市场的发展前景，具有举足轻重的影响。监管是资本市场的重中之重，在新形势下，只有监管工作不断完善和创新，才能保证资本市场的发展稳而不死、活而不乱。

《储蓄—投资转化中的资本市场——功能视角的经济分析》

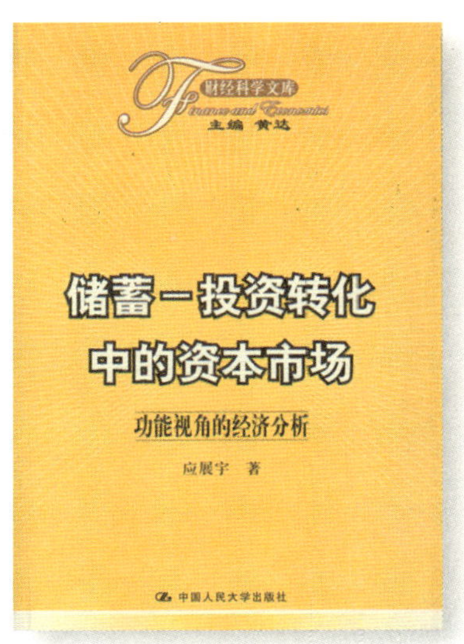

本书试图运用现代金融理论的前沿成果对资本市场在市场经济中的存在与发展问题进行全新的理论探讨。

本书首先从储蓄—投资转化过程的一般分析着眼，发现相对于银行等金融中介而言，资本市场的发展虽然使转化机理有了一定质的变化，但仅就规模而言，却一直处于次要地位。随后本书借助功能金融理论的分析范式，从流动性提供、风险配置优化、信息处理、激励问题弱化与资本市场的关系四个视角展开研究，初步构建了一个全新的分析框架，对资本市场在储蓄—投资转化过程中的众多支持性功能做了较为系统、深刻的研究。本书最后结合中国实践，从功能视角出发对中国资本市场做了一些理论思考。

作　　者：应展宇
推荐单位：中央财经大学
出版单位：中国人民大学出版社
批准时间：2004 年上半年
出版时间：2004 年 12 月

《基于泛会计概念下成本计量研究》

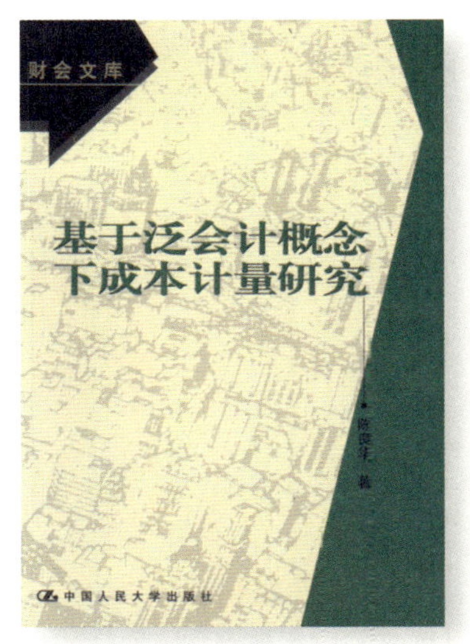

80 年前，会计师和工程师们将成本记录与会计账户系统结合起来，形成了一套规范化的成本计量模式。它的出现大大地提高和改善了企业经营管理的信息质量，形成了有独立理论和方法的会计分支学科——成本会计。80 年后的今天，信息时代这股潮流使得企业经营环境发生了目不暇接的变化，经营环境的变化推动了管理科学的发展，传统的成本计量模式已呈现出诸多方面的不足。

本书从跨财务会计与管理会计角度研究成本计量的理论问题；对成本概念进行了界定，并对成本模式发展的历史进行了考察；对成本计量模式的研究是本书的核心，而且重点提出了反会计理论，并在最后重点评析了两个与书中理论相结合的案例。

作　　者：陈良华
推荐单位：中国人民大学
出版单位：中国人民大学出版社
批准时间：2004 年上半年
出版时间：2005 年 3 月

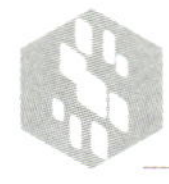

《休闲经济》

作　　者：王琪延等
推荐单位：中国人民大学
出版单位：中国人民大学出版社
批准时间：2004 年上半年
出版时间：2005 年 6 月

本书从休闲经济的概念、休闲型经济与劳动型经济的变异、休闲经济与传统经济“经济人的理性”的矛盾、休闲经济的形成条件、休闲经济对于生产和消费以及社会文明的作用等角度，做了理论性探讨。并以北京为例，从旅游经济、体育经济、娱乐经济，文化教育等领域，研究了中国休闲经济的发展和现状。分析了中国发展休闲经济存在的问题，提出了发展首都乃至我国休闲经济的对策。

本书适合大专院校经营管理，社会学、经济学等相关专业的研究生和教师作为参考。同时也适合旅游产业、体育产业、娱乐产业、文化和休闲教育产业等与此相关的其他产业的政府管理者和经营管理者阅读。

《开放条件下贸易保护政策的经济分析——中国外贸政策的适应性研究》

作　　者：仲鑫
推荐单位：北京师范大学
出版单位：北京师范大学出版社
批准时间：2004 年上半年
出版时间：2006 年 2 月

在这部书中，作者明确指出，在全球化背景下，国家主权并没有像有些学者坚持的那样已经过时，过时的仅仅是主权的观念和形式，国家主权观念和形式进行适应性变革，国家主权依然是国际法基石。

在中国加入WTO的背景下，作者认为，中国的立法、执法和司法都必须进行调整以适应相关的规则。从立法上而言，中国必须使国内法律、法规、规章等与WTO规则接轨，不能出现冲突。从执法上说，WTO约束的政府行为，因此WTO对执法产生影响最大。行政机关执法不仅要合法，而且要合理。从司法上说，主要是司法审查问题。司法审查在WTO规则中多处提到，中国加入WTO，必须完善司法审查制度。

《中国的城市化与二元经济转化》

作　　者：苏雪串
推荐单位：中央财经大学
出版单位：首都经济贸易大学出版社
批准时间：2004 年上半年
出版时间：2005 年 6 月

如何加速城乡二元经济向现代一元经济的转化是当前促进我国经济发展的重要战略性问题。本书就是侧重于城市化与二元经济转化之间的关系，研究如何通过城市化促进二元经济转化的专著。

作者首先从“二元经济”的视角探究城市化道路的必然性，提出“适度城市化”的观点，并对促进二元经济转化的城市化战略进行了论证。作者认为，历史和时代的发展要求我们在短时间内完成城市化，即通过大中小城市和小城镇协调发展的多元城市化战略来实现中国城市化的战略目标。作者还指出，我国经济结构的一个重要特点是地区之间经济发展的不平衡。地区经济发展水平的不平衡决定了城市化战略的差异。

《中国上市公司并购规则》

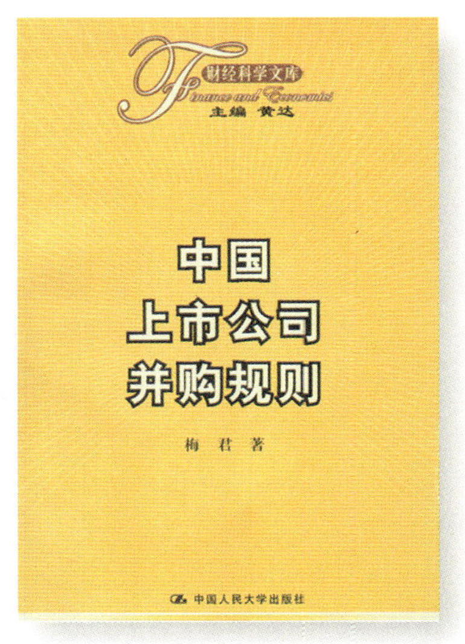

作　　者：梅君
推荐单位：中国人民大学
出版单位：中国人民大学出版社
批准时间：2004 年上半年
出版时间：2005 年 2 月

本书分为九个章节，比较系统地论述了我国上市公司的并购规则及其不足之处。

第 1 章具有总论性质，在对“公司并购”的概念进行探讨的基础上，回顾和总结了中国上市公司收购的立法实践，并就实践中存在的问题提出了自己的看法；第 2 章至第 5 章，分别就上市公司收购中较为引人注目的投资者利益保护问题、股东大会制度问题、收购主体的信息披露问题、管理者收购问题进行了探讨；第 6 章至第 8 章，就司法部门和政府部门对公司收购进行调整的问题进行讨论；第 9 章为结论，从资本结构对上市公司控制权的影响这一角度，分析当前中国上市公司收购存在的先天不足，并提出了一些意见和建议。

《供应链竞争力》

作　　者：张秀萍
推荐单位：北京大学
出版单位：中国人民大学出版社
批准时间：2004 年上半年
出版时间：2005 年 4 月

本书通过对供应链管理特别是中国企业供应链管理的实践的系统考察，在“基于供应链管理提升企业核心竞争力”的理论模型基础上提出了“供应链管理三足鼎立”这一具有指导性和方法性的极具创新意义的建议。

作者提出，完整的供应链管理应该是一个系统，它包括内部供应链管理、外部供应链管理以及内部供应链与外部供应链的整合。就供应链管理而言，局部优化是实现整体高效运作的一个重要前提，而只局限于局部的供应链管理是当前企业在提升其竞争力过程中普遍存在而且迫切需要解决的一个问题。在供应链管理环境中，理解供应链管理系统并将其灵活运用于企业管理实践，是新形势下企业提升竞争力的关键所在。

《人民币内外均衡论》

作　　者：卜永祥、秦宛顺
推荐单位：北京大学
出版单位：北京大学出版社
批准时间：2004 年下半年
出版时间：2006 年 7 月

本书建立在开放经济宏观经济学的分析框架上，以宏观经济内外均衡为视角，研究人民币汇率政策、货币政策及其配合。

全书共分上、下两篇。上篇分析开放经济条件下人民币均衡汇率的水平，探讨决定人民币汇率的要素以及人民币汇率变动产生的宏观经济效应，分析人民币实行真正有管理浮动的最优时间选择、未来人民币汇率机制的改革方向和主要影响因素，估计人民币汇率水平未来的走势。下篇研究开放经济条件下的货币政策理论，编制了中国货币政策状况指数，探讨人民币货币政策与汇率政策的配合问题，分析人民币货币政策未来的走向。

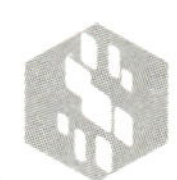

《论中国对外贸易的可持续发展》

作　　者：彭红斌
推荐单位：北京理工大学
出版单位：北京大学出版社
批准时间：2004 年下半年
出版时间：2005 年 6 月

本书以中国对外贸易的可持续发展问题作为研究对象。

全书分为三部分：第一部分在对国内外主要观点介评和归纳的基础上，提出了外贸可持续发展的含义，并分析了外贸要持续发展系统的结构、特征、类型、运行机制及其能力建设的基本思路与指标体系；第二部分分析了当代国际政治、经济与科技等方面所发生的深刻变化以及国际贸易本身所出现的新特点，即中国的外贸呈现出量性增长较快、质性发展不足的现状特征；第三部分是对策分析。中国要由贸易大国变为贸易强国，关键在于推进外贸创新，实现进、出口贸易的可持续发展以及大力发展离岸贸易、绿色贸易、海外投资、加工贸易、电子商务并加强区域经贸合作，同时要处理好内需与外需、金融与外贸等多方面的关系。

《环保产业运营机制》

作　　者：曾贤刚
推荐单位：中国人民大学
出版单位：中国人民大学出版社
批准时间：2004 年下半年
出版时间：2005 年 4 月

环保产业是为适应环境保护的需求而发展起来的新兴产业，它是实施可持续发展战略的重要物质技术保障，环保产业作为一个新的经济增长点，已经成为现代经济发展的主导产业。

本书系统地对环保产业的运营机制进了深入论述。其主要内容为："环保产业的含义，特点及其地位，环保产业的形成，环保产业的市场化运营机制，环保产业竞争的二元结构，环保产业的政府，环保产业的投融资机制制，如何创新环境政策，抢劫环保产业的发展，发达国家环保产业的发展的经验，如何提高我国环保产业的国际竞争力和实现跨越式发展等。

《现代比较优势理论研究》

作　　者：李辉文
推荐单位：中国人民大学
出版单位：中国人民大学出版社
批准时间：2004 年下半年
出版时间：2006 年 7 月

本书系统地考察现代比较优势理论的渊源、基本框架和基本特征，它在 HO 模型基础上的重要进展，已有的重要经验研究成果，近年来流行的几种对它的主要批评意见以及这些批评的合理性，以得出对这一理论全面而准确的认识，并澄清一些现在相关学术讨论中存在的误解。

此外，本书还结合我国二元经济结构的现实背景，说明我国现阶段采取比较优势战略的合理性，并简明地指出其政策含义。本书的研究形成了一些似乎出人意料而却又在情理之中的结论，比如，以一般均衡框架为基础的现代比较优势理论，本质上是开放经济的价格理论和资源配置理论，并因此成为现代国际贸易理论中最为重要的理论基准等。

《当代中国经济关系中的平等问题》

作　　者：靳海山
推荐单位：首都师范大学
出版单位：首都师范大学出版社
批准时间：2004 年下半年
出版时间：2012 年 4 月

本书面向当代中国经济变革的丰富实践，把平等视为一个经济伦理范畴，并将其具体区分为权利平等和机会平等两个面向。在内容上，本书比较深入地考察了市场伦理秩序内在的平等性、产权的平等保护、产权的社会所有、国有产权变革的社会公正问题，探讨城乡二元经济融合中市场扩展和国家的积极作用。同时，在分析当代中国分配制度变迁的基础上，指出初始分配和再分配的区分对于收入不平等的公正问题的意义。最后，本书在基于公正的社会保障制度安排的层面分析贫富分化、权力寻租、社会排斥所带来的风险和冲突。

需要明确指出的一点是，本书提出的结论是平等的实现是基于市场体制的培育和扩展，但也需要国家发挥积极作用，其中维护社会公正的关键在于经济权力的分散和民主化治理。

《中国海外直接投资理论与实务》

在这部书中，作者对中国海外直接投资理论与实务做了比较详尽的论述，涵括了海外直接投资理论的发展与演变、中国海外直接投资动因与优势、中国海外直接投资的现状与特点、中外海外直接投资的比较等重要的问题。在此基础上，作者还提出了中国的海外直接投资理论——大强国综合优势与需求理论，并进行了一番饶有趣味的探索性阐述。

本书体系完整，简明扼要，结构合理，内容新颖，资料翔实，是一部研究中国海外直接投资的比较优秀的参考书。

作　　者：吴勤学
推荐单位：北京联合大学
出版单位：首都经济贸易大学出版社
批准时间：2004 年下半年
出版时间：2006 年 1 月

《企业并购的有效性研究》

本书借鉴西方经济学的分析方法，在大量分析国内外已有文献和企业并购案例的基础上，立足于国内特定经济环境，对提高企业并购成功率问题进行了有意义的系统性、创新探索。

本书对国内外并购理论和实证研究中有关企业并购有效性部分进行了较为全面的术语，对全球五次并购浪潮和我国三次并风浪潮进行了系统性的回顾，同时深入地分析了其中的有效性。书中提出了合理的并购战略动因和战略性并购的基本模式；分析了整合经理在并购中的产生、角色定位、选拔标准和职责；阐述了对协同效应在并购中实现的深层次认识，剖析了在并购中实现协同效应的路径；通过构建企业并购的有效性模型，提示出企业层面的并购有效性机理。

作　　者：邱明
推荐单位：中央财经大学
出版单位：中国人民大学出版社
批准时间：2004 年下半年
出版时间：2006 年 3 月

作　　者：潘立新
推荐单位：北京航空航天大学
出版单位：北京大学出版社
批准时间：2005 年上半年
出版时间：2006 年 8 月

《中国开放性会计监管初探》

“会计信息失真”和“会计监管失灵”已经成为社会各界普遍关注的问题，本书研究的是两个重要难题：一是严格的会计监管与市场资源配置效率之间的是否存在真正的关联；二是如何弥合监管制度与监管执行效果之间的差距。书中结合经济学、法学和政治学的研究成果，对会计监管必要性进行了理论诠释；分析了我国政府主导的会计监管的基本特征和适应性；提出了构建“开放性会计监管体系”的政策建议。

本书最大的特点是，融合多学科的视角研究会计监管，并以“市场作用”和“政府作用”的替代和互补关系的研究为主线，对会计监管的理论依据和改革方向进行了探讨，具有相当的理论深度和实践操作性。

作　　者：卫志民
推荐单位：北京师范大学
出版单位：北京大学出版社
批准时间：2005 年上半年
出版时间：2006 年 3 月

《政府干预的理论与政策选择》

本书是一部比较系统地阐述政府干预理论以及相应的政策选择问题的学术著作。

全书分九章，第一章导言，其后的八章则为全书的主体部分。第二章着重分析、比较了公共物品的不同提供机制，民营化取向的公共产品政策分析是本章重点。第三章着重研究基于外部性引起的市场缺陷的不同政府干预工具的比较与选择问题。第四章重点分析市场权力的产生基础、社会成本及政府的政策反应。第五章分析政府保证适度平等的收入分配政策。第六、七章集中研究政府在宏观经济领域的经济增长政策和对外贸易政策的经济理论基础、政治基础和政策实践。第八章对政府的快速增长作了全面的分析，重点分析了政府增长的非政策因素。第九章研究政府干预过程中存在的政府失灵问题。

《企业的异质性假设——对企业本质和行为的演化经济学解释》

在现实经济活动中，企业竞争行为或竞争战略的本质是寻求差异，企业竞争行为的多样性及其创新是现实经济增长和持续变迁的根源。面对这样一个重大的现实问题，主流经济理论是缺乏解释力的，其中的关键是为了解释价格理论，新古典经济学把企业假设为完全同质的最优化生产者。

而作为历史发展的有机体，现实中的企业则是不同的、异质的和具体的。在有限理性假设条件下，无论是企业对外部环境变化的反应，还是企业自身的行为方式都存在巨大的差异，这些差异最终决定了企业之间拥有不同的生存发展空间和竞争优势。在企业异质性假设条件下，企业的竞争行为或竞争优势是内生性的，企业的创新性竞争中的知识和能力积累是企业持续竞争优势的根本来源。

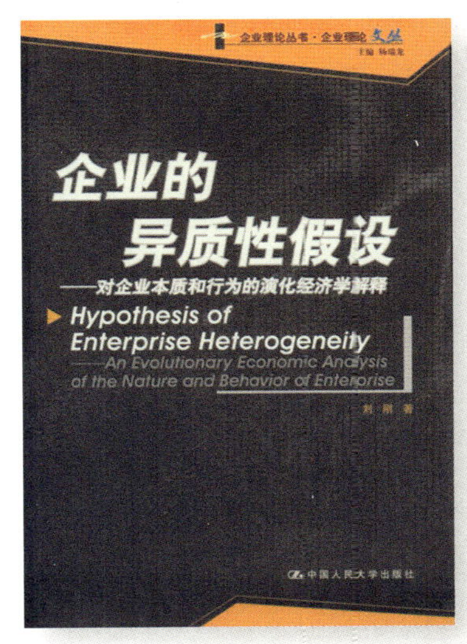

作　　者：刘刚
推荐单位：中国人民大学
出版单位：中国人民大学出版社
批准时间：2005 年上半年
出版时间：2005 年 10 月

《出版产业研究》

本书综合运用经济学、管理学和大众传播理论中的一些最新研究成果从宏观上对出版产业的属性、结构、功能、组织、科技进步、改革、管理与发展等问题进行系统的理论分析，形成了一个较为完整的出版产业分析框架；在综合国内外对出版产业研究成果的基础上，结合现代信息经济理论，对出版的信息功能进行了系统的考察和分析；运用新经济增长理论的研究成果，对出版产业与经济增长的关系做了归纳分析。

此外，本书从我国出版产业的改革和发展历程以及外研社和人大社这两个出版企业的案例出发，围绕发展这一主题，对中国出版产业的改革、发展、管理和创新这四大因素以及相互关系进行了系统分析，并针对我们目前在这些方面所存在的问题提出政策性建议。

作　　者：周蔚华
推荐单位：中国人民大学
出版单位：中国人民大学出版社
批准时间：2005 年上半年
出版时间：2005 年 9 月

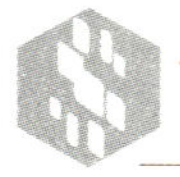

《企业所得税纳税调整研究》

会计目标与税法目标的分离决定了会计准则、会计制度与税法之间必然存在差异，而对于差异如何处理，尚缺乏理论上的探讨和实务上的指导。

本书力图指导会计实务正确处理会计与税法的差异，因此重点阐述了视同销售业务的纳税调整、投资和研究开发费的纳税调整、资产减值准备和捐赠业务的纳税调整、非货币性交易的纳税调整、债务重组业务的纳税调整、关联方交易的纳税调整和转让定价等内容，从而对企业发生的所得税纳税调整问题进行理论探讨和实务指导。

作　　者：孟焰、王素容
推荐单位：中央财经大学
出版单位：中国人民大学出版社
批准时间：2005 年上半年
出版时间：2005 年 8 月

《中国农产品国际竞争力研究》

本书以迈克尔·波特的产业国际竞争力理论和国际贸易理论为理论基础，构建中国农产品国际竞争力研究的经济分析框架。然后，采用比较分析法、因素分析法、实证分析法和规范分析法等，通过对农产品生产和贸易的国际比较分析，确定中国农产品国际竞争力研究的产品范围和国际比较范围；通过对农产品国际竞争力实现指标的国际比较分析，研究和探讨中国农产品国际竞争力演变态势和竞争格局；通过对决定和影响农产品国际竞争力的相关因素和政府作用的国际比较分析，研究和揭示了中国农产品国际竞争力的形成原因。最后，构造出比较系统的中国农产品国际竞争力研究的逻辑框架和评价指标体系，并提出有针对性和比较切合实际的提高中国农产品国际竞争力的对策建议。

作　　者：乔娟、李秉龙
推荐单位：中国农业大学
出版单位：中国人民大学出版社
批准时间：2005 年上半年
出版时间：2006 年 8 月

《企业雇员离职意向模型的研究与应用》

作　　者：张勉
推荐单位：清华大学
出版单位：清华大学出版社
批准时间：2005 年上半年
出版时间：2006 年 7 月

由于高水平的员工主动离职往往会给企业造成巨大的损失，因此如何留住人才是很多企业非常关注的问题。本书作者在西方研究者已有研究成果的基础上，主要以中国 IT 企业员工为对象，深入探讨了影响员工产生离职意向的因素，并在实证研究的基础上提出了有针对性的员工保持策略。本书是一部专门对员工离职进行深入研究的学术专著。

本书最适合的读者群是对组织行为、人力资源管理领域感兴趣的研究者。由于本书对归纳和演绎的研究方法有比较深入的描述，因此从事管理学其他领域的研究者可以把本书作为参考资料之一。

《企业融资与信用能力》

作　　者：梁鸿飞
推荐单位：北京大学
出版单位：清华大学出版社
批准时间：2005 年上半年
出版时间：2007 年 1 月

本书在借鉴国际学术界的重要研究成果的基础上，实事求是地总结我国企业在经济转型过程中的融资状况，揭示了企业财产所有权、企业信用能力与企业信贷可获得性之间的内在联系，构建了一个研究企业融资问题的理论框架。

本书首先介绍了我国企业的基本状况，对不对称信息和信贷融资担保理论进行了综述，然后根据企业的财产所有权和融资特点，深入分析了企业的信用能力及其信贷融资与担保问题。最后，本书还对我国金融改革与企业融资环境的改善提出了有针对性的政策建议。

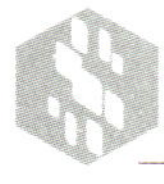

《技术创新与中国流通产业发展》

作　　者：张弘
推荐单位：首都经济贸易大学
出版单位：首都经济贸易大学出版社
批准时间：2005 年上半年
出版时间：2006 年 2 月

本书是对技术创新与中国流通产业发展关系理论与实践的探讨。技术创新与中国流通产业发展之间的关系，长期以来一直未能成为主流经济学甚至流通经济学关心的主题。要改变这一状况，就必须关注技术和制度等推动经济和流通产业发展的基本因素，采用系统论方法，全面探讨流通产业的发展。

作者正是沿着这一思路，运用技术创新理论、制度经济学和流通经济学的相关原理，借鉴发达国家流通产业技术创新的实践经验，着重分析和研究了在市场经济体制尚不成熟、经济发展水平还不发达的中国，技术创新与流通产业发展演进之间的关系。

《国际企业制度创新》

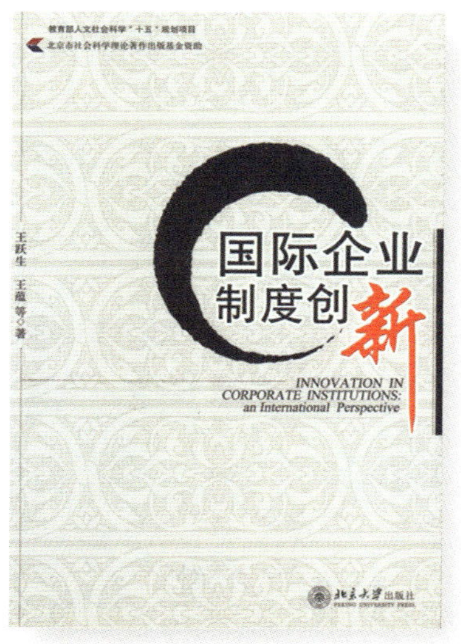

作　　者：王跃生、王蕴等
推荐单位：北京大学
出版单位：北京大学出版社
批准时间：2005 年下半年
出版时间：2007 年 1 月

本书对 20 世纪 90 年代以来西方发达国家在企业组织和制度方面的变革与创新进行了全面、系统、深入的介绍和论述，包括企业内部制度创新与科层结构的扁平化，外部组织结构、战略联盟和外包生产，人力资本作用与公司治理面临的新挑战、新机遇，垄断性企业的结构调整与制度变革以及跨国公司的生产专业化和制度创新等内容。

本书的分析以现代企业理论为基础，既注重学术性与专业性，又考虑到表述的通俗性和可读性。本书可供经济理论研究者、企业界人士以及其他对企业问题感兴趣的读者参考，也可作为企业制度有关课程的教材使用。

《制度变迁中的中国保险业 风险与风险管理对策》

作　　者：孙祁祥、于小东等
推荐单位：北京大学
出版单位：北京大学出版社
批准时间：2005 年下半年
出版时间：2007 年 10 月

本书集中论述了制度变迁背景下中国保险业所面临的主要风险及风险管理对策。分别针对转轨时期中国人寿保险公司、财产保险公司和再保险公司的风险状况和主要风险管理手段进行具体分析，并采用定量分析的方法，给出了一个相对可以度量的结果。

此外，本书还比较深入地探讨了如何借鉴国际先进风险管理经验，建立一套行之有效的保险公司内部风险控制机制和外部监管体系的问题，指出中国保险业在发展的同时要履行其制度责任，即以自身的稳健来保障整个经济和社会的稳定。全书论述清楚，具有一定的理论价值和现实指导意义，适合保险业界人士、专家学者和保险专业学生等群体阅读。

《公共服务中的市场机制 理论、方式与技术》

作　　者：句华
推荐单位：北京大学
出版单位：北京大学出版社
批准时间：2005 年下半年
出版时间：2006 年 2 月

本书结合中国的实践案例，重点研究了 20 世纪 70 年代以来政府负责安排的公共服务中如何引入市场机制的问题。在梳理了公共服务引入市场机制的理论依据之后，作者根据物品分类理论及政府与市场的功能特性，比较详尽地分析了不同类型服务与市场机制不同的引入方式之间的关联性，并重点探讨了合同外包、特许经营、用者付费和内部市场四种不同的制度安排。

本书是一部公共管理方面的探索性著作，对我国当前的公共管理实践具有重要指导意义。

《欧盟东扩后的经济一体化》

作　　者：张淑静
推荐单位：中国人民大学
出版单位：北京大学出版社
批准时间：2005 年下半年
出版时间：2006 年 7 月

2004 年 5 月 1 日，15 国欧盟变成了 25 国欧盟，完成了欧盟第五次扩大，即欧盟东扩。15 国欧盟的运行机制是否适合 25 国欧盟？东扩后的欧洲关税同盟、共同市场和经货联盟是否还能走好、走稳？东扩后的欧洲经济一体化组织是继续前进还是被迫倒退？南北型欧洲经济一体化组织是否能够最终走向完全的经济一体化形态？对此类问题的种种预测和分析，既有乐观派的展望，又有悲观者的担忧，还有谨慎乐观派的分析。

本书以大量的法律文本、工作报告、统计数据以及经济学家的研究成果为基础，对东扩后的欧洲关税同盟、单一市场、单一货币以及共同农业政策进行了深入、细致的研究，旨在探讨东扩对欧洲经济一体化的影响，预测东扩后欧洲经济一体化走势。

《行为资产定价理论》

作　　者：陈彦斌
推荐单位：中国人民大学
出版单位：中国人民大学出版社
批准时间：2005 年下半年
出版时间：2006 年 4 月

自从马科维茨于 1952 年提出均值一方差资产组合选择模型以来，资产定价理论获得了巨大的发展，产生了并且继续在产生着层出不穷、浩如烟海的模型。这些模型不但丰富了资产定价理论，也对经济学的其他分支产生了巨大的影响和促进作用。因此，如何认识这些模型背后的发展规律，并把握资产定价理论未来发展的动向是非常有意义的。投资者在参与资产市场的过程中，投资者的行为和资产市场风险是互动的和相互影响的。资产定价理论的发展是对投资者行为和风险的认识不断深入的过程。

本书试图从投资者行为和风险的角度理解资产定价理论 50 多年来的新发展。

《房地产业关联特性及带动效应研究》

本书是国家自然科学基金重点课题《房地产业同社会经济协调发展的理论与政策研究》的最终研究成果，这一研究成果对促进我国房地产业自身及其与关联产业协调发展具有重要的理论和实践价值。

本书运用投入产出模型，系统、定量地分析了对我国房地产业对相关产业，如金融保险业、建筑业、社会服务业、电子通讯业等诸多产业的前向、后向、环向关联作用、带动效应和旁侧效应，并通过国际、国内比较研究，从产业关联视角探求我国房地产业发展中存在的主要问题，然后据此提出了能够促进我国房地产业与其相关产业协调发展的发展模式及其实现路径。

作　　者：刘水杏
推荐单位：首都经济贸易大学
出版单位：中国人民大学出版社
批准时间：2005 年下半年
出版时间：2006 年 9 月

《企业绿色经营——可持续发展必由之路》

本书所讨论的企业绿色经营，是指把环境保护融入企业经营管理的全过程，使环境保护和企业发展融为一体的企业经营活动。它要求企业经营的指导思想和经营管理的每一个环节都以环境保护为基础，通过实现污染物零排放和资源循环利用，从根本上解决企业经营活动带来的环境损害问题。这一概念的核心，是把环境保护作为企业经营的中心环节，把企业的营利活动建立在环境保护的基础之上，实现企业经济效益和环境效益的和谐统一。

本书认为，应当从企业发展战略的高度来认识企业绿色经营问题，并将其贯穿于企业生产经营活动的全过程：绿色经营的生产模式——清洁生产；绿色经营的管理模式——环境管理体系；绿色经营的核算模式——环境会计；绿色经营的资源利用模式——资源循环利用；绿色经营的营销模式——绿色营销。

作　　者：李静江
推荐单位：北京市委党校
出版单位：清华大学出版社
批准时间：2005 年下半年
出版时间：2006 年 3 月

《北京市中等收入群体消费问题研究》

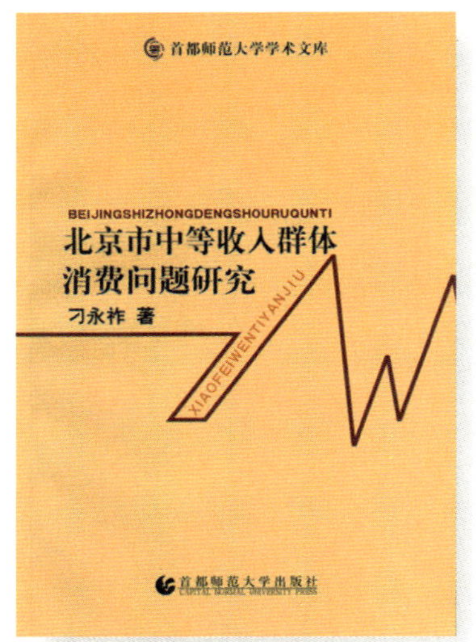

作　　者：刁永祚
推荐单位：首都师范大学
出版单位：首都师范大学出版社
批准时间：2005 年下半年
出版时间：2007 年 1 月

在这部著作中，作者通过对北京市中等消费群体进行全面、深入的调查分析后，对中等收入群体的构成、消费结构、消费行为、消费差异、群体消费的演变趋势及在经济结构中的地位、作用等方面进行了比较全面的论述，并就一些问题，提出了比较新颖的个人见解。

在此基础上，作者还就当前北京市所面临的具体情况，有针对性地提出了扩大中等收入群体在全市人口中的比重，从而缩小不同阶层之间的收费分配差距，建立和谐社会的基本对策，这些措施和建议对北京市的经济建设和发展具有一定的现实意义和指导意义。

《北京现代服务业发展战略研究》

作　　者：朱晓青
推荐单位：北京市委党校
出版单位：同心出版社
批准时间：2005 年下半年
出版时间：2006 年 4 月

当前，北京正面临产业结构升级与变革的严峻形势，其突出表现就是现代服务业的主导产业地位日益显著，亟须因势利导，优先加快发展。本书比较深入地研究了北京现代服务业的战略地位、发展现状、发展经验和现存主要问题，系统提出了推进北京现代服务业发展的战略目标、战略重点、基本路径和主要措施。

从北京的城市性质、功能定位、城市等级层次、首都经济的特点出发，全面分析了北京现代服务业发展的竞争力优势。特别是运用大量数据资料，论证了北京现代服务业的总体发展状况、主要行业发展状况、在四大功能区和六大产业集聚区的发展状况、与上海的比较发展状况，以及发展趋势预测状况，充分阐明了北京发展现代服务业的主导产业地位、广阔前景和基本经验。

《股东之间利益冲突研究——根源、作用和治理》

本书研究内容集中在五个领域：股东之间利益冲突与公司价值、股东之间利益冲突与公司董事会及监事会的内生性、股东之间利益冲突与会计盈余的信息量、股东之间利益冲突与公司治理，以及股权分置改革中的股东之间利益冲突。

本书由四个部分组成：第一部分从理论、模型和实证三个方面讨论股东之间利益冲突对公司价值的影响；第二部分研究股东之间利益冲突与上市公司决策与内部监督机构内生性的相互关系；第三部分在更广阔的视野下，探讨在股东之间利益不一致的前提下，公司的治理机制及其整合；第四部分分析中国证券市场转折之年（2005—2006 年）发生的股权分置改革中的股东之间利益冲突。

作　　者：杨松、三婧、王立彦
推荐单位：北京大学
出版单位：北京大学出版社
批准时间：2006 年上半年
出版时间：2007 年 10 月

《高级政治经济学（第二版）》

本书结合资本主义的当代发展和中国社会主义现代化建设的实践，对马克思主义经济学的基本原理及其在当代的发展和创新进行了探索和研究，对马克思主义经济学理论体系中的主要理论问题，如方法论问题、研究对象问题、现代化问题、经济全球化问题、科技进步问题、生态问题、国家问题等，进行了深入分析和研究。

这些探索和研究的出发点和落脚点是在坚持马克思主义经济学的基本理论和方法的基础上，推动马克思主义经济学的发展和创新。

作　　者：张宇、孟捷、卢荻
推荐单位：中国人民大学
出版单位：中国人民大学出版社
批准时间：2006 年上半年
出版时间：2006 年 3 月

《中国税收负担问题研究》

作　　者：孙玉栋
推荐单位：中国人民大学
出版单位：中国人民大学出版社
批准时间：2006 年上半年
出版时间：2006 年 5 月

本书在继承前人研究成果的基础上，利用理论分析与实证分析相结合的研究方法，围绕我国税收负担的相关问题进行了较系统的研究，提出了适应我国近一时期的税收负担原则，计量分析得出我国当前经济发展水平下的最适税收负担水平，进而对我国税收超常增长的因素进行了具体的实证研究。

作者利用最新数据对我国税收负担的地区差异进行了计算，并总结出当前我国税收负担的地区结构状况：通过税收增长与财政支出的相关性研究，提出应该削减财政支出，以便利用税收增量完成结构性减税政策，着重强调在制定税收负担政策中观念转变的重要性。

《英国的工业革命与工业化——制度变迁与劳动力转移》

作　　者：高德步
推荐单位：中国人民大学
出版单位：中国人民大学出版社
批准时间：2006 年上半年
出版时间：2006 年 5 月

本书遵循历史与逻辑统一的方法，运用制度经济学和发展经济学理论，通过英国经济史研究，揭示传统经济向现代经济的转变和经济现代化的规律。主要内容包括：资本主义私有财产制度的建立、市场制度的发育与发展、农业革命与工业革命的关系、工业革命与工业化过程中的技术与结构、工业化与城市化、社会结构与阶级结构的变迁等。

本书旨在解决：一个劳动力过剩的经济体，如何通过制度创新和技术创新，来解决不断增加的人口对于土地的压力；如何在技术革新过程中同时创造和扩大就业，加速农业劳动力向非农部门转移；如何在这一过程中解决市场矛盾、减少结构性摩擦、避免环境破坏和“城市病”；以及如何在急剧的经济社会变革过程中实现社会的相对稳定等。

《会计制度与经济发展——中国企业会计制度改革的优化路径研究》

作　　者：周华、戴德玥
推荐单位：中国人民大学
出版单位：中国人民大学出版社
批准时间：2006年上半年
出版时间：2006年7月

本书从分析税收监管的现实需要和税务会计的理论分歧入手，引入“会计制度的三因素说”和“会计发展的四阶段理论”，在此基础上论述国际会计趋同的不可能性，指出目前流行的会计概念结构不适合中国的法律、金融和财政环境。

本书通过审视欧盟会计协调和法国会计发展状态，说明了自主建设会计法制的可行性。作者认为，面对中国经济发展的现实需要，我国需要在国际趋同路径已经取得借鉴成效的基础上，采取会计制度与民商经济法的同步优化路径来继续深化会计改革，以期为完善社会主义市场经济体制而建设良好的市场法制和稳定的会计制度。

《中国的经济转型与贸易流动——基于制度和技术因素的理论考察和计量研究》

作　　者：谷克鉴
推荐单位：中国人民大学
出版单位：中国人民大学出版社
批准时间：2006年上半年
出版时间：2006年4月

本书上篇阐述了应用于贸易流动研究的拓展引力模型的变量设计；基于中国贸易流动实践，分析了若干体制、政策和战略要素对出口供给行为的制度约束；为适应全球化新趋势和中国开放经济新实践，在书中实施了中国贸易政策内生化的模型综合，以期构造中国贸易流动的供给方程及其决策支持体系。

本书下篇描述了技术扩散研究的微观意义及其在贸易流动分析中的应用；解析以贸易流动为载体的技术扩散作用于中国地区间生产率变动时的绩效分布；分别考察了新技术革命对贸易流动的外生影响和与贸易有关的制度框架及分工模式对技术扩散的内生影响；探寻技术扩散推进中国外贸发展模式演变的初步轨迹，尝试建立将技术与贸易新型关系模式应用于中国贸易流动研究的理论和方法。

《深化社会保障改革的经济学分析》

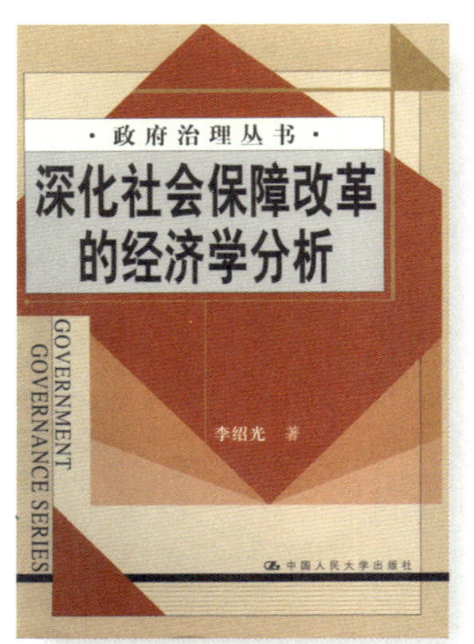

作　　者：李绍光
推荐单位：中国人民大学
出版单位：中国人民大学出版社
批准时间：2006年上半年
出版时间：2006年11月

当今中国正处在改革和发展的关键时期，一方面，近三十年的改革与发展给中国带来了持续的经济增长和巨大的社会财富，而且我们希望并且也有必要在今后几十年内把这种增长的态势保持下去；另一方面，社会收入分配差距的拉大和社会阶层的分化变得比以往任何时候都更加突出，社会保障改革仍然存在着一系列尚未解决的理论和实践难题，人们对如何深化社会保障改革，进一步完善社会保障制度，在进行着更加深入的思考和讨论。

本书从总结和推演社会保障的微观经济学和宏观经济学理论基础出发，对中国的社会保障体系，主要是其中的养老保险，失业保险和工伤保险制度进行了分析，并就如何深化社会保障改革作出了思考。

《中国农村金融市场研究》

作　　者：刘民权、俞建拖、徐忠
推荐单位：北京大学
出版单位：中国人民大学出版社
批准时间：2006年上半年
出版时间：2006年8月

本书对国内外有关农村金融市场的研究进行了全面总结。一方面，系统地回顾了农村金融市场中非正规金融部门的特点、运行规律及其功能，剖析了中国农村金融市场改革的历史进程；另一方面则系统地梳理了有关中小企业和农户的融资需求特征、融资约束成因和程度估计、契约执行等方面的研究成果。这些系统化的文献回顾工作将为国内相关领域的研究者和政策制定者提供便利。

在系统的文献回顾工作的基础上，结合大量的实地调研和考察，本书对中国农村地区的资金流动、非正规金融部门的作用和风险控制进行了严格的实证和案例分析；并提出了打破农村信用社的地理限制，促进其相互竞争的市场化改革方案。

《城市基础设施资金来源研究》

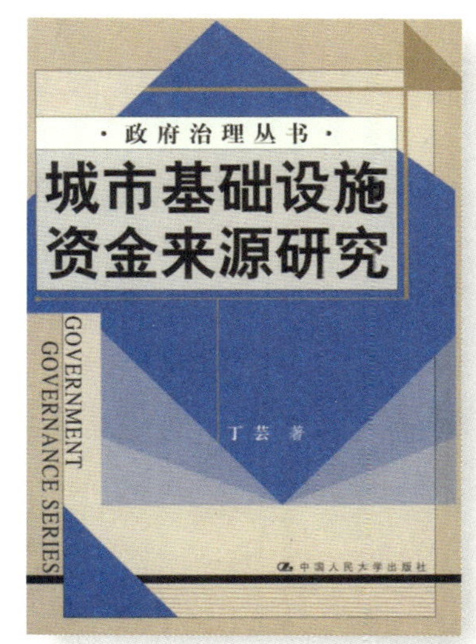

我国城市基础设施建设基金来源渠道的回顾新中国成立以后较长一段时期，城市基础设施建设没有固定的资金来源渠道。直到1992年，国务院明确规定，大中城市的工商业附加税、公用事业附加税和房地产税，统一划为市财政，用于城市的公用事业。本书在借鉴国外经验的基础上，根据公共物品、基础设施可销售性评估、项目区分等理论，提出了实现投资主体多元化、加快政府职能转换和国有企业改革步伐等具体的政策建议。

与此同时，本书还对利用城市经营、资本市场、城市建设投资公司和项目融资等方式筹措城建资金的必要性和可行性进行了全面而深入的分析，相应结论或建议不仅可资业内人士参考，亦可供相关专业教学使用。

作　　者：丁芸
推荐单位：首都经济贸易大学
出版单位：中国人民大学出版社
批准时间：2006年上半年
出版时间：2007年5月

《货币市场结构变迁的效应分析》

我国20余年的经济体制改革实质上是一个渐进式的市场化改革进程。在这个进程中，货币市场功能的重要性越来越突出，政府也越来越重视货币市场的发展。本书通过考察世界各国货币市场形成与结构变迁的历程，归纳与抽象出货币市场结构变迁的规律、决定与影响货币市场结构变迁的主要因素，进而从理论与实践两个层面深入论证了货币市场结构变迁对强化市场功能、提升市场效率的作用机制。

在系统研究我国货币市场结构变迁中存在的主要问题和原因后，本书提出，在我国货币市场的未来发展中，应从注重规模的扩张和形式的变迁转向注重结构的调整与优化。

作　　者：贾玉革
推荐单位：中央财经大学
出版单位：中国人民大学出版社
批准时间：2006年上半年
出版时间：2006年9月

《国有股减持：渊源、历程与路径选择》

作　　者：李新
推荐单位：首都经济贸易大学
出版单位：首都经济贸易大学出版社
批准时间：2006 年上半年
出版时间：2007 年 6 月

本书从国有经济和私有经济的制度变迁入手，以历史的角度和全球化的视野展开分析，认清了国有股减持的渊源和本质；比较完整地归纳了国内外国有股减持的基本历程，并进行了实证和案例分析，从中得出了不少令人信服的结论；强调“全球视野和本土化操作”的理念，认为其他国家的经验教训值得充分借鉴，但中国国有股减持的路径具有独特性，没有必要也不可能完全参照他人的模式，中国国有股减持成败的关键在于选择切合自身实际的减持模式。

本书对中国国有经济改革与证券市场协调发展以及证券市场自身的创新发展，尤其是以国有股减持为基础的并购市场（控制权市场）的发展，都具有较高的参考价值。

《创新理论大师熊彼特经济思想研究》

作　　者：徐则荣
推荐单位：首都经济贸易大学
出版单位：首都经济贸易大学出版社
批准时间：2006 年上半年
出版时间：2006 年 10 月

在本书中，作者比较系统地研究了熊彼特的经济理论。它涉及熊彼特经济理论的各个方面，诸如他的研究方法和方法论、他的经济发展理论、他的经济周期理论、他的资本主义论、他的社会主义论等。在此基础上，作者运用马克思主义的立场、观点、方法客观、全面地评述了熊彼特的经济理论。既评述了他在经济理论和研究方法方面的进步和贡献，又评述了他在经济理论和研究方法方面的缺陷和错误；既评价了他在经济理论上的科学性，又评价了他在经济理论上的庸俗性和辩护性。

通过对熊彼特经济思想的系统研究，作者提出了一些比较新颖的观点，如熊彼特关于资本主义的概念是二元论、熊彼特关于社会主义的概念是二元论等。

《产业结构演进机理》

作　　者：钟勇
推荐单位：北京市委党校
出版单位：北京出版社
批准时间：2006 年上半年
出版时间：2007 年 4 月

在这部书中，作者按照系统进化思想，构建了一个全面分析产业结构演进过程的框架，并在该框架内对现有的现有一些产业经济理论进行了梳理和归位，从而使得这些产业经济理论之间的逻辑关系显得更加清晰；提出了产业结构演进的决定因素在于产业系统的环境适应性，并对产业系统及其外部环境做了严格的界定，区分了产业系统内部关联和产业系统与外部环境关联，对外部环境也进行了层次区分；从分工裂变的角度来考察产业结构的形成和发展过程，通过对分工自发演进机制及其实现条件的分析，从整体上把握产业结构的演进规律。

在此基础上，作者较为全面地探讨了产业结构演进的过程机理并阐明了产业作为群体概念以及产业系统作为概念系统与有机体的区别与联系。

《优化税制结构研究》

作　　者：岳树民、李建清等
推荐单位：中国人民大学
出版单位：中国人民大学出版社
批准时间：2006 年下半年
出版时间：2007 年 3 月

本书在系统阐述税制结构优化目标的基础上，分析了纳税人行为、税收环境等对税制结构选择的影响，根据不同经济理论分析了如何科学地选择课税点，以形成科学合理的税制结构，分析了税制结构与经济运行的相互关系，着重分析了税收负担与税制结构的相关性，并对发达国家与发展中国家的税制结构安排进行了比较分析，在对我国税制结构及其存在问题进行分析的基础上，对我国在新一轮税制改革中如何形成科学合理的税制结构提出了具体建议。

全书结构完整，内容丰富，涵盖了财政货币政策、农村金融改革、风险投资、财政管理与经济发展、公共财政框架的设计、商业银行治理结构、资本市场开放等诸多重大现实问题。

《价值链会计研究——基于时空维度的会计管理框架重构》

作　　者：于富生、张敏等
推荐单位：中国人民大学
出版单位：中国人民大学出版社
批准时间：2006 年下半年
出版时间：2008 年 1 月

本书将价值链管理思想和会计管理理论紧密结合起来，从时间和空间维度构建了价值链会计管理框架，从而拓展了会计管理理论。在时间上涵盖事前、事中和事后三个阶段，其中事前阶段包括价值链会计预测、决策与预算，事中阶段包括价值链会计实时控制与成本管理，事后阶段包括价值链会计业绩评价体系。空间上包括横向、纵向和内部三条价值链。

在构建这一管理框架时，本书将时间和空间两个维度有机地结合起来，采用了立体交叉式的构建方法，从而形成了一个较为完整的研究体系。

《中国资本积累：路径、效率和制度供给》

作　　者：吕冰洋
推荐单位：清华大学
出版单位：中国人民大学出版社
批准时间：2006 年下半年
出版时间：2007 年 8 月

本书从中国经济增长的性质入手分析，认为中国经济增长的性质属于转轨、二元经济结构和新古典式增长的结合，正是由于增长和改革目标的多重性，因而中国资本积累路径展现的复杂性深受经济增长中四个悖论的影响。

接着，本书从资本积累的动态效率、配置效率和规模效率三个角度实证分析资本使用的效率问题，并从理论和实证上说明中国资本积累路径与技术变迁路径之间存在融合与互动关系。随后，本书研究了资本积累的财政制度和金融制度供给等一系列问题，包括分析财政主导型资本积累路径的变迁、性质、形成逻辑和效率，以及管制型金融体制扭曲的根源和增长代价。其中一些论断对认识中国经济增长的绩效、可持续性、发展方向、制度和政策选择等诸多重大问题具有启示意义。

《资本结构定素：多层次动态研究》

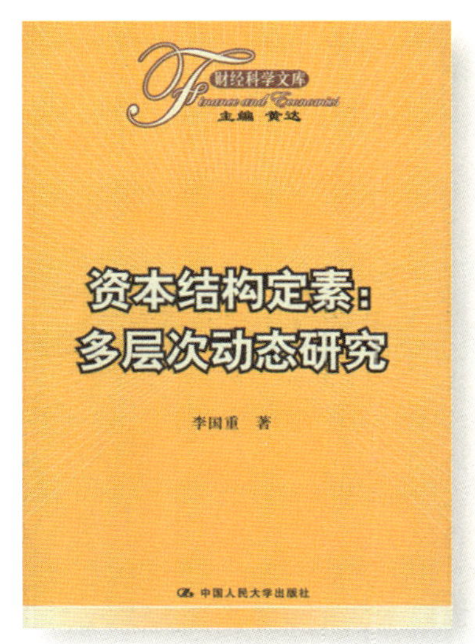

针对不同经济发展水平、不同市场环境、不同国家、不同企业资本结构选择的现实境况，本书搜集了大量的相关统计数据，提出了一个从微观企业层面、产业特征以及制度和宏观层面多层次动态考察企业资本结构的模型框架；在此基础上，对企业资本结构进行了多角度、国际化、全方位的实证检验，理论上将孤立的单层次静态资本结构理论发展为有机结合的多层次动态资本结构理论。

此外，本书还特别针对中国上市公司的企业资本结构实践进行了主因素分析、目标动态调整模型和没有目标的市场择机模型检验，从而为中国企业资本结构决策提供了比较具体的理论指导和现实参照。

作　　者：李国重
推荐单位：中央财经大学
出版单位：中国人民大学出版社
批准时间：2006 年下半年
出版时间：2007 年 6 月

《西部大开发新选择——从政策倾斜到战略性产业结构布局》

西部大开发政策是对西部地区实行一种倾斜和优惠的政策。这种倾斜和优惠政策最初的实施效应是明显的，但由于政策持续实施的效应是递减的，所以我们要用新的思路和方法继续推进西部大开发，由政策倾斜向西部地区战略性产业结构的布局转变。

本书对西部大开发战略政策的实施情况，实施前后的东、中、西部地区发展差距，实施的政策效应评价和经验总结，推进从政策倾斜到西部地区战略性产业结构布局转变的必要性和原则，继续推进西部大开发的战略性产业结构布局的方案设计，西部地区战略性产业结构布局的内外条件和合理布局，继续推进西部大开发战略的财政货币政策、产业政策、人力政策、立法政策以及战略性产业结构布局政策进行了系统分析和研究。

作　　者：江世银
推荐单位：中央财经大学
出版单位：中国人民大学出版社
批准时间：2006 年下半年
出版时间：2007 年 4 月

《商业银行市场准入与退出问题研究》

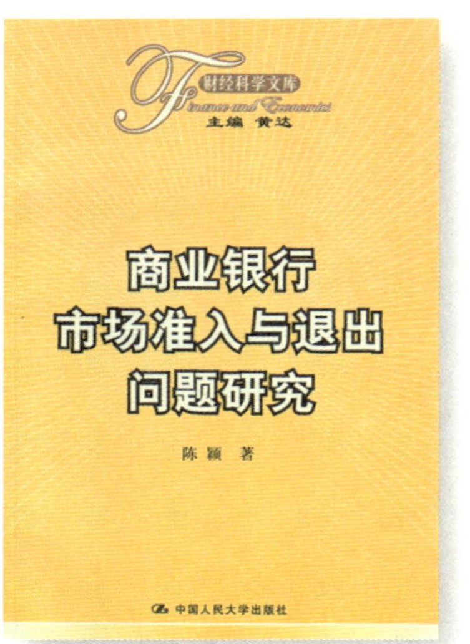

作　　者：陈颖
推荐单位：中央财经大学
出版单位：中国人民大学出版社
批准时间：2006 年下半年
出版时间：2007 年 6 月

本书运用产业经济学的基本理论，从银行产业发展角度对银行市场准入与退出问题进行了理论梳理和经验总结，深入探讨了影响银行市场进入与退出的因素、两者之间的关系等；着重研究了我国商业银行市场准入与退出制度的现状与问题，提出应建立适合我国国情的银行业市场进出制度。

本书将研究的落脚点放在商业银行的市场准入与退出上，试图为我国建立有关的银行业市场制度提供一种借鉴，为制定合理、适度的市场准入标准、建立适合国情的市场退出制度提供一定的理论依据，为防控银行风险、减少银行风险所带来的负面影响提供一种解决路径或方法。

《政府债务问题研究》

作　　者：尹恒
推荐单位：北京师范大学
出版单位：北京师范大学出版社
批准时间：2006 年下半年
出版时间：2007 年 3 月

在这部书中，作者比较系统地介绍了政府债务理论的最新发展，并运用国际和国内数据，对政府债务问题进行了系统的实证研究。

全书共分八章。第一章讨论政府债务的经济影响；第二章讨论最优政府债务规模问题；第三章讨论最优政府债务结构问题，分别介绍了完全市场条件下政府债券的结构、Lucas-Stokey 模型在不完全市场和货币经济中的扩展、名义政府债券的最优期限结构和税率平滑下的最优债务结构问题；第四章和第五章讨论价格水平决定的财政理论及其应用；第六章介绍赤字与政府债务的政治经济理论；第七章和第八章是政府债务问题的实证研究。力图为中国的财政政策提供一个更为严密、可信的决策依据。

《我国城乡产业结构优化研究》

作　　者：陈明生
推荐单位：中国政法大学
出版单位：京华出版社
批准时间：2006 年下半年
出版时间：2007 年 12 月

统筹城乡发展是我国党和政府提出的解决“三农”问题的战略举措，而优化城乡产业结构是该战略的核心。本书是在作者的博士学位论文的基础上修改而成，从产业在城乡之间形成合理分工、实现互相促进的角度，对这一前沿性课题进行了深入、具有创新性的研究。

本书以马克思主义理论为指导，对国内外相关文献进行认真梳理，构建了聚集经济理论的分析框架，根据城乡条件和产业特点，将产业划分为聚集经济布局指向和非聚集经济布局指向的产业，揭示了城乡产业布局的规律，在此基础上研究城乡产业结构合理化和高度化的基本内容和基本要求。本书提出的优化我国城乡产业结构的对策对于解决“三农”问题、统筹城乡发展具有比较重要的参考价值。

《经济转型中的金融制度演进》

作　　者：王曙光
推荐单位：北京大学
出版单位：北京大学出版社
批准时间：2006 年下半年
出版时间：2007 年 9 月

在本书中，本书比较深入地探讨了转型国家金融发展的一般规律，分析了我国在经济转型过程中金融结构和金融制度的历史性变迁；系统论证了经济过渡时期信用拓展与信任关系的特征，提出了过渡经济中“制度变迁成本分担假说”，阐释了过渡经济金融演进的内在逻辑框架。

在此基础上，本书全面考察了金融制度演进中的金融开放、民间信用扩张、货币政策和汇率制度调整、银行业治理结构和市场竞争结构演进以及农村金融体系的制度变迁等重大理论与现实问题，运用过渡经济学的框架对我国金融制度演进做了全景式的理论阐释。

《发展的路径 新综合平衡论》

作　　者：卢映川
推荐单位：北京市经济社会发展研究所
出版单位：北京大学出版社
批准时间：2007 年上半年
出版时间：2007 年 8 月

综合平衡作为曾经主导我国和很多社会主义国家国民经济管理的理论思想和实践方法，虽然是在计划经济体制时期提出和形成的，但却有着合理的科学内核，在现代市场经济条件下仍然有着重要的思想价值。

本书从分析研究市场均衡理论和综合平衡理论的发展演变及历史局限入手，对综合平衡理论方法在现代市场经济中的思想价值和实践应用进行了探讨，突破了以往把综合平衡简单视为计划经济理论范畴的传统认识和思维模式，从现代市场经济平衡的特点及政府有效干预的角度，从实现发展和社会利益协调的角度，提出了现代综合平衡，并角转换，对研究解决当今发展问题是十分必要的。

《我国政府采购制度研究》

作　　者：马海涛、姜爱华
推荐单位：北京大学
出版单位：北京大学出版社
批准时间：2007 年上半年
出版时间：2007 年 4 月

实行政府采购制度是我国公共财政支出改革的重要环节。本书梳理了我国政府采购制度改革的脉络，对政府采购制度中存在的理论和热点问题进行了研究。在写作思路上，本书突出了三个结合，即理论分析和实践探讨相结合、国内分析与国外借鉴相结合、现状分析与对策建议相结合。全书共分六大专题，分别为政府采购的定位、政府采购管理、政府采购绩效、政府采购市场的开放、政府采购制度的探索与完善以及政府采购与其他财政改革的关系。各专题既相互独立，又融为一体，共同构筑了政府采购制度的基本框架。

本书的特色在于两个方面：一是重视理论与实践的结合；二是内容深入浅出，语言通俗易懂。

《基于委托—代理理论的供应链伙伴关系研究》

供应链的构建是供应链管理的基础，而供应链合作伙伴的选择与合作伙伴关系的建立是供应链构建的核心。本书从供应链伙伴关系理论分析、合作伙伴选择、激励与约束机制设计、风险度量与控制、信任机制建立五个方面系统研究供应链伙伴关系建立、发展和不断深化的全过程。

作者首先从交易成本理论、资源和能力理论、价值链理论和委托—代理理论出发，形成了一个完整的供应链伙伴关系理论研究框架；然后，研究了供应链伙伴关系中的逆向选择和道德风险问题；在定性分析影响供应链伙伴关系风险因素的基础上，建立了供应链伙伴关系风险度量的理论模型，并提出了风险度量和控制方法；最后，研究了供应链伙伴关系中信任机制的建立等问题。

作　　者：孙宝文
推荐单位：中央财经大学
出版单位：中国人民大学出版社
批准时间：2007 年上半年
出版时间：2008 年 4 月

《卖场营销》

当前我国零食市场竞争日益激烈，卖场营销成为企业提高自身核心竞争力的重要途径。本书是一部从理论到实践系统研究零售业卖场营销问题的著作。全书以卖场营销战略为中心，从影响销售额的各种因素出发，分析了以客单价为经营战略的现实意义，并以影响客单价的主要因素为重点，构筑了本书的结构体系。在研究方法上，本书以对顾客购买心理和行为的分析为基础和出发点，对各种营销技术和操作方法进行了深入剖析；并通过大量的案例分析，针对我国零售经营中的问题，提出了可资借鉴的思想和方法。本书适合用为高校经管类专业的教学用书，也适合广大从事市场营销（特别是零售营销）的理论研究者和企业实践者参考。

作　　者：陈立平
推荐单位：首都经济贸易大学
出版单位：中国人民大学出版社
批准时间：2007 年上半年
出版时间：2008 年 2 月

《品牌价值论——科学评价与有效管理品牌的方法》

作　　者：王成荣
推荐单位：北京财贸职业学院
出版单位：中国人民大学出版社
批准时间：2007 年上半年
出版时间：2008 年 4 月

本书在解析品牌内涵、总结品牌成长规律的基础上，阐明了品牌价值的来源及构成，揭示了品牌价值是生产者特殊劳动投入与市场及社会的认可度二者相互推动、相互契合的结果，从系统的角度构造了品牌价值模型；针对现有品牌价值评价实践中存在的问题，建立了品牌价值评价新的概念体系；提出了适合中国国情的品牌价值资产化评价方法双因素评价法；以《金融世界》评价法为参照框架，结合中国市场及品牌特点，提出了用以评价公司品牌价值的 Sinobrand 评价法；综合品牌生命周期、营销、竞争及不同类品牌的价值增值特点，建构了品牌价值内部评价模型。

此外，本书还提出了与品牌价值增长规律相适应的全过程品牌价值管理的思路，建立了以顾客为导向的品牌价值管理体系。

《高等教育成本研究》

作　　者：林钢、武雷等
推荐单位：中国人民大学
出版单位：中国人民大学出版社
批准时间：2007 年上半年
出版时间：2008 年 1 月

目前，我国高等教育成本的计算仍然处于采用统计方法的阶段，未能在高等学校会计账簿中进行连续、系统、完整的反映，导致高等教育成本数据不准确，不能为有关方面制定政策提供可靠依据。本书以高等教育成本理论为基础，将高等教育成本的计算纳入高等学校会计账簿体系，通过一系列专门的成本计算方法，提供科学、合理的高等教育成本数据，为有关方面制定政策提供信息。

全书分为上、中、下三篇。上篇论述高等教育成本的内涵、一般原则、对象、分类等内容；中篇通过案例阐述高等教育成本核算的类别法、专业法、年级法、作业成本法等；下篇论述高等教育成本在预算、控制、分析等环节的应用及其与教育收费的关系。

《新企业会计准则——阐释、应用与难点透析》

作　　者：戴德明、毛新述
推荐单位：中国人民大学
出版单位：中国人民大学出版社
批准时间：2007 年上半年
出版时间：2007 年 8 月

本书根据 2006 年颁布的企业会计准则及其应用指南编写。在对准则制定背景、主要特点与变化、实施后果、基本内容和应用难点进行分析的基础上，本书运用综合示例对难点和重点进行详细讲解。对长期股权投资、资产减值、所得税、企业合并、合并财务报表、金融工具等难度较大且大较为重要的准则进行了尤为详细的阐述。

全书共 39 章，内容涵盖整个新会计准则体系，各章内容包括：准则制定的主要背景与历程；准则的主要特点与变化；准则实施后果；准则内容与立释；准则应用；准则应用举例与难点详解。

《供应链网络组织与竞争优势》

作　　者：王凤彬
推荐单位：中国人民大学
出版单位：中国人民大学出版社
批准时间：2007 年上半年
出版时间：2006 年 5 月

这是一部超越了单体企业的有关竞争战略和组织模式研究的论著，兼具学术价值和实践指导意义。作者以供应链竞争为主题，探讨以多企业、多单位合作形式参与现代商界竞争的各供应链网络，如何依靠关系能力形成独特的、持久的竞争优势。

立足于当前企业正从“全能型”走向纵向解体的现实，在将企业内部剥离单位和外部联结企业共同作为节点构成供应链网络基础上，作者从组织理论及相关学科交叉的角度出发，研究了节点间关系协调、网络静态结构设计和能力动态发展等方面的组织问题，并通过组织与战略的互动影响，分析节点单位或企业的社会资本和整个网络的组织资本在供应链竞争优势形成中的作用。

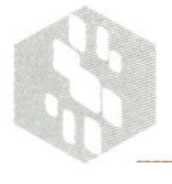

《公共投资项目管理的组织再造》

作　　者：周君
推荐单位：中央财经大学
出版单位：清华大学出版社
批准时间：2007 年上半年
出版时间：

在我国，公共投资项目管理处于体制改革和调整阶段，人们关注的热点更多地驻留在建设体制改革、政府职能转变、机构调整等问题上，对改进管理组织模式、管理方法、绩效评价等方面没有给予充分的重视。随着我国公共投资项目的投资体制和管理体制改革的不断推进，必然要求进一步转变政府管理建设项目的职能，同时在管理组织重构、改进组织管理方式、提高组织效率、降低管理成本等方面加大力度。

本书主要对公共投资项目的管理组织进行研究，以公共投资项目管理模式的变革为切入点。从项目的宏观战略视角整合公共投资项目的管理组织目标和项目管理过程，将公共投资项目管理模式作为具体分析能力成熟度管理理论与实践的制度变量，并构建出公共投资项目的组织能力成熟度模型，试图打开单个项目管理的“黑箱”，实现公共投资项目管理组织理论研究方面的突破和创新。

《企业电子商务风险预防》

作　　者：傅少川
推荐单位：北京交通大学
出版单位：清华大学出版社
批准时间：2007 年上半年
出版时间：2007 年 9 月

随着电子商务的迅猛发展，越来越多的企业意识到电子商务的独特优势，并积极参与到电子商务活动中。电子商务作为一种新型的商务模式，具有全球性、虚拟性、快捷性等特征，一个成功的电子商务企业，不仅要适时调整其商业运行策略，而且必须了解并熟悉新环境下相应的商业活动规则，努力避免可能存在的风险。

如何规避电子商务在企业经营运作中的风险，如何防患未然，保证企业电子商务运营安全，本书从理论和实践两个方面进行了系统研究，并提供了比较有针对性的预防措施和相应的解决方案。

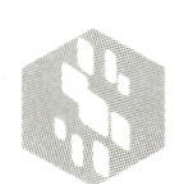

《中小金融机构可持续发展与金融生态》

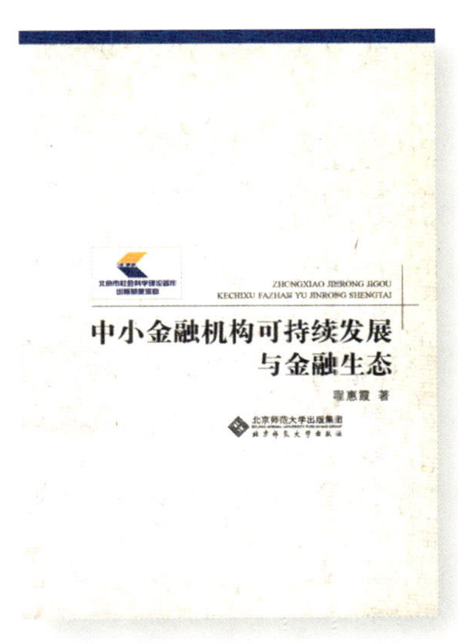

作　　者：程惠霞
推荐单位：北京师范大学
出版单位：北京师范大学出版社
批准时间：2007 年上半年
出版时间：2009 年 1 月

本书是一部专门论述新加坡公民道德教育问题的学术专著。

全书共分七章：第一章主要阐述本课题的研究现状；第二章针对中国中小金融机构的内涵、发展现状以及地位进行了阐述；第三章在中小金融机构竞争的“五力”模型基础上，阐述了中国中小金融机构可持续发展面临的环境挑战与发展机遇；第四章基于中小金融机构资产规模、信用担保能力、网络覆盖范围、业务范围、服务手段与社会地位等现实基础，对其生存与发展进行战略分析；第五章基于“价值链”解构的策略选择，对中小金融机构可持续发展问题进行了重点分析；第六章着重就我国金融生态重构的问题进行了阐述；第七章对中小金融机构的发展前景给出了自己的结论，并提出了一些很有启发性的观点。

《土地资产管理论》

作　　者：王德起
推荐单位：首都经济贸易大学
出版单位：首都经济贸易大学出版社
批准时间：2007 年上半年
出版时间：2009 年 12 月

本书是一部比较系统地论述我国土地资产管理理论的学术专著。

在全面系统研究的基础上，本书提出了大量的创新理念及新颖观点，如逐级递进的土地资源、财产进而资产的地产观念，将传统经典理论与现代先进理论有机整合，构建起我国土地资产管理的理论体系，理清了土地资产管理体制、制度及机制的逻辑关系，深入分析了城市土地的增值机制，提出了土地资产审计的观点等。在具体的研究方法上，本书涉及较多的实例操作及实践探索，例如城镇土地分等与价格平衡、土地市场动态分析与监测，它们都是作者在大量的研究实践中萃取出来的，每一个案例的成功完成，都显示着作者较强的实践能力。这些案例的研究方案设计科学合理，可以为开展同类工作提供有益的借鉴，具有比较突出的实践价值。

《论中国经济结构的三元现象及协调发展》

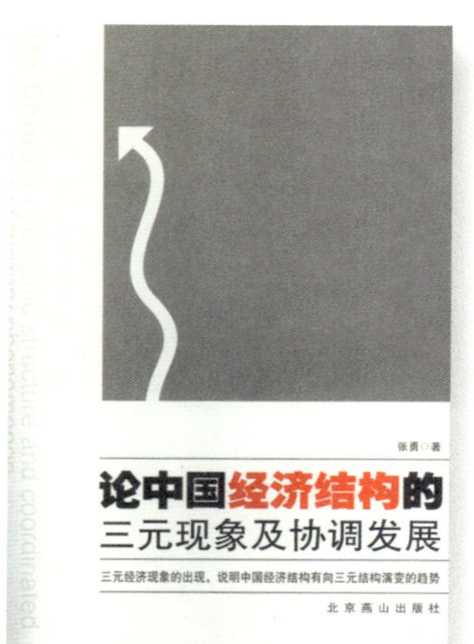

作　　者：张勇
推荐单位：北京市委党校
出版单位：北京燕山出版社
批准时间：2007 年上半年
出版时间：2008 年 2 月

本书是一部专门论述中国经济结构的三元现象及协调发展问题的学术专著。作者认为，生产工具和社会关系，即生产方式的不同是二元经济理论划分“元”的根本标准，在此基础上，将信息经济界定为和农业经济、工业经济对等的第三个经济部门，为三元经济现象提供了合乎逻辑的解释。通过对三元经济现象和三元经济结构这两个概念的区分，作者针对当代中国经济结构的现实情况进行了实证分析，做出了中国经济结构已经呈现为三元经济结构的判断。

此外，本书还针对我国的实际情况，分析了三元经济结构下中国社会经济协调发展问题面临的新障碍，指出数字鸿沟问题是中国社会经济协调发展面临的新挑战，并对三元经济结构下中国谋求社会经济协调发展提出了政策建议。

《城市营销：提升城市竞争力》

作　　者：黄江松
推荐单位：中共北京市委研究室
出版单位：同心出版社
批准时间：2007 上半年
出版时间：2007 年 11 月

本书追踪了国内外前沿的城市营销理论的研究成果，将营销学、城市经济学、城市管理学、区域经济学等学科的理论与方法交叉应用到城市营销研究中，进行了多项有益的理论创新。

在本书最后一章，以北京为案例，结合作者主持、参与过的多项北京城市建设与管理方面的课题研究成果，构建了北京的城市定位体系，即城市功能定位是高级服务中心，产业定位是高端、高效、高辐射力的产业，营销定位是“首善之都”；提出了较为系统的营销北京策略。这不仅对北京市开展城市营销工作具有指导意义，而且有助于澄清目前实际工作中对城市营销的片面理解。本书可以供各级城市政府部门的领导和工作人员参考，也可以供研究人员和大学研究生学习参考。

《经济体制变迁中的财政职能研究》

作　　者：秦春华
推荐单位：北京大学
出版单位：北京大学出版社
批准时间：2007 年下半年
出版时间：2009 年 3 月

本书着重介绍了从新中国成立到社会主义市场经济体制建立这一人类历史上从未有过的历史性制度变迁过程中，中国财政职能的动态演进。

本书是对财政压力、财政职能、经济体制变迁三者之间的动态互动关系的研究，其核心是研究经济体制变迁中政府职能的转换。作者引入“财政压力”概念，通过经济体制变迁中的财政职能演变，揭示出财政在制度变迁中的重要作用，从而决定了改革过程的顺利程度。本书通过财政收支运动研究财政压力、财政职能和经济体制变迁的关系，从而把财政、经济、政治乃至意识形态统一在一个完整的分析框架内，进而对政府在体制转型和经济发展中的作用进行了具针对性和富实际意义的实证研究。

《中国企业双重上市与企业溢价研究》

作　　者：沈红波
推荐单位：清华大学
出版单位：北京大学出版社
批准时间：2007 年下半年
出版时间：2008 年 8 月

本书先检验境外上市的溢价效应，即在境外上市的公司在 A 股市场有更好的估值，然后从信息环境和盈利质量分析溢价可能存在的原因。

全书共分六章，第一章提出了研究问题，指明了研究意义。第二章重点分析了中国企业境外上市的现状并系统总结了 H 股的发展历程及作用，最后深入分析了企业境外上市的动机。第三章是企业双重上市的溢价效应研究。第四章先研究了公司双重上市对提高企业信息环境的作用，然后进一步分析信息环境的改善对提高企业价值的影响（我们用证券分析师人数、证券分析师的准确度来计量信息环境）。第五章从盈利质量角度研究了溢价存在的动因。第六章在理论分析和实证研究的基础上，提出了相应的政策建议。

《生产要素演进与创新型国家的经济制度》

作　　者：陈华
推荐单位：中国人民大学
出版单位：中国人民大学出版社
批准时间：2007年下半年
出版时间：2008年6月

进入21世纪，经济全球化趋势日益发展，科技进步决定着各国在世界经济分工中占据的位置及利益分配。构建相应的具体经济制度体系，成为中国迫切需要解决的关键问题。本书以从要素导向向创新导向发展的理论研究为基础，提出了中国建设创新型国家的具体经济制度框架。

随着人类社会的发展，生产要素的构成呈现出动态演进的过程。当技术演进为首要生产要素时，一种与之相适应的制度体系建设就显得尤为重要。通过制度性的安排有效地把物质资源配置到有利于技术创新的领域之内，是创新型国家建设的关键。其配置手段的效率往往在很大程度上依赖于一个以中介组织为核心的市场信用制度和一个以企业为核心的竞争创新制度。

《WTO体系的矛盾分析》

作　　者：程大为
推荐单位：中国人民大学
出版单位：中国人民大学出版社
批准时间：2007年下半年
出版时间：2009年5月

第二次世界大战后，贸易自由化一度成为发达工业国家任何一派领导人都推崇的贸易路线。在这样的思想指导下，战后世界贸易体系得以建立，WTO成为全球治理的核心机构。但从1999年西雅图游行示威者高呼反对WTO开始到多哈谈判，多年来毫无进展，再到2008年金融危机后各国加速了贸易保护的步伐……WTO体系进入了长期的停滞期。不但如此，原有的贸易理念受到质疑，各国的贸易争端不断增加，全球共识很难达成。

本书对WTO现有问题做了全面的、切身的观察，并把这种观察用历史的、唯物的哲学方法梳理出来，尝试把人们对于WTO的认识提高到哲学境界。首先概括出WTO体系的主要矛盾和基本矛盾，然后运用矛盾同一性和斗争性原理，揭示出WTO基本矛盾平衡规律，以及在这个规律的作用下，新的WTO体系的产生。本书最后着重分析了中国在构建新的WTO体系中的利益，诠释了中国和谐观影响世界的路径。

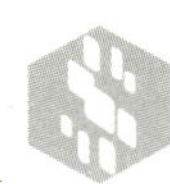

《北京市城乡接合部管理研究》

城乡接合部是一个极具中国特色的城市空间扩张概念，它集中了中国城市化过程中的诸多矛盾与问题。随着这一地带边缘性特征越来越突出，它已成为我国社会各种矛盾冲突的交会地带和敏感地区，成为城市发展、城乡统筹和城乡一体化不能回避的一个节点。

作　　者：姚永玲
推荐单位：中国人民大学
出版单位：中国人民大学出版社
批准时间：2007 年下半年
出版时间：2010 年 7 月

《并购定价的方法与机制》

在国际竞争愈演愈烈的背景下，世界著名的大企业、特大企业之间的并购、合资、联合也愈演愈烈。企业并购本身已不再是单纯企业经营行为，已成为影响整个国民经济结构及全球经济格局的重要因素。并购作为一项长期投资项目，存在着巨大的风险，并购的失败意味着目标企业和并购企业双方的战略失败。企业并购过程中，并购价格的确定关系到并购各方的切身利益，是并购成败的核心之一。

本书将并购的定价过程分成三个部分：首先是并购目标企业价值评估的过程；其次是并购参与人进行并购决策的过程；最后是并购各方商谈最终价格的过程。书中将并购定价方法和并购定价机制进行了区分，分析了从并购单方确定价值到并购双方博弈产生最终价格的全部过程。

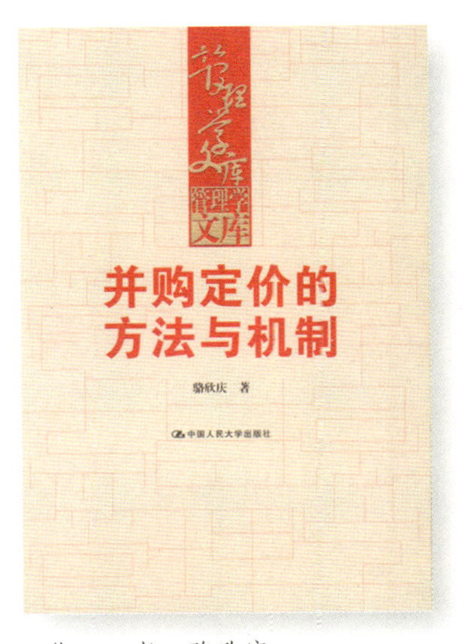

作　　者：骆欣庆
推荐单位：北京第二外国语学院
出版单位：中国人民大学出版社
批准时间：2007 年下半年
出版时间：2008 年 12 月

《价值链与价值评估》

作　　者：尹美群
推荐单位：北京第二外国语学院
出版单位：中国人民大学出版社
批准时间：2007 年下半年
出版时间：2008 年 6 月

价值链的概念是由美国哈佛商学院的迈克尔·波特提出的。企业的价值创造是通过一系列活动构成的，这些活动可分为基本活动和辅助活动，这些互不相同但又相互关联的生产经营活动，构成了一个创造价值的动态过程，即价值链。价值链在经济活动中无处不在，价值链的出现正在改变着企业的资源配置模式，从而改变着企业的理财观念与理财方式。

本书对价值理论、价值链理论、价值评估理论与方法进行了系统的回顾与评述，并提出以顾客价值为出发点，以价值增值为目的，以价值链的合作与竞争为战略管理思想的价值链企业价值评估框架，构建了价值评估的模型，并以一个真实调研的完整案例“一汽轿车”为例，对整个评估过程进行了论证与说明。

《清代前期关税制度研究》

作　　者：邓亦兵
推荐单位：北京市社科院
出版单位：北京燕山出版社
批准时间：2007 年下半年
出版时间：2008 年 11 月

本书在前人研究的基础上，采用前人较少引用的档案、抄本、稿本等史料，描述清代前期关税制度继承明代制度后的变化过程，制度形成、确立、变更，各关具体执行的情况，许多个体案例，及探讨各项具体制度的优缺点，从而透视制度背后的政府作用。

本书的创新之处有三：首先，表现在税关设置问题上，作者根据考证的各关起设时间，提出不同时段税关设置的数量不同，各时段又有不同特点；其次，在税务行政中，详细描述了亲填、循环、稽考三簿和关前木榜的设立与使用过程，用多个案例说明税务行政规定的制度，在具体执行中产生的作用与存在问题；最后，比较详尽地阐释了清代前期税种的划分与当代税种划分标准的异同之处。

《北京老字商号产权多元化改革研究》

作　　者：尹庆民、林妍梅、高洪力、李秀芹
推荐单位：北京联合大学
出版单位：同心出版社
批准时间：2007 年下半年
出版时间：2008 年 11 月

老字号曾给人们讲述了一段段悠远的历史故事，老字号的发展在一定程度上，代表着民族经济发展的轨迹，是其所在行业发展过程中保留下来的重要符号。他们大多数都有着别人无法效仿和掌握的“绝技”，这些技艺也是民族文化的重要组成部分。本书认为，随着市场经济的发展，市场竞争的“优胜劣汰”决定了参与市场的每一个企业的命运，老字号同样受到这一规则的制约。老字号如果不想被历史淘汰，就必须走进市场，进行深层次的制度改革，并根据人们消费需求的变化，不断创新，跟上时代的步伐。

本书共有七章，内容包括：北京老字号企业产权改革的理论和现实基础、老字号企业产权多元化实现路径之国有资产战略重组和老字号企业产权多元化实现路径之吸收民营企业资金等。

《1995—2004 北京社会经济发展年度调查数据报告》

作　　者：杨明等
推荐单位：北京大学
出版单位：北京出版社
批准时间：2007 年下半年
出版时间：2007 年 12 月

本书历经十年的北京地区社会经济发展调查，积累了具有可比性的年度资料。高质量的概率抽样调查，保证了数据的代表性和科学性。内容丰富，资料翔实，既有大量客观性指标，更有深层次的态度指标。数据反映了十年来北京的社会、政治、经济发展和人民生活的变化。本书在 1995 年—2004 年北京社会经济发展年度调查的基础上，本书对相关的调查数据进行了比较系统而全面的分析，并给出了自己的建议。

本书向读者展示了在国家经济与社会的改革过程中，人们的观念、思想、行为方式等方面发生的一系列变化，对于研究中国社会变革中的政治与社会、政府与公共政策等方面的问题，具有一定的参考价值。

七、文化、科学、教育、体育

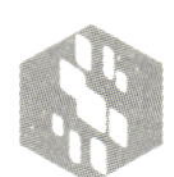

《当代中国的文化选择》

作　　者：郭建宁
推荐单位：北京大学
出版单位：北京大学出版社
批准时间：2003 年下半年
出版时间：2004 年 3 月

每一个民族的文化进步，都离不开特定文化背景下的文化选择和文化适应。20 世纪以来，文化选择的主题不仅意味着传统文化向现代的转型，而且还包括了许多更新的问题。基于这样一种现实，中国当前的选择应该是，在保持自己文化传统模式的独特性的前提下超越“国家”发展的平台，站在一个更高的水平上，从全人类的良性发展出发，充分考虑国际经济政治文化等领域中的发展趋势，寻找适合自己的发展道路。

本书比较系统地研究了五四以来中国文化问题、文化论争、文化思潮、文化选择的专著，主题明确，脉络清楚，视野开阔，资料翔实，具有较高的学术价值和重要的理论与实践意义。

《清代诸子学研究》

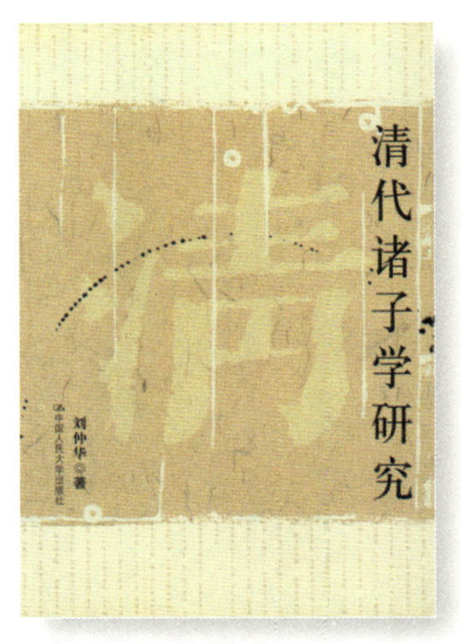

作　　者：刘仲华
推荐单位：北京市社科院
出版单位：中国人民大学出版社
批准时间：2004 年上半年
出版时间：2004 年 8 月

明代晚期，由于儒家思想一统局面的松动，先秦诸子学说开始引起人们的兴趣，像思想家李贽、博山等人开始研究子学，重新倡导诸子学说。

进入清代以后，考据学兴起，由于考证六经以及三代历史的需要，先秦诸子因其时代与六经、三代相近而备受重视，成为证经、证史的重要旁证。乾嘉诸儒在使用诸子书时，对子书进行大量的整理校勘，同时对诸子思想也有了新的认识和吸收。晚清西学输入，新学逐渐兴起，子学则开始在西学的映照下而彰显了多元的价值，在“西学中源论”的观念下，许多学者大力提倡先秦子学。先秦诸子不仅走出了“异端”的境遇，而且成为反对儒学独尊的有力武器，并成为近代新学兴起的重要组成部分。

《走向自然生命——中国文化精神的再生》

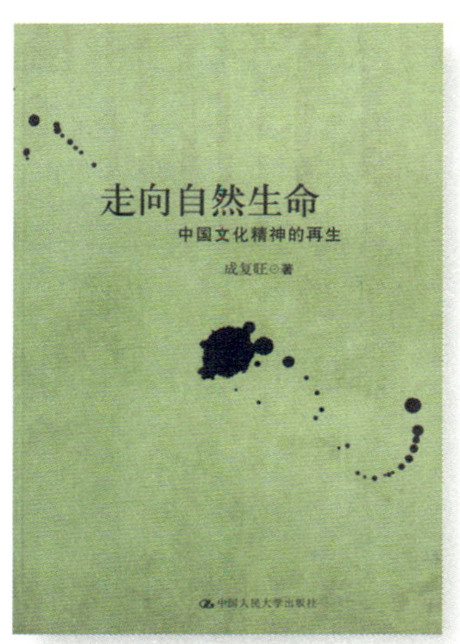

作　　者：成复旺
推荐单位：中国人民大学
出版单位：中国人民大学出版社
批准时间：2004 年上半年
出版时间：2004 年 10 月

中国传统文化是一个丰富的宝库，需要不断地再认识、再发现。本书对中国传统文化精神所作的新探讨和新概括，可以丰富和发展对传统文化的认识，为思考中国传统文化方面的许多问题提供有益的启发，从而在中国传统文体研究领域产生积极的影响。

本书通过对中国传统文化和世界文化发展趋势的分析，突出地提示了中国传统文化的基本精神与世界文化发展方向的一致性，说明了中国传统文化的生命精神正是当今社会健康发展的需要，从而有说服力地论证了中国传统文化的前所未有的发展机遇的来临，提出了把弘扬文化传统与建设先进文化统一起来的可能与思路。

《语言、翻译与政治　严复译〈社会通诠〉研究》

作　　者：王宪明
推荐单位：清华大学
出版单位：北京大学出版社
批准时间：2004 年下半年
出版时间：2005 年 5 月

本书从文本源流、著译动因、关键词语与观念、政治社会影响等方面，对中国近代思想史上占有重要地位的严复译《社会通诠》进行了较为系统的研析。作者认为：一、严复选译此书，是与晚清社会政治文化互动的结果，目的是借助翻译来探讨近代国家的建国历程；二、翻译过程中，严复对原作的社会类型及相应的时空系统进行了改造，并把不在原作视野中的中国纳入其中；三、严夏译中的“国家”“民族”等观念，融入了中国文化的成分；四、严复译出版后，对晚清民初的立宪、革命及新文化运动诸潮流均有重要影响。

本书不仅为研究严复译名著尝试了新的学术路径，而且对于研究近代以来同类翻译文本与中西文化交流史也有一定借鉴意义。

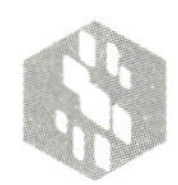

《“大人”论——中国传统中的理想人格》

君子即“大人”，论君子即是论“大人”，论君子之人格即是论“大人”之人格。中国文化以君子为追求，实即以“大人”为追求。“大人”就是不耽误、不虚掷那一点天生“智慧”与“灵明”的人，简言之，就是“长着脑袋想问题”的人，若是耽误了、虚掷了，“长着脑袋等于不长”，那就是“小人”。

本书对中国文化中的“大人”思想做了全面的剖析和评价。书中引用大量文献和资料对“大人”“君子”等这些中国文化传统中的理想人格进行了清晰的梳理和阐释。

作　　者：张耀南
推荐单位：中共北京市委党校
出版单位：北京大学出版社
批准时间：2004 年下半年
出版时间：2005 年 11 月

《20 世纪中国美术教育历史研究》

20 世纪中国美术教育研究是海内外学术界关注的课题，本书作为教育部人文社会科学研究项目成果，系统地收集了 20 世纪中国美术教育史料，进行了较为细致的梳理，史料丰富翔实，立论平实公允，形成了文献资料、图像资料和理论阐述三位一体的比较完整的研究脉络，为中国美术教育史研究、中国教育史研究、中外文化艺术交流史的研究奠定了较为良好的基础。

本书对于中国教育史、中国美术教育史、中国近现代美术史和近现代中国文化艺术史的教学和研究具有一定的参考价值，对于现行的中国教育改革也具有参考意义。

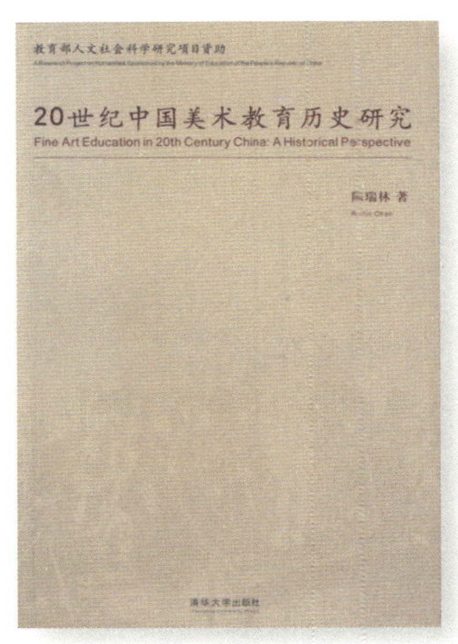

作　　者：陈瑞林
推荐单位：清华大学
出版单位：清华大学出版社
批准时间：2005 年下半年
出版时间：2006 年 6 月

《王国维、郭沫若与儒教》

作　　者：喻天舒
推荐单位：北京大学
出版单位：北京大学出版社
批准时间：2006 年上半年
出版时间：2009 年 3 月

中国二十世纪文学发生之初，正值传统文化的社会转型时期，内忧外患的煎逼，既使统治者无法照原样统治下去，也使人民无法照原样生活下去。社会政局的混乱与民族前途的渺茫，已令国人把自鸦片战争以来不断受侮挨打的家国命运，同自身文化传统特别是其中的儒教传统联系在一起，致使承担了民族失败命运罪责的传统文化，成为思想领域的众矢之的。

本书分别探究王国维和郭沫若这两位文学大师的生平及其相关文学活动。二者都深受儒教传统的影响。本书通过对二人内心变化的描述和挖掘，阐明中国传统儒教信仰的惯性力量，如何在西方文化的鼓荡中在二十世纪中国文学进程中发挥作用。

《佛心梵影——中国作家与印度文化》

作　　者：王向远
推荐单位：北京师范大学
出版单位：北京师范大学出版社
批准时间：2006 年上半年
出版时间：2007 年 4 月

中国作家与印度文化的因缘关系的研究，是比较文学立场上的跨文化研究。从这一角度对上千年来中国涉及印度的有关作家作品进行较为系统的梳理与评述，可以打通文史界限，打破虚构性作品与非虚构性作品的界限，揭示中国作家对印度的客观的研究记述与主观的情感想象之间的内在联系，呈现中国文学中的印度形象，进一步确认印度文化对中国作家的深刻影响。

本书从中国和印度的文化、文学交往的历史长河中，选取了十一位有代表性的著作家为研究对象，站在比较文学“涉外文学”的立场上，在“佛心梵影”这一主题下，深入细致的分析评述了他们的人生、思想、创作与印度文化的因缘关系，从而填补了中国文学研究、中印关系研究和比较文学研究的一处空白。

《贺麟文化理论研究》

贺麟先生是中国现代思想史上的著名思想家，现代新儒家的重要代表人物之一。在20世纪30—40年代，他全面会通中西文化，创立了“新心学”思想体系。他的文化观以心学为基础，以体用观为核心，涉及哲学、宗教、道德、政治、经济、人生等诸多领域，富有强烈的时代感和深切的人文关怀。其文化观的识度之高明、见解之深刻，为现代思想史上所少有。

本书以贺麟文化理论为选题，收集了贺麟先生的思想论著和学界的研究成果，拜访了与贺麟先生有来往的学者与贺先生当年的许多学生，研究了同时代的诸家学说。在集思广益和比较对照的基础上，本书重点探讨了贺麟先生的文化观，其分析精细入微，评说宏阔中肯，具有一定的创新性。

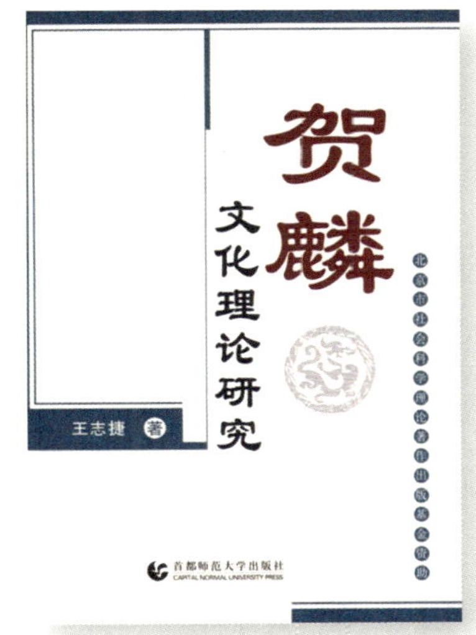

作　　者：王志捷
推荐单位：北京市委党校
出版单位：首都师范大学出版社
批准时间：2006年上半年
出版时间：2007年7月

《文化环境与教育选择——文化视野中的少数民族教育发展研究》

由于文化中心思想观念、价值规范的多元而造成的教育文化乃至教育行为的差异是我国民族教育发展不平衡的主要原因之一。基于这种认识，本书主要沿着以下两条线索加以展开：一是从文化角度理解少数民族教育文化的具体内涵、现实表现以及它的形成、发展和现代化的实际路径与可能性；二是通过比较系统地分析少数民族教育文化与民族教育之间的相互关系，从而揭示民族教育文化在全球化背景下的现代命运。由于上述两条主线密切相关，因此，在具体的论述中，又是以互为因果的方式而展开的。

需要特别指出的一点是，本书中所进行的相关理论分析和具体个案研究，不仅具有较强的理论性，而且也具有深刻的现实性，是建立在民族教育特殊性分析基础上的具有一定独创性的研究。

作　　者：胡玉萍
推荐单位：北京市委党校
出版单位：北京出版社
批准时间：2006年上半年
出版时间：2007年5月

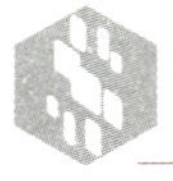

《尚清审美趣味与传统文化》

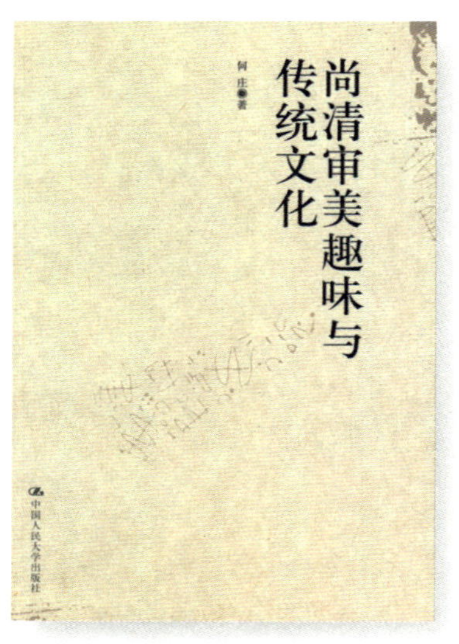

作　　者：何庄
推荐单位：中国人民大学
出版单位：中国人民大学出版社
批准时间：2006 年下半年
出版时间：2007 年 12 月

本书通过列举和分析大量历史文献资料，以中国文化最根本的哲学渊源儒道两家的学说为依据，从深层次上去把握中国古代尚清审美趣味的实质性意义及其审美价值，并从宏观上阐明了其产生与发展、演化的历史过程及其相应的社会基础与意识形态根源。

作者吸取了前人及时贤在同一论域中的研究成果，把相关资料纳入"天清——人清——文（艺）清"的逻辑思路。全书谋篇合理，脉络清晰，文笔流畅。其从道家清心寡欲的人生态度和儒家以礼节情的人格教化上揭示中国尚清趣味的人文底蕴，并用当代的"原型批评"理论对尚清趣味进行分析，具有相当的新意和深度。

《女性主义教育观及其实践》

作　　者：肖巍
推荐单位：清华大学
出版单位：中国人民大学出版社
批准时间：2006 年下半年
出版时间：2007 年 10 月

女性主义（女权运动、女权主义）是指一个主要以女性经验为来源与动机的社会理论与政治运动。在对社会关系进行批判之外，许多女性主义的支持者也着重于性别不平等的分析以及推动妇女的权利、利益与议题。而女性主义教育观就是以女性主义视角看待教育的价值观与方法论。本书试图借助女性主义哲学视角讨论女性主义教育观的理论及其实践。书中首先讨论女性主义及其教育思潮，以及性别与社会性别问题，进而研究女性主义教育观的哲学基础，阐述女性主义教育观的基本内容，并以哈佛大学为例分析美国高校的性别课程，以及为我国高校性别课程建设所带来的启示和思考。

本书可供各大院校作为教材使用，也可供从事相关工作的人员作为参考书使用。

《新加坡公民道德教育研究》

作　　者：龚群
推荐单位：中国人民大学
出版单位：首都师范大学出版社
批准时间：2006年下半年
出版时间：2007年12月

新加坡是一个以华人为主体的新兴移民国家。它在建国后的短短几十年间，创造了物质文明建设与精神文明建设的双重奇迹，被誉为东亚现代文明的典范。新加坡今天所取得的成就，如果离开了道德精神的支柱，几乎是不可能的：是传统的儒家伦理道德为新加坡人提供了团结奋斗和作为一个新兴民族内在凝聚力的强有力的精神动因。本书通过研究新加坡的公民道德教育，总结其理论与实践方面的有益经验，从而为完善我国的思想政治教育提供一些启示。

在这部书中，作者比较详尽地讲述了新加坡公民道德的背景与资源、新加坡公民道德教育的历史回顾、公民与道德教育的基本内容、新加坡的道德价值取向、新加坡社会的综合治理与前景规则及对新加坡公民与道德教育的反思。

《当代中国文艺思潮与文化热点》

作　　者：陶东风
推荐单位：首都师范大学
出版单位：北京大学出版社
批准时间：2006年下半年
出版时间：2008年6月

20世纪90年代中国文化和文学艺术呈现出了前所未有的复杂景象，中国特色的市场化、商业化、消费主义以及全球化深刻地改写了文学艺术和文化活动的存在方式、生产模式和接受心理，这对文化和文学艺术的研究提出了新的挑战。

本书对90年代以来中国重大的文艺思潮与文化热点进行了深度的解读，更从文化研究的视角做了独到而深刻的分析，对于广大文学艺术爱好者和专业研究人员均具有一定的参考价值。

《末世与救赎——20世纪俄罗斯文学主题的宗教文化阐释》

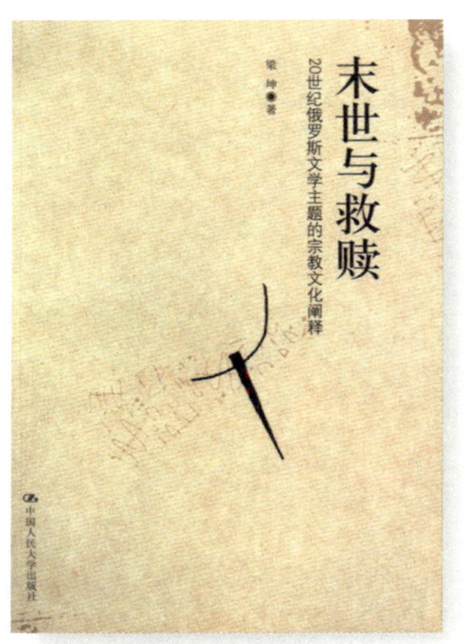

作　　者：梁坤
推荐单位：中国人民大学
出版单位：中国人民大学出版社
批准时间：2006年下半年
出版时间：2007年5月

本书从宗教文化视角研究20世纪俄罗斯文学的几个重要主题。启示录情结是东正教思想的核心，植根于俄罗斯民族的自我意识深处。20世纪的俄罗斯文学始终弥漫着强烈的末世论情绪和启示录期待，这是特定的文化心理与特定的历史时空交汇碰撞的结果。基督主题、索菲亚主题、恶魔主题、生态主题都从不同的视角体现了对救赎理想的重新探索。

本书力图通过对欧洲与俄罗斯文化传统的溯源和对文学文本的分析，探讨其中共同蕴含的末世与救赎的精神结构。在宗教、哲学与文学的关联处发现俄罗斯民族自我意识的特征，考察其民族性格与文化心理，抚触百年来俄罗斯人的精神脉搏，探寻俄罗斯文学的不朽魅力之谜。

《清代书院与学术变迁研究》

作　　者：刘玉才
推荐单位：北京大学
出版单位：北京大学出版社
批准时间：2007年上半年
出版时间：2008年3月

书院作为有别于传统官学体系的教育形式，在教育职能之外，同时还是学术文化原创、传衍的基地。著名的书院，往往既是学术派别的活动中心，又是地方文化教育的重镇。清代书院的主体部分是考课式书院，服务于时文帖括，但是纵观清代学术史，学术变迁的重要环节，诸如清初诸儒的讲学、程朱理学的崇尚、乾嘉学派的构建、晚清学术的转向等，无不与书院密切相关。因此，书院可谓观察清代学术变迁的极佳视角。

本书利用清人文集、日记、课艺、书院志等项文献资料，从书院的起源和发展、讲学的余波、理学传统在书院的展开、乾嘉学术与书院的关系、诂经精舍学海堂的学术示范、晚清书院学术取向的演变等方面对清代书院及其学术研究进行了探讨。

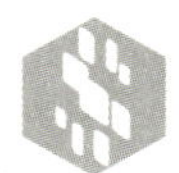

《区域科技论》

本书是一部系统阐述区域科技发展理论和实践的著作。全书分为理论篇、实证篇、运作篇和案例篇。理论篇，旨在回答区域科技是什么，为什么要发展区域科技，哪些因素影响区域科技发展，如何促进区域科技的创新与扩散，如何提高资源配置效率等基本问题。实证篇，探讨了区域科技总量的空间分布特征、结构性的空间分布特征、科技与经济的区域分类等内容。运作篇，阐述了区域科技发展的战略框架和战略内容，提出了区域科技规划的制定方法与思路。案例篇，分别从国外、跨行政区、省级区、县级区域四个不同层次介绍了区域科技发展的实践。

本书兼顾了理论性、实证性、操作性，适于科技管理研究者、政府有关部门、科技管理工作者阅读。

作　　者：吴贵生、魏守华、徐建国
推荐单位：清华大学
出版单位：清华大学出版社
批准时间：2007 年上半年
出版时间：2007 年 8 月

《新时期高校思想政治教育创新研究》

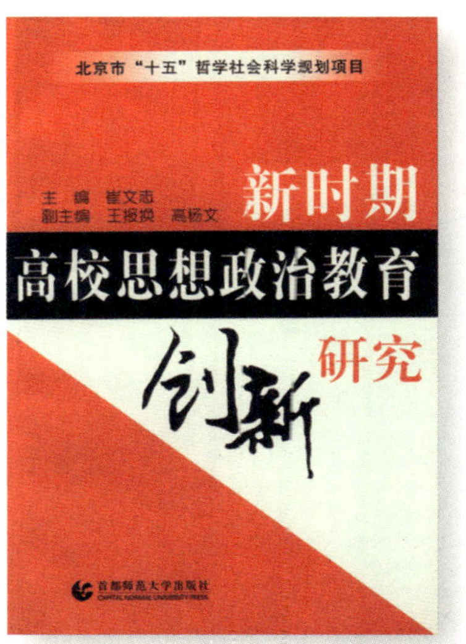

本书是一部专门论述在新时期条件下如何开展高校思想政治教育问题的学术专著。

本书共分为四章。第一章是思想政治教育面临的挑战，重点分析了全球化、社会转型以及网络给思想政治教育带来的挑战。第二章是思想政治教育的现状，论述了我国思想政治教育的现状、国外思想政治教育的特点及启示，以及新时期高校思想政治教育的着力点。第三章是对我国高校思想政治教育的文化审视，并对强化思想政治教育文化内涵的有效途径等问题进行了研究。第四章是思想政治教育机制创新，对思想教政治教育机制的内涵、基本特征进行了论述，从渗透机制、反馈机制、主体互动机制、评估机制、保障机制等方面探讨了思想政治教育机制创新问题。

作　　者：崔文志、王报换、高杨文
推荐单位：北京印刷学院
出版单位：首都师范大学出版社
批准时间：2007 年上半年
出版时间：2007 年 8 月

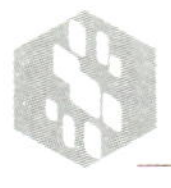

作　　者：何建坤、周立、张继红、孟浩、李应博、吴玉鸣、陈安国、吕春燕
推荐单位：清华大学
出版单位：清华大学出版社
批准时间：2007年上半年
出版时间：

《研究型大学技术转移——模式研究与实证分析》

本书通过规范分析、定量分析、案例分析等方法。对研究型大学技术转移进行了系统、深入的分析与研究；提出了“研究型大学创新能力转移”这一崭新的概念，构筑了研究型大学创新能力转移的理论体系。在此基础上，本书进一步通过模式研究与制度安排的探讨，结合研究型大学技术转移实践，系统全面地归纳提炼出了研究型大学技术转移典型平台的多种模式（合作型模式、大学科技园模式、大学衍生企业模式以及实现研究型大学社会服务功能过程中的技术转移模式）。

本书的模式研究与案例分析不仅为研究型大学创新能力转移提供了实践经验，也丰富和提升了研究型大学技术转移的理论内涵，有利于实现技术转移珲论与实践的有机结合，为提升国家自主创新能力提供新的借鉴与指导。

作　　者：王东、王放
推荐单位：北京大学
出版单位：北京大学出版社
批准时间：2007年下半年
出版时间：2008年5月

《北京魅力——北京文化与北京精神新论》

本书广泛吸收古今中外关于北京文化研究的科学成果，在分析总结前人成果的基础上，对北京文化的源头、特征、底蕴和历史地位提出了独特见解。全书分三篇，从九个层面逐层深入回答了北京文化研究的三个基本问题：北京文化的源头在哪里？北京文化特色是什么？北京文化精神底蕴是什么？在本书结尾处，作者总结了北京文化的深层灵魂——北京精神，将北京文化定位为中华文明结晶。出于知识分子的强烈责任感和哲学工作者的历史使命感，作者反思了北京文化的当代价值和未来命运。

本书对北京历史地理文化做了高度的总结与概括，从自然景观到历史渊源，从都市文化到皇家气派，从祭坛庙堂到胡同小院，增强了本书的学术性、理论性、思辨性、哲理性。

《中国电视节目主持人文化影响力研究》

作　　者：曾志华
推荐单位：中国传媒大学
出版单位：北京大学出版社
批准时间：2007 年下半年
出版时间：2009 年 6 月

在当代中国电视平台上，似乎没有比电视节目主持人更为风光的了。作为电视文化影响力重要组成部分的电视节目主持人文化影响力问题的研究，不仅是对节目主持人文化责任的明确界定，也是为建设和谐文化，为民众提供一种精神动力、舆论支持和文化条件的战略思考。

本书立足于中国电视文化格局的当下现状，从中国目前电视播音主持及其文化影响力的现状梳理人手，在密切结合一线实践的基础上，从文化学及传播学的角度，对主持人文化影响力的发生机制、功能与作用进行了理性思考与深入的学理论说。此外，本书还从主持人自身的文化自觉、电视组织的策划以及受众效果分析等三个方面，对主持人文化影响力最大化实现之途径提出了战略上的思考与对策。

《非正规学前教育的理论与实践——基于四环游戏小组的探索》

作　　者：张燕
推荐单位：北京师范大学
出版单位：北京师范大学出版社
批准时间：2007 年下半年
出版时间：2011 年 8 月

本书是一部以真实案例为基础、比较系统地研究非正规学前教育问题的学术著作。

全书分为两篇。第一篇是非正规学前教育的理论探索，首先梳理了非正规学前教育的理论基础，结合四环游戏小组非正规教育行动历程的回顾，展开理论探索和思考，基于自己的实践提炼出四环游戏小组的非正规教育模式，并对相关理论问题如非正规学前教育的几种主要发展模式、师资来源与志愿者团队建设等进行了比较系统深入的讨论，并且就四环非正规教育采用的行动研究方法进行了方法论的反思。第二篇主要是非正规学前教育的实务操作，着重在前面第一篇基础上，阐述四环游戏小组开创的以参与者为中心的非正规课程模式与教育方案，根据幼儿生活及与自然的关系整理出四季系列主题活动，介绍了蒙氏活动开展与玩具操作材料开发，并整理出家长育儿指导手册和志愿者工作手册，系统总结了游戏小组这一非正规教育的基本运作方式。

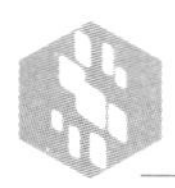

八、语言、文字

《阿拉伯语语义学研究》

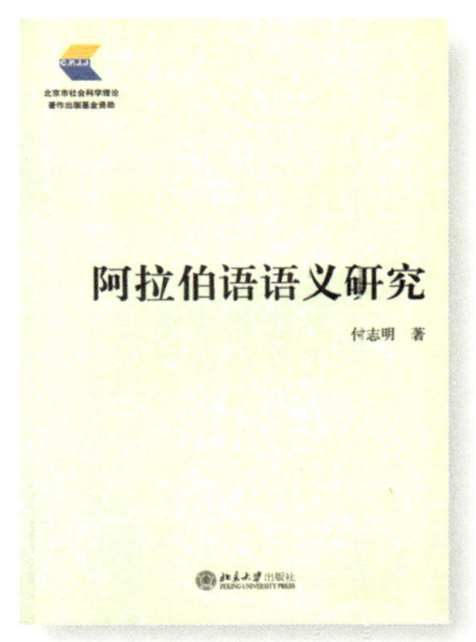

本书在借鉴阿拉伯语词义、语义研究成就的基础之上，采用国际上通行的语义研究理论，对阿拉伯语语义进行了研究，并在此基础上，对阿拉伯语语义的研究范围有所扩展：不仅涉及了语义产生不同的见解、语义发展的各种现象、语义场等基本语义理论问题；也涉及了语境对语义的影响、语法对语义的影响、语义模糊的必要性及歧义产生的原因、阿拉伯语惯用语的特点等语义实际应用问题。

特别是对在话语之中产生语义的变异进行研究中，本书将语义的同义、反义、多义现象从词义扩展到句义；对语境的分析，没有局限在对多义词在语境中的不同解释现象进行分析，而是扩展到对句子的语义、段落的语义、篇章的语义在语境中产生不同的语义现象进行分析。

作　　者：付志明
推荐单位：北京大学
出版单位：北京大学出版社
批准时间：2003 年上半年
出版时间：2008 年 4 月

《永乐大钟　梵字铭文考》

随着考古发掘工作的迅速发展，佛教梵文文物的发现越来越多。考古研究工作者遇到这灰文物却如读天书、茫然不知其义，踏破铁鞋，却不得其解。梵文是印度的古文，懂得的人不多，加之这类文物的字体与现今所习见的字体不同，故这些东西在中国已经很少有人能够读通，这对我们研究这类文物应该说是一个障碍。

本书是作者近年对梵文研究的一大成果。明永乐大钟重 46 吨，内外汉梵佛教经咒铭文 23 万，其中梵字 5000 有余。《永乐大钟　梵字铭文考》的完成使近 600 年的佛钟铭文第一次得以解读，让读者一睹其奥秘。

作　　者：张保胜
推荐单位：北京大学
出版单位：北京大学出版社
批准时间：2003 年下半年
出版时间：2006 年 7 月

《汉语复合词语义构词法研究》

作　　者：朱彦
推荐单位：北京大学
出版单位：北京大学出版社
批准时间：2004 年上半年
出版时间：2004 年 11 月

以往的构词法研究从两种角度研究词素之间的关系，一是句法结构角度，一是语义关系角度。它们的不足都在于，观察与分析的视角停留在语言的表层，因而对词素间复杂曲折的语义关系难以详尽描写和解释。本文从语义的深层出发，在认知的背景上挖掘复合词词素间语义关系曲折复杂的根源，力图描写和解释复合词构成的一系列语义过程，找出其间的语义组合规律，也即是说，从纯语义的角度来重新审视构词法问题。

本书从语义的深层出发，通过全面地研究复合词词素间的语义关系，解释了复合词构成的语义过程，并梳理出了若干语义组合的规律。概而言之，本书将复合词看作词汇与语法之间的一个界面，通过探索复合词的语义构词机制，从而为沟通语汇研究和句法研究做出尝试和思考。

《殊方异药　出土文书与西域医学》

作　　者：陈明
推荐单位：北京大学
出版单位：北京大学出版社
批准时间：2004 年上半年
出版时间：2005 年 6 月

本书以西域出土胡语文书，尤其是梵语文献为依据，系统地论述了我国医学界长期隐而未彰的西域医学问题，尤其是这些胡语医学文献所反映的中印医学交流问题。

本书有很多创新之处。首先，以前对西域医学的研究，依据的主要是以汉文古代史籍的记载，本书则奠基于西域出土文献，尤其是胡语文献；其次，前人对西域医学文献的研究侧重于语言学本身，在本书中这些文献则成为重构西域医学史的基本依据；再次，前人对西域医学的认识多局限于某一领域或某一侧面，而本书则通过对西域出土胡语医学文书的综合性研究，从整体上勾勒出土古代西域医学的大致轮廓；最后，在系统研究西域出土医学文书的同时，作者还特别关照了古代医学与社会生活的关系，从多角度进行了审视。

《汉语的词库与词法》

本书的核心思想是将词汇知识分为词库和词法两个部分。词库是一个语言中具有特异性的词汇单位的总体，词库中的项目都是语言中意义不可预测的成分，需要以清单方式一个一个地存储。词法是关于一个语言中可以接受或可能出现的词的结构规则。

以这二者的互动与关联为基本线索，本书比较系统地考察了汉语词汇研究中注意较少或虽然关注较多但仍未搞清的一些问题，包括汉语词法的基本单位、汉语语素的分类、一些能产性较高的词法模式、复合词的强势结构类型与主要语义模式以及一些尚处于词汇化过程中的词的特点及其形成机制等。

作　　者：董秀芳
推荐单位：北京大学
出版单位：北京大学出版社
批准时间：2004 年上半年
出版时间：2004 年 12 月

《国际交流语用学——从实践到理论》

本书是一部关于国际交流语用学系统研究的专著。作者阐述了国际交流语用学研究的理论框架，提出了国际交流的“语境三分”说，描述了国际交流分类语境的语用特征，考察了语境、话语之间的“互动共变”机制，论证了国际交流策略运用的“梯度原则”，提出了国际交流失误处理的“酌情原则”，建立了国际交流“CLISF”语用的操作模型，从而构架了国际交流语言使用研究的有机整体。

本书的读者对象主要为语言学与应用语言学、跨文化交流学、外交学、翻译学、传播学等院系师生、国际交流语用学研究人员和实务工作者，以及其他参加国际交流会作的人员等。

作　　者：胡庚申
推荐单位：清华大学
出版单位：清华大学出版社
批准时间：2004 年上半年
出版时间：2004 年 6 月

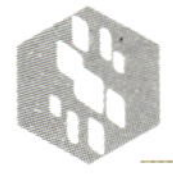

《出土战国文献语法研究》

作　　者：周守晋
推荐单位：北京大学
出版单位：北京大学出版社
批准时间：2004 年下半年
出版时间：2005 年 8 月

本书以出土文献为主要材料，考察几个语法功能项在战国—秦汉之间的发展。材料主要来自最近十年前后整理、公布的十余种战国简牍帛书。原始材料的形成时间，贯穿整个战国时代，下及于秦汉。

作者认为，词语功能和结构形式的地域特征，是历史发展的结果；而空间分布的差异，可以作为语法连续性发展的证据。本书的基本工作，就是在楚地、秦地等文献中，说明共性、比较差异，理清发展线索。本书一方面运用传世文献的材料，来印证对出土文献考察所得出的结论；同时，也分析了一些两者的异文材料。两方面考察的结果，可以起到对现有的一些看法做一点补苴的作用。

《〈搜神记〉语言研究》

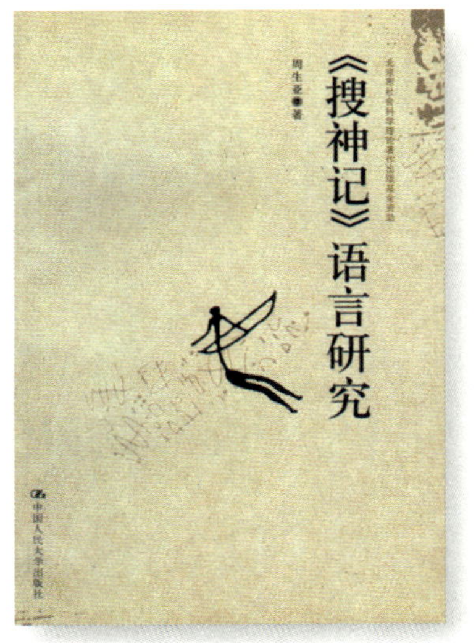

作　　者：周生亚
推荐单位：中国人民大学
出版单位：中国人民大学出版社
批准时间：2004 年下半年
出版时间：2007 年 4 月

《搜神记》是我国志怪小说的代表作品。它的材料大多来自民间，保存了大量的民间神鬼故事和传说。因此口语色彩相对较浓，是研究当时语言的一部非常重要的语料。本书对《搜神记》一书的词汇系统、词义类型和词义发展做了细致、全面的描写，以量化分析的方法，对《搜神记》词类的全部内容进行了深入、系统和穷尽的断代研究。

本书是对《搜神记》语言进行比较全面研究的一部学术专著，无论是对研究我国魏晋时期的汉语词汇史，还是对汉语语法史以及汉民族共同语的形成史，均具有非常重要的学术价值。

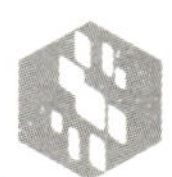

《商务印书馆与中国近代文化》

商务印书馆是一棵百年的大树，是一本厚重的大书。无论从近代文化史还是从近代出版史上讲，商务印书馆都是值得认真研究的对象。本书作者将商务印书馆置于近代中西文化冲撞交融的历史过程中，作长时段和系统的考察，集中探讨了其崛起与发展，尤其是与近代政治思潮、近代中西文化、近代教育和近代文化名人等多方面的关系，有助使人们对于商务印书馆乃至近代文化史的认识。

本书为北京市社科基金资助出版物，作者对商务印书馆的历史进行了追述可考证，澄清了许多历史问题，尤其对商务印书馆的出版业与中国近代文化发展之间的关系做了比较令人信服的论述。

作　　者：史春风
推荐单位：北京大学
出版单位：北京大学出版社
批准时间：2005 年上半年
出版时间：2006 年 1 月

《俄汉对比与俄语学习》

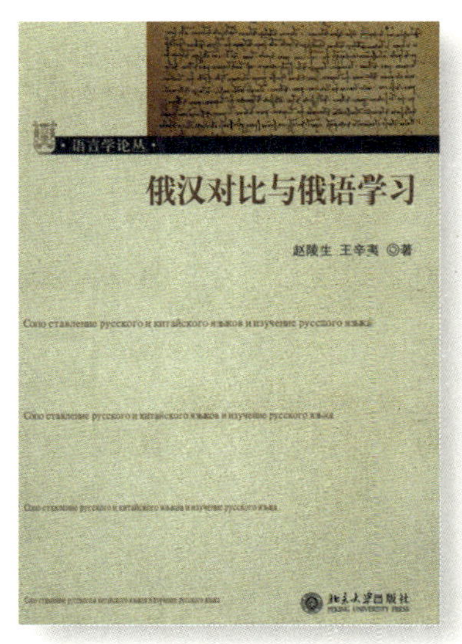

汉族学生学习俄语，由于受母语影响，造成许多困难，或由此引发许多词汇和语法错误。本书根据作者多年的教学经验，针对汉族学生的特点，选定 20 个项目，在汉俄语比较的基础上以具体的实例阐述两种语言体系和具体运用的异同。材料密切联系教学实际，学习者可以从中得到举一反三的启迪。

本书将有助于俄语初学者自觉地克服母语干扰，避免言语活动中常见的带有明显汉语痕迹的汉语化俄语，从而学到地道的俄语。

作　　者：王辛夷、赵陵生
推荐单位：北京大学
出版单位：北京大学出版社
批准时间：2005 年上半年
出版时间：2006 年 9 月

《俄语的数、数词和数量词研究》

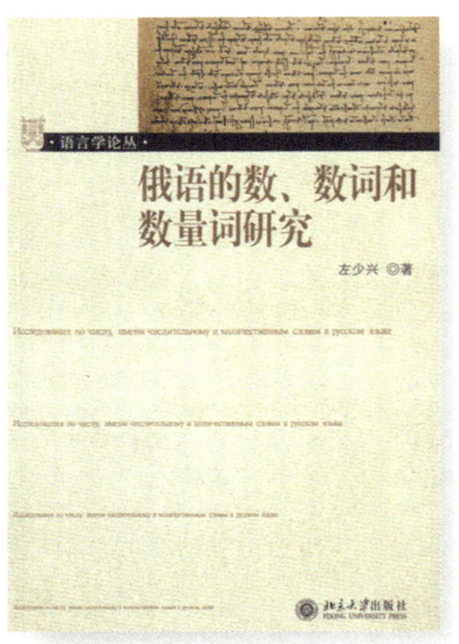

作　　者：左少兴
推荐单位：北京大学
出版单位：北京大学出版社
批准时间：2005 年下半年
出版时间：2006 年 7 月

本书从学术传承、学术积累和学术创新的角度，对俄语的“数、数词、数量词”，进行了广泛深入和全面的描述。它既与传统的描写语法相联系，又在许多方面“推陈出新”，“自成一体”，带有明显的中国人学俄语用俄语的特色；此外，本书还纠正某些俄语书中不少片面的错误说法及“例证”。

本书在描写“数、数词、数量词”时不是孤立地“就事论事”，而是扩大它们的“联系”范围，增加语言材料，深入分析研究语言事实。因此，本书既有语法学的内容，又含“词汇学”的要素，既以“形态学（词法）”作为描写的出发点（如格与数的形态范畴等），又考虑到“结构学（句法）”的特点（如数词与其他词数的词的组合等）。

《语用、认知与日语学习（Ⅰ）》

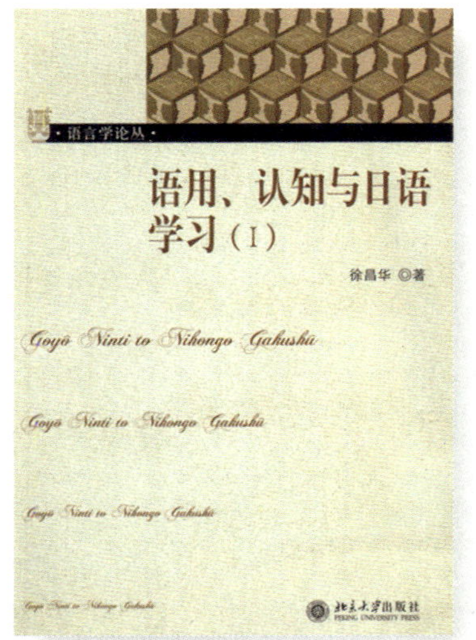

作　　者：徐昌华
推荐单位：北京大学
出版单位：北京大学出版社
批准时间：2006 年上半年
出版时间：2006 年 10 月

本书是运用语用学和认知语言学的理论研究现代日语的著作。两者在当今语言学中占重要地位。将这种理论用于日语研究，会取得有解释力的成果。

本书语用学研究部分，包括言语行为和话语理解。前者对责备、贬损、劝说三种言语行为做了深入的考察，分析了《围城》日译本中间接言语行为的语用功能。后者介绍了笔者对理解日语话语的体会，举出一些词语、句式，详释了它们的语义和用法。认知语言学研究部分，涉及外部世界认知以及关于若干日语语言现象的认知研究。前者探讨了空间方位认知、时间认知、对人认知与授受动词等问题。后者研究了日语的认知模式，从认知角度研究自动词句、被动句、形容词的表情功能与表情方式等问题。

《计算机翻译研究》

本书从翻译学、历史学、语言学、跨文化交际、人工智能、计算机科学以及哲学的角度对计算机翻译的沿革进行了全面的梳理和论述；提出了建立计算机翻译的定量评价体系；详细阐述了计算机翻译的适用范围及效果；分析了计算机翻译的难点和制约计算机翻译译文质量的瓶颈；提出汉语自动分析的构想；指出未来的研发重点、发展趋势以及计算机翻译类的影响。

全书共分七章，融知识性、科普性、学术性、理论性为一体，不仅对计算机翻译相关人员大有帮助，而且对人工译者、英语爱好者，以及对计算机翻译爱好者也能达到启发和借鉴效果。

作　　者：张政
推荐单位：北京工商大学
出版单位：清华大学出版社
批准时间：2006 年上半年
出版时间：2006 年 12 月

《〈萨克森明镜〉研究》

约公元1230年至1235年间，萨克森贵族埃克·冯·雷普高使用德语把德意志北部地区的习惯法汇编成书，名为《萨克森明镜》，意在取法鉴人，以资政治，不料竟就此奠下德意志法律大厦的第一块基石。这部私人笔记性质的中世纪习惯法大全产生于德意志进入“大空位”时期的前夕，由于它建立在对时下人们生活方式和思维方式丰富搜集并深刻观察的基础之上，因而成为德意志几代君王及诸侯可以诉诸的几乎唯一的立法资源。

本书围绕着《萨克森明镜》的几个主要存世抄本展开研究，力图发掘其渊源，追寻其流变，梳理其内容，注释其含义，还原其风貌，展现其价值，旨在将《萨克森明镜》这部全面透视出中世纪德意志正义观念与社会秩序的百科全书介绍到中国。

作　　者：高仰光
推荐单位：中国政法大学
出版单位：北京大学出版社
批准时间：2006 年下半年
出版时间：2008 年 2 月

《汉语语调问题的实验研究》

作　　者：江海燕
推荐单位：首都师范大学
出版单位：首都师范大学出版社
批准时间：2007 年上半年
出版时间：2010 年 10 月

本书以语音实验为基础，选择汉语、陈述与疑问语调的对比作为切入点，做了深入细致的研究。其创新性主要有：第一，以语句的首、尾音节为例，从语调对字调的改变入手，用语音实验证明了句末音节对语气传达有决定性作用，并且，语调对字调的调节不仅表现在音阶上，还表现在对一定调位范围内基频曲线倾斜度的改变上并进一步应用声调格局的观点，解释和论证了这种变化的范畴特性；第二，发现了疑问语调对字调拉力的“右重”现象，进而推导出可以用此法生成不同语气下的基频的结论；第三，首次应用声调聚合的方法，探讨了语调的调位问题。

此外，本书还探讨了陈述和疑问语调之间在音高上的分辨界线问题，并提出区分疑问和陈述语调模型的设想。

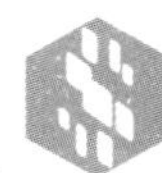

九、文学

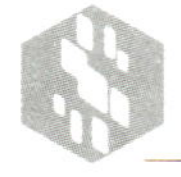

《“新诗集”与中国新诗的发生》

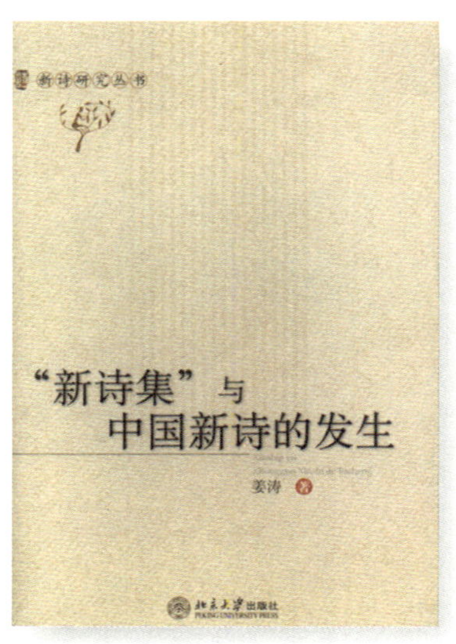

作　　者：姜涛
推荐单位：北京大学
出版单位：北京大学出版社
批准时间：2003 年上半年
出版时间：2005 年 5 月

本书以早期“新诗集”为研究对象，通过考察“新诗集”的出版、接受、编撰及历史评价等环节，重视审视“新诗的发生”这一历史命题。从一种整体性的社会、文化视角，尽量回到原初现场，从共时角度展现错杂、纷乱的历史表象，从而对一般的有关新诗的线性历史想象，提出自己的质询。

在研究方法上，本书绕开了从观念到观念、从文本到文本的既有模式，在新诗发生的历史现场中，引入一些对外部环节的讨论，譬如发表、出版、读者阅读、诗集编撰和文学史的建构等，在一般的历史研究、审美研究中加入“经验研究”和文学社会学的因素，使得研究的客体不仅包括文本本身，而且包括文学体系中文学活动的角色，即文本的生产、销售、接受和处理。

《唐代非写实小说之类型研究》

作　　者：李鹏飞
推荐单位：北京大学
出版单位：北京大学出版社
批准时间：2003 年上半年
出版时间：2004 年 10 月

本书从类型视角对唐代谐隐精怪、遭遇鬼神、梦幻三大非写实类型小说进行了比较集中的专题研究。

通过对上述小说类型的分析，作者对以下几个方面的问题进行了阐释：对谐辞、隐语及谐隐三类手法的源流分别加以梳理，对其表意机制进行分析、归纳；对精怪小说从六朝到唐代的发展过程进行了论述；对唐代谐隐精怪小说的发展演变及其艺术特色进行了集中论述；对人神遭遇类型的各种亚型尤其是人间女子与男性神灵的遇合进行了比较深入的分析；指明了唐代人鬼遭遇类型小说中所存在的多种亚型，并对其表现手法进行了分析；辨明唐代各种叙梦手法的源头；对“梦—梦验”模式的各种表现形式分别予以探讨；指出唐人哲理性梦幻小说反映了唐人对现实人生的反思、对新的出路的寻索。

《黄庭坚诗学体系研究》

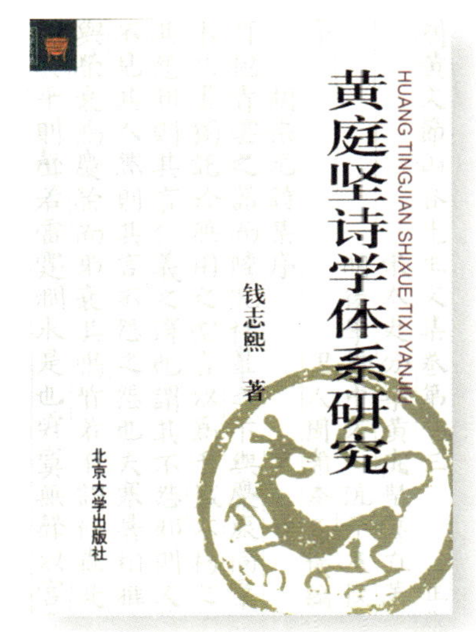

立足于传统诗学的概念，将黄庭坚诗学放在中唐到北宋的文化史与诗歌史的大背景和北宋中晚期士大夫文化及北宋诗发展的当代语境这样两个层次上，全面探究了黄庭坚诗学的根本说、情性说、兴寄说、学古说、法度说、分体说等诸多范畴，建构了一个完整的黄庭坚诗学体系。本书不但对于黄庭坚诗学的理论架构做出了逻辑严密的阐释，而且对于黄庭坚诗歌艺术也有着精到的分析。

本书一共分十章，集中论述了黄庭坚诗学体系中的六个范畴：根本说、情性说、兴寄说、学古说、法度说、分体说，它们互相联系，彼此之间有着严密的逻辑关系，共同构成了完整的黄庭坚诗学体系。

作　　者：钱志熙
推荐单位：北京大学
出版单位：北京大学出版社
批准时间：2003年上半年
出版时间：2003年6月

《文化转型中的阿拉伯现代文学》

本书是作者多年来从事阿拉伯文学研究的成果。其中既有对阿拉伯文学现代化进程的介绍，也有对阿拉伯现当代文学中最敏感的一些热点、焦点问题的解析，如东西方文化的差异、全球化对阿拉伯文学的影响、诺贝尔文学奖情结、恐怖主义和极端主义对文学的压力、女性文学……尤其需要值得注意的是，由于我们与阿拉伯同是东方国家，同属第三世界，因此在现当代文学中的确有许多相同、相似的问题可供相互借鉴，共同探讨，而这也正是本书研究主题最大的意义所在。

在此基础上，作者还着重研究、介绍了一些阿拉伯现当代文坛一些巨擘、大师级的人物，如旅美派的领袖作家纪伯伦、现代戏剧之父陶菲格·哈基姆、马哈福兹、塔伊布·萨利赫、格巴尼、嘉黛·萨曼等，通过对其作品的深入解读，从而探寻其在文化转型中的时代意义。

作　　者：林丰民
推荐单位：北京大学
出版单位：北京大学出版社
批准时间：2003年上半年
出版时间：2007年4月

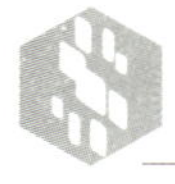

《东亚比较文学导论》

作　　者：张哲俊
推荐单位：北京师范大学
出版单位：北京大学出版社
批准时间：2003 年上半年
出版时间：2004 年 1 月

本书主要探讨了东亚文学中普遍存在的比较文学现象。汉字与东亚文学的关系是东亚文学作为共同体形成的前提与条件，东亚各国接收汉字与阅读汉字的独特方法（训诂、音读）对于东亚文学产生、发展有着决定性的作用。

中国古代诗歌形式是日本与韩国定型体诗形成的重要基础，五七调为主的日本和歌，六句为完整形式的韩国时调与中国的六句体，这些都是本书探讨的内容。日本能乐形式与中国的宋元杂剧，中日古典长篇小说的早熟与晚出等章节，研究了东亚文学的形式与中国文学的关系。对于异国形象、母题与嬗变都是东亚文学普遍存在的现象，本书也进行了专门的研究。

《唐诗创作与歌诗传唱关系研究》

作　　者：吴相洲
推荐单位：首都师范大学
出版单位：北京大学出版社
批准时间：2003 年上半年
出版时间：2004 年 10 月

本书从唐代“歌诗传唱”史实入手，比较详尽地考察了唐诗创作与这一现象的关系。作者在这一新研究视角下，转换传统思维方式，突破习见，多所发明，从而纠正了前人多视唐人乐府旧题为文人拟作，与时下音乐无关的主观臆测。

全书共分五章，第一章对歌诗创作在唐代诗歌创作中的地位和作用做了理论上的考察。属于逻辑分析，后面四章则从事实的层面进行考察，属于历史分析。具体是从初、盛、中、晚四个时段依次进行考察，而在每个时段集中论述一个问题，这样既照顾了时间的前后，又不至于散漫无际。这四个问题分别是：初唐人对近体诗律的探索与歌诗的传唱的关系，盛唐诗的繁荣与歌诗传唱，中唐元白诗派的诗歌创作与歌诗传唱，论晚唐“才子词人”的歌诗创作。

《梁宗岱与中国象征主义诗学》

在这部书中，作者指出，梁宗岱的象征主义诗学是“纯诗化”理论的代表，其诗学建构的基本框架可从共时的方面和历时的方面来阐释。在共时的方面，梁宗岱在诗的基本观念、诗的文本状况、诗的创造、欣赏与批评等三方面都有深入的阐释，而“象征的灵境”是其核心概念。在历时的方面，梁宗岱在中国文学经典处于危机、西方文学经典兴起的文化转型之机，将上述共时方面的诗学观念用之于中国古代文艺传统的历史诗学研究，并在中西比较诗学框架中重构中国文学经典。

作者认为，梁宗岱的诗学建构的文化心理动因，源于中国文化现代性进程中寻求和重塑文化认同的需求。梁宗岱在这种重塑文化认同的过程中，对传统采取阐释策略，促进了“新传统化过程”。

作　　者：陈太胜
推荐单位：北京师范大学
出版单位：北京师范大学出版社
批准时间：2003 年上半年
出版时间：2004 年 8 月

《沈从文小说新论》

本书对沈从文小说的空间形式、时间形式、文体和语言等文学性因素进行深入的研究，从而论证了沈从文小说在中国小说现代化进程中的突出地位，并初步描绘出沈从文作为 20 世纪世界最杰出小说家之一的光辉形象。

全书共分五章。第一章从非理性与原始性的角度探讨了沈从文小说的现代意义；第二章以《边城》和《长河》等小说为具体文本，分析了沈从文小说中的民族想象与国家认同观念；第三章重点论述沈从文小说的时间形式，并从“叙述时间与命运的呈现形态”“反复叙事与‘地志小说’的生成”等角度进行了比较详尽的阐释；第四章重点探讨了沈从文小说的故事形态；第五章则对沈从文小说的叙述手法进行了分析，作者认为“客观化”与“象征”是其最具有代表性的特点。

作　　者：刘洪涛
推荐单位：北京师范大学
出版单位：北京师范大学出版社
批准时间：2003 年上半年
出版时间：2005 年 1 月

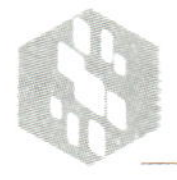

作　　者：顾蕴璞
推荐单位：北京大学
出版单位：北京大学出版社
批准时间：2003 年下半年
出版时间：2004 年 8 月

《诗国寻美——俄罗斯诗歌艺术研究》

本书用美学批评结合社会历史批评的视角，点面结合，融微观于宏观，从俄罗斯这个长达两个世纪之久的诗歌大国的发展中捕捉其民族性和形放性两个显著特点，从众多诗人中选译了普希金、莱蒙托夫、叶赛宁三大民族诗人作为经典研究的对象，并从 20 世纪俄罗斯诗歌大破闭关自守的两次勃兴（“白银时代”和 20 世纪“解冻”后的苏联诗歌）作为热点研究的课题，从而大致勾画出 20 世纪俄诗大转折的轨迹，又紧紧抓住俄罗斯民族诗歌标志性成就予以深入阐释。

重文本、重审美、重比较是本书写作上的几个显著特点。

作　　者：宋绍年
推荐单位：北京大学
出版单位：北京大学出版社
批准时间：2003 年下半年
出版时间：2004 年 11 月

《〈马氏文通〉研究》

《马氏文通》是我国第一部系统地研究汉语语法的专著。它选用先秦两汉以及唐代韩愈的古典散文为语言材料，论述并分析了九个字类、七种句子成分、六个位次以及顿、读和句，等等。其语法体系具有很强的条理性。《马氏文通》奠定了我国语法学的基础，具有很高的科学价值和重要的历史意义。

本书在认真梳理史料的基础上，对马建忠的爱国思想和外交活动做了简要介绍。全书主体部分共 12 章，在总结一百年来研究的基础上，以尊重前人又不迷信前人的态度，多方位多视角地分析讨论，对书中所涉各个语法范畴，逐一加以评说，充分肯定《马氏文通》的历史地位及其对古汉语语法现象细致准确的观察，实事求是地指出书中某些判断、认识上的疏误以及后人研究中的误解。

《灯下西窗——美国文学和美国文化》

本书共分四部分：从美国文学总体介绍到侧重 20 世纪不同时期美国文学的特色，尤其是当代发展较快的计歌和女性文学进行分析；讨论具体的作家作品。如《汤姆叔叔的小屋》，海明威、福克纳的作品等；侧重于美国文化的特点，如《飘》《廊桥遗梦》为什么会畅销及围绕戏仿《飘》的《风已飘去》的官司，从不同侧面看美国社会的一些文化现象；重点探讨加拿大文学（同属北美文学）和一些具体的作家与诗人。

本书既有对美国文学总体介绍到侧重 20 世纪不同时期美国文学的特色，又有对具体作家及具体作品的深入分析，更有对美国社会文化的介绍。是一本了解美国文学与美国文化的参考书。无论对普通读者还是英语专业的学生都有可读性及参考作用。

作　　者：陶洁
推荐单位：北京大学
出版单位：北京大学出版社
批准时间：2003 年下半年
出版时间：2004 年 11 月

《建安七子研究》

本书旨在通过对建安七子创作成就和文学风格的论述，显示他们对建安文学的贡献，并揭示出他们在汉代文学乃至整个中国古代文学发展史上的地位。

作者始终以文学创作为中心，又不固守一隅、见树不见林；既力求将作家放在历史发展背景和具体的政治、文化环境中进行切实的考察，又顾及作家本人和全部作品；在作家论上，力求遵循“知人论世”的科学方法，结合作家生平勾画其生活的社会背景，从而揭示他们取得文学成就的动因；在作品论上，力求从作家的全部作品出发，考察具体的作品创作的具体环境，高度重视前人时贤的有关论述，比照考订，参同比异，并合理采用“以意逆志”的思想方法认真体悟作家的创作心态和动机，以期能对他们的作品有深入独到的领悟。

王鹏廷 著
建安七子研究
北京大学出版社
PEKING UNIVERSITY PRESS

作　　者：王鹏廷
推荐单位：北京工业大学
出版单位：北京大学出版社
批准时间：2003 年下半年
出版时间：2004 年 10 月

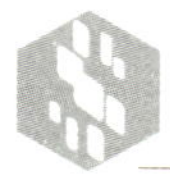

《中国古代歌诗研究——从〈诗经〉到元曲的艺术生产史》

作　　者：赵敏俐、吴相洲、刘怀荣、钟涛、方铭、沈松勤、陶允冀
推荐单位：首都师范大学
出版单位：北京大学出版社
批准时间：2003年下半年
出版时间：2005年9月

歌诗是指可以配乐演唱的诗歌，它在古代文学中占有重要地位。从《诗三百》到元曲，是中国古代歌诗形态发展的一个完整过程。

本书以马克思主义的艺术生产论为指导思想，重点研究研究以《诗三百》、乐府诗、唐宋词和元曲为代表的中国古代歌诗的发生机制，这一时期社会各阶层的精神消费需要对中国古代歌诗艺术发展的影响；作为精神生产者的歌诗艺术家、为艺术生产服务的歌诗演唱组织、社会机构等在中国古代歌诗发展中的地位、作用和贡献；作为满足精神消费需要的诗歌的一系列艺术特征；它的演唱、传播等对一个时代的精神文明提高或一个民族文化精神塑造的巨大作用；以及由此而形成的艺术生产规律等，试图以新的视角解决中国文学史上一些过去未曾解决或忽略的重要问题，以求对当代艺术生产提供历史的借鉴。

《荒原上的丁香——20世纪30年代北平“前线诗人”诗歌研究》

作　　者：张洁宇
推荐单位：中国人民大学
出版单位：中国人民大学出版社
批准时间：2003年下半年
出版时间：2003年10月

本书对20世纪30年代北平诗坛的系统检视，吸收了近20年来对这一领域的研究成果，提出了“前线诗人”这一具有重要开拓意义的课题，以全新的文化视角透视20世纪30年代北平“前线诗人”的诗歌试验和诗学探索，从不同的侧面描绘出这一独特文学现象的文化特质和文学特征。

作者紧紧抓住“前线诗人”在创作心态与晚唐诗人的贴近和契合，以及他们在各自艺术风格中所表现出来的对晚唐诗风的继承与发展，将诗人的创作心态、美学主张和艺术风格等融汇在对于诗歌文本的解读中，在理论探讨和创作实践之间架起一道桥梁，从而把“晚唐诗热”从单纯的诗学追求坐实到具体的文本创作上。

《翻译文学导论》

在人们的文化生活中，翻译文学作为一种文学文本这一事实已得到广泛的认可。但是，它又是一种特殊的文学文本，其地位与价值长期以来一直存在着争议。普通读者在读完一部译作后，通常会记得使用原语创作的外国作家的姓名，但鲜有人会牢牢记住译者的姓名。这一情形鲜明地凸现出翻译文学的尴尬处境。本书从概念的辨析、特征的分析、功用的阐释、历史发展进程的回溯、方法的推究、译作类型的剖分、原则标准的推陈出新、审美理想的探寻，鉴赏批评的联系与分野，以及对学术研究状况的勾勒，为人们提供了一幅翻译文学的全景图。

此外，作者想通过本书实现一种意愿，即对大学中文系的“外国文学史”课程进行改造，即以“中国翻译文学史”来改造“外国文学史”课程。

作　　者：王向远
推荐单位：北京师范大学
出版单位：北京师范大学出版社
批准时间：2003 年下半年
出版时间：2004 年 7 月

《中国民间文学研究的现代轨辙》

千百年来，文言文一直处于唯我独尊的境界，而一些民间文学作品则难登大雅之堂。直到新文化运动，这个局面才被打破。我们提倡使用白话文，直到今天，白话文的发展也不过百年。而民间文学的发展却不仅仅是从白话文开始的，小调、民歌，都是民间文学，自古即有；不过，白话文的推广却使得现代的民间文学起了一些变化。

本书侧重于学术史的视角，撷取胡适、刘半农、周作人、顾颉刚、郑振铎、闻一多、朱自清、钟敬文这八位在中国现代民间文学研究上作出重要贡献的人物，回顾其经历，介绍其成果，检讨其得失，疏浚其影响，着重于对学理的探究，力图尽量贴近历史与把握传统，对民间文学作为一门现代学科的整个历程做了比较细致深入的梳理和评述。

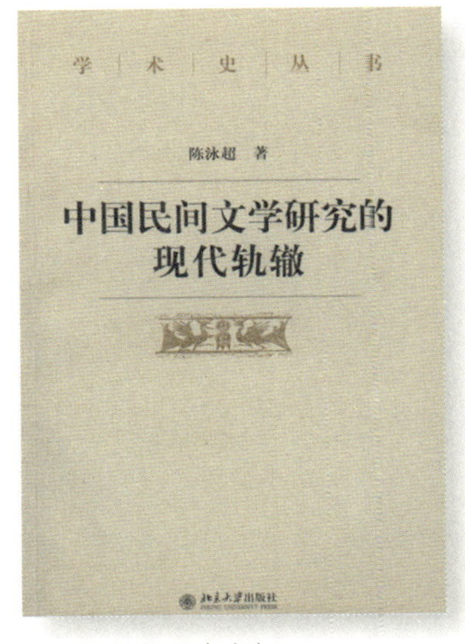

作　　者：陈泳超
推荐单位：北京大学
出版单位：北京大学出版社
批准时间：2004 年上半年
出版时间：2005 年 8 月

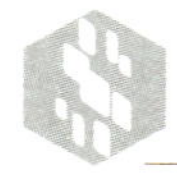

《诗与意识形态——西周至两汉诗歌功能的演变与中国诗学观念的生成》

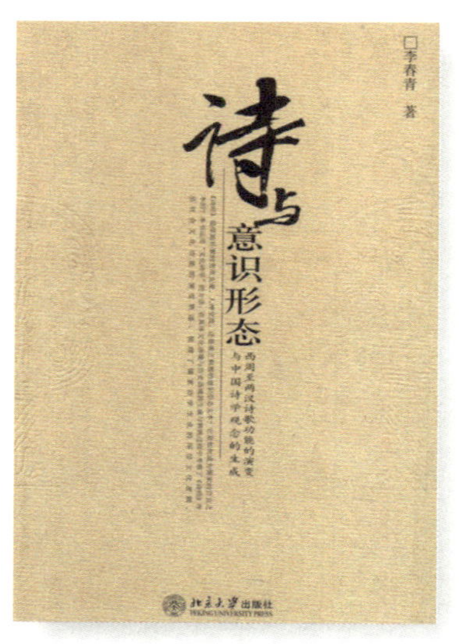

作　　者：李春青
推荐单位：北京师范大学
出版单位：北京大学出版社
批准时间：2004 年上半年
出版时间：2005 年 1 月

本书从历史和思想史演变的角度考察了从西周之初到两汉时期诗歌功能的演变轨迹以及中国古代诗学观念生成的过程，揭示了在这一时期诗歌功能、诗学观念与政治史、思想史之间复杂的互动关系。

全书分上、中、下三篇，“上篇”从周人立国之后的意识形态建设的角度阐释了诗歌在当时的重要政治意义。“中篇”阐述了儒家话语系统在周人礼乐文化的基础上生成以及诗歌从官方话语向民间话语的转换过程。“下篇”具体考察了汉代士人阶层与君权集团之间“共谋”而建构大一统的国家意识形态的过程，并揭示了诗歌在这一过程中所具有的重要性。

《苏门六君子研究》

作　　者：马东瑶
推荐单位：北京大学
出版单位：北京大学出版社
批准时间：2004 年上半年
出版时间：2005 年 3 月

“苏门六君子”是北宋时期最重要的文人集团。本书主要采用还原历史、追索过程、解读原因的基本方法，把“苏门六君子”置于历史文化的大视野中，从解读这一称谓的道德评价因素入手，考述称谓的来历，揭示其中所包含的复杂的历史文化信息，分析这一文人集团的形成原因、“六君子”在文化史上的典范性及典范化的历史过程。

在此基础上，本书还从一些相关角度论述六君子的文学活动和创作，主要包括从“诗意”和“诗艺”的交流方式重新解读六君子的唱酬文学，探讨在文学史的集团创作中具有类型意义的六君子的贬谪文学，以及从学术论争的角度重新审视六君子的相关文学创作，从而以新的视角论证了六君子文学的独特成就和特殊意义。

《书斋与书坊之间——清代子弟书研究》

作　　者：崔蕴华
推荐单位：中国政法大学
出版单位：北京大学出版社
批准时间：2004 年上半年
出版时间：2005 年 8 月

子弟书继承了中国传统文艺的情感与形式，如古诗的典雅，民歌的鲜活，说唱的通脱，文人的感怀，平民的欢畅等，构成了它深厚的艺术积淀。它在文人与大众中找到了自己的特殊地位，形成了雅俗共赏的审美风范。本书通过对其源流、名称、文本、艺术活动、版本等方面的综合考察，力图揭示此种曲艺艺术的历史面貌，确定它在中国文学史中的地位，尤其是在中国叙事诗史上的特殊地位。

五四新文化运动后，学术界加强了对俗文学的研究，但对子弟书的研究仍显薄弱，尤其对子弟书艺术实践活动的研究，前人很少论及。本书从演出场地、曲调、演出过程、票房诸方面进行考辨，将文本与艺术活动统一起来，具有理论与实践的双重意义。

《日本民族诗歌史》

作　　者：郑民钦
推荐单位：北方工业大学
出版单位：北京燕山出版社
批准时间：2004 年上半年
出版时间：2004 年 8 月

和歌、俳句是日本的古典诗歌，虽然我国的和歌翻译始于明代，俳句翻译始于五四时期，但真正受到文人学者的重视、系统地译介则在 20 世纪 70 年代末的改革开放之后。本书以中国人的眼光审视日本和歌、俳句发展的历史，在分析丰富翔实的材料和融会诸家学说的基础上，结合其他学科门类的研究方式，以史带论，史论结合，力求客观公正地表现具有个性的见解。

在论述和歌、俳句的历史发展基础上，本书以较大的篇幅阐述了近代短歌、俳句向现代的发展过程，并在阐述“人民短歌运动”“近代短歌运动”“无产阶级俳句”等主题时，特别关注了那些以前被主流短歌史、俳句史“忽略”不顾的歌人、俳人的作品，并提出了一些让人耳目一新的观点。

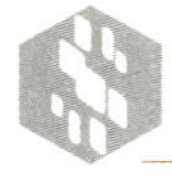

《权力，身体与自我——福柯与女性主义文学批评》

作　　者：黄华
推荐单位：首都师范大学
出版单位：北京大学出版社
批准时间：2004 年下半年
出版时间：2005 年 6 月

法国哲学家福柯的思想对包括女性主义在内的当代人文科学产生了不容忽视的影响，特别是对后现代女性主义有着巨大的影响。从女性主义批评角度研究福柯的理论，尤其是福柯的话语理论、权力理论和性理论，可以说是一个比较崭新的课题。

人作为文化的符号，人的身体上铭刻着文化的印记。身体即历史，关于人类文化的历史。关于文化施加于身体的影响与控制，福柯从话语、权利与身体的关系出发，考察了外在权力对于身体的规训史。本书从 20 世纪末发生在西方女性主义内部关于福柯思想的论争入手，系统地论述了福柯思想发展不同阶段的理论特点和女性主义学者对于福柯思想的批评、改造和利用。本书结构新颖，构思巧妙，将论争双方比喻为对话的双方，以对话的开始、高潮和延伸贯穿全书，在当代西方文论转型的背景下凸现女性主义理论嬗变的轨迹。

《英美小说叙事理论研究》

作　　者：申丹、韩加明、王丽亚
推荐单位：北京大学
出版单位：北京大学出版社
批准时间：2005 年上半年
出版时间：2005 年 10 月

本书是国内外首部将后经典叙事理论与事理论与传统和现代叙事理论结合起来进行探讨的专著。既弥补了国内学界对叙事理论新发展的忽略，又引入了历史发展的视角。

本书上篇探讨传统英美小说叙事理论，中篇关注现代英美小说叙事理论，下篇则聚焦于 20 世纪 90 年代以来的北美后经典小说叙事理论。本书探讨的不少问题在以往的研究中被忽略，书中不少观点在国内外均属于首次提出。上篇和中篇所采用的把小说家叙事观点与创作实践相结合的研究方法同以往的研究相比有所创新，对英美不同小说叙事传统的对比研究也构成了一种新的途径。下篇清理了后经典叙事理论中相关概念、术语的混乱，纠正了种种偏误。

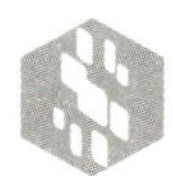

《京味文学第三代》

本书从文学与媒介的关系来透视京味文学的新成果。

作者通过王朔、刘恒、冯小刚、王小波、刘一达等个案，对京味文学第三代现象做了全面而富于力度的分析，指出京味文学是能让人回瞥故都北京城在现代衰颓时散溢的流兴的文学，显示了对京味文学的新的独特理解。

全书理论阐述与个案分析相互融会，在当代地域文学及文学与媒介的关系研究方面具有突出的学术开拓性和现实价值。

作　　者：王一川、唐宏峰、单之卉、宋学鹏、刘苑
推荐单位：北京师范大学
出版单位：北京大学出版社
批准时间：2005 年上半年
出版时间：2006 年 5 月

《中国现代文学理论知识体系的建构——文学理论教材与教学的历史沿革》

本书主要介绍了现代文学论产生与延续的历史条件、传统文论资源的近代转化、现代文学观念的移植等内容。

在具体的论述过程中，作者通过深入探讨和剖析近百年来中国现代文论教材和教学的产生和发展所经历的复杂过程、三次转型和结构性变化，对中国现代文学知识体系的建构过程进行了详细的梳理，对中国现代文论的形成和发展过程进行了深入研究，给今天的文论教材和教材提供了许多宝贵、丰富的启示。

本书文字资料详实，论证严谨，视角独特。

作　　者：程正民、程凯
推荐单位：北京师范大学
出版单位：北京大学出版社
批准时间：2005 年上半年
出版时间：2005 年 11 月

《象征主义与中国现代诗学》

作　　者：陈太胜
推荐单位：北京师范大学
出版单位：北京大学出版社
批准时间：2005 年上半年
出版时间：2005 年 11 月

20 世纪中国新诗的发展是一个不断走向现代化的过程，置于其中的中国现代象征主义诗学也具有一种强烈的现代化诉求，突出表现为对“诗本体”的热切关注和积极构建。

本书将对“诗本体”的探求作为现代象征主义诗学的阐释起点，以其在诗歌本质、艺术形式、审美价值等方面的核心命题为主脉，展示它们在不断提升的本体自觉中获得的饱满的诗学内涵，考察它们在诗歌写作、诗歌批评、诗歌论争等领域的真实存在状态，试图揭示现代象征主义诗学体系建构的复杂情境及其“合法”地位获得的曲折历程。

《“文”的再认：章太炎文论初探》

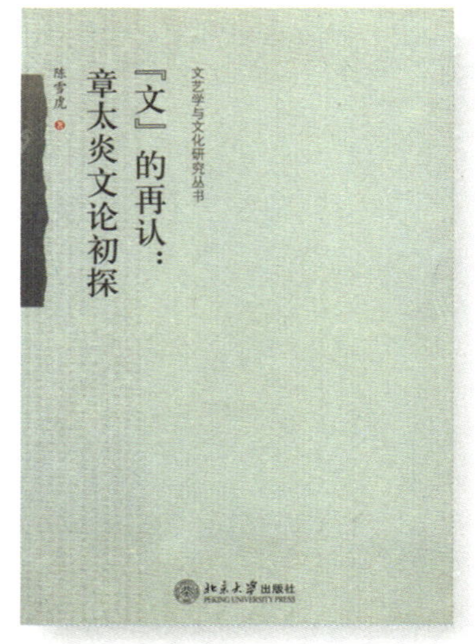

作　　者：陈雪虎
推荐单位：北京师范大学
出版单位：北京大学出版社
批准时间：2005 年上半年
出版时间：2008 年 7 月

作为现代思想家，章太炎的文论自成体系，涌动着求真存质的、理性的、革命的激情，又表现出试图平抑现代求真和近世通俗之间的紧张，在辛亥革命时期及五四时期发挥着独到而深刻的影响。

本书结合历史文化语境，集中考察了辛亥革命时期章氏文论及其文学思想，阐释其潜在的革命性内涵，探讨章氏基于语文现代性推进文化重建的思路及其价值，并由此初步发掘了章氏文论与五四文学革命之间的内在联系。

《中国古代文体学论稿》

本书在理论层面上比较系统地总结了中国古代文学批评家对文体基本结构各个层次的构成、特征和功能等方面的精到论析，从作为行为方式的文体分类、作为文本方式的文体分类和文章体系内的文体分类三个方面，清晰地勾勒出一个独具特色的中国古代文体形态学的基本面貌。

并且，作者还通过对《后汉书》列传著录文体及《文选》类总集的编纂体例的详细考论，进一步探讨了中国古代文体分类的原则和规律以及文体分类生成方式的文化背景。

作　　者：郭英德
推荐单位：北京师范大学
出版单位：北京大学出版社
批准时间：2005 年上半年
出版时间：2005 年 9 月

《音乐精神——俄国象征主义诗学研究》

“音乐精神”是俄国“白银时代”象征主义文学的典型诗学特征。作者开创性地将文学史论和音乐史论、文艺美学和音乐美学、文学理论和音乐理论相结合，以俄国象征主义理论著述、文学作品、回忆录、作家笔记等第一手文献资料为依据，从艺术史渊源、文化背景、理论阐释、创作体现、后世传承诸方面，对俄国象征主义者这一富有哲学意味的诗学追求加以点面结合、异同并举的探讨。

作者不仅从理论上详尽阐析了俄国象征主义文学“音乐精神”的独特性及其探索中的得失，还运用音乐分析方法对象征主义诗歌文本进行诠释，提出了一条崭新的、与象征主义诗学追求相呼应的诗歌赏析途径。

作　　者：王彦秋
推荐单位：北京大学
出版单位：北京大学出版社
批准时间：2005 年下半年
出版时间：2008 年 4 月

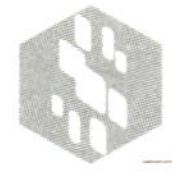

《中国新诗批评观念之建构》

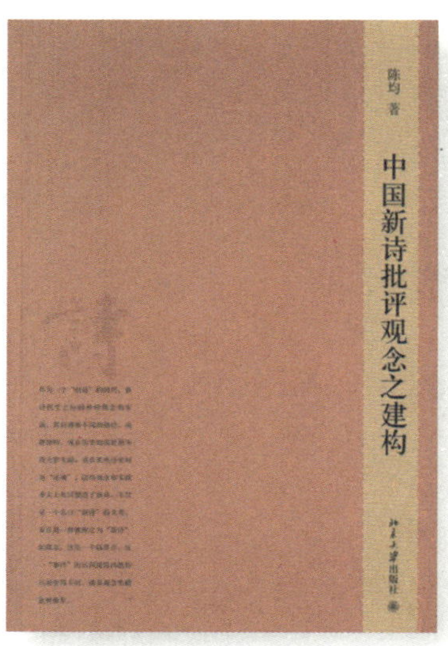

作　　者：陈均
推荐单位：中国传媒大学
出版单位：北京大学出版社
批准时间：2005 年下半年
出版时间：2009 年 1 月

作为一个“创造”的时代，新诗创生之际的种种观念和实践，其后遵循不同的路径，或被建构，或在历史的深处消失得无影无踪，或在某些历史时刻“还魂”。这些观念和实践事实上共同塑造了新诗，不仅是一个名曰“新诗”的文类，而且是一种被称之为“新诗”的观念，这是一个临界点，这一“事件”的出现使得问题和以前变得不同，诸多观念也藉此被激发。

本书所要探讨的是中国新诗史上出现的诸种观念及其历史结构的关联性，通过对这一历史情境中种种话语形态的清理和细读，力图把握进入历史的契机，从而在观念与历史、普遍性和个性之结合等方法论基础上，对呈现于“中国新诗批评”中对主要观念的建构过程进行论述，并以此为角度反观中国新诗之发生与建构。

《京味文化史论》

作　　者：李淑兰
推荐单位：首都师范大学
出版单位：首都师范大学出版社
批准时间：2005 年下半年
出版时间：2009 年 11 月

本书以历史作脉络迁衍，把北京三千多年的建城史，八百多年的建都史，诸多地域和民族的交流兼容贯穿前后。以因果为内外方圆，把引领皇气龙脉京师文化的帝王贵胄，推动花底虫鸣京味文化的草根小民，庄重和谐和悠闲自得融于笔端。

作者把北京文化定位在“京师文化”和“京味文化”的结合，京师文化是南北方各民族文化融合的结晶，对于全国各地区文化具有凝聚作用和指导作用。京味文化是北京近代文化的重要组成部分，属于地方文化的范畴。这两种文化都包含着宫廷、缙绅和庶民三种不同范畴的文化因素，满清王朝以降，这三种文化因素在近现代西方文化的冲突碰撞中得到了前所未有发展，并逐渐定格为北京社会各阶层共飨同享的大众文化。

《文学理论本体研究》

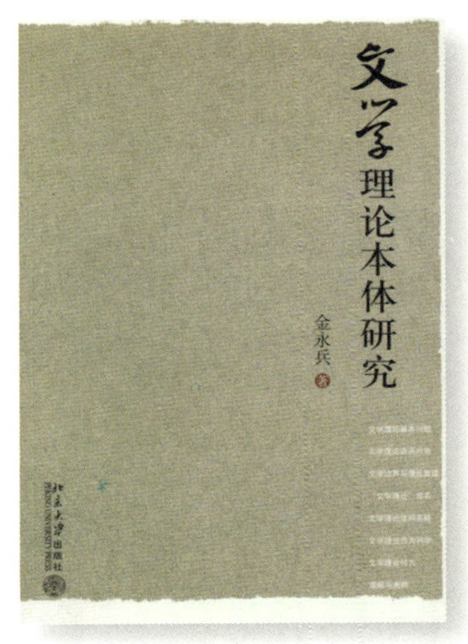

作　　者：金永兵
推荐单位：北京大学
出版单位：北京大学出版社
批准时间：2006 年上半年
出版时间：2007 年 12 月

对本体的研究，是西方哲学最为根本的方法。这种方法试图用穿透性的视野，穷追不舍的方式，来穷尽一个似乎永远无法穷尽的问题。本书站在中与西、古与今的历史碰撞中，对本体性问题进行了反思与追问，提炼出文学理论的基本问题，展示文学理论从古到今发展的科学维度，既有纵横捭阖的总论式概括，又有独出心裁的新角度与新法门。

本书首先介绍了文学理论的对象要素：文本、作者、读者、世界，并且以这些对象要素的相互作用为线索，概括总结了基本的文学理论流派与理论研究方法。从概念、术语、范畴这些文学理论逻辑元素出发，揭示了文学理论科学性的一面，并以此为基点，指出文学理论应有的发展方向。本书的视野不仅入乎其内地加以分析，而且站到一个新的角度，出乎其外地指出：文学理论在与其他学科的碰撞与对比中，汲取养分并且发生变化，形成独立的学科系统。

《文艺复兴时期英国诗歌与园林传统》

作　　者：胡家峦
推荐单位：北京大学
出版单位：北京大学出版社
批准时间：2006 年上半年
出版时间：2008 年 4 月

本书将西方文学园林与现实园林两大历史传统结合在一起，研究文艺复兴时期英国园林诗歌的渊源与发展，以及诗歌园林和现实园林之间的互动关系。书中阐述了英国诗歌园林的主要类型及其诗歌表现，进而挖掘各种园林意象在物质和精神方面的内涵，并从园林意象的角度解读文艺复兴时期英国重要诗人的代表作品，剖析其中所表现的政治、社会、宗教、哲学和伦理等方面的相关主题。书中也探讨了艺术和自然之间的多重关系，并以这些关系为切入点，论述中国园林艺术在英国正规花园衰微和浪漫主义发端的过程中所起的重大作用，以及近代工业和田园理想之间的融合与冲突。

此外，本书还通过园林的变迁和审美情趣的变化，审视了十七八世纪西方思想史的发展。

作　　者：周小仪
推荐单位：北京大学
出版单位：北京大学出版社
批准时间：2006 年上半年
出版时间：2010 年 5 月

《从形式回到历史——20 世纪西方文论与学科体制探讨》

本书遵循马克思主义文学批评的基本立场，以结构主义语言学和精神分析心理学为理论工具，对当代中国的文艺问题作出自己的阐释，表现出浓厚的生活关怀。

作者认为，中国当前流行的文学性概念是现代性认同的产物，而文学作为转喻是社会历史文化实践的能指；从上述现代性认同的角度考察了现代文学批评、比较文学研究、英国文学研究等学科的意识形态性；在文学研究中倡导从形式回到历史的方法论，并以此解释了跨学科文化研究的理论基础；吸收拉康和齐泽克等人的思想，划分出三种主体性；并运用“剩余快感”理论解释了“典型情感”和作者概念；从全球化角度考察文学理论的社会功能：中国对西方批判理论的运用实际上是对资本主义全球化体系的补充。

作　　者：陈亚丽
推荐单位：首都师范大学
出版单位：首都师范大学出版社
批准时间：2006 年上半年
出版时间：2008 年 1 月

《文海晚晴——20 世纪末老生代散文研究》

在这部书中，作者用从冯友兰、钱穆到宗白华、徐复观等前辈学者对中国古典哲学和美学的研究成果作为自己契入研究对象的理论基石，勾勒了十余位散文作家各具精神风貌的群雕，但不是一般意义上的作家论的集合，而是在个性、共性之间互补和区别中做文章。

在个论中，作者对老生代散文中最具代表性的三位作家：金克木、杨绛、张中行的述评，时有灵光乍现、照亮整体的亮点；施蛰存、贾植芳等人，可以依傍的评论材料不多，在自铸新词上做了努力；汪曾祺、孙犁、萧乾等人，评述材料虽不少，选择撷取出新意又是有难度的，弄不好会变成新闻报道式的综述，作者抓住了人格特征和表现形态，同样突现了这些作家的散文魂魄。

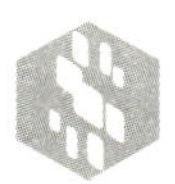

《朱彝尊文学思想研究》

朱彝尊是康熙时期与王士祯齐名的文学家，他不仅有大量的文学创作、学术论著，而且也有着比较系统的文学思想，并且对后世产生了重要的影响。重视发扬儒者精神，追求文学的道德美是其文学思想的基本风貌，他比较好地处理了宗经与抒写性情的关系，并且建立了以宗经、重骚为主的价值体系，提出了以醇雅为核心的文学审美观念。同时，对唐宋之争，明诗评价都提出了富有建设性的意见。

全书共分三章，分别从其生平与思想、文学基本观念、诗歌史论及文学审美观念等三个方面来论述，从而对朱彝尊的文学思想进行了一番比较全面而系统的梳理与评析。

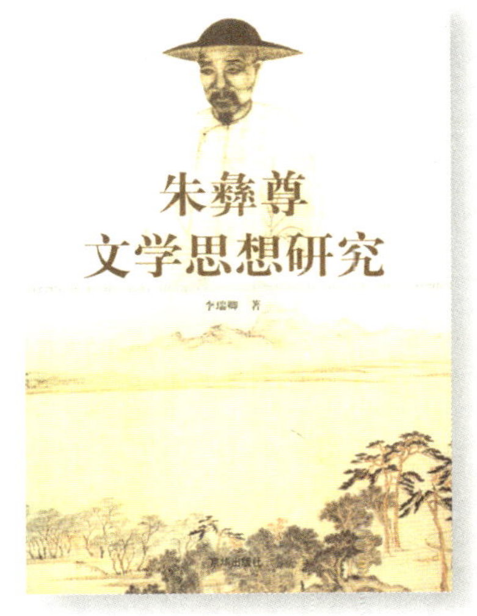

作　　者：李瑞卿
推荐单位：北京第二外国语大学
出版单位：京华出版社
批准时间：2006 年上半年
出版时间：2006 年 12 月

《清代〈孟子〉学史大纲》

本书较为全面地调查了清代围绕《孟子》的专著，统计了其年代分布和内容分布，探讨了所采用的各类著作体式，分别介绍、评价了清代六个时期内《孟子》学著作的概况和重要著作。

全书以辩证法在人文学科的最新进展为理论准备，比较系统地总结了清代《孟子》学著作在思想上和学术上的积累、创新以及因袭、重复，分析其与同时期以及前代特别是宋元明种种思想观念、学术形态的联系，评价了清代考据学的治学方法。此外，《清代〈孟子〉学史大纲》还对经学诠释的基础理论做了有益的探索。

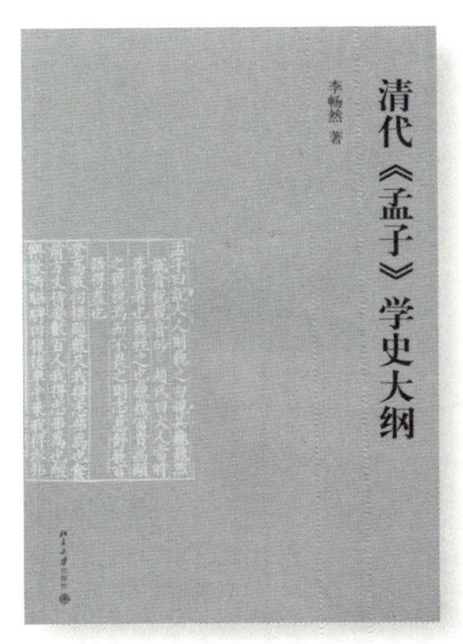

作　　者：李畅然
推荐单位：北京大学
出版单位：北京大学出版社
批准时间：2006 年下半年
出版时间：2011 年 1 月

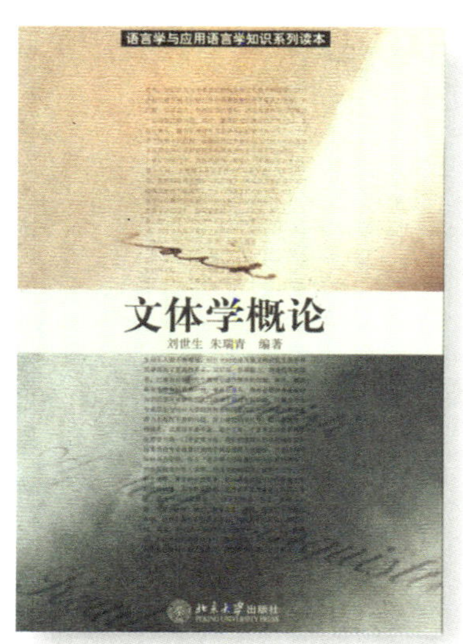

作　　者：刘世生、朱瑞青
推荐单位：清华大学
出版单位：北京大学出版社
批准时间：2006年下半年
出版时间：2006年12月

《文体学概论》

现代文体学则只是在国外于20世纪60年代、国内于20世纪80年代相继发展成为独立的学科并成为大学的正规课程。文体学又是一个交叉的学科，其内容实质是语言学与其他相邻学科（如文学、法学、政治学、媒体研究、认知科学、教育学等）的跨学科比较研究。本书将介绍文体学的发展及其基本知识，主要内容有14章，分为三大部分：文体风格与文体学研究、文体风格的构成、文体风格的分析。

本书运用比较的方法，论述文体学理论及其分析模式，旨在提高学习者的理论水平、鉴赏水平以及发现问题和解决问题的能力，为高校外语专业学生、大学外语学生、人文社科学生和其他相关专业的学生提供拓宽知识面、增强思辨力、孕育创新精神的一种阅读资料。

作　　者：赵雪沛
推荐单位：首都师范大学
出版单位：首都师范大学出版社
批准时间：2006年下半年
出版时间：2008年4月

《明末清初女词人研究》

明嘉靖后，女性文学开始出现繁兴的迹象，而晚明个性解放思潮与明清鼎革带来的巨大冲击则在很大程度上影响了女词人的生活环境、创作内容与艺术风貌，使得她们在词的题材与风格上都较前代有了相当的突破。本书采用上下编体例。上编从整体角度对明末清初女词人的文学活动与创作成就作大概的梳理与分析，论述了当时女词人的唱和郊游，介绍了女性词的两大创作主体——名妓与闺秀，并对女性词的题材特征及艺术风貌做了深入讨论。下编是对明末清初女词人的个体研究，包括具有一门唱和特色的明末著名女词人沈宜修、叶纨纨、叶小鸾母女，擅写家国之思的徐灿，身世与词作独具特色的朱中楣与顾贞立以及柳如是、李因、王微、杨宛等名妓词人。

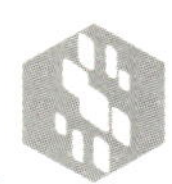

《经典的祛魅——鲁迅文学世界及其历史情境新探》

本书从历史和艺术的角度，深入探讨了鲁迅杂文和小说的精神特质，在细读的基础上，结合历史文化思潮，参照东西方哲学思想，立体地展示了鲁迅的精神形象，得出了一系列颇具穿透力的新颖观点。

这是一部力图对于鲁迅经典作品及其产生与传播的历史语境做出新的探究的学术论著。贯穿全书的一个基本研究手法，是以鲁迅原著为聚焦点，以与其紧密相关的外围史料作为互证和参照的文本细读。作者从具体细致的作品解析出发，紧密联系时代背景和社会文化环境，对鲁迅的小说和杂文创作进行了有深度的系统研究。既充分吸收了已有的研究成果，又时有新意阐发，体现了鲜明的研究个性。

作　　者：李林荣
推荐单位：北京第二外国语学院
出版单位：北京燕山出版社
批准时间：2006 年下半年
出版时间：2007 年 7 月

《汉赋研究史论》

汉赋是两汉四百年间最重要的文学样式，具有十分丰富的文化内涵和不可忽略的文学史意义。但自从其出现之日起，就伴随着非常严厉的批评指摘。近三十年来，不少学者开始致力于汉赋各个方面的研究探索，已经在很多地方改变了汉赋的传统评价。本书就是这样的一部中国文学史专著。

作为一部汉赋研究史专著，本书将中国古代的汉赋研究划分为两汉、魏晋南北朝、唐宋元、明清及近代凡四个时期，系统地梳理了汉赋研究的历史嬗变，尤其注重分析古代汉赋编录的体例、方法及其成败得失。通过全面的论证，本书着重肯定了汉赋注释和评点在汉赋阅读与传播中曾经起到的重要作用，并对汉赋研究产生的学术背景、包蕴的文化内涵以及可资借鉴的合理因素有一定的理论思考。

作　　者：踪凡
推荐单位：首都师范大学
出版单位：北京大学出版社
批准时间：2006 年下半年
出版时间：2007 年 5 月

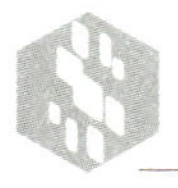

《中国现代解诗学的理论与实践》

作　　者：孙玉石
推荐单位：北京大学
出版单位：北京大学出版社
批准时间：2007 年上半年
出版时间：2007 年 11 月

自现代汉语诗歌尤其是现代派新诗产生以来，就一直面临“难懂”的质疑。本书针对这一问题，在朱自清、闻一多等人“解诗”努力的基础上，从新诗的内部建构和外部环境出发，试图建立起解读现代汉语诗歌尤其是现代派新的路径。

本书主要内容包括：完成自我与介入民族精神的提升——关于当代诗歌传达与接受关系的沉思，朱自清与中国现代解诗学，中国现代解诗学的诞生，朱自清对现代解诗学的倡导，现代解诗学的理论内涵，现代解诗学的实践原则，现代诗人的玄想思维与文化结构，解诗的必要与解诗学的确立，读诗解诗与“诗的思维术”，“野性的思维”的获得，阅读接受与文化差异的误读等等。

《不死的纯文学》

作　　者：陈晓明
推荐单位：北京大学
出版单位：北京大学出版社
批准时间：2007 年上半年
出版时间：2007 年 6 月

本书对中国当下的文学变动趋势进行颇为独到的阐释，对当前“纯文学”面临的那些困境以及超越困境的可能性进行了比较深入的分析和阐述。关于当代“纯文学”被图像与媒体霸权边缘化的问题；在后现代视野中如何面对现代性的困扰；沉重的中国本土性如何获得后现代的表达方式；以及“纯文学”写作如何在自我更新与历史开创方面寻求新的法则等问题，都涉猎到当代文学的一系列疑点与难点。作者不作抽象的理论表述，而是回到具体的文学创作实践中，通过具体现象与文本分析来揭示当代涌动的文学 / 思想潮流。

作者既对“纯文学”怀着理想性的态度，同时又带着强烈的反思和时代性的反讽来看待“纯文学”命运。作者文笔犀利诡异，情绪饱满；批判锋芒含而不露，真知灼见跃然纸上。

《原史文化及文献研究》

早期文献产生于宗教活动中，是天命神意的见证，史官凭着文献工作而逐渐取得了充分的话语权。自西周到西汉中期，史官、君子和儒士通过对文献的传递和阐释，构建了具有理性精神的礼乐文化制度，并形成了以道自任、裁决天下的原史传统。在这一传统中，周公摄政和制礼作乐、春秋史官的微言大义、孔子设学和文献阐释、董仲舒的公羊学理论、司马迁的《史记》著述等，都具有特别重要的意义。

本书通过对原史文化中的撰述观念、载录和传播方式的研究，梳理了甲骨卜辞、刻绘图画、《周易》《尚书》《诗经》《史记》等文献的生成过程、文体形态、叙述方法等方面的特征，并揭示出它们各自所承担的原史文化功能，为深入理解传统文化和文献发展提供了新的视角。

作　　者：过常宝
推荐单位：北京师范大学
出版单位：北京大学出版社
批准时间：2007 年上半年
出版时间：2008 年 3 月

《五四前后湖南的文化氛围与新文学》

本书是一部专门论述五四前后湖南的文化氛围与新文学等相关问题的学术专著。在这部书中，作者的考察对象是湖南五四前后的文化氛围，及在这一特定背景中新文学的存在状态。

通过对五四前后湖南的文化氛围以及新文学的系统考察，作者得出了自己的结论：在 1917 年—1927 年这一时间段内，湖南的文化与文学发展呈现出相当明显的区域特性。这些特性使得它与我们熟悉的文化中心城市相区别，对这一特殊性的发掘将使得现代文化与文学史的面貌显得更为丰富复杂。而对这一地区与北京、上海等中心城市之间的互动关系的考察，则展示出五四新文化运动的影响如何在全国范围内进行传播，这种文化思潮的传播又是如何遭遇区域文化氛围，而带上新的色彩。

作　　者：凌云岚
推荐单位：中国传媒大学
出版单位：北京大学出版社
批准时间：2007 年上半年
出版时间：2008 年 8 月

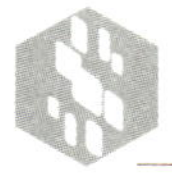

《日本体验与中国现代文学的发生》

作　　者：李怡
推荐单位：北京师范大学
出版单位：北京大学出版社
批准时间：2007 年上半年
出版时间：2009 年 1 月

从晚清到五四，一般被视做中国现代文学的“发生期”，在这一过程当中，日本成为激活中国作家生存感受、传输异域文化的“中介”。黄遵宪、梁启超到创造社的几代中国作家通过留日体验完成了对创作主体的自我激活，在一个全新的意义上反观自己的世界，表达前所未有的新鲜感悟，这有效地推动了中国现代文学的发生。

本书试图通过对中国现代留日作家“日本体验”的分析，总结中国现代文学发生的内在规律。在过去的研究中，我们比较注意从比较文学“影响研究”的角度来发掘这一现代转换的意义，本书认为，“影响研究”也不足以完全阐述中国作家自己的心态变化，而对“体验”的重新认识，将有可能更具体地揭示中国现代文学发生的若干细节。

《古文源流考》

作　　者：徐刚
推荐单位：北京大学
出版单位：北京大学出版社
批准时间：2007 年上半年
出版时间：2008 年 3 月

古文在秦统一之后，曾经一度成为了历史。但是汉代以孔壁中书的发现为契机，这些文字重新进入了学者的视野，从而在学术史和思想史上产生了一系列重大的影响。

本书共分五章，第一章从总体上论述了汉代、六朝、隋唐以至宋代古文流传的基本情况，着重从学术史的角度揭示各阶段的时代特点；第二章分别考察了各古文经书在历史上的流传情况，通过揭示每一种古文经书各自的发展历史，以弥补过去研究经学时忽视古文文本本身的状况；第三章勾勒出历史上诸多已经亡佚的古文字书，以及相关的人与事，以填补这一段已经“消失”的历史；第四章主要是对金石载体上的古文材料所作的搜集和整理工作；第五章则主要探讨了古文学与中国学术史之间的关系。

《文艺理论与文艺思潮》

作　　者：陆贵山
推荐单位：中国人民大学
出版单位：中国人民大学出版社
批准时间：2007 年上半年
出版时间：2007 年 10 月

本书为作者晚年学术成果的精选汇辑，分为三个部分：马列文论研究、文艺理论研究、文艺思潮研究。

通过解读马列原著，作者发掘出了马克思主义的人学思想。以马克思主义关于人的社会存在和思想存在的理论为基础，人、史、文构成了文艺具有源泉和根基性质的大的母元网络系统，纷繁驳杂的文艺理论、文艺流派、文艺观念和批评模式都可以从宏观的大视角归纳为三大关系、三大精神、三大文艺观念和美学观念，在此基础上，又进而形成了主体客体关系、认知价值关系等网络系统，形成了实践、文化、语言等为中介网络系统，形成了各种向度的时空存在的网络系统，从而构成了马克思主义文艺学的框架体系，奠定了宏观文艺学的理论基础。

《秦汉魏晋南北朝史学史稿》

作　　者：李小树
推荐单位：中国人民大学
出版单位：中国人民大学出版社
批准时间：2007 年上半年
出版时间：2007 年 8 月

本书分阶段对秦汉魏晋南北朝八百余年间中国史学的发展进行了考察，包括不同时期史学演进的基本态势及其特征，史学与社会政治、经济、文化的互动与影响，史学传播在形式、内容、范围、功用诸方面的变化以及与之相关联的民间史学活动的基本状况，两汉时期中国史学的嬗变，十六国北朝史学与民族文化的融合，门阀世族的衰变与南朝史学的内容取向，佛、道二教的传播与魏晋南北朝史学，留名后世的心理需求对两汉魏晋南北朝史学的影响，著名史家的生平活动及其代表性史著的内容与特征，涉及秦汉魏晋南北朝史学的发展态势、制度设置、内容变迁、形式选择、表述方式、思想观念等。

《金代词人群体研究》

作　　者：李艺
推荐单位：北京联合大学
出版单位：首都师范大学出版社
批准时间：2007 年上半年
出版时间：2008 年 6 月

从词体文学的发展角度看，金代词的创作没有因女真人的南下而停滞，相反却有着不同于宋词的新发展。自唐圭璋先生《全金元词》出版之后，金词研究便逐渐热起来，但大多仍是按时代先后对作家进行排列，难以从整体上来把握。

有鉴于此，本书选择了“词人群体”的新视角，结合金代的时代风会、审美趋尚等因素来重新审视金词创作，将其区分为吴蔡、国朝、南渡、遗民、全真道五大词人群体，并着力对金词的审美特质、遗民词人眷恋五千年华夏文明的心态以及全真词民间原生态性质等问题作了深入探讨。本书在文学史、词学史研究方面具有一定开拓意义，同时对金代及北京文化研究也具有一定的参考价值。

《清代中晚期北京说唱文学与伎艺研究——以子弟书、岔曲为中心》

作　　者：姚颖
推荐单位：北京师范大学
出版单位：北京燕山出版社
批准时间：2007 年上半年
出版时间：2008 年 5 月

本书是一部比较系统地研究清代中晚期北京说唱文学与伎艺的学术专著。说唱文学作为一门主要流传在民间的通俗文艺，在整个中国文学史、艺术史以及文化史上，都占有极其重要的地位。特别是对于市民文学和宋金元以来的戏曲、小说和音乐的发展，有着广泛而深远的影响。到了明清，小说戏剧更是异彩纷呈，活跃在文学艺术的大舞台上。而博取众家之长，最为广大民众所熟悉与接受的艺术样式莫过于说唱。

本书系作者对清代中晚期北京说唱文学进行的分析论述，尤其以北方曲坛上盛极一时、现已成为绝响的子弟书艺术作为阐释中心，也是鉴于其对同时期和其后的说唱曲部都产生了深远影响，从而使清代中晚期这一时间段在说唱发展史的层面上具有了特殊意义。

《铁背心——田纳西·威廉姆斯剧作中困惑的男人们》

作　　者：徐怀静
推荐单位：北京邮电大学
出版单位：同心出版社
批准时间：2007 年上半年
出版时间：2007 年 9 月

多年来，文学批评家们一直忽略了威廉姆斯主要剧作中的男性人物。在通常的印象中，威廉姆斯一直将他笔下的女性人物描述为父权制度社会的牺牲品：软弱、神经质、在现实中被搁浅。但是，他笔下的男人们却以一种不一样的方式也表现得绝望、脆弱与不安全。为什么会产生这种情况呢？

本书透过美国文化对“男性性别身份”的定义，对田纳西·威廉姆斯跨越四十年写作的十一部剧作进行考察，探讨了其中遭遇性别身份危机的男人们。其结论可以概括为一句看似悖谬的话：正是传统的男性主义和父权制度给男人们带来压迫和伤害，并造成一定的心理危机。美国文化对男性性别身份的定义就像一件铁背心，将这些困惑的男人们紧紧钳夹。换句话说，威廉姆斯主要剧作中的男性人物们均在不同程度上表现出一种男性身份的危机，而这种危机则源于父权的社会和文化带给男人们的压力与焦虑。

《齐梁诗歌向盛唐诗歌的嬗变》

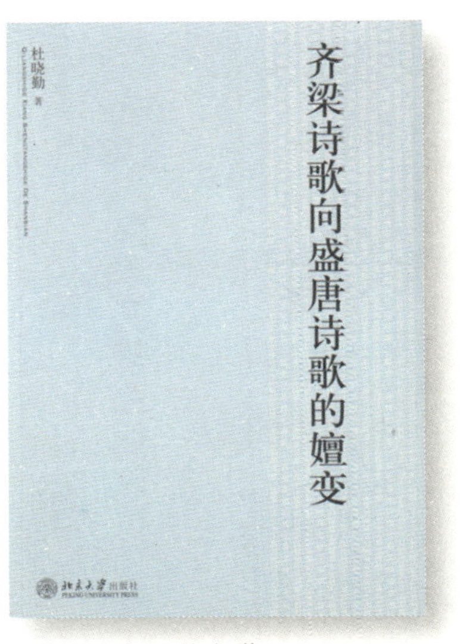

作　　者：杜晓勤
推荐单位：北京大学
出版单位：北京大学出版社
批准时间：2007 年下半年
出版时间：2009 年 3 月

梁诗对唐诗风貌的形成有着直接的影响，初盛唐诗歌与南北朝诗歌之间具有十分密切的传承关系。要真正认清初盛唐诗歌艺术的渊源，需要对齐梁、周隋诗歌本身进行比较深入的探讨。

本书从声律和风骨两个角度，深入研究了齐梁诗歌向盛唐诗歌嬗变的轨迹。“上编”对齐梁至初唐时期新体诗声律发展情况进行全面分析和考察，钩稽出不少为人所忽视的五言律体形成过程中的重要环节。“下编”结合南北朝士族文化向唐代庶族文化转型这一大背景，多角度、分层次地考察了中近古诗风嬗变与文化转型之关系。此外，在诗歌史问题和作家研究方面也有独到的研究成果，为进一步研究盛唐诗歌高潮形成的原因和文化内蕴，具有一定的理论意义和学术价值。

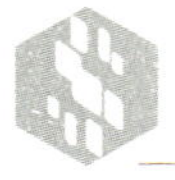

《鲁迅域外百年传播史（1909—2008）》

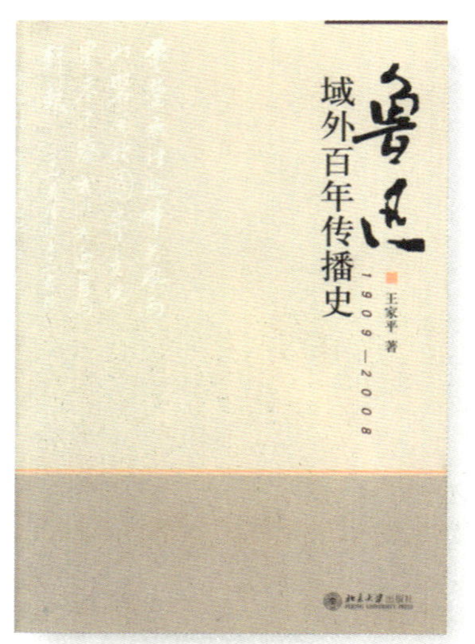

作　　者：王家平
推荐单位：首都师范大学
出版单位：北京大学出版社
批准时间：2007 年下半年
出版时间：2009 年 2 月

本书是一部专门论述国外鲁迅研究学术历程的学术专著。在这本书中，作者以美国和苏联两大阵营“冷战”局面的形成为界，把百年来国外鲁迅译介和研究的历史分作“冷战前时期”“冷战时期”和“冷战后时期”来叙述；同时，根据 20 世纪国际地缘政治的基本格局，把译介、研究鲁迅的国家分作“日本及其他远东国家”“苏联及其他东欧国家”“美国、西欧等国家”，以及这三大国家体系之外的“亚、非、拉国家”四个群落来考察。

在此基础上，作者进一步在纵的历史（时间）维度和横的空间维度内，建构起了一个阐释国外鲁迅译介、研究历史和现状的整体框架，并深入地阐述了国外鲁迅研究的学术历程。

《汉乐府研究史论》

作　　者：赵明正
推荐单位：北京工商大学
出版单位：同心出版社
批准时间：2007 年下半年
出版时间：2009 年 1 月

本书是一部专门论述汉乐府研究史相关问题的学术专著。在这本书中，作者以汉乐府的学术史研究作为研究对象，旨在梳理汉乐府研究史的生成及发展历程，展现不同时期的诗学形态，总结历代研究成果，评判学界研究得失。

全书初导论外，共分五章。第一章介绍汉代汉乐府研究的滥觞；第二章介绍魏晋六朝汉乐府研究的发展；第三章介绍唐宋时期汉乐府研究的高潮；第四章介绍元明清时期汉乐府研究的集大成；第五章介绍 20 世纪汉乐府研究的近代化——这一时期的汉乐府研究分三个发展阶段，在研究的材料、理论、观念、思路、难题等方面都有所突破，学界研究视点主要集中在《孔雀东南飞》《陌上桑》《汉铙歌十八曲》等重点作品上。

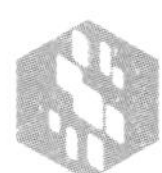

十、历史、地理

《口述历史分析——中国近代史上的美国传教士》

作　　者：齐小新
推荐单位：北京大学
出版单位：北京大学出版社
批准时间：2003 年上半年
出版时间：2003 年 12 月

美国传教士在中国活动的这一段历史既关系到中美两国的国家关系，又关系到两国之间的民间交往和文化交流。本书以美国国内英文历史资料为研究素材，研读分析了 19 世纪末至 20 世纪上叶美国在中国的基督教传教活动。

本书在对一批美国传教士留下的口述历史资源进行调查研究的基础上，就其中反映的特定历史时期中美历史，两国关系史，尤其是口述历史内在的丰富大众文化内容，进行了比较详尽的阐释。此外，作者还通过自己的实地调研活动，以翔实的资料为依托，比较深入地探究了传教活动对中国的影响、基督教文化与中国文化的碰撞，以及传教运动由盛而衰的原因。

《北京漕运和仓场》

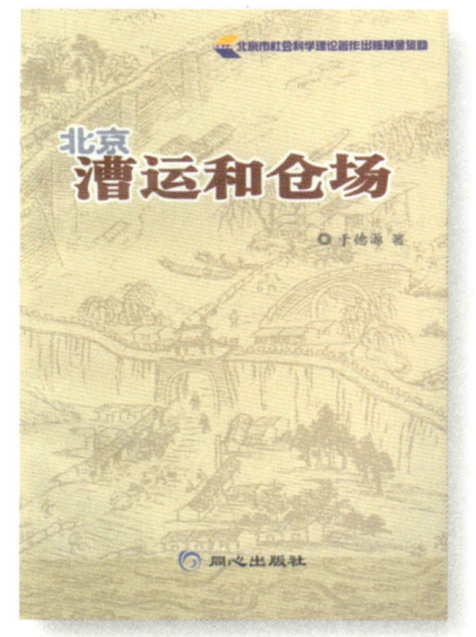

作　　者：于德源
推荐单位：北京市社科院
出版单位：同心出版社
批准时间：2003 年上半年
出版时间：2004 年 6 月

自从一千多年前隋朝开凿了南北大运河以后，北京附近就成为这条运河的北方码头。元、明、清三代在北京建都，漕运时节，运河中有成千上万艘漕船鼓帆往来，从江南、两湖、江西、山东、河南往北京运输漕粮，呈现出一派繁忙景象。这些漕船在不同朝代，曾先后云集于北京城内积水潭、通州城下和天津武清区杨村，然后用马车或驳船分装漕粮，运入京、通二仓。

本书研究和叙述了北京漕运历史，详尽考察北京古运河、漕运、仓储的管理制度，运用大量历史资料和图片加以说明，文字通俗，是一部了解北京历史的学术性著作。

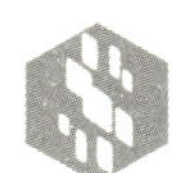

《元明北京建都与粮食供应——略论元明人们的认识和实践》

作　　者：王培华
推荐单位：北京师范大学
出版单位：北京出版社出版集团
　　　　　文津出版社
批准时间：2003 年下半年
出版时间：2005 年

本书将北京建都与粮食供应问题相联系，从自然条件与人类社会互动的视角切入，具体考察元明时期人们的认识与实践。它首先回顾了清代至 20 世纪关于本课题的研究状况，简要说明全书的任务。然后就元明时期建都北京的各种因素、北京粮食供应依赖东南的形成原因及其所带来的后果，以及为供应北京粮食发展起来的漕运海运的实践等问题，逐层展开，条分缕析。

在阐述与分析上述问题的过程中，本书还结合元明时期京师经济发展与史学发展的实际，全面考察了元明时期的史学家、思想家和各种政治人物对京师地区的经济发展与自然条件之关系的认识，及建立在这一认识基础之上的政策建议的得失。

《京都香会话春秋》

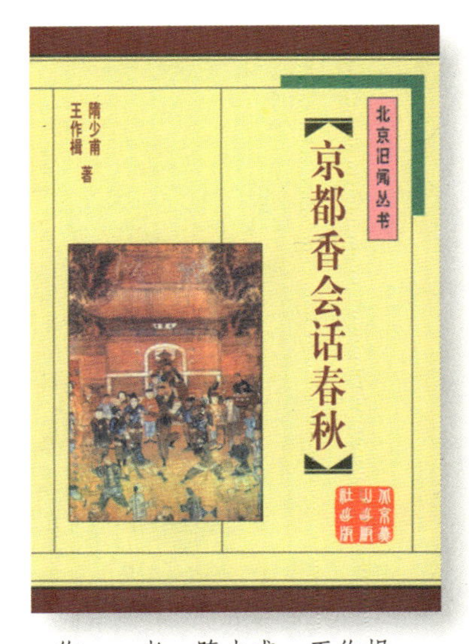

作　　者：隋少甫、王作揖
推荐单位：北京民间文艺家协会
出版单位：北京燕山出版社
批准时间：2003 年下半年
出版时间：2004 年 6 月

香会，又称花会。它是中国民俗文化的重要组成部分。但是，现在的年轻人未必知道什么是香会。尽管每年的庙会，人们总能看到几档走会的表演，可只是看看热闹而已。由于香会这种民间组织，在解放后，特别是在“文化大革命”时期，被视为封建迷信的东西，受到限制，甚至取缔，所以，这种纯属民间的娱乐活动形成了断档。及至改革开放以后，香会这种民间组织重新恢复时，许多人，包括香会的组织者，已经对老年间香会的规矩以及它的文化内涵知之不多了。

本书共分九章，比较详细地介绍了北京香会的起源发展和形成、香会的会规和走会通例、老北京的香会等内容，是一部了解北京传统民族文化的知识读本。

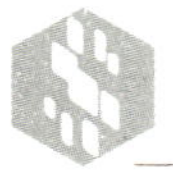

《石器研究——旧石器时代考古方法初探》

作　　者：王幼平
推荐单位：北京大学
出版单位：北京大学出版社
批准时间：2004 年上半年
出版时间：2006 年 1 月

近年中国旧石器时代考古学者中常有一些有关石器研究基本概念的争论，一方面显示出学界对于石器研究规范化的热情，另一方面也说明中国旧石器研究在基础方法论方面还亟待加强。本书针对目前中国旧石器时代考古研究重点转型时期的方法论问题展开讨论，以石器研究为核心，比较系统地探讨了中国旧石器考古研究方法的不同侧面。

首先从石器的发现问题入手，讨论石器的埋藏特点与发掘方法等问题；进而讨论石器的生产系统，详细探讨石器生产操作链的各个环节；石器类型学、石器的功能与石器原料等特点与研究方法，也是本书讨论的重点。本书最后探讨了石器与史前社会的关系，即通过石器研究来认识早期人类的行为特点并复原史前社会的有效途径。

《唐代律令制研究》

作　　者：郑显文
推荐单位：中国政法大学
出版单位：北京大学出版社
批准时间：2004 年上半年
出版时间：2004 年 12 月

律令制的法律体系肇端于战国秦汉，发展于魏晋南北朝，到隋唐时期逐渐完善。唐高宗永徽年间制定的《唐律疏议》是我国现存最早的封建法典，它的遗存为我们研究唐代律令制提供了方便条件。但长期以来，我国学术界对唐代法律史的探究仅侧重于唐律一种法律形式，而没有把律、令、格、式四种法律形式当作一个相互联系的整体加以综合考察。

本书以现存的唐代律、令、格、式四种法律形式为线索，结合新出土的文献敦煌吐鲁番文书，以及中外古代典籍，对唐代律令格式的法律体系、中日律令制的关系以及律令格式体制下的唐代经济、民事、宗教和涉外法律进行探讨，以期弥补这方面研究的不足。

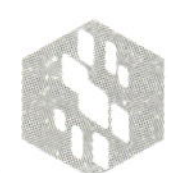

《在华俄文新闻传播活动史（1898—1956）》

本书除了按历史发展的顺序，对在华俄文报刊面上的情况做了综合考察之外，还选取了一家在华出版时间最长且最有影响的俄文报业集团"连比奇的'柴拉'报系"，和它先后出版的《霞光报》《上海柴拉报》《俄文霞报》这三家报纸，做了深入的个案剖析。

在此基础上，作者比较系统地回答了"在华俄文报刊何时诞生？""是在什么背景下创办起来的？""它们沿着什么样的轨道向前发展？""沙俄在华新闻事业产生、发展与灭亡的过程如何？""它们的政治倾向如何？""办报活动有哪些特色？""怎样在复杂动荡的局势中求生存图发展？""内容和形式有哪些特点？""中苏关系对俄文媒体有什么影响？"等一系列问题。

作　　者：赵永华
推荐单位：中国人民大学
出版单位：中国人民大学出版社
批准时间：2004 年上半年
出版时间：2006 年 11 月

《文学之用——从启蒙到革命》

本书以不同阶段具有代表性的作家和社团为结构主线，不仅勾勒出了本时期文学功用观流变的主要线索，而且探讨了这些文学功用观作为一种知识产生的内在机制、递嬗的原因、主流功利主义文学观的理论结构。为此，本书选择了梁启超，王国维、胡适、陈独秀、鲁迅、周作人、茅盾、郭沫若等具有代表性的研究对象。

最后，作者选择了支撑主流文学观念理论结构的"真实性""倾向性—世界观""时代性—题材"等几个关键词，叙述三十年代以后主流文学观念的嬗变，力求站在建设面向新世纪的中国文学和中国文化的高度来总结其缺失，并由此上升到对中国人的工具理性的批判。本书认为，功利主义的文学功用观是造成 20 世纪中国文学现代性不成熟状态的主要原因。

作　　者：黄开发
推荐单位：北京师范大学
出版单位：北京出版社出版集团总发行北京十月文艺出版社出版
批准时间：2004 年上半年
出版时间：2004 年 11 月

《英国封建社会研究》

作　　者：马克垚
推荐单位：北京大学
出版单位：北京大学出版社
批准时间：2004 年下半年
出版时间：2005 年 7 月

本书论述了 5—15 世纪的英国社会，包括它的封建主义组织，土地制度，法律制度、政治制度，阶级结构，城市制度，商品经济、货币和信用等，从制度史的角度对英国封建社会做了比较详尽的分析。

本书的特点是从中国读者的角度出发，对以英国典型的西方封建社会各种制度探本追源，指出其所以如此的社会历史基础和学术背景；并且以中国历史为参照系，对英国封建社会提出自己的看法，破除西方历史独特性决定其发展独特性神话，力图说明世界历史发展具有某种内在的统一性。

《中国共产党执政以来防灾救灾的思想与实践》

作　　者：康沛竹
推荐单位：北京大学
出版单位：北京大学出版社
批准时间：2004 年下半年
出版时间：2005 年 3 月

当前，我们改革发展正处于关键时期。要实现全面建设小康社会的奋斗目标，开创中国特色社会主义事业新局面，必须坚持贯彻“三个代表”重要思想和十六大精神，牢固树立和认真落实以人为本，全面、协调、可持续的发展观。正如胡锦涛所指出的，“要促进人与自然的和谐，实现经济发展和人口、资源、环境相协调，坚持走生产发展、生活富裕、生态良好的文明发展道路，保证一代接一代地永续发展。”

本书在吸收借鉴前人研究的基础上，就新中国成立以来发生的重大灾害，分析了自然灾害与社会发展的互致力关系，并对三代领导人的防灾救灾思想做了比较系统的梳理和分析。

《老年社会保障制度——历史与变革》

本书从传统社会向现代社会转变以及世界人口老龄化趋势的视角，综述了现代老年社会保障制度的建立及其发展历程、类型和运行组织方式。其内容涵盖老年医疗社会保障、老年社会福利与社区服务等，并立足于现阶段老年人的经济状况和养老金制度问题，着重分析了国外与我国城镇、农村的养老保险制度改革的历史、现状、前景与对策。

此外，本书比较分析了大量欧美发达国家和中日韩三国的统计资料，对我国老年社会保障制度改革提供了有益的经验借鉴，并提出了积极的政策建议。

作　　者：姜向群
推荐单位：中国人民大学
出版单位：中国人民大学出版社
批准时间：2004 年下兰年
出版时间：2005 年 4 月

《中国网络媒体的第一个十年》

本书对中国网络媒体发生、发展的第一个十年首次进行了全程式、全景式的记录，并且进行了全面、深入、开拓性的研究，观点客观、平实，材料生动、有趣，又有理论深度，填补了中国网络媒体宏观发展史研究方面的空白，对于当代中国媒体发展和网络新闻传播的研究工作，均具有重要的学术价值和启迪意义。

书中记录了大量与网络新闻传播发展相关的事件，这些事件的记录与分析，既有助于认识中国网络媒体的发展进程，也有助于人们认识中国新闻传播事业改革发展的进程，和这一时期中国社会改革与发展的进程。

作　　者：彭兰
推荐单位：中国人民大学
出版单位：清华大学出版社
批准时间：2004 年下半年
出版时间：2005 年 7 月

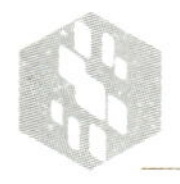

《宋代家族与文学——以澶州晁氏为中心》

作　　者：张剑
推荐单位：首都经济贸易大学
出版单位：北京出版社
批准时间：2005年上半年
出版时间：2005年12月

作为社会缩影和社会基本细胞的家族，一直是学者研究的热点之一。宋代家族的研究也成果斐然，但整体把握宋代家族与文学，甚至通过个案研究来透视家族与文学关系的专著尚未发现，对于宋代家族与文学关系的探讨尚欠深入。本书即是国家社会科学基金项目《宋代家族与文学研究》的最终成果。

作者运用家族史与文学史、个案与总论、文艺学与文化学相结合的多重视角，对宋代家族与文学的核心问题——文学家族与家族文学做了较为全面的探讨。不仅能丰富我们对文学的社会功能的认识，而且从家族层面入手，为宋代文学的发展提供了多样化的阐释视角，有利于深化对宋代文学的理解和认识，对于宋代文学研究具有重要的理论价值和知识创新意义。

《明代县政研究》

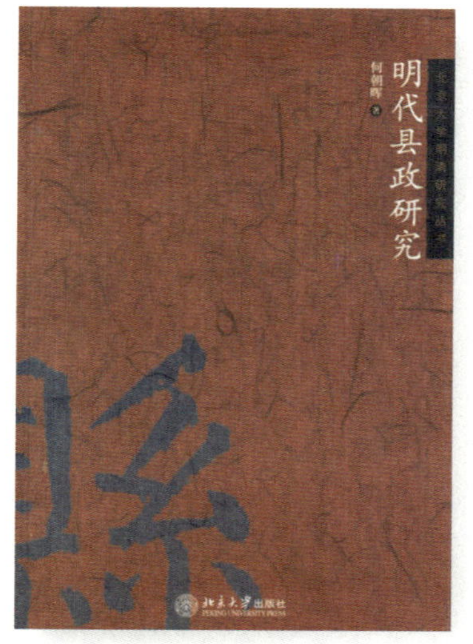

作　　者：何朝晖
推荐单位：北京大学
出版单位：北京大学出版社
批准时间：2005年下半年
出版时间：2006年12月

县是明代最低一级的地方政权，通常所谓“朝廷命官”也只到县级官员为止。正因如此，县政研究对于深入了解明代政治面貌，解读明代社会百态具有至关重要的作用。

本书从行政体制，司法事务，财政问题，治安、恤政与教化等几个方面全面探讨了明代县政问题，在现有研究基础上广泛征引，深入解读，成功描绘了明代县政之面貌。全书逻辑严谨，考辨审慎，充分展示了作者扎实的史学功底。

《汉晋中原及北方地区钢铁技术研究》

铁的发现和使用是人类文明史上的重要里程碑。近几十年来，配合田野考古学的发展，作为科技考古学的一个重要分支的冶金考古学也在各方面的努力下取得了较大的进展，钢铁冶金技术发展史一直是冶金考古的重要研究内容之一。

本书将研究实验和历史文献相结合，在讨论古代钢铁技术研究方法的基础上，讨论古代钢铁制品的判定标准，以徐州狮子山楚王陵、河南鲁山望城岗和北票喇嘛洞墓地出土铁器的鉴定为出发点，着重研究我国秦汉至魏晋南北朝时期中原和北方地区铁器发展历程及与周边地区的关系，并系统研究浮凸组织出现的原因及对现代材料研究的意义。

作　　者：陈建立、韩汝玢
推荐单位：北京大学
出版单位：北京大学出版社
批准时间：2005 年下半年
出版时间：2007 年 1 月

《中国蔬菜名称考释》

蔬菜是人们日常不可或缺的佐餐食品，我国的蔬菜不仅栽培的历史悠久，而且供应种类繁多，由于地域辽阔、民族和方言各异，所以各种蔬菜及其名称无论是在现代人们的生活交往中，还是在古代浩如烟海的文献典籍里，都呈现出种类繁多、名实混杂，以及正名、别称长期共存的现象，最终构成了既丰富多彩又繁芜复杂的中华佳蔬名称文化的特色。

本书以弘扬中国五千年灿烂的蔬菜文化为宗旨，介绍了中国 18 大类 270 余种蔬菜名称的构成、分类和命名原由，并归纳出蔬菜命名的 7 大类 21 种不同的命名因素，以及 5 大类 22 种构词手段，是国内系统研究蔬菜名称的第一部专著。同时，作者还分别介绍了各种蔬菜起源地域、引入时间、栽培历史、营养价值、食用方法等重要的内容。

作　　者：张平真
推荐单位：北京市蔬菜公司研究所
出版单位：北京燕山出版社
批准时间：2005 年下半年
出版时间：2006 年 10 月

《北京灾害史（上、下）》

作　　者：于德源
推荐单位：北京市社科院
出版单位：同心出版社
批准时间：2006 年上半年
出版时间：2008 年 1 月

本书分为上、下卷，上卷为北京地区历史上重大灾害的个案研究，其中包括洪涝 33 次，旱灾 37 次，蝗灾 25 次，瘟疫 16 次，地震 12 次；下卷为北京地区灾害历史的编年，汇集了自汉昭帝元凤元年（公元前 80 年）至民国三十七年（公元 1948 年）近 2000 年来各种史籍、文集、笔记、类书、县志、档案、金石所记载的北京地区灾害历史的资料。

本书首次全面考察了自汉代以来北京地区洪涝、旱灾、蝗灾、瘟疫、地震的成因和防御措施，是对北京地区汉代至民国重大自然灾害的全面总结，并对当前北京地区减灾、防灾工作提出了独特而有价值的思考和建议。

《政绩考察与信息渠道　以宋代为重心》

作　　者：邓小南
推荐单位：北京大学
出版单位：北京大学出版社
批准时间：2006 年下半年
出版时间：2008 年 9 月

中国古代官僚责任制度的运作，是围绕对信息的控制而展开的。中央对于地方官员的政绩考察，中央与地方之间搜集、传递、处理信息的方式，对于政令运行具有重要意义。这是历史的问题，也是当代的问题；是学术问题，也是实践问题。本书以宋代史事为重心，尝试于这一课题的探讨，希望能够引起学界对于历史上“信息渠道”问题更为充分的重视和学术对话。

全书分为上下两编。上编围绕“信息来源”，着眼于课绩与考察，主要涉及“中央”这个制度层面的相关问题。下编则对上传下达过程中的各信息汇聚部门作具体的研究。上、下编一纵一横，既有小角度的切入，又有通观的把握，同时兼采社会科学之理论方法，落实于唐宋之具体历史，集中指向中心论题。

《从华夷到万国的先声——徐光启对外观念研究》

作　　者：初晓波
推荐单位：北京大学
出版单位：北京大学出版社
批准时间：2006 年下半年
出版时间：2008 年 6 月

在这部书中，作者以 16 世纪中国与世界关系发生重大变化为时代背景，分析中西互动之中明朝知识阶层对外综合认识的形成，并在此基础上为对外观念梳理提供参考。本书选取明代中后期士大夫代表人物之一的徐光启为研究个案，运用历史实证分析方法，借鉴国际关系理论领域内建构主义、观念史及诠释学等研究成果，研究徐光启对外观念形成的背景、内容、对具体对外行为的影响以及这种转变最终陷入停滞的原因。

本书分为五章，第一章是关于徐光启对外观念的背景研究，第二章是有关华夷观念对徐光启对外观念的影响，第三章是徐光启对外观念的新变化，第四章介绍徐光启对外新观念与对外行为，第五章是对外观念转变的停滞与原因分析。

《韩国思想史纲》

作　　者：张敏
推荐单位：北京大学
出版单位：北京大学出版社
批准时间：2007 年上半年
出版时间：2009 年 6 月

在东亚区域文化圈中，韩国堪称最具有代表性的儒学国度。本书全面、重点地论述了韩国思想史，阐述了新罗学者崔致远先生的三教会通思想，介绍了韩国佛教思想大家元晓和知讷，还有高丽末期的李穑和郑梦周，朝鲜时代的八名著名学者，包括朝鲜朱子学、阳明学、实学等各思想流派的代表人物，并分别论述了各个思想家的思想体系以及传承关系，其理论对于现代韩国社会发展所产生的深远影响，以及在整个韩国思想史中的价值意义。

本书可供各大专院校作为教材使用，也可供从事相关工作的人员作为参考用书使用。

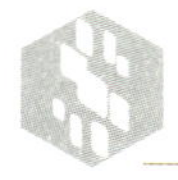

《分化与突破——14—16 世纪英国农民经济》

作　　者：黄春高
推荐单位：北京大学
出版单位：北京大学出版社
批准时间：2007 年上半年
出版时间：2011 年 3 月

在这部书中，作者从探讨农奴制和庄园制度的解体、农民经济的确立出发，对农民家庭经济中的家庭与份地、种植与畜牧、消费与市场等问题进行了细致的分析，继而揭示了租地农场和工资劳动者各自的属性。在吸收历史学、经济学、社会学、农民学、人口学等学科成果的基础上，对资本主义的起源问题进行了比价深入的反思，呈现出一幅转型时期英国农民经济分化与突破并存的生动画面。

本书追溯了中世纪各种经济结构的典型形态及其以后的发展变化，并注重将各社会结构的法律形式与其对经济的影响、有关农民学的各种理论和对英国农民经济的实际考察、个案研究成果之利用和宏观的理论思维相结合，在英国农民经济的研究中提出了不少重大的问题，并且给出了自己的回答。

《中国经济史编年记事　1842—1949 年》

作　　者：王方中
推荐单位：中国人民大学
出版单位：中国人民大学出版社
批准时间：2007 年上半年
出版时间：2009 年 6 月

从鸦片战争前后至新中国成立的一百余年，是中国发生“数千年未有之巨变”时期，在外来冲击力和传统抗拒力的相互博弈中，大量的传统事物衰落了，大量的新生事物诞生了，又有大量的不新不旧、半新半旧的事物在变化过程中。所有这些，都对经济史研究的继续深入提出了一大难题。本书就是在上述问题上有所贡献的一部高水平专著。

全书以编年体的史书体例，完整地记录了 1842—1949 年间中国近现代经济的发展历史。文末还附有近代中国的汇率问题等附录，便于读者了解当时的经济现状。其突出优点体现在：记述体裁的创新、记事与编年的高度统一；对史事的深入研究与记事的浓厚学术性；选用史料的扎实厚重；对历史记载薄弱时期的补充。

《北京近千年生态环境变迁研究》

本书首先讨论了北京生态环境构成中的四个关键性的自然要素——地理形势、气候特征、水文环境、森林植被的历史状况与演变脉络，钩稽其间与自然变迁及人类活动密切相关的重要史实，对区域生态环境特征的普遍性与特殊性进行初步研究。其次，从人类与环境相互作用的角度，阐述了能源供应、土地利用、园林建设、环境保护、战争破坏、经济生活、社会空间、城市改造、城市规划、人口变动等社会人文因素对历史上北京生态环境的影响，对相应时代的环境状况做出说明。

最后，作者从近千年来北京城市发展与生态环境的互动过程、当代北京地区的生态环境建设中归纳了若干理论认识，以期为预测北京地区生态环境的未来走向、促进社会与环境的协调发展提供参考。

作　　者：孙冬虎
推荐单位：北京市社科院
出版单位：北京燕山出版社
批准时间：2007 年上半年
出版时间：2007 年 11 月

《东南亚考察论郑和》

郑和下西洋的事迹蜚声海内外。28 年间，郑和访问了三十余国家和地区，足迹遍及东南亚、南亚、西亚和东非，其中在东南亚活动的时间最长，影响最大。

本书着重通过东南亚考察论述郑和下西洋。作者曾多次访问东南亚国家，寻觅或实地考察了当地的郑和寺庙和遗迹，搜集了大量有关郑和的寺庙、传说、研究郑和的机构、论著和纪念活动等珍贵资料。本书把实地考察与研究海内外文献结合起来，与当地的历史背景和现实社会结合起来，揭示郑和下西洋在海外影响的特点、历史轨迹和意义。本书比较全面、系统地介绍和研究了东南亚 17 个郑和寺庙，对海外有关郑和的传说、机构、论著和纪念活动等，也进行了较深入的分析。

作　　者：孔志远、郑一钧
推荐单位：北京大学
出版单位：北京大学出版社
批准时间：2007 年下半年
出版时间：2008 年 9 月

《列王纪研究》

作　　者：张鸿年
推荐单位：北京大学
出版单位：北京大学出版社
批准时间：2007 年下半年
出版时间：2009 年 6 月

《列王纪》是伊朗伟大诗人菲尔多西以达里波斯语创作的一部世界闻名的伊朗民族英雄史诗。这部史诗长 12 万行，菲尔多西约于公元 980 年开始创作，到公元 1020 年最后完成，前后共享了 40 年时间。本书充分肯定了《列王纪》不论在伊朗还是在世界文学史上都占有的重要地位。谈到《列王纪》价值时，他引用了 1934 年法国学者在纪念菲尔多西诞生千年祭研讨会上所说的一段话："菲尔多西乃是我们心目中具有理想诗人的表率。他教育我们，人是什么样的，人应该是什么样的。"

特别应当指出的是，作者对于菲尔多西的赞扬所表现出的发自内心的尊敬的感情，恰如其在拜谒菲尔多西陵墓时所吟之诗："先生之风，山高水长。诗人史诗，千古绝唱。远方来客，敬献心香。中伊友谊，日月同光。"

《北京民间水治》

作　　者：董晓萍等
推荐单位：北京师范大学
出版单位：北京师范大学出版社
批准时间：2007 年下半年
出版时间：2009 年 6 月

本书是一部比较系统地研究北京民间水治问题的学术专著。近年来，中外一些学者从人文社会科学角度对中国华北水资源问题进行了研究，但还缺乏对北京用水的社会学和民俗学综合研究。作者对北京市民节水文化习惯及其在城市现代化和国际化中的用水变迁做了较为全面的研究，尝试从整体上讨论北京民间水治研究在我国现代民俗学研究中的地位和社会应用价值。

本书的结构分三部分：著作、调查报告、数字民俗水利地图与数据库。本书是其中的著作部分。本书的内容，共分三编，上编，国家水治与城市水治；中编，公共水管理与结构性行业民俗数据；下编：城市水环境与水利民俗志。

2008—2012年

出版书目

一、马克思主义、列宁主义、毛泽东思想、邓小平理论

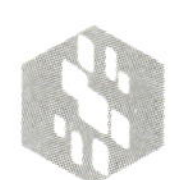

《马克思主义经济危机和周期理论的结构与变迁》

本书是一部比较系统地阐述马克思主义经济危机和周期理论的结构与变迁的理论著作。

与以往同类著作相比较，本书的特色在于：1. 总结和概括了经济危机和周期理论的古典模型。在此基础上阐述了马克思经济危机和周期理论分析模型的形成、结构以及与古典模型之间的关系。2. 在阐述马克思之后的马克思主义经济危机和周期思想及理论分析模型时，充分肯定了苏联“教科书模型”、长波理论、现代西方马克思主义经济危机和周期理论的学术价值与理论贡献。3. 系统研究和阐述了中国学者对资本主义经济危机以及社会主义经济周期问题的研究成就。4. 本书的理论叙述坚持了突出主线与多角度审视相结合、经济思想发展与理论分析模型演变相兼顾、逻辑与历史相统一的原则。

作　　者：刘明远
推荐单位：中国人民大学
出版单位：中国人民大学出版社
批准时间：2008 年下半年
出版时间：2009 年 6 月

《马克思主义战略思维理论研究》

本书是一部比较系统地研究马克思主义战略思维理论的学术专著。本书在研究马克思主义的经典著作的基础上，比较详尽地阐发马克思主义战略思维理论。

本书认为，马克思主义战略思维理论是人们运用马克思主义哲学分析和解决战略问题的过程中形成的世界观和方法论。因此，马克思主义哲学是战略思维最根本的理论基础。邓小平和党的第三代领导集体的战略思维思想对马克思主义战略思维理论的继承和发展。

作　　者：王建铨
推荐单位：北京市委党校
出版单位：北京出版社
批准时间：2008 年下半年
出版时间：2008 年 12 月

《马克思主义发展史》

作　　者：顾海良
推荐单位：中国人民大学
出版单位：中国人民大学出版社
批准时间：2009 年上半年
出版时间：2010 年 6 月

马克思主义并非僵化的教条，而是随着时代的发展而不断发展的，但这一发展并非一帆风顺，而是曲折迂回地向前。

本书研究了自 1848 年《共产党宣言》发表以来，马克思主义产生、发展的过程及其规律，从历史、理论和现实结合的高度，以恢弘的理论视野、深刻的理论论证、清晰的发展脉络、翔实的文献资料，阐释了马克思主义的科学内涵、理论体系、精神实质及其内在的统一性，凸显了马克思主义基本原理和科学精神的历史发展及当代意义。本书注重全面理解马克思主义的时代特征、历史发展和理论体系的基本内涵，并力图紧密地结合当今世界发展的实际、当代中国发展的实际、中国化马克思主义发展的实际，探索马克思主义发展的科学规律以及当代趋势。

《马克思主义基本原理的中国化与中国化的马克思主义基本原理》

作　　者：张雷声等
推荐单位：中国人民大学
出版单位：中国人民大学出版社
批准时间：2010 年下半年
出版时间：2012 年 1 月

马克思主义基本原理是马克思主义理论的核心和精髓，马克思主义基本原理在当代的运用与发展，是马克思主义基本原理在与时代现实世界的接触和结合中，在关注和研究时代提出的最迫切需要解决和回答的重大问题中，不断得到丰富、发展和创新的。中国共产党在改革开放的历史实践中，坚持马克思主义基本原理与推进马克思主义中国化的结合，为马克思主义基本原理增添了新的理论内容，增强了马克思主义基本原理的现实针对性和生命力，从而为马克思主义基本原理的发展创新开辟了新的前景。

本书选取了马克思主义基本原理中的十大主要问题即生产力观、群众史观、意识形态、社会主义观、所有制、分配观、市场经济、社会发展观、人的发展、世界历史作为研究主题，在阐述基本原理、够了基本原理中国化进程的基础上，进一步概括了中国化的马克思主义基本原理。

《马克思经济学数学模型研究》

本书系统梳理了马克思主义经济学中关于数学模型的应用，破除了一些人认为马克思主义经济学对于数学工具不重视的偏见，建立了比较系统全面的马克思经济学的数学体系。全书用经济学语言和数学语言来对马克思经济学加以表述，并运用数学方法对马克思经济学的基本理论加以证明，从数理逻辑的角度来说明马克思经济学的科学性。

从其研究意义而言，本书比较详尽地讲述了在马克思主义经济学科的建设中，加强数学方法的建设，既有利于在马克思主义经济理论基础上解决现实经济问题，也有利于回答西方经济学对马克思主义经济学的挑战，有力地反驳西方经济学对马克思经济学的责难。

作　　者：吴易风等
推荐单位：中国人民大学
出版单位：中国人民大学出版社
批准时间：2011年上半年
出版时间：2012年3月

二、哲学、宗教

《复归科学实践——一种科学哲学的新反思》

作　　者：吴彤等
推荐单位：清华大学
出版单位：清华大学出版社
批准时间：2008 年上半年
出版时间：2010 年 9 月

科学哲学是从哲学角度考察科学的一门学科。它以科学活动和科学理论为研究对象，主要探讨科学的本质、科学知识的获得和检验、科学的逻辑结构等有关科学认识论和科学方法论方面的基本问题。

本书是一部以 20 世纪 80 年代在西方兴起的科学实践哲学的研究为主题的反思性著作，分为上、下两篇。上篇为理论篇，主要讨论科学实践概念、性质和相关问题，批判了传统的理论优位的科学哲学；下篇为应用篇，主要以科学实践哲学的观点和立场研究了一些传统科学哲学和新的科学哲学问题，如科学研究的起点问题，科学实验、观察与理论的关系问题，本土实践和知识境况问题，以及科学研究的负面影响，等等。

《民主、正义与全球化——哈贝马斯政治哲学研究》

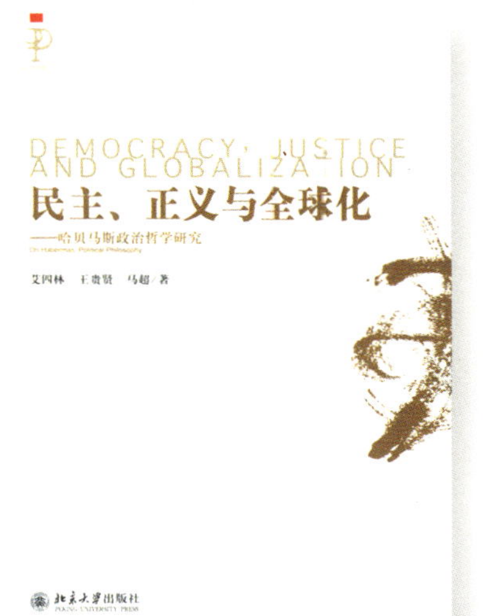

作　　者：艾四林、王贵贤、马超
推荐单位：清华大学
出版单位：北京大学出版社
批准时间：2008 年上半年
出版时间：2010 年 4 月

本书是一部专门论述哈贝马斯政治哲学的学术专著。作为当代最伟大的思想家之一，哈贝马斯提出的“商谈理论”对政治哲学产生了巨大影响。从“商谈理论”出发，哈贝马斯不但对当代西方的民主法治国和法律理论进行了重构，而且还对人类社会所面临的一系列重大政治问题进行了病理学诊断。

本书试图从哈贝马斯早期对公共领域的论述出发，分析哈贝马斯对“晚期资本主义”问题的理论阐发，系统梳理他对民主、正义、人权、永久和平以及全球化压力下民族国家等问题的哲学解释，并进而说明基于交往理性和“商谈理论”的程序主义民主范式是哈贝马斯政治哲学问题的核心和一以贯之的理论主线。

《现代性语境下的价值与价值观》

作　　者：晏辉
推荐单位：北京师范大学
出版单位：北京师范大学出版社
批准时间：2008 年上半年
出版时间：2009 年 11 月

在这部书中，作者首先对价值观的前途做了哲学意义上的批判，在此基础上考察了价值观的原始发生过程，并从内容形态和层级结构上考察了价值观的内部构成。作者认为，在讨论价值观与真、善、利、美之间的关系时，必须将价值转换为具体的价值形态，把价值观转换成具体的价值理念，否则只能沦为空谈。

本书的重点是探讨现代性语境下的价值与价值观。为了实现这一目的，作者分析了思想形态的价值观，即人类中心主义；继而研究了生活形态的价值观，即消费运动、消费主义与消费价值观。最后，作者对转型中国的价值与价值观建设问题进行了比较详尽的探讨，对面向未来的中国价值观进行了展望，并提出了一些比较新颖的建议。

《黑格尔辩证—思辨的真无限概念——在康德与费希特哲学视域中的黑格尔〈逻辑学〉》

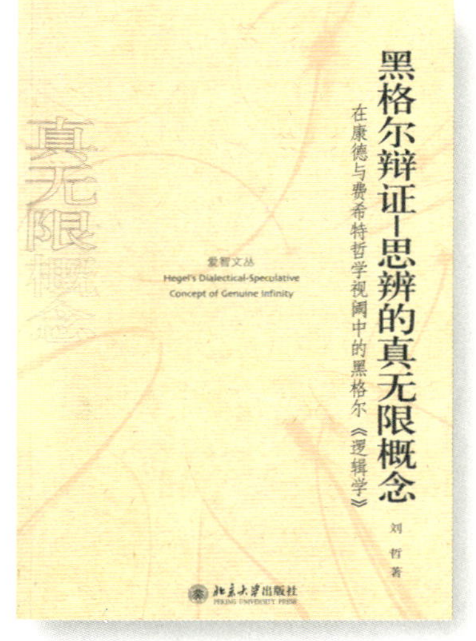

作　　者：刘哲
推荐单位：北京大学
出版单位：北京大学出版社
批准时间：2008 年下半年
出版时间：2009 年 3 月

汉语学界 20 世纪 80 年代初提出了“告别黑格尔，回到康德”的要求。然而，近几十年来国际学术的发展则与此形成了鲜明的对比：从 60 年代起，黑格尔哲学在德语和英语世界都呈现出大规模复兴的态势，而且，康德哲学的研究进程总是与黑格尔哲学研究进程彼此相伴。与这样的国际学术背景相比，“告别黑格尔，回到康德”的要求显得异乎寻常。从这一角度而言，本书可谓是一部反思性的哲学著作。

在本书中，作者从康德的自由概念出发，在分析费希特对纯粹自我意识结构之探索的基础上，论述了黑格尔的真无限概念。作者依赖与纯粹自我意识的关联，证明了无限性概念构成了黑格尔思辨唯心论的基础性概念；并进一步指出，在黑格尔的《逻辑学》中，无限概念并不是一个我们能够把握全部实在的特殊立场，而是规定着我们思考的本质；而真无限则揭示出了作为黑格尔哲学终极基础的人类理性的自由。

《城邦的正义与灵魂的正义——对柏拉图〈理想国〉的一种批判性分析》

根据《理想国》一书的相关论述，苏格拉底不但回答了为什么通俗意义上的那种正义是一种善，而且还初步地界定了正义的本质。可是，综观《理想国》的整体，苏格拉底的论证显然是很不充分的。我们完全可以合理地提出如下质疑：一方面，城邦和个人是否是同构的？另一方面，城邦的德性真的等同于灵魂的德性吗？或者，好人和好公民真的是一样的吗？本书分别从这两个方面对这个问题进行深入的分析。

本书认为，如果说城邦的正义更加像节制，那么灵魂的正义就更加像智慧。如果说真正的德性就是知识，因此只有哲学家才是最正义和最幸福的，那么通俗意义上的那些德性是否还一定意味着幸福也就值得人们去进一步深思。

作　　者：王玉峰
推荐单位：北京市社科院
出版单位：北京大学出版社
批准时间：2009 年上半年
出版时间：2009 年 10 月

《上帝死了，神学何为——20 世纪基督教神学基本问题》

尼采曾在《快乐的科学》中借疯子之口喊出了“上帝死了”。疯子接着承认，是“我们”杀死了他。这些最丑陋的人，即无神论者，谋杀了上帝并试图取代上帝。

本书以尼采的话“上帝死了”为问题意识，以四大经典神学家掀起的 20 世纪四场神学范式革命运动，即巴特的“辩证神学”、布尔特曼的“生存神学”、朋霍费尔的“上帝之死神学”和莫尔特曼的“盼望神学”为主线，深入探究了 20 世纪基督教神学是如何应对“后基督教时代”中基督教的生存危机、信仰危机和教会介入社会的危机的。《上帝死了，神学何为？》是作者此前的《卡尔·巴特神学研究》的续篇。本书适于对基督教思想学术、西方思想史以及西方文化感兴趣的读者。

作　　者：张旭
推荐单位：中国人民大学
出版单位：中国人民大学出版社
批准时间：2009 年上半年
出版时间：2010 年 4 月

《欧美佛教学术史——西方的佛教形象与学术源流》

作　　者：李四龙
推荐单位：北京大学
出版单位：北京大学出版社
批准时间：2009 年上半年
出版时间：2009 年 11 月

本书是一部专门论述欧美地区佛教学术发展史的历史著作。作者归纳了欧美佛教研究的五个学术传统，即：印度学、巴利语、汉学与藏学传统，以及头绪繁多的中亚西域研究传统。这种归纳几乎涵盖了佛教研究的所有领域，既扼要介绍世界佛教的分布及学术研究的梗概，使大家大致了解西方已有的学术成果。

通过作者的细致梳理，佛教在西方学界的形象变化得以显现：19 世纪末，西方人眼里的佛教是异教，在学术研究上附庸于印度学。但是到了 20 世纪 60 年代，佛教研究在欧美各国都有了独立的学术地位，成为一种可以超越（或者说克服）西方现代性危机的思想资源；而且，欧美佛教团体积极入世，出现了“参与佛教”的新形态。

《二十世纪数学哲学——一个自然主义者的评述》

作　　者：叶峰
推荐单位：北京大学
出版单位：北京大学出版社
批准时间：2009 年下半年
出版时间：2010 年 7 月

19 世纪末 20 世纪初，在现代数学产生初期，关于数学本身的根基问题困扰了当时最出色的数学家，如庞加莱、希尔伯特、布劳威尔、赫尔曼·威尔、冯·诺伊曼等。这些学者的思考拉开了数学哲学的序幕，百年来，数学基础的问题虽然逐渐淡出了人们的视线，但并未得到很好的解决。

本书从自然主义的立场介绍、分析和评述了 20 世纪主要的数学哲学思想。第一章是当代数学哲学的导论，作者简要地介绍了各种数学哲学思想的要点。第二章介绍了自然主义的基本观念及一种彻底的自然主义的数学哲学。从第三章开始，作者用大量篇幅介绍了 20 世纪几种主要的数学哲学思想，并从自然主义的角度对它们作出分析和批评。

《亦术亦俗——汉魏六朝风水信仰研究》

作　　者：张齐明
推荐单位：中国人民大学
出版单位：中国人民大学出版社
批准时间：2009 年下半年
出版时间：2011 年 5 月

汉魏六朝是中国古代风水信仰的确立和风水理论形成、发展的重要时期，但在中国古代史研究中却很少有人关注。本书以历史学的视野和方法，系统梳理了汉魏六朝时期风水术的发展脉络，深入探讨了风水理论构建的历史过程。作者分别从宅法、墓法和厌胜三个方面对汉魏六朝时期的风水吉凶模式进行了一番系统的考辨。

在此基础上，本书还以“宅无吉凶论”和《改葬崇宪太后诏》为切入点，展示了风水信仰官方化、合法化的历史细节，揭示其与社会生活、政治、宗教和思想文化之间的内在互动关系，为考察汉魏六朝时期思想文化的历史演进提供了一个新的观察视角。

《东正教圣像史》

作　　者：徐凤林
推荐单位：北京大学
出版单位：北京大学出版社
批准时间：2009 年下半年
出版时间：2012 年 1 月

基督教内部分为东正教、天主教和新教三大派系。圣像是在基督教会中对基督、圣母、圣徒、天使和教会节日等画像的称呼。圣像作为东正教礼拜和神学的组成部分，在基督教文化和艺术中占有重要地位。本书以图文并茂的形式系统介绍和解释了东正教圣像的历史起源、神学含义、宗教功能、艺术特点、基本类型以及从拜占庭到俄罗斯的圣像艺术发展历程。

作者认为，与拉斐尔或米开朗基罗的圣像不同，东正教圣像首先是宗教的，而并非艺术。它的效果不是为了美感，功能不是为了装饰或圣经的视觉叙述。东正教圣像画师的愿望不是发挥自己的想象力和创造力，而是要遵循严格的法则和程序，最大程度地贴近圣传中的神圣形象。

《批判学派与现代和后现代科学哲学》

本书是一部比较系统地探讨批判学派与现代和后现代科学哲学思想的学术著作。通过翔实的史料考证和哲学理路的分析，本书试图表明，现代和后现代科学哲学几乎都未真正理解和实现包含于批判学派中的辩证智慧。由现代科学哲学构造的脱离实践的科学形象，恰恰为反科学的后现代科学哲学打开了大门，导致了科学的合法性危机。

本书认为，在现代与后现代之争的语境下，批判学派在多极思想体系之间保持必要张力的科学哲学，将有助于消弭科学知识的合法性危机，有助于超越在当今文化中甚嚣尘上的相对主义、虚无主义和反科学主义，从而为重塑科学哲学的自由与理性之魂带来一线曙光。

作　　者：郝苑
推荐单位：北京市社科院
出版单位：北京燕山出版社
批准时间：2010 年上半年
出版时间：2010 年 12 月

《即神即心——真人之诰与陶弘景的信仰世界》

本书是一部专门论述道教上清派及其代表人物陶弘景的信仰问题的学术专著。神秘经验与神圣启示是宗教研究中的两难课题，同情地理解神秘经验和神圣启示是宗教研究的责任，然而，神秘经验与神圣启示却从根本上拒斥坚定信仰和私人体验之外的理性分析。作者以魏晋六朝时期道教上清派神圣启示的经典化及体系化为主题，通过重构诠释者陶弘景的神秘经验及信仰世界，从更加生动的信仰与体验视角人手，梳理上清派启示文本在两个世纪的流转和变化中从神圣启示到神学体系的变迁。

在此基础上，作者在上清派“真人之诰”从启示到经典的文本历史跨越中，进一步阐释了陶弘景作为具体诠释者的“即神即心”的信仰世界。

作　　者：程乐松
推荐单位：中国人民大学
出版单位：中国人民大学出版社
批准时间：2010 年上半年
出版时间：2010 年 10 月

《天然与修为——荀子道德哲学的精神》

在传统儒学史观的背景下，荀子思想被归结为政治整合层面的外王之学。因此传统的荀学研究往往倾向于从政治哲学的视角展开阐释，而对荀子以道德人格为中心关切的修身学说未能给予应有的理论重视。

本书立足道德哲学的基点从事荀学研究，取径于德性伦理学（virtueethics）的理论进路，尝试对荀子的伦理思想做一种传统儒家修身哲学意义上的解读和阐释。

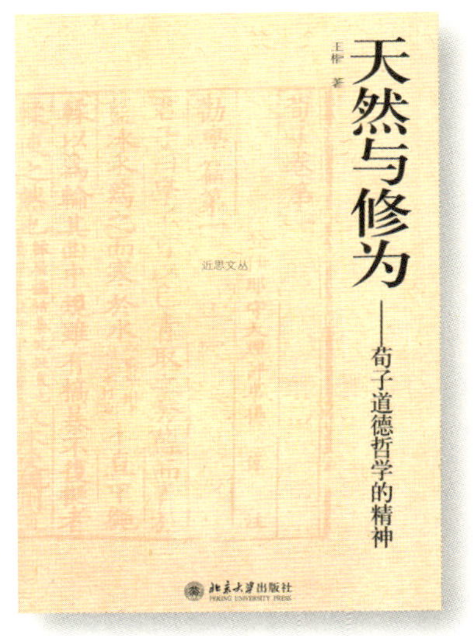

作　　者：王楷
推荐单位：北京师范大学
出版单位：北京大学出版社
批准时间：2010年下半年
出版时间：2011年3月

《形而上学的历史演变》

本书以梳理形而上学的历史演变为主旨，概述了形而上学的概念、问题和历史演变，分别讨论了柏拉图的形式论、亚里士多德的形而上学、中世纪的形而上学、近代早期哲学中的形而上学、康德对形而上学的贡献、黑格尔与古典形而上学的终结、20世纪语言哲学视野下的形而上学、海德格尔与形而上学，以及形而上学与后现代主义，大体上概述了形而上学在西方哲学不同历史时期的基本特征和表现形式，并且重点分析研究了在形而上学史上具有里程碑意义的哲学理论，比较全面地梳理了形而上学的历史演变过程。

以为，形而上学之所以直到今天仍然尚未彻底退出历史舞台，其根本原因是因为人类理性不可能不关注所谓“终极关怀”的问题，而这正是产生形而上学的根源所在。

作　　者：张志伟
推荐单位：中国人民大学
出版单位：中国人民大学出版社
批准时间：2010年下半年
出版时间：2011年3月

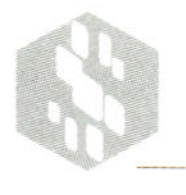

《救赎下的解放——对“解放神学”的马克思主义研究》

作　　者：刘春晓
推荐单位：首都师范大学
出版单位：首都师范大学出版社
批准时间：2010 年下半年
出版时间：2012 年 12 月

解放神学是 20 世纪六七十年代诞生在拉丁美洲的一种基督教马克思主义，也是一次较大规模的群众性宗教运动。它的产生是马克思主义自诞生以来对基督教世界的深刻影响、基督宗教本身内在的革命性和拉美特定的历史环境几个因素共同作用的结果。

本书对解放神学的产生背景、基本内容、社会影响进行了一番比较详尽地梳理和评析，并对其局限性阐述了自己的观点。本书认为，解放神学主要有三个方面的缺陷：1. 其主要范畴和命题缺乏严谨的逻辑分析和论证；2. 它只是借用了马克思主义的某些观点为其服务，因而在面对人类争取解放的现实斗争时，并可能提出具体、科学的社会变革策略；3. 解放神学虽然主张现实的解放实践，但并没有脱离“上帝救赎”的范畴。因此，尽管它在理论表述上实现了“创世”与“救世”的统一，达到了神学上“一元论”的历史观，但从历史哲学的角度看，它的历史观仍然是“二元论”的，归根结底是“神创历史”的唯心主义历史观。

《生命关怀的理论与实践》

作　　者：李义庭、刘芳
推荐单位：首都医科大学
出版单位：首都师范大学出版社
批准时间：2010 年下半年
出版时间：2012 年 5 月

生命关怀是人的特征。人是生物界中唯一有意识和高级情感的高级动物，人的生命离不开他人与社会的生命关怀。生命关怀就是对人的生命敬畏、关爱的终极价值观。生命关怀学研究人生各个阶段和在生命受到挑战和威胁的关键时刻，社会、种族、群体、家庭、他人与社会的关怀内容、形式与方法，旨在提升人的生命质量、价值与尊严；生命关怀学是敬畏与关爱生命的一门学问。

本书通过比较系统地研究人生各个阶段和在生命受到挑战和威胁的关键时刻特别是生命临终关怀问题，社会、种族、群体、家庭、他人与社会的关怀内容、形式与方法，旨在提升人的生命质量、价值与尊严，并试图在这片贫瘠的土地上耕耘，进一步唤起对生命的敬畏，使人活得更有尊严，更加幸福。

三、社会科学总论

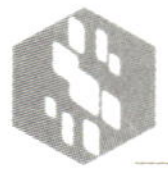

《社会主义和谐社会利益关系研究》

作　　者：胡乃武
推荐单位：中国人民大学
出版单位：中国人民大学出版社
批准时间：2008 年上半年
出版时间：2010 年 6 月

社会和谐是中国特色社会主义的本质属性，构建社会主义和谐社会是全面推进中国特色社会主义建设和全面建设小康社会的重大战略任务。而构建社会主义和谐社会的实质是，正确反映和兼顾不同方面群众的利益，妥善处理各方面的突出矛盾，实现社会各方面利益之间的平衡与和谐，使全体人民朝着共同富裕的方向稳步前进。当前，中国社会存在着错综复杂的经济利益关系，每一种利益关系都包含着利益差别和利益矛盾，如果处理不当，就有可能危及社会安定与和谐社会的构建。

《文化的表达——人类学的视野》

作　　者：赵旭东
推荐单位：中国农业大学
出版单位：中国人民大学出版社
批准时间：2008 年上半年
出版时间：2009 年 5 月

西方人类学，特别是以社会与文化为核心关注点的人类学传统在过去的三四十年之间发生了一些理论与方法上的转变，其中一条明显的转变轨迹就是从最一开始的功能论的直观描述转变到了今天对于文化本身的解释与理解，这促使了社会科学传统的社会与文化人类学从以科学为模板的研究范式转变到了大量接受人文学科，特别是历史学和哲学解释学的思考方式，由此文化被重新理解成为一种社会存在的表达方式。

在这个意义上，本书的全部内容是试图在搜寻人类学既有传统中的不同研究主题在向文化的理解转变过程中的一些痕迹，从不同的人类学视角回顾了西方人类学的历史，以及一些有代表性的中国人类学家与相关学科的学者对于这些历史的反思与推进。

《国外公共服务研究》

本书紧紧围绕党的十七大提出的加快推进以改善民生为重点的社会建设的总要求；顺应加快行政管理体制改革，完善公共服务体系，强化社会管理和公共服务，建设服务型政府的迫切需要；结合北京市第十次党代会提出的实现基本公共服务均等化，基本建立覆盖城乡的公共服务体系和社会保障体系的发展目标，重点对国外部分大都市公共服务的体制、机制和政策展开较为全面系统的研究，目的是为各级领导干部学习贯彻党的十七大精神、积极探索富有北京特色公共服务体系提供参考。

为了了解国外大都市公共服务方面的最新发展动向，全书各章节引用的基本上是2000年以来的资料，确保了课题研究的现实性，并且提出了大量富有创新性的新锐观点。

作　　者：王力丁、王鸿春、马仲良
推荐单位：中共北京市委研究室
出版单位：同心出版社
批准时间：2008年上半年
出版时间：2009年1月

《浮生取义——对华北某县自杀现象的文化解读》

在日常生活中，总是有一些司空见惯的词汇和说法，我们从来不去思考它背后的意义，“合生取义”，常常被用来赞美自杀的忠臣义士，但这决不意味着，只有“舍生”才能“取义”。毕竟，需要舍生的场合很少，但“义”却是每个人在生活日用、揖让进退之间都该看重的。

本书通过对华北某县自杀现象的田野研究，在现实语境中重新思考中国文化中“生命”和“正义”的问题，从家之礼、人之义、国之法几个层次理解现代中国人的幸福与尊严。书中的基本主张可概括为“缘情制礼，因礼成义，以理成人，以法立国”。透过本书可以看到作者进入社区、接触被访谈者以及访谈过程，并且针对一个较为隐私（自杀）的问题进行访谈可能遇到的问题及解决办法。

作　　者：吴飞
推荐单位：北京大学
出版单位：中国人民大学出版社
批准时间：2008年下半年
出版时间：2009年11月

《人口转变与老年贫困》

作　　者：杨菊华
推荐单位：中国人民大学
出版单位：中国人民大学出版社
批准时间：2008 年下半年
出版时间：2011 年 3 月

本书使用多个定量和定性数据，运用合适的理论和分析模型，从经济贫困和社会贫困两个视角，从绝对经济贫困、相对经济贫困、健康欠佳、经常孤独四个维度，从个体、家庭、宏观三个层面分析在社会转型、人口转变过程中，在公共福利不足的情况下，中国老年贫困的现状、特点、相关因素和决定因素。模型分析结果表明，在其他条件相同的情况下，养老金和退休金的享有、子女的经济支持都会降低父母经济和社会贫困的概率。个体的人口学特征、人文和社会资本、生活态度及生活习惯等都作用于老年贫困。

此外，本书还基于模型分析结果，利用在六个地点通过深度访谈获得的定性数据，并借鉴日本及其他发达国家的经验，进一步发掘了老年贫困的个体、家庭、制度因素，解读了不利于改善老年人福利的多层次原因，提出了具有针对性的增进老年福利的政策思考与建议。

《中国城市社区治理结构研究》

作　　者：夏建中
推荐单位：中国人民大学
出版单位：中国人民大学出版社
批准时间：2008 年下半年
出版时间：2012 年 1 月

在我国，社区正是改革开放后适应社会变革的需要而发展起来的。在建立社会主义市场经济体制，以及由此导致的整体性社会转型过程中，社会制度和社会结构面临深刻的变化和调整，各类社会组织的功能面临新的分化和合理定位。社区，作为一个与传统计划经济相对立的、由政府与社会相剥离而产生的组织，在这一转型过程中将为国家、社会、个人关系的调整提供广阔的回旋余地，为进一步的制度创新提供必要的空间和载体。

本书在对不同类型的社区进行调查的经验材料基础上，考察了我国社区建设中的社区治理结构，以及主要由这些不同的治理结构影响的社区居民参与、社会资本培育等主要问题。本书在以下几方面有所创新：第一次提出了社区治理的定义、主体、目的和方式等，指出了目前我国社区治理结构的三种主要模式，重点强调和研究了社会资本对社区治理的重要作用。

《农民中国——后乡土社会与新农村建设研究》

历经30多年的改革开放，伴随着中国经济的连续高速增长，综合经济实力的大幅提升，中国社会进入一个加速转型时期，社会结构和多种管理体制经历了深刻和巨大的变迁，这些因素不可避免地影响着中国乡村的结构与乡村的发展。那么，当前中国乡村社会的形态是否发生了转变？中国农村社会有哪些发展趋势呢？

本书在理论上传承和发展了费孝通先生的乡土中国理论以及中国社会学中的乡村建设学派的理论传统，从社会转型、社会行动、系统理论和新制度主义等理论视角，考察和探讨了当前中国乡村社会的发展状况、问题、趋势以及新农村建设的路径选择。在方法上把综合社会调查数据的分析与典型个案研究结合起来，实现了宏观与微观经验的相互补充和印证。

作　　者：陆益龙
推荐单位：中国人民大学
出版单位：中国人民大学出版社
批准时间：2008年下半年
出版时间：2010年1月

《“十一五”期间北京城市管理的观念、体制、机制研究》

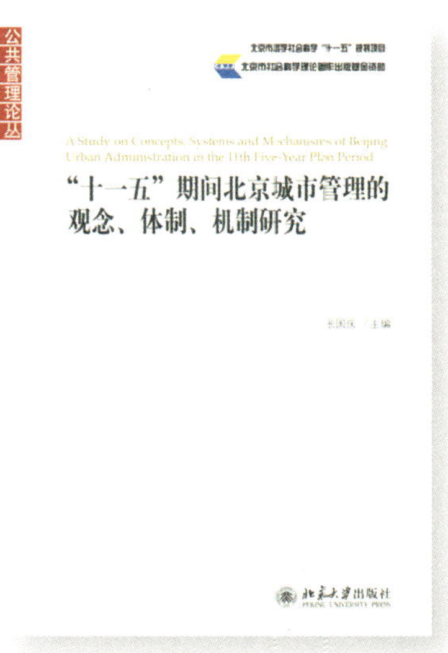

北京是中华人民共和国的首都，是全国的政治中心、文化中心，这种特殊地位，对全国其他城市具有“首善效应”，并进一步深刻影响着中国的国际形象和国际竞争力。

本书以“十一五”期间北京城市管理的观念、体制、机制为研究对象，借鉴纽约、东京、伦敦、墨西哥城等国外大城市公共管理的经验、教训，认为政府管理与政府公共管理的管理观念、管理体制、管理机制创新滞后而引致的合理制度设计匮乏和有效制度供给不足，是“十一五”时期北京城市管理领域的主要矛盾。本书认为，为在可持续发展和实现社会公平正义的历史背景下构建“首善之都”，北京市有必要实行“大区划”“大部门”管理体制改革，进一步优化各级公务员队伍结构和改进政策系统，同时构建以各级党委为核心、各级“人大”为主体、专家和公民均衡参与型的政府绩效异体评估机制，培育城市社区多主体合作治理体制等。

作　　者：张国庆
推荐单位：北京大学
出版单位：北京大学出版社
批准时间：2009年上半年
出版时间：2010年8月

《公共危机管理：理论与实务》

作　　者：张成福、唐钧、谢一帆
推荐单位：中国人民大学
出版单位：中国人民大学出版社
批准时间：2009 年上半年
出版时间：2009 年 12 月

随着现代化程度的提升，人类逐渐享受到繁荣和文明带来的成果，与此同时，人们却更加强烈甚至前所未有地感受到危机所带来的冲击和影响。进入新世纪以来，中国开始意识到危机对经济社会发展乃至国家战略的重要意义，并将危机管理摆到重点加强建设的突出位置上来。

本书在吸收国内外公共危机管理最新发展成果的基础上，全面系统地建构了公共危机管理的逻辑体系和知识框架，从制度、过程、行为、技术等不同层面，以前瞻性的视角，对当代公共危机管理的一系列理论与现实问题进行了梳理和分析。本书既可以帮助读者研习和掌握公共危机管理的一般性知识，也可以为其培养和提高应对突发公共事件的能力提供参考。

《知识经济时代档案部门的生存与发展策略》

作　　者：王英玮
推荐单位：中国人民大学
出版单位：中国人民大学出版社
批准时间：2009 年上半年
出版时间：2011 年 4 月

知识经济时代的到来给我国档案部门的生存与发展提出了严峻的新挑战。在这个变革的时代，如果档案部门仍然继续以往的运作模式和管理思维，就很可能会被社会遗忘在冰冷的角落里。因此，只有变革才能求得生存与发展的空间与能量。那么，变革的基本思路有哪些呢？这就是本书试图回答的主要问题。

本书从社会环境视角出发，着重探讨了知识经济时代我国档案部门的观念变革策略、理论变革策略和时间变革策略。其中涉及的主要问题包括档案部分的管理体制变革、核心资源建设、资源有效经营、社会影响力提升、档案网站建设与完善等。本书旨在帮助档案部门实现管理观念的突围，并在信息社会中发挥更大的作用。

《声誉、契约与组织》

作　　者：聂辉华
推荐单位：中国人民大学
出版单位：中国人民大学出版社
批准时间：2009 年上半年
出版时间：2009 年 5 月

从某种程度上讲，所有的经济关系都可以看作是一种合同关系，不完全契约理论已经成为当今企业理论、制度经济学，组织理论乃至公司金融等领域的主要分析工具。本书详尽地介绍了这一理论的起源、发展和前景及其在企业理论和制度经济学或政治经济学中的应用。通过引入信息不对称，作者将“不完全契约”理论由静态模型拓展到动态模型，并且在方法上将完全契约理论和不完全契约理论相结合，修正了经典的“契约不完全导致投资无效率”的定论，并且尝试提出了一个新的理论基础。

本书还对人力资本过度投资的原因进行了论证说明。在进一步比较所有产权结构之后，揭示了在静态环境下最佳的产权结构在动态环境下的；声誉与产权是两种相互补充的激励工具。

《流动的不平等——中国城市居民地位获得研究（1949—2003）》

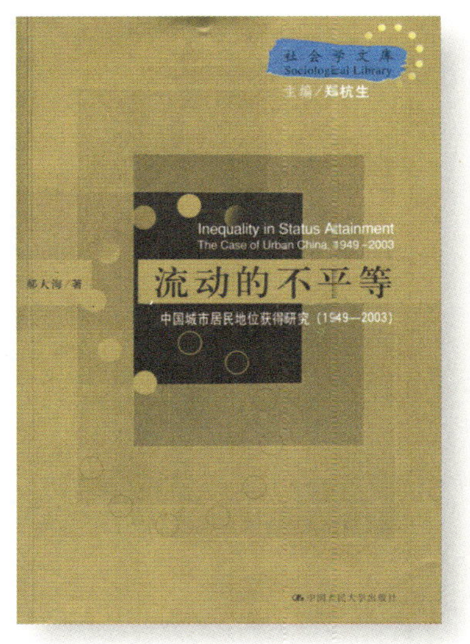

作　　者：郝大海
推荐单位：中国人民大学
出版单位：中国人民大学出版社
批准时间：2009 年上半年
出版时间：2010 年 1 月

本书以林南和边燕杰 1991 年针对中国劳动力市场变化提出的地位获得模型为基准模型，将林—边路径分析中相应的内生变量作为地位获得的因变量，进而分析家庭出身、性别和城乡出生环境等社会因素，在个人教育、就业和收入等关键点上产生的不平等效应。

本书借助 2003 年实施的“中国综合社会调查”（CGSS2003）的数据，分析改革开放前后个人地位获得中社会不平等现象的变化，在一定程度上为地位获得中不平等现象产生和变化的机制提供一种理论解释，探寻社会主义市场经济条件下新的个人地位获得模型，并在此基础上，对当前社会不平等的程度作出更加准确的评估，进而为制定有关缩小社会不平等的社会政策提供理论依据。

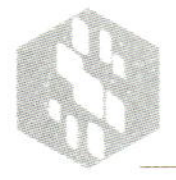

《媒介融合的轨迹》

作　　者：许颖
推荐单位：中国人民大学
出版单位：中国人民大学出版社
批准时间：2009 年上半年
出版时间：2011 年 2 月

随着信息技术的发展，中国也进入了多种媒体并存、多种媒体竞争的时代。为了更好的生存和发展，报纸、广播、电视、互联网作为信息的几大载体，开始逐渐改变自己的媒体形态，从以前的割裂、分离状态，逐渐走向互动、整合，甚至是融合。媒介融合是分层次、分阶段进行的过程。第一层次是媒介互动，即媒体战术性融合；第二层次是媒介整合，即媒体组织结构性融合；第三层次是媒介大融合，即不同媒介形态集中到一个多媒体数字平台上。在媒介融合的过程中，内容和服务应是媒介最重要的关注点。

本书涵盖了媒介融合的基本理论，在媒介互动、媒介整合、媒介大融合等层面下新闻信息采集与报道，以及新闻资源开发与整合的要点，通过国内外媒体实践的案例，对媒介融合的各个层次下的策略和技巧作了具有前瞻性的分析。

《任务型组织研究》

作　　者：张康之等
推荐单位：中国人民大学
出版单位：中国人民大学出版社
批准时间：2009 年上半年
出版时间：2009 年 12 月

在新的历史条件下，关于任务型组织的研究，越来越成为组织以及管理实践中最为迫切的课题。本书比较系统地探讨了任务型组织这一现象，描绘了任务型组织的基本框架和结构，提出了针对任务型组织进行管理的意见。

作者明确指出，任务型组织是一种不同于常规组织的、以任务为导向的组织形式。在人类走向后工业社会的历史转型过程中，任务型组织得到了人们的广泛应用，在处理那些紧迫的、重大的和一次性的任务时，特别是在应对危机事件的过程中，日益显示出其独有的优势。本书在新的时代背景下，运用与常规组织相比较的方法，对任务型组织的要素、运营过程以及成立与解散等方面内容作出了较为系统的研究，对于任务型组织的管理实践具有启发意义。

《文化冲突视野中的现代犯罪问题》

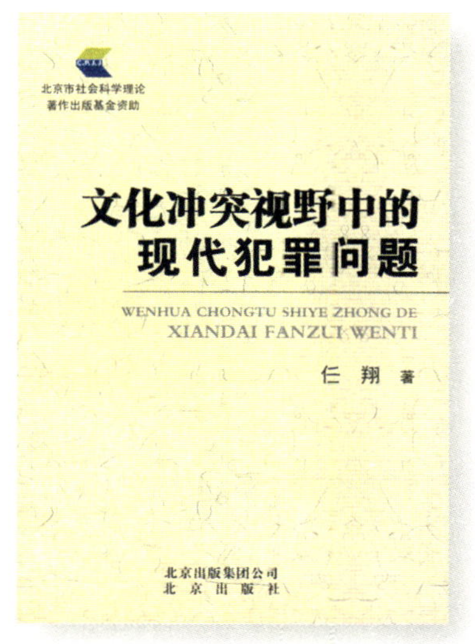

本书以历史唯物主义为指导思想，以现代性问题意识为中心，在全球化视野中对现代犯罪问题展开思考。在具体研究过程中，紧扣文化冲突与犯罪发生这条基本线索，以全球化时代文化、经济、政治和社会的差异与同一、连续与断裂为视野，汇通哲学、文化学、社会学、法理学以及司法实践，对文化冲突与现代犯罪、文化冲突与现代性、文化冲突与价值理论等进行哲学透视。

本书通过对文化冲突视野中现代犯罪问题之价值哲学探索，引出犯罪主体、犯罪行为以及犯罪控制等紧迫而且严峻的社会问题，对犯罪与文化、犯罪与人性、犯罪与现代性之间关系加以探究分析，阐明在社会急剧转型过程中重构价值观的必要性及在建设和谐社会实践中的现实意义。

作　　者：任翔
推荐单位：中国人民公安大学
出版单位：北京出版社
批准时间：2009 年上半年
出版时间：2009 年 9 月

《世界城市的理论与实践及其对北京的启示》

2009 年 12 月，中共北京市委十届七次全会提出要按照科学发展观的要求，从建设世界城市的高度，加快实施“人文北京、科技北京、绿色北京”的发展战略，以更高标准推动首都经济社会又好又快发展。

本书通过对全球城市体系层级结构分析，得出了一个基本的结论：世界城市的基本内涵和本质特征是全球城市体系中最高能级的城市，具有主导全球产业发展的网络体系。然后，作者通过分析北京城市发展所面临的国内外环境，令人信服地论证了北京建设世界城市的必要性和可行性，并设立了北京在全球城市体系中的目标定位：从区域性世界城市到全球性世界城市。在此基础上，作者对世界城市的功能、主导产业选择和空间结构等重要内容进行了比较详尽的论述，并对北京的产业发展重点及其世界城市的路径选择进行了比较深入的探讨与论证，并提出了一些自己的观点。

作　　者：苏雪串
推荐单位：中央财经大学
出版单位：北京出版社
批准时间：2009 年上半年
出版时间：2010 年 9 月

《城市国际角色研究》

作　　者：熊九玲
推荐单位：北京市贸促会
出版单位：北京出版社
批准时间：2009 年上半年
出版时间：2010 年 12 月

本书所讨论的中心问题是：如何定位城市在当代国际关系中的角色？关于这个问题，不同的学者有着不同的理解。

本书认为，国家主权依然是当代国际社会的基本制度，城市的发展导向和对外交往仍然主要是为国家利益服务的。城市所扮演的国际角色对于国家利益有着三个方面的影响：城市由于它的经济集聚效应和本身的需求构成了国家经济发展的重要动力之一；城市所掌控的国际组织、跨国公司和银行总部资源、友好城市和外宾游客资源等，构成了国家影响别国外交政策、加强国际交流的主要手段之一；城市展现的精神风貌、名胜景点和拥有的信息资源是其他国家了解本国的主要窗口之一。只要主权制度还存在，那么城市与国家的互动关系就会基本上遵循上述三个框架。在提出了分析城市国际角色的主权框架之后，本书进而对伦敦、纽约和当代北京的国际角色进行了实证研究。

《中国农民工养老保险路径选择研究》

金融学论丛
中国农民工养老保险路径选择研究
RESEARCH ON ROUTE SELECTION OF CHINA'S RURAL WORKERS' PENSION SYSTEM
雏庆举◎著
北京大学出版社

作　　者：雒庆举
推荐单位：首都经济贸易大学
出版单位：北京大学出版社
批准时间：2009 年下半年
出版时间：2010 年 11 月

农民工养老保险制度的建立与完善是解决农民工后顾之忧、解决“三农”问题的重要举措，同时也关系到国家经济、社会的健康稳定发展。本书在借鉴国内外学者研究成果的基础上，通过构建两期迭代模型，在一般均衡的研究框架下，对不同养老保险模式的宏观经济效应进行了定性、定量分析，希望对农民工养老保险问题的研究提供新的视角。

本书比较全面地分析了农民工进入城市劳动力市场后可能存在的 7 种情形以及 4 种养老保险模式，并在此基础上对不同情形、不同养老保险模式选择下的劳动力市场变量、社会福利变量以及养老保险体系变量共 3 类 22 个宏观经济变量的时间路径进行数据模拟，研究了中国农民工养老保险不同路径选择下的宏观经济效应。

《年龄歧视与老年人虐待问题研究》

作　　者：姜向群等
推荐单位：中国人民大学
出版单位：中国人民大学出版社
批准时间：2009 年下半年
出版时间：2010 年 5 月

本书是一部比较系统地探讨年龄歧视及老年人虐待问题的学术著作。年龄歧视问题在国外发达国家已经有了较多的研究，但是目前在我国还是一个被忽视的领域，我国学术界相应的研究还是比较缺乏的。作者不仅对国内外有关年龄歧视和老年人虐待方面的主要文献进行了回顾和分析，总结了国内外学术界的主要观点、理论及研究方法，而且对我国社会中年龄歧视与老年人虐待的情况予以调查和分析，结合国外研究成果和我国的实际情况，对老年人虐待的指标体系及其测量方法进行了比较深入的总结与分析。

在此基础上，本书进一步提出了可供实际工作部门参考的老年人虐待指标，同时还根据研究结果提出了对应的解决对策。

《工商行政管理新论》

作　　者：陈季修、赵韵玲
推荐单位：首都经济贸易大学
出版单位：中国人民大学出版社
批准时间：2009 年下半年
出版时间：2009 年 12 月

本书是一部比较系统地探讨我国工商行政管理问题的学术著作。在这部著作中，作者以我国改革开放 30 多年来工商行政管理的理论与实践成果为研究基点，围绕改革第二周期阶段的总体任务，对社会主义市场经济体制建立后处于政府自身改革深化进程中的工商行政管理工作进行了比较全面的研究和分析，并对相关问题提出了自己的建议。

全书共分两大部分。第一部分为工商行政管理理论研究，比较系统地论述了工商行政管理的职能、体制、法系、环境等内容；第二部分为工商行政管理职能实务研究，包括市场准入、市场监管、市场培育和市场服务等重要内容。

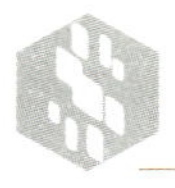

《政府行政服务评价》

作　　者：吕维霞
推荐单位：对外经济贸易大学
出版单位：清华大学出版社
批准时间：2009 年下半年
出版时间：2010 年 10 月

政府行政服务质量对于公众的生产与生活产生重要而深远的影响，而公众满意度也日益成为政府关心的评价指标。

本书主要研究在经历行政审批、行政给予、行政奖励、行政认证等政府服务的过程中，公众对政府行政服务质量的评价问题。本书建立了测评政府行政服务质量的指标体系，并对不同地区、不同人口统计特点的公众评价进行了实证研究与对比分析；分析了影响政府行政服务质量的主要因素，通过实证验证了影响路径与影响的强弱。本书建立的行政服务质量评价指标体系可成为公众评价政府行政服务质量的有利工具；本书提出的绩效影响因素理论及其测评指标可以指导政府机关有效改进和提高行政服务质量。

《霍米·巴巴的后殖民理论研究》

作　　者：生安锋
推荐单位：清华大学
出版单位：北京大学出版社
批准时间：2010 年上半年
出版时间：2011 年 10 月

霍米·巴巴是一位重要的后殖民主义理论家，善于从拉康式的精神分析角度，对外在的强迫的权力如何通过心理因素扭曲人性加以描述。他在《后殖民与后现代》一文中指出，后殖民批评旨在揭露以下三种“社会病理”：一是在争夺现代世界的政治权威与社会权威的斗争中，文化表象之间不平等和不均衡的力量对比关系；二是现代性的意识形态话语是如何为不同的国家、种族和民族设定一个霸权主义规范的；三是揭露现代性的“理性化”过程是如何掩盖和压抑其内在矛盾与冲突的。

本书通过对其主要理论著作和术语的剖析，兼及其生活经历和教育背景，细致地探讨了这位具有代表性的后殖民理论家的主要理论发展历程及其成就，并就其中存在的问题和后殖民理论的出路给出了自己的思考。附录也对后殖民理论在中国的“旅行”进行了梳理和反思。

《区位特性对城市居住空间结构的影响分析》

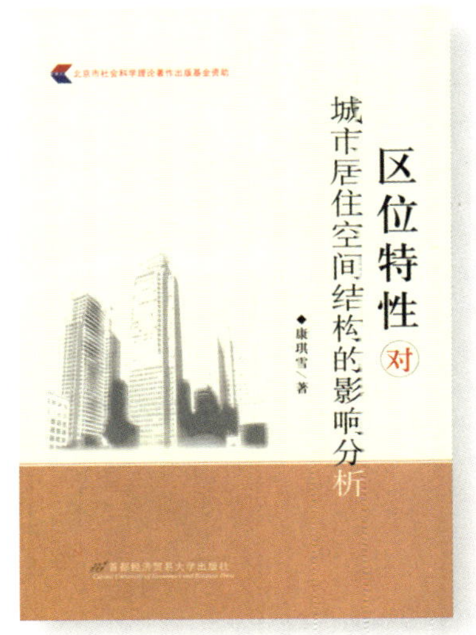

本书以城市经济学的城市竞价理论作为基础，结合生态学派等的主要观点，将区位特性分为了经济特性和社会特性两个方面，从而系统解释了城市居住空间结构的形成机理，并按照这个机理从不同主体的行为出发分析解决城市居住空间结构的问题的途径。

本书主要在两个方面有所创新：一是从城市经济学的微观机理的视角出发，在城市竞价理论的基础上，对住房市场均衡、土地市场均衡以及各行为主体的作用进行分析，并在此基础上，结合区位的社会特性，研究城市居住空间结构形成机理；二是在对居住选址的影响因素的分析中，对决定区位经济特性的资本化因素进行了重新整合，并将区位的经济特性和社会特性结合在一起建立了系统的理论框架。

作　　者：康琪雪
推荐单位：北京林业大学
出版单位：首都经济贸易大学出版社
批准时间：2010 年上半年
出版时间：2011 年 6 月

《农民进城就业政策变迁——兼论农民工劳动力市场地位》

本书通过系统地梳理农民进城就业政策的演进，把农民进城就业政策演进置于国家的宏观发展战略中去研究，在研究外生性制度变迁的同时，也注重分析相关利益主体的策略选择对外生性制度的实施和变迁的影响。通过分析理性的国家在不同阶段的政策选择、农民和企业的策略选择以及他们之间的相互博弈，探讨属于外生性制度的国家政策和属于内生性制度的各主体之间的博弈均衡形成的农民进城就业的习俗、惯例之间的相互关系，验证制度均衡是相关利益主体相互博弈达成的均衡状态，而这种均衡并不一定是属于外生性制度的国家政策预期要达成的效果。

此外，本书还通过分析外生性制度和内在性制度之间的关系，对制度的效率进行了相应的评价。

作　　者：田松青
推荐单位：首都师范大学
出版单位：首都经济贸易大学出版社
批准时间：2010 年上半年
出版时间：2010 年 12 月

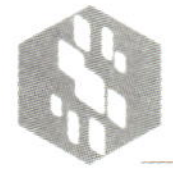

《漂泊与寻根——流动人口的社会认同研究》

作　　者：郭星华等
推荐单位：中国人民大学
出版单位：中国人民大学出版社
批准时间：2010 年下半年
出版时间：2011 年 6 月

本书是一部比较系统地探讨北京市流动人口社会认同问题的学术著作。在对北京农民工调查的基础上，作者通过数据分析和经验个案发现：农民工的社会认同在现实中不是同质线性和单一维度的，而是复杂、多维的，具有二重性的特征。此外，农民工与城市居民的社会交往状况、与城市居民收入的比较、每年在京打工时间以及未来身份归属等因素均对其二重性认同有显著影响。

全书分为上、下两篇。上篇主要讲述了占流动人口大多数的农民工对城市生活的适应情况；下篇主要讨论了流动人口的社会认同问题。本书对于流动人口的关注实际上是对当今中国社会发展中焦点问题的关注，将为社会各方面政策的制定提供参考建议。

《艺术家个性心理和发展》

作　　者：程正民
推荐单位：北京师范大学
出版单位：北京大学出版社
批准时间：2011 年上半年
出版时间：2012 年 6 月

本书运用个性心理学和发展心理学的理论，结合作家艺术家的创作实践，以文艺心理学的重要组成部分——艺术家心理学作为研究对象，重点研究艺术家的个性心理和发展，从理论上阐明了艺术家的个性心理结构（道德情感、艺术气质、文化性格、创造能力、自我意识），艺术家个性心理的复杂性和内在矛盾，影响艺术家个性心理发展的各种因素（生物遗传、人生体验、文化氛围），以及个性心理发展的动力和主要发展阶段。与此同时，又结合一系列俄罗斯作家创作心理的个案研究（普希金、果戈理、屠格涅夫、陀思妥耶夫斯基、托尔斯泰、契诃夫），对理论问题进行更具体、更深入的阐释。

全书材料丰富，视角独特，理论分析与个案分析紧密结合，为国内文艺心理学的发展提供了新的理论成果。

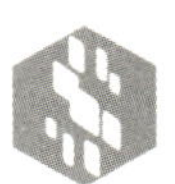

《环境考古学——理论与实践》

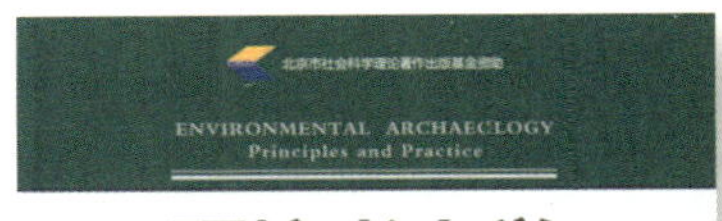

环境考古学研究，不仅有助于解释古代人类的行为与文化特征，了解古代社会经济发展的环境背景，而且通过对过去人地关系的研究，可以更深入地揭示现今人地关系的形成机制，以史为鉴，为人类社会的可持续发展提供扎实的理论依据。本书就是这样一部比较系统地论述环境考古学的理论与实践的学术著作。

本书共分九章，主要论述了环境考古学的理论基础、地球表面各层圈对古代人类的影响以及人类的反应、自然环境对人类文化的综合效应以及人类在不同发展阶段与自然环境的相互关系等主题。在此基础上，本书提出了以人类生态系统作为环境考古学的理论基础；全面阐述了地理环境诸要素对人类的影响，拓宽了环境考古学研究的内容；密切联系考古学研究的实践，突出了古环境研究与考古学文化的结合等。

作　　者：夏正楷
推荐单位：北京大学
出版单位：北京大学出版社
批准时间：2011 年下半年
出版时间：2012 年 9 月

《死刑民意研究》

本书是比较系统地研究死刑民意的刑法学专著。全书共分为“导论”“死刑民意的基本理论问题”“死刑民意的功能与死刑制度改革”“民众死刑基本观念及其内部特征”“民众死刑替代观念”“死刑民意引导”和“民意视角下的死刑制度改革”六部分，并收录两个附件，对死刑民意涉及的诸多问题进行了全面而系统的研究。

本书认为，民众对死刑的支持与民众的死刑知识水平呈反比例关系，民众的死刑知识越丰富就越会反对死刑，不过基于报应原因而支持死刑的观念将不会因为死刑知识的增加而改变；死刑知识对死刑民意的影响受知识类型的制约，而导致死刑立场发生改变的最主要因素是无辜者被执行死刑的知识；已经改变的死刑民意会在“核心价值观”的作用下出现一定的反弹，回到他们最初的、没有接受死刑知识之前的状态；死刑民意的引导应当综合运用知识和情感的策略。

作　　者：袁彬
推荐单位：北京师范大学
出版单位：北京师范大学出版社
批准时间：2011 年下半年
出版时间：2012 年 8 月

《中国城市化发展质量研究》

作　　者：王德利
推荐单位：北京市社会科学院
出版单位：北京燕山出版社
批准时间：2011 年下半年
出版时间：2012 年 3 月

城市化发展质量是衡量特定区域城市化速度是否合理，人口城市化过程是否健康、经济城市化过程是否高效、社会城市化过程是否和谐公平、空间城市化程度是否适度的一项重要指标。城市化发展质量的提升是我国城市化进程中的重中之重。

本书通过对城市化发展质量的影响因素及调控机理理论分析，建立城市化发展质量三维目标空间综合测度指标球及动态判断标准值，引进阿特金森模型，构建城市化发展质量的分要素测度模型和分段测度模型，在此基础上对中国城市化发展质量的综合测度进行实证计量分析，从全国、省域、城市群及典型地级市四个尺度探析中国城市化发展发展质量的阶段性特征、空间分异特征、分类城市化发展质量特征、分要素城市化发展质量特征及城市化质量与城市化水平及规模的关联特征，并基于城市化发展质量对中国城市化“质”“量”协调性进行分析，提出适度人口城市化水平，基于以上部分的分析提出未来城市化发展质量的提升对策。

《党群和谐论》

作　　者：姚桓、张彦玲
推荐单位：中共北京市委党校
出版单位：同心出版社
批准时间：2011 年下半年
出版时间：2012 年 4 月

中国共产党代表着广大人民群众的利益，党的事业就是人民大众的事业。随着我国改革开放的不断推进，社会主义市场经济的不断发展，以及利益主体的多元化都深刻地影响着党同人民群众之间的关系。如何正确地处理好党群关系，对我国共产党的执政地位有着深远的影响。本书将党群关系建设放在社会变革的大背景下全面考察，围绕如何加强党群关系建设以实现和谐展开研究，是一部比较系统地论述党群关系建设的理论著作。

全书共分九章。其中，前三章主要是从宏观角度阐述党群和谐问题；从第四章起，分别研究和阐述以经济、政治、文化建设、社会建设和群众工作来促进党群和谐；最后一章则着重从党群和谐、关键在党出发，归结到党的自身建设方面，研究了以执政党自身建设的改革来促进党群关系的和谐。

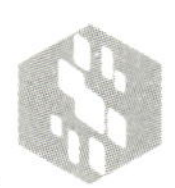

《传统伦理与现代社会》

中国的思想家们，由于中华民族生存、发展的特殊条件，形成了他们对道德思考的特别兴趣。我们可以清楚地看到，中国哲学，就其起源来说，就与古希腊不同，它不执著于首先去探索世界万物的起源，不过分寻求人们自身的享乐，而是以其特有的精神，探索人生的意义和价值，探索道德在人类社会发展中的重要作用。中国伦理思想家们从一开始就强调“以德配天”的重要性，他们强调公义，反对私利，强调仁爱，重视诚敬，从个体道德修养入手，以一定的规范体系作为人们所必须遵循的戒律，寻求修身、齐家、治国、平天下的道理。

本书以先秦伦理思想为基点，论述了中国传统伦理思想的形成和发展的历程，探讨了儒家伦理规范体系的完善及其正统地位确立，以及封建伦理思想的深化和成熟。在此基础上，本书分析了中国传统伦理思想对现代社会治国兴邦和道德建设的借鉴意义。

作　　者：罗国杰
推荐单位：中国人民大学
出版单位：中国人民大学出版社
批准时间：2011 年下半年
出版时间：2012 年 10 月

四、政治、法律

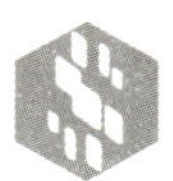

《当代中国债权立法问题研究》

本书是一部比较系统地论述当代中国债权立法问题的法学著作。在我国未来的民法典中应如何安排债、合同、侵权行为等内容，是当前民法典编纂中的重大理论问题。本书循着债的概念、债的体系及债法的体系的研究思路，对这一立法问题给出了明确的答案：未来的民法典应当设立债法总则，以统领形形色色的具体债的关系。

本书创新之一是提出了新的债的分类法：典型之债与非典型之债，将债的立法问题置于这一新的分类基础之上，阐述了非典型之债的客观存在对于设立债法总则、构建完整债法体系的意义。

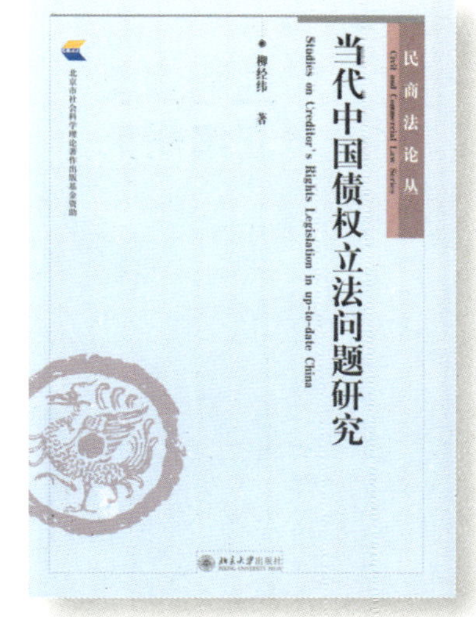

作　　者：柳经纬
推荐单位：中国政法大学
出版单位：北京大学出版社
批准时间：2008 年上半年
出版时间：2009 年 2 月

《刑事证据规则实证研究》

“健全的法律制度是现代社会文明的基石”，这一论断不仅已为人类社会的历史发展所证明，而且也越来越成为人们的共识。

刑事证据规则作为约束刑事诉讼取证、举证、质证和认证等程序的规范与准则，包括实施证据能力的规则和规范证明程序的规则。本书立足中国实际，以实证的方法，从多个方面梳理了我国现有的全国性别事证据规则，并从地方的视角对“地方性”刑事证据规则进行深入剖析；结合实证调研资料，揭示了目前我国的“刑事证据潜规则”，考察了证据规则的实施现状、问题及原因；在明确刑事证据规则的理论定位后，提出了完善我国刑事证据规则的建议。

作　　者：房保国
推荐单位：中国政法大学
出版单位：中国人民大学出版社
批准时间：2008 年上半年
出版时间：2010 年 3 月

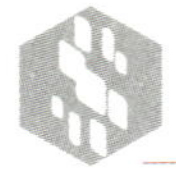

《生物安全立法研究》

作　　者：于文轩
推荐单位：清华大学
出版单位：清华大学出版社
批准时间：2008 年上半年
出版时间：2009 年 10 月

本书全面考察了生物安全立法的现实基础，系统总结了国际社会和典型国家的生物安全立法实践，对生物安全立法的价值定位进行了研究。在此基础上，本书构建了生物安全立法的目的体系，认为生物安全法的制度体系由预防控制性制度、支持保障性制度和恢复补救性制度构成。

此外，本书还从法规体系、立法内容和与现行立法的衔接等方面，就我国生物安全立法的健全和完善提出了相应的政策性建议，并提出了《中华人民共和国转基因生物安全法》学者建议稿。

《中国行政应急法律制度研究》

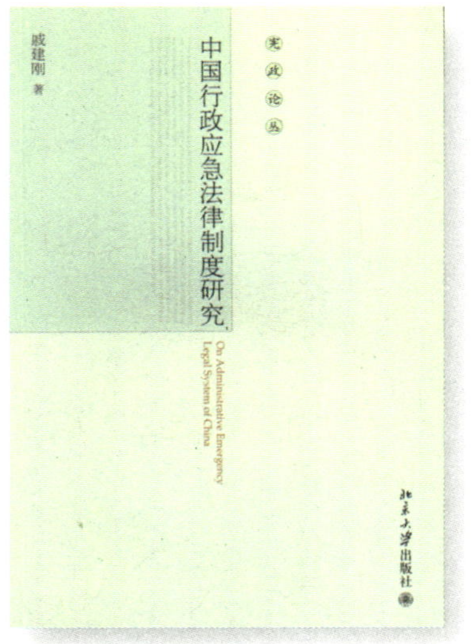

作　　者：戚建刚
推荐单位：清华大学
出版单位：北京大学出版社
批准时间：2008 年上半年
出版时间：2010 年 7 月

本书以全球化背景下国际社会所共同面临的社会危险和转型期我国社会所面临的突出社会危险作为研究的逻辑起点，以社会危险的生命周期为研究主线，主要运用比较分析和实证分析的方法，对整体上的国家应急法律制度，特别是行政应急法律制度的基本问题进行探讨；较为完整地阐述了国家应急法律制度的类型、行政应急权力与其他国家权力的关系、行政应急中公民和社会组织的权利与义务，应急管理中的国际关系、行政应急状态的开始与结束的标准、对社会危险的预防与应急准备、对社会危险的监测与预警、对社会危险的克服与消除以及社会危险消除后的恢复等十个方面的问题。

本书的相关研究不经能够丰富、发展和完善我国应急法律制度，而且能够为国家、社会、企业甚至是公民个人规范、高效地预防、监测，预警和处置各类社会危险以及及时恢复社会危险所造成的损害提供理论上的帮助。

《立法过程：制度选择的进路》

在当代中国，立法和法治的发展以及立法运作的状况已成为一个基本的政治现实，它不仅在方方面面影响着人们的日常行为，而且在厉行法治、维护宪政方面发挥着重要作用。从社会的角度看，立法过程是一个历史的过程，法的产生总是与社会的发展和变迁相伴随的。

本书对当代中国的立法过程进行了全面、深入的专门研究，探讨了立法过程的构成要素和基本特点、立法运作的具体过程、立法过程的法律控制、立法过程中的利益表达及规则的产生和变迁等一系列法治建设中的前沿问题，揭示了要使立法真正能够适应历史，必须找到立法背后的社会力量。本书适宜法学研究人员、立法人员阅读，也可供其他社会理论研究人员和社会工作者参考。

作　　者：王爱声
推荐单位：北京市人大常委会
出版单位：中国人民大学出版社
批准时间：2008 年下半年
出版时间：2009 年 12 月

《中国古代政治文化研究》

中国古代政治文化，在其形成和发展的数千年历史中，一脉相承。诚如已故的考古学家夏鼐先生在《中国文明的起源》中所指出的：“根据考古学上的证据，中国虽然并不是完全同外界隔离，但是中国文明还是在中国土地上土生土长的。中国文明有它的个性，它的特殊风格和特征。”

本书所揭示的谶纬对东汉主流政治文化的影响、帝国的日常运作及其意义、东晋南朝文化的特点和来源、十六国北朝的胡族政策、唐初对周边民族文化的整合、中晚唐对南朝政治文化的继承和发展、赵宋“祖宗之法”的基本精神、宋代士大夫对为政之道的探索和实践、元明政治的君主集权专制特征、宋明之际传统政治文化嬗变等，已大致显现出这一漫长历史时期中政治文化的基本走向和发展脉络，提出了一些有新意、有价值的观点，对中国古代政治文化的基础研究有所贡献。

作　　者：陈苏镇
推荐单位：北京大学
出版单位：北京大学出版社
批准时间：2008 年上半年
出版时间：2009 年 11 月

《财政转移支付制度的法学解析》

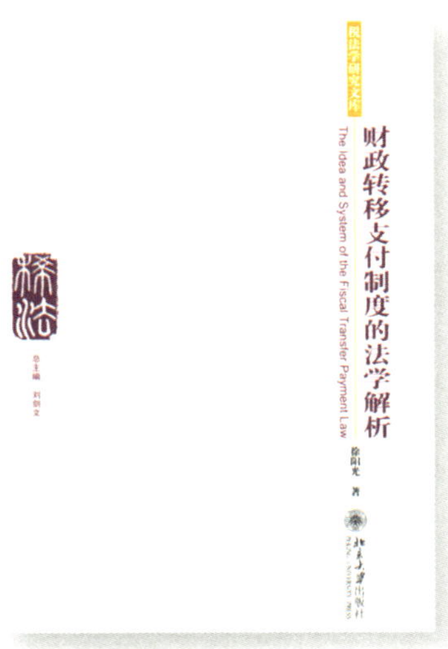

作　　者：徐阳光
推荐单位：北京大学
出版单位：北京大学出版社
批准时间：2008 年下半年
出版时间：2009 年 3 月

财政转移支付制度是调节政府间财政关系、促进地区均衡发展和保障社会公平正义的重要法律制度。财政转移支付立法是政治学、经济学和法学等多个领域的共同课题，需要多学科学者携手共同发挥作用。

本书从法学的角度研究财政转移支付法的理念与制度。全书分为源流论、理念论和制度论三篇，探究财政转移支付的历史渊源，归纳当代财政转移支付制度的发展模式，分析财政转移支付制度蕴含的宪政精神和财政分权理念，并在评价中国制度现状的基础上，论证财政转移支付法律制度的系统构成。附录中的《中华人民共和国财政转移支付法（草案专家稿）》，亦是作者运用其理论在制度建构上的结晶。

《重大突发事件应急机制研究》

作　　者：王宏伟
推荐单位：中国人民大学
出版单位：中国人民大学出版社
批准时间：2008 年下半年
出版时间：2010 年 5 月

本书是一部比较系统地研究重大突发事件的应对机制的学术专著。在这部著作中，作者以重大突发事件应急机制为研究对象，认为“综合性应急管理”符合经济全球化时代的风险特征。所以，我们构建的重大突发事件应对机制必须要体现应对主体的多元性、应对过程的全阶段性和应对客体的全风险性。如果静态地看，重大突发事件应急机制的框架就是一个由主体、过程、客体组成的“工”字形结构。

具体而言，重大突发事件的应急机制主要包括九大机制：预防准备机制；预测预警机制；信息沟通机制；决策处置机制；社会动员机制；恢复重建机制；调查评估机制；平战结合机制；国际合作机制。

《新时期党的建设的探索》

作　　者：吴美华
推荐单位：北京市社科联
出版单位：中国人民大学出版社
批准时间：2008 年下半年
出版时间：2008 年 12 月

党的建设问题是一个关系到国家、民族命运的重大问题。历史证明，哪一个时期党的建设抓得好，哪一个时期党的工作业绩就比以往更辉煌，工作效益就更出成效。相反，如果不注重党的建设或者党的建设抓得不好，党的工作就会因此走弯路甚至出现一些失误。

本书从理论和实践层面对改革开放 30 年来中国共产党建设的探索与创新进行了全方位透视，围绕党的执政能力建设和先进性建设这条主线，对新时期加强党的思想理论建设、推进党内民主建设、加强党内监督、建设高素质的领导班子和干部队伍、加强基层党组织建设、加强党的作风建设和反腐倡廉建设、改善党的领导方式和执政方式、建立和发展新型党际关系等重大问题作了比较深入的研究，对中国共产党建设的基本经验作了初步总结，对当前党的建设存在的突出问题作了比较客观的分析。同时，按照党的十七大以改革创新精神全面推进党的建设新的伟大工程的部署，针对一些热点难点问题提出了对策性建议。

《西方世界的衰落》

作　　者：高德步
推荐单位：中国人民大学
出版单位：中国人民大学出版社
批准时间：2008 年下半年
出版时间：2009 年 1 月

所谓西方世界的衰落，并不是说西方的经济和社会停滞了，不发展了，而是说西方理性主义的衰落，是资本主义价值理性和意识形态的衰落。

本书从理性概念出发，通过理性的同化与异化分析，研究了西方资本主义兴起与衰落的内在机理，对资本主义经济社会进行解构。作者认为，西方资本主义兴起过程就是理性同化的过程，但是西方资本主义在兴起过程中就埋下了理性异化的祸根，随着理性同化的完成，理性异化的力量逐渐显现和扩大，并导致一系列矛盾和冲突。在此基础上，作者对资本主义自由市场经济、现代经济增长方式、资本主义制度的合法性以及资本主义全球化进行了剖析和批判，并得出西方资本主义正在走向衰落的结论。

《市场社会主义劳动产权理论研究》

作　　者：姜国权
推荐单位：首都师范大学
出版单位：首都师范大学出版社
批准时间：2008 年下半年
出版时间：2009 年 12 月

在这本书中，作者以马克思主义经济理论为指导，从学理上对与市场社会主义劳动产权相关的一系列概念进行了界定，分析了市场社会主义劳动产权理论的主要渊源，在对几位有代表性的市场社会主义者的劳动产权理论进行了比较分析之后，对市场社会主义劳动产权理论的核心内容进行了概括，认定利润分配权利、经济管理权利和民主政治权利是市场社会主义劳动产权理论的核心内容，同时也结合我国实际，研究论述了市场社会主义劳动产权理论对我国的借鉴意义。

特别是在对马克思劳动产权理论和市场社会主义劳动产权理论的系统比较中，本书阐明了它与当代马克思主义所面临的挑战的关系，对马克思的劳动价值论和剩余价值理论的认识以及当代意义开拓了新的研究视野。

《中国法治政府建设的基本逻辑——跨国比较与制度设计》

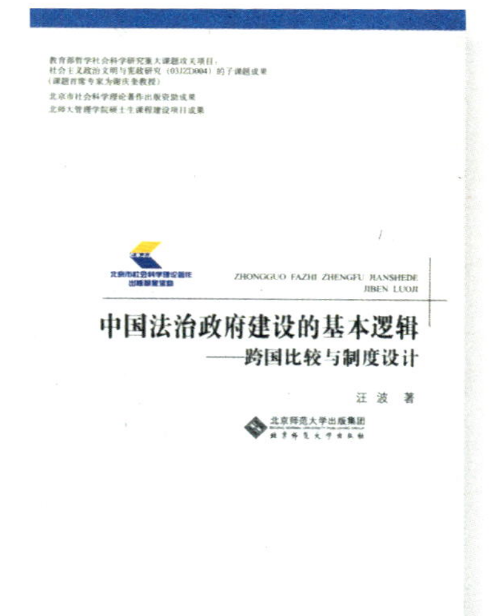

作　　者：汪波
推荐单位：北京师范大学
出版单位：北京师范大学出版社
批准时间：2008 年下半年
出版时间：2011 年 1 月

在汲取已有研究成果的基础上，本书提出理论框架“初始制度约束—政治理性人—法治制度变迁”的三元互动结构，这一理论框架以“政治理性人”为人性假设，形成三个层次有机联系与互动的理论体系。这一理论框架尝试为法治研究提供了现实意义层面的视角。

通过中西比较，本书认为：尽管中西方政治制度结构与理念相差甚大，但无论是西方政治制度演进史还是中国政治文明建设过程，皆显示着共性逻辑，制度与秩序形成于社会经济结构变迁中的政治理性人，在公共生活中通过反复博弈而形成的历史演进与进化过程。法治政府建设“时滞”长短取决于公共选择中多方力量对比。不论政府体制还是法律制度，犹如市场交换中的价格信号，是经济—社会结构中多元利益主体理性博弈的外在均衡浮标。

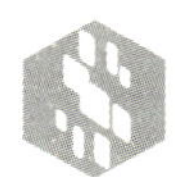

《网络信息的意识形态功能》

本书是一部专门论述信息化时代网络信息的意识形态功能的学术专著。

本书认为，网络信息与意识形态的关系是非常密切的。在一定意义上讲，意识形态都是通过一定的信息表达出来，而特定的信息在一定程度上又负载着一定的意识形态。因此，网络信息常常是信息发布者带着一定的意识形态倾向发布的，他想达到的就是意识形态效用和功能。具体来说，网络信息的意识形态特征所产生的社会功能主要表现在以下几个方面：第一，政治宣传；第二，价值观引导；第三，思想传播；第四，行为"控制"。因此，如果不解决由于意识形态的差异和分歧而形成的网络冲突，会阻碍网络事业的正常发展，社会信息化、网络化也势必会受到严重干扰。

作　　者：严耕、陆俊
推荐单位：北京林业大学
出版单位：北京出版社
批准时间：2008 年下半年
出版时间：2011 年 1 月

《欧洲政治一体化：理论与实践》

本书主要从联邦主义与邦联主义、功能主义与新功能主义、政府间主义与自由政府间主义三组理论谱系共六个具体视角出发，围绕一体化的目标、一体化的路径、一体化的进程中主要行为体的互动，多视角探寻了欧洲政治一体化的进程及其发展规律。

在此基础上，本书通过重点分析欧洲政治合作、共同外交与安全政策、共同防务和司法内务合作的实际进展及其主要制约因素，比较系统全面地探讨了欧盟在政治一体化领域所取得的成就及存在的主要问题，并就其国际政治含义，特别是对传统意义的国家主权观念的影响等进行了较为深入的思考和总结，进而揭示了欧盟一体化模式的示范性。

作　　者：房乐宪
推荐单位：中国人民大学
出版单位：中国人民大学出版社
批准时间：2009 年上半年
出版时间：2009 年 10 月

《服务型政府建设：政府再造七项战略》

作　　者：燕继荣
推荐单位：北京大学
出版单位：中国人民大学出版社
批准时间：2009 年上半年
出版时间：2009 年 9 月

党的十七大报告明确提出，要“加快行政管理体制改革，建设服务型政府”。本书基于学术研究的专业导向和对中国现实问题的热切关注，对上述问题进行了一个比较系统的研究，并在总结国内外政府改革实践的基础上，提出了构建服务型政府的七大战略步骤。该项研究对于中国各级政府旨在构建服务型政府建设的改革具有比较强的前瞻性视野和可操作性指导意义。

本书共分七章，叙述了服务型政府构建的七大步骤，并把这七大步骤称之为“政府再造七项战略”。在作者看来，在当今时代，服务型政府是一种全新的政府理念，而服务型政府的建设则是一项政府再造的系统工程，需要本着“为公民服务”的精神，制定一种全面的政府发展战略，从而实现对从政府施政理念到政府制度结构，再到政府决策过程和行为方式的一种全新的重塑。

《发展中国家与国际制度》

作　　者：刘青建
推荐单位：中国人民大学
出版单位：中国人民大学出版社
批准时间：2009 年上半年
出版时间：2010 年 7 月

本书是一部专门论述发展中国家与国际制度之间关系的学术专著。作者以国际政治经济学理论为工具，以实行资本主义制度的发展中国家为研究主体，以国际制度为研究对象，探讨在经济全球化发展进程中发展中国家如何应对国际制度困境的问题。作者首先提出了发展中国家所面临的四大国际制度困境，接着在借鉴既有国际政治经济学理论的基础上，构建了本书的理论框架。

在具体的论述过程中，作者首先在体系层次上探讨了发展中国家国际制度困境的根源——国际制度环境问题，并提出了摆脱这些困境可能采取的对策，最后在体系层次上解析南南合作与区域国际制度的扩展、南北关系与变革国际制度的问题。

《中国当代法学家文库　判例刑法学（上卷、下卷）》

作　　者：陈兴良
推荐单位：北京大学
出版单位：中国人民大学出版社
批准时间：2009 年上半年
出版时间：2011 年 3 月

本书阐述的是一种依存于判例，并从判例中引申出来的法理。判例成为本书的基本线索，以判例为载体，对刑法重大问题进行个案性的考察，进而对司法过程的思维方法进行学理上的评判，这个意义上的刑法学，就是本书所谓的判例刑法学。

本书内容主要涉及以下三个方面：刑法总论的一般理论（在这部分的探讨中，作者力图从案例中提出问题，在刑法理论上加以阐释，然后将有关理论观点返回司法实践，并用于解决刑事个案中的疑难问题）、刑法分则的重点罪名（在这部分的探讨中，作者主要选择那些争议较大的判例，进行综合性的个罪研究，尤其侧重对裁判理由的分析，从而通过对个罪的透视，方法刑法理论的应用效果）、司法过程的思维方法（在这部分的探讨中，作者将司法过程的思维方法纳入研究视野，对有关定罪的方法论问题进行法理探究）。

《霸权的逻辑：地理政治与战后美国大战略》

作　　者：吴征宇
推荐单位：中国人民大学
出版单位：中国人民大学出版社
批准时间：2009 年上半年
出版时间：2010 年 8 月

地理政治研究除了担负为制订政纲和决策提供理论框架和抽象信息、培育公众的战略意识与战略思维能力的社会职责外，它还为我们理解和解释国际关系中重大的理论与实践问题提供了一个有益的进路。

本书内容主要分为两部分，一是系统展示了经典地理政治思想蕴涵的权力政治逻辑（即地理政治逻辑）；二是从理论与历史双重角度探讨了地理政治逻辑与战后美国大战略的密切联系。本书认为，主要以马汉、麦金德与斯皮克曼的地理政治思想为代表的经典地理政治思想的核心价值，就在于系统展示了历史上主导性海洋国家（即英国和美国）的安全乃至霸权与欧亚大陆主要强国间均势的内在联系。本书指出，二战后美国对欧亚大陆的大战略实际上并不受体系结构的主导，而是受经典地理政治思想中蕴涵的权力政治逻辑的支配，正是这点从根本上决定了冷战期间与冷战后美国大战略的延续性。

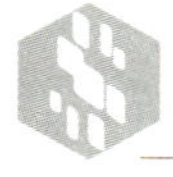

作　　者：郭翔
推荐单位：北京师范大学
出版单位：北京师范大学出版社
批准时间：2009 年上半年
出版时间：2010 年 1 月

《民事争点效力理论研究》

争点效力理论是怎样产生的，什么样的判决是有效的判决，争点裁判产生争点效力应当具备什么样的条件，争点效力会对什么样的人产生约束力，在什么样的情形下才能主张争点效力，当事人在诉讼中如何使用争点效力等都是争点效力理论的内容，而这些内容成为本书的研究对象。

美国的争点效力理论，是与美国特有的诉讼程序和法律制度联系在一起的。我国与其有较大的差异，美国的争点效力理论能否被引入我国，也是一个值得研究的问题。本书结合我国的客观情况，对引入争点效力理论的问题进行了分析，并就相关制度的协调和完善，提出了一系列自己的看法。

作　　者：宋朝武、纪格非、韩波
推荐单位：中国政法大学
出版单位：首都经济贸易大学出版社
批准时间：2009 年上半年
出版时间：2010 年 9 月

《民事证据规则研究》

众所周知，证据规则是英美证据法的核心问题，也是大陆法系诉讼理论研究与司法实践的重要内容。随着证据法学理论的发展，我国学者对证据规则问题的研究已经取得了相当的成就。但是，总体而言，我们对证据规则的研究仍建立在借鉴和移植的基础上，缺乏对国外的证据制度的理性思考，对制度移植的环境因素和可能产生的排异反应缺少深入的调查和充分的估计，这极有可能造成法律移植的失败。

本书对民事证据规则中的民事证据的基本概述、证明对象、自认规则、推定规则、证明标准、证明责任及其分配规则、举证时限制度、证据交换制度、证据判断原则以及各种证据形式及其审查判断规则等重要内容进行了比较系统地分析，并就一些问题提出了自己的观点。

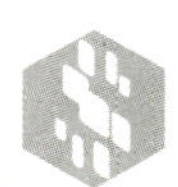

《建筑物区分所有权人组织制度研究》

作　　者：薛源
推荐单位：对外经济贸易大学
出版单位：北京出版社
批准时间：2009年上半年
出版时间：2009年8月

本书从建筑物区分所有权人组织的基本法律问题入手，对建筑物区分所有权人组织的法律性质、设立机制和管理规约进行了比较深入的探索，在此基础上，进一步对建筑物区分所有权人组织制度的内外部关系、职能发挥机制以及行政机构在建筑物区分所有权人组织制度建设方面的作用进行了研究。

本书认为，设计良好的建筑物区分所有权人组织制度是解决建筑物区分所有权建筑物管理问题的核心。因此，在大量占有相关资料的基础上，本书明确提出：美国的相关法律制度对我国具有特殊的参考价值，原因主要有两点：一是其现代性更强，反映的都是我国建筑物区分所有权人组织的法律制度面临或即将面临的问题；二是其十分详尽而具有操作性，可以为实践提供具体的参考作用。

《论体育无形财产权》

作　　者：马法超
推荐单位：中央财经大学
出版单位：京华出版社
批准时间：2009年上半年
出版时间：2010年9月

本书是一部比较系统地探讨论体育无形财产权问题的学术著作。

20世纪90年代以来随着知识经济的出现体育无形资产的价值逐渐显现我国体育无形资产的开发呈现出加速发展的态势与之有关的体育科学研究也非常活跃。本书首先从最基本的概念“财产”说起，比较系统地研究了大陆法系、英美法系以及我国学者对“财产以及财产权”含义的理解，又研究了他们对“无形财产权”的认识。随后，本书进一步从广义和狭义上对“体育无形财产权”做了分析。在对一般体育无形财产权做出理论分析的基础上，本书又专门研究了具有鲜明体育特色和经济价值的体育标志权、体育赛事转播权、运动员形象权和体育专有技术权等重要内容。

《北京市旅游产业的区域经济效应研究》

作　　者：张佰瑞
推荐单位：北京市社科院
出版单位：北京燕山出版社
批准时间：2009 年上半年
出版时间：2009 年 10 月

改革开放以来，北京的旅游业经过三十多年不断发展，已经从最初的几个政治接待型的服务单位，发展成国民经济的重要支柱性产业。北京的旅游业已经从单纯的产业功能开始向经济、社会和文化等多功能转化。在新的历史时期，北京旅游业应该实施什么样的发展战略是一个十分重要的理论问题，而旅游发展战略的制定要以客观准确地评价为前提。

本书借鉴国外关于旅游业经济影响的研究方法，探讨了北京市旅游产业的区域经济效应，通过作者的研究，对旅游区域经济效应评价方法在我国城市经济中的应用进行了改进和完善。此外，作者借鉴旅游卫星账户的有关概念，利用投入—产出模型定量计算旅游业对北京经济增长、就业的贡献，比较全面地评估了北京旅游业的产业功能和产业地位，并为北京市旅游产业的发展决策提供了相应的科学依据。

《土地征用过程中农民利益保护问题研究》

土地征用过程中
农民利益保护问题研究
STUDY OF PROTECTING FARMERS'INTEREST
IN THE PROCESS OF LAND EXPROPRIATION
王朝华　著

作　　者：王朝华
推荐单位：北京市社科院
出版单位：北京燕山出版社
批准时间：2009 年上半年
出版时间：2009 年 2 月

本书是一部比较系统地探讨在土地征用过程中如何保护农民利益的学术著作。20 世纪 90 年代以来，中国开始进入工业化和城市化的加速扩张阶段，这一趋势已经成为目前和今后几十年经济发展的主要特征。征地制度问题研究的重点是处理好与农民的利益关系问题，而土地征用产生的巨大增值空间一直是围绕土地征用过程中各种问题的关键所在，因此合理分配增值收益就显得更为重要。

本书以目前征地过程中存在的主要问题为基础，通过典型案例和实地调查，对征地过程中影响农民利益的因素加以分析；同时对现实中征地制度的创新模式进行探讨，并且模拟了让失地农民参与土地增值收益分配的方案，最后提出保护失地农民利益的制度构建。

《刑事诉讼的宪政基础》

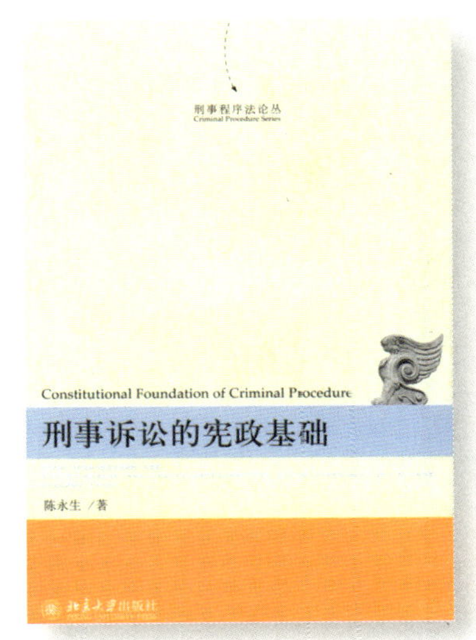

作　　者：陈永生
推荐单位：北京大学
出版单位：北京大学出版社
批准时间：2009年上半年
出版时间：2010年6月

刑事诉讼与宪政的关系极为密切，刑事诉讼中国家权力与公民个人权利，国家权力内部侦查、起诉、审判三种权力的关系格局归根结底是由宪法设定的。我国发端于20世纪80年代末以审判方式的改革为切入点、以诉讼程序对抗制因素的引入为基本内容的司法改革迈入21世纪后举步维艰，关键原因即在于宪法所设定的刑事诉讼中权力与权力、权力与权利关系的格局未能与时俱进，进行相应调整与改革。

本书在对宪法、宪政的内涵进行剖析的基础上，从宪政的三大要素，即权力控制、人权保障、法治三个维度，对刑事诉讼法与宪法的关系、刑事诉讼中国家权力的分立与制衡、刑事诉讼中公民权利的宪法保护、刑事诉讼中国家权力与公民个人权利的合理界分、刑事诉讼中国家权力的规范与制约等基本问题进行了深入研讨；同时从以上视角，对我国刑事诉讼在权力与权力、权力与权利构架方面的缺陷进行细致剖析，以求为我国陷入泥沼的《刑事诉讼法》再修改和刑事司法改革找寻方向。

《转基因生物安全法研究》

作　　者：王明远
推荐单位：清华大学
出版单位：北京大学出版社
批准时间：2009年上半年
出版时间：2010年6月

转基因技术的产生和发展，已经对人类社会的利益格局产生重大而深远的影响，促使既有的法律制度和秩序也随之调整。

本书梳理和辨析了转基因技术、转基因生物、转基因食品和转基因生物安全等概念，分别从科技、伦理和经济等角度探讨了转基因生物安全问题；阐释了转基因生物安全法律调整的必要性、利益机制以及转基因生物安全法的基本内容、调整手段、历史沿革和主要特点；分析了转基因生物安全监管的基本目标、监管体制、监管原则和监管制度，探讨了转基因生物侵权责任问题、转基因生物安全国际立法以及部分国家和地区转基因生物安全立法；系统梳理和探讨了我国转基因技术研发和产业发展现状、转基因生物安全立法的历史沿革、转基因生物安全法律体系、管理体制、基本政策和基本制度、转基因生物安全立法及其实施中存在的主要问题，提出了完善我国转基因生物安全立法的基本立场以及转基因生物安全法律的基本框架等。

《〈企业所得税法〉实施问题研究——以北京为基础的实证分析》

作　　者：刘剑文
推荐单位：北京大学
出版单位：北京大学出版社
批准时间：2009 年下半年
出版时间：2010 年 12 月

《企业所得税法》的颁布与实施是我国迈向税收法治的重要体现，其实施过程又必将推动我国税收法治的实现。本书以北京为基础的实证分析为基础，以税收法治环境的完善作为主线，以《企业所得税法》各项制度的实施争议与解决作为基本框架，以北京税收法治建设在《企业所得税法》实施中所存在的不足与完善作为研究的落脚点，分别从总体影响评价和具体制度对首都税收法治影响两大部分进行研究。

本书主要在税收法治理论、《企业所得税法》对企业发展、吸引外资、财政收入和产业结构等方面的影响、《企业所得税法》具有创新性的具体制度的实施中所存在的问题，从法学视野对首都税收法治环境进行全方位探讨，对各种实践经验进行研究，为在《企业所得税法》实施中的制度的完善提供思路，从而为我国应对《企业所得税法》的实施提供了必要的理论支持和实践经验。

《韩非子政治思想再研究》

作　　者：宋洪兵
推荐单位：中国人民大学
出版单位：中国人民大学出版社
批准时间：2009 年下半年
出版时间：2010 年 9 月

韩非子是先秦法家思想的集大成者。本书旨在重新检讨韩非子政治思想研究的方法、立场和观点，探求先秦诸子在基本政治价值层面的思想共识，试图建构韩非子融政治价值与政治策略为一体的理论体系，通过分析韩非子政治思想蕴涵的多重理论可能性及历史形态，以期提供一个重新审视韩非子政治思想乃至整个传统政治思想资源的视角和途径，亦为重新认识传统思想与现代政治文明建设之间的逻辑关联提供一种具有历史眼光的借鉴与反思。

本书认为，韩非子的政治思维包括“应时史观”“通权思想”“参验思想”三个方面。韩非子的现实主义政治思想是有利于政治价值、政治理想实现的现实主义，而不是抛弃政治理想、政治价值的“非道德主义”的现实主义。

《中国共产党建设发展研究》

加强党的建设是党领导的伟大事业不断取得胜利的重要法宝。历史和现实充分证明，办好中国的事情，关键在党。党要适应新形势新任务的要求，实现全党全国人民共同的奋斗目标，经受住执政考验、改革开放考验、市场经济考验、外部环境考验，始终立于不败之地，必须进一步加强和改进自身建设。

本书共分九章，从党的思想和理论建设、党内民主建设、党的作风建设和反腐倡廉建设、干部队伍建设、党的执政能力建设、党的先进性建设以及基层党组织建设和党员队伍建设等不同方面，系统地回顾了改革开放以来党的建设的光辉历程，比较全面地总结了新时期党的建设的宝贵经验，深入分析了不同阶段党的建设的具体特点，并探讨了在新的历史起点上全面贯彻落实科学发展观、以改革创新精神进一步加强党的建设的重大意义、基本途径和根本要求。

作　　者：刘川生
推荐单位：北京师范大学
出版单位：中国人民大学出版社
批准时间：2009 年下半年
出版时间：2009 年 8 月

《高校党的建设研究》

《中共中央关于加强高等学校党的建设的通知》中明确提出："高等学校担负着培养社会主义现代化建设合格人才的重任，应当成为全面贯彻执行党的基本路线和教育方针，保证学生德、智、体全面发展，建设社会主义精神文明，反对资产阶级自由化的坚强阵地。总结新中国成立以来高等教育的发展和改革，特别是近几年来反对和平演变斗争的经验教训，高等学校要坚持社会主义方向，必须加强和改善党的领导、加强党的建设，充分发挥党组织和党员的作用。"

本书全面回顾了改革开放以来我国高等学校党的建设的历史进程，总结了高等学校在加强党的建设中的积极探索和成功经验。全书分为三篇，"回顾篇"梳理了改革开放以来高等学校党的建设的重要事件及其背景和产生的影响；"启示篇"总结了高等学校在加强党的建设中的认识、体会和经验，这是多年来高校党建工作的宝贵财富；"探索篇"关注了当前高校党建工作的几个重要问题，希望对高校党的建设有所启发。

作　　者：韩景阳
推荐单位：清华大学
出版单位：中国人民大学出版社
批准时间：2009 年下半年
出版时间：2009 年 7 月

《科学发展观研究》

作　　者：程天权
推荐单位：中国人民大学
出版单位：中国人民大学出版社
批准时间：2009 年下半年
出版时间：2011 年 1 月

科学发展观，是我们党立足于社会主义初级阶段基本国情，从新世纪新阶段党和国家事业发展全局出发，深入分析我国发展阶段性特征，总结我国发展实践，借鉴国外发展经验，适应新的发展要求提出来的。科学发展观是马克思主义中国化的最新理论成果，是对中国特色社会主义理论体系的重大贡献。

本书紧密结合新中国成立 60 年的实践，以马克思主义关于发展的思想和党的中央领导集体对建设中国特色社会主义的理论探索为基本线索，积极汲取人类文明中关于发展问题的有益成果，全面、系统地阐述了科学发展观的形成，科学发展观的精神实质以及如何实践科学发展观等重大问题。全书既有对发展问题的较为全面的历史回顾和理论概括，又有对现实问题的深刻分析，更有前瞻性的深入思考，是一本有深度、有力度的科学发展观研究著作。

《合同法总论（上卷、中卷）》

作　　者：崔建远
推荐单位：清华大学
出版单位：中国人民大学出版社
批准时间：2009 年下半年
出版时间：2011 年 10 月

本书理论联系实际地研讨了合同的履行、合同的保障、合同的保全、合同的担保、合同的转让、合同的变更与合同的解除。

成功的经验及走过的弯路告诉我们：学习和研讨民法学，了解法律规定，熟悉民法原理，分析系争案件，三者密切结合，事半功倍。有鉴于此，本书采取法解释学的方法，基于我国现行法阐释合同法乃至民法的原理，重在合同法的解释和适用，也不失时机地间有立法论的见解，在本书的每一章节大多配有较为详细的案例分析。此外，作者在本书中回应专家学者的质疑，修正不合时宜的看法，坚持自以为是的意见，反驳未见允当的批评，展开力所能及的论证。这样，身体力行地传播法解释学，显现民法及其学说的功用性，都比较充分地展示了作者的学术风格。所有这些，都使得本书表现出法条、原理和案例评释相结合，以及解释论为主、立法论为辅的特色。

《工商行政管理法律体系研究》

本书是一部比较系统地探讨工商行政管理法律体系的学术著作。在这部著作中，作者以法学基本理论，特别是民商法、经济法和行政法等部门法的理论为基础，比较全面地阐述了我国工商行政管理法律体系的许多重大问题。本书比较系统地构造了工商行政管理法的理论体系，如工商行政管理法的属性、体系构成，工商行政管理法律关系等；结合我国工商行政管理机关的基本职责，专门研究了市场主体管理法、市场行为管理法、市场客体管理法和市场服务法的内容。

本书具有系统性、实践性、创新性的特点，适合对工商行政管理法律制度感兴趣的研究人员、政府官员和其他相关人士阅读。

作　　者：郑文科、陈季修
推荐单位：首都经济贸易大学
出版单位：中国人民大学出版社
批准时间：2009 年下半年
出版时间：2009 年 12 月

《新中国刑法学研究 60 年》

本书是一部力图客观、全面、系统并较为翔实地介绍和反映新中国成立 60 年间，尤其是改革开放和第一部刑法典颁行 30 年间，我国刑法学研究产生和逐步发展完善之历程的学术研究资料书、参考书。

全书分为上、下两篇，各 30 章，共计 60 章。上篇为“全国刑法学理论研究之演进”，前两章比较概括地反映了新中国成立后 40 年，主要是 1985 年间刑法学研究的基本情况，自第三章起主要是逐年反映了自 1986 年以后刑法学研究的进展情况，其中也有几章阶段性或整体性反映了中国刑法学研究的发展概括。下篇为“中国刑法学研究会学术研究之进展”，大多是针对当年刑法学研究会研讨情况的综述，可以说较为全面地涵盖和反映了中国法学会刑法学研究会成立 25 周年间学术研讨的历程及热点、难点和重点问题。

作　　者：高铭暄、赵秉志
推荐单位：中国人民大学
出版单位：中国人民大学出版社
批准时间：2009 年下半年
出版时间：2009 年 9 月

《比较刑事诉讼法》

作　　者：陈瑞华
推荐单位：北京大学
出版单位：中国人民大学出版社
批准时间：2009 年下半年
出版时间：2010 年 1 月

本书以专题研究的形式，对西方国家的刑事诉讼制度进行了比较研究。在基本理论和基本制度层面上，对西方国家的法院制度、法官制度、律师制度、陪审制度、权利救济制度、非法证据排除规则等都做出了简要但尽量系统的比较分析；运用比较法学的方法，对诉讼行为无效、诉讼终止、未决羁押、侦查构造、证据展示、变更起诉、审判模式、定罪与量刑关系、简易程序、程序性上诉、刑事再审等重大问题进行了比较考察；在法律移植的角度上，还对法国、意大利、俄罗斯等国的司法改革做出了比较法层面的分析和评价。

本书适合那些对西方国家法律制度已有初步了解的读者阅读，可用作法学高年级本科生和研究生学习、研究西方国家司法制度的教学参考书。

《犯罪既遂新论》

作　　者：王志祥
推荐单位：北京师范大学
出版单位：北京师范大学出版社
批准时间：2009 年下半年
出版时间：2010 年 6 月

犯罪既遂是犯罪的一种基本形态，学界关于犯罪既遂的标准存在着争论。犯罪既遂作为犯罪的基本形态，是认定其他未完成犯罪形态的一个重要参照标准，因此，确立科学而又合理的犯罪既遂标准，对于准确量刑是非常重要的。我国刑法上对其他几种犯罪形态的成立标准都有明确的规定，唯独没有明确规定犯罪既遂形态的标准。

本书对于犯罪既遂问题进行了较为系统、深入的探讨，在体系结构上共分五章。第一章就犯罪既遂的概念、犯罪既遂的存在范围、犯罪既遂与相关概念的关系以及刑法分则中具体犯罪的设置模式进行了探讨；第二章就犯罪既遂的判断标准进行了讨论；第三、四章就基本犯的既遂形态进行了讨论；第五章就派生犯的既遂形态进行了探讨。

《中央与地方关系的司法调控研究》

作　　者：郭殊
推荐单位：北京师范大学
出版单位：北京师范大学出版社
批准时间：2009 年下半年
出版时间：2010 年 3 月

本书比较集中地讨论了目前国内宪法学术研究中视为难点的中央与地方关系的司法调控问题，内容包括：司法调控的理论基础、宪法中的司法调控功能、中央与地方关系中的司法制度结构、中国中央与地方关系中的司法体制等。

本书认为：中央与地方关系和司法体制是一个国家的宪法制度中最基本的两个问题，这两个问题紧密相关，司法可以调控中央与地方关系。司法权的主要性质有：独立性、被动性、中立性和终局性。司法权的基本原则有司法是国家、中央所垄断的，司法权保持政治的中立，司法权由经过法律职业训练的法律人操作。最高司法权则应当是超然的最终裁决者。中国解决中央与地方关系中的诸多现实问题需要参考各种经验。

《刑事司法环境研究》

作　　者：刘广三等
推荐单位：北京师范大学
出版单位：北京师范大学出版社
批准时间：2009 年下半年
出版时间：2010 年 8 月

刑事司法环境包括内环境和外环境。内环境包括刑事司法人员、刑事司法观念、刑事司法体制和刑事司法经费等；外环境主要包括党的领导、媒体、民意、公民法律意识、传统诉讼法律文化等。良好的刑事司法环境对于刑事司法活动有着直接的促进作用，它对于保证刑法、刑事诉讼法的正确实施，保证刑事司法权行使的正当性，保证刑事司法的公正性、国家刑罚权的实现，树立司法权的权威均具有非常重要的意义。

本书通过对刑事司法环境的研究，能够充实和发展刑事诉讼法学理论，同时也是对现代法治国家刑事司法发展趋势的一种本质考察，不仅有助于帮助人们理解我国当前刑事司法过程中存在的种种现实问题，而且有利于完善我国的刑事诉讼立法工作的开展，推进我国的刑事司法体制的改革，实现司法公正。

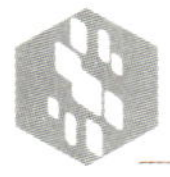

《贸易安全政策与实践研究——补贴与反补贴新论》

作　　者：何海燕、任杰、乔小勇
推荐单位：北京理工大学
出版单位：首都经济贸易大学出版社
批准时间：2009 年下半年
出版时间：2011 年 4 月

对补贴与反补贴的研究历来是国际贸易关系及贸易安全问题中讨论的重要课题，本书以补贴与反补贴为研究对象，对其面临新的内容和相关问题进行了比较深入的研究。

本书的主要内容包括：阐述补贴与反补贴的相关概念与特征；解析 WTO 补贴与反补贴的相关规定；搜集、整理、分析各主要国家和地区补贴政策及其实践特征；搜集、统计、分析各主要国家和地区反补贴政策及其实践特征；分析了中国出口产品遭遇国外反补贴调查的现状、特点、原因及其对我国造成的影响；对中国反补贴调查内容、程序、必要性、存在的问题进行了系统分析与研究；搜集、统计分析了 WTO 及各主要国家和地区的商务网站关于反补贴内容的核心链接；详细分析了三起经典反补贴案件概况，并得出相应启示。

《后冷战时期民族分离主义研究》

作　　者：张友国
推荐单位：首都师范大学
出版单位：首都师范大学出版社
批准时间：2009 年下半年
出版时间：2012 年 1 月

冷战后世界上一个突出的现象就是民族主义问题的不断发展，有人将其称为“第三次民族主义浪潮”，并成为影响当今国际形势安全与稳定的最重要因素之一。冷战后的国际格局和经济体系以及历史问题和民族认同造成了第三次民族主义浪潮的兴起，而期兴起的原因是复杂的，包含了国际格局的变迁和经济体制发展以及历史和民族认同问题等多个方面。

本书在政治思想史的视野内研究后冷战时期的民族分离主义，将民族分离主义的零散研究进行整合并系统化、逻辑化、理论化。这是对以往民族分离主义研究领域欠缺系统和深度的一个突破，也是对政治思想史研究领域的拓展。同时，对后冷战时期民族分离主义的系统研究对解决中国面临的民族分离主义问题，具有重大的理论价值和实践意义。

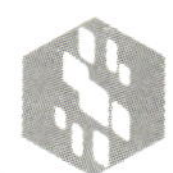

《道德难题与程序正义》

由于当代社会的发展尤其是科学技术的发展，给人类存在的各种关系带来了深刻的变化，产生了前所未有的诸多道德难题。因此，以研究和解决道德难题为中心任务的当代伦理学形态——应用伦理学便应运而生。但目前学术界对应用伦理学的理论框架和应用模式的研究，或者过于抽象，或者过于具体，既难以为解决这些道德难题提供一个合理的理论解释，也不能提供现实可行的解决方案。

本书在揭示应用伦理学的性质、特征和应用模式的基础上，运用新的研究方法，探讨了应用伦理学中的三类道德难题和三种道德推理，并试图以程序正义为中心，通过伦理委员会的平台，为解决充满道德歧义的现实问题提供一条可行的、合理的途径。该研究不但为应用伦理学基础理论的研究提供了新成果，还为我国的不同领域的伦理委员会的建立及其道德决策提供有益的参考。

作　　者：曹刚
推荐单位：中国人民大学
出版单位：北京大学出版社
批准时间：2010年上半年
出版时间：2011年1月

《中国和平发展与构建和谐世界研究》

和平发展与和谐世界理念，是新时期中国外交的重要原则和价值理念。在当今时代，中国人民在中国共产党的领导下，正努力建设自己的国家，信心百倍地在实现社会主义现代化的道路上前进。坚定不移走和平发展道路是中国实现社会主义现代化、为世界文明进步作出更大贡献的战略抉择。在坚持自己和平发展的同时，中国还将致力于维护世界和平、促进各国共同发展繁荣，积极推动建立持久和平、共同繁荣的和谐世界。那么，该如何发展和构建呢？

本书在比较历史上大国崛起的可能模式的基础上，从理论上分析了中国走和平发展道路与建设和谐世界的可能性与必然性，并从国际秩序、世界安全体系、外部环境、经济全球化、文化逻辑、资源环境、台湾问题等角度阐述了中国的和平发展道路与建设和谐世界的相关问题。

作　　者：李景治等
推荐单位：中国人民大学
出版单位：中国人民大学出版社
批准时间：2010年上半年
出版时间：2011年3月

《环境容量产权解释》

作　　者：汪新波
推荐单位：首都经济贸易大学
出版单位：首都经济贸易大学出版社
批准时间：2010 年上半年
出版时间：2010 年 12 月

本书是一部比较系统地探讨环境容量产权问题的学术著作。在这部著作中，作者试图建立一种符合环境资源双重属性的环境资源使用的产权理论，它的特点是公权和私人产权的对接，先由政府监管确定环境容量，然后将容量分解为初始产权，私人产权通过市场交易使得有限的环境容量资源达到效率最大化。

本书结合公共选择理论和科斯的产权理论，从环境属性和价值的二重性出发，比较全面地分析了公权和私人产权这两种不同权利的性质、界域，创新性提出了环境容量产权这一崭新的模型，并通过对环境政治和环境经济的双层市场的耦合机制来解释了环境容量产权——这以新型产权制度形成机制以及内在结构。

《权力的修辞——美国外交话语解析》

作　　者：王磊
推荐单位：北京第二外国语学院
出版单位：北京出版社
批准时间：2010 年上半年
出版时间：2010 年 10 月

本书将美国总统论证对外干涉必要性和正义性的话语称为美国外交话语，并试图以布什论述反恐战争的外交话语（简称布什反恐话语）为例分析美国外交话语中存在的主要话语规范，探寻建构话语规范的社会文化价值观念及现实因素，讨论特定话语规范对美国民众外交偏好的建构。

本书涉及话语研究，且包括对社会、文化的理解，因此综合运用了语言学、文学、心理学等方面的知识以及上述学科的理论与方法。例如，在话语分析的过程中，作者运用了语言学的理论和方法，分析词义的内涵和用法，分析不同语态的含义，并借助语料库进行定量分析；在分析具体的话语和语篇时，借用了文学分析的假设、印证、原型分析的阐释方法。经过对布什反恐话语的语料分析，作者总结出布什反恐话语的三个规范：宗教规范、民主规范和保守规范，而这三种规范都可以在美国社会文化价值观念中找到思想渊源。

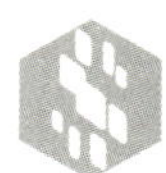

《领事保护机制改革研究——主要发达国家的视角》

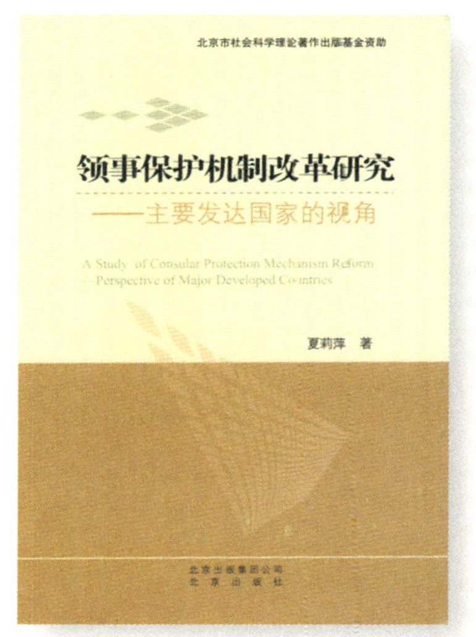

作　　者：夏莉萍
推荐单位：外交学院
出版单位：北京出版社
批准时间：2010年上半年
出版时间：2011年3月

领事工作是外交工作密不可分的组成部分。保护海外本国公民及其利益是领事工作最基本的和最重要的内容。20世纪90年代以来，各主要发达国家都面临着出国人员增加，领事保护任务加重的问题。因此，主要发达国家纷纷进行了包括领事保护机制改革在内的领事工作改革，并且在领事保护的工作方式和工作重心方面出现了趋同的变化，即：领事保护的工作方式从单一保护向多元参与转变，领事保护的工作重心从被动应对向主动预防转变。本书对这些变化产生的原因、变化的积极意义和变化所带来的问题进行了分析和评述，并将中国领事保护机制的发展与主要发达国家进行了比较。

本书认为，中国领事保护机制的发展变化显示出与主要发达国家领事保护机制相似的变化趋势。但与主要发达国家相比，中国领事保护的预防机制和多元参与性还很薄弱，有很多值得改进之处。

《反侦查行为——犯罪侦查的新视角》

作　　者：刘品新
推荐单位：中国人民大学
出版单位：中国人民大学出版社
批准时间：2010年下半年
出版时间：2011年4月

本书是一部比较系统地探讨反侦查行为的学术著作。作者遵循理论思辨、案例分析与实证研究的方法，即从心理学、行为科学的角度，总结反侦查行为的形成与预防、识别、利用问题；将归整我国发生的各种反侦查案例及侦破方案，概括其中蕴涵的规律；将通过问卷调查与访谈的方式，了解侦查人员视野下的反侦查行为，将其经验上升为指导侦查实践的理论。

全书共分七章，比较系统地介绍了反侦查行为与犯罪行为、侦查行为的关系，反侦查行为的表现，反侦查行为的类型，反侦查行为的防范，反侦查行为的识别，反侦查行为的利用等内容。

《中国刑罚改革论（上册、下册）》

作　　者：吴宗宪
推荐单位：北京师范大学
出版单位：北京师范大学出版社
批准时间：2010 年下半年
出版时间：2011 年 6 月

本书是司法部法治建设与法学理论研究部级科研项目重点课题《刑罚改革研究》的最终成果。在申报本课题的时候，鉴于我国刑罚学研究的现状，笔者考虑要对刑罚的各个方面进行综合性的研究，希望探讨科学的刑罚观、科学的刑罚立法体系、合理的刑罚适用制度和有效的刑罚执行制度等方面的内容。经过课题组的艰苦努力，不仅按照最初的设想完成了课题的研究与写作任务，还增加了在研究中感到应当探讨的内容，即刑罚消灭改革和少年刑罚改革，从而对我国刑罚进行了一次真正全面、系统的探讨。

需要指出的是，本书的综合性还体现在研究的多角度性，其中既有刑法学、诉讼法学、刑事执行法学等刑事法学方面的探讨，也有犯罪学、法律心理学等方面的探讨；既有对国内情况的深入研究，也有对国际社会情况的观察思考。这些方面的探讨和研究，有助于开阔的视野，增强研究的深度。

《革命根据地法制史研究与“史源学”举隅》

作　　者：张希坡
推荐单位：中国人民大学
出版单位：中国人民大学出版社
批准时间：2010 年下半年
出版时间：2011 年 9 月

革命根据地法制建设开辟了中华法系的新纪元。人民民主法制与历史上剥削阶级类型的法律制度不同，是中国无产阶级和广大人民意志的体现，是巩固革命根据地、维护人民基本权益、向国内外敌对势力进行斗争的锐利武器，它为我国社会主义法律体系的形成提供了极其重要的历史经验和理论根据。

本书分为上下两部分。上部“革命根据地法制史专题研究”，分列八个专题，主要有第一次国内革命战争时期工农运动中产生的人民代表大会制度的萌芽及其历史演进；中国劳动立法的开端、土地改革法的先声、革命刑法的产生；毛泽东《湖南农民运动考察报告》奠定了人民民主专政的思想基础；马锡五审判方式等。下部“法律文献考证与‘史源学’举隅”，是将多年来在教学科研工作中遇到的疑难问题，采用“史源学”方法，对若干有争议的法律文献与史实，从源头上进行考证研究，将核查校订的结果与经验体会分类列出十个专题作为例据，供读者研究参考。

《法官庭审话语的实证研究》

法律语言的研究已经呈现出蒸蒸日上的势头，在我国从事法律语言研究的学者主要是从事法学、中文及外国语言学的研究者。近年来，很多学者开始关注法庭话语的动态研究，越来越多的学者将目光放在了法庭审判中的语言活动上。但是迄今为止，仍然缺乏系统地用语言学的方法来分析描述法官在庭审中的话语特征、言语行为及其目的。

本书研究的对象是法官在庭审中的审判话语，以口头语言为研究载体。主要运用语言学的话语分析理论、言语行为理论以及语用学的目的原则等研究方法，以25场真实的庭审语料为实证材料，在详细分析和描述法官庭审话语的基础上，探讨了法官庭审话语的规范化问题，以期对我国的司法改革提供一定的理论支持。

作　　者：张清
推荐单位：中国政法大学
出版单位：中国人民大学出版社
批准时间：2011 年上半年
出版时间：2013 年 2 月

《刑事推定的基本理论——以中国问题为中心的理论阐释》

本书从犯罪构成要件证明困难的角度讨论刑事推定问题，对事实推定、法律推定、法律推定与刑事证明的关系、推定的规制、刑事推定的理论障碍、证明困难解决体系视野下的刑事推定等问题进行描述和解释，对事实推定是否存在、如何规制推定的设置和运用、犯罪构成要件证明困难的解决方式等实践和理论难题进行讨论和回应。

本书运用社会科学研究方法，从中国司法实践中的问题出发，注重描述和解释问题，以提出具有普遍解释力的理论为目标，推进理论创新、指导实践。本书注重交叉学科的研究思路，试图通过刑事推定这一小问题展现法学研究的大视野，在刑事实体法、程序法和证据法之间架起沟通的桥梁，推进刑事法律的一体化研究。

作　　者：褚福民
推荐单位：中国政法大学
出版单位：中国人民大学出版社
批准时间：2011 年上半年
出版时间：2012 年 5 月

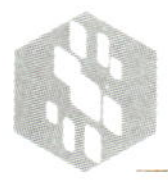

《统一战线与和谐社会建设》

作　　者：王珊
推荐单位：中央社会主义学院
出版单位：首都师范大学出版社
批准时间：2011 年上半年
出版时间：2012 年 5 月

统一战线工作是执政党科学把握一定社会政治关系及其力量对比发生发展变化特点、规律，调整社会政治力量对比的战略、策略以及做出相应的政治制度安排。新时期统一战线已经承担起开创中国社会发展新境界的历史使命，其现实任务就是构建和谐社会。

本书在尽可能掌握近年来统一战线与和谐社会建设相关研究成果、广泛占有相关资料的基础上，侧重于从新世纪新阶段统一战线的理论创新和重要地位出发，论述要正确认识和处理政党关系、民族关系、宗教关系、阶层关系、海内外同胞五大关系以及充分发挥人民政协、工商联、党外代表人士和知识分子四个方面作用的问题。这对于推动新世纪新阶段统一战线理论的创新和发展，对于进一步做好统一战线工作、构建社会主义和谐社会，具有重要的理论意义和现实意义。

《论政党价值观》

作　　者：石国亮
推荐单位：首都师范大学
出版单位：首都师范大学出版社
批准时间：2011 年上半年
出版时间：2012 年 1 月

政党与价值观有着天然的联系。世界上的政党，从形成之日起毫无例外地都有自己的价值观。人们只有在价值观上取得认同，形成一致，才能走到一起，才能团结起来、组织起来，成为政党。价值观不仅是政党形成和发展的基础，也是深化政党研究的一个新视角。

本书认为，一个政党的价值观能不能永葆先进性，不能靠自我标榜，只能靠建设。政党价值观建设是政党在其政治实践中，自觉地调整和变革自身的价值观念的行为和过程。作为一种客观的实践活动，政党价值观建设有其特定的规律：在政党开展价值观建设、影响包括政党成员在内的尽可能多的人的这一实践过程中，始终独立存在于政党及成员之外，并对政党价值观建设的成败长期发生作用和影响的客观存在。政党价值观建设规律包括一般规律和特殊规律两个层次，它们都有各自存在并发生作用的客观依据。

《信托登记制度研究》

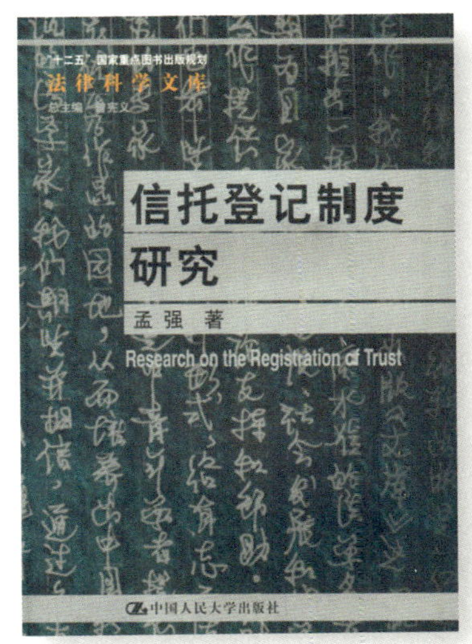

作　　者：孟强
推荐单位：北京理工大学
出版单位：中国人民大学出版社
批准时间：2011 年下半年
出版时间：2012 年 4 月

本书是对信托登记制度的一个制度性分析，作者从理论探讨和制度构建两个层面对我国信托登记制度的设立进行了较为系统的研究。

本书首先探讨了信托制度在世界范围内的起源与发展，然后从理论上对信托财产的独立性、信托登记的功能和效力、信托登记与财产权变动登记的关系等基础问题展开了深入的分析，随后结合我国现有信托法制度的实际，从宏观上提出了未来我国信托登记立法的可能模式，并对我国信托登记制度的具体构建如信托登记的内容、登记机构的设置、登记的申请与审查以及登记的电子化、登记错误的赔偿等问题提出了切实可行的建议。这些研究富有理论性和针对性，以期为将来的立法提供有价值的参考。

五、艺术

《唐陵的布局　空间与秩序》

作　　者：沈睿文
推荐单位：北京大学
出版单位：北京大学出版社
批准时间：2008 年上半年
出版时间：2009 年 4 月

本书以唐代的政治制度史为背景，以唐陵布局为切入点，通过丰富的史料和翔实的考辨，对唐代帝陵制度及唐代帝陵系统进行了系统研究，不仅深入探讨了唐代帝陵的分类和演变、神道石刻等的功能及其源流等问题，还将唐陵布局的空间跟帝国的统治秩序相联系。唐陵布局及其变化蕴涵着帝国的政治及礼制；而汉魏至赵宋帝陵制度延续性和多样性的统一则体现着共同的政治伦理，是传统社会共同的历史文化精神影响的产物。

全书分六个主要部分，分别对唐陵的分类、关中唐陵陵地秩序、陵地的结构与名称、陵园布局的分类及演变、昭陵六骏与十四国君长像、唐陵陪葬墓地布局等进行了论证，实现了考古发现与史料记载的有机结合、互证。

《论贝多芬〈庄严弥撒〉》

作　　者：刘小龙
推荐单位：北京大学
出版单位：北京大学出版社
批准时间：2008 年上半年
出版时间：2010 年 1 月

《庄严弥撒》在贝多芬的本意并非单纯为宗教仪式服务的音乐，而只是借用了弥撒曲的形式，赋予它更深层次的意义；并非只将上帝作为主体，而是更多地表达了这个不屈的英雄与命运抗争的理念。

本书旨在从一部宗教音乐作品探索贝多芬的信仰世界。许多年来，人们早已熟悉“乐圣”的作品和生平，却对他的宗教信仰不甚明了。本书以贝多芬晚年创作的《庄严弥撒》作为论述核心，从独特的文化视角揭示这位音乐大师的信仰特征和心路历程。贝多芬历时四年完成的鸿篇巨制仿佛一面心灵之镜，真实而深刻地反映出作曲家的精神境界和文化使命。作者对贝多芬的晚期创作《庄严弥撒》进行了分析和解读，为读者提供了相当丰富的思考空间。

《“镜”城：电影中的北京记忆与想象（1980—2010）》

作　　者：蔡晓芳
推荐单位：北京师范大学
出版单位：北京师范大学出版社
批准时间：2008 年上半年
出版时间：2011 年 6 月

本书以电影中北京的影像沿革、记忆与特质为主要研究对象，描述和剖析了城市与电影之间的互动关系及其影视学和文化学的意义。

书中所谓的“电影—北京”，主要有两层含义：一是指以北京为经验领域，在作品内涵上具有较为明显的北京地域特色和文化质素的电影创作实践。这里的北京不单是物理意义上的城市空间和社会性呈现，更是电影或者文化的结构体，即文本内容不单具有地域的规定性，更具有城市文化的内在规定性。二是指这种影像书写是在“北京题材”的基础上，浇铸书写者对北京的情感态度和价值判断，即书写者本身在影像书写过程中表现出对北京的认识、期待、理想与想象。本书不只是考察特定的历史语境下电影如何参与到北京的城市形象和文化的记忆建构，同时也是以一种特殊的方式加入对北京未来命运的自觉思考，这对于完善中国城市文化研究和北京城市文化研究都具有一定的现实意义。

《中国文化精神的审美维度——宗白华美学思想简论》

作　　者：胡继华
推荐单位：北京第二外国语学院
出版单位：北京大学出版社
批准时间：2008 年下半年
出版时间：2009 年 11 月

本书是一部研究 20 世纪中国最重要的美学思想家宗白华的专论。本书从“文化精神”建构的角度考察宗白华在中国 30 年代到 40 年代的美学研究活动及其在中国现代美学史上的独特地位，详细地阐述了宗白华美学思想的形成、发展，并兼及相关的思想文化和社会政治背景。

作者认为，宗白华的思想对中国文化精神及其象征物的美学思索具有一种特殊的重要意义：宗氏所标举的“气韵”“意境”“晋人之美”、同情及节奏等概念，正体现了中国文化精神的独特个性。进一步挖掘了宗白华美学思想的核心，指出宗白华以“节奏”为中心建构出了中国文化精神的基本象征物。全书开篇从“文化精神”出发的美学思考写起，以结语“中国现代文化精神的一朵奇葩”结束。

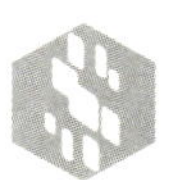

《理想人格的追寻——论批评家李长之》

作　　者：梁刚
推荐单位：北京邮电大学
出版单位：北京大学出版社
批准时间：2008 年下半年
出版时间：2009 年 10 月

这是一部从中国现代学视野去重新审视中国现代文学、文论与美学传统的书。在作者看来，中国现代学是关于中国现代文化传统的学问，是中国人对中国现代性文化的研究。

本书标举“文化诗学”的研究方法，把李长之的批评理论置于中国文化现代性演进的大背景下加以考察，探寻其文化根源，品评其文化意味，坚持诗学研究与文化研究的双重视点，从而走出了“就诗学谈诗学”的传统窠臼。同时首次尝试对李长之的美学批评、文化批评、文学批评和画论批评做通盘的综合研究。力图从古代士人理论人格建构的独特角度切入，对李长之极有价值但却湮没已久的中国古代画论，进行再度发掘、阐释。

《中国电影中的城市想象与文化表达》

作　　者：路春艳
推荐单位：北京师范大学
出版单位：北京师范大学出版社
批准时间：2009 年下半年
出版时间：2010 年 3 月

本书以电影史料为研究基础，以中国 20 世纪社会历史与电影史的发展为经，以聚焦城市的影片为纬，以现代化进程中的城市发展为面，以北京、上海、香港三座城市为点，论述了不同时代电影中城市的变迁、电影文化与都市文化的关系等问题。

在社会学、城市学、经济学的视野中，本书运用电影文本分析与视听语言读解相结合的方法，对电影中的城市影像进行个案分析，深入揭示出作为时空艺术、视听媒介的电影折射现实的方式以及与现实之间的深层关系，从而探讨电影与社会更为广泛的联系与相互影响，从不同时代的城市影像中读解该时代中国城市社会在经济、政治、文化以及社会心理等方面的状况。

《在夹缝中求生存——香港左派电影研究》

作　　者：张燕
推荐单位：北京师范大学
出版单位：北京大学出版社
批准时间：2010 年上半年
出版时间：2010 年 12 月

作为香港电影另类样貌的历史存在，香港左派电影不仅承载了浓郁的进步意识，而且建构了独特的家国理想和国族认同，具有突出的社会文化意义。但迄今为止，在两岸三地的香港电影研究范畴中，香港左派电影尚处于被遮蔽、被忽视的状态。

本书是第一部专论香港左派电影的著作，旨在全面观照和深度研究香港左派电影，以纵向梳理和横向剖析有机结合作为显著特色，不仅系统描述其从“长城”“凤凰”“新联”到“银都”的历时性演变脉络，总结思辨历史经验、研究当下现状和探讨未来发展，而且理性剖析其艺术建构和美学风格，重点聚焦李萍倩、朱石麟、卢敦等重要影人及其代表作品，并深度探究特定时代背景下的文化表达和意识承载。全书既有艺术美学研究，也有市场运作剖析，以扎实的史料发掘、公司调研、影人采访为基础，注重深度理论研究和史论分析，建构起真实厚重的文化历史。

《山西寺观壁画新证》

作　　者：李淞
推荐单位：北京大学
出版单位：北京大学出版社
批准时间：2010 年上半年
出版时间：2011 年 9 月

山西现存的古代寺观建筑及壁画在数量上均居我国各省之首，而其中元明两代壁画水平最高。本书即是在田野考证的基础上对山西几处元明清寺观壁画的具体研究，对一些杰出的壁画作品进行个案研究，深入剖析每堂壁画的主题内涵、艺术意蕴以及社会时代背景，既有对老问题的重新思考，也有对一些新材料的发现和深入思辨，对于我们重新认识山西壁画、拓展中国古代壁画史以及中国宗教艺术研究具有较大的借鉴价值和补缺意义。

本书以图像学为主，阐释新颖。此外，读者在文章中还会发现珍贵的统计、铭文以及相关历史资料。全书研究方法严谨，探讨课题丰富。

《克利姆特绘画研究》

作　　者：孙欣
推荐单位：首都师范大学
出版单位：首都师范大学出版社
批准时间：2010 年上半年
出版时间：2011 年 7 月

现代艺术在其发轫时期的矛盾、变化和创造，最富有生命活力、启示意义和研究价值。因此，当代西方艺术史学者纷纷把研究重点放在了西方早期现代艺术的经典大师塞尚、毕加索、马蒂斯、克里姆特等人的身上。

本书主要从心理—性别的视角，分析克里姆特绘画创作中的潜在心理因素，揭示其艺术风格的演变与心理特质的内在关联，探寻其绘画中的女性图像所蕴涵的心理含义，以期对他的绘画作出新的、更为深入的读解与阐释。本书认为，对心理本能欲望的关注是克里姆特绘画艺术的潜在核心，这既是西方 19 世纪末现代主义初期心理转向的文化思潮与奥地利民族内向性心理特质的凝聚，也是画家本人的男性心理情结的呈现。他的寓意性绘画、女性肖像画和女性人体素描，这三个创作时期相错叠、创作内容相关联的创作领域，对应着克里姆特的自我重构、心理投射、心里矛盾和心理纾解等潜在的心理活动和精神发展历程。

《逝者的面具——汉唐墓葬艺术研究》

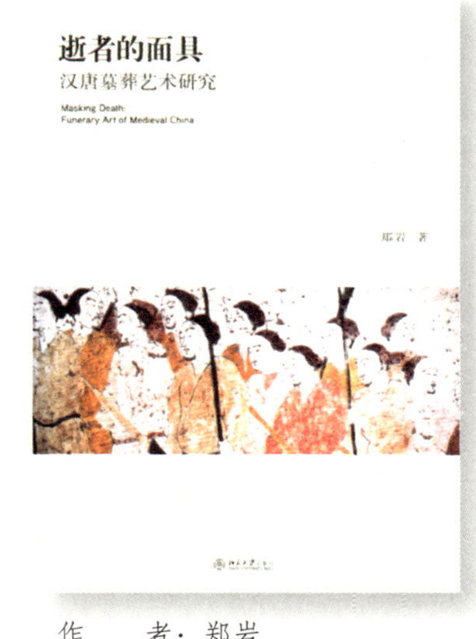

作　　者：郑岩
推荐单位：中央美术学院
出版单位：北京大学出版社
批准时间：2010 年下半年
出版时间：2013 年 2 月

中国自古就有一种观念——视死如生，即侍死如侍生。死亡并不意味着生命的彻底完结，而是在另一个世界得以延续，由此留下众多的墓葬艺术，构筑起纷繁的地下世界；而古人对于死后世界种种的假设，则不仅见于制度、宗教、仪式和书写，而且会更直接地呈现于墓葬之中。墓葬既是安置死者肉身的处所，又是建筑、绘画、雕塑和工艺品的集合体，还可以被理解为人们在生死这个最大的、最具有普遍意义的哲学命题下，以物质的材料、造型的手法、视觉的语言，所营造的具有终极价值的艺术作品。

本书以两汉至唐宋时期的墓葬艺术为研究对象，综合采用考古学与美术史的研究方法，深入探讨了众多墓葬所包含的丰富信息，试图揭开那些逝去的面具，向读者展示出不同地域的人们对“生”与“死”的哲学思考，以及不同历史时期的先民对自我灵魂的深刻认知。

《感悟之道——中国传统山水画心物论》

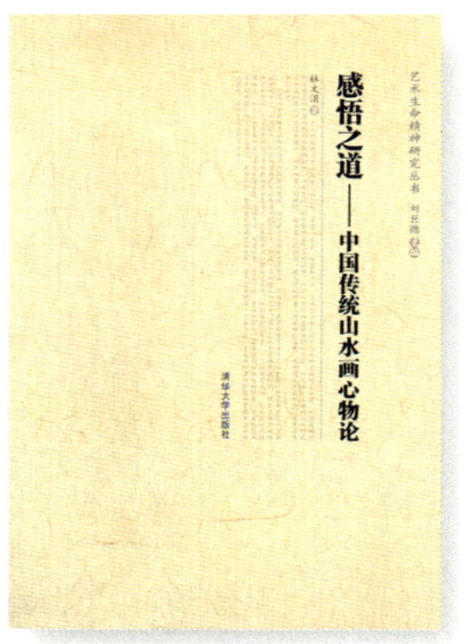

作　　者：杜文涓
推荐单位：北京财贸职业学院
出版单位：清华大学出版社
批准时间：2010 年下半年
出版时间：2011 年 11 月

本书是一部比较系统地探讨中国传统山水画心物关系的学术著作。中国古典美学的理想是艺术要与生命的觉解一致，因此它是一个感悟的美学。感悟甚至可以概括人类存在的方式，将绘画通于身心性命之学是先人在“道艺”的感悟模式中始终在做的努力。这一精神超越了时代，然而问题却出在理论和操作中由于使用感悟而造成的笼统和不精确。作者对这些问题展开了具体分析，并探讨了要实现古典美学目标的关键之所在。

作者认为，这个关键就是心物关系的转变，要转变又只有依赖感悟。如果我们在认识关系上不做全然的改观，我国古典美学乃至整个学术的精华就终将被改造得面目全非，或者被抛弃。

《感旧》

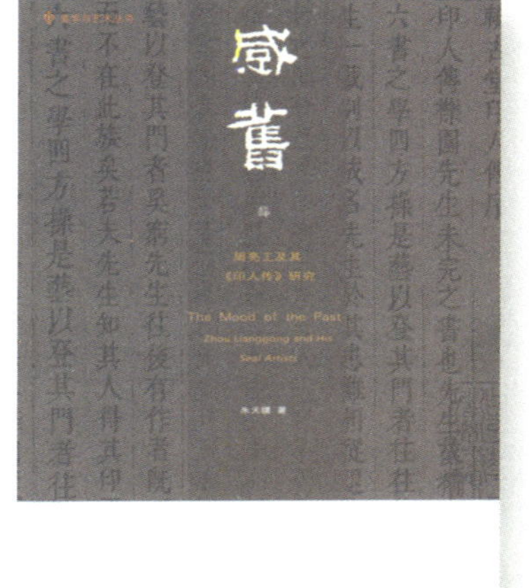

作　　者：朱天曙
推荐单位：北京语言大学
出版单位：北京大学出版社
批准时间：2011 年上半年
出版时间：2013 年 1 月

本书详细地靠定了周亮工的生平、家世及其交往的文人群，并着重讨论了他广泛的交游圈和艺术活动之间的关系，对清代出气的文化环境和《印人传》的成书、编辑动机、版本流传、印学思想、批评方法及其影响做了具体考订和详细讨论。其中，关于周亮工印学思想的相关讨论突出了其品评在印章审美上的独特意义。

此外，本书还对周亮工印学思想的来源、内容及其批评方法等做了详细的论述，并深入阐释了周亮工“此道与声诗”的重要印学思想，凸显了《印人传》在中国印学史上的历史地位与文化价值。

《中国动画电影造型意指及其历史演进（1926—2009）》

动画电影的造型包括各个角度与情绪的静态设计、性格设定，而根据动画电影的假定性、夸张等特点设计的角色，不仅是静态设计，更是一部电话电影情节推进、矛盾设计、场景设计的重要依据。本书以符号学理论为指导，在透视动画电影造型意指机制的基础上，比较系统地梳理了中国动画电影造型构思的历史依据和现实意蕴。通过分析中国动画电影在不同历史时期的造型问题记忆各个时期的特征，进而探求中国动画电影的造型以及动画创作的基本规律。

作为包含了权力话语的文本，本书在分析造型的构、形态与效果的同时，还比较系统地分析了经济机制、传播环境、政治环境、生产管理（成本控制）、产业环境等具体的制约因素。

作　　者：张启忠
推荐单位：中国传媒大学
出版单位：北京联合出版公司
批准时间：2011 年上半年
出版时间：2011 年 9 月

六、经济

《中国教育经费合理配置研究》

教育在国民经济发展中的重要地位已经为越来越多的人所接受。中国是一个大国，同时，又是一个穷国。穷国办大教育，这是中国发展教育事业面临的最大挑战。如何筹集教育经费、如何合理配置教育资源和教育经费，一直是人们关注的理论热点和实践焦点。

本书作者在已经取得的理论研究成果的基础上，试图从理论和实际结合的角度对中国教育经费合理配置问题进行系统和深入的研究。作者深入研究了合理配置中国教育经费的问题。不仅剖析了教育经费的使用状况，还全面考察了教育投资目标的合宜型，教育投资主体的状况，教育经费的筹集渠道和教育经费的使用效果等，客观科学地评价中国教育经费配置的现状。

作　　者：睢国余、麻勇爱
推荐单位：北京大学
出版单位：北京大学出版社
批准时间：2008 年上半年
出版时间：2009 年 6 月

《中国社会建设：战略思路与基本对策》

我们把社会建设定义为政府、社会组织和个人以改善人民福祉为目标，以共同利益和共同价值为基础，来建立和完善社会事务处理、社会公共服务供给体制和机制的过程。社会建设的最终目标是提高人民福祉。在新的历史时期，中国应把人民福祉推向一个新的历史阶段。

本书从界定社会和社会建设入手，分析了社会福祉及有关的生活质量问题，理论联系实际，全面系统分析了建设社会主义和谐社会的目标体系、公共服务供给的体制机制问题；从多元的视角，探讨了社会建设的主体地位及其作用，提出了进一步推进社会建设的战略思路、基本对策和监督实施技术。作者认为，目标、体制和机制建设是中国社会建设的症结。

作　　者：丁元竹
推荐单位：北京大学
出版单位：北京大学出版社
批准时间：2008 年上半年
出版时间：2008 年 11 月

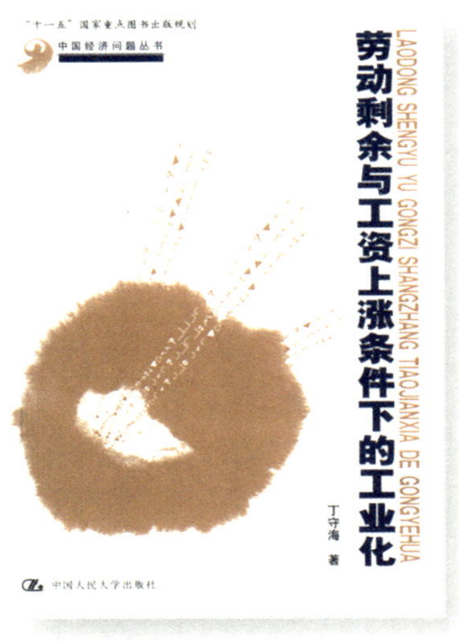

作　　者：丁守海
推荐单位：中国人民大学
出版单位：中国人民大学出版社
批准时间：2008 年上半年
出版时间：2010 年 3 月

《劳动剩余与工资上涨条件下的工业化》

本书在一个二元经济的框架内，探讨劳动剩余与工资上涨条件下，我国工业化的实现问题。近年来，我国劳动力市场的急剧变化显示，在未来的工业化进程中，二者很可能是并存的。隐蔽性失业的大量存在与工资的强劲上涨压力相交织，使中国的工业劳动力供给条件变得日益复杂。在这种格局下，工业化将面临资本积累与就业的双重困境。对此，不论是古典工业化模型还是新古典工业化模型，都无法提出可行的解决方案。

本书共分七章，主要内容包括：二元经济工业化理论的简要评述；中国劳动剩余格局的基本判断；未来工资上涨趋势的基本判断；劳动剩余与工资上涨对工业化的挑战；劳动剩余与工资上涨条件下的工业化等。

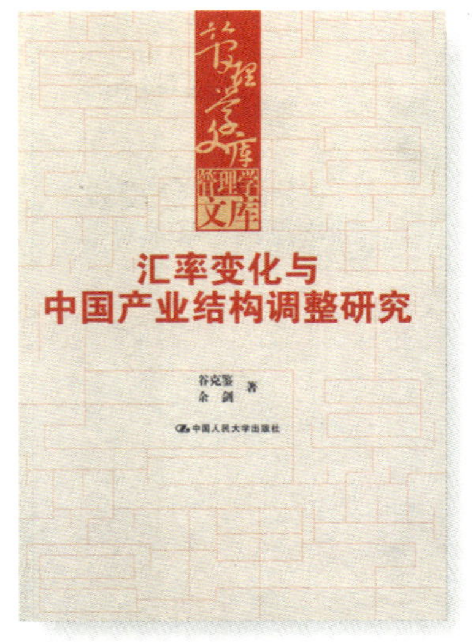

作　　者：古克鉴、余剑
推荐单位：中国人民大学
出版单位：中国人民大学出版社
批准时间：2008 年上半年
出版时间：2008 年 4 月

《汇率变化与中国产业结构调整研究》

汇率变化引致所谓"金融经济"与贸易品部门或贸易流动的互动，对中国产业结构的动态制约和潜在的最终影响已经进一步显现。通过主动调整人民币汇率水平、促进动态比较优势的实现，从而达到产业结构的持续优化升级，是中国开放型经济发展新阶段不可回避的战略选择。

本书尝试基于开放经济条件下产业结构变动的外部影响，特别是人民币汇率变动及其经济结构效应的全新视角，研究开放经济发展进程中和新一轮全球化条件下的中国产业结构调整。研究结论表明：中国产业结构调整的动力不可忽视地来源于对外部门的发展。当前中国对外部门的开放已经由贸易政策面对的实物部门。推进到金融经济中的汇率机制乃至资本市场新的战略纵深。

《西方异端经济学主要流派研究》

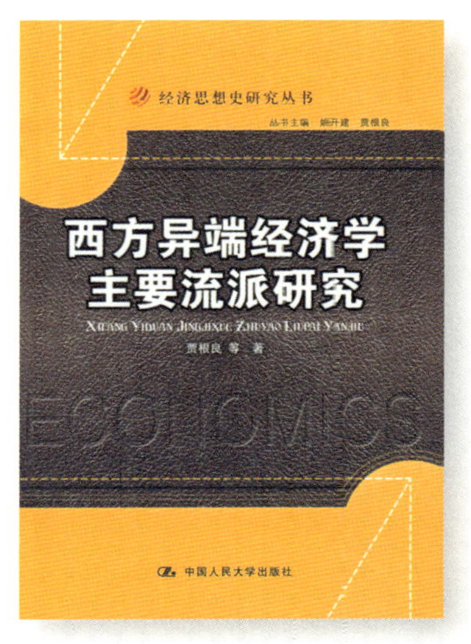

本书是一部对西方异端经济学进行研究的专著。讨论了西方经济学界“异端”与“主流”相分裂的现状、西方异端经济学的发展概况、共同基础和科学性质，评述了作为西方异端经济学基础但国内经济学界还鲜有人知的批判实在论经济学方法论，比较系统地研究了西方异端经济学的五个主要流派的最新发展，探讨了西方异端经济学的路径创造、生产性制度、经济政策原理和“比较创新体制分析”等新的主题，论述了西方异端经济学的创造性综合问题。

本书对了解西方经济学特别是西方异端经济学的最新发展提供了新视野；对于演化经济学的综合和以马克思主义政治经济学为核心综合西方非马克思主义异端经济学理论成果具有重要参考价值。

作　　者：贾根良等
推荐单位：中国人民大学
出版单位：中国人民大学出版社
批准时间：2008 年上半年
出版时间：2010 年 3 月

《过渡经济：历史、理论与现实》

通过对过渡经济学研究对象及其发展逻辑的阐述，本书提出了过渡经济学的基本理论构架。通过重新审视和评价西方国家和（前）社会主义国家向市场经济过渡的历史过程和思想脉络，本书系统回答了过渡经济学的规范性问题。

本书运用对规范性问题的研究结果，漫画式地勾勒了当代中国经济过渡的历史过程和发展阶段，以及过渡经济思想的发展轨迹，对当前关于中国经济过渡的争论作出了理论回答。以超宏观的视角，从历史的继起性和逻辑的连续性角度出发，考察了历史上资本主义和社会主义在其发展过程中经历的重大的过渡经济的具体形式，对过渡经济的历史、理论和现实进行了综合性研究。

作　　者：张维闵
推荐单位：中央财经大学
出版单位：中国人民大学出版社
批准时间：2008 年上半年
出版时间：2009 年 5 月

《中国企业创新能力研究》

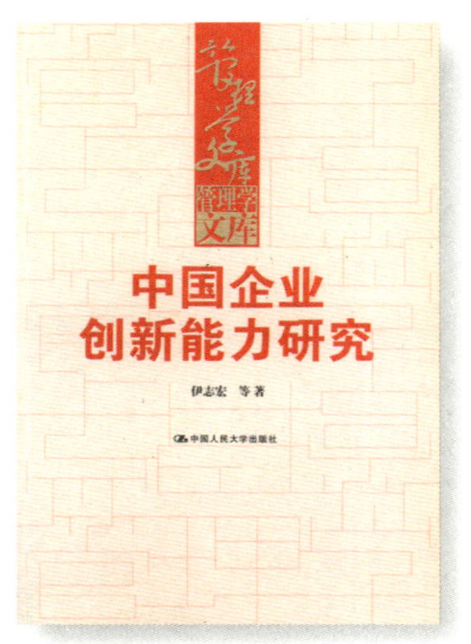

作　　者：伊志宏等
推荐单位：中国人民大学
出版单位：中国人民大学出版社
批准时间：2008 年上半年
出版时间：2008 年 11 月

企业创新能力指企业在多大程度上能够系统地完成与创新有关地各项活动地能力，包括在技术上创新，企业提供的产品是否能被用户认可，企业能否有效地说服用户接受自己的产品，企业是否能有效地管理这一过程，并获得一定的财务回报。

近年来，随着提高自主创新能力、建设创新型国家战略的提出，可持续发展的创新能力建设已成为当今企业发展的关键问题。本书运用实证研究与案例研究相结合的方法，从制度环境、创新行为以及创新的治理和组织三个方面，全方位地分析研究中国企业自主创新的可持续发展模式。本书的多数资料和案例均为第一手资料，是教授们深入企业调研、长期跟踪研究的结果。

《房地产信贷资金配置效率研究》

作　　者：李霞
推荐单位：中国人民大学
出版单位：中国人民大学出版社
批准时间：2008 年上半年
出版时间：2009 年 1 月

社会经济能否得到稳定和健康的发展，主要取决于社会经济内部各经济要素之间的协调程度。研究房地产信贷资金的配置，就是通过研究制约我国房地产信贷资金优化配置的因素，提出改善我国房地产信贷资金配置效率的制度和办法，建立房地产信贷资金配置的良性机制，以促进我国房地产市场长期繁荣和良性发展，保证社会经济结构的均衡。

本书以房地产信贷资金配置效率为研究主题，通过分析房地产信贷资金有效配置的一般原理，界定房地产信贷资金有效配置的标准，由此发掘影响房地产信贷资金配置效率的主要因素，并构建了效率评价模型。对于房地产研究领域的学者和相关工作人员，本书都具有较强的启发和借鉴意义。

《营销理论发展史》

营销理论发展史是研究世界范围内重要营销理论思想发展历史的学科。本书作者在几十年的营销教学、科研和研究生的培养等工作中，深感营销理论发展史研究有着迫切的需求，长期在此领域进行研究和探索，力求准确反映营销理论演变发展的历史轨迹，系统阐述各学派的主要观点，充分体现营销理论创新的最新进展和未来趋势，为构建具有中国特色的营销理论体系服务。

本书通过对营销科学思想发展阶段的划分，重要学说、见解的辨析，重要营销科学家哲学观点和方法论的载叙，廓清了营销科学思想发展的脉络，反映了不同历史时期、不同国家和地区出现的营销科学思想内容与特点，探索了营销科学思想发展规律。

作　　者：郭国庆
推荐单位：中国人民大学
出版单位：中国人民大学出版社
批准时间：2008 年上半年
出版时间：2009 年 2 月

《北京中低收入阶层住房问题研究》

本书针对近期我国出现的房价连续快速上涨、房地产商及高价商品房主导市场、住房投机日趋严重、中低收入居民购房能力持续下降等问题，深入部分地区的房地产市场进行了大量的调查，并搜集了国内外相关资料加以分析研究。

在此基础上，本书首先对北京市廉租房、经济适用房、商品房、出租房等现状及相关政策进行了分析，揭示了我国中低收入阶层购房困难的市场症结与政策根源；其次，通过对北京地区普通居民的工资收入和刚性支出、住房补贴、住房公积金、购房贷款和购买住房的交易成本等方面的研究，深入剖析了城镇居民购房困难的客观原因及住房真实购买能力；再次，客观地分析了住房开发建设的成本构成及各项费用在房价中所占比例，重点揭示了所发现的开发成本中隐含的一些需要解决的问题；最后，本书还针对性地提出了解决中低收入阶层住房问题的看法及对策建议。

作　　者：季雪
推荐单位：中央财经大学
出版单位：清华大学出版社
批准时间：2008 年上半年
出版时间：2010 年 1 月

《文化管理——对科学管理的超越》

作　　者：张德、吴剑平
推荐单位：清华大学
出版单位：清华大学出版社
批准时间：2008 年上半年
出版时间：2008 年 6 月

文化管理是 20 世纪 80 年代兴起的一种崭新的管理思想、管理学说和管理模式，是继经验管理、科学管理之后企业管理发展的一个新阶段。

本书从研究文化管理的理论假说出发，揭示了组织管理的内在客观规律，阐明了文化管理的主要矛盾、核心竞争力、性质、管理原则、管理职能以及应用范围。此外，本书还从知识经济、组织生命周期、学习型组织、和谐社会等方面研究了实施文化管理的必然性和关键点。书中还运用了大量管理实践案例，深入浅出地阐明了实行文化管理的方法和途径，对推动我国企业和其他社会组织早日实现管理现代化具有现实的指导作用，也对我国用先进文化促进先进生产力发展，建设创新型国家、构建社会主义和谐社会具有积极的推动作用。

《掌控创业型企业——转轨期中国组织发育与企业成长解密》

作　　者：刘平青
推荐单位：北京理工大学
出版单位：清华大学出版社
批准时间：2008 年上半年
出版时间：2009 年 2 月

改革开放 30 年的伟大成就之一，就是私营企业的兴起与成长，本书对这一过程进行了客观记录。全书共分六章，将创业型企业的组织发育分为初创、成长、制衡和文化四个阶段，采用文献研究、案例研究与数据分析相结合的研究方法，提出了掌控创业型企业的框架，指出每个阶段都只有以下一个阶段为目标，才能最终使创业型企业达到成熟并进入持续优化的精细管理状态。

本书提出的“鲜桃模型”对创业型企业的发展具有一定的借鉴意义，同时书中包含的 100 多个鲜活真实的中国私营企业案例，通俗易懂，注重理论与实际结合。既适合于理论工作者的需要，也能满足实际工作者的要求，可供创业者及企业中高层管理者、MBA 以及相关领域的研究者阅读和参考。

《汇率冲击下的货币错配——理论模型、实证测度与政策选择》

本书主要研究在发生汇率冲击时，货币错配的一般传导机制理论框架与中国货币错配的测度、评估与检验。其主要内容分四个方面：一是从理论框架方面演绎货币错配的相关理论。二是构造一个较为完善的测度模型，测度中国的总体货币错配状况，并且细分为公共部门、金融机构部门、公司部门、居民部门分别进行测度，最后对中国货币错配的严重程度和发展趋势做出评估。三是以公司部门、银行部门实际发生的数据对结论进行检验。四是分析所有可能的解决方案，并结合中国的特殊情况，提出真正适合中国的政策建议。

本书的出版对于货币错配相关的研究应该能起到重要的参考作用，对于国内外这一理论的发展无疑也有一定的贡献。

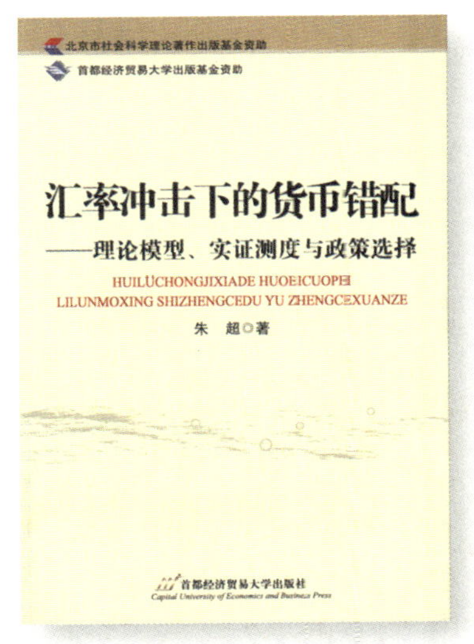

作　　者：朱超
推荐单位：首都经济贸易大学
出版单位：首都经济贸易大学出版社
批准时间：2008 年上半年
出版时间：2009 年 3 月

《气象服务的经济学分析》

天气和气候变化是人类社会面临的不可抗拒的自然现象，它既给人类社会支撑起生存的天空，也给人类社会带来严重的气象灾害。本书从经济学角度研究气象服务，以气象服务的需求、有效生产和提供为研究内容，分析气象与经济的关系、气象服务需求、经济学属性、有效供给等问题。

公共气象服务和行业气象服务具有的公共消费属性，是市场失灵发生的典型领域，政府供给有可能出现垄断的低效等问题。对此，本书从理论上提出并分析了气象服务提供的效率标准和效率条件。分析了气象服务供给面临的很多困境，如搭便车、强制乘车、排他悖论、高昂的交易成本和度量成本、自然垄断等。本书最后对我国的气象服务制度框架进行了设想。

作　　者：吴向阳
推荐单位：北京市社科院
出版单位：北京燕山出版社
批准时间：2008 年上半年
出版时间：2009 年 5 月

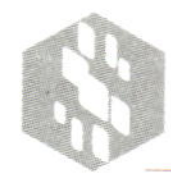

《中国金融体制改革 30 年的理性思考》

作　　者：江世银
推荐单位：中央财经大学
出版单位：京华出版社
批准时间：2008 年上半年
出版时间：2009 年 1 月

中国金融体制改革以其改革内容丰富、利益关系复杂、政策难度较大的特点，一直受到理论界和实际工作部门的高度关注。

本书作者通过对中国金融体制改革 30 年实践历程进行的深入研究，探讨了“中国模式”下货币金融运行发展的客观规律，将改革实践上升到了理论高度进行了总结提炼，尝试性地系统总结了发展中国家转型经济体中的“金融改革发展论”经验，提出金融体制改革的目标是适应经济市场化和经济全球化发展的需要，通过经济体制改革和金融体制改革，以市场配置资金为主、以政府配置资金为补充，实现利率和汇率市场化，最终建立起政府主导下充分发挥市场机制作用的金融体系。

《WTO 保障措施成案研究（1995—2005 年）》

作　　者：王军、郭策、张红
推荐单位：对外经济贸易大学
出版单位：北京大学出版社
批准时间：2008 年上半年
出版时间：2008 年 12 月

本书是以世界贸易组织保障措施争端的裁决为研究对象的一部学术专著。

通过对所有保障措施成案的研究，本书首次归纳出 WTO 判定保障措施不符合世贸规则的三个原因：1. 保障措施的采用不符合“未预见发展”的要求；2. 保障措施中因果关系的认定不符合规则的要求；3. 保障措施的实施不符合“平行原则”。在此基础上，本书对已经裁决的七个成案进行了逐一分析，论述了每个案件的背景和程序与实体方面的争议，将所有个案中的裁决要点给予了重点关注。最后，以《保障措施协定》条文为线索，在对条文进行解释后，将所涉裁决的判词列出，并进行了系统的分析，分析部分逻辑严密，论点突出。总之，本书从整体、个案和条文多角度对保障措施成案进行研究，揭示了裁决的特点和政策考量及导向，使本书兼学术与实用为一体，兼个案研究与涉及条文的多个裁决的比较为一体。

《20世纪五六十年代中国农村包产到户变迁问题研究》

家庭联产承包责任制开启了改革的闸门，引发的巨大变化震荡了中国人的心灵，由此产生的反应是各式各样的。在快速变化的社会现实面前，人们似乎无暇反观历史，也许已淡忘了这一制度的渊源。历史是割不断的，今天是昨天的继续，理解昨天是把握今天的一把钥匙。

本书综合运用了社会学、政治学、制度经济学、心理学等方面的知识，对20世纪五六十年代农村包产到户的起落变迁进行了分析。作者通过对包产到户的变迁中农民、地方干部、中央决策层三方面进行了考察，认为包产到户责任制的发生、发展和变迁正是在这三种变量的交互作用中展开的，任何一种变量都不完全具有独立影响包产到户制度变迁的能力。

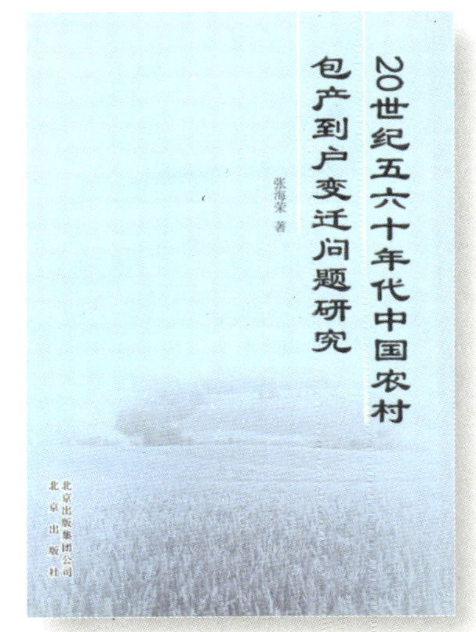

作　　者：张海荣
推荐单位：中共北京市委党校
出版单位：北京出版社
批准时间：2008年上半年
出版时间：2009年10月

《中国资源·经济·环境绿色核算（1992—2002）》

本书从资源—经济—环境综合核算角度，针对中国在里约会议以来十年（1992—2002）的可持续发展，重点围绕绿色核算中矩阵核算方法和中国具体核算实践展开研究。具体而言，本书提出了一套资源—经济—环境一体化投入产出核算——绿色投入产出核算（GIOA）体系；在联合国SEEA基本框架和资源—经济—环境一体化投入产出核算通用框架的基础上，结合中国国民核算特点，设计出了中国环境经济综合核算矩阵（CSEEA）；同时，把绿色投入产出表向社会核算矩阵（SAM）的方向进行扩展，提出了一个涵盖资源环境和社会经济的绿色社会核算矩阵（GSAM）；并具体设计了中国绿色投入产出核算GIOA，环境经济综合核算矩阵SEEA和绿色社会核算矩阵GSAM。在此基础上，本书对中国1992—2002年十年间的1992年、1995年、1997年、2000年和2002年资源—能源—经济—环境状况进行了全面综合核算，并做了初步核算分析。

本书的研究，对于促进中国绿色核算的进程，客观公正地评价中国社会经济增长，促进中国社会经济发展与自然环境间的和谐统一，最终实现"以人为本"的经济增长、社会进步和环境保护三位一体的可持续发展，具有一定的理论和实践意义。

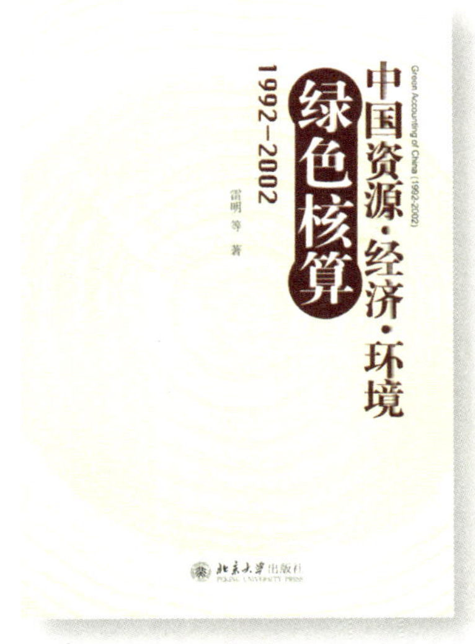

作　　者：雷明等
推荐单位：北京大学
出版单位：北京大学出版社
批准时间：2008年下半年
出版时间：2010年6月

《转型期中国医疗保险体系中的政府与市场——基于城镇经验的分析框架》

作　　者：锁凌燕
推荐单位：北京大学
出版单位：北京大学出版社
批准时间：2008 年下半年
出版时间：2010 年 1 月

本书立足于中国国情，运用多学科结合的研究视角，综合历史的和静态的观察，在分析转型期中国城镇医疗保险体系的历史演变与现状的基础上，重新审视了中国医疗保险的体系目标，从历史的视角对中国城镇社会医疗保险体系的形成与变迁过程，以及商业医疗保险市场的发育历程进行检讨，并深入研究变革路径的内在逻辑和特征，总结该体系运行中所表现出来的问题。

全书共六章，通过分析英、美、德三种不同模式背后深层的历史文化背景因素，给出了中国医疗保险体系中政府和市场的最佳定位点，建立了转型期中国医疗保险体系中政府与市场关系的理论研究框架，为医疗保险体系的建构提供了方法论上的指导。

《城市治理的经济学分析》

作　　者：王志锋
推荐单位：中央财经大学
出版单位：北京大学出版社
批准时间：2008 年下半年
出版时间：2010 年 3 月

城市治理是城市公共管理的新发展。随着历史社会的发展，全世界都在重新思考政府的作用应该是什么？它能做什么不能做什么？以及如何做好？这就是 20 世纪 80 年代以来西方的“政府再造”和“新公共管理运动”。城市治理作为国家新型的公共管理的一个重要层次，必须深化研究并进行制度创新。

本书从经济学角度对城市治理进行了深入的剖析，运用制度经济学、公共经济学、公共选择理论等经济理论工具，揭示了城市公共管理背后的利益关系，指出了城市主体间博弈均衡的实现机制。这是对城市治理研究的深化，有利于从深层次上认识城市治理的本质，推动城市治理的改革和发展。

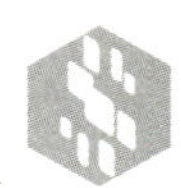

《中国农村生殖健康卫生资源优化和转型实证研究——基层的声音》

作　　者：郑晓瑛、黄成礼、庞丽华、陈功
推荐单位：北京大学
出版单位：北京大学出版社
批准时间：2008 年下半年
出版时间：2010 年 7 月

目前，我国生殖健康卫生资源，尤其在农村地区的资源，还面临着不同程度的问题亟待解决，如卫生资源短缺、服务供给不足、政府投入不足、城乡分配不公等方面的问题。同时，由于在农村地区存在计划生育和妇幼保健两套服务系统，随着社会的发展，不同的政府部门和学界都开始考虑是否有必要重新优化农村生殖健康服务的卫生资源。

本书共分为两个部分。第一部分共有六章，主要为项目研究背景；项目的研究设计和框架；相关文献分析；调查地区农村生殖健康卫生资源状况；农村生殖健康卫生资源优化实践及其评价和农村生殖健康卫生资源优化的发展趋势及政策建议。第二部分主要是调查省、县、乡、村的服务机构和群众的访谈总结，从中可以进一步了解中国农村卫生资源管理和利用的实际情况。

《亚洲的超额外汇储备——成因与风险》

作　　者：王三兴
推荐单位：中国人民大学
出版单位：中国人民大学出版社
批准时间：2008 年下半年
出版时间：2011 年 1 月

为什么亚洲经济体在 20 世纪 90 年代后期积累了巨额的外汇资产？为什么亚洲一些经济体能够在经常项目和资本项目上获得双顺差？本书考察了亚洲超额外汇储备来源背后的动因，重点关注高外汇储备对国内经济发展的制约作用和对世界经济产生的深远影响。

作者认为，假设货币当局为减少由外汇占款引起的流动性过剩而实行对冲操作，不仅干预的效果值得怀疑，而且货币政策的独立性还会受到侵害。如果美国为挽救由其他因素（如次货危机、双赤字无以为继、信用危机）引起的经济衰退而实行宽松的货币政策，则流动性过剩的高外汇储备国家在货币政策操作上将陷入两难困境。

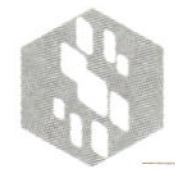

《崛起与超越——中国农村改革的过程及机理分析》

作　　者：孔祥智
推荐单位：中国人民大学
出版单位：中国人民大学出版社
批准时间：2008 年下半年
出版时间：2008 年 11 月

中国农村的改革，是以对农村严格的全面管控为出发原点的。这也是为什么中国农村改革从现象形态上表现为政府主导下的改革的根本原因。三十年来，政策调整在中国农村改革进程中所起的作用至关重要。以 10 个中央一号文件为代表的一系列农业、农村政策的演变史，几乎构成三十年中国农村变革的主框架。本书从制度变迁的角度，深入分析了 30 年来中国农村改革的进程、主要阶段、取得的成效和遗留的问题。在每一个阶段，都按照新制度经济学的研究手法，讨论了该阶段政策出台的背景、特点和主要内容。

本书既能让读者了解 30 年来中国农村改革和发展的全过程，又可查阅 30 年来农业和农村主要政策的内容及其演变，可供高等院校师生、政策研究人员以及经济管理工作者阅读。

《流通经济学概论》

作　　者：丁俊发、赵娴
推荐单位：北京物资学院
出版单位：中国人民大学出版社
批准时间：2008 年下半年
出版时间：2012 年 3 月

流通作为衔接生产和消费的中间环节，构成了社会再生产过程的重要组成部分。那么，流通的内涵是什么？流通具备什么功能使其能发挥如此重要的作用？在现实经济中该如何认识和把握流通运行的内在规律性？

本书以通俗的语言系统分析和阐述了流通经济的运行过程及其内在规律。全书具有以下三个方面的特点：1. 内容严谨，体系完整。基于流通过程的角度构建了较为严密和完整的逻辑体系和研究框架，本书对流通运行过程进行了全面系统的分析和阐述。2. 史料丰富，内涵厚重。基于流通观的历史演进，本书全面分析和展现了我国流通体制的发展历史和演进脉络。3. 把握前沿，关注现实。基于产业经济运行的角度，本书分析和探索了流通业的发展趋势以及推进流通产业实现结构调整和业态升级的产业政策与规制。

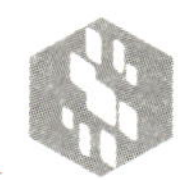

《国际资本流动对世界经济体系的影响》

随着经济全球化与金融一体化不断推进，国际资本流动在世界经济体系中的作用越来越明显。本书根据经济过程与经济制度的同一性建立国际资本流动对世界经济影响的研究体系，从全球治理的角度提出协调资本流动的世界经济体系框架；从生产、贸易、金融等功能层面研究国际资本流动对经济过程的影响；从全球经济失衡、金融脆弱性、经济安全角度研究国际资本流动对世界经济体系的制度冲击；从资本流入和流出两个方面系统研究国际资本流动对中国经济体系的影响。

在客观把握中国在协调国际资本流动的世界经济体系的定位基础上，本书提出了提高利用外资质量、实行弹性资本管理政策、完善跨境资本监测和预警体系等防范国际资本冲击风险的对策建议。

作　　者：张碧琼
推荐单位：中央财经大学
出版单位：清华大学出版社
批准时间：2008 年下半年
出版时间：2010 年 6 月

《澳大利亚均等化转移支付制度研究》

均等化转移支付制度是澳大利亚财政制度的一个重要特色。本书主要关注税制改革后的澳大利亚均等化转移支付制度。首先，作者从制度环境、基本安排以及核心机构等方面来分析其总体设置，从相对数估算的主要原则、指导方针、基本流程等方面来分析其具体操作。随后，作者从理论分析和建模分析两个层面进一步考察了制度的现实有效性。在此基础上，作者对该制度的可借鉴性及内在的环境适应性进行了论述。

在我国地方财政严重不均等、地方财政需求和供给不均衡的背景下，实现政府间均等化财政转移支付是一项重要的改革措施，对改善我国地方政府财政困难局面以及提高各地区人民的生活水平有重要意义。

作　　者：吕晨飞
推荐单位：北京大学
出版单位：北京大学出版社
批准时间：2009 年上半年
出版时间：2010 年 1 月

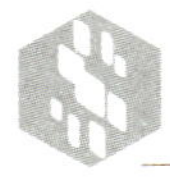

《全球竞争政策——WTO 框架下竞争政策议题研究》

作　　者：白树强
推荐单位：对外经济贸易大学
出版单位：北京大学出版社
批准时间：2009 年上半年
出版时间：2011 年 9 月

《全球竞争政策：WTO 框架下竞争政策议题研究》是一部比较系统地研究 WTO 框架下竞争政策问题的经济学专著。

本书在分析 WTO 主要成员关于竞争政策多边规则谈判基本立场的基础上，重点研究了制定国际竞争规则的途径选择，提出了多边竞争政策议题谈判中需要特别关注的问题，对未来 WTO 框架下的竞争政策框架协议进行了设想，同时还对 WTO 框架下中国竞争政策的定位与国际协调问题进行了探讨，能够为我国建立和完善竞争政策和法律制度提供有价值的理论参考依据。

《财政政策效应：理论研究与经验分析》

作　　者：王立勇
推荐单位：中央财经大学
出版单位：中国人民大学出版社
批准时间：2009 年上半年
出版时间：2010 年 5 月

财政政策是政府宏观调控的主要手段，是经济学领域的重要课题。财政政策效应也日益成为国内外学者的重点研究内容之一，是财政理论界和实务界历来关注和争论的焦点。本书依据“理论梳理和分析—理论假说—实证支持”的研究范式，首先在对国外财政政策效应理论梳理的基础上，对我国财政政策效应进行理论分析和数理推导，形成研究的基本假说，主要包括财政政策自动稳定器效应、相对抉择财政政策反周期性、财政政策对经济增长和私人消费的非线性效应等几个方面。然后，作者利用 HP 滤波、状态空间模型、马尔科夫区制转移模型、马尔科夫区制转移向量自回归模型及其他计量经济模型和时间序列分析方法对前一部分内容所建理论假说进行实证检验，并对实证结果进行了解释。

本书的研究具有较大的理论意义和实际意义，能够推动我国财政政策与宏观调控实践的发展与完善，有利于完善宏观调控体系和提高宏观调控的效率。

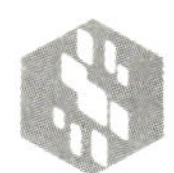

《产权理论与实践》

本书从个人学术背景、产权理论方法论、产权理论体系、产权理论的政策含义、产权理论的历史地位几个方面对马克思产权理论和科斯产权理论进行了系统的比较研究和评价，证明了马克思产权理论是社会科学史上的第一个系统的产权理论，而且是迄今为止社会科学史上真正科学的产权理论。通过对西方产权理论的产生和演变过程的梳理总结，指出西方产权理论在方法论、理论基础、论证过程以及基本结论方面存在的局限性。

在实践方面，本书比较系统地介绍了 20 世纪 80 年代以来世界范围内出现的三种类型的产权改革，总结了西方产权理论指导下的全面私有化改革给这些国家带来的严重问题，提出了我国国有企业改革应该遵循的基本原则及政策建议。

作　　者：吴易风、关雪凌等
推荐单位：中国人民大学
出版单位：中国人民大学出版社
批准时间：2009 年上半年
出版时间：2010 年 3 月

《开放条件下中国货币政策的选择》

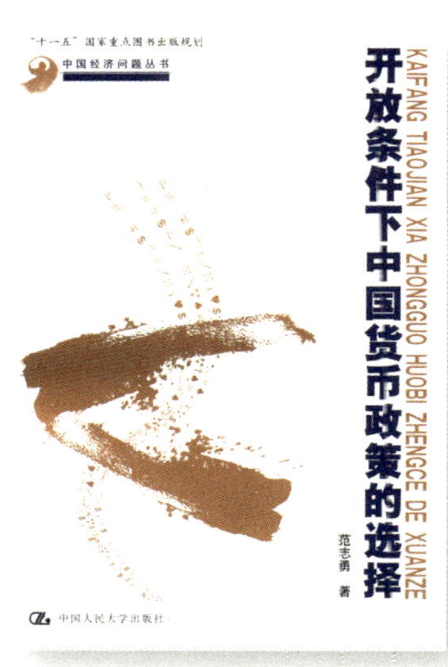

货币政策是一个国家或是经济体的货币权威机构利用控制货币，来达到影响其他经济活动所采取的措施，尤指控制货币供给以及调控利率的各项措施。货币政策使用各种措施用以达到或维持特定的政策目标，如抑制通货膨胀、降低失业率或调节进出口等。

本书对改革开放以来中国货币经济特征进行了简要总结，在此基础上对中国开放条件下货币政策传导机制和政策选择进行研究。本书通过规范的理论和实证研究。特别关注了以下三个方面的问题：一、私人部门对货币政策传导机制的影响；二、成本推动型通货膨胀的甄别方法以及相关货币政策选择；三、开放条件下中国货币政策所面临的挑战以及对策。

作　　者：范志勇
推荐单位：中国人民大学
出版单位：中国人民大学出版社
批准时间：2009 年上半年
出版时间：2009 年 5 月

《战略性国际外包理论与应用》

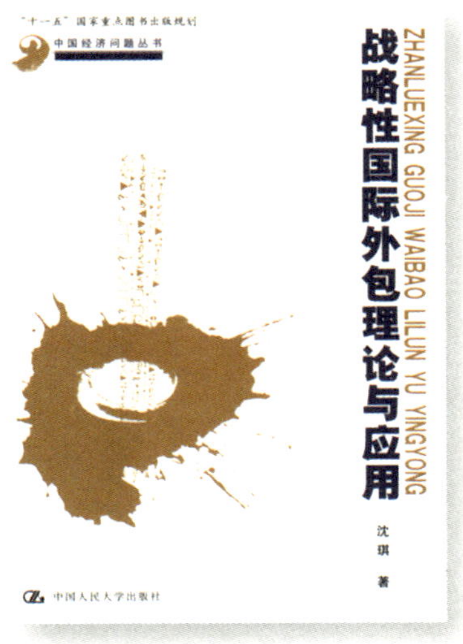

作　　者：沈琪
推荐单位：中央财经大学
出版单位：中国人民大学出版社
批准时间：2009 年上半年
出版时间：2010 年 5 月

本书是一部比较系统地论述战略性国际外包理论与应用的学术专著。在这部著作中，作者首先考察了古典和新古典贸易理论和贸易政策；然后着重分析了战略性贸易政策的背景、理论和应用以及战略性贸易政策面临的诸多挑战；接着结合演化博弈理论，从演化博弈的视角重新审视了战略性贸易政策，并分析了不同演化路径对贸易双方福利水平的影响。

本书还利用古诺均衡研究了多厂商战略性外包。在古诺寡头博弈下，不仅外包承接方具有议价权，外包提供方也具有议价权。双方讨价还价的过程是分配剩余的过程。随着厂商数目的增多，战略性外包的空间变小。发展中国家承接国际外包的竞争力不仅取决于其工资水平，还取决于搜寻成本和调整成本。在当前的新形势下，我国在承接国际外包领域面临新的机遇和挑战。最后，本书通过实证分析方法，讨论了我国对外贸易，特别是加工贸易的特点。

《电子货币论》

作　　者：周虹
推荐单位：中国人民大学
出版单位：中国人民大学出版社
批准时间：2009 年上半年
出版时间：2010 年 5 月

本书是一部比较系统地论述电子货币相关问题的学术专著。电子货币作为一种独特的货币形态，在拥有传统货币的基本属性外，又具有其独特的属性和特征。作者通过对电子货币内在机制的研究，探索在网络经济中电子货币和电子货币理论发展的脉搏，理清其未来发展趋势，形成电子货币理论的初步框架。

作者从电子货币的界定入手，对电子货币本质、电子货币发行、电子货币政策选择、电子货币内控机制与风险防范、电子货币金融监管和法律进行了较为全面、系统的理论和实证分析；此外，本书特别研究了中国电子货币发展的脉络与走向，并提出了相应的政策建议。对于中国电子货币发展，本书主要观点是积极发展与审慎监管。

《城镇住房保障政策模式及实证研究》

本书以福利经济学、新公共管理理论、公共经济学、消费经济学为理论基础，深入阐述了关于住房保障的相关理论和观点，并对公平与效率、收入与住房消费支出、住房市场的过滤模型等主要问题进行了充分的论述。

在大量理论和实证研究的基础上，本书提出了适合我国国情的住房保障政策模式——特惠型租赁保障模式。在此基础上，本书对我国城镇住房保障政策进行了系统的设计，将政策目标定位于低收入和最低收入群体，采取多种方法对收入线的划分进行测算和验证，并在收入与住房关系研究的基础上测算住房保障量，建立了城镇住房保障数量模型，对保障的住房面积标准和运作机制进行了探讨和研究，并以北京为例进行了实证分析。最后，对住房保障与物业管理进行了研究，并提出了相应的政策建议。

作　　者：安世锦
推荐单位：北京市建设委员会
出版单位：首都师范大学出版社
批准时间：2009 年上半乍
出版时间：2012 年 9 月

《WTO 框架下的贸易壁垒及应对机制研究》

WTO 自成立以来，在推动全球自由贸易、公平竞争等方面发挥着十分重要的作用。作为一个协调各国贸易关系的国际组织，WTO 历经九轮谈判，不断削减和拆除贸易壁垒，为促进贸易自由化、解决国际贸易争端提供了很好的协商平台。但是从目前情况看，WTO 并没有也不可能完全消除国际贸易壁垒的存在和影响。特别是随着经济和社会的发展，人们环保和可持续发展观念的增强，各种新型国际贸易壁垒不断涌现，包括环境壁垒、社会劳工壁垒、动物福利壁垒等，并且其形式和影响都在不断演化、加深。整体上，贸易壁垒表现得更隐蔽，更“合理”，更宽泛，更难逾越。

本书在详尽分析国际贸易壁垒的种类、表现方式以及对世界贸易的影响基础上，针对我国当前对外贸易中的实际情况全面系统地提出了规避国际贸易壁垒的对策机制。

作　　者：曲如晓
推荐单位：北京师范大学
出版单位：北京师范大学出版社
批准时间：2009 年上半年
出版时间：2010 年 9 月

《中国转型期就业潜力研究》

作　　者：曾学文
推荐单位：北京师范大学
出版单位：北京师范大学出版社
批准时间：2009 年上半年
出版时间：2010 年 1 月

就业问题一直是一个全球性的大难题，中国的就业问题更加复杂。中国经济转型是发展过程中的特殊道路，不能简单地复制西方的就业理论或模式，必须要创新中国特色的就业理论和模式。因此，需要大胆实践，大胆创新。

本书在对就业理论进行系统梳理的基础上，提出了就业潜力的概念及中国就业潜力的影响因素，论证了资本与技术、经济制度变迁、经济结构变迁和宏观经济政策是中国转型期影响就业潜力的四大因素，得到了若干重要的实证结论。在此基础上，作者建立了中国转型期间就业潜力的综合函数模型，对未来就业潜力的规模与结构进行了判断和预测，并提出了相关政策建议，这些结论和建议对制定我国就业中长期规划和发展战略具有重要的参考价值。

《中国垄断产业放松规制与机制设计博弈研究》

作　　者：范合君
推荐单位：首都经济贸易大学
出版单位：首都经济贸易大学出版社
批准时间：2009 年上半年
出版时间：2010 年 11 月

本书利用博弈论方法，全面分析放松规制对国家、规制机构、垄断企业、消费者四个利益主体（集团）的影响以及他们的策略性反应及其博弈均衡，利用机制设计理论系统研究放松规制改革中改革推动者选择、改革战略选择、改革时机选择以及改革时序设计等问题，设计可行的放松规制机制与路径，保证放松规制改革的顺利实施。该研究对于进一步推进与深化我国垄断产业改革具有一定的现实指导意义。

同时，本书系统研究的转型经济背景下经济改革对不同利益主体的影响及其策略性反应，改革顺利推进机制如何设计等问题具有普遍性，初步形成了逻辑一致的理论框架，对于丰富发展经济学、制度变迁理论和经济转型理论也具有一定的学术价值。

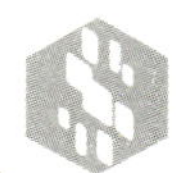

《弗里德曼经济思想研究》

作　　者：徐则荣
推荐单位：首都经济贸易大学
出版单位：首都经济贸易大学出版社
批准时间：2009 年上半乍
出版时间：2012 年 10 月

美国经济学家米尔顿·弗里德曼（Mihon Friedman，1912—2007）是货币主义（亦称货币学派）创始人，芝加哥学派主要代表人物之一。他是 20 世纪少数几位知名度极高的经济学家之一，是第二次世界大战后至今世界上最具影响力的经济学家之一。在 20 世纪的经济学家中，只有凯恩斯的影响力能与他相比。

本书以马克思主义为指导，对弗里德曼的货币理论、通货膨胀理论、市场经济理论、经济危机理论等进行了系统、深入的研究，对这些理论所作的评价是具有说服力的。本书有助于人们全面认识弗里德曼，有助于推动国内学术界对弗里德曼经济理论的深入研究。另外，本书对我们深入研究始于 2008 年的国际金融危机和经济危机也具有非常重要的现实意义。

《首都经济新增长点研究》

作　　者：赵弘
推荐单位：北京市社科院
出版单位：北京出版社
批准时间：2009 年上半年
出版时间：2009 年 10 月

本书以科学发展观为指导，基于经济增长点相关理论，从首都经济进入新的发展阶段、面临新的国际国内宏观形势出发，在深入剖析首都经济发展现状及全球产业发展趋势的基础上，对首都经济新增长点进行探索。确定了互联网信息服务业、数字新媒体、研发设计服务业、软件外包、咨询服务业和清洁技术产业等六大新增长点，并对每个领域进行了深入系统的研究，提出若干培育首都经济新增长点的具体对策和措施。

本书对专家学者开展首都经济发展理论与实践研究具有一定的参考价值，对政府进一步拓展和深化首都经济内涵及制定相关政策可提供一定的参考，对国内同类城市选择与培育新增长点以推动产业结构升级可提供一定的经验借鉴。

《中国农业社会化服务——基于供给和需求的研究》

作　　者：孔祥智
推荐单位：中国人民大学
出版单位：中国人民大学出版社
批准时间：2009 年下半年
出版时间：2009 年 9 月

农业社会化服务是指由社会上各类服务机构为农业生产提供的产前、产中、产后全过程综合配套服务。目前，我国农业社会化服务体系尚不健全，特别是农业技术、信息、金融和保险服务缺乏，不适应农业生产发展的需要。

本书在大量调研的基础上，对各类农业社会化服务机构进行了评价，包括对政府系统的服务体系和近年来新出现的新型农业社会化服务组织进行了总结和评价，并从农户角度探讨了对社会化服务的需求及影响因素。在此基础上设计出符合我国新时期农业和农村经济发展需求的农业社会化服务体系的过渡模式和目标模式，提出新时期我国农业社会化服务体系创新的一揽子政策框架，形成关于推进新时期农业社会化服务体系的对策建议。

《当代资本主义经济研究》

作　　者：高峰、张彤玉等
推荐单位：中国人民大学
出版单位：中国人民大学出版社
批准时间：2009 年下半年
出版时间：2012 年 11 月

对当代资本主义经济发展特征的研究，是认识当代资本主义发展演变趋势的基本方面。第二次世界大战以后，特别是 20 世纪 80 年代以来，世界资本主义经济出现了许多不同于以往的显著特征。面对资本主义经济的一系列新变化，国内外学术界进行了广泛研究，提出了各种不同的理论与看法。

本书在坚持马克思主义方法论和基本原理的基础上，借鉴国内外有关研究成果，对当代资本主义经济进行了系统、深入的专题式研究，取得了一些创新性成果。研究内容既涉及资本主义经济制度层面的新发展，也涉及资本主义经济体制和经济运行层面的新变化。重要内容包括：当代资本主义劳动过程的演变，当代资本主义剩余价值生产的特点，当代资本主义所有制关系的新发展，当代资本主义分配关系的新调整，当代资本主义经济体制的多样性，当代资本主义产业结构的新特征等。

《走向2020年的我国城乡协调发展战略》

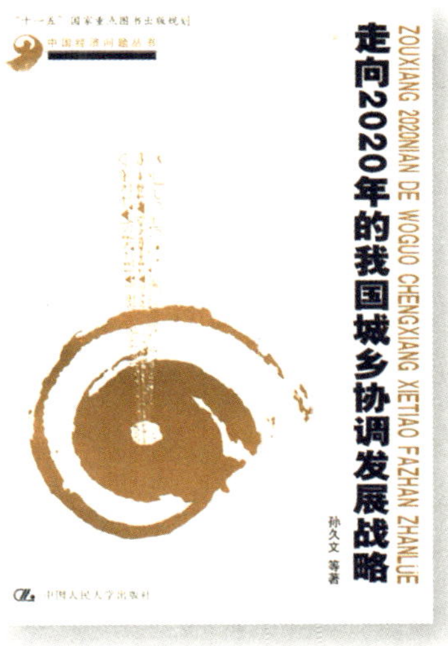

本书以中国经济问题为切入点，以我国城乡协调发展和一体化为研究对象，通过理论研究和实证分析，提出了我国目前城乡经济社会发展中存在的农村经济、人口迁移、土地流转. 社会保障等不协调问题的理论概括和数量分析，对产生问题的主要原因进行了历史、现实、理论和实践等多角度的分析。在实证研究的基础上，提出到2020年实现城乡协调发展的战略目标。

其具体内容是：实现基于城乡经济社会发展水平的均衡化、城乡居民各项权利的均等化和公共物品共享基础上的城乡一体化，并系统研究了实现城乡协调发展的统筹发展基础教育、统筹城乡居民就业、统筹城乡社会保障制度、统筹工业现代化与农业现代化和统筹城乡生态环境等战略措施。

作　　者：孙久文等
推荐单位：中国人民大学
出版单位：中国人民大学出版社
批准时间：2009年下半年
出版时间：2010年5月

《文化创意产业研究》

本书是一部比较系统地探讨我国文化创意产业发展问题的学术著作。作者以产业经济学的视野建构全书体系，把产业经济学的一般性和文化创意产业的特殊性结合起来，在阐述文化创意产业基本概念与特征的基础上，重点阐述了文化创意产业在我国乃至全球的发展状况，以及文化创意产业的主体与市场、产品与价值链、结构与新业态、布局与规划、产业集聚与投融资、竞争力与国际贸易等。

全书在阐述文化创意产业基本概念的基础上，着重介绍了文化创意产业在我国乃至全球的发展状况，以及文化创意产业的布局与集群、结构与新业态，文化创意产业的政策、文化创意产业投融资和文化创意产业的国际竞争力。

作　　者：魏鹏举
推荐单位：中央财经大学
出版单位：中国人民大学出版社
批准时间：2009年下半年
出版时间：2010年6月

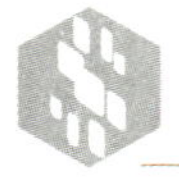

《企业的研究开发问题研究》

作　　者：王淑芳
推荐单位：中央财经大学
出版单位：北京师范大学出版社
批准时间：2009 年下半年
出版时间：2010 年 6 月

本书是一部比较系统地探讨我国企业的研究开发问题的学术著作。学术界对于企业研究与开发（R&D）的理解随时代发展不断演化。传统的观点认为企业研发是技术应用线性模型中的一个组成部分，在这一模型中，技术在公共研发机构如大学实验室中产生，企业的研发则建立在上游科研成果的基础上，两者分别处于技术应用过程中的上、下游。随着技术创新及其发展，企业研发逐渐被视作与外界不断互动的过程，具有纵横向的多重复杂关系。研发与外界的联系以及由此引起的研发机构特征的变化成为学界研究的中心。

本书基于这种视角，对企业的研究开发过程中相关重要问题，诸如研究开发的性质、企业绩效、评价指标、内部激励等都进行了比较深入的探讨，并就一些问题给出了自己的观点。

《农村劳动力转移：结构分析与政策建议》

作　　者：鄢圣文
推荐单位：北京市社科院
出版单位：首都经济贸易大学出版社
批准时间：2009 年下半年
出版时间：2010 年 8 月

城市化和农村劳动力转移是世界性规律，也是中国和北京当前亟须解决的重大问题。本书立足于北京市大兴区劳动专项调查的结果，将二元经济理论和人力资本理论相结合，构建基于劳动力个人特征的转移就业决策的理论分析框架，对农村劳动力的转移过程进行分解，分别考察个人特征对农村劳动力转移意愿、转移就业培训需求及就业决策的影响，逐项分析各步骤面对的个人特征因素，并构成一个循环体系。

在具体的研究方法上，本书运用了大量的数据资料，选用描述统计以及 Logistic 回归分析等方法实证研究个人特征对农村劳动力转移就业的影响，综合考察了农村劳动力的个体特征、人力资本特征和政策环境特征等重要问题。

《北京产业发展研究》

产业发展理论是研究产业发展过程中的发展规律、发展周期、影响因素、产业转移、资源配置、发展政策等问题。对产业发展规律的研究有利于决策部门根据产业发展各个不同阶段的发展规律采取不同的产业政策，也有利于企业根据这些规律采取相应的发展战略。

本书分别从北京重点产业的发展、北京产业与京津冀经济圈的协调发展、北京产业的融合互动发展、北京的产业升级四个角度研究了北京的产业发展问题。全书共分四篇，内容丰富，主导思想集中。对北京相关产业发展问题进行了较为全面、深入的剖析，相应提出具有较好创新性和可操作性的战略思路和对策。

本书对致力于北京经济和产业研究的学者具有一定的参考价值，也能帮助广大读者了解北京产业发展。

作　　者：邓丽姝
推荐单位：北京市社科院
出版单位：北京燕山出版社
批准时间：2009 年下半年
出版时间：2010 年 4 月

《社会文化环境对中国创意产业区位的影响研究》

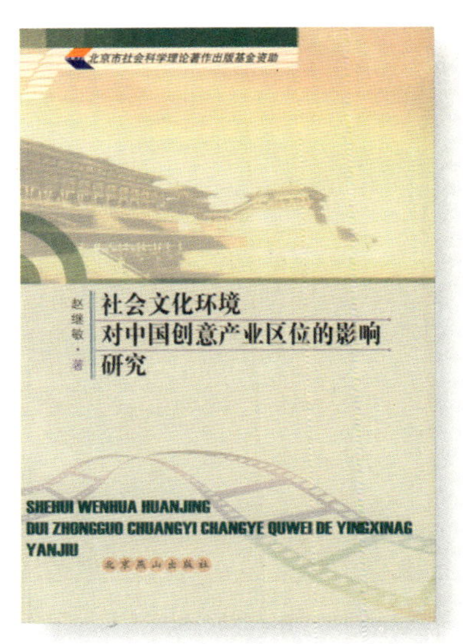

本书是一部比较系统地探讨社会文化环境对中国创意产业区位的影响的学术著作。作者应用地理学中“尺度由社会建构”的思想，将社会文化环境分为不同的空间尺度，建立了“地理尺度之中的创意产业环境矩阵”和“社会文化环境矩阵”这两个概念模型用以分析创意产业布局的基本规律。书中没有详细论述宽容度、企业家精神等各种具体的社会文化要素对创意产业区位的影响规律，而是将这些要素置于不同的地理尺度之中。

在此基础上。作者通过这两个模型表达了其核心观点，即创意产业的发展及其空间的映射——区位，不是某一地理尺度(比如城市)中的社会文化要素影响的产物，而是不同的地理尺度中的社会文化要素相互博弈、竞争的结果。

作　　者：赵继敏
推荐单位：北京市社科院
出版单位：北京燕山出版社
批准时间：2009 年下半年
出版时间：2010 年 4 月

《创意领导力——创意经理人胜任力研究》

作　　者：向勇
推荐单位：北京大学
出版单位：北京大学出版社
批准时间：2010 年上半年
出版时间：2011 年 7 月

创意经理人应该“像艺术家意义引领创意，像企业家意义领导变革”。

本书是文化产业理论与人力资源理论的跨学科研究，提出了文化产业创意经理人和创意领导力的基本概念，论述了创意经理人的创意管理原则和创意领导胜任力等核心命题，对创意经理人的角色与功能、创意管理的原则与流程、创意管理胜任力的基本模型以及创意经理人的企业任用、高校培养和国家开发等问题进行了论述，对我国文化产业经营管理人才的理论研究和实际开发工作具有学术参考价值和实践指导意义。

《控制权转移与利益流动——基于中国上市公司的理论与实证研究》

作　　者：王化成等
推荐单位：中国人民大学
出版单位：中国人民大学出版社
批准时间：2010 年上半年
出版时间：2011 年 12 月

本书立足于中国资本市场，围绕控制权转移溢价及其影响因素、控制权转移的微观市场反应、控制权转移的财富效应及其影响因素，以及基于控制权的内部资本市场有效性等方面展开研究，全面深入地研究原控股方、新控股方等多个主体的利益流动状况及手段，通过分析控制权转移中及转移后新控股方的获利途径，探寻我国控制权转移的各种真实动机。

全书共分 5 篇：第 1 篇为研究基础，主要介绍本书的研究背景和研究意义、研究内容、基本研究思路和研究方法等；第 2 篇主要以我国控制权市场为背景，研究控制权市场对控制权转移溢价的影响；第 3 篇主要选择控制权转移事件作为研究对象，将投资者情绪分为两类，深入研究投资者情绪对于控制权转移的市场反应的影响；第 4 篇主要研究了主并公司股权结构对上市公司控制权转移短期、长期财富效应的影响；第 5 篇在控制权配置的框架内，剖析上市公司内部资本市场的存在性及效率性。

《政府会计建设研究》

作　　者：赵西卜
推荐单位：中国人民大学
出版单位：中国人民大学出版社
批准时间：2010 年上半年
出版时间：2012 年 7 月

有效的政府会计是公共部门治理的基石。政府会计信息可以全面反映政府提供公共服务和公共产品的成本，衡量政府的工作绩效。本书集中研究公共财政体系下政府会计如何建设的问题，建立了一套比较完整的政府会计理论体系，内容贯穿中外政府会计的改革现状。

作者通过大量调研，以我国政府会计应包括政府预算会计和政府财务会计为突破口，对我国政府会计改革中的重点和难点问题（诸如政府会计适用范围、核算基础和财务报告等），进行了比较深入地研究和讨论，力图解决政府会计与公共财政体制改革如何相适应的现实问题，并从具体的操作层面上提出了如何构建我国的政府会计标准体系。这对于政府部门推进政府会计改革具有重要借鉴价值，解决了当前我国政府会计改革面临的棘手问题，通过调研方法进行研究，使得研究结论科学可靠，具有良好的实际应用价值。

《基于网络关系的公司治理》

作　　者：李文彬
推荐单位：北京联合大学
出版单位：首都经济贸易大学出版社
批准时间：2010 年上半年
出版时间：2012 年 5 月

本书试图从利益相关者理论出发，通过公司价值网络关系、顾客网络关系、社会网络关系，分析处于网络关系中的公司如何通过网络构建、关系维持、资源动员来获取资源的思路，进而建立一个基于网络关系的公司治理理论分析框架。

全书共分为三部分，共计八章，主要讨论了以下六个问题：1. 公司治理理论由产权关系治理向超产权关系治理演进；2. 证明网络关系三种分类与公司绩效的关系；3. 公司以价值网络关系为基础的利益相关者利益的协调；4. 公司以顾客网络关系为基础的利益相关者利益的协调；5. 公司以社会网络关系为基础的利益相关者利益的协调；6. 案例分析与对策。本书认为，基于网络关系的公司治理是超越产权关系的公司治理，即在网络关系下，公司治理是超产权关系的公司治理，并提出了基于网络关系公司治理的理论研究框架，丰富了公司治理的研究内容。

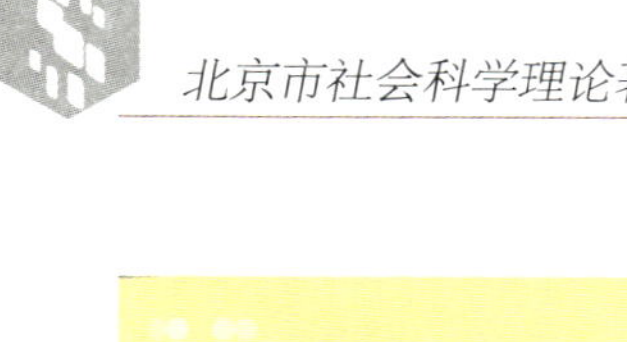

《无形资产流失研究：基于国企改制的经验证据》

作　　者：王君彩
推荐单位：中央财经大学
出版单位：北京出版社
批准时间：2010 年上半年
出版时间：2011 年 7 月

无形资产是与市场经济相联系的经济范畴，同时也是以盈利为目标的现代企业资本的重要组成部分。我国国有无形资产因特殊的时空约束和渐进改革的制度安排，已经成为经济结构调整和国有企业改革赖以顺利进行的重要资源。

本书在总结吸收企业无形资产理论、利益相关者理论、产权改革理论、国有资产监管行为等领域研究成果的基础上，对我国国有企业改制过程中无形资产流失的机理、诱因与背景以及无形资产流失的相关行为表现、防范措施等问题进行了理论分析和实证研究，得出了一些重要的研究结论，并针对不同层面的问题提出了相应的政策建议。

《中国土地储备开发模式与比较研究》

作　　者：张琦
推荐单位：北京师范大学
出版单位：北京师范大学出版社
批准时间：2010 年上半年
出版时间：2011 年 9 月

城市土地储备制度在我国是一种新的土地经营管理制度，属于一种新的制度创新。因其在调控土地市场运行效率、促进土地合理流转方面具有的优势，各地纷纷建立了土地储备制度，国家也将其作为加强土地市场管理的重要政策。我国城市土地储备制度尚处于起步阶段，土地储备的理论研究滞后于实践的发展。目前的多数研究集中于土地储备面临的问题和相应对策，对基础理论的研究缺乏深入。由于缺乏理论的指导，使得城市土地储备制度的作用未完全发挥。

本书围绕各地所开展的不同模式的土地储备开发，深入浅出地分析了每一种模式的优点与缺陷，并对如何改进及完善这一制度提出了许多观点和建议，供大家思考。同时，该书还系统总结了不同国家和地区实施土地储备开发的基本做法与经验教训，这对我国各地的土地开发模式选择又提供了很好的参考价值。

《北京市财政支出的经济效果评价研究——理论研究与实证分析》

作　　者：马立平
推荐单位：首都经济贸易大学
出版单位：首都经济贸易大学出版社
批准时间：2010年上半年
出版时间：2011年12月

政府作为一个特殊的经济主体，不仅有干预经济的必要，同时也具有干预经济的能力。对政府财政支出的经济效应进行评价与分析既有一般经济主体的共性，也具有其自身的特殊性。当然，政府干预经济的行为有多种，本书主要涉及的是政府财政支出行及其经济效应。

本书认为，财政支出一方面可以传达政府明确的信息，有利于工商界的决策，另一方面可以增加生产能力，使社会总产量上升，即提高财政支出的生产力效果。然而财政支出中不同支出的项目的经济效应、影响程度是有区别的，因而，对财政支出经济效应的分析不仅要进行总量分析，还应在进行总量分析的基础上，对不同组成部分的具体效应进行全面系统的分析。此外，对财政支出经济效应的评价与分析，不仅需要进行描述性的分析评价，还应采用全面系统的理论分析和定量研究，从静态和动态两个角度作进一步的研究，形成系统的财政支出及经济效应的理论体系。

《管理者过度自信与企业投资研究》

作　　者：张敏
推荐单位：中国人民大学
出版单位：中国人民大学出版社
批准时间：2010年下半年
出版时间：2011年6月

本书采用实证研究方法，系统研究了管理者过度自信对企业投资行为的影响。作者首先考察了管理者过度自信对企业投资的总体影响，即在管理者过度自信的条件下企业投资的表现形式。其次，考察了这种影响的作用机理，即管理者过度自信特征是通过哪些途径影响企业投资的。本书主要从企业投资方式这一角度进行研究，具体又包括两个视角：其一是内部投资与外部投资视角；其二是多元化视角，看过度自信的管理者更偏好哪些投资方式。最后，考察了管理者过度自信对企业投资的经济后果的影响，主要从企业绩效和企业风险角度进行了研究。

本书丰富了行为公司财务与企业投资领域的文献，对于关注这一研究领域的学生及学者具有重要的参考价值。同时，本书的结论对于企业和政策制定机构也具有积极的借鉴意义。

《信息化与工业化深度融合——方法与实践》

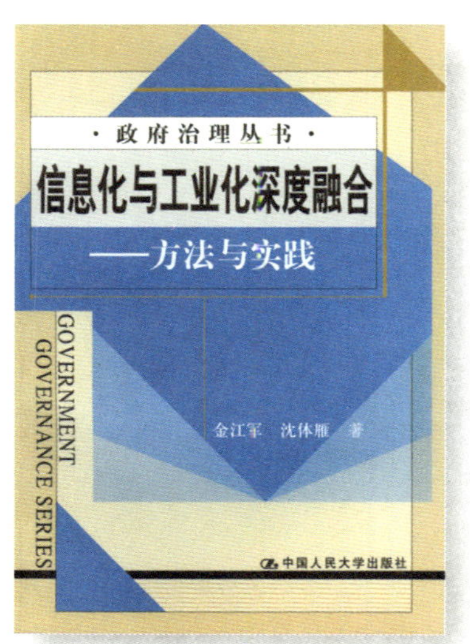

作　　者：金江军、沈体雁
推荐单位：北京大学
出版单位：中国人民大学出版社
批准时间：2010 年下半年
出版时间：2012 年 8 月

本书是一部比较系统地阐述两化融合理论体系和两化深度融合内涵及发展趋势的著作。

本书首先阐述了信息化与工业化融合理论体系和产业信息学的相关理论，论述了物联网、云计算技术在工业领域的应用，提出了产品信息化推进策略，研究了研发设计、生产制造、经营管理、市场营销等关键环节的信息化以及企业信息化综合集成和融合创新的方法。然后阐述了两化深度融合如何促进节能减排和安全生产，提出了中小企业信息化、两化融合公共服务平台建设策略，论述了信息化如何与原材料工业、装备工业、消费品工业、战略性新兴产业、生产性服务业进行深度融合，两化融合如何推动制造业和服务业融合，如何培育两化融合新兴业态，如何推进产业集群两化融合。最后从区域、行业、企业三个层次提出了两化融合评估方法，并提出了智能制造、智慧企业、智慧产业发展对策。

《基础设施与经济发展》

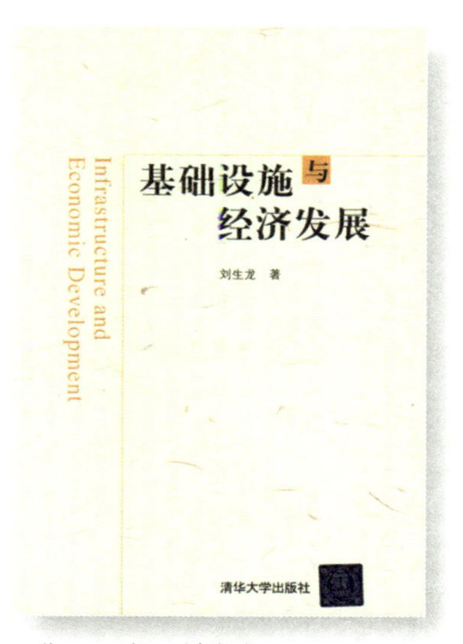

作　　者：刘生龙
推荐单位：清华大学
出版单位：清华大学出版社
批准时间：2010 年下半年
出版时间：2011 年 10 月

本书是一部比较系统地探讨基础设施与经济发展关系的学术著作。改革开放以来中国经历了 30 多年高速经济增长，基础设施明显改善，基础设施的改善一方面是由于经济发展的结果；另一方面也促进了中国的经济发展。作者运用了多种前沿的经济计量学方法和手段来进行实证研究，从理论和实证两个维度来验证三大基础设施（即交通、能源和信息基础设施）对中国经济发展的影响及溢出效应。

作者认为，中国的经济、全要素生产率、区域经济一体化和农村居民收入的增长都得益于国内三大基础设施（交通、信息和能源）的建设，从理论和实际两个方面揭示了中国“经济奇迹”与“基础设施奇迹”之间的关系。

《北京市产业结构高端化理论方法和应用研究》

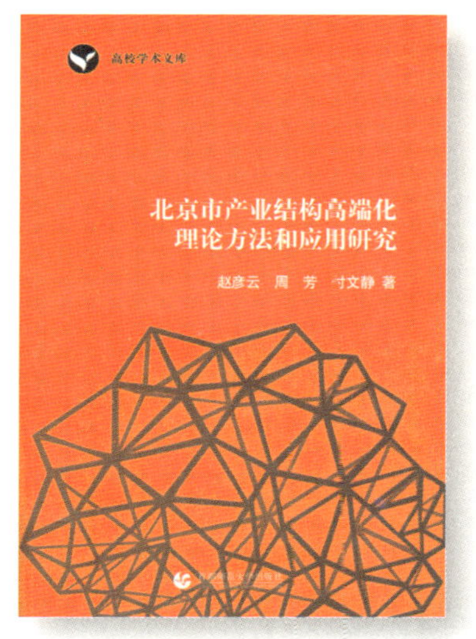

本书是一部比较系统都论述产业结构高端化的著作，全书通过对产业结构高端化“三高一低”特征的总结和对发达国家投入产出表时间序列数据等的深入分析，指出了产业结构高端化的实现路径离不开创新、信息化、金融支撑，通过延长产业价值链，提升产品附加值，增强产业间辐射带动作用，达到整体产业结构向高端化发展的目的。

在此基础上，作者以首都北京为实证研究的对象，比较详尽地测度了北京产业结构高端化的国际和国内水平，明确了目前北京产业结构高端化水平所处的位置，并通过对若干国际大都市产业结构高端化水平的测度和发展历程的分析，为北京未来发展提供了成功案例的指引，借鉴成功经验的同时吸取失败教训。

作　　者：赵彦云、周芳、付文静
推荐单位：中国人民大学
出版单位：首都师范大学出版社
批准时间：2010 年下半年
出版时间：2012 年 7 月

《基于财政透明导向的我国政府财务报告模式研究》

财政透明是公共财政的本质特征，财政透明度的实现离不开政府财政信息建设。我国现行以预算会计报告为核心的财政信息过于简单且缺乏系统性，使财政与经济政策的选择乃至预算的编制缺乏充分依据。

本书内容重点分析了政府会计管理范围与政府财务报告主体的确立；新公共管理运动、财政透明度与财务报告环境；基于财政透明导向的我国政府会计概念框架研究；基于财政透明导向的政府财务报告目标定位研究等几个方面的问题，并就当前我国政府财务报告模式中的一些问题提出了的建议。本书认为，深入研究我国政府财务报告体系的构建问题，使政府财务报告成为沟通政府与民众间的重要信息源和体现政府财政透明度的重要载体，具有十分重要意义。

作　　者：余应敏
推荐单位：中央财经大学
出版单位：北京出版社
批准时间：2010 年下半年
出版时间：2011 年 6 月

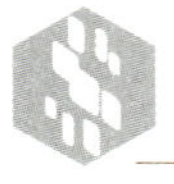

《工资形成机制变革下的经济结构调整——契机、路径与政策》

作　　者：杨瑞龙
推荐单位：中国人民大学
出版单位：中国人民大学出版社
批准时间：2011 年上半年
出版时间：2012 年 2 月

进入新世纪以后，特别是最近几年，我国很多地方都出现了“民工荒”的现象。而伴随着这种现象出现的，则是中国的农民工工资进入了快速上升的通道。面对中国低端劳动力市场出现的拐点性变化，很多人认为我国的比较优势将会很快消失，国民经济的增长动力将极大地缩减。基于这种情况，本书对我国工资形成机制变革下的经济结构调整——契机、路径与政策进行了一番比较详尽的梳理与分析。

本书通过大规模的书籍搜集和实证分析发现，农民工工资形成机制正在从传统的生存工资法则转向保留工资约束下的市场议价型工资法则，而这种反映市场要求的工资上涨不仅不会影响我国制造业的整体竞争优势，而且将会促使企业根据市场需求自发地、内生地进行产业调整和产业梯度转移，改变以往结构性调整缺少支点的困境，从而开启市场导向型的市场结构调整，而这将会为我国经济的可持续发展奠定良好的基础。

《财政货币政策非线性效应与宏观调控有效性研究》

作　　者：王立勇
推荐单位：中央财经大学
出版单位：中国人民大学出版社
批准时间：2011 年上半年
出版时间：2012 年 6 月

本书首先对国外宏观调控理论与政策主张、国内各宏观调控流派观点，以及宏观经济政策效应非线性研究文献进行全面梳理和总结，进而研究我国宏观经济政策的作用机理和操作效果，包括相机抉择财政政策的周期性、财政政策和货币政策非对称和非线性效应等。

在此框架下，本书分阶段、定量评价财政政策、货币政策操作的效率效果，并将宏观经济调控政策视为一个整体，借助产出缺口与通胀缺口的动态关联性，定量评价宏观调控整体执行绩效，为提高宏观调控有效性提供依据；最后，对我国经济增长趋势和潜力进行预测，对物价波动的适度区间和物价走势进行估测，并对金融危机给宏观调控带来的启示进行分析，在此基础上提出提高我国宏观调控有效性的政策建议。

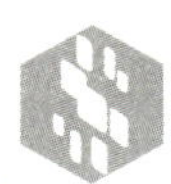

《后发优势演化论：中国经济可持续追赶研究》

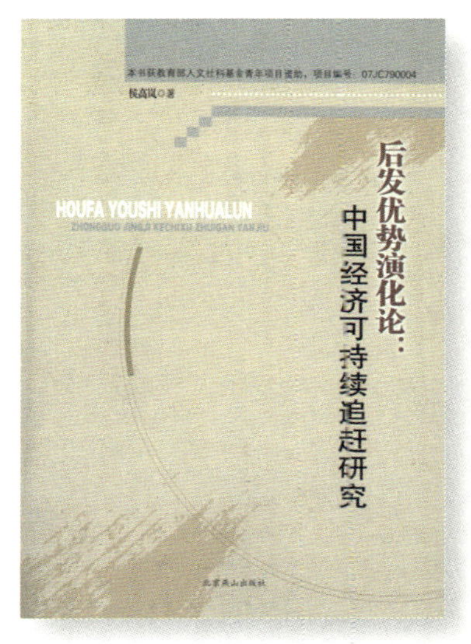

世界经济史是一部发展不平衡、后进国家利用后发优势赶超先进国家的历史，所谓“后发优势不存在”，其实是反映了将潜在的后发优势转化为现实优势的艰难性与复杂性。

本书在演化经济学的视角下，运用比较分析、案例分析以及解释学的方法，力图构建原创的“后发优势演化论”，并在这一理论框架下，从“制度先行”“技术跨越”“资源优先”三个方面，比较系统地阐释了中国通过实施自主创新战略，实现跨越式发展和后来居上的策略选择及其现实可能性。

本书既有制度分析的宏观轮廓，也有企业行为的微观视角，还有优化要素禀赋的产业发展中观策略，为我国政府所提出的“跨越式发展”和“自主创新战略”提供了逻辑统一的理论依据。

作　　者：侯高岚
推荐单位：北京理工大学
出版单位：北京燕山出版社
批准时间：2011 年上半年
出版时间：2011 年 3 月

《环境经济评价——理论、制度与方法》

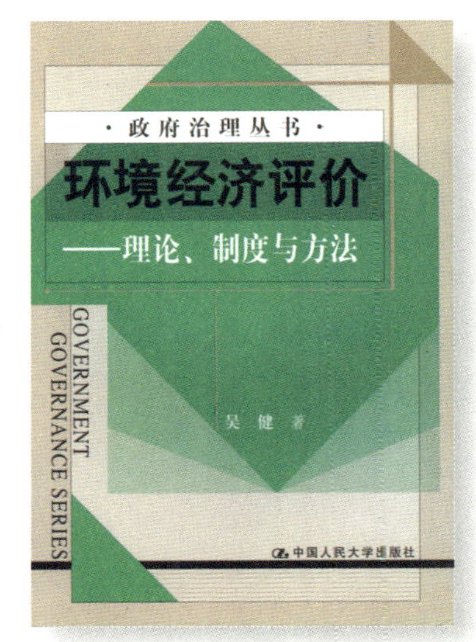

本书是一本完整论述环境经济评价之“理论—制度—方法”的学术专著。全书围绕如何通过环境经济评价将环境价值纳入环境保护和经济发展的公共决策问题，对环境经济评价的理论和方法进行系统梳理。重点针对环境影响的经济评价问题，分析中国开展环境经济评价的制度基础与存在的障碍，在此基础上，具体选取建设项目的环境影响经济评价案例进行深入研究。全书还总结介绍了大量环境经济评价的国际经验，并进行了国际间的比较研究，可为国内同行提供最新的国际研究成果。

本书的研究成果有助于提高中国开展环境影响经济评价的能力，促进环境价值评估等科学定量分析技术在资源环境管理决策中的应用，从而推动中国环境与发展的科学决策。

作　　者：吴健
推荐单位：中国人民大学
出版单位：中国人民大学出版社
批准时间：2011 年下半年
出版时间：2012 年 4 月

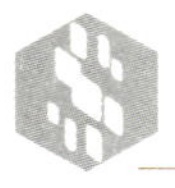

《演化经济学与经济学的演进》

作　　者：白瑞雪
推荐单位：北京师范大学
出版单位：中国人民大学出版社
批准时间：2011 年下半年
出版时间：2012 年 11 月

本书从西方演化经济学的自然科学基础——生物学的视角，多层面地分析了西方演化经济学的研究与发展。本书首先从经济学的自然科学基础出发说明西方演化经济学的学术背景，并将经济学史、生物学史和自然科学史进行了比较，说明经济学中自然科学基础的演化与自然科学发展相关，并有一定滞后性。本书对西方演化经济学的产生和发展进行了介绍和分析，并总结出了西方演化经济学的基本特征。此外，本书还根据生物学的发展顺序以及经济学中生物学方法的使用过程，对西方演化经济学发生和发展的历史进行了说明和分析。

在生态经济学方面，本书从生物学和生态学的视角，主要就生态系统服务估值和代际公平问题等生态经济学中的前沿问题的产生、发展和研究前沿进行了介绍和分析，并对生物学在经济学及中国社会主义建设中的应用提出了若干见解。

《滥用市场支配地位的规制研究》

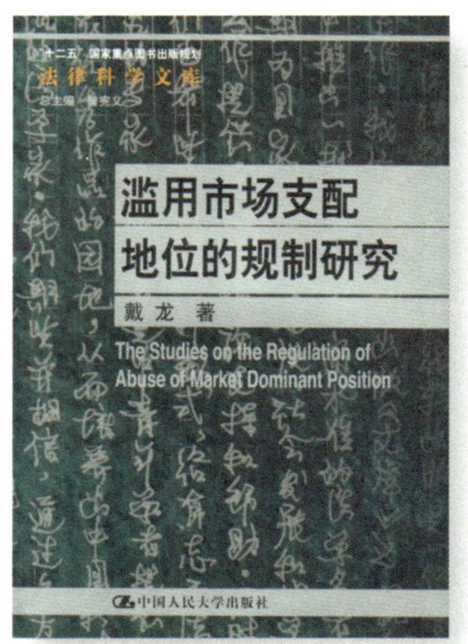

作　　者：戴龙
推荐单位：中国政法大学
出版单位：中国人民大学出版社
批准时间：2011 年下半年
出版时间：2012 年 7 月

目前，探讨《反垄断法》关于滥用市场支配地位规制的原理及实施问题，在我国显得尤为迫切。但是，国际反垄断法大家族中晚近立法的我国，单靠自身的理论储备和实践积累是远远不够的，必须借鉴当今世界中发达国家关于反垄断法的立法以及实施经验，并结合我国自身的实际情况，探讨适合我国国情的针对滥用市场支配地位行为的反垄断规制，无疑具有很大的理论和实践价值。

本书从反垄断法的立法理念和历史发展出发，阐明反垄断法在现代市场经济体制中的价值和作用；通过对美国、欧盟以及日本反垄断法的比较研究，深入分析反垄断法对滥用市场支配地位行为进行规制的原则和方法。在此基础上，作者还进一步地剖析了中国反垄断法在特定时期的历史使命和价值，对《反垄断法》滥用市场支配地位规制寄予很高的期待，同时也对我国《反垄断法》目前存在的问题进行分析和论述。

《中国通货膨胀新机制研究》

本书主要研究自本世纪以来，特别是2009—2011年本轮中国通货膨胀的新特点、新机制和新治理模式，并运用计量经济学的理论和方法对于各种传导机制、各种调整模式以及政策效果进行定量分析，以便为政府决策和进一步理论研究打下基础。

全书分别从六大方面对当前的通货膨胀问题进行研究。第一篇“概述”主要从总体角度来分析自2010年以来本轮价格上涨的基本特征和基本成因；第二篇“内部视角下的通货膨胀成因”主要介绍影响通货膨胀的国内因素；第三篇“外部视角下的通货膨胀成因”主要介绍开放条件下国外因素对中国通货膨胀的影响；第四篇“通货膨胀的传递与冲击”主要介绍影响通货膨胀的周期；第五篇“财产与收入分配视角下的通货膨胀”主要介绍财产收入对通货膨胀的影响；第六篇“通货膨胀的测算与工具选择”主要介绍通货膨胀对中国货币的影响。

作　　者：刘元春等
推荐单位：中国人民大学
出版单位：中国人民大学出版社
批准时间：2011年下半年
出版时间：2012年3月

《中国流通产业组织化问题研究》

目前，我国经济学界在对流通产业的研究中已经开始比较多地涉及组织化问题，但对这一问题的专门研究依然存在着很多的不足之处，本书是一部比较系统地论述中国流通组织化及其相关问题的专门著作。

本书试图以30多年来中国流通产业组织化进展的脉络为起点，立足现象、理论、实践各个方面，通过多角度、多行业、多层次的研究来探讨流通产业组织化问题。其中，基础研究主要阐述流通产业组织化的概念、表现、计量和影响因素等，以及世界主要国家流通产业组织化发展的现状；理论研究着重从价值链、技术、渠道、企业组织、制度方面探讨流通产业组织化问题；实践研究则分别从批发业、零售业、物流业的行业角度以及农产品、家电产品的角度阐释中国流通产业组织化问题。

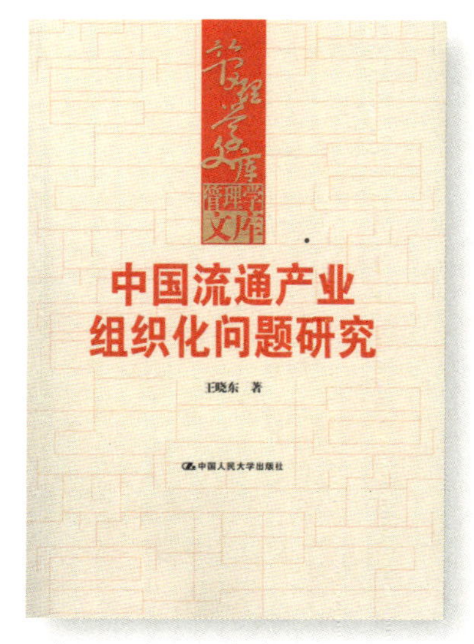

作　　者：王晓东
推荐单位：中国人民大学
出版单位：中国人民大学出版社
批准时间：2012年下半年
出版时间：2013年3月

七、文化、科学、教育、体育

《数字图书馆的知识组织系统——从理论到实践》

本书深入研究了如何利用传统的知识组织资源来实现这一目标，在深入浅出的理论分析基础上，给出了许多原创性的解决方案。在真实数据集上所进行的大规模实验和所开发的原型系统充分验证了这些方法的实用性和推广价值。全书由三篇构成：上篇介绍了网络知识组织系统的发展，重点是如何基于传统的知识组织资源来构造数字图书馆的知识组织系统，以支持概念检索和知识管理等服务；中篇探讨了词表的自动丰富机制；下篇以国际上使用最广泛的杜威十进制分类法为例，深入研究了如何改造图书分类法来实现自动分类。

本书对从事数字图书馆、知识组织、自动分类、网络信息资源组织等研究和应用开发的科技人员有很高的参考价值。

作　　者：王军
推荐单位：北京大学
出版单位：北京大学出版社
批准时间：2008 年上半年
出版时间：2009 年 1 月

《郭店竹简与思孟学派》

本书以新出土的郭店竹简、上海博物馆藏简与《大学》《中庸》《礼运》《孟子》等传世文献相结合，对思孟学派的形成、演变、发展做了细致的考察，对思孟学派的特点、内容做了概括、总结。本书对竹简《五行》《性自命出》《内礼》等篇做了深入的解读，对《中庸》《大学》《礼运》《大戴礼记》等传世文献的成书做了细致的考察，对先秦儒学的一些基本理论问题，如天人关系、心性论、仁内义外、仁与孝的关系等做了深入的探讨，提出了一系列独到的见解。在此基础上，对儒学的当代价值、现实意义提出了富有建设性的构想。

本书围绕郭店竹简与思孟学派提出一系列独到的见解与看法，在前人基础上有所推进。

作　　者：梁涛
推荐单位：中国人民大学
出版单位：中国人民大学出版社
批准时间：2008 年上半年
出版时间：2008 年 5 月

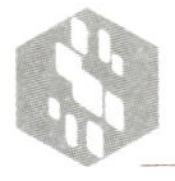

《人文素质论》

作　　者：石亚军、解战原、文兵
推荐单位：中国政法大学
出版单位：中国人民大学出版社
批准时间：2008 年上半年
出版时间：2008 年 9 月

本书是教育部哲学社会科学研究重大课题攻关项目“中国公民人文素质现状调查与对策研究”的成果之一，全书构建了关于人文素质的理论体系，力图重点地对人文素质问题进行深入和开拓型的学术探讨，为人们在实践中进一步认识和优化人文素质提供理论启发。

本书为读者提供了几个塑造健全人格的方法：明确人格塑造的目标和方法；把握人格塑造的度；培养乐观向上的生活态度；提高自我意识水平，完善自我；丰富知识，增长智慧；调控情绪；锤炼意志；建立和谐的人际关系，培养关爱品格；培养良好的社会适应能力；形成健康的审美情趣。

《梁启超和中国现代文化思潮》

作　　者：易鑫鼎
推荐单位：首都师范大学
出版单位：首都师范大学出版社
批准时间：2008 年上半年
出版时间：2009 年 12 月

梁启超是中国近代史上的著名人物，但长期以来，人们所知的大多是梁启超作为与康有为并提的政治人物的一面，而对于他与康有为之间不同的观点以及他对中国文化发展的贡献却往往被忽视。事实上，梁启超论著极多，仅《饮冰室合集》就有一千四百多万字，其中很多论著由于缺乏整理，是人们“闻所未闻”的。本书通过对梁启超生平、思想以及影响的详尽梳理，反映了他对政治、经济、法治、历史、学术、民族性、国民性、东西文化、为学与做人、治学方法等问题的看法，从而使读者对梁启超本人有更为清晰的了解。

作为一本普及性读物，本书不但可以消除很多读者对梁氏的成见和误解，同时，也为清理中国现代文化思潮发展提供了一个线索。

《华丽转身——现代性理论与中国现当代文学研究转型》

现代性理论从20世纪80年代开始进入中国大陆，极大地影响了国内人文社科学界的研究方向和思维方式。在现代性理论的推动下，中国现当代文学研究出现了生气蓬勃的局面。

本书借助于美国著名科学史学者托马斯·库恩提出的范式理论，讨论现代性理论范式的建立与中国现当代文学研究的转型问题。在本书的撰述中，作者较多地取法李何林先生《近二十年中国文艺思潮论》的“资料长编”的方式并加以评点，这是为了较好地客观地展现现代性理论范式的建构和中国现当代文学研究的论争与蜕变，呈现出动态的演进过程和原初风貌。此外，附录中还收入了采用现代性理论研究中国当代文学的论文，与正文形成必要的互补。

作　　者：张志忠
推荐单位：首都师范大学
出版单位：首都师范大学出版社
批准时间：2008年上半年
出版时间：2009年10月

《20世纪80年代以来的美国公共基础教育改革研究——国家、市场与公民社会的视角》

随着全球化与现代民主进程的推进，公民社会参与社会改革日益频繁，这一现象在教育领域表现得尤为突出。美国公共基础教育是绝大多数公民与政府联系的重要途径之一，公立学校如何在平等与效率的框架下朝更健康的方向发展，已成为一个世界性的课题，也是我国基础教育领域迫切需要解决的问题。

本书以大量一手资料为依据，运用政治学、经济学、社会学等多学科的理论与方法对20世纪80年代以来的美国公共基础教育改革进行了系统考察与研究。在案例分析的基础上，剖析了利益主体价值取向与教育政策决策模式之间的联系，以及这些联系对教育实践产生的结果与影响，并原创性地提出了利益主体平衡的途径、公共基础教育改革质量价值的指标体系等观点。

作　　者：段素菊
推荐单位：北京联合大学
出版单位：北京出版社
批准时间：2008年下半年
出版时间：2009年6月

《预防青少年网络被害的教育对策研究——以实证分析为基础》

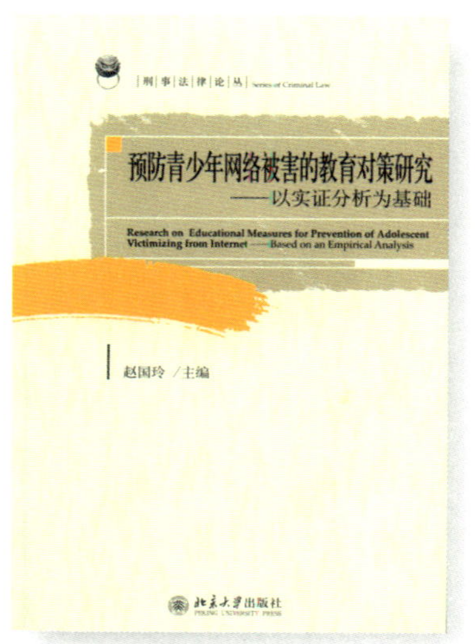

作　　者：赵国玲
推荐单位：北京大学
出版单位：北京大学出版社
批准时间：2009 年上半年
出版时间：2010 年 6 月

针对目前国内青少年网络被害日益凸显的现状，本书从实证的角度出发，使用多阶抽样方法，对收集的 2400 余个相关调查对象的数据进行分析，在界定青少年网络被害基本含义的基础上，首先对青少年网络的物质性被害、精神性被害和其他方式被害的现状做了调查，然后透过青少年网络被害状况分析了现行教育制度中的缺陷对青少年网络被害的实际影响，进而提出了青少年教育理论，特别是对德育理论和危机干预理论创新和发展的建议，并结合国外该领域先进经验，对现行的青少年教育体制、教育内容、教育方法的针对性改革进行了探讨。

本书认为，预防青少年网络被害需要学校、家庭、社会共同努力，分别在学校教育、家庭教育和社会教育方面采取相应的对策，如加强校园网络资源环境建设、塑造良好家庭环境、实现网络信息管理法制化和科学化等。

《科技政策学研究》

作　　者：刘立
推荐单位：清华大学
出版单位：北京大学出版社
批准时间：2009 年上半年
出版时间：2011 年 10 月

科技政策学是一门新兴的跨学科研究领域，其目的是通过科学、严谨的定量和定性研究，让政策制定者和研究人员能够评价国家科学和工程事业的影响，更好地理解其发展动力，评估可能的产出。科技政策学的主要研究对象是科技政策，因此，其研究内容与科技政策的主要议题密切相关，主要包括三个内容：一是对科技和创新本身的理解，二是对科技和创新的投资，三是国家优先领域的确定。

本书探索性地构建了科技政策学研究的一个整体框架，即概念、方法和理论，历史演进论，政策过程论，政策工具论和创新系统论。本书借鉴国际国内有关文献，运用大量案例，联系中国科技政策的实际和实践，对科技政策学进行了专题性、多方位的研究，并就一些热点问题提出了自己的观点。

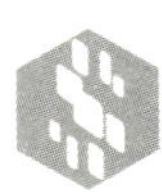

《信息技术采纳与电子政务——微观与宏观的综合研究视角》

作　　者：张楠
推荐单位：清华大学
出版单位：清华大学出版社
批准时间：2009 年上半年
出版时间：2010 年 6 月

随着信息技术在人类经济、社会和生活中全面渗透融合，对政府、企业及其他社会组织的管理方式和行为模式产生了深远的影响。这种融合推动了管理信息系统领域的研究与应用。

本书融合微观与宏观两种研究视角，围绕电子政务建设中的若干问题展开深入分析和研究。书中结合信息技术采纳、电子政务、文化研究等多方面理论基础，提出了适用于中国环境的信息技术采纳综合模型(ITAIM)，并应用于电子政务系统采纳的实证分析中，取得了一系列具有理论价值和实践意义的研究成果。本书还从战略角度对电子政务发展的阶段定位和关键问题进行了探讨，并基于分析成果建立微观的政府部门信息技术采纳研究与宏观的电子政务发展战略研究间的联系。

《威廉·詹姆斯与美国传播研究》

作　　者：王颖吉
推荐单位：北京师范大学
出版单位：北京师范大学出版社
批准时间：2009 年上半年
出版时间：2010 年 9 月

作为实用主义理论的先驱，美国著名心理学家威廉·詹姆斯的学术思想对行为主义心理学的产生了深刻的影响，而正是通过个体心理研究，美国的传播学界陆续树起了效果研究的好几块里程碑。20 世纪四五十年代以后，尽管个体心理研究为社会心理学，群体心理学研究的取代，但是詹姆斯的整体和动态把握研究对象的立场已经为美国学术界广为接受。詹姆斯后半生致力于哲学领域，与心理学研究告别，也许正是他在对具体的人文学科的研究中得到启示，使认识升华到更高的层面，他更愿意在实践和动态过程中描述人类思想的进程。

本书由早期传播研究的心理学传统，到传播和交流困境的探讨，再到传播主体剖析，比较系统地梳理出了威廉詹姆斯的思想余脉及其对美国传播学的深远影响。

《孔子成功改革教育之研究》

本书是一部比较系统地探讨孔子成功改革教育问题的学术著作。作者从历史与现实结合的角度，比较系统地阐述了孔子成功改革教育的六项内容：第一，“因革相成”，这是孔子成功改革教育遵循的主要原则；第二，为社会转型推波助澜，这是孔子成功改革教育制度的前提；第三，创建了服务于人生实践的教育内容，即自修之教、齐家之教、交往与交友之教以及从政管理之教；第四，创建了成功改革教育的保障机制；第五，创立了成功改革教育的时空条件；第六，中庸之道，是孔子成功改革教育的方法论。

为了深入探讨孔子成功改革教育的成就，作者还吸纳了近年来关于孔子研究的成果，在引用历史文献方面进行了比较大胆的拓展。

作　　者：梅汝莉
推荐单位：北京教育学院
出版单位：北京出版社
批准时间：2009 年上半年
出版时间：2009 年 9 月

《大众媒介与文化变迁——中国当代媒介文化的散点透视》

本书立足于大众媒介本身的发展变化，在现代性与意识形态两个层面，深入思考了电子书写、博客写作、文学阅读、书信短信、红色经典、百家讲坛等问题。把中国当代媒介文化置于近三十年的时间维度上，考察其演变轨迹、分析其前因后果、思考其利弊得失，这种开阔的视域让本书的研究呈现出一种历史眼光，而对一些媒介现象、事件、征候、个案的探究，又让本书呈现出一种微观研究的魅力。

本书材料丰富，观点新颖，分析细腻，可读性强，对中国当代文化研究有重要参考价值。概而言之，本书主要是从文化研究的角度，在美学分析与意识形态批判的双重维度下，对当下许多具有典型意义的媒介文化现象做出了具有相当深度的解剖与阐释。

作　　者：赵勇
推荐单位：北京师范大学
出版单位：北京大学出版社
批准时间：2009 年上半年
出版时间：2010 年 1 月

《数字化城市管理导论》

本书是一部关于数字化城市管理的纲要性著作，专门为城市决策者所作，目的是使城市决策者在最短时间内了解为什么要进行数字化城市建设，以及如何进行数字化城市建设。在具体的论述过程中，作者提出了传统城市管理的悖论，以及数字化城市管理破解悖论的路径和方法；介绍了数字化城市管理的理论基础、技术特征、管理架构以及相应的制度改革和机制建设。

为了充分发挥DCMIP的信息优势，提升城市竞争力，本书作者最后建议各城市可以根据自身实际情况，将数字化城市管理尽可能拓展到城市运行领域及宏观城市管理领域。本书认为，唯有如此，方能适应现代化数字城市管理发展的需要。

作　　者：叶裕民、皮定均等
推荐单位：中国人民大学
出版单位：中国人民大学出版社
批准时间：2009 年下半年
出版时间：2009 年 12 月

《译与异——林乐知译述与西学传播》

本书是一部比较系统地探讨西方传教士林乐知的译述与西学传播的学术著作。作者采用的是历史研究和翻译研究相结合的方法，探讨了林乐知的双重文化身份，旨在搭建他来华前后思想和活动之间的联系，加深对林乐知在华思想和行为特点及相互关系的认识，正视其中国情结并揭示他向西方介绍中国的史实；通过对林乐知从事翻译的缘起、汉语习得的经历、翻译方式及译论的考察，揭示其翻译特点和翻译观。

本书从西学传播和译述两方面，考察了林乐知采用文化适应策略的目的、方法和影响，宏观地分析了以林乐知为代表的晚清传教士西学传播的背景、特点、影响和局限，并总结了西学传播的两种评价范式，给出新的评价。

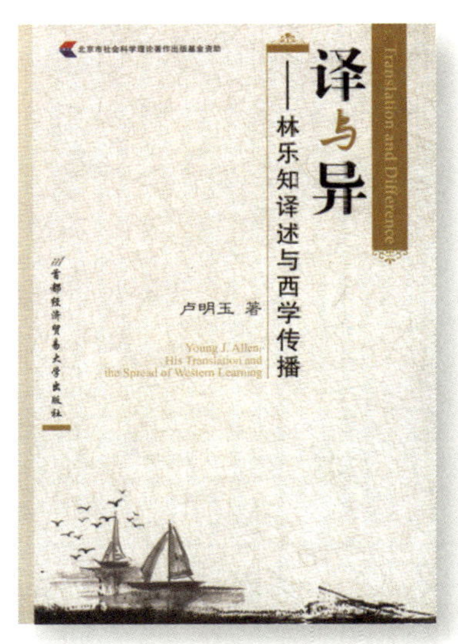

作　　者：卢明玉
推荐单位：北京交通大学
出版单位：首都经济贸易大学出版社
批准时间：2009 年下半年
出版时间：2010 年 6 月

《汉宋之间——翁方纲学术思想研究》

作　　者：刘仲华
推荐单位：北京市社科院
出版单位：中国人民大学出版社
批准时间：2009 年下半年
出版时间：2010 年

乾嘉之际，文人荟萃，通儒辈出，是清代学术发展的高峰期，而且这一时期高寿的学者不少，翁方纲就是其中之一。翁方纲一生勤于读书，笔不辍耕，在经学、诗学、金石学、目录学、书学等方面留下了大量著作。但以往对他重视不够，《清史稿》甚至没有他的传，对他的研究也大多集中在以“肌理说”为标志的诗学和金石学等方面，至于其经学等方面的成就，关注的人更少。本书在全面掌握最新披露的翁方纲相关文献的基础上，透过乾嘉时期的学术脉络，对其学术贡献进行了一番深入的梳理。

本书虽然只是对翁方纲个人学术思想的探讨，却为我们了解清代乾嘉时期社会精英的思想状况和精神面貌，提供了细致入微的图景。

《北平的大学教育与文学生产：1928—1937》

作　　者：季剑青
推荐单位：北京市社科院
出版单位：北京大学出版社
批准时间：2010 年上半年
出版时间：2011 年 3 月

本书的研究对象是 20 世纪 30 年代北平的大学教育与文学生产，主要是以大学为视角，考察北伐后到抗战前（1928—1937）这十年北平的新文学活动。这一时期的北平被称为“文化城”或“大学城”，文学活动往往是在各大学中展开的。本书在时空上以 20 世纪 30 年代的北平为范围，描述和分析大学参与到新文学的想象和再生产中去的不同方式，从两个层面考察了“大学教育与文学生产”之间的关系：作为知识生产的场所，大学通过学术研究和课程设置，生产着有关新文学的各种知识、观念和历史叙述；而作为由教师和学生组成的“文化共同体”，大学又为新文学再生产和创造了诸如文学社团、刊物、师生关系、人际网络等制度性的条件。

本书通过引入“大学教育”这一视角，不仅拓宽了现有的“京派”研究视野，同时也为从理论上思考现代文学与现代大学教育的关系提供了一个新的思路。

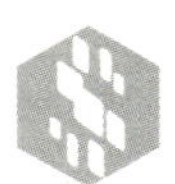

《时代之“声”——新时期中国新闻评论研究》

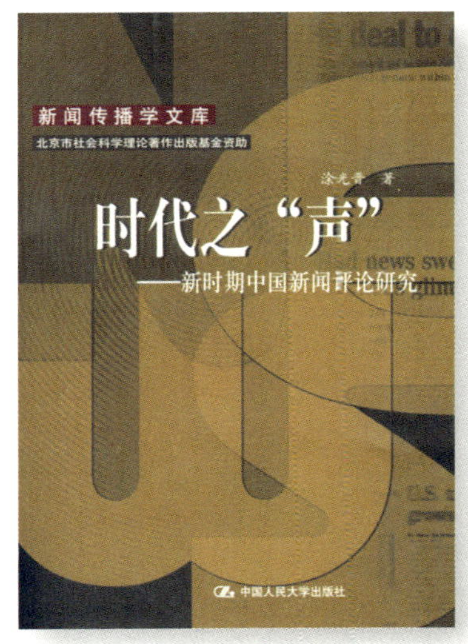

作　　者：涂光晋
推荐单位：中国人民大学
出版单位：中国人民大学出版社
批准时间：2010 年上半年
出版时间：2011 年 5 月

本书是一部比较系统地研究中国改革开放以来的新闻评论的学术著作。作者以改革开放以来中国新闻传播的历史为经，以不同类型传播媒介的体裁、栏目、作家、作品为纬，研究新闻评论在传播理念、内容、体裁、手法等方面的发展与问题；以这一时期重要或影响重大的国际、国内事件中的相关评论为点，以当进的时代背景、社会状况为面，并以相关新闻报道为参照，研究新闻评论在传播功能、传播策略及传播效果等方面的变化与局限。

本书力求将新闻断代史研究与新闻体裁史研究相结合，将新闻史研究与新闻理论、新闻实务研究相结合，为当代新闻史研究充实新的内容，为新闻实务研究探索一种新的视角，为当前我国新闻评论的实践提供具体而系统的借鉴。

《教育变革中的教师生命发展》

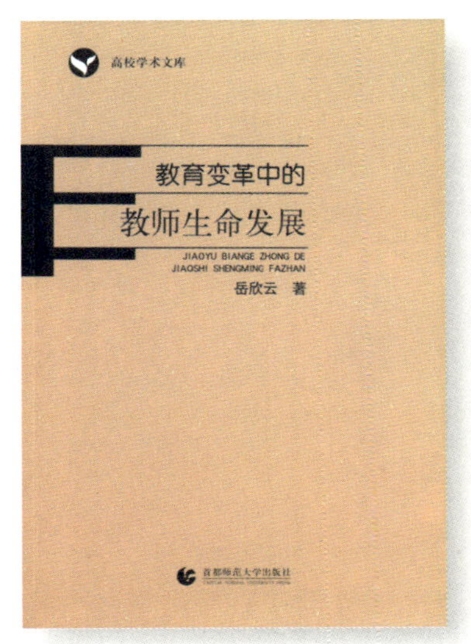

作　　者：岳欣云
推荐单位：首都师范大学
出版单位：首都师范大学出版社
批准时间：2010 年上半年
出版时间：2012 年 3 月

教师职业是具有内在生命体认和外在服务价值的有机统一体。关注教师生命发展既是对教师职业生命的关怀，也是中国基础教育改革的内在逻辑要求。在教师职业发展过程中，对教师生命发展遮蔽不仅会导致教师职业自我意识的迷失，也会造成教师创造性的丧失以及思维方式的确定化和程序化。只有关注教师生命发展的过程性、关系性和整体性，才能促使教师在改变教育实践的过程中不断丰富完善自己的理论、转变自己的思维方式，使自身的教学生命不断得到滋养和提升，从而使教师的职业充满职业活力。

本书共分四章，依次论述了教师研究取向的反思、教师生命研究的提出、教育变革中教师生命发展的内涵、教育变革中促进教师生命发展的策略等重要课题，并就某些现实中存在的突出问题提出了自己的意见和看法。

《科技专家与科技决策："863"计划决策中的科技专家影响力》

作　　者：汝鹏
推荐单位：清华大学
出版单位：清华大学出版社
批准时间：2010 年下半年
出版时间：2012 年 5 月

在我国改革开放的过程中，在决策的民主化、制度化建设进程中，科学家在科技决策中究竟应该发挥何种作用？如何准确定位科学家和其他主体在科技决策中的角色，建立一个既能充分、恰当地发挥科学家作用，又能提高决策效率的科技决策机制？上述问题的解答有助于加深对科技决策过程和科学家政策参与机制的理解，具有理论和实践层面的双重意义。

本书比较系统地归纳了科学家科技决策影响力的决定因素，以"863"计划为例探讨了中国科技决策中科学家影响力的演变动因。作者认为，发现知识、价值和制度是认识科技决策主体互动的核心变量，因此科技决策机制应匹配决策中的知识供求，体现必要的价值诉求，促成价值共识；应对那些提供亟须知识、代表主导价值的参与者赋予更大的决策权力。

《下一代图书馆系统与服务研究》

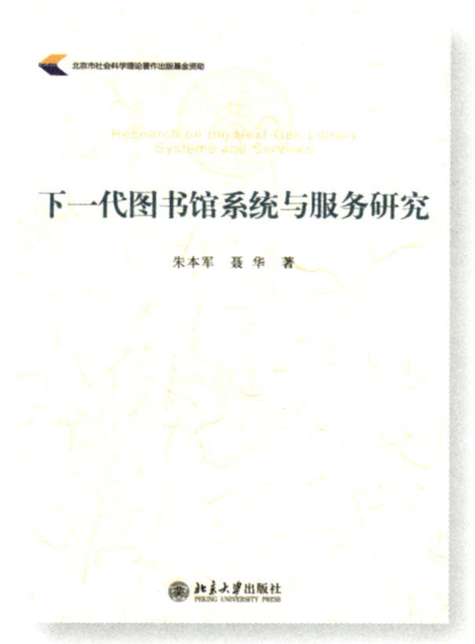

作　　者：朱本军、聂华
推荐单位：北京大学
出版单位：北京大学出版社
批准时间：2011 年上半年
出版时间：2012 年 6 月

用户信息行为和图书馆信息环境的变化，给图书馆的发展带来了前所未有的挑战，图书馆必须对原有的工作流程进行重组与调整，方能适应这一变革的需要。本书通过对下一代图书馆系统与服务的系统研究，对该问题作了一个比较系统和全面的回答。

本书着重对近年来图书情报管理和信息服务领域出现的一些新的管理系统和服务工具进行了比较系统地案例研究和原理探究，并就图书情报部门对这些工具的评估、实施和变革提出了相应的建议。全书分为统一资源管理、统一元数据服务和统一资源探索与获取服务三大部分，并对每一部分都进行了较为全面的研究和论述，对于我国图书情报事业的发展和建设有比较重要的参考意义。

《现代思想政治教育课程论》

作　　者：宇文利
推荐单位：北京大学
出版单位：北京大学出版社
批准时间：2012 年上半年
出版时间：2012 年 9 月

思想政治教育是覆盖我国全域、全员的教育活动，课程教育教学是思想政治教育的重要范式，不仅各级各类学校（包括党校）要实施，而且各类人员的思想、政治、道德学习、培训也要采用。因而研究思想政治教育课程问题，旨在提高课程教育教学质量，推进思想政治教育科学化进程，是一项具有现实性、前沿性与艰巨性的研究课题，有重要的研究价值。

本书以马克思主义为指导，以当代社会为背景，以思想政治教育为基础，对思想政治教育课程的许多内容，进行了深入探索，诸如对思想政治教育课程的历史追述和思想政治教育课程发展规律的揭示；对思想政治教育课程内容特征、内容选择、内容创新、结构优化的阐述；对思想政治教育课程功能类型、价值分类、价值实现的研究；对思想政治教育课程资源开发、资源配置的探索；对思想政治教育课程管理与创新的探究，都富有个人见解与创新性。

《网络舆论蝴蝶效应研究——从“微内容”到舆论风暴》

作　　者：党生翠
推荐单位：北京师范大学
出版单位：中国人民大学出版社
批准时间：2012 年下半年
出版时间：2013 年 2 月

近年来，网络新闻信息在不同应用类型的网络媒体形态以及传统媒体、网民之间立体交叉互动而形成的信息系统中运动，并在不断的议程设置、筛选、过滤、传播中形成了一个个舆论热点，这就是所谓的“网络舆论蝴蝶效应”现象。本书对网络舆论学的核心问题之一——网络舆论蝴蝶效应的内在动力机制及演变过程进行了比较深入的探究，并对其发生的宏观背景、内在激励、影响因素及根本原因给予了系统分析。

本书不仅从跨学科的角度对网络舆论蝴蝶效应进行了外观式概览，而且通过构建影响因素模型进行了内剖式观察，提出了网络参与度、传统媒体参与度及相关方正反馈度等网络舆论蝴蝶效应的三大影响因素，并提出了各自的二级指标。此外，作者还从制度学说视角，分析了网络舆论蝴蝶效应有效性与有限性并存的悖论现象。

八、语言、文字

《对外汉语词汇教学研究——义类与形类》

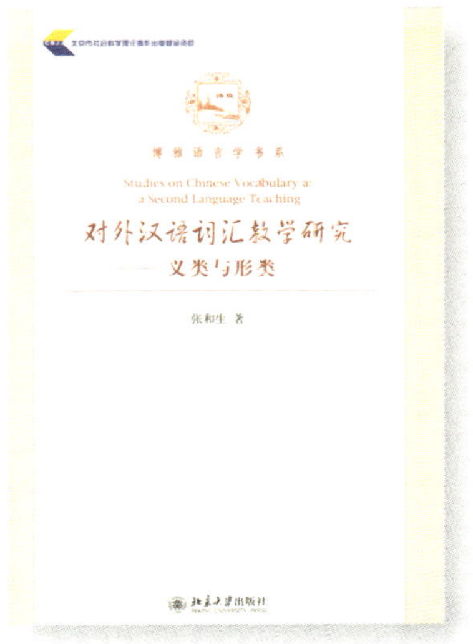

本书旨在探讨有效提高汉语作为第二语言教学效率的方法，探讨利用汉语义类和汉字形类的研究成果，开展突出汉语特色的词汇教学的可能性；采用抽样调查定量研究的方法，了解外国学生的汉语词汇量状况，探讨他们的词汇量与其汉语水平的关系，并通过诊断性测试，分析不同水平的学习者在学习、记忆汉语词汇时面临的问题和难点，研究他们在词语辨识和理解中容易出现的错误；提出在对外汉语词汇教学中有条件地打通“字”和“词”界限的观点，着重指出“义类”与“形类”在汉语作为第二语言词汇教学上的应用。

作者认为，应以相应的交际情境、交际话题为操练平台，扩充学习者在特定语境下交际所需的词汇，通过识字促进识词。

作　　者：张和生
推荐单位：北京师范大学
出版单位：北京大学出版社
批准时间：2008 年上半年
出版时间：2010 年 8 月

《语用和认知概论》

本书的主要内容是介绍认知语言学和语用学的一些基本理论和观点，试图运用认知语言学的理论解决一些语言使用问题，在认知语言学和语用学的融合上做些初步探索。需要注意的是，在这本书中，作者并没有详细介绍语用学的所有理论，而是选取了言语礼貌、“请求”言语行为、语用误解这三种语用现象作为主要研究对象，将全书分为十章，简要地介绍了语用学与认知语言学，原型范畴观的基本理论，几种意象图式及其应用，概念隐喻理论及其应用，心理空间理论和概念合成理论等内容。

作者认为，认知语用学的研究领域是符号在交际意图、语境，推理等因素的干预下所作出的种种解释。在探讨了语言形式和语言内容之间的关系后，作者评述了格莱斯会话含义理论。

作　　者：孙亚
推荐单位：北京林业大学
出版单位：北京大学出版社
批准时间：2008 年上半年
出版时间：2008 年 9 月

《汉语韵律词研究》

Experimental Study of Chinese Prosodic Word
汉语韵律词研究
邓丹 著
北京大学出版社

作　　者：邓丹
推荐单位：北京大学
出版单位：北京大学出版社
批准时间：2008 年下半年
出版时间：2010 年 2 月

本书主要通过语音实验的方法，以汉语韵律词为基础，并以此为切入点，透视汉语的韵律特征。

书中主要针对多音节韵律词的音高、音长、重音以及轻声等特征开展了深入细致的考察研究。从最基本的声学参数音高和音长入手，对双音节、三音节和四音节韵律词在语句中的实际表现进行了全方位的考察。研究发现汉语韵律词中存在韵律峰，汉语语句的韵律变化主要依靠三种作用力来调节，并且得到了在声调特征、韵律短语位置、停延边界、组合类型、句法结构、重音类型等因素制约下汉语多音节韵律词的音高模式和时长模式。这些研究结果对语句中韵律词的实际表现有了更深入的认识，在言语工程技术应用，特别是汉语合成的韵律控制方面，具有一定的实用价值。

《汉语口语常用句式语用研究》

作　　者：吴丽君、鲁文霞、潘瑞芳、黄烨
推荐单位：北京外国语大学
出版单位：北京出版社
批准时间：2008 年下半年
出版时间：2010 年 2 月

汉语口语中常用的句式纷繁复杂，难以尽数。如果能够将汉语口语中的常用句式以类相从，分别进行语用分析和理论探讨，就会对在学习中具备类推能力的外国学习者有所帮助，有助于学习者的语言能力的提高。

对汉语口语中的常用句式，本书共列出 4 类：一是插入语，例如“说实在的”“就是说”，共 218 条；二是习用语，例如“话是这么说”“话又说回来了”，共 137 条；三是固定格式，例如“非去不可”“去就去吧”，共 39 条；四是祈使句、反问句，例如“还不去？”“快着点儿！”在此基础上，选取典型的句子，在语料中对其使用频率进行数据统计，然后着重分析句式的语用地位、语用功能、使用模式、会话含义以及后续成分等。

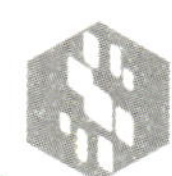

《现代汉语离合词离析形式功能研究》

本书通过大型语料库对现代汉语离合词及其离析形式进行了详尽考察，在此基础上运用功能主义理论和方法深入探讨了离合词及其离析形式的语义、语法、篇章及语用功能。本书主要关注的问题是：实际语料中哪些双音节结构出现离析现象，哪些不出现离析现象？出现离析现象的离合词，其离析情况（离析频率、插入方式等）是否相同？离合词共有多少种离析方式？这些离析方式地位是否相同？离合词离析结构的功能是什么？汉语中一些双音节结构为什么会产生离析现象？这些纷繁复杂的现象背后是否有一个统一支配的规律？在此基础上如何进行离合词教学？

通过对离合词及其离析形式的深入考察和探讨，本书对推动语言学研究和指导语言教学具有一定的意义。

作　　者：王海峰
推荐单位：北京大学
出版单位：北京大学出版社
批准时间：2009年上半年
出版时间：2011年2月

《“是”字结构的句法语义研究——汉语语义性特点的一个视角》

系词是人类语言中比较特殊的义类动词，学术界或称之为空动词。西方语言学界对于英语系词的研究自传统语言学大师叶斯柏森等人以来，已经相当成熟。本书在以往研究的基础上，对汉语系词作了一个比较系统的研究。

本书对现代汉语的“是”字结构进行了比较详尽的论述，从核心义到边缘义，一次讨论了典型、准典型、语义特异型、聚焦型以及语气断定型等五种“是”字结构的句法、语义特点，并借鉴当代语言学理论的优秀成果如中心语理论和语法化理论，对表层结构各异的“是”字结构作了归一性解释。此外，本书还尝试将汉语和英语中的系词进行比较，从而为了解汉英系词之间的共性与差异、体察汉语语义性特点提供一个窗口。

作　　者：张和友
推荐单位：北京师范大学
出版单位：北京大学出版社
批准时间：2009年上半年
出版时间：2012年4月

《缅甸语汉语比较研究》

作　　者：汪大年
推荐单位：北京大学
出版单位：北京大学出版社
批准时间：2010 年上半年
出版时间：2012 年 3 月

本书依据缅甸文碑铭、中缅两国的古籍、现代缅语及其方言等材料，对缅甸语的语音历史、构词构形、句子结构等特点进行了全面的研究，从缅汉两种语言的纵向发展（语言的历时变化）和横向的演变（方言的共时变化）两条轴线互相比较和佐证中，总结出了缅甸语的语音、词汇、语法的特点和历史演变规律。揭示了缅汉两种语言在构词方式、形态变化以及句子的结构等方面的异同。

在此基础上，本书还通过比较研究，寻找出千余对缅甸语汉语同源词。为研究汉语和缅甸语的发展历史、深入研究汉藏语系提供了可靠的资料，也为中缅两国的历史、文化、民族起源和友好关系等人文学科的研究提供了有益的参考。

《类型学视野的汉语名量词演变史》

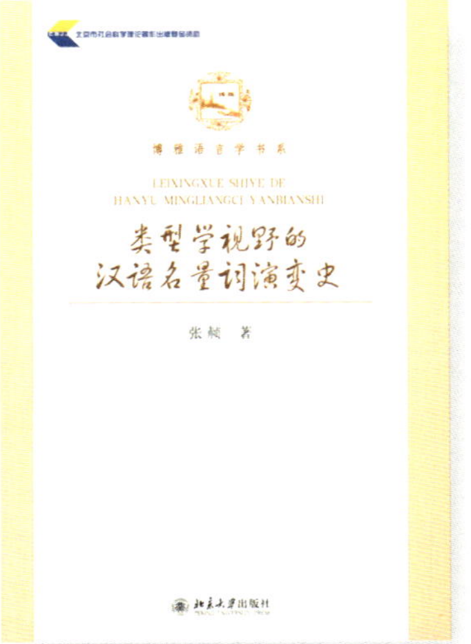

作　　者：张赪
推荐单位：北京语言大学
出版单位：北京大学出版社
批准时间：2010 年下半年
出版时间：2012 年 8 月

本书从类型学视野考察了汉语名量词的演变历史，详细描写并分析了汉语分类词产生、形成初期的情况、形状、功用、生物属性等各类量词的形成历史与规律，各时期量名搭配、名量搭配的变化，量词在非数量表达结构中的运用等。在此基础上，本书重点讨论了汉语名量词的产生动因、“反响型量词”以及通用量词在汉语量词发展史上的地位、量词这一语法范畴如何在汉语中扩散、指示代词与量词结合的历史、通用量词“个”是否泛化等问题。

本书基于类型学的研究成果和大量的汉语史事实，提出了对这些问题的意见，既发现和概括了以往仅仅从汉语看汉语演变所不能看到的演变规律，又以汉语得天独厚的完整而丰富的历史材料补充了类型学分类词研究在某些方面的欠缺，是一本有一定创新意义的著作。

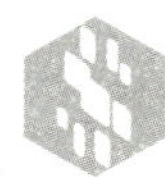

《三家子满语语音研究》

本书是一部以历史语言学和语言地理类型学方法深入探讨满语口语现状及满族文化历史层次形成过程的理论著作。

本书阐明了满语同以我国东北为中心的亚洲东部和北部多种阿尔泰及非阿尔泰语言的联系，指出满语支在满—通古斯语族中的特殊地位，归纳出女真—满语音节结构的本质和支配其历史发展的主要语流音变规律，同时对女真—满语同汉语在语音方面的接触、影响和演变加以讨论，指出满语口语语音规律的古老性和系统性，肯定黑龙江省现存满语口语对于语言学研究的重要地位和珍贵价值。

作　　者：戴光宇
推荐单位：北京市社会科学院
出版单位：北京大学出版社
批准时间：2011 年上半年
出版时间：2012 年 1C 月

九、文学

《中国民间散文叙事文学的主题学研究》

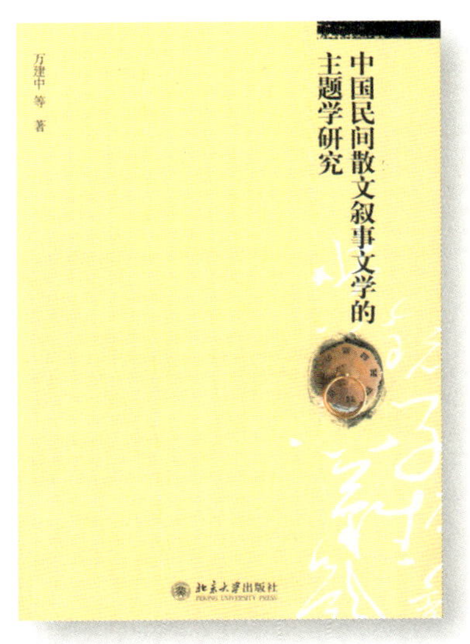

本书是一部专门论述中国民间散文叙事文学的主题学相关问题的学术专著。在这部著作中，所谓的“主题”是一个广义的概念，既可以是故事中的一个情节单元，又可指称整个民间叙事作品所表现的“抽象意念或信条”。也就是说，本书指认的“主题”的外延包含了“母题”，又大于“母题”。

全书共分 8 个章节，主要对中国民间散文叙事文学的主题学知识做了介绍，具体内容包括认定“主题”和主题学的运用、魔宝主题的叙述状况与意义、难题主题的形态特征与内涵、中日韩三个禁忌主题的比较等。本书可供各大专院校作为教材使用，也可供从事相关工作的人员作为参考用书使用。

作　　者：万建中等
推荐单位：北京师范大学
出版单位：北京大学出版社
批准时间：2008 年上半年
出版时间：2009 年 4 月

《叙事、文体与潜文本——重读英美经典短篇小说》

本书为国家社科基金项目成果。作者在大量研究的基础上，提出了自己的见解，在理论论述和文本细读两方面进行了展开。本书分上下两篇，上篇为理论探讨，梳理叙事学和文体学之间既相异又互补的复杂关系，揭示叙事学核心概念和分析模式的实质性内涵，廓清涉及不同分类与研究视角，为文本分析做出铺垫。下篇为本书重点，聚焦于作品阐释，选择有代表性的英美经典短篇小说（美国短篇为主）进行文内、文外、文间的“整体细读”，挖掘其中的潜藏文本或深层意义。

本研究针对国际学术界的相关探讨，纠正和澄清了一些理论上的误解和混乱，对文本做出了富有新意的重新解读，阐释方法也具重要参考价值。

作　　者：申丹
推荐单位：北京大学
出版单位：北京大学出版社
批准时间：2008 年下半年
出版时间：2009 年 9 月

作　　者：李毓榛
推荐单位：北京大学
出版单位：北京大学出版社
批准时间：2008 年下半年
出版时间：2009 年 6 月

《萧洛霍夫的传奇人生》

本书写的是苏联著名作家萧洛霍夫的生活经历、各种遭遇以及他的创作情况及其作品所引起的反响。作者首先较为详细地描述了萧洛霍夫带有传奇色彩的身世，情节曲折、哀婉动人，该部分近似一篇家庭纪事小说。接着作者描述了作家崎岖不平的生活道路，作家的人生常有大起大落，他既“大红大紫过，头顶上闪烁着许多耀眼的荣誉光环”，也经历过无数的坎坷和艰险，他遭到过别人妒忌、诬陷和打击，甚至险遭不测。在描写萧洛霍夫充满传奇色彩的人生经历的同时，作者为我们展示了萧洛霍夫的思想观点、立场以及他独特的个性。

通过阅读此书，我们可以增进对萧洛霍夫的生平及其内心世界的了解，从而有利于我们加深对他的作品的理解。

作　　者：苏耕欣
推荐单位：北京大学
出版单位：北京大学出版社
批准时间：2008 年下半年
出版时间：2010 年 7 月

《哥特小说——社会转型时期的矛盾文学》

曾经于 18 世纪末、19 世纪初盛极一时的哥特小说给人们留下的是一连串疑问：为何在经历启蒙运动洗礼的英国会出现一种以恐怖与荒诞为主要特征的小说并大行其道？哥特小说讲述的实际上是英国当世的事情，却为何偏将故事投放到中世纪的欧洲大陆？历来评论界认为哥特小说倾向保守，但这种小说屡遭政治保守派大加鞭挞……诞生于矛盾之中的哥特小说其实是一种充满矛盾的文学，反映历史转型时期即将走向社会舞台中心的英国中产阶级对于历史与现实的复杂心态。

本书从高低文化、阶级矛盾和男女关系等角度分析哥特小说及其中产阶级作者所处的种种矛盾，从矛盾的由来以及作者处理矛盾的方式中窥探世纪之交的英国中产阶级如何看待正在发生的深刻变化。

《东坡词研究》

本书通过对东坡词的具体考察，体会东坡人生之境中丰富的内涵。全书分上下两编，从上编到下编是一个从词到人的追寻过程。上编集中探讨东坡词创格方面的问题。其中题序属于词外在的附加形式，杂体属于词的一种体式，咏物属于题材的一部分。以这三方面的创新，探讨东坡对于词体的态度。

下编主要探讨东坡的人生境界问题。选取东坡气质中一些特出的因素，如“清”“豪”“逸”等，东坡词中“清”的意味东坡的词品与人品，东坡词中的时间与梦“空”“梦”在东坡处的含义，从豪放到超逸关于“自是一家”解。由词观人，进一步阐述东坡在任何一种文艺体式的理论和创作中所采取的态度都是真实一致的，而他“为艺”的根源即本于最高的“为道”追求。

作　　者：郑园
推荐单位：北京大学
出版单位：北京大学出版社
批准时间：2008年下半年
出版时间：2010年3月

《中国古典小说回目研究》

中国古典小说的传统是一种极富民族特色的叙事传统。千百年来，无数中国人就是在这种叙事传统中得到了艺术的净化、心灵的自由和生命的丰盈。而回目现象，则是中国古典小说区别于西方长篇小说的一个非常显著的特点。本书即以存在于中国古典小说中的回目现象为研究对象。

本书深入研究了回目这一中国古典小说最独特的体制特征，既从历时性角度探讨回目产生的文体渊源与文化机制，描述回目体制在古典小说史上发展演化的进程，也从共时性角度深入分析回目的体制特征、语法与句式及其叙事功能。本书将回目视为章回小说这一汉文化载体的标志，寻绎其在汉文化圈中的流传与移植，并与欧洲长篇小说的标目方式进行比照，从而彰显出两种叙事文体的深刻差异。

作　　者：李小龙
推荐单位：北京师范大学
出版单位：北京大学出版社
批准时间：2008年下半年
出版时间：2012年8月

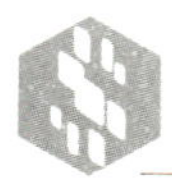

《中国现代学引论——现代文学的文化维度》

作　　者：王一川
推荐单位：北京师范大学
出版单位：北京大学出版社
批准时间：2008年下半年
出版时间：2009年8月

本书是有关中国现代性的一部专论。作者标举第三种现代思风，提出中国现代学这一独特学科构想，规定了它的反构型学思性质，由此出发对中国现代性的特征、颜面、景观和品格作了探索，得出中国现代性是一种后古典远缘杂种文化这一新结论，进而从中国现代学视角对现代文论与文学做了独到的阐释。

全书分上下两编，由十章组成。上编主要内容为中国现代学概述，下编主要内容是从现代学看文论与文学。整部书主要结合文学个案展开论述，回放出中国现代性的丰富景观，对相关的革命主义、审美主义、文化主义、先锋主义、拿来主义等种种思潮做了细致而深入的评述，适合人文学科领域读者及文学爱好者阅读。

《淮南子考论》

作　　者：马庆洲
推荐单位：清华大学
出版单位：北京大学出版社
批准时间：2008年下半年
出版时间：2009年7月

《淮南子》是“集体创作”还是刘安所作，在学术界一直是个有争议的问题。史实表明，刘安不仅是《淮南子》一书的组织者，而且书的大部分内容出于他本人之手，其余也经过他细致地加工、润色，能够反映其思想，展现其文采。《淮南子》内容宏富，各篇既独立成文，又有内在联系，是自成体系的完整之作。

本书将《淮南子》置于汉初文化的大背景下，对刘安与《淮南子》之关系、刘安“谋反案”的真伪、《淮南子》的学术渊源等问题，在充分辨析前人成果的基础上，重加考论，提出了一些新的见解，力图给予《淮南子》以客观的评价，并对《淮南子》的思想内容、文学成就及历代流传研究等加以归纳总结，为《淮南子》的进一步研究提供了一个新的平台。

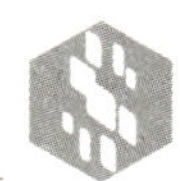

《“故”事如何“新”编——论中国现代“重写型”小说》

作　　者：祝宇红
推荐单位：首都师范大学
出版单位：北京大学出版社
批准时间：2008 年下半年
出版时间：2010 年 4 月

本书是一部专门论述中国现代“重写型”小说的学术专著。“重写型”小说是对文学中恒常性的重写现象考察之后定义的小说类型，指以“前文本”为原型，在其基础上加工变型的小说。在这本书中，作者创造性地提出这一概念，并按照先秦诸子、中国神话、史乘、希腊神话等不同的前文本类型考察中国现代“重写型”小说，如鲁迅《故事新编》等，探讨在认知模式转变、学术转型的背景下前文本怎样被重写。

本书最核心也是最突出的学术贡献，是运用小说类型学和小说叙事学相结合的研究方法，提出了“重写型”小说的学术命题，并从现代中国学术转型与现代小说写作的密切联系切入，有力地阐释和论证了这一新的学术命题。

《晚年白居易与洛下诗人群研究》

作　　者：赵建梅
推荐单位：首都经济贸易大学
出版单位：京华出版社
批准时间：2008 年下半年
出版时间：2010 年 9 月

本书是一部专门论述晚年白居易与洛下闲适诗人群的学术专著。在这本书中，作者以一个个个体为具体对象，分别考察和论述白居易、刘禹锡、裴度、牛僧孺、李德裕等在洛阳任职的时间及原因，他们的园林情趣、交游生活、思想心态、诗歌创作诸方面，深入细致地探究洛下闲适诗人群出现的政治根源，以及政治境遇对每个官僚文人思想心态的具体影响，这也进而影响和决定了他们的生命状态和诗歌创作。

这种立体式的结构安排，使得洛阳就像一面竖起的镜子，由这面镜子折射出当时文人士大夫的精神世界，形象而深刻地揭示出了洛下闲适生活表象下的深层底蕴。

《菲尔丁研究》

作　　者：韩加明
推荐单位：北京大学
出版单位：北京大学出版社
批准时间：2009 年上半年
出版时间：2010 年 8 月

本书旨在借鉴国内外以往的批评研究，在认真阅读分析作品的基础上，对菲尔丁在戏剧、期刊散论和小说等方面的创作提出有说服力的阐释和解读。在方法上坚持把文本放在具体的社会文化语境，特别是作者的生活处境中来解读，并结合当今中国的特殊语境提出自己的批评见解。本书既不同于菲尔丁评传，也有别于从某种理论出发的专题论著，而是力图把两者结合起来，展示一个丰满多面的菲尔丁形象。

作者广泛涉猎国外最新研究成果，利用历史文化研究与文本解读相结合的批评方法，不仅深入分析菲尔丁的小说，还把以前不受重视的戏剧和新闻政论也纳入了研究范围之中，展现了菲尔丁剧作家、小说家、政论作家和治安法官四位一体的丰富人生和卓越成就，是迄今为止国内对该作家比较全面的一次探讨。

《〈山海经〉学术史考论》

作　　者：陈连山
推荐单位：北京大学
出版单位：北京大学出版社
批准时间：2009 年上半年
出版时间：2012 年 3 月

本书是一部比较系统地研究《山海经》学术发展史相关问题的学术专著。非考证，无以知事实；无阐论，难以明是非。作者通过详尽的考证，还原了《山海经》的原始自然与人文地理志的真实属性，并考察了其版本变迁的事实，从而纠正了偏执的疑古主义观念；通过论述，将历代学者对《山海经》的不同认识归结为中国社会文化不同发展阶段的思想结晶。

作者认为，《山海经》在历史上先后被视为形法家书、地理书、道教经书、小说家书、神话书、民俗志书、百科全书。这些评价是历代学者根据所处时代的社会思潮和《山海经》在当时的实际功能所作的判断。《山海经》这部中国第一奇书对中国文化的发展具有多方面的影响。

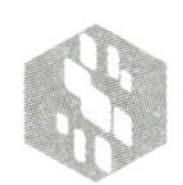

《〈说苑〉研究——以战国秦汉之间的文献累积与学术史为中心》

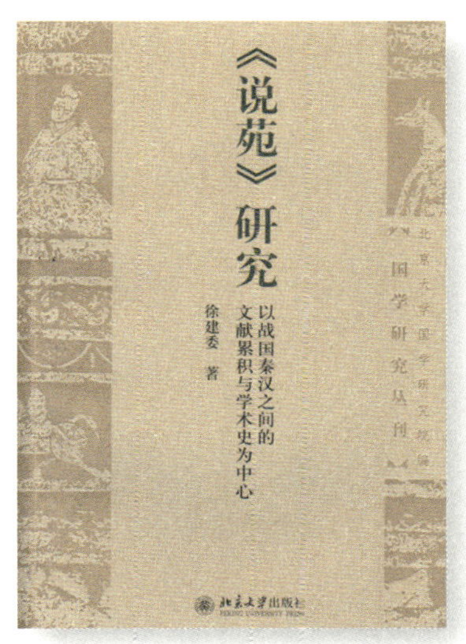

《说苑》是西汉著名学者、目录学家刘向整理《说苑杂事》编辑而成的著作，其收录的材料几乎涉及战国秦汉间学术和文化的各个方面，具有后世类书的性质，是最能体现古书之间互见特点的典籍之一。

本书通过《说苑》与《汉书艺文志》《春秋》三传、《春秋繁露》、战国至西汉《诗》学、诸侯列国故事的文献比较，论证了《说苑》一书作为战国秦汉间文献累积的价值和学术史意义。

作　　者：徐建委
推荐单位：中国人民大学
出版单位：北京大学出版社
批准时间：2009 年上半年
出版时间：2011 年 5 月

《现代诗的再出发——中国四十年代现代主义诗潮新探》

本书通过作品解读、文学行为分析以及对物质、制度、文化、政治的考察，重构了中国 40 年代的现代主义诗潮这场文学运动在理论与实践上的多重面向，不但揭示出现代主义诗潮之演变的内在逻辑和外部条件，也对其知识构造、成就与困境进行了深入的思考。本书对史料的发掘是其重要贡献。

该书的研究对象是 20 世纪 40 年代现代主义诗歌，尤其关注诸多诗人对“新诗现代性”的多元化探索。其特定的学术价值在于，它摆脱了学术界长期以来存在的 40 年代现代主义诗歌就是“九叶派”的成见，通过广泛的原始资料调研证明，在 40 年代现代主义诗歌是一个多元而丰富的存在。在此基础上，作者给出了一幅 40 年代现代主义诗歌的新的文学史面孔。

作　　者：张松建
推荐单位：清华大学
出版单位：北京大学出版社
批准时间：2009 年上半年
出版时间：2009 年 11 月

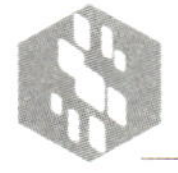

《危机与探索——后现代美国小说研究》

作　　者：刘建华
推荐单位：北京大学
出版单位：北京大学出版社
批准时间：2009 年下半年
出版时间：2010 年 5 月

本书主要围绕现代派小说的危机和后现代小说的探索，通过梳理后现代主义理论、比较后现代小说与传统小说、细读后现代代表作家，研究后现代美国小说在创作理念、艺术风格和思想内容等方面的特点和成就。

本书不把后现代性简单地等同于特定的艺术技巧和表现形式，被选作研究对象的都是艺术性和思想性均强、对社会转型和小说演变均具有高度敏感和深刻见解的作家。无论对于后现代理论还是小说，作者都努力坚持实事求是的态度，注意在深入研读具体作品的基础上表现其内容与形式上的丰富性，探讨其立场、观点、方法在帮助人们认识后现代现实、消解不合理的传统结构、解放创造力等方面的积极意义。

《20 世纪美国女性小说研究》

作　　者：金莉等
推荐单位：北京外国语大学
出版单位：北京大学出版社
批准时间：2009 年下半年
出版时间：2010 年 6 月

美国文学在 20 世纪真正走向世界，一大批享有国际声誉的作家脱颖而出，对世界文学发展产生巨大影响的作品相继问世。在这一历史时期，美国涌现出不少卓有成就的女性小说家，但直到世纪后半叶兴起的民权运动、尤其是女权运动的深远影响，才使得女性文学研究在美国迅速发展成为显学，其发展之快、势头之猛，的确令人惊叹。

本书以 20 世纪美国女性小说这一群体文化为研究对象，旨在系统探讨和展现 20 世纪美国女性小说在美国文学发展中的作用以及女性作家文学创作的独到贡献。这部专著从某种程度上也折射了国内学界女性文学研究领域的发展，这本书折射出我国女性文学研究与国际学术界接轨并在努力发出自己独特的声音。

《20世纪中国民间故事研究史》

作　　者：万建中
推荐单位：北京师范大学
出版单位：北京师范大学出版社
批准时间：2009年下半年
出版时间：2011年10月

中国现代民间故事研究已走过了百年的路程，内容和经验非常丰富，这是一个值得并且需要探询和重新审视的过程，应该得到进一步的清理、归纳和总结。这也是中国现代民间文学史重要的组成部分，是一段极其厚重的历史。这项历史书写工作的展开，对进一步推动中国故事学研究具有十分重要的意义：既可以将中国故事学研究引向深入，又能使中国故事学以其独特的业绩与西方故事学进行对话。

本书以八章篇幅，分别研究了民间故事的体裁特征、书写、学术实践、类型学、叙事范式、传承与演变、现实意义，钟敬文的民间故事，故事家考察的学术诉求，中国民间故事学术史。

《〈论语集解〉与〈论语集注〉的比较研究》

作　　者：常会营
推荐单位：孔庙和国子监博物馆
出版单位：北京燕山出版社
批准时间：2009年下半年
出版时间：2010年7月

《论语集解》与《论语集注》是中国经学史上的两部重要典籍，本书从《论语集解》与《论语集注》著述背景、写作动机、作者、成书时间、学术评价、文字训释、义理阐发、经典诠释学等几个方面对二者进行详细的比较和研究，尽量揭示汉学与宋学的不同学术趋向及其相互关联，提出了一些有价值的新观点、新看法。

本书对“两注”章句文字训释的比较分析，既细致入微又提纲挈领，考释精详，其对义理的分析亦相当独到，所列几个问题亦颇能体现其思想内涵，反映了作者资料掌握与分析问题的功力。此种研究方式在学界尚不多见，本书的写作，具有拓展、深化《论语》学研究空间、论题的意义，同时也为人们进一步探讨《论语》学的变迁提供了一个新的视角和思路。

《先秦汉魏六朝诗歌体式研究》

作　　者：葛晓音
推荐单位：北京大学
出版单位：北京大学出版社
批准时间：2010 年上半年
出版时间：2012 年 3 月

先秦两汉魏晋南北朝是中国古典诗歌各类体式发源与成熟的时期。本书从语言、节奏、结构、表现方式等多种角度，深入而系统地探讨了从《诗经》《楚辞》到五言、七言、杂言等各类诗体产生和发展的原理，各类诗歌体式之间的关系，以及体式的形成与各类诗型的艺术表现感觉和创作传统之间的关系。可以说，本书是一部视角新颖的唐前期诗歌体式生成和体调演进的发展史。

《刘勰及其〈文心雕龙〉研究》

作　　者：张少康
推荐单位：北京大学
出版单位：北京大学出版社
批准时间：2010 年上半年
出版时间：2010 年 9 月

《文心雕龙》是中国南朝文学理论家刘勰创作的一部文学理论著作，也是中国文学理论批评史上第一部有严密体系的、“体大而虑周”的文学理论专著。全书共 10 卷 50 篇，以孔子美学思想为基础，兼采道家，全面总结了齐梁时代以前的美学成果，细致地探索和论述了语言文学的审美本质及其创造、鉴赏的美学规律。

本书是作者多年教学和研究《文心雕龙》的总结，对刘勰的生平、思想和著作在最新研究的基础上，提出了自己的新见解。书中全面分析了《文心雕龙》的理论体系和结构，提出了自己很多独到的观点，特别重视从传统的哲学、政治、宗教、文化、艺术等方面，研究刘勰文学理论的思想的历史渊源，并探讨刘勰的文学理论和具有民族特色的中国传统文学理论之关系。

《范仲淹研究》

本书是一部比较系统地研究范仲淹生平及其政治思想的学术著作。范仲淹是一位名垂千古的伟人。首先，宋代士风的转变至范仲淹而完成，他的“先忧后乐”精神成为宋代新士风的高度概括表达。其次，范仲淹在西北前线贯彻实行“积极防御”的战略战术方针，使宋朝在守卫边疆的战争中逐渐赢得主动权，最终导致宋夏和议的签署。再次，庆历年间范仲淹一度主持朝政，厉行新政。此外，范仲淹还是一位优秀的文学家，其诗、词、文、赋皆有名篇传世。

本书从思想、军事、政治、文学几个方面，对范仲淹生平进行了比较深入的分析和研究，书中收录了以《续资治通鉴长编》《范仲淹全集》为主的关于范仲淹的主要经典史料，对读者了解和进一步研究范仲淹有重要作用。

作　　者：诸葛忆兵
推荐单位：中国人民大学
出版单位：中国人民大学出版社
批准时间：2010 年上半年
出版时间：2010 年 10 月

《“重写”的限度——“重写文学史”的想象和实践》

本书的研究对象——80 年代“重写文学史”——被界定如下：在 80 年代“思想解放”和“新启蒙”的历史语境中，一类知识分子借助现当代文学学科话语，重建文学史的主体性，参与 80 年代现代化文学叙事和现代化意识形态建构的社会文化思潮。“重写文学史”建构了全新的中国现当代文学学科话语，确立了影响深远的现代化文学叙事。它与 80 年代诸多的社会文化思潮都拥有共同的价值指向，试图在一个意识形态发生重大分裂而政权又保持连续性的环境中开辟尽可能广阔的言说空间。作为应对“文革”后严重文化危机的社会话语之一种，构成重建文化主体和意识形态正当性的力量之一。

本书以“重写文学史”为研究对象，整体性考察“重写文学史”与 80 年代历史语境之间的多重关联，辨析“重写”主体的知识构成、美学旨趣和政治诉求，厘定话语的变迁史和具体的行为实践之间的复杂互动。

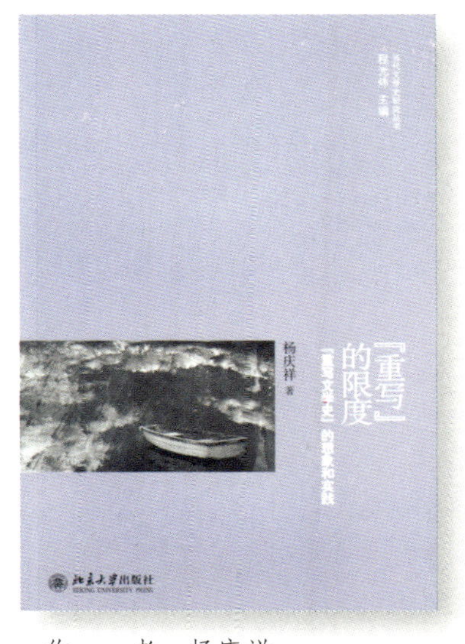

作　　者：杨庆祥
推荐单位：北京大学
出版单位：北京大学出版社
批准时间：2010 年上半年
出版时间：2011 年 5 月

《老舍与京味文学》

作　　者：韩经太等
推荐单位：北京语言大学
出版单位：北京大学出版社
批准时间：2010年下半年
出版时间：2011年3月

老舍是京味文学的代表作家。其创作融合满汉文化特色，具有明显的地域性。他的创作奠定了京味文学在中国现当代文学中的重要地位，影响了北京现当代文学的格局，是当下进行北京人文精神建设的宝贵资源。深入探讨老舍创作与京味文学的关系，将有利于弘扬北京文化，促进当下北京文学的发展。

本书从对“京味文学”概念的解剖开始，解析了老舍作品的特点及思想内涵，分析了老舍对“京味文学”的贡献及老舍作品在当代的影响。更进一步地介绍了“京味文学”在当代的发展及其代表人物、代表作品。最后，展望了“京味文学”在未来的发展趋势。

《屈原及其诗歌研究》

作　　者：常森
推荐单位：北京大学
出版单位：北京大学出版社
批准时间：2010年下半年
出版时间：2012年3月

在中国文学史上，屈原是第一个把艺术力量与人格力量全面而充分地融合起来的诗人，这一特点几乎体现在他的每一部诗篇之中。

本书是一部系统地研究屈原生平、思想及其作品各个层面的力作。著者将屈原及其作品定位为中国古代最具原创性的诗歌经典，并因其原创而具无穷魅力和思想艺术上的深度，也因此而为最难解读经典。古人对屈原及其作品已有不误解之处，但还不失规范，不太离谱。现当代的学者，包括名家大家，在屈原研究方面是作出许多成绩的，但种种谬误奇谈，也不鲜见。本书作者有鉴于此，力求为屈原及其作品还原。其中具体的考证，如对《哀郢》是否与白起攻破郢都相关、《天问》结尾部分有何内涵等，都有崭新的论说。在屈原的历史视野、屈原诗歌与原始传统关系，屈原的艺术符号等理论性的问题上，也提出了让人耳目一新的观点。

《雅克·拉康——阅读你的症状（上、下）》

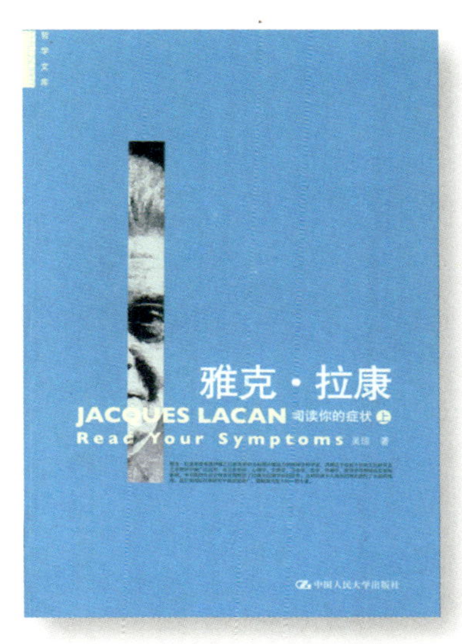

雅克·拉康，法国精神医生，被称为“法国的弗洛伊德”，是继弗洛伊德之后最具影响力和理论煽动力的精神分析学家。其理论不仅在今日的文化研究及艺术批评中被广泛运用，而且在哲学、心理学、宗教学、政治学、法学、传播学、教育学等领域也有深刻影响。本书既结合历史背景详细叙述了拉康及拉康学派的传奇，也对拉康本人庞杂的理论进行了全面的梳理。

在具体的论述过程中，作者将自己的阅读过程和细节清晰地呈现在了读者面前：如拉康所谓的“女人不存在”“性关系不存在”等结论究竟是怎么得出的；如拉康指出个体的欲望又是他人的欲望，究竟是什么意思等，从而尽可能地去还原其中的逻辑和语境，以帮助读者能更容易看懂拉康的理论。

作　　者：吴琼
推荐单位：中国人民大学
出版单位：中国人民大学出版社
批准时间：2010 年下半年
出版时间：2011 年 5 月

《当代文学理论范畴导论》

本书抓住文学性、审美性、形式、意识形态、艺术生产、互文性、话语、文学符号、理解和解释这些文学理论的基本范畴，密切联系当代文学实践，考源辨流，呈现每一范畴所拥有的独特的思维方式与知识范型、丰富复杂的生成背景与文化语境、曲折多变的传播方式和接受心态，勾画出概念、术语、范畴的理论谱系，彰显重要概念、术语、范畴与世界哲学社会、美学文学思潮的密切关系，结合文学活动实际来阐释其学理内涵，结合社会活动实际阐释其文化内涵，结合传播活动实际阐释其历史内涵。

本书的主线在于呈现各种不同的关于文学与世界、作者、读者以及文本自身的复杂关系的理论阐释框架，体现出了自己的思考特点，具有较高的学术质量。

作　　者：金永兵等
推荐单位：北京大学
出版单位：北京大学出版社
批准时间：2010 年下半年
出版时间：2011 年 5 月

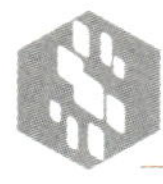

《溯源与比较——当代海峡两岸的小城小说》

在海峡两岸的当代文学中，有着一大批以小城为故事背景且不乏名家名作的小说作品，其独特性往往被乡土文学或地域文学的整体研究所淹没，或分散在某个文学流派和单个作家、作品的研究中。

基于此，本书对当代海峡两岸的小城小说进行了整体研究，分析并比较了各自的发展脉络、同一文学现象在两岸的异同及原因、两岸当代小城小说同现代小城小说的关系、小城小说同两岸当代文学的关系等，拓展了当代海峡两岸的小说研究空间，提供了一个重新观照两岸当代文学、20 世纪中国文学以及区域华文文学的独特视角。

作　　者：赵冬梅
推荐单位：北京语言大学
出版单位：北京大学出版社
批准时间：2011 年上半年
出版时间：2011 年 7 月

《中国古代文体论思辨》

在中国古代文体论研究中，以本体论和方法论为主要对象的基础理论研究仍然是最薄弱的一环。本书运用历史与逻辑结合、本体论与方法论统一、中西比较等方法，分析学界流行的“体裁—风格”二分阐释模式的学理缺陷和范式危机，重新阐释“文体”范畴的基本内涵（有丰富特征和构成的多层次的文章整体存在），探究古代文体论的方法论（协和以为体，奇出以为用）及其作用机制，阐明古代文体论中“体”与“类”之间的辩证互动关系，比较古代文体论与西方语体学、文类学问的异质与对应，反思中国现代文学风格论中以作家个性为中心的“三论合一”模式的成因及利弊，在此基础上建构起“一体多用的文章整体存在论”这一既能体现中国古代文体论的内在联系和自身特质，又能转化整合传统研究范式成果新的阐释范式。

在此基础上，本书还对中国古代文论（文体论）的“范畴”和“体系”等基本问题做了比较详细的考辨和新释。

作　　者：姚爱斌
推荐单位：北京师范大学
出版单位：北京大学出版社
批准时间：2011 年下半年
出版时间：2012 年 3 月

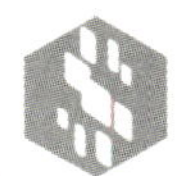

《先秦诗经学史》

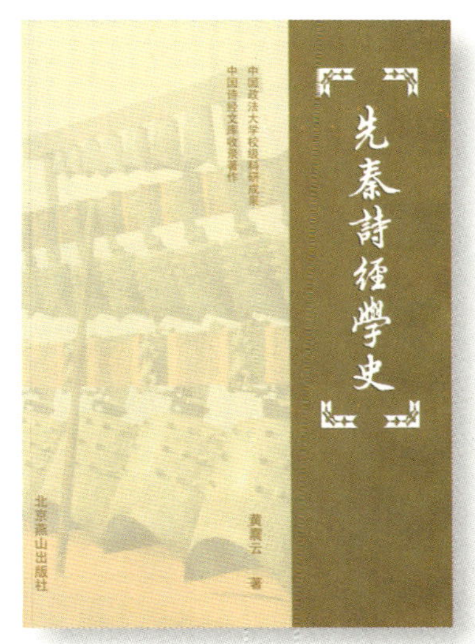

本书是一部先秦《诗经》学学术史著作，以现代的学术视野，结合文史哲相关学科知识、经验和方法，通过仔细阅读归纳分析出土文献、文物、遗址，印证辨析传世文献，对《诗经》进行了重新反复的思考，并进行了深刻的开掘和系统的研究，对系列重大的学术悬疑进行了客观可信的释读和阐发。

本书紧扣中国文化与文学的民族特点，从金文、甲骨等古文字、出土简帛、商周制度，以及各种古史文献零散记载的资料和民俗文化，综合叙述中国歌诗的产生及《诗经》诗体的形成和演变，其中不乏很好的见解。如，本书提出了诗篇的命名体现风雅颂分类的原则以及内容和形式的协调等观点。此外，本书还论述了《诗经》韵律的正格（四言）和变格（杂言），他认为正格和变格的关系是从短句到长句发展演变，而与语境协调配合，其艺术手法与语境特征直接影响后代诗文的发展。

作　　者：黄震云
推荐单位：中国政法大学
出版单位：北京燕山出版社
批准时间：2011 年下半年
出版时间：2012 年 5 月

十、历史、地理

《北京地名研究》

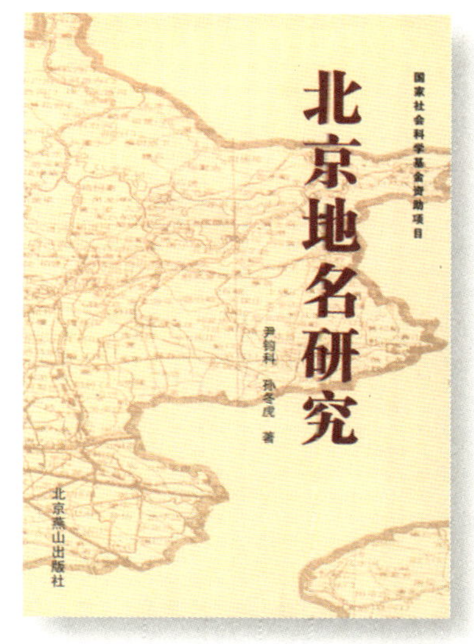

本书广泛吸收相关学科的理论成果和手段，致力于探索一条符合现代地名学发展趋势的研究途径。本书共分十二章，分别论述了北京地名发展史略；北京地名的命名；北京地名的分类；北京地名的功能；北京地名的演变；北京地名的特点；北京地名的分布；北京地名的语源；北京的地名群；明代北京的地名考略；北京地名的研究；北京地名的管理等。

此外，本书还根据国内外逐步发展起来的现代地名学理论，综合运用语言文字、历史、地理、民族等相关学科的研究手段，进行了关于区域地名发展过程、命名依据、语词特性、分类系统、时代变迁、主要功能、地理分布、语源追溯、群体特征、历史地名、地名研究、地名管理等问题的探索，从多种角度透视地名演变的过程和一般规律。

作　　者：尹钧科、孙冬虎
推荐单位：北京市社科院
出版单位：北京燕山出版社
批准时间：2008 年上半年
出版时间：2009 年 3 月

《宋辽金元建制城市研究》

城市是人类文明的重要载体，积淀了社会历史发展从初级到较高阶段人类创造的大量物质财富和精神财富，包括城市选址、城市规划、建设和管理。随着城市规模扩大，民事增多，城市管理制度演变，在中国历史上的唐末五代宋辽金元时期，逐渐形成城市专门行政管理机构——宋代都城都厢、辽金元都城的警巡院及地方城市的录事司、司候司。这些古代建制城市，拥有明确的行政界线和专门行政管理机构，实行独立行政管理，职能地位不同、等级规模不一，它们与州县行政建制平行隶属于上一级行政建制。所有这些都显示了社会的进步，推动了城市的发展和演变。

本书则对宋代的都厢、辽代的警巡院、金元时代的警巡院、录事司、司候司等专门管理机构进行了有关深入地研究，并就一些重要的问题提出了自己明确的看法。

作　　者：韩光辉
推荐单位：北京大学
出版单位：北京大学出版社
批准时间：2008 年下半年
出版时间：2011 年 8 月

《南非史》

作　　者：郑家馨
推荐单位：北京大学
出版单位：北京大学出版社
批准时间：2008 年下半年
出版时间：2010 年 4 月

本书以非洲黑人为主要叙事主体，考察了殖民时代以来的南非历史。作者以时间为轴，以政治和经济为主脉，兼论社会、文学与教育，分别从布尔人、英裔白人和当地黑人的角度出发，详细论述了南非历史的变迁。其叙述上起荷属开普殖民地的建立，下讫当代南非。全书以黑人反殖民、反侵略的斗争史为主要脉络，描绘各个历史时期南非社会政治、经济、文化、风俗等多方面的面貌。同时，将南非史置于全球背景下，从更广阔的视角探讨南非历史进程的动因与影响。

在讲述历史之余，作者还总结了自己二十余年南非史研究与教学的心得，从历史的角度，系统分析了当下南非种种社会痼疾与种族问题的根源，以及南非在非洲大陆的历史地位。

《敦煌民间结社研究》

作　　者：孟宪实
推荐单位：中国人民大学
出版单位：北京大学出版社
批准时间：2008 年下半年
出版时间：2009 年 4 月

中国古代民间结社有很悠久的传统，但史官系统却很少记载，敦煌藏经洞让敦煌民间结社的资料得以保存下来。

本书以这部分资料为基础，结合传世文献，参考前人研究成果，对唐宋时期敦煌地区的民间结社现象，从多个角度进行了分析论证，做了多方面的探讨，给我们描绘了一个前所不知的民众理性与自治的社会图景。论题涉及广泛，揭示了一个民众理性与自治的社会图景，对于理解中国文化的现代性问题提供了十分重要的启示。全书分结构功能篇、文本研究篇、类型研究篇和唐代西域的民间结社附论。书后还附录了两部重要的敦煌民间结社文献、一部重要的敦煌民间结社著作、敦煌民间结社研究参考文献、敦煌民间结社文献资料索引等内容。

《中国图书馆学研究史稿（1949年10月至1979年12月）》

在我国的图书馆学界，长期以来对史学研究鲜有涉及。这一方面由于史学研究要求学者具有坚定的独立意志和宏阔的学术视域，另一方面由于这项研究需要大量翔实的史料及提炼、考证、分析能力，若主客观条件欠缺，写史就力不从心，出史学著述更是难以圆梦。本书是中国图书馆界第一部比较系统地论述新中国图书馆发展的学术著作。

本书以中华人民共和国成立前30年图书馆学研究和发展为记述对象来研究当代中国图书馆学研究的发展历史，全面记述了从1949年10月至1979年12月中华人民共和国成立30年来图书馆学研究和发展的成就。全书共分12章：第1至4章偏重于理论，第5至8章偏重于方法，第9至12章偏重于历史。每章中的问题和材料，大致以时间为序介绍和排比。

作　　者：周文骏、王红元
推荐单位：北京大学
出版单位：北京大学出版社
批准时间：2008年下半年
出版时间：2011年3月

《北洋政府时期的新闻业及其现代化（1916—1928）》

本书是一部比较系统地研究北洋政府时期的新闻业发展历史的学术专著。北洋政府统治时期是中国由传统社会向现代社会演变的转型时期，在历史上起着承前启后的重要作用。该时期纷繁复杂的政治斗争、变幻莫测的时局变迁，催生了生机勃勃的媒体、生动活跃的报人。以往对该阶段的研究多以批评揭露北洋政府对新闻业和报人的迫害为主，但实际上那时的媒体环境整体相对宽松，媒介发展比较迅速。

本书对1916—1928年新闻媒体，包括官办报纸、政党报纸、商业报纸、宗教报纸、通讯社及广播电台等各种媒体分门别类地做了介绍和研究，也对这一时期中国新闻事业运营模式的现代化、新闻理论和新闻理念的现代化做了一定的探讨。

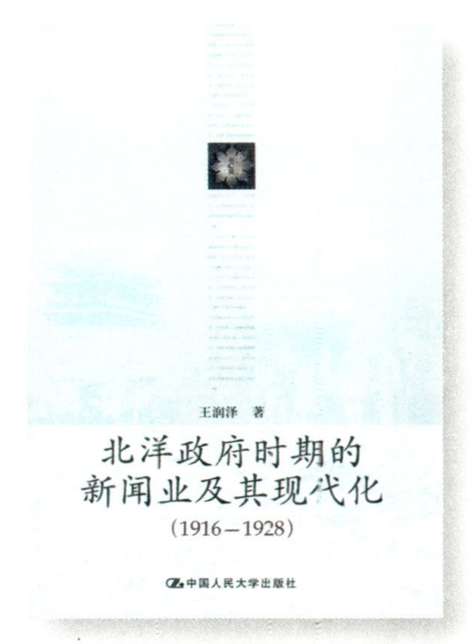

作　　者：王润泽
推荐单位：中国人民大学
出版单位：中国人民大学出版社
批准时间：2008年下半年
出版时间：2010年4月

《法老与学者——埃及学的历史》

作　　者：王海利
推荐单位：北京师范大学
出版单位：北京师范大学出版社
批准时间：2008 年下半年
出版时间：2010 年 1 月

面对内容庞杂、历程曲折的埃及学发展史，如何展现？本书巧妙地将横向——埃及学的主要分支学科：埃及考古学、语言文字学、木乃伊研究，与纵向——埃及学的阶段性发展：前埃及学时代、18 世纪末的发轫、19 世纪初的建立、19 世纪中后期的迅速发展、20 世纪的发展现状等相结合，利用小中见大的手法，为读者理清了整个发展史的脉络。在具体的创作过程中，作者采用了科普类读物通俗的记叙风格，在介绍历史人物、重要事件时，穿插了大量生动有趣、又鲜为人知的故事情节。

本书详细地追溯了埃及学的多重演变：从古代希腊人的勘察到如今人类科学的一个分支，充分展示了认知古文明的多种途径，不仅趣味横生，而且对现代学者也有适当的指导作用。

《北大史学系早期发展史研究（1899—1937）》

作　　者：尚小明
推荐单位：北京大学
出版单位：北京大学出版社
批准时间：2009 年上半年
出版时间：2010 年 3 月

本书是一部专门论述北大史学系早期发展历史的学术著作。北大史学系在抗战前 20 余年间曲折发展的历史，是本书论述的重点，所以无论是系科设置、教授、学生、课程、讲义、研究活动及其与北大历史研究所的关系等，皆在讨论之列。其中，关于北大史学系建立的时间，作者认为，应当以 1909 年京师大学堂"中国史学门"开始招生作为正式的建立时间。

本书认为，不能详细、准确地了解北大史学系早期发展的历史，就不能真正理解它延续至今的教育与学术传统，也就不能真正认识它在近代中国大学史学学术发展进程中所起的重要作用及其所作出的巨大贡献。

《中华人民共和国史》

作　　者：齐鹏飞
推荐单位：中国人民大学
出版单位：中国人民大学出版社
批准时间：2009年上半年
出版时间：2009年10月

中华人民共和国史的学科建设是在中共十一届三中全会后逐步形成体系和规模的。近30年来，国史课程建设和教材建设取得了非常显著的成绩，在将国史与党史进行科学区分方面，在全面、系统梳理和阐释国史的历史发展脉络、发展规律以及历史经验教训，从而树立国史的“信史”形象与影响方面，取得了比较大的进展，凸显了国史的学术风格和特色。同时也存在着一些问题，如低水平重复、学术积累和学术规范重视不够、学科定位欠准确等。

本书以时间轴为主线，自1949年开始至2009年为止，内容涉及经济、政治、社会、文化、科技等领域，按照时序流向加以排列，以期清晰地勾勒出新中国60年的发展脉络和路径，为读者提供一个了解当代中国的国际视角。

《非常传媒——左联期刊研究》

作　　者：左文
推荐单位：北京市新闻出版局
出版单位：北京出版社
批准时间：2009年上半年
出版时间：2010年5月

在这部著作中，作者将研究视角定位于左联期刊的“生存问题”，在“左联期刊的生存困境”“左联期刊的生存对策”“左联期刊的生存形态”三个层面上展开论述，分析了在当时的社会背景下，左联期刊作为文化传播媒介的生存选择和价值追求。

书中指出，左联期刊是偏离了常态的传播媒介，被赋予了太多非文学的因素，有时甚至让人分不清是文学期刊还是政治期刊。从这个意义来说，左联期刊具有的文学史意义大于文学本身的意义。就文学本身而言，左联期刊的文学理论意义又大于文学创作意义。而在传播学意义上，左联期刊堪称是中国乃至世界传播史上的奇迹，它们创造了与其生存环境极不相称的传播效果，体现出其作为文化传播媒体的独特价值。

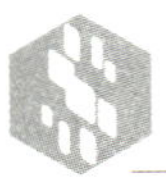

《六朝墓葬的考古学研究》

作　　者：韦正
推荐单位：北京大学
出版单位：北京大学出版社
批准时间：2009 年下半年
出版时间：2011 年 3 月

本书是一部比较系统地探讨六朝墓葬相关问题的考古学著作。在这部著作中，作者全面利用 2008 年 6 月以来的我国相关的考古学材料，对我国六朝墓葬的地理分布、年代分期、墓葬形制、随葬品、墓葬制度等方面进行了详尽而深入的探讨，并对一些重要的问题提出了一些比较新颖的观念。在此基础上，本书还结合了历史学研究的一些方法，对我国南朝墓葬的历史渊源及其与朝鲜半岛的文化交流等情况，也进行了比较深入的研究与阐述。

全书资料丰富，论述严谨，语言晓畅，是一部优秀的考古学著作。

《文书·政令·信息沟通——以唐宋时期为主（上册、下册）》

作　　者：邓小南、曹家齐、平田茂树
推荐单位：北京大学
出版单位：北京大学出版社
批准时间：2009 年下半年
出版时间：2012 年 1 月

本书是一部比较系统地探讨唐宋时期的政府文书、政令与信息沟通问题的学术著作。在传统中国的中央集权政治体制中，信息传递与政令指挥系统的运行，既落实了官僚责任制度，亦反映出政治权力的具体运作方式；而信息与政令之基本载体，是当时上下流通的文书。

本书集中了国内外精锐学者参与课题讨论，经过三年的努力，学者们从文书种类与相关行政运作、政治空间与信息沟通、官员选任中的文书制度与政令环节、军政信息的搜集与传递、文书体式与外交秩序等五个方面，对唐宋时期的文书、政令、信息沟通的相关运行路径与演进过程，做了比较全面、深入的探讨。

《清代考课制度研究》

清代是中国古代社会的末世王朝，其政权是以满洲贵族为主体的满汉官僚联合执政，而专制主义中央集权达到一个很高的程度。清代政治制度仍是以皇权为核心，如同乾隆皇帝所言："本朝家法，自皇祖、皇考以来，一切用人、听言大权，从无旁落，假即左右亲信大臣。"其制度既有中原传统王朝的共性，又有满洲民族特色，使其统治得以维系267年。其中，考课就是一项非常重要的制度。

本书是一部比较系统地研究清代考课制度研究的专著，内容涉及文官京察、大计、武官军政。作者利用丰富的档案文献资料，进行量化分析，探讨考课制度的指导思想、确立过程、规则程序、运作特点及其得失，阐述了制约其发挥作用的诸因素。揭示了在皇权专制官僚政治体制下，考课制度与皇帝、国家、官僚三者之间的互动关系。此外对清代官僚政治、皇权控制、吏治整顿、满汉关系等问题也有简略明晰的评述。

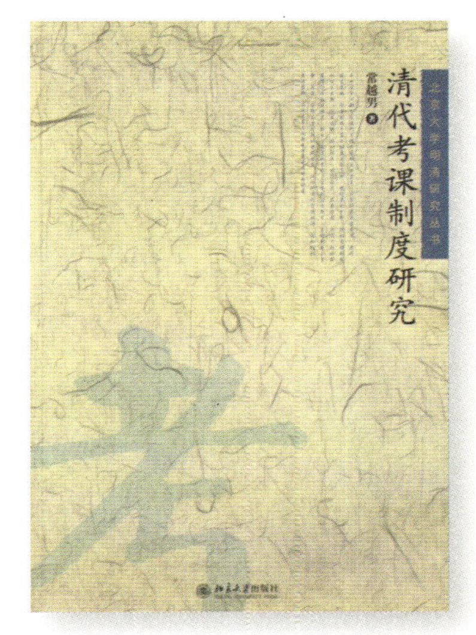

作　　者：常越男
推荐单位：北京市社科院
出版单位：北京大学出版社
批准时间：2009年下半年
出版时间：2010年7月

《关麓村》

关麓村位于安徽黟县境内，是一座十分典型的徽商血缘村落。作为主姓的汪姓人家在清代全都从商，经济宽裕。徽商一向以儒商自许，知书达理，他们的乡里生活有相当高的文化品位，以至小小的村里竟有有十几幢"学堂屋"。这个村落，从选址定居、结构布局、房屋的类型和形制，以至住宅里的家具、陈设和各种日常用品，都鲜明地反映着徽商的家庭生活方式和文化修养。村子的公共生活很发达，这是农业社会里封建宗法制的传统文化和徽商的市井文化的特殊结合。这样的公共生活也同样鲜明地反映在村落的规划和建设上。

本书对关麓村的地理位置、风土人情、历史沿革建筑风格等进行了一个全面的分析与梳理，并就其未来的发展路径进行了具体的探讨。

作　　者：陈志华、李秋香、楼庆西、史嵘
推荐单位：清华大学
出版单位：清华大学出版社
批准时间：2010年上半年
出版时间：2010年11月

《北京地名发展史》

作　　者：孙冬虎
推荐单位：北京市社科院
出版单位：北京燕山出版社
批准时间：2010年上半年
出版时间：2010年11月

本书通过广泛搜集史料，充分发掘古地图、地方志、地理志、正史等记载的地名信息和相关史实，比较系统地阐释了北京地名从古到今、从少到多、由简单到复杂的历史进程与基本规律；根据语言学和地名学理论，分析了北京地名的语言特性，从书写形式、语词结构、读音、含义、方言语词等方面，追踪其时代变迁；充分认识地理环境在地名发展过程中的作用，揭示了地理因素对地域命名、地名类型与空间分布的影响；从地名的语词特点出发，研究了民族活动、民族语言对区域地名的作用。

此外，本书还以地名的历史发展、语言特性、地理特征、民族特色为媒介，进一步追寻了北京地名文化的历史风貌与演变过程，为当代北京地域文化的发展提供具体例证与理论支持。

《中国历史农业地理（上、中、下）》

作　　者：韩茂莉
推荐单位：北京大学
出版单位：北京大学出版社
批准时间：2010年下半年
出版时间：2012年3月

地理是历史的舞台，历史时期人类所有政治、经济、军事、文化活动均栖身于这个舞台，农业生产更是如此。农业生产立足于土地，自然环境的空间差异为所有人类操持下的动植物再生产过程打上鲜明的烙印，并因此而形成融多元因素于一体的地理系统。

本书以农业地理系统为研究对象，主要研究农业生产地域分异及其规律，涉及五方面主要内容：影响农业空间变化的因素，农业生产技术与种植制度的变化，主要农作物起源、传入、种植空间及作物组合方式，畜牧业分离与游牧空间的建立，农业生产区域差异。农业既是中国历史上持续时间最久、影响范围最广的人类活动方式，也是最大的环境影响因素，因此本书在探讨中国农业经历的空间历程同时，对于当代环境研究也具有重要意义。

《秦汉边疆与民族问题》

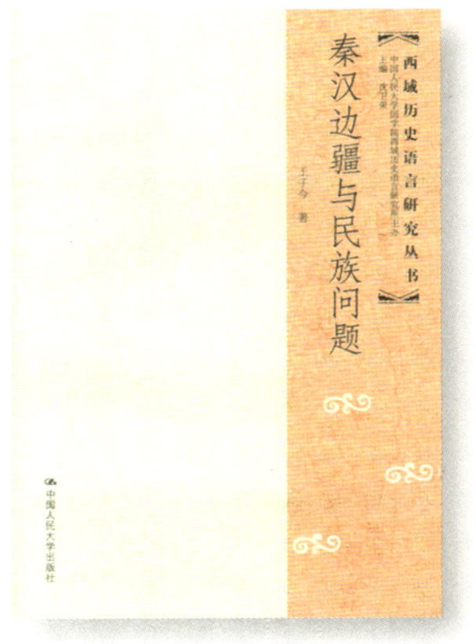

本书通过对相关历史文化现象的考察，试图说明边疆史和民族史在这一重要阶段的主要形势。作者就“长城与北边经营”“辽东发展与‘海东’‘真藩’征服”“‘南夷’居地汉文化的扩张”“‘通西南夷’的成功”“秦汉边地少数民族经济生活”“汉地的胡越人”“秦汉社会的国家意识和民族意识”等方面有所讨论。

作者认为，秦汉时期边疆和民族问题作为国家主要行政主题，考验着执政者的智慧，也考验着秦汉帝国的政治机能和秦汉社会的文化胸怀。正是经历了秦汉边疆史和秦汉民族史的诸多演变，汉文化得以扩展，得以充实，得以进步，而我们民族精神的时代风貌也因此展现。

作　　者：王子今
推荐单位：中国人民大学
出版单位：中国人民大学出版社
批准时间：2010 年下半年
出版时间：2011 年 4 月

《清代新疆和卓叛乱研究》

本书是一部比较系统地探讨清代新疆和卓叛乱问题的学术著作。根据档案文献等第一手史料，作者全面系统地研究了清代新疆的历次和卓叛乱事件，特别是对每次叛乱事件的产生原因进行了深入的分析，指出清朝统治者在防范境内外敌对势力相互勾结方面的政策失误，以及当时喀什噶尔一带一些人对和卓家族这一宗教贵族的狂热迷信，以至被后者利用，成为实现其政治野心的工具，是为叛乱事件之所以屡次发生的主要原因。

此外，作者还对乾隆、嘉庆两朝治疆政策进行的比较，对松筠治疆政绩的分析，对“七和卓”名称及阿古柏死因等问题进行的考证，也都具有较高的学术价值和现实意义。

作　　者：潘向明
推荐单位：中国人民大学
出版单位：中国人民大学出版社
批准时间：2010 年下半年
出版时间：2011 年 5 月

《印度近二十年的发展历程——从拉吉夫·甘地执政到曼莫汉·辛格政府的建立》

作　　者：林承节
推荐单位：北京大学
出版单位：北京大学出版社
批准时间：2011 年下半年
出版时间：2012 年 7 月

从拉吉夫·甘地执政到曼莫汉·辛格政府的建立，这一期间堪称是印度现代发展的重要转折时期。正是在这一时期，印度实现了发展模式转型，经济增长迈入了中高速发展阶段。相应的，印度的经济、科学和军事实力都有了较大提升，开始把争取成为世界大国作为实践目标。国内的政治生态也发生了重大的变化：一党长期执政变成大党交替执政；联邦政府常态化地成了多党联合政府；地方政党和低种姓政党大量兴起，积极参与中央政权。印度的崛起已是轮廓初现。伴随着发展，印度也出现了贫富差距加大、政局变动频繁、联合政府决策乏力、执政效率减低等诸多问题。

前进的道路是曲折的，充满着矛盾和斗争。各政党对发展道路的认识本来存在着很大的分歧，但通过实践，逐渐接近，从而形成了保证持续发展的合力。本书记录的就是这二十年的真实发展历程，并对每一个重大的前进步伐和变化的关键节点进行了比较深入地分析与探讨。

《改良与革命——晚清民初史事新探》

作　　者：王晓秋
推荐单位：北京大学
出版单位：北京大学出版社
批准时间：2011 年下半年
出版时间：2012 年 10 月

本书是一部围绕晚清的几次改良运动和五四运动、辛亥革命，论证晚清历史上改良与革命之辩证关系的历史学专著。

本书分专题集中讨论了以下一些问题：围绕晚清的几次改良运动和五四运动、辛亥革命，论证晚清历史上改良与革命的辩证关系；晚清中国改革先驱者和政府对世界的认识和走向世界的历史轨迹；对晚清的一些重要历史文献，如《日本变政考》《海国图志》进行发掘、解读，考证它们的文本、传播和影响；京师大学堂及北京大学在戊戌变法、辛亥革命、五四运动中的史实等，本书均依据第一手资料，作了比较仔细的考订和论证，且新见迭出，多有创建。

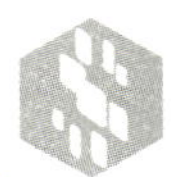

《明十三陵研究》

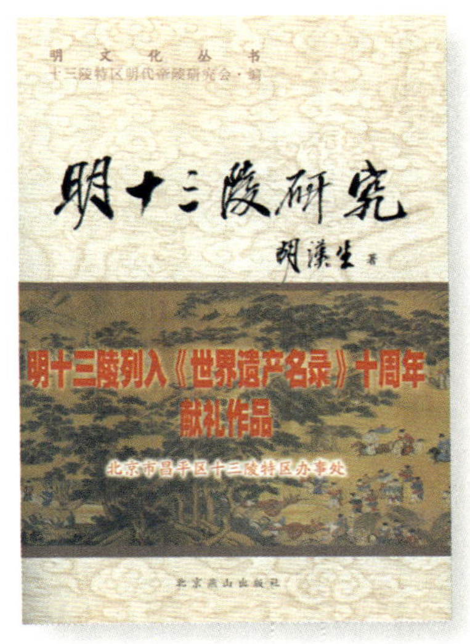

作　　者：胡汉生
推荐单位：明代帝陵研究会
出版单位：北京燕山出版社
批准时间：2011 年下半年
出版时间：2013 年 1 月

研究明十三陵，历史地、客观地阐述它，可以有不同的角度。从美学的角度出发，可以通过建筑的环境、体量、空间构成，探讨其建筑的艺术美学价值；还可以通过石雕、砖刻的图案、雕刻手法等探讨其雕塑艺术。从工程技术的角度出发，可以利用现存建筑及遗存物，对当时的建筑材料、建筑工艺、施工技术，以及营造法式等进行总结和归纳，探寻其本身的特异规律。

本书重点立足于明十三陵的陵寝制度史，比较深入地论述了十三陵的营建历史背景、建造过程、陵寝规制、礼制习俗、律例、管理等方面的内容。由于明十三陵是以陵寝建筑为载体的，且系为安葬已故帝后而建。同时，十三陵又是一处以帝陵建筑为主体，兼有其他各类建筑的建筑群。所以，《明十三陵研究》对明十三陵的建筑艺术、法式特点、帝陵以外其他相关古迹，以及墓主情况也做了必要阐述，以期使读者对十三陵有个较为全面的了解。

后 记

20 世纪九十年代，为了解决社科类学术著作出版难的问题，中共北京市委市政府决定设立北京市社会科学理论著作出版基金，用于开展学术著作出版资助工作。1992 年，出版资助工作正式启动，并在北京市社科联设立出版基金办公室。出版基金的设立，是北京市委市政府为加强理论工作、繁荣社会科学事业所办的实事之一，是推进学术创新，推出优秀成果，培养优秀社科人才的一项重要举措。

北京市社科出版基金自设立至 2012 年，走过了 20 年的历程。韶华不尽，落字生香。20 年来，已经开展了 41 批资助评审工作，共有 1000 余部（套）书稿获得出版资助，内容涉及 40 多个学科。出版资助工作受到了广大社科学者和有关出版社的普遍欢迎。

为了集中展示和宣传推介出版资助的学术著作成果，我们编辑了这部资助出版著作简介。这些著作包括常规资助项目和重点资助项目两类，其中常规资助项目自基金设立伊始就已进行，重点资助项目自 1996 年尝试组织，2001 年正式开展。为了便于读者了解著作的基本内容，我们对学术著作做了简要介绍，提炼了主要学术观点，并配以著作封面。在整体结构编排上，我们对著作进行了分类，以资助出版时间为序排列。

我们花了很多时间和精力，在留存档案中和图书馆、出版社搜

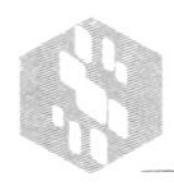

集整理资助出版的著作，力求使成果能够全部展示。但是由于时间久远等多方面原因，个别著作未能收录，使我们在为劳动成果感到欣慰的同时，还抱有些许遗憾。北京出版社对这部书的编辑出版付出了辛勤的劳动。在此，谨对所有关心和支持出版资助工作的社科专家和出版社一并表示真诚的感谢！

编　者

2013 年 12 月